고려대학교 120년사

고려대학교 120년사

고려대학교 120년사 편찬위원회

KU PRESS
고려대학교
출판문화원

간행사

2025년 개교 120주년을 맞이하여 《고려대학교 120년사》를 간행합니다. 고려대학교는 1905년 '인재를 가르쳐 나라를 구한다'라는 건학이념으로 개교하였습니다. 그로부터 120년의 역사를 통해 고려대학교는 교육구국의 건학이념을 충실히 실현하며 민족의 대학에서 세계 속의 명문대학으로 발전해 가고 있습니다. 일제강점기에는 겨레의 가슴에 독립의 희망과 의지를 심어 주었고, 해방 후에는 국가 재건의 길에서 산업화와 민주화에 앞장서며 선진 민주국가 대한민국을 만드는 데에 공헌하였습니다. 고려대학교는 이제 인류의 미래사회에 공헌하는 세계 속의 대학으로 전진하고 있습니다.

이번에 간행하는 《고려대학교 120년사》는 본교가 펴내는 다섯 번째 학교사學校史입니다. 고려대학교는 개교 60주년이었던 1965년 본교의 첫 학교사인 《육십년지》를 발간하였습니다. 《육십년지》는 본교뿐만 아니라 한국의 개별 대학사로서도 최초의 학교사라고 할 수 있습니다. 이후 《고려대학교 70년지》 《고려대학교구십년지》를 간행한 데 이어 2005년에는 《고려대학교 100년사》 전 3권을 간행함으로써 100년의 학교사를 집대성하였습니다. 이번 《고려대학교 120년사》는 100년사의 방대한 내용을 압축하면서 2005년 이후 세계를 향해 발전해 온 본교 20년의 역사를 포함하여 서술하였습니다. 《고려대학교 120년사》를 통해 고려대학교가 지금까지 걸어온 길과 지금 서 있는 자리, 그리고 앞으로 나아가야 할 길에 대해 조명할 수 있으리라 기대합니다.

돌이켜 보면 1905년 고려대학교의 개교 자체가 우리 민족사에서 중요한 역사적 사건이었습니다. 한반도에서 제국주의 국가들이 각축을 벌이던 때, 더 이상 전통 유학 지식으로는 시대적 과제를 해결할 수 없다고 판단한 선각자들이 뜻을 모아 세우고 가꾸어 온 대학이 바로 고려대학교입니다. 이용익 선생은 역사적 전환기를 맞아 나라를 지키고 미래를 개척할 진정한 힘은 교육에 있다고 믿고 고려대학교의 전신 보성전문학교를 설립하였습니다. 이용익 선생이 순국한 후 학교를 맡은 손병희 선생은 천도교인들의 성미로 보성전문학교를 지켜 내는 한편 3·1운동에 앞장섬으로써 민족의 대학으로서의 위상을 굳건히 세웠습니다. 1932년 보성전문학교를 인수한 김성수 선생은 안암동으로 학교를 이전해 웅장하고 견고한 석탑의 전당을 세우고 당시 가장 유망하고 선진적인 학자들을 교원으로 초빙함으로써 장차 세계에 내세울 민립대학의 발판을 마련하였습니다.

실로 고려대학교의 120년은 대한민국 근현대사와 함께하는 역사입니다. 한국의 근대 교육사, 학문사는 물론이고 정치사, 경제사, 과학사, 문화사, 체육사 등 모든 분야의 발전에 고려대학교와 고려대학교가 배출한 인재들이 지대한 역할을 하였습니다. 해방 이후 종합대학교로 재출발한 고려대학교는 좌우 대립과 민족 분단, 독재정권의 시련 속에서도 사회적 책임을 다하면서 세계 수준의 학문의 전당으로 드높은 위상을 세워 나가고 있습니다. 숱한 어려움 속에서도 혼신의 힘을 다해 학교를 지키고 일구어 온 역대 경영자들과 교원, 직원, 교우, 학생, 기부자 모두의 정성과 숭고한 뜻을 기억하고 감사의 마음을 갖지 않을 수 없습니다.

개교 120주년을 맞이한 지금, 세계는 인공지능으로 상징되는 새로운 문명사적 전환기에 접어들었으며, 다른 한편으로는 기후 위기, 감염병 확산, 사회경제적 양극화 등 인류의 지속 가능한 미래를 위협하는 난제들에 둘러싸여 있습니다. 지난 120년 민족의 대학으로서 사회적 책임을 다하며 자랑스러운 역사를 쌓아 온 고려대학교가 이제는 인류의 미래사회에 공헌하는 세계 속의 대학으로 한 차원 더 높게 도약해야 합니다. 개교 120주년을 계기로 우리는 도전과 영광의 지난 역사를 성찰하면서 이제 세계를 무대로 인류사회에 공헌하는 고려대학교의 또 다른 미래를 열어 나갈 것입니다. 이번에 간행하는 《고려대학교 120년사》가 지난 120년 역사를 기록하면서 고려대학교가 더 빛나는 미래 120년으로 나아가는 이정표가 되리라 기대합니다.

끝으로 120주년 기념사업 편찬분과 사업을 맡아 이처럼 훌륭한 결실을 맺어 주신 관계자 모두에게 깊은 감사의 마음을 전합니다.

2025년 5월

고려대학교 총장

김동원

1905

기념사

2025년 우리는 고려대학교 개교 120주년이라는 뜻깊은 이정표 앞에 서 있습니다. 동아시아 문화권에서 '60년'은 인생에 있어서 한 번의 순환을 끝내고 새로운 시작점에 선다는 의미가 있습니다. 우리 고려대는 두 번의 60년을 보내고 이제 세 번째 새로운 출발점에 섰습니다. 우리는 이번 120주년을 통해 고대의 역사를 되돌아보고 미래를 향한 새로운 도약을 준비해야 합니다.

을사조약의 해인 1905년, 나라의 운명이 바람 앞의 등불 같던 시기에, 충숙공 이용익李容翊 선생께서는 교육을 통해 민족의 자강을 이루고자 보성전문학교를 설립했습니다. 이용익 선생의 결단은 외세의 침략에 맞서 민족을 살릴 수 있는 길은 '교육'밖에 없다는 신념에서 비롯한 것이었습니다. 민간에 의한 근대적 고등교육의 시작을 알린 고려대학교의 개교는 이처럼 '교육구국教育救國'이라는 숭고한 건학이념의 토대 위에 마련되었습니다.

일제의 강제 병합 이후 학교는 많은 위기를 겪으며 존폐의 기로에 서기도 했으나, 암울했던 식민지 시기 최대의 민족종교였던 천도교의 지도자 의암 손병희孫秉熙 선생께서 학교를 인수하며 새로운 전환점을 맞을 수 있었습니다.

그리고 1932년에는 인촌 김성수金性洙 선생께서 3·1운동 이후 위기에 처한 보성전문학교를 인수하여 '민족사학'의 명맥을 이어 갔고 1946년 마침내 '고려대학교'라는 이름으로 민립대학 설립의 오랜 꿈을 이루게 되었습니다. 김성수 선생께서는 '공선사후公先私後'와 '신의일관信義一貫'이라는 좌우명 아래, 고등교육을 통해 국가를 재건하고 사회에 기여하고자 하는 비전을 실천하셨습니다. 그 철학은 오늘날까지도 고려중앙학원의 운영이념으로 빛을 발하고 있으며, 고려대학교가 감당해야 할 사회적 책임을 되새기게 합니다.

지난 120년의 역사를 되돌아보면, 고려대학교는 개교 그 자체가 위기 속의 도전이었고 학교의 발전은 언제나 시대의 파도를 넘어서려는 각성과 실천의 연속이었습니다. 식민지의 억압 속에서도, 그리고 전쟁의 참화 속에서도, 고려대학교는 늘 민족과 함께 숨 쉬며 지성과 정의의 등불이 되어 왔습니다.

이제 우리는 120년 역사를 통해 쌓아 올린 고유한 가치를 바탕으로 새로운 미래로 나아가야 합니다. 고려대학교의 교훈인 '자유·정의·진리'는 단지 슬로건이 아니라, 우리 대학이 지향해 온 보편적 가치이자 교육의 궁극적인 이상입니다. '자유'는 창의적 사고의 토대이고, '정의'는 조화로운 공동체를 유지하는 기초이며, '진리'는 모든 학문의 궁극적인 목표입니다.

이러한 교훈은 오늘날 더욱 복잡하고 불확실한 세계 속에서 고려대학교가 나아가야 할 항로航路가 무엇인지 보여 줍니다. 고려대학교가 '민족고대'를 넘어 인류의 미래에 공헌하는 '세상에 없어서는 안 될 대학'이 될 수 있는 길 역시 이러한 보편적 가치를 추구할 때 가능할 것입니다. 우리 법인은 지난 120년의 전통과 이상 위에, 고려대학교가 지속 가능한 혁신을 이루어 글로벌 리더십을 갖춘 창의적 인재를 양성할 수 있는 대학으로 도약할 수 있도록 뒷받침하겠습니다.

존경하는 고려대학교 가족 여러분, 120년은 단지 과거의 자취가 아니라, 미래로 나아가는 위대한 유산입니다. 우리는 지금, 미래를 향한 새로운 여정을 시작하는 출발선 위에 서 있습니다. '자유·정의·진리'의 깃발 아래, 고려대학교가 앞으로도 시대의 물음에 가장 정직하게 답하는 대학으로 거듭날 수 있도록, 함께 힘과 지혜를 모아 주시기 바랍니다. 다시 한번, 《고려대학교 120년사》의 편찬을 진심으로 축하드리며, 학교의 역사와 전통을 계승하기 위해 힘써 주신 모든 분들께 감사의 인사를 전합니다.

2025년 5월

학교법인 고려중앙학원 이사장

김재호

1905

축사

《고려대학교 120년사》 간행을 진심으로 축하드립니다. 120년의 역사를 한 권에 담아 낸다는 것은 단지 과거를 기록하는 데 그치지 않습니다. 이는 민족과 함께 걸어온 고려대학교의 시간 속에서 그 의미를 되새기고, 오늘의 정체성을 확인하며, 미래를 위한 새로운 이정표를 세우는 뜻깊은 작업이라 하겠습니다. 이러한 귀한 간행 사업을 맡아 집필과 편찬에 노고를 아끼지 않으신 모든 분들께 깊은 감사의 말씀을 전합니다.

1905년 보성전문학교의 창립은 단순한 교육기관의 설립을 넘어선 역사적 전환점이었으며, 보성전문학교는 국가의 미래를 짊어질 인재를 기르기 위한 '교육구국'의 이상이 서린 공간이었습니다. 대한제국이 점차 국권을 상실해 가던 격랑의 시대, 식민의 위기 앞에서 지식과 교육을 통해 민족을 일으켜 세우고자 했던 이용익 선생을 비롯한 선각자들의 절절한 의지가 깃든 결과였습니다.

그 정신은 광복을 지나 고려대학교로 이어졌고, 대한민국 현대사의 굴곡진 시간 속에서 고려대는 언제나 그 중심에 서 있었습니다. 독재와 탄압에 맞서 민주주의를 외쳤고, 산업화와 경제 발전의 현장에서는 수많은 고대인들이 '자유·정의·진리'의 정신을 실천하며, 사회 각계에서 국가 발전의 토대를 마련해 왔습니다.

고려대학교는 오랜 시간 민족과 시대의 과제 앞에서 주저하지 않고 응답해 왔습니다. 시대의 양심이자 민족의 의지를 대표하는 상징으로 자리매김해 왔으며, 이는 고대가 지켜 온 정신의 무게와 그 실천이 빚어 낸 귀중한 성과입니다.

이번에 간행되는 《고려대학교 120년사》는 그러한 정신과 실천의 역사를 집대성한 소중한 결실입니다. 2005년 발간된 《고려대학교 100년사》의 내용을 정리하고, 당시 간행되지 못했던 연표를 새롭게 추가하여 보다 읽기 쉽고 체계적으로 재구성된 이 책은 단지 학교의 연대기를 정리하는 데 그치지 않습니다. 《고려대학교 120년사》는 고려대학교의 역사를 넘어, 민족의 지성과 교육이 시대를 어떻게 이끌어 왔는지를 보여주는 역사적 증언입니다. 이는 우리가 걸어온 길을 성찰하고 앞으로 나아갈 방향을 비추는 이정표가 될 것입니다.

고려대학교의 지난 120년은 곧 대한민국 근현대사 그 자체였습니다. 식민의 고통과 해방의 기쁨, 전쟁의 폐허와 산업화의 도전, 민주화의 함성과 세계화를 향한 꿈까지, 그 모든 순간마다 고려대학교는 늘 시대와 함께했습니다. 이는 단지 재학생과 교수진의 노력은 물론, 전국과 세계 각지에서 활약하고 있는 37만 교우 여러분 한 사람 한 사람의 땀과 헌신, 모교에 대한 뜨거운 애정이 있었기에 가능한 일이었습니다.

교우회 또한 그 역사적 시간 속에 함께해 왔습니다. 교우 간의 신뢰와 결속을 바탕으로, 모교 발전을 위한 장학사업과 기금 조성, 세대 간 교류와 해외 네트워크 확대 등 다양한 실천을 이어 오고 있습니다. 특히 최근에는 세계 각지의 교우들이 함께 참여하는 글로벌 네트워크와 사회공헌 활동을 강화하며, 고려대학교의 정신을 삶 속에서 실천하는 공동체로 성장하고자 노력하고 있습니다. 교우회는 모교의 이름을 국내외에서 더욱 빛나게 하는 실천적 주체로서의 역할을 적극적으로 수행해 나가고자 합니다.

오늘날 우리는 국제 정세의 불확실성과 기술 혁신, 기후 위기, 사회 양극화 등 예측 불가능한 변화의 흐름을 직면하고 있습니다. 이러한 흐름 속에서 대학은 단지 교육기관이 아닌, 시대의 방향을 제시하는 지성의 중심으로서 새로운 사명을 부여받고 있습니다. 고려대학교는 앞으로도 비판적 지성과 윤리적 실천력을 갖춘 인재를 길러 내는 '공공의 대학'으로서, 한국 사회는 물론 세계 인류를 위한 기여를 이어 가야 할 것입니다. 교우회는 그 길을 함께 걷는 든든한 동반자로서의 사명을 다할 것입니다. 변함없는 애정과 책임감으로, 고려대학교가 한국을 대표하는 대학을 넘어 미래를 이끄는 세계적 대학으로 성장해 나갈 수 있도록 힘을 보태겠습니다.

《고려대학교 120년사》를 통해 고려대학교의 정신이 다음 시대에도 살아 숨 쉬며, 더욱 풍성한 가치로 이어지기를 바랍니다. 고려대학교의 새로운 도약과 더 큰 영광을 향한 여정이 힘차게 이어지기를 기원하며, 교우회는 그 길을 함께 걷는 든든한 동반자로서 사명을 다할 것입니다.

2025년 5월

고려대학교 교우회장

승명호

| **일러두기** |

1 고려대학교에서는 이미 《육십년지》(1965), 《고려대학교 70년지》(1975), 《고려대학교구십년지》(1995), 《고려대학교 100년사》(2008)를 편찬한 바 있다. 《고려대학교 100년사》는 《고려대학교구십년지》에서 상대적으로 소략하게 다루었던 일제강점기와 1970년대 부분을 대폭 보완하여 서술했다.

2 이번에 발간하는 《고려대학교 120년사》는 《고려대학교 100년사》의 내용을 전폭적으로 수용하고 2005년 이후 부분을 추가하여 서술했다. 또한 《고려대학교 120년사》는 전 3권으로 편찬되었던 《고려대학교 100년사》를 650여 쪽 내외로 축약하면서 인명과 지명 및 사건명 등 300여 곳의 오류를 바로잡아 정확성을 높일 수 있었다.

3 이 책은 대략 10년을 단위로 역사를 구분했고 120주년 기념사업을 별도로 서술하여 총 13개 장으로 구성했다. 《고려대학교 100년사》의 구성과 내용을 준용하였기 때문에 각 서술의 출처를 밝힐 수는 없었으나, 집필 과정에서 《고대신문》과 교내 행정기록물 등을 비교·검토함으로써 《고려대학교 100년사》의 오류를 바로잡을 수 있었다.

4 《고려대학교 120년사》는 《고려대학교 100년사》의 통사 체제를 준용하여 각 장마다 학교 운영 및 제도, 학사행정, 연구활동, 학생생활과 학생활동 등의 내용을 포함했다. 그러나 《고려대학교 120년사》는 《고려대학교 100년사》와 달리 1권 분량으로 기획되었기 때문에 각 학과 및 연구소의 역사, 그리고 학교 역사와 관련한 각종 통계 등은 서술 대상에 포함할 수 없었다. 향후 다양한 주제의 부문사와 자료집 발간이 필요해 보인다.

5 《고려대학교 120년사》에서는 한국 근대사 속에서 고려대학교의 역사를 한눈에 살펴볼 수 있도록 120년의 연표를 상세하게 작성했다. 이 연표는 고려대학교 120주년 기념사업 홈페이지를 통해 열람할 수 있다.

6 이 책의 편찬위원으로는 송완범(편찬위원회 위원장), 금교돈(교우회보 편집위원장), 배상우(문화스포츠대학장), 송규진(아세아문제연구원), 신호정(고대신문사 주간), 윤호경(의학과), 이헌율(미디어학부), 정순영(교무부총장), 조훈희(체육위원회위원장), 지영래(출판문화원장), 허은(민족문화연구원장), 홍창수(문화창의학부)가 위촉되었고, 박물관 배성환 부장이 간사로 활동했다. 편찬 실무는 서명일, 정유진, 김유리가 담당했다. 통사의 집필자 및 감수자, 교정자는 다음과 같다.

제1장-제2장 김기성
제3장-제4장 장인모
제5장-제7장 김재웅
제8장-제10장 금보운
제11장-제12장 전용호
제13장 정유진
연표 서명일, 정광필, 윤민혁

감수 송규진
교열 및 교정 장인모, 김지선, 성숙경, 서민주, 이강원, 고현정, 이대열, 김다솔, 김아리

차례

第7장 반독재투쟁과 고려대학교

제1장

보성전문학교의 창립과 이용익

The 120th Anniversary
of Korea University

01

건학이념과 설립 초기의 보전

1-1 보성전문학교의 설립

고려대학교의 전신인 보성전문학교(이하 보전)는 1905년 4월 3일, 대한제국의 재정을 담당하던 내장원경內藏院卿 이용익李容翊에 의해 창립되었다. 이 시점에 대한제국은 일본의 점증하는 압박 아래에서 국가의 존립이 위협받고 있었다. 러일전쟁이 막바지로 접어들면서 일본은 승리를 향해 나아가고 있었고, 이를 기반으로 조선에 대한 영향력을 확대하고 있었다. 이러한 국제적 환경은 대한제국의 자주성을 크게 위협하며, 민족적 위기감을 고조시키고 있었다. 이와 같은 상황에서 보전의 설립은 외세의 간섭에 맞서 민족적 자존을 수호하려는 시대적 과제에 부응한 결정이었다. 한국 최초의 사립 전문학교로서 보전은 단순한 교육기관 설립을 넘어, 근대적 국민국가를 꿈꾸던 민족적 열망의 구체적 산물이었다.

대한제국의 국외 중립선언을 주도하다 러일전쟁 발발 직후 일본에 납치되었던 이용익이 귀국한 것은 1904년 12월이었다. 서울로 돌아온 그는 조국의 위기를 극복하기 위한 방안으로 교육제도 전반을 체계적으로 정비하겠다는 의지를 밝혔다. 그의 구상은

보전의 설립자 충숙공 이용익

소학교부터 전문학교까지 이어지는 포괄적인 교육기관 설립을 핵심으로 하고 있었다. 일본의 부강함을 직접 목격한 이용익은 외세의 침략에 맞서 자주독립을 확보하는 길은 신교육을 통한 인재 양성이라고 확신했다. 그는 이러한 목표를 실현하기 위해 귀국 전에 많은 서적을 구입하며 학교 설립을 준비했다.

이용익이 구상한 근대적 교육기관의 설립은 대한제국 황실의 각별한 관심과 후원 속에서 이루어졌다. 우선 1905년 1월 23일 《황성신문》 기사에 따르면, 이용익은 학교를 설립하기 위해 교사校舍를 구하는 과정에서 "처분을 받들어 공청公廳을 빌릴" 계획을 세우고 있었다. 이때 학교 건물로 거론된 곳은 무악재를 오가는 관원을 맞이하고 전송하는 행사장으로 사용하던 천연정天然亭과 옛 관립 한성아어학교漢城俄語學校 건물이었다. 이는 보전의 교사가 이용익 개인의 노력만으로 확보된 것이 아니라, 고종의 지시에 따라 공공건물을 활용하게 된 것임을 보여 준다. 보전의 첫 교사로 사용된 아어학교는 박동礴洞(현재의 종로구 수송동)에 있던 5년제 관립학교였다. 이 학교는 외국어학교 관제에 따라 설립되어 러시아어 전문가를 양성하기 위한 목적을 가지고 있었다. 아어학교는 이용익의 주도로 설립되었으나, 1904년 러일전쟁 중 일본군의 압력으로 폐교되었다. '친러반일파'로 지목된 이용익이 창립한 보전이 러시아어를 가르치는 아어학교 교사에서 출발했다는 사실은 기연奇緣일 것이다.

보전에 대한 황실의 특별한 관심은 교명에서도 확인할 수 있다. '보성普成'이라는 교명은 고종이 하사한 것으로 알려져 있다. 원래 이용익은 학교의 이름을 '중앙학교'로 정

최초의 교사 아어학교 건물

하려 했던 것으로 보인다. 그러나 고종은 이용익으로부터 소학교-중학교-전문학교로 이어지는 근대적 학제 수립 계획을 듣고 매우 기뻐하며 '보성'이란 교명을 지어 주었다고 한다. '보성'은 "널리 이룬다"는 의미를 넘어, "널리 인간성을 계발한다"는 더 깊은 뜻을 담고 있다. 특히 '성成'은 《논어》에 나오는 '성인지미成人之美'와 연관된 것으로 "남의 장점과 아름다운 점을 칭찬하고 북돋는다"는 문구에서 따온 것이다. 다시 말해, 성인지미란 교육을 통해 인간성을 계발하고 인격을 완성한다는 의미로 해석할 수 있다. 따라서 '보성'이란 교명은 널리 인간성을 계발하고 인간의 본성을 실현하려는 건학이념을 상징한다. 이 같은 보전의 건학이념은 2년 후 이용익이 블라디보스토크에서 생사가 오가는

보성전문학교의 이화장 모표

상황 속에서도 남긴 건의문을 통해 다시 드러난다. 그는 고종에게 '광건학교廣建學校, 교육인재教育人材, 국권회복[以復國權]'이라는 간절한 유소遺疏를 남겼다.

보성전문학교의 운영과 관련해 가장 중요한 점은 학교 경영이 내탕금內帑金(임금 및 왕실의 사유재산)에 의해 이루어졌다는 사실이다. 이용익의 사재私財도 출연되었지만 그것이 얼마나 되었는지는 알 수 없다. 훗날 교강사들과 제2대 교주校主 이종호 사이에 학교 경영을 둘러싼 분규가 일어났을 때, 교주 측에서 보성사普成社와 보성관普成館만은 원래 교주의 사유재산이라고 주장했던 것을 보면 사재가 투입되었던 것은 분명하다. 그러나 경상비의 대부분은 황실 재산에서 지출되었던 것으로 보인다.

황실은 1907년 6월 이전까지 매월 약 1,260원을 보성전문학교에 지급한 것으로 보이며, 화폐제도가 변경된 이후에는 약 630원을 지원한 것으로 추정된다. 이것을 연간 규모로 환산하면 1907년 이후를 기준으로 대략 7,500원 정도이며 이는 보전의 1년 소요 경비와 같은 액수이다. 이로 미루어 볼 때 보전 설립 초기의 운영비 전액이 황실의 재정 지원에서 충당되었음을 알 수 있다. 1910년 기준 사립학교의 1년 평균 경비가 1,800원이었고 서울 소재 고등 정도의 관공립학교 1년 경비가 2,800여 원에 불과했던 데 비하면 보전에 대한 황실의 지원 금액은 매우 많은 액수였다. 학생들에게는 매월 1원의 납부금을 요구했으나, 초기의 재학생들 대부분이 이를 내지 않았다고 회고한 것도 이러한 황실의 재정적 지원 사실을 뒷받침하고 있다. 보전이 황실의 문양인 오얏꽃을 모표帽標로 사용했다는 사실은 보전과 황실의 특별한 관계를 상징적으로 보여 준다.

1-2 학생 모집과 개교

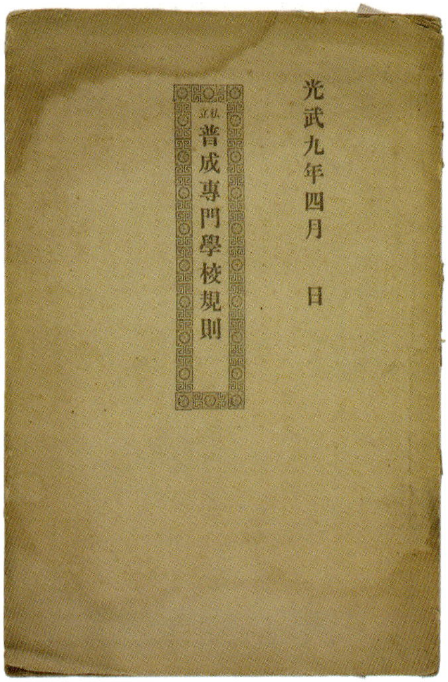

《보성전문학교규칙》(1905)

이용익은 소학교, 중학교, 전문학교를 아우르는 근대적 교육체계를 정립하고, 이를 통해 경국제세經國濟世의 인재를 양성한다는 뚜렷한 목표를 세웠다. 이를 위해 법률, 이재理財, 농학, 상학, 공학의 5개 전문학과를 가진 2년제 전문학교를 창립하고자 했다. 〈사립보성전문학교규칙〉에는 5개 학과의 교과과정이 명시되어 있다. 이러한 학과 구상은 당시 외부, 법부, 농공상부 등 정부 조직을 반영하고 있으며, 근대적 국가운영에 필요한 전문적 인재를 육성하는 데 중점을 두고 있었다. 당시 학칙에 따르면 보전의 교육목적은 "내외국의 법률 및 실업학 등의 원리원칙을 참고·교수하여 일반 학생의 전문 학업을 양성하는 것"으로 규정되었다. 또한 모든 전문학과의 강의는 국어[本邦語]로 진행하도록 명시되어, 자국어 중심의 교육을 강조했다.

또한 이용익은 '교육구국敎育救國'의 건학이념을 실현하기 위해, 학교를 운영할 재원을 마련하고 교육 감독권을 영구히 책임지기로 결정했다. 이러한 방침은 〈사립보성전문학교규칙〉에 명시되었다. 특히 '임원 및 처무규정任員及處務規程'에는 "찬성장贊成長 및 찬성부장贊成副長은 본교 창립인이 되어 설립계획 및 유지 방법을 영원히 전담하고 교육상 감독하는 특권을 가진다"는 조항이 포함되었다. 그리고 찬성장에는 궁내부 대신이던 이재극, 찬성부장에는 이용익 자신이 취임했다. 학교 운영의 기본방침을 정한 이용익은 개교를 서둘

5개 학과의 교과과정표

학과	교과과정				
법률학전문과	법학통론	민법총론	형법총론	민사소송법	형사소송법
	물권법	채권법	경제학	국제공법대의	경찰학
	외교관영사관제도	상법총론	국제사법	행정법각론	행정재판법론
	행정경찰법	국제경찰론	감옥학	은행부기학	지방제도론
	소송연습	관청부기학	산술		
이재학전문과	법학통론	경제학	재정학	화폐론	채권법
	물권법	상법총론	은행실무지	상업부기학	조세원론
	국채론	통계학	회사법	외국환표요해	실용어음법석의
	은행회사상점관리법	은행부기학	세계예산론	국제무역론	관청부기학
	산술				
농업학전문과	농업교과서	농작물각론교과서	식물학교과서	응용지질학	기후 및 토양론
	토지개량론	삼림보호학	농업경제학	실용비료서	농예화학
	농작물병리	농용기구학	조림법	농작물개량	농작물생리
	토목공학 수리편	토목공학 사방공편	해충구제예방법	재배각론	축산각론
	원예론	과수재배신서	농사시작법대의	산술	
상업학전문과	상업학대의	경제대의	만국상업지리	채권법	물권법
	상법총론	은행실무지	상업부기학	화폐론	세계상업사
	상품교과서	은행부기학	회사법	외국환표요해	실용어음법석의
	은행회사상점관리법	보험법	계약법원론	합동조합론	상업실무지
	국제무역론	관청부기학	산술		
공업학전문과	공업재료론	응용토목학	응용기계학	전지산림실지측량법	응용지질학
	광물학교과서	공장관리법	공업경제	공업화학	공업부기학
	토목공학 사방공편	토목공학 수리편	토목공학 도로편	이론응용 교량구조법	건축학제요
	채광학전서	시금술범론	보통금석학	실용철도공학강의	산술

렸다. 개교를 위한 구체적인 계획은 보전의 초대 교장으로 선임한 신해영申海永에게 일임했다. 그 결과 1905년 3월 22일 역사적인 '학원모집광고'가 《황성신문》에 게재되었다.

학원모집광고

이번에 보성전문학교를 신설하고 일반 국민의 전문학업을 양성하고자 학교 안에 5개의 전문과를 설치하고 내외국 법률과 실업학 등을 교수하오니 수학을 원하는 사람은 이번 달 30일 내에 본교 사무소로 와서 청원하시오.

○ 각 전문과 과목

—법률학전문과

—이재학전문과

—농업학전문과

—상업학전문과

—공업학전문과

○ 입학시험일은 이번 달 30일 오전 10시

○ 시험과목

내외국 지지地誌 및 역사, 국한문 독서 및 작문, 산술

다만 관공사립학교의 보통과 이상 졸업증서가 있는 사람은 시험을 치르지 않음

위 각 학과 입학생의 연령은 20세 이상으로 정함

○ 개학일은 4월 1일

○ 각 전문과의 담임강사는 외국에서 유학하여 전문과정을 졸업한 사람으로 20인을 선정함

○ 위 각종 전문과 외에 외국어학 1과를 특별 설치하여 부속함

사립보성전문학교 교장 신해영

교감 조제환

학감 정영택

'학원모집광고'에서 주목되는 점은 개교 직전까지도 법률학전문과, 이재학전문과, 농업학전문과, 상업학전문과, 공업학전문과 등 5개 학과를 모집하려 했다는 사실이다. 그러나 3월 30일 첫 입학시험에 응시한 학생은 100명 정도에 불과했다. 그리고 이어진 추가 모집에서는 5개 학과가 아니라 법률학전문과 학생만 추가로 모집했다. 당시 전문교육에 대한 일반인의 이해가 부족해 농업학, 상업학, 공업학 등에는 모집인원이 거의 없었기 때문이다. 반면, 법률학과는 상대적으로 인기가 있었기 때문에 추가 모집이 가능했다. 당시 사회적 분위기는 신교육에 대한 기피가 강했으며, 전문학교에 지원할 학생을 배출할 중등교육의 보급조차 미흡한 상황이었다. 중등교육과 전문학교 교육을 동시에 시작하는 시점이었기 때문에 전문학교 교육은 시기상조로 여겨질 정도였다. 그럼에도 보성전문학교의 개교는 새로운 교육의 방향을 제시한 선구적 사건이었다. 이는 무無에서 유有를 창조하기 위한 진통이었다. 지원자가 부족해 입학생을 직접 찾아 권유해야 했고, 전문교육을 담당할 교강사를 확보하는 일도 큰 어려움으로 남았다. 이러한 사정 때문에 보전은 애초의 계획과 달리 우선 법률학과 이재학의 2개 학과만으로 1905년 4월 3일 박동의 옛 아어학교 건물에서 역사적인 개교식을 거행했다. 제1회 입학생이 몇 명이었는지는 정확히 확인할 수 없으나 《황성신문》에 따르면 개교 직후인 1905년 5월 31일 현재 100명이 재학 중이었다.

보전이 설립된 1905년 무렵, 조선에는 관립학교, 내국인이 설립한 사립학교, 외국인 선교사들이 세운 미션계 학교 등 다양한 신식 교육기관이 존재하고 있었다. 갑오개혁 이후 교육정책이 크게 변하면서 다양한 관립학교들이 설립되었고 보전이 설립되기 이전에 법관양성소, 한성법학교, 한성의학교, 상공학교 등의 전문교육기관 및 고등교육기관이 운영되고 있었다. 그러나 이들 교육기관은 속성의 관료 양성기관이거나 기술자 양성기관이라는 성격이 강했다. 따라서 민족적 위기에서 구국의 인재를 양성하기에는 한계가 있었다. 특히 관립학교는 정부가 자주성과 주체성을 유지할 때는 국가적 목적에 부합할 수 있었으나, 국가가 외세에 종속될 경우 민족적 교육을 실현하기 어려운 구조적 문제를 안고 있었다. 실제로 1905년 을사늑약 이후 관립학교들은 통감부의 간섭을 받기 시작했고, 이에 따라 민족교육기관으로서의 성격이 점차 약화되었다. 관립학교가 본래 지향하던 교육 목적은 침략 세력의 통제 속에서 민족적 자주성을 실현하기에는 역부족이었다.

또한 정부의 근대화 정책에 발맞추어 민간에서도 새로운 교육기관이 설립되고 있었으나, 그 수는 여전히 제한적이었다. 대부분의 사립학교는 초등 내지 중등교육 기관에 머물렀다. 한편 미션계 학교는 개성과 자립성을 갖춘 근대적 인간형을 길러 내는 데 중요한 역할을 했다. 그러나 교육목적 자체가 기독교의 선교에 있었기 때문에 제국주의 침략에 직면한 민족 독립이라는 과제와는 직접적으로 연결되지 못했다. 특히 대한제국의 침탈 과정에서 미션계 학교의 경영자들은 대체로 방관적 입장에 있거나 오히려 협조하는 경우도 있었고 학생들의 저항운동을 저지하는 경우도 있었다. 이는 외국 선교사들이 운영하는 학교가 가진 구조적 한계를 잘 보여 준다. 또한 미션계 학교 역시 대부분 중등학교 수준에 머무르고 있었기에 고등교육을 통한 전문인재 양성에는 기여하지 못했다. 따라서 민간에 의한 주체적인 전문교육기관의 설립과 자주적인 고등교육 실시의 필요성이 절실했고 이러한 시대적 요구에 부응하기 위해 설립된 것이 보전이었다.

1-3 초대 교장 신해영과 교강사의 면모

보성전문학교 설립 초기, 아직 전임교수 제도가 도입되지 않아 교과를 담당한 교수진은 외부 인사로 구성된 경우가 많았다. 따라서 모든 교원이 일률적으로 강사로 호칭되었다. 〈사립보성전문학교규칙〉에는 강사의 정원에 대해 "담임 강사는 각 과에 5인씩 총합 25인 이내로 정하되 수시 증감한다"라고 규정하고 있다. 그러나 개교 당시 실제로 확인되는 교강사는 총 14명이며, 이 중 학교 임원을 제외한 강사는 10명에 불과했다.

개교 당시 보전의 교강사 명단

직명	성명	전공과목	직명	성명	전공과목
교장	신해영	경제	**강사**	신우선	법률
교감	조제환	경제	**강사**	이면우	법률
학감	정영택	중국어	**강사**	홍재기	법률
학감	박승혁	한문	**강사**	유치형	법률
강사	석진형	법률	**강사**	장헌식	법률
강사	장도	법률	**강사**	원응상	경제
강사	유문환	법률	**강사**	유승겸	경제

개교와 더불어 초빙된 교강사 14명의 학력 및 경력을 살펴보면, 대부분 일본의 후쿠자와 유키치福澤諭吉가 세운 게이오의숙慶應義塾 출신인 점이 눈에 띈다. 이들은 모두 관비유학생으로 선발되어 게이오의숙에 입학했던 50명의 유학생 중 일부였다. 또한 교강사의 대부분은 정부의 관원으로 법관양성소, 육군무관학교, 농공상학교 등의 교관으로 재직 중이었다.

창설 초부터 이용익의 위촉을 받아 설립 업무를 전면적으로 담당한 사람은 초대 교장 신해영이었다. 신해영은 1895년 관비유학생으로 일본에 유학하여, 게이오의숙을 졸업하고 도쿄전문학교에서 정치경제학을 전공했다. 귀국 이후에는 독립협회에서 활동했으며 중추원 의관을 역임하기도 했다. 당시 정부 관료 대부분이 한문 수학修學 아니면 각종 외국어학교 출신이었던 것에 비추어 보면, 신해영의 학력과 경력은 단연 돋보인다. 학부의 편집국장을 역임하며 교과서의 감수 및 편찬에서 중요한 역할을 맡았던 그는, 당시 이 분야에서 최고의 전문가로 평가받았다. 신해영은 애국심을 고취하고 국권 회복을 강조하며, 민족사학의 건학정신을 정립하는 데 크게 기여했다.

교감 조제환趙齊桓 역시 관비유학생으로 게이오의숙을 졸업했고 귀국 이후 내부內部 회계국장을 역임했다. 학감 정영택鄭永澤은 법관양성소를 졸업하고 교관으로 재직했으며 보전 재직 중 과학 교과서 《천문학》을 발간하기도 했다. 강사 장도張燾와 석진형石鎭衡 등은 《형법대전》의 편찬사업에 참여하는 한편 부동산법 조사위원과 변호사 시험위원을 맡고 있던 현직 법조인들이었다. 이처럼 보성전문학교는 대한제국 시기 법률학과 경제학 분야에서 가장 뛰어난 인재들이 활동하던 법관양성소와 농공상학교의 교관들을 초빙하여 교수진을 구성했다. 관립외국어학교 교장이자 학부 편집국장이었던 장헌식張憲植, 탁지부 사세국장司稅局長 원응상元應常, 한성재판소 판사 홍재기洪在祺, 한성재판소 검시시보 이면우李冕宇 등 보전의 교수진은 모두 당대의 대표적 지식인들이었다. 보전의 교수진은 지난날 육영공원育英公院 이래 각 외국어학교의 교관처럼 외국인을 초빙하는 시대가 지나가고, 스스로의 힘으로 근대적 교육을 담당할 수 있게 되었음을 상징적으로 보여 준다.

보전 초대 교장 신해영

이처럼 초기의 강사들은 정부의 관직을 유지한 채 보전에 출강했다. 이들은 사법과 행정의 현직에서 활동하며, 실무 중심의 강의를 통해 학생들에게 현실적인 교육을 제공했다. 당시 강의 내용을 직접 확인하기는 어렵지만, 남아 있는 교과서를 통해 수업의 일단을 엿볼 수 있다. 보전에서 처음으로 법학통론과 형법을 강의한 사람은 장도였다. 그는 대한제국의 최고법원이었던 평리원平理院 검사를 거쳐 경성재판소 판사로 재직하며 보전에 출강했다. 그는 1907년 6월 10일 법부의 인가를 받아 보성사에서 《신구형사법규대전》(상·하)을 출간하며 법학 교육의 기반을 다졌다. 그는 또한 형법 교정관으로서 1905년 4월 반포된 《형법대전》의 편수를 주관하여 《대명률》과 《대전회통》 〈형전刑典〉을 기본으로 개혁기의 법령을 종합해 근대 법전의 편찬형식에 따라 형사법규를 정비했다. 이때 보전 강사였던 홍재기와 유치형兪致衡도 법부의 법률기초위원으로 이 일에 참여했다.

또한 이면우는 《회사법》을 집필했다. 간기刊記가 없어 언제 어디서 간행했는지 알 수 없으나, 서언序言에 적힌 '신해영 검열檢閱'로 미루어 보전 초기의 회사법 강의 교재임이 확실하다. 화폐론 강의는 일본 센슈학교專修學校 이재과 출신의 유승겸兪承兼이 맡았다. 강의교재는 보성관普成館 번역원 이필선李弼善의 번역서인 《화폐론》으로 추정된다. 이 책은 단순히 일본 대학 강의록을 번역한 것이 아니라, 우리 실정에 맞게 내용을 편역한 교재였다. 그 밖에 신우선의 《민법총론》과 《어음법[魚驗法]》, 유치형의 《법학통론》과 《물권법》, 석진형의 《채권법》, 조성구의 《헌법》과 《채권법》, 박만서의 《상속법》, 주정균의 《법학통론》 등이 개교 초기의 교과용 도서로 사용되었다. 보전 학생들은 교수진의 강의와 교과서를 통해 자강 사상과 애국정신을 내면화해 갔다. 이 같은 교육은 단순한 지식 전달을 넘어, 민족적 자주성과 국가 발전을 이루기 위한 실천적 의지를 함양하는 데 초점이 맞추어졌다. 보전이 학생들에게 가르친 핵심은, 교장 신해영이 일본 유학생 감독으로 파견되며 남긴 다음 글에서 잘 드러난다.

> 제군은 아무쪼록 황금 같은 시간을 하는 일 없이 그대로 보내지 말고 진실한 마음가짐과 각고의 공부로 학업을 성취하여 국가의 쓰임이 되어 우리 대한제국이 자강자립自强自立하는 광휘光輝를 세계에 발달케 하라. (《대한매일신보》, 1907년 4월 24일)

1-4 3년제로의 개편과 학사제도의 변화

1-4-1 설립 초기의 학교 운영

설립 초기, 학사행정에서 중요한 변화 중 하나는 1905년 9월 법률학과 야간부가 신설된 점이었다. 이는 한성법학교가 폐교되면서 갈 곳을 잃은 학생들을 인수한 데 따른 결과였다. 이에 따라 1906년도부터는 신입생 모집도 법률학전문과는 주간과 야간으로 나누어 모집했다. 한성법학교 학생을 인수한 이후 1906년 2월에는 두 번째 신입생을 모집했으며 1906년 9월에는 보성중학교가 개교할 예정이었다. 이에 따라 기존의 교사로는 늘어나는 학생들을 수용하기 어려워지자 1906년 7월 인접한 김교헌金敎獻의 가옥 2백여 칸을 매입하여 수리·확장했다.

1907년도 신입생부터는 설립 초기 2년제이던 학제가 3년제로 바뀌는 큰 변화가 있었다. 3년제로 바뀜에 따라 1909년에는 졸업생이 없었으며, 1910년에는 2년제 졸업생 가운데 3학년으로 진학하여 계속 공부하기를 원하는 학생에게 편입을 허용했다. 이와 함께 주목되는 것은 이재학과의 명칭이 경제학과로 바뀌었다는 점이다. 1906년 제2회 신입생 모집 공고까지도 학과명은 이재학전문과로 표시되어 있었다. 그러나 1907년 3년제로 개편되면서 이재학과의 명칭은 경제학과로 변경되었다. 이재학理財學이란 명칭은 일본의 영향을 받은 것으로 보인다. 처음에 'economics'의 번역어로 경세제민經世濟民의 준말인 '경제'를 사용했으나, 이는 정치적·도덕적 교화와 민생 안정을 포함하는 포괄적 개념이었다. 따라서 보다 구체적으로 재화의 효율적 관리를 의미하는 '이재'라는 용어가 학과명으로 채택된 것으로 짐작된다. 게이오의숙은 1890년 대학부를 개설할 때 문학과, 법률과, 이재과의 세 학과를 두었었는데, 보전 설립 초의 강사진이 대부분 게이오의숙 출신이었기 때문에 일본식 용례의 영향을 받은 것으로 보인다. 다만 게이오의숙이 1919년 사립대학으로 인가를 받으면서 이재과를 경제학과로 변경한 것과 달리, 보전은 이보다 훨씬 빠른 1907년에 이재학전문과를 경제학과로 개칭하고 수업연한을 3년으로 연장했다.

경제학과라는 학과명에는 단순히 경제학 이론을 충실히 학습하겠다는 아카데미즘을 넘어, 이를 통해 경세제민經世濟民을 실현하겠다는 실천적 열망이 담겨 있었다. 무엇보다도 서양과의 격차를 줄이고 경제발전을 도모해야 한다는 시대적 요구가 '경제'라는 개념의 도입을 절실하게 만들었다. 이재학과에서 강의한 유치형이 강술講述하고 신해영이 교열하여 1907년경 발간한 《경제학》에서는 경제학을 "경국제민經國濟民의 원리를 물건상物件上으로부터 설명하는 학문"으로 정의했다. 또한 보성전문학교 교우회가 1907년 발행한 《법정학계》 취지문에 의하면, 경제란 "나라를 다스리는 방법이요 세상을 구제하는 활동이니 이 원리와 원칙을 연찬硏鑽하여 그 과거를 거울삼아 현재를 보충하고 미래를 살펴 국가의 성쇠를 판결하는 학문"이었다. 요컨대 경제학이란 경제안정을 통해 민생을 구제하고 경제발전을 통해 국가의 융성을 도모하는 학문으로 인식되고 있었다. 게이오의숙이 이재과라는 명칭을 오랫동안 사용한 것은 사학私學으로서 민간 상공인을 양성하려는 의식이 강했기 때문이다. 반면 보전이 신속히 경제학과로 명칭을 변경한 것은 국가발전을 도모할 '경국제민'의 인재를 양성할 필요성을 강하게 인식했기 때문으로 보인다.

설립 초기 학생 현황은 다음과 같다. 우선 1906년에 입학한 학생은 법률학과 주야간 학생만 140명이었으며, 이재학과는 학생을 모집하지 못했다. 3년제로 개편된 첫해인 1907년에도 보전에 입학한 학생 200여 명은 모두 법률학과를 지원했다. 그러나 신해영 교장의 설득을 통해 경제학과도 64명의 신입생을 모집할 수 있었다. 이때 입학생은 법률학과 주학이 91명, 야학이 82명, 경제학과 야학이 64명으로 모두 237명이나 되었다. 이를 통해 설립 초기에는 학생들이 경제학과보다 법률학과를 선호했음을 알 수 있다. 법률학과와 경제학과의 정원이 각각 100여 명으로 설정되었지만, 실제로는 두 학과 구분 없이 200여 명을 선발했던 사실을 확인할 수 있다.

1908년에는 1907년 말부터 불거진 학교 경영상의 내분(유지회 사건)으로 인하여 학생들의 집단 자퇴 사태가 발생했다. 신입생 모집 역시 정원에 미달해, 수차례 추가 모집을 시행했음에도 3월 중에도 신입생 충원이 필요했다. 이는 국권이 점차 기울어져 가는 시대적 분위기와 학생들의 경제적 어려움이 학업 지속을 어렵게 만든 현실을 반영한다. 이에 따라 보전은 1908년 신입생부터는 그간 뽑아 오던 법률학과 주간을 폐지하고 법률학과와 경제학과를 모두 야간으로만 선발하기로 했다. 주간 학교로 개교한 지 3년 만에 완전히 야간학교로 바뀐 것이다. 그리고 야간으로만 수업할 것을 결의하면서 월사금 수납도 결정되었다. 앞서 언급했듯이 보전은 1년 소요 경비의 대부분을 황실로부터 지원받아 왔으나, 1907년 12월부터는 황실의 재정 지원이 중단되었다. 이에 따라 학칙에 규정되었음에도 받지 않던 매월 1원의 월사금을 신화폐 50전으로 변경하여 수납하기로 결정했다. 이는 학교 운영 자금을 확보하기 위한 불가피한 조치였다. 결국 제4회 신입생의 입학시험이 1908년 2월 25일 치러졌지만, 야간으로만 신입생을 선발했음에도 불구하고 지원자가 적어 200명의 정원에 턱없이 모자라는 120여 명의 신입생을 선발할 수 있었다.

1909년에도 지원자는 많지 않았다. 《대한매일신보》와 《황성신문》에서는 200여 명이 지원하였다고 했으나, 《법정학계》(제22호)에 따르면 응시자는 130명에 불과했다. 더구나 절반 이상의 학생이 한문 시험에서 낙제를 하였기 때문에 90여 명(또는 50여 명)만 선발할 수 있었다. 1908년에 이어 다시 정원을 채우지 못한 것이다. 경제학과는 1909년에도 신입생을 선발하지 못했다. 대신 1909년 3월 사립돈명의숙私立敦明義塾과 유길준俞吉濬이 설립한 사립융희학교私立隆熙學校가 폐교하면서 두 학교의 학생 44명을 수용할 수 있었다.

한편 야학과가 생기면서 주간과정과 야간과정 학생들 중에는 서로 이동하여 수업을 받는 경우도 있었던 것으로 보인다. 법률학과 야학생의 경우 1905년 제2학기 21명에서 그다음 학기에는 18명으로 줄어들었다가 1906년 제2학기에는 다시 20명으로 늘어났다. 반면 주간과정 학생은 그 기간 동안 20명에서 15명으로 줄어들었다. 또

1906년에 입학한 학생 가운데 야학생의 경우 제1학기에는 21명, 제2학기에는 23명으로 늘어났으나 주간 학생의 경우 51명에서 39명으로 줄어들었다. 이는 경제적인 어려움 때문에 주간에는 경제활동을 하고 야간에는 학교를 다니는 학생이 많았음을 보여준다. 해방 이후 단국대학 초대 학장이 된 장도빈張道斌도 1908년 법률학과 야학에 입학하여 낮에는 《대한매일신보》 기자로 일하고 밤에는 학교에서 공부하며 학업을 이어 갔다.

1909년 당시 보전은 법률학과 1-3학년과 경제학과 2학년만으로 구성되어 있었다. 정원을 채우지 못한 원인은 당시 경제적 형편과 직접적으로 연관되어 있었다. 20세 이상의 청년들이 경제적 이유로 학교에 다닐 여유를 가지기 어려운 상황이었다. 또한 1907년 말부터 시작된 '유지회 사건'의 여파도 학교 운영에 부정적인 영향을 미쳤다. 장도빈의 회고에 따르면 당시 학생들 사이에서는 국운이 점차 기울어 가는 현실을 마주하며 학교에 다니는 것에 회의를 느끼는 분위기가 팽배했다. 일부 학생들은 차라리 학업을 포기하고 다른 길을 모색해야 한다는 생각을 가지기도 했다. 재학 중이던 학생들의 이러한 정서를 미루어 보더라도 보전에 진학하려던 학생들이 많지 않았던 것은 당연한 일이었다.

1-4-2 교외생 제도의 시행과 임업과 및 일어과의 설치

1909년 4월에는 법률학과 교외생校外生 제도를 신설했다. 이는 당시 정식 법학 교육을 받을 기회가 없었던 교외 학생들의 향학열에 부응하려는 시도였다. 교외생 제도는 매우 활발하게 운영되었던 것으로 보인다. 강의록을 요청하는 학생들이 많아 1909년 말에는 강의록을 다수 인쇄했으며 방학 중에는 군郡 단위로 교외생을 한곳에 모으고 강사를 파견하여 학생들의 질문에 답해 주는 순회강연을 시행하기도 했다. 또한 교외생을 위해 인쇄한 보전의 강의록은 비단 교외생뿐만 아니라 각지의 사설 강습소에서 법률학도들을 위한 교재로 활용되기도 했다.

1909년 2월에는 그동안 보성소학교에서 관할하던 임업과林業科가 보전으로 이관되었다. 임업과는 마포구 도화동 일대에 있던 임업시험장을 정부로부터 차용하여 개설했던 속성 강습과였다. 임업과는 측량과와 합설되었으며 학생 선발 과정은 국어, 한문, 산술 등의 과목으로 구성된 시험을 통해 이루어졌다. 또 학생들의 경제적 어려움을 덜어 주기 위해 교과서를 무상으로 지급했다. 학생모집공고에서는 수료 기간을 10개월로 정하고 있으나 다른 기사에서는 12개월로 소개되기도 했다. 이는 다른 학교에서 운영하고 있던 임업과 수료 기간(6개월)의 두 배에 해당하는 기간으로, 그만큼 학습 내용이 충실하고 교육이 심도 있게 이루어졌음을 보여 준다.

보성소학교에서 운영하던 임업과를 보전으로 이관한 것은 학업 내용에 좀더 전문성을 기하기 위해서였던 것으로 보이나, 경영은 순조롭지 못했다. 우선 지원하는 학생들이 많지 않았던 것으로 보인다. 이에 따라 개강한 이후까지도 학생 모집을 계속했다. 또한 이때는 황실의 지원도 끊긴 상황이었고 교주校主 이종호 역시 독립운동에 깊이 관여하고 있었기 때문에 학교경영에 어려움이 많았다. 임업과는 운영 초기부터 재정적 어려움으로 강사에게 월급조차 제때 지급하지 못하는 상황에 직면했다. 결국 임업시험장이 정부에 반환되면서 입업과는 자연스럽게 소멸되었다.

한편 보전에서는 교외생 제도 외에도 일어과日語科 야간과정을 설치하여 한성관윤 장헌식을 교사로 초빙하여 학생들을 가르쳤다. 일어과도 임업과와 마찬가지로 속성과정이었던 것으로 보이며, 1910년에는 방학 기간을 이용한 단기과정도 운영하였다. 이는 당시 관리 채용에서 일본어 능력이 강조되었던 시대적 상황과 밀접한 관련이 있었다. 일어에 능숙한 졸업생이 취업에 유리한 상황이 조성되자 보전도 이러한 수요에 부응하기 위해 어쩔 수 없이 일어과를 설립하고 운영했던 것으로 보인다.

1-5 '보성대학' 설립 계획과 무산

1910년은 보전이 새로운 도약을 기대하던 시기였다. 1908년에 공포된 〈사립학교령〉으로 인해 사립학교에 대한 규제가 강화되면서, 일부에서는 사립학교가 폐지될 것이라는 소문이 퍼지며 분위기가 어수선해졌다. 이러한 가운데 신문에서는 '보성대학 설립'에 대한 이야기가 보도되기 시작했다. 먼저 《황성신문》에서는 보전이 "법률과 경제의 두 학과를 설치하여 그 업적이 이미 현저함은 세상 사람들이 모두 알고 있는 바이며, 이번에 또 상과商科를 증설하여 점차 대학교를 설립하기 위해 논의 중이다"라는 기사가 실렸다. 《대한매일신보》에는 이보다 구체적인 대학설립 계획이 보도되었다. 이 기사에 따르면 교주 이종호가 10만 원의 자본금을 마련하여 보성대학을 설립하고자 했으며 법과, 경제과, 상과, 정과政科 등 4개 학과를 둔다는 계획이 구체적으로 논의되었다고 한다. 이러한 계획을 바탕으로 보전은 당시 교육을 주관하던 학부에 대학설립 청원서를 제출했다. 보성전문학교를 보성대학교로 발전시키려는 움직임이 실천 단계에 들어갔음을 보여 준다.

1910년 상과의 교과과정

학년	교과과정				
1학년	상업도덕	상업문	상업산술	상업주산	상업부기
	상업통론	상업경영론	상업지리	은행론	법학통론
	경제원론	민법총론	물권	일어	영어
	중국어[淸語]				
2학년	내국상업사	은행부기	거래소론[取引所論]	철도론	해운론
	화폐론	채권원론	채권각론	상법총칙	회사법
	통계학	평시국제공법	상품학	일어	영어
	중국어				
3학년	외국상업사	보험법	해관론	창고론	부기원리
	공업부기	외국무역론	상행위	어음법[手形法]	해상법
	재정학	국제사법	일어	영어	중국어

그러나 그 후의 신문에는 보성대학에 대한 기사가 전혀 나타나지 않고 3월 말 보전 상과 학생 모집 광고가 게재된다. 이것으로 보아 보성대학교 설립은 허가되지 않았으며 상과 설치안만이 경제과의 폐지를 조건으로 허가되었던 것으로 추측된다. 결국 1910년 4월부터 보전은 종래의 법률학과와 경제학과 대신 법과와 상과를 운영하는 학교로 바뀌었다. 한편 당시 상과 교과과정에는 영어, 중국어[淸語], 일어日語 등 어학 과목이 포함되어 있었는데, 이는 당시 현실적인 국제정세를 반영한 것으로 국제통상을 전망하는 조치였다.

02

이용익의 망명과 제2대 교주 이종호

2-1 이용익의 망명과 사망

1907년은 학교 안팎으로 크고 작은 사건들이 잇따랐던 해였다. 교외에서는 헤이그밀사사건을 계기로 '한일신협약'이 체결되었고 고종이 강제 퇴위하는 등 일제의 압박이 가중되었다. 교내에서는 제1회 졸업생이 배출되고 이재학과가 경제학과로 개칭되면서 야간부로 전환했고 모든 학과의 수료 기간이 2년에서 3년으로 연장되었다. 또 교우회가 창립되고 교장이 바뀌는 등 중요한 일이 잇따라 일어났다. 그러나 무엇보다 가장 안타깝고 큰 사건은 교주 이용익의 사망이었다.

이용익은 1854년 1월 6일 함북 명천군에서 태어났다. 관직에 진출하기 전 금광에 관여했던 기록 등으로 미루어 볼 때 전통적인 양반과는 거리가 있었던 것으로 보인다. 윤효정尹孝定의 《풍운한말비사風雲韓末秘史》에 의하면 그가 출세의 끈을 잡기 시작한 것은 민영익에게 발탁되어 명성왕후에게 소개된 때부터였다. 임오군란 당시 명성왕후가 장호원으로 피신했을 때 고종과 명성왕후 사이의 연락을 맡은 일이 계기가 되어 이용익은 그 공로를 인정받아 토목과 영선營繕에 관한 일을 관장하는 선공감繕工監의 종9품 임

이용익 선생 추도회(1907)

시직인 가감역假監役을 시작으로 단천부사端川府使와 남병사南兵使 등에 차례로 발탁되었다. 그 후 왕실의 신임이 더욱 두터워져 내장원경內藏院卿, 탁지부대신, 군부대신 등 내외 요직을 두루 역임했다.

러일전쟁 직후 일본에 납치되었던 이용익은 1905년 보전을 설립했다. "문교 100년의 주초柱礎를 놓은" 것으로 평가받았던 보전을 설립함으로써 이용익은 와세다대학을 설립한 오쿠마 시게노부大隈重信에 견줄 만한 인물로 여겨졌다. 그러나 보전을 설립한 지 5개월 만에 이용익은 상하이로 망명길에 올랐다. 그의 망명은 외교적 사명을 띤 것이었으나 1905년 9월 이후 이용익의 행적은 알려지지 않았다. 1906년 2월 이용익이 러시아에서 고종에게 새해 문안을 올렸다는 기사가 실림으로써 그가 러시아에서 활동 중임이 알려졌을 뿐이다. 그러나 1907년 3월 각 신문에서는 일제히 이용익이 블라디보스토크에서 별세했다는 기사를 실었다. 보전친목회의 《친목》 제2호와 서우학회 기관지 《서우西友》 제5호에 의하면 이용익은 1907년 2월 24일 아침 블라디보스토크에서 사망했다. 1년 이상 조국을 떠나 국권을 회복하고자 동분서주하던 보전의 설립자가 54세를 일기로 파란만장했던 생애를 마친 것이다. 이용익의 사망 사실이 확인되자 고종은 그에게 '충숙忠肅'이라는 시호를 내렸다. '충'은 군왕을 섬길 때는 지조를 다했다는 뜻이고, '숙'은 일편단심을 가진 결단을 의미한다. 보전은 3월 17일 교정에서 이용익에 대한 추도회를 개최하고 손자 이종호를 제2대 교주로 추대했다.

이용익은 자신의 아들에게 "독립권을 회복하기 전에는 시신을 조국으로 운구하지 말라"고 했고, 아끼던 손자 이종호에게는 "나는 국왕의 은혜를 너무나 많이 받아 그 은혜의 만분의 일이라도 갚으려고 하다가 많은 사람들의 시기로 일이 여의치 못하여 이 지경에 이르렀으니 너는 내 업을 이어 보성학교를 열심히 찬조하여 문명을 발달하게 하여라"라는 유언을 남겼다.

2-2 제2대 교주 이종호

이용익 사후 '교육구국'의 정신을 이어받아 제2대 교주로 등장한 인물은 그의 손자 이종호였다. 이종호는 보전 외에도 수많은 학교를 세우고 경영하거나 지원하여 국권회복을 위한 인재양성에 심혈을 기울였다. 이종호는 1905년부터 보전의 실질적인 경영자였던 것으로 보인다. 이용익은 보전을 창설하기는 하였지만, 보전 창설 이전부터 주요 관직에 등용되었다. 더구나 이용익은 고종을 보필하며 일제의 침략을 저지하기 위해 동분서주하던 상황이었기에 학교 운영에 직접 관여할 여유가 없었다. 결국 보성전문학교를 창설한 지 5개월 만에 이용익은 해외로 망명하게 되었다. 따라서 늦어도 이용익이 망명하는 1905년 9월부터, 빠르면 보전 창립 직후부터 보전은 사실상 이종호가 경영했던 것으로 보인다.

그가 창설하거나 경영에 관여한 학교는 현재 확인되는 것만 해도 보성전문학교와 보성중학교, 보성소학교 이외에 함북 명천 보성학교, 충북 보성중학교, 둔포 보성학교, 온양 보성학교, 한북의숙, 삼호보통학교, 종성 보성학교, 서북협성학교, 평양 대성학교, 길주보통학교, 길주여학교, 명천 진성학교, 명천 협성학교, 강화 보창학교 등 17개교에 이른다.

보전의 2대 교주 이종호

한편 이종호의 독립운동과 관련하여 가장 중요한 전환점은 1907년 결성된 신민회 활동이었다. 신민회는 1907년 4월 양기탁, 전덕기, 이동휘, 이동녕, 이갑, 유동열, 안창호 등 7인이 창건위원이 되고 노백린, 이승훈, 이상재, 윤치호, 이강, 이종호 등이 중심이 되어 조직된 비밀결사였다. 신민회원은 비약적으로 증가하여 1910년경에는 약 800명에 달하게 되었다. 이것은 당시 영향력 있는 애국계몽운동가들을 거의 모두 포함한 것이었다. 비밀결사였던 신민회는 한말의 주요 지도자들이 대거 참여하면서 전국적 규모의 강력한 애국계몽운동 단체로 자리 잡았다.

신민회는 국내에서 실력양성을 위한 여러 가지 운동을 전개하면서, 한편으로는 국외에 무관학교武官學校를 설립하고 독립군 기지를 창건하고자 했다. 기회가 오면 국내에 진입하여 일제를 물리치고 실력으로 국권을 회복하려는 의도였다. 그러나 1909년 10월 안중근이 하얼빈에서 이토 히로부미伊藤博文를 저격하는 사건이 발생하자, 일본은 저격의 배후를 조사하기 위해 이종호를 체포했다. 일제는 이종호를 다수의 신민회 간부들과 함께 항일인사 중에서 가장 급진적인 인물로 지목해 저격 사건에 연루시키려 했던 것이다. 이종호는 1910년 2월 석방된 이후 신민회 간부들과 함께 '독립전쟁전략'을 채택하고 무관학교 설립 및 독립군 기지 창건 운동을 본격적으로 시작했다. 이종호는 이를 위해 1910년 4월 안창호, 이갑 등과 함께 망명의 길에 올랐다. 이종호는 독립운동의 공훈을 인정받아 1962년 건국훈장 독립장에 추서되었으며, 그의 헌신을 기리기 위한 추도식은 1964년 4월 서울 종로구 낙원동에 위치한 보전의 옛 교정에서 거행되었다.

03

일제의 압박과 학교경영의 위기

3-1 일제의 보전 관립화 기도

을사늑약 이후 교육에 대한 일본의 관여는 더욱 확대되고 적극화되었다. 그들은 1906년 8월부터 종래의 소학교령 및 사범학교, 중학교, 외국어학교의 관제 및 규칙을 모두 폐기하고 새로운 보통학교령, 고등학교령, 외국어학교령, 기타 학회 및 교과용 도서에 관한 규칙을 잇달아 발표했다. 이를 통해 일제는 학제 내용상 다소나마 남아 있던 대한제국의 자주적인 전통을 단절시키는 한편, 일본에서 들여온 차관 500만 원 중 50만 원을 임시 학사 확장비에 충당하여 새로운 학제에 입각한 학교를 다수 설립했다.

일제는 병합을 위한 기초 작업의 일환으로 일본어와 일본을 선전하는 교과목을 필수로 가르치는 학교를 설립했다. 또 효과적인 감독을 위해 고등 정도의 학교에는 교감, 초등 정도의 학교에는 학감을 반드시 일본인으로 초빙하게 했다. 그뿐 아니라 교과서도 일본인 고문관의 지도 아래 만든 학부의 편찬서 또는 검인정 도서가 아니면 쓸 수 없게 했다.

이러한 그들의 의도는 관공립학교뿐만 아니라 사립학교에까지 확대되어, '보조 지정'이라는 명목으로 사립학교를 선정하고 국고금을 지원하는 대신 일본인 교감을 임명하는 방식으로 실행되었다. 보전 역시 이러한 획책에서 벗어나지 못했다. 이에 따라 교과목에 일어 과목이 추가되었으며, 급기야 보전의 관립화 계획이 표면화되었다. 일어 과목은 창립 당시의 학칙에 이미 법률학과와 이재학과에서 교수상의 편의를 위하여 가르쳤으나 곧 폐지된 바 있다. 또한 수학 기간이 3년으로 연장되었을 때도 일어 과목은 편성되지 않았지만, 1907년 9월에 들어 모든 중학교 및 전문학교 교과에 편성하도록 강요된 것이다.

교육에 대한 일제의 간섭은 1907년 12월 보전을 관립화하려는 시도로 이어졌다. 《대한매일신보》의 보도에 따르면, 일제는 보전을 완전히 해체하여 법률학전문과는 고등학교로 바꾸고 경제학전문과는 상공학교로 합치며 1908년부터 학교 경비와 교직원의 수를 줄여 나갈 계획이었던 것으로 보인다. 관립화설이 나오게 된 배경은 그동안 학교의 일반경비를 황실 재산, 즉 궁내부 경리원에서 지급하는 보조금으로 충당해 왔으나 1907년 12월부터 경리원의 재산이 탁지부로 이관됨에 따라 황실 재산이 대폭 축소되어 보조금을 지급할 여력이 없어졌기 때문이었다. 그러나 관립화 시도는 학생들로부터 커다란 저항을 받았다. 학부에서 보전을 관립화하려 한다는 소식을 접한 학생들은 월사금을 부담하더라도 학교를 사립으로 유지할 것을 주장했고, 보전이 관립이 되면 모두 자퇴하겠다며 강경하게 반발했다. 일제는 학부를 통해 학교 경비를 보조해 주겠다고 회유하였지만 학부의 의도를 알고 있던 교주 이종호 역시 관립화에 강력히 반발하며 더 이상 학교 경영에 관여하지 말 것을 요구했다.

3-2 황실보조금 중단과 유지회 사건

보전의 경영은 주로 황실의 보조금에 의존해 왔다. 그러나 이용익이 해외로 망명하고 고종마저 양위하자 사태는 급격히 달라졌다. 일제는 헤이그밀사사건 등 황실이 연계된 반일운동이 잇달아 일어나자 1907년 12월 궁내부 경리원의 경리 장부 일체를 탁지부로 이관하게 함으로써 황실 재산을 대폭 축소시켰다. 이에 따라 종래 황실로부터 경비를 지급받아 오던 각급 학교들은 심각한 경영난에 직면하게 되었다. 이러한 사정은 경리원으로부터 사실상 1년 소요 경비의 전액을 지원받던 보전의 경우 더욱 큰 문제로 부각되었다. 이용익의 망명 이후에도 황실로부터 지원된 경영자금 덕분에 커다란 어려움 없이 운영되어 오던 보전은 하루아침에 "생명줄이 끊어지는" 난관에 봉착하게 된 것이다.

이로 인해 경영 문제를 둘러싼 갈등과 혼란이 지속되었다. 교주 이종호는 당장 거액의 학교 경영자금을 마련하기 어려웠고, 이 무렵에는 신민회 등에 가입하여 구국운동에 깊숙이 관여하고 있었기 때문에 학교 경영에 진력하기도 어려운 형편이었다. 보전 강사들이 이 문제를 논의하기 위해 이종호를 만났으나 이종호로서도 뚜렷한 대책을 제시할 수 없었다. 이러한 사정 속에서 보전 강사들을 중심으로 이종호를 대신해 스스로 학교를 경영하고자 하는 움직임이 나타났다.

1907년 12월 강사들은 '유지회維持會'를 결성하고 석진형을 회장으로 추대했으며 보전 교장에 유성준, 교감에 조제환을 선임했다. 유지회를 조직한 강사들은 교주를 배격할 것을 선언하고 학교의 비품을 일일이 점검하여 이를 접수하려 했다. 이와 같은 강사들의 갑작스러운 행동에 대해 교주 측은 즉각적으로 이를 저지하려 했고 강사 측과 교주 측은 각기 자기 진영의 인물들을 학교의 간부로 임명하며 정면충돌의 양상을 보였다. 이것이 이른바 '유지회 사건'의 시작이다.

학교의 내분을 질타하는 사회의 여론이 일어나고 학생들의 동요가 나타나자 점차 타협의 분위기가 조성되었다. 12월 22일 양측이 회의를 열고 학교의 경영은 교주에게 맡길 것, 전문학교장은 유성준, 학감은 유치형, 중학교장은 노백린, 교감은 박중화로 새로 임명하고 기타는 종전대로 유임할 것을 결정하여 일단 타협이 성립했다. 새로 임명된 노백린과 박중화 등은 후일 해외로 망명하여 대한민국임시정부의 요인으로 활약하는 인물들이다. 인사이동에서 유지회 측 선정 인물이 그대로 통과된 것은 오직 전문학교장 유성준뿐이며 특히 이번 사건의 주동 인물의 한 사람으로 지목된 박승혁은 학감 자리와 유지회 측에서 선정한 중학교 교감 자리에서 모두 물러나게 되었다. 그러나 분란은 쉽게 수그러들지 않았다. 학교 교직원 간에 구타 사건이 일어나고 강사들이 서로 절교하는 사태가 벌어지기도 하는 등 학내 구성원들 사이의 갈등과 대립이 첨예화되었다. 급기야 교주 이종호가 '유지회'를 인정하지 말 것을 학부에 청원하기까지 했다.

사태가 악화되자 이전부터 보전을 관립화하려던 통감부 당국에서는 학교경영에 간섭할 기회를 노렸고, 궁내부에서도 직원을 보내 보전의 재산 및 비품과 사건의 내막을 조사했다. 이러한 사태에 대하여 교주 이종호는 강사들을 초대하거나 강사들의 집을 일일이 찾아다니는 등 화해하고자 노력했고 교장 유성준도 강사 회의를 소집하여 제반 교무를 정리하려 했으나 사태는 쉽게 수습되지 않았다.

신학기 개학이 임박한 1908년 1월 7일에도 강사들은 모임을 갖고 사퇴한 학감 유치형의 후임으로 대한협회 회장이던 남궁억을 내정했다. 또한 학생들에게 월사금을 50전씩 받을 것과 법률학과에서도 주간과정을 없애고 야간과정으로만 운영하기로 결정하는 등 독자적인 행보를 계속했다. 결국 1908년 1월 제2회 졸업식 후 교장 유성준이 사표를 제출하면서부터 사태는 더욱 악화되어 다수의 강사들이 그와 행동을 같이하게 되었다. 《보성전문학교일람》에 따르면 당시 동시에 퇴직한 자는 교장 유성준, 교감 조제환, 학감 유치형을 비롯하여 10여 명에 달했다. 이 10여 명이라는 숫자는 사실상 당시 강사의 거의 전부를 의미하는 것으로서 학교 설립 이래 초유의 격변이었다.

그러나 교장 유성준과 강사들의 집단 사퇴에 대한 비난이 일고, 신문지상에 학교의 정상화를 요구하는 논설이 실리는 등 여론의 압박이 가해지면서 점차 사태 해결을 위한 노력도 나타났다. 이에 따라 '유지회 사건'이 발생한 지 2개월 정도가 지난 1908년 2월 10일 초대 교장이었던 신해영을 다시 교장에 임명하고, 교감에 정영택, 학감에 제1회 졸업생 윤익선을 새로 선임하면서 사태가 진정되기 시작했다. 마침내 1908년 2월

13일 신임 교감 정영택이 강사들을 초청하여 학교 운영 방안에 합의함으로써 학교 운영을 둘러싼 내분은 종식되었다. 이 자리에서 정영택은 이후 학교 경영을 교주에게 전적으로 일임하고, 사퇴한 강사들은 모두 새로운 인물로 충원할 것임을 선언했다.

1908년 1월 11일 《황성신문》의 〈보전 확립의 가하可賀〉란 기사에서는 이 사건이 일제가 획책한 황실 재산 축소에서 연유한 것이므로 그 책임은 일제에 있다며, "이것은 교주校主의 책임도 아니고 강사의 책임도 아니다"라고 결론짓고 전문학교로는 "영준英俊을 교육하는 모범학교"인 보전의 중단없는 발전을 축복했다.

그러나 보전은 1909년 말 이종호가 이토 히로부미 저격 사건에 연루되어 일본군 사령부에 체포되면서 심각한 위기에 빠지게 되었다. 이종호는 이듬해 2월에 석방되었으나 이미 일본 관헌에게 위험한 인물로 낙인찍혔을 뿐만 아니라, 신민회 동지들과 해외 망명을 준비하고 있었기 때문에 보전 운영에 힘을 쏟을 수 없었다. 결국 학교의 재정 상태가 급격히 악화되자 1910년 7월에는 교감 윤익선이 3,000원을 차용하여 교직원의 5개월 치 봉급을 충당하는 일도 일어났다. 그러나 이런 조치는 근본적인 해결책이 될 수 없었다. 따라서 보전에서는 기호학회의 '교육기본금 관리회'에 29,000원의 보조를 청원하기도 하였으나 이마저 여의치 못하였던 것으로 보이며, 1910년 12월 결국 천도교 측에 학교의 경영을 넘기게 되었다.

3-3 사립학교령과 일제의 압박

일제는 민족교육을 억압하기 위해 다수의 관공립학교를 세웠으며 관리의 등용에도 사립학교 졸업생을 차별함으로써 사립학교의 성장을 억제하려고 했다. 그럼에도 불구하고 사립학교는 당시 기존 관공립학교에 비하면 훨씬 많았다. 사립학교가 많다는 것은 곧 일본인의 직접 감독을 받지 않는 학교가 많다는 것을 의미한다. 결국 일제는 1907년

12월부터 사립학교에 대한 탄압정책을 본격적으로 추진하기 시작했다. 우선 학부 관제를 개정하고 학무국에 사립학교 담당 부서를 신설하여 제도적 장치를 마련했다. 그 후 준비 과정을 거쳐 1908년 8월 〈사립학교령〉을 공포하고 사립학교에 대한 탄압을 본격화했다.

〈사립학교령〉의 주요 내용은 다음과 같다. 첫째 사립학교의 설립은 학부대신의 인가를 받을 것, 둘째 사립학교에서는 수업연한, 학년, 학과목, 학생 정원, 입학 자격 등에 관한 학칙을 설정할 것, 셋째 사립학교의 교과용 도서는 학부에서 편찬하거나 학부대신의 검정 또는 인가를 거칠 것, 넷째 사립학교의 설비와 수업 및 기타 부적당한 사항은 학부대신이 변경을 명할 것, 다섯째 법령 또는 학부대신의 명령에 위배되고 유해하다고 인정되는 사립학교는 학부대신이 폐쇄를 명할 것 등이다. 〈사립학교령〉에 따라 모든 사립학교는 학부의 인가를 받아야 했고 학부는 사립학교의 단속은 물론 폐쇄할 권한까지 갖게 되었다. 당시 외국인은 치외법권을 향유하고 있었기 때문에 외국인 선교사들이 경영하는 학교에는 비교적 간섭이 적었으나 보전과 같은 민족사학은 이 법령의 가혹한 적용을 피할 수 없었다.

일제는 〈사립학교령〉 공포 직후 사립학교로서는 충족하기 어려운 3,000원의 기본금을 설립인가 기준으로 책정하고, 이를 확보하지 못한 사립학교에 대해 인가를 거부하며 강제로 폐교하려 했다. 그러나 사립학교들의 대응과 언론의 반발, 강제병합을 목전에 둔 특수상황 등에 의해 폐교 책략을 계속 추진하지는 못했다. 그 대신 인가를 신청하는 대부분의 사립학교에 설립을 허가해 주어 모든 사립학교가 인가 절차를 밟도록 유도하고, 병합 후 체계적인 탄압에 착수하기 위하여 사립학교에 대한 기초자료 수집에 치중했다.

이러한 〈사립학교령〉에 대처하기 위해 이종호는 1908년 8월 말 보성전문학교와 보성중학교 및 보성소학교의 임원 및 강사들로 구성된 월례회를 조직하여 상호공동의 문제를 논의했다. 1908년 9월에 개최된 제1회 월례회의 의제는 〈사립학교령〉에 따라 청원서를 작성하는 문제와 학생들에게 강의록 대금을 징수하는 문제였다.

한편 일제는 1909년 2월 〈기부금품모집단속규칙〉을 공포했다. 이는 사립학교의 재정적 취약성을 사학 탄압정책에 악용하려는 의도에서 마련된 것이다. 〈기부금품모집단속규칙〉은 전문 8개조로 구성된 짧은 내용이지만 사립학교 건립 운동을 방해하는 가장 주요한 요인이었다. 일제는 이 규칙을 통해 기부금품 모집을 허가제로 전환함으로써 사립학교로 하여금 그 설립 및 유지에 필요한 기부금을 자율적으로 모집할 수 없도록 했으며, 식민지 통치상 필요한 경우나 통치에 방해가 되는 경우 언제라도 기부금 모집을 중지시켜 해당 사립학교가 재정난에 의해 스스로 폐교하도록 유도했다. 실제로 위와 같은 기부금 모금 허가제가 공포된 후 모금을 허가해 주지 않거나, 허가해 주는 경우도 그 행정처리 기간을 최대한 지연하여 많은 사립학교가 재정난으로 폐교되고 말았다.

04

설립 초기의 교과과정과 학사행정

4-1 교과과정

초창기 보전의 교과과정은 매 학기 10-11과목을 이수하도록 하고, 2년간 4학기에 걸쳐 42-43과목을 이수하고 졸업하도록 되어 있었다. 《법정학계》 제1호에 실린 법률학과와 이재학과 두 학과의 교과과정표를 보면, 법률학전문과는 1학년에 법학통론, 민법총론, 형법총론, 민사소송법, 형사소송법, 물권법, 채권법, 국제공법대의國際公法大義 등 8과목의 법률학 강의와 경제학, 경찰학, 산술이 1-2학기에 걸쳐 연속 강의되었다. 2학년에는 외교관영사관제도, 상법총론, 국제사법, 행정법각론, 행정경찰법, 국제경찰론, 감옥학監獄學이 1-2학기에 걸쳐 속강되었으며 그밖에 은행부기학, 관청부기학, 행정재판법론, 지방제도론, 소송연습, 산술이 개설되었다.

이재학전문과의 교과과정은 1학년에서 법학통론 등 법률 과목 이외에 경제학, 재정학, 화폐론 등 경제학 분야와 은행실무법, 조세원론, 상업부기학이 개설되었고, 2학년에 가서 국채론, 통계학, 회사법, 외국환표요해外國換票要解, 실용어음법석의實用魚驗法釋義, 은행회사상점관리법, 세계예산론歲計豫算論, 국제무역론, 관청부기학이 개설되었다.

개교 당시의 교과과정—법률학전문과

학년	학기	교과과정			
1학년	제1학기	법학통론	민법총론	형법총론	민사소송법
		형사소송법	물권법	채권법	경제학
		국제공법대의	경찰학	산술	
	제2학기	법학통론	민법총론	형법총론	민사소송법
		형사소송법	물권법	채권법	경제학
		국제공법대의	경찰학	산술	
2학년	제1학기	외교관영사관제도	상법총론	국제사법	행정법각론
		행정경찰법	국제경찰론	감옥학	은행부기학
		행정재판법론	산술		
	제2학기	외교관영사관제도	상법총론	국제사법	행정법각론
		행정경찰법	국제경찰론	감옥학	지방제도론
		관청부기학	소송연습	산술	

개교 당시의 교과과정—이재학전문과

학년	학기	교과과정			
1학년	제1학기	법학통론	경제학	재정학	화폐론
		채권법	물권법	민법총론	상법총론
		은행실무지	상업부기학	산술	
	제2학기	법학통론	경제학	재정학	화폐론
		채권법	물권법	민법총론	은행실무지
		조세원론	상업부기학	산술	
2학년	제1학기	조세원론	국채론	통계학	회사법
		외국환표요해	실용어음법석의	은행회사상점관리법	은행부기학
		세계歲計예산론	산술		
	제2학기	국채론	세계예산론	통계학	회사법
		외국환표요해	실용어음법석의	은행회사상점관리법	국제무역론
		관청부기학	산술		

3년제 교과과정—법률학과

학년	학기	교과과정			
1학년	제1학기	법학통론 물권법1 구성법構成法	헌법론 채권법1	형법총론 상법총론	민법총론 경제학
	제2학기	법학통론 물권법1·2 구성법	헌법론 채권법1·2	형법총론 상행위	민법총론 경제학
2학년	제1학기	형법각론 상행위 민사소송법	채권법2 어음법 재정학	친족법 평시국제공법 사회학	물권법2 형사소송법
	제2학기	형법각론 어음법 재정학	채권법2 평시국제공법 사회학	친족법 형사소송법 의율의판擬律擬判	회사법 민사소송법
3학년	제1학기	채권법3 국제사법 논리학	상속법론 민사소송법 의율의판	해상법 파산법	전시국제공법 행정학범론
	제2학기	채권법3 국제사법 논리학	상속법론 민사소송법 의율의판	해상법 파산법	전시국제공법 행정학각론

한편 1907년 이재학과가 경제학과로 개칭되면서 야간부로 전환하고 모든 학과의 수업연한이 2년에서 3년으로 연장되었다. 1905년에 한성법학교 학생을 받아들이면서 법률학과에 야학을 설치한 후 1907년부터는 경제학과를 야간수업으로 전환했다. 수업연한을 3년으로 한 것은 일본의 전문학교 제도를 모방한 것으로서, 지원자 수가 안정적으로 확보되면서 수업연한을 1년 추가할 수 있었던 것으로 보인다.

3년제 교과과정—경제학과

학년	학기	교과과정			
1학년	제1학기	경제학 민법총론 산술	화폐론 물권법	은행론 채권법	법학통론 사회학
	제2학기	재정학 민법총론 산술	화폐론 물권법 외국어	은행론 채권법 헌법	법학통론 사회학
2학년	제1학기	상업경제 어음법 행정학	상업총론 채권법 부기학(상업)	상행위법 사회학 산술	회사법 조세원론 외국어
	제2학기	상업경제 어음법 행정학	통계학 채권법 부기학(상업)	상행위법 사회학 산술	회사법 조세원론 외국어
3학년	제1학기	조세각론 해상법 부기학(은행)	세계예산론 파산법 산술	공채권 국제공법 외국어	국제무역론 국제사법
	제2학기	조세각론 해상법 부기학(은행)	세계예산론 파산법 산술	공채권 국제공법 외국어	국제무역론 국제사법

4-2 학사행정

4-2-1 입학과 휴업

개교 당시에는 아직 〈전문학교령〉이 반포되지 않았기 때문에 학사규정은 대체로 1900년 9월에 반포된 〈중학교규칙〉 등을 참고하여 만든 것으로 추측된다. 입학 자격 및 수험과목에 관해서는 제1회 학생 모집 광고에 보다 구체적으로 기록되어 있다. 이에 따르면 입학시험에 응시할 수 있는 자는 신체 건강하고 국한문에 능숙한 20세 이상의 남자로 명시되어 있다. 이때 무시험으로 입학할 수 있는 사람은 관공사립학교의 보통과 이상을 졸업한 자로 되어있다. '관공사립학교'라 함은 20세 이상이라는 연령제한으로 미루어 보았을 때 관공사립중학교 내지 중학 정도의 학교를 가리키며 '보통과'라 함은 당시 〈중학교관제中學校官制〉의 심상과尋常科를 가리킨 것으로 보인다. 당시의 〈중학교관제〉에 의하면 중학교는 심상과 4년, 고등과 3년으로 되어 있었다. 고등과는 오직 관립중학교에만 설치할 수 있었고 공사립중학교에는 허가하지 않았으므로, 사실상 4년제 중학교, 즉 중학교 심상과 졸업생뿐이었고 그마저 극소수였다. 입학 자격을 만 20세로 규정하여 놓았으나, 실제로는 그 이하의 학생들도 입학이 허가되었다. 예컨대 4·19혁명 이후 과도정부의 수반이었던 허정許政의 경우 보전 입학 당시 17세였으나 입학이 허가되었다. 따라서 당시의 입학자격은 실제로는 사칙과 분수 정도의 산술을 알고 국한문의 소양이 있으며 역사와 지리의 간단한 구두시험을 통과할 만한 실력을 가진 사람이라면 충분했다. 입학자의 대부분은 이러한 기준을 충족한 이들로 채워졌다.

입학시험 과목도 제5회 법률학전문과 학생 모집 때에는 국한문, 독서 및 작문, 산술만 평가하였듯이, 시기에 따라 변동이 있었다. 입학시험도 1년에 수차례 있었다. 한편 학기는 두 학기로 나뉘어 학칙상 제1학기는 2월 15일부터 7월 14일까지, 제2학기는 9월 15일부터 다음 해 2월 14일까지로 규정되어 있었다. 또한 만수성절萬壽聖節(고종의 탄신일인 음력 7월 25일)과 천추경절天秋慶節(순종의 탄신일인 음력 2월 8일), 개국기원절開國紀元節(조선의 개국기념일인 음력 7월 16일), 계천기원절繼天紀元節(고종의 황제 즉위일인 음력 9월 17일), 흥경절興慶節(고종의 국왕 즉위일인 음력 12월 13일) 등에는 휴업했다.

4-2-2 납부금·시험·상벌·졸업

수업료는 학칙에 의하면 매월 1원씩 납부하는 것으로 규정되어 있었으며 "시의에 따라 강의록 대금으로 변칭變稱하되 그 금액은 때에 따라 산정할 것"이라는 단서가 붙어 있다. 한편 학칙 제26조에 "청원의 유무를 막론하고 퇴학자에 대해서는 재학 월수月數를 계산해 소요 경비를 보증인에게 변상하여 마련[辦出]할 것. 단 경비는 매월 2원으로 정할 것"이라는 규정이 있어 중도 퇴학자에 대하여는 경비금이라는 명목 아래 매월 2원씩을 재학 월수에 따라 변상하게 했다. 실제로 '유지회 사건'과 관련하여 1908년 3월 보전을 집단 자퇴하고 양정의숙으로 전학한 경제학과 학생에 대해 학칙대로 매월 2원씩 계산하여 받아 낼 것을 결정했고 이에 대해 해당 학생들이 반발한 사건도 있었다.

이는 당시 학교에서 월사금으로 한 사람에 1원씩을 받기는 하나 실제로는 1인당 월 1원을 초과하는 비용이 소요되고 있었음을 의미한다. 당시 관공립학교가 교과서와 학용품[紙筆墨]을 학생들에게 무료 지급하는 상황에서 실비 전액을 학생들에게 부담시킬 수는 없었기 때문이다. 보전은 황실로부터 재정 지원이 중단되는 1907년 12월까지는 월사금을 받지 않았고 교과서도 무료 배부했다. 이에 대하여 법률학과 제2회 졸업생 이대종李大鍾의 증언이 있으며, 《신동아新東亞》(제2권 제5호)에도 교주 이종호가 보성사를 경영하며 교과서와 신서적을 인쇄하여 전국 각지 학교에 무료 배급했다는 기사가 발견된다. 보성사는 이용익이 보전을 세울 때 이미 외국 서적의 번역 출간 등을 계획하며 그 설립을 구상하였던 것으로 1906년에 설립되었다.

한편 시험은 월말시험, 학기시험, 학년시험 및 졸업시험의 네 가지로 구분되었다. 학기시험은 월별 진도를 포함한 전 학기의 학력을 평가하고, 학년시험은 1년간 수학한 총 학력을 평가하며 졸업시험은 2년간 이수한 전 학과목을 평가했다. 따라서 학생들이 졸업의 관문을 통과하는 것은 자못 어려운 일이었다. 시험을 치러 평균 85점 이상의 우등으로 통과한 학생에게는 상품 및 상장이 수여되었으며, 학기시험에서 우등한 학생은 3일 이상의 결석이 없는 한 다음 학기의 납부금을 면제받았다. 이렇게 성적에 따라 상품을 주는 동시에 한편으로는 평균 60점 이하를 낙제로 하고 60점 이상이라도 세 과목 이상이 30점 미만일 때에는 진급을 허락하지 않았다. 그뿐 아니라 학업성적이 나쁘거나 15일 이상의 무단결석이 있는 학생, 품행이 불량하여 학교와 학생들의 체면을 손상시킨 학생에게는 퇴학을 명한다고 규정할 정도로 학칙이 매우 엄격했다. 또한 졸업장뿐

제1회 졸업식(1907)

만 아니라 시험을 통과하여 진급하는 학생들에게는 진급장을 수여하기도 했고 우등생과 급제생 명단이 신문에 보도되기도 했다.

이렇게 공부한 학생들이 사회에 첫발을 내딛는 날이 왔다. 우등생 6명을 포함한 18명의 법률학과 야간과정 졸업생이 1907년 2월 15일 첫 졸업장을 받았으며, 4월 15일에는 우등생 1명을 포함한 16명의 법률학과 주간과정 졸업생과 우등생 4명을 포함한 18명의 경제학과 졸업생도 졸업증서를 받게 되었다. 당시 신문에는 역사적인 제1회 졸업식이 1907년 4월 15일에 거행된 것으로 보도되기도 했으나, 교주 이용익의 갑작스러운 사망으로 인해 이종호가 시신을 운구하기 위해 블라디보스토크로 떠나야 했기 때문에 첫 번째 졸업식은 여름방학 중인 1907년 9월에 거행되었다.

보전의 졸업식에는 학부대신과 법부대신, 한성부윤 등이 참석했으며 졸업생 명단

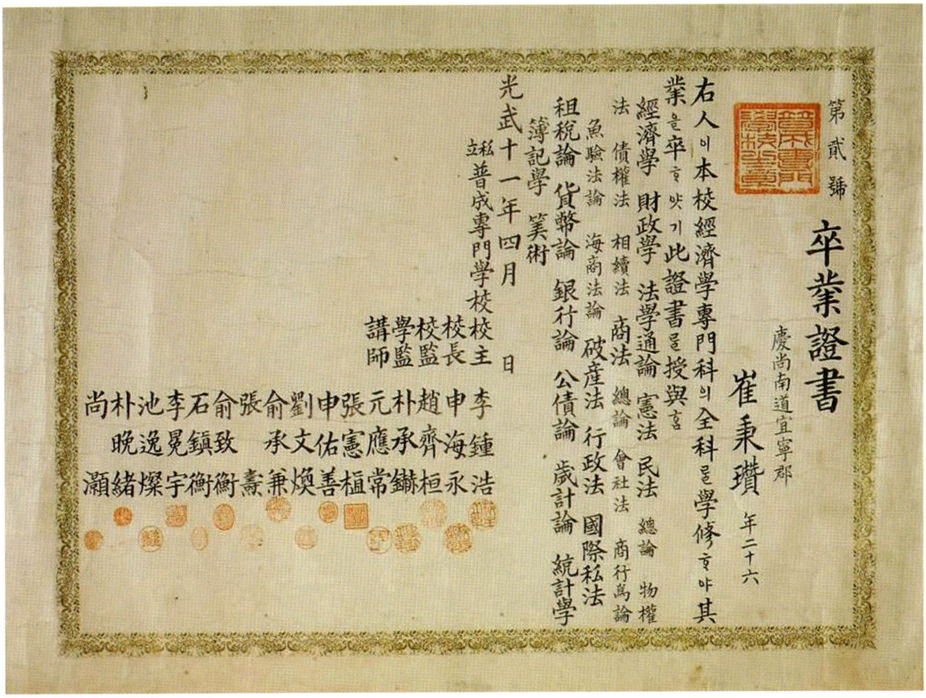

第貳號

卒業證書

慶尙南道宜寧郡

崔秉瓚 年二十六

右人이本校經濟學專門科의全科를學修ᄒᆞ야其
業을卒ᄒᆞᆫ 故로此證書를授與홈

經濟學 財政學 法學通論 憲法 民法 總論 物權
法 債權法 相續法 商法 總論 會社法 商行爲論
魚驗法論 海商法論 破産法 行政法 國際私法
租稅論 貨幣論 銀行論 公債論 歲計論 統計學
簿記學 筭術

光武十一年四月 日

私立普成專門學校

校主
校長
校監
學監
講師

李鍾浩 申海永 趙齊桓 朴承[illegible] 元應常 張憲植 申佑善 劉文煥 俞承兼 張燾 俞致衡 石鎭衡 李冕宇 池逸燦 朴晩緒 尙灝

제1회 졸업증서(1907)

까지 신문 지상에 상세히 보도되었고 사설을 통해서도 보전의 졸업식과 학교의 발전을 축하했다. "보성전문학교여! 국가의 기초요 청년의 숫돌[砥礪]이로다. 만년토록 갈고닦아 변치 말라"는 기사 내용에서 보전에 대한 당시 조선 사회의 기대가 얼마나 컸는지 짐작할 수 있다.

05

학생과 교우의 활동

5-1 학생들의 생활과 활동

5-1-1 학교생활

개교 당시 학생들의 옷차림은 보전 학생들의 학교생활을 짐작하게 하는 대표적인 사례일 것이다. 당시 학생들의 복장은 천차만별이었다. 극소수의 관직자와 군인을 제외하고는 양복을 착용하지 않았기 때문에 교복이 도입되지는 않았다. 대신 오얏꽃의 윤곽 안에 '보普' 자를 넣은 모표帽標가 제정되었고 모표를 부착한 사각모가 교모校帽로 지정되었다. 오얏꽃의 모표는 대한제국 황실을 상징하는 문양이었으나 실제로 교모를 착용한 것은 동일한 모표의 원형 모자를 채택한 보성소학생이나 보성중학생의 일부뿐이며 보전 학생들은 대체로 교모를 착용하지 않았다. 교모를 착용하기 위해서는 단발을 해야 했으나 단발은 곧 그들의 품위를 손상시키는 것으로 생각되었기 때문이다.

1907년 무렵에는 교장과 교직원은 물론 학생 가운데 단발을 한 뒤 교모를 착용한 학생들이 등장했지만 1895년 단발령이 내려진 지 10년이 경과한 당시까지도 단발에 대한 거부감은 완강하게 유지되고 있었다. 단발이 일본의 강요에 의한 것이라는 의식이

창립 1주년 기념식(1906)

깔려 있었기 때문에 근내 문화를 흡수하려는 보진 학생들까지도 단발을 기부히는 자가 적지 않았다. 이러한 당시의 분위기는 학교에서 단발을 강제하였을 때 자퇴의 길을 택한 학생까지 있었다는 데서도 알 수 있다.

1906년 제1회 창립기념일 사진이나 1907년 제1회 졸업식 목격담 등을 검토하면 당시 학생들은 평상시에는 대부분 갓 또는 탕건에 두루마기를 입고 미투리(짚신의 일종) 또는 마른신(기름칠 하지 않은 가죽신)을 신었으며 의식 때에는 두루마기 대신에 도포를 입었던 것으로 보인다. 그 밖의 일부 학생들은 하이칼라 머리(머리카락의 뒤와 양옆을 짧게 자르고 윗부분은 남겨서 기르는 당대 최신식 머리모양) 또는 막깎은 머리에 탕건 또는 모자를 썼으며 머리를 땋아 늘어뜨린 학생도 섞여 있었다. 양복을 입는 자는 극소수였다. 물론 학생들의 옷차림은 1907년 이후 서서히 변화되었으며, 해가 지남에 따라 교모의 수가 차차 탕건의 수를 압도해 갔다.

학생 생활은 지금처럼 다양하지 않았으나 신시대의 분위기에 맞춰 운동 경기, 법률 토론, 사회운동 등에 활발히 참여하는 모습을 보였다. 교사가 협소하였기 때문에 학생들의 각종 기념식이나 행사는 영도사, 봉국사, 신흥사 등에서 개최하는 경우가 많았다. 특히 매년 4월 3일 개최된 창립기념식에는 1천여 명의 내빈과 학생들이 참석하여 장관을 이루었고, 때로는 양규의숙養閨義塾의 여학생들도 참관하여 갓 쓴 학생들의 표정을 더욱 근엄하게 만드는 일도 있었다.

한편 보전의 설립과 운영이 황실과 깊은 관련이 있었던 만큼 보전 학생들은 고종과 순종의 탄신일을 휴일로 정해 놓고 기념했다. 또 황제나 황태자의 행차 때는 그 행렬에 참가하기도 했다. 황실 행사에 보전 학생이 참여하는 것은 황실 보조금이 중단된 이후에도 계속되었다. 이 외에도 일제의 침략이 점차 노골화하는 가운데 보전 학생들은 통감부 당국에 의해 이토 히로부미의 추도식에 강제로 동원되는 아픔을 당하기도 했다.

5-1-2 학생활동

학생활동 중에서 눈에 띄는 것은 활발한 토론회와 소송연습회 활동이다. 토론회나 소송연습회는 교내 학생들만 하는 경우와 타교 학생들과 합동으로 진행하는 경우가 있었다. 교내 토론회의 경우 학년마다 매주 1회씩 개최하였던 것으로 보이며 상급 학년의 학생들을 초빙하여 합동토론을 벌이기도 했다. 특히 법률학과 학생들의 소송연습회 또는 법률토론회가 가장 활발했다. 여기에는 서울과 평양 등지의 재판소 관리들이 참석하기도 했다. 당시 언론에서는 소송연습회에서 제기된 소장訴狀과 장문의 소송 내용, 답변서와 판결서를 소개하기도 했다. 소장과 판결 내용 등을 보면 당시 보전 학생들의 수준이 만만치 않았음을 확인할 수 있다. 보전 학생들이 졸업 후 법조계에서 핵심적인 위치를 차지하게 된 것은 이러한 훈련과 학습 과정을 통해 실력을 쌓았기 때문일 것이다.

또한 야외에서 개최된 소송연습회나 법률토론회는 일반인에게도 방청이 허용되었으며 보전 학생들은 예비 법조인으로서의 의젓한 자태를 과시하여 대중의 찬탄을 받기도 했다. 법률토론회는 신문화를 갈구하는 대중들에게 많은 자극을 주었으며 참가자 가운데에는 헤이그밀사사건의 이준李儁이 검사인 것을 거론하며 보전 법학도의 사명을 환기시킨 사람도 있었다. 이렇게 사회적 주목을 받았던 보전 학생들은 스스로 시국 문제에 깊은 관심을 표시하기도 했다. 그 일례로서 '이재명 교수형 선고 사건'에 관한 법리 질문 사건을 들 수 있다. 이재명李在明은 1909년 12월에 이완용을 살해하려다 미수에 그친 애국지사이다. 이재명의 재판이 병합 직전인 1910년 4월에 열려 교수형이 선고되었을 때 변호인 측의 한 사람이 보전 초기 강사였던 이면우였고, 판사 중 한 사람이 본교 법률학과 제2회 졸업생으로 당시 강사를 겸임하던 정구창이었다. 학생들은 정구창의 강의 시간에 판결의 타당성에 대해 힐난했던 것으로 알려져 있다.

학생들의 애국 활동은 국채보상운동으로도 이어졌다. 국채보상운동은 원래 1907년 1월 대구에서 시작되었다. 서상돈과 김광제 등이 1,300만 원에 달하는 국채로 인해 국가의 독립이 위기에 처한 상황을 타개하기 위해 석 달간 금연하고 그 대금을 모아 부채를 상환하자고 전 국민에게 호소한 것이었다. 이 호소는 순식간에 전국에 전파되었고 서울에서도 황성신문과 대한매일신보, 보성학원의 인쇄소인 보성사 등을 중심으로 보상금 모집이 시작되었다. 이에 보전 학생들도 토론회를 개최하고 금연을 결의하는 등 어려운 처지에서도 적지 않은 국채보상기금을 거두어 출연하는 등 이 운동에 적극 참여했다.

한편 보전 학생들은 수학여행을 통해 국토애를 키웠고 체력 단련에도 힘썼다. 학생들은 1907년 4월부터 매주 한 번씩 정규과목 이외에 체조와 운동에 참여하였는데, 동대문 밖 영도사, 삼선평, 장충단 등지에서 운동회를 개최하거나 동대문 내 훈련원에서 열리는 관사립학교 연합운동대회에 참가하여 탕건과 두루마기를 벗어 던지는 용감한 모습을 보였다. 운동회는 봄과 가을로 나누어 개최되었다. 운동회에서는 운동경기뿐만 아니라 을지문덕과 정몽주, 이순신과 논개 등 역사적 인물들의 공적에 대한 토론회도 병행하여 학생들과 대중들의 애국정신을 고양하는 계기로 삼기도 했다.

5-1-3 학생 자치활동

학생들의 자치활동 가운데 가장 두드러진 것으로 '보전친목회'를 들 수 있다. 보전친목회는 1906년 11월 2일 발기대회를 열고 제정위원(발기인 4명)과 조사위원(2학년 11명, 1학년 3명)을 선정하여 회칙 등을 마련한 다음 12월 16일 창립총회를 개최했다. 창립총회에서 회장 조성구趙聲九, 부회장 윤익선尹益善 등 임원 외에 평의부원 20명과 도서부원 11명을 선출했다. 평의원회는 같은 날 저녁 보전친목회 임시사무소로 정한 찬성장 대리 이종호의 사동篩洞 자택에서 임시회의를 열고 보전친목회의 제반 인쇄물을 보성사에서 무상으로 인쇄하기로 결정했다. 12월 30일에는 역시 이종호의 자택에서 회보를 간행하기로 하고 그 명칭을 《친목》으로 결정했다.

취지문으로 미루어 볼 때 보전친목회의 목적은 단순히 회원 상호 간의 친목을 도모하는 데 있었던 것이 아니라 토론과 연설 등으로 지식을 교환하고 학문을 발달시켜 국가 정신을 굳건히 함으로써 국가의 위기 상황을 맞아 국권을 유지하려는 데 있었음을 알 수 있다. 회원의 자격은 졸업생과 재학생을 포함하고 있었다. 따라서 퇴학한 학생은 회원 자격을 상실했다. 또한 친목회의 운영을 위해 회원들로부터 월 회비를 거두었다.

보전친목회의 활동 중 가장 중요한 것은 기관지 《친목》을 발간하는 것이었다. 《친목》은 1907년 3월 15일 창간호가 발간되었으며 매월 15일 발간하기로 했다. 창간호는 1,500부가 인쇄되었고 2호부터는 1,000부를 발간했다. 구독료는 1부당 12전이었으며 일반인에게도 판매했다. 《친목》의 내용은 "법률 정치와 민지民志 개발을 위한 교육, 내외국 정세와 풍속 개량에 요체가 되는 것"을 포함하고 있었으며, 궁극적으로는 청년들이 힘과 지혜를 모으고 연구하여 기울어져 가는 국권을 회복하는 데 있었다. 따라서 이 잡지의 성격은 회원만의 잡지가 아니라 일반 청년들을 계몽하고 그들이 국권회복의 역군이 되는 데 이바지하려는 것이었다. 일정한 구독료를 받고 일반인에게 배부하고 각 기관에 한 부씩 발송한 것도 이 때문이었다. 이러한 취지에 따라 《친목》 창간호에는 국권 회복과 관련하여 중요한 의미를 가지는 논설이나 제2회 만국평화회의에 관한 소식 등이 상세히 소개되었고 박은식朴殷植 등 명사들의 축사가 담겨 있었다.

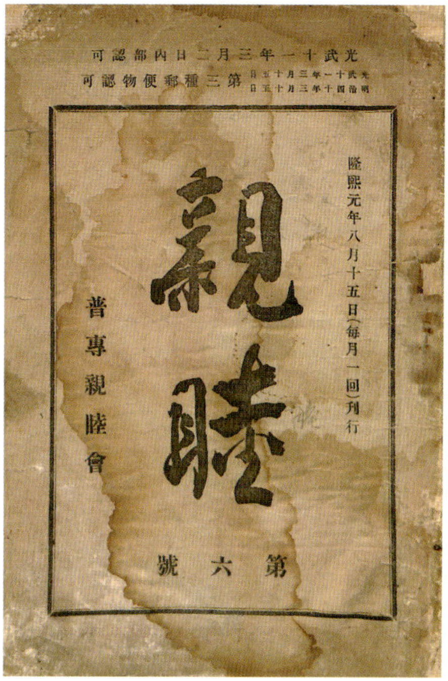

보전친목회의 《친목》

보전친목회는 늦어도 1908년 말 해산한 것으로 보인다. 보전친목회의 해산은 1907년 3월 보전교우회가 창립된 사실과 밀접한 관련이 있다. 친목회를 창립하였던 주역들이 그대로 교우회의 주도층이 되었기 때문이다. 처음에는 두 단체가 병존하였으나, 점차 친목회를 해체하고 교우회를 중심으로 활동하게 되었던 것으로 보인다.

한편 보전친목회가 해산한 뒤 재학생만으로 구성된 별도의 친목회가 조직되었던 것으로 보인다. 이는 1909년 5월에 발행된 《법정학계》 제23호에 교우회에 기부된 보전친목회의 재산을 재학생이 설립한 친목회에 기부하자는 주장이 제기된 데서 알 수 있다. 그러나 교우회에서는 재학생만으로 다시 조직한 친목회가 이전의 보전친목회와 성격이 다르다는 이유로 기부를 거부했다. 재학생 중심의 학생자치단체는 1909년 5월 이전에 조직되었던 것으로 보이지만 재학생들만의 자치단체가 언제까지 지속되었는지는 확실하지 않다. 현재 기록상으로는 1925년 3월에 발행된 《보성전문학교일람》에 〈보전친목회회칙〉이 소개된 것이 마지막 기록이다. 새로 조직된 친목회는 그 후 《시종時鐘》과 《보전학생》 등의 기관지를 발행하며 활동한 '보전학생회'로 개편되었던 것으로 보이며 오늘날 학생회의 시원始原을 이루는 것으로 생각된다.

5-2 교우의 활동

개교 당시 보성전문학교는 고등교육기관 중의 하나였을 뿐만 아니라 '전문학교'라는 명칭을 갖춘 것으로서는 가장 먼저 설립된 학교였다. 또한 규모가 크고 체계가 잘 갖추어져 있었기 때문에 사회적 명망과 위상이 다른 학교에 비해 훨씬 높았다. 이것은 당시의 주요한 언론기관이던 《황성신문》이나 《대한매일신보》 등의 지면에 보전의 동향이 자주 소개되었던 것을 통해서도 충분히 짐작할 수 있다. 보전의 졸업식에 학부대신과 법부대신 및 기타 사회단체의 저명인사들이 다수 참석했다는 것도 이를 뒷받침하는 증거의 하나이다.

보전을 졸업한 학생들은 사회 각 분야로 진출했다. 제1회 졸업생의 경우 졸업생 명부가 법부와 학부, 탁지부로 전달되었다. 이는 관료로 진출하는 학생들이 적지 않았음을 보여 주며, 탁지부에서는 보전 경제학과 졸업생 18명 가운데 우등생은 세무관으로, 급제생은 세무주사로 임용한다는 기사가 신문에 실리기도 했다. 법률학과 졸업생의 경우에도 재판소 등 관직으로 진출하는 학생이 다수 있었던 것으로 보인다. 그러나 점차 일제의 간섭이 심화되는 가운데 관직 진출을 꺼리는 학생들이 나타나기 시작했다. 예컨대 1908년 졸업생의 경우 법부에서 법관양성소 출신 18명, 보전 출신 9명, 양정의숙 졸업생 3명을 재판소 서기를 뽑기로 하고 각 학교에 학생을 추천하여 보낼 것을 요청하였으나, 대부분의 학생들이 거부하여 추천받은 학생 9명 가운데 7명은 자퇴하고 2명만 서임된 경우도 있었다.

한편 졸업생들의 활동으로서 주목되는 점은 교우회의 조직과 활동이다. 교우회는 1907년 3월 24일 창립총회를 열고 회장에 보전 강사이던 석진형, 부회장에 역시 강사이던 이면우, 평의원에 교장 신해영, 교감 조제환, 학감 박승혁, 강사 장도·유승겸·박만서·상호, 졸업생 조성구·주정균·변덕연, 간사에 졸업생 이한길·박승희 등을 선출했다. 이어서 평의원회가 구성되고 제1회 회의에서 교우회 경상비는 학교 경상비 중에서 지

보전 초기의 졸업생 현황

졸업 횟수	졸업 시기	법률학과	이재학과(경제학과)
1회	1907. 04.	34명(주학 16명, 야학 18명)	18명
2회	1908. 01.	48명(주학 28명, 야학 20명)	
3회	1910. 02.	15명	
4회	1911. 01.	45명	22명
5회	1912. 02.	36명	
6회	1913. 03.	30명	19명

출하도록 요청할 것, 경제법률잡지를 발행하되 매월 5일 정기 간행할 것 등을 결의했다. 제2회 회의에서는 경제법률잡지명을 《법정학계法政學界》로 할 것, 발행 대표자는 조성구로 할 것, 체재는 학술적인 것으로 하며 정가는 1부당 15전으로 하되 제1호는 무상으로 배포할 것 등을 정했다. 이리하여 《법정학계》의 역사적인 창간호가 1907년 5월 간행되었다.

《법정학계》 제1호에는 한광호의 〈법률발생의 원인〉, 유옥겸의 〈사법전편찬의 필요〉, 변덕연의 〈인격의 관념〉 등의 논설이 수록되었다. 《법정학계》의 내용은 논설, 문원사조文苑思潮, 잡보, 기사 등으로 구성되어 있었다. 논설란은 학술에 관한 논설, 문원사조란은 수필, 한시 등, 잡보란은 내외국 시사, 기사란은 본교 동정 등에 각각 할당되었으며, 문원사조란은 잡지의 성격에 부합하지 않는다고 하여 제16호부터 삭제되었다. 《법정학계》는 당시의 가장 진보적인 지성을 대표하던 것으로 재학생 잡지 《친목》과 함께 보전의 건학이념을 구현하는 데에 크게 기여했다.

졸업생들의 주요 진로는 관리, 변호사, 교원, 은행원 등으로 다양했다. 법률학과 졸업생은 주로 판검사, 재판소 서기 등 사법관 및 변호사가 되었고 경제학과 졸업생은 주로 세무관과 세무주사 등 탁지부 관리 및 실업에 종사했다. 이후에는 은행계에 진출하는 졸업생도 많아졌으며, 성적이 우수한 학생은 보전의 강사로 채용되기도 했다.

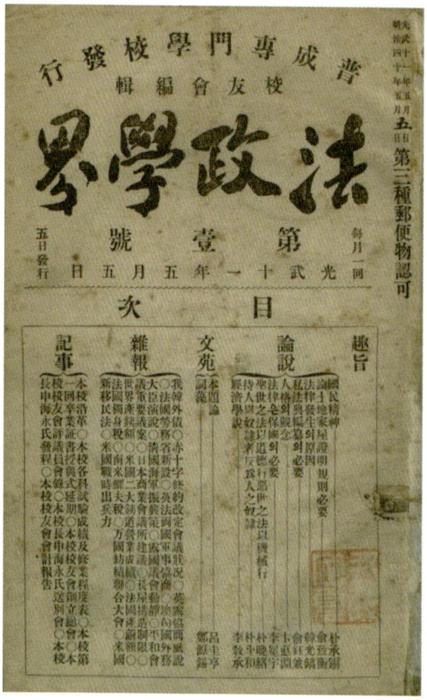

普成專門學校發行
校友會編輯
法政學界
第壹號
每月一回 光武十一年五月五日發行
目次

《법정학계》 창간호(1907)

1908년 이른바 〈사립학교령〉의 발표를 전후하여 사립학교가 단속의 대상이 되면서부터는 관리 등용에 있어서도 관립과 사립의 차별이 현저해졌다. 특히 판검사 등의 임용에는 법관양성소 졸업생이 우선이었다. 졸업생 중에는 향리에 정착하여 법률야학강습소 등을 신설하여 지방계몽에 몰두하는 사례도 있었으며 일본으로 유학하여 수준 높은 학문에 전념하는 이들도 나타났다. 전국 방방곡곡에 졸업생이 분포한 보전은 문자 그대로 전 민족의 최고학부였다.

당시의 졸업생 중 사회적 활동이 뚜렷한 자는 제1회의 윤익선과 허헌, 제2회의 남형우, 변영만, 제3회의 윤해와 김립 등이 있다. 윤익선은 보전의 교장으로서 약 10년간 본교의 경영에 심혈을 기울여 학교의 궤도를 바로잡았을 뿐만 아니라 3·1운동 당시에는 《조선독립신문》 발행인을 겸하여 일제의 탄압을 무릅쓰고 운동의 의의와 실태를 보도했다. 그가 이 신문에 실은 〈독립선언서〉, 〈33인 명단〉, 〈독립 3대원칙 해설〉 등은 당시 민중을 열광케 했다. 변호사였던 허헌은 신간회 중앙집행위원장 및 모교의 교장 등으로서 민족의 권익 옹호와 교육을 위해 활동했다. 남형우는 학업성적이 우수하여 졸업 후 모교 강사 및 교감 등으로 전후 7년간 재임하다가 비밀결사인 대동청년당을 결성하고 대한민국임시정부의 법무총장으로 활동하는 등 국내외에서 독립운동에 헌신했다. 변영만은 변호사로서 민권 옹호를 위하여 활발히 투쟁했으며 문사文士로서도 유명했다. 윤해는 일찍이 해외로 망명하여 임시정부에 관여하며 파리 강화회의에서 활약했고 김립 또한 3·1운동 이후 러시아에서 독립군 기지 창건 운동에 가담했다.

제2장

손병희와 보성전문학교

The 120th Anniversary
of Korea University

01

천도교의 보전 인수

1-1 손병희의 보전 인수

1910년 8월 대한제국은 일제에 병합되었으며, 통감으로 있던 데라우치 마사다케寺內正毅가 '조선총독'으로 부임하면서 일제의 무단통치가 시작되었다. 일제가 무단통치 정책을 폈던 1910년대는 민족사학, 특히 보전의 역사에서 가장 어둡던 암흑기였다. 보진으로서는 일대 위기가 아닐 수 없었지만, 이 암흑 속에서도 기사회생을 위한 노력은 멈추지 않았다. 그 중심에는 윤익선이 있었다.

윤익선은 황해도 장연 출신으로 1905년 법률학과에 입학하여 1907년 졸업한 보전 제1회 졸업생이다. 1906년 12월에는 보진친목회를 조직하여 초대 부회장을 지냈으며, '유지회 사건'을 수습하는 과정에서 1908년 2월부터 보전 학감에 임용되어 교무를 수행해 왔다. 1909년 5월에는 교감과 학감으로 나뉘어 있던 직제를 폐지하고 교감만 두는 교무행정 제도의 변경에 따라 교감으로 임용되었고 1910년 7월부터는 교장 대리직을 맡았다. 이후 이종호의 망명 등으로 어려워진 보전의 재정난 타개를 위해 동분서주하며 학교를 다시 일으키는 데 공헌했다. 1911년 1월에는 보전의 제5대 교장에 취임했

보전의 5대 교장 윤익선

고 3·1운동 당시에는 《조선독립신문》 발행인으로 신문 1만 부를 보성사에서 인쇄하여 시위를 고취한 죄로 체포되었다.

한편 1910년 8월 현재 보전의 채무는 8,000여 원에 달했다. 이 액수는 보전의 1년 경비를 넘어서는 것이었다. 황실로부터 재정 보조가 중단된 뒤 강사회에서는 1908년 신학기부터 학생들로부터 월사금 50전씩을 받기로 했다. 그러나 3년제로 전환한 지 2년째인 1908년에는 1-2학년밖에 없었으며, 이때의 재학생 수는 정확히 알 수 없지만 이들이 졸업하는 1910-1911년의 졸업생이 각기 15명, 67명에 불과했다. 1909-1910년 입학생 가운데도 졸업생은 각기 36명, 49명에 지나지 않았다. 이로 미루어 볼 때 당시 재학생이 모두 월사금을 납부했다고 하더라도 그 액수는 월 60-70원 정도에 그쳤다. 따라서 보전은 1908년 3월부터 1910년 8월까지의 약 2년 반 동안 1년 경비 7,500여 원보다 많은 액수의 채무를 지고 어렵게 버텨 나가고 있었음을 알 수 있다.

결국 교장 대리 윤익선은 천도교 지도자인 의암義菴 손병희孫秉熙와 학교를 구할 방안을 협의했고 1910년 12월에는 천도교에서 보전을 인수하기로 결정했다. 손병희는 일본 망명에서 귀국한 직후인 1906년 3월에도 보성학원에 80원을 기증한 바 있다. 이때 손병희는 보전 외에도 서울 내외의 사립학교 23개교에 교육 정도와 교원 수를 참작하여 20원에서 80원에 이르는 의연금義捐金을 지급했다. 보성학원은 그중 가장 많은 보조금을 받은 셈이다. 이미 1906년부터 손병희로부터 적지 않은 보조금을 받았던 보전으로서는 높은 교육열을 가졌던 손병희에게 구원의 손길을 내미는 것이 어쩌면 자연스러운 일이었을 것이다. 당시 보전은 강사들에게 14개월 치의 봉급을 주지 못하고 있다는 소문이 신문에 실릴 정도로 극심한 재정적 어려움을 겪고 있었다. 그리하여 1911년 1월부터 천도교의 보전 인수가 결정되었으며 보성소학교와 보성중학교 및 보성사까지 함께 천도교에서 인수하기로 한 사실이 《매일신보》에 특별 광고로 게재되었다.

보전의 중흥자 의암 손병희

손병희는 이미 여러 학교에 경비를 보조해 오고 있었으며 1909년에는 동덕학교를 인수하여 경영하고 있었지만, 나날이 심각해져 가는 사학私學의 도산과 폐교 사태 가운데 대표적 민족 교육기관인 보성학원의 존립을 외면할 수 없어 흔쾌히 경영권 인수에 동의하였던 것이다. 이때의 계약 조건 중에는 인수 이후 3년 이내에 옛 교주가 귀국하여 그 권리의 반환을 요구할 때는 실비 상환으로 이를 돌려주고 3년이 경과하면 모든 권리가 천도교에 영구히 귀속된다는 내용이 포함되어 있었다.

1910년 12월 20일경 천도교 총부와 학교 측의 계약이 조인되자 당시 천도교의 대도주大道主 박인호朴寅浩 명의로 설립자 변경이 신청되었다. 이제 보성학원은 민족교단인 천도교의 보호 아래에서 민간 사학으로서의 명맥을 이어 갈 수 있게 되었다. 1911년 1월부터 보전의 새 경영자가 된 천도교 교단은 윤익선을 보전의 제5대 교장으로 임명했다. 보성중학교에는 최린이 교장 대리로 임명되었다. 그러나 천도교 교단은 보성학원을 종교학교로 만들려고 하지 않았고 미션계 학교처럼 교학의 목적을 천도교의 교리에 얽어매려 하지도 않았다. 훗날 3·1운동에서도 천도교는 교파를 달리하는 기독교 및 불

의암 손병희와 보전 학생들(1912)

교와 더불어 오직 '보국안민輔國安民'의 민족적 이상으로 원만한 협력을 이루었듯이, 보전의 건학이념인 '교육구국'의 이상을 그대로 고수하고자 했다. 이에 따라 천도교의 경영하에 보성학원도 점차 안정을 찾아 갔다.

천도교의 탄탄한 재력은 전국의 교인들로부터 올라오는 성미誠米에 의한 것이었다. 손병희에 의해 동학이 '천도교'로 개칭된 것은 공교롭게도 보전이 개교한 1905년이었다. 당시 민심이 무너져 가는 왕조를 떠나 새로운 구심점을 찾고 있던 상황에서 천도교는 대중의 지지를 받으며 전국적으로 교인이 크게 증가했다. 동학은 왕조시대에 억눌렸던 대중의 종교로서, 신분사회에서 짓밟힌 인권을 되찾고자 한 근대적 민권 사상의 선구였다. '시천주侍天主'라는 사상은 천주를 마음속에 모심으로써 귀천과 반상의 구분 없이 누구나 군자가 될 수 있다는 혁신적 이념을 담고 있었다. 신앙의식도 가난한 농민에게 알맞은 방식으로서 그릇에 담을 수 있는 청수淸水 한 그릇 모시고 '심고心告'라는 기도를 올리게 되어 있었다. 교단에 대한 의무도 매 끼니마다 쌀을 한 숟갈씩 떠서 모아 두었다가 매주 5홉씩 바치는 것뿐이었다. 이것이 '성미제誠米制'였다. 이렇게 한 숟갈, 두 숟갈씩 떠서 전국 300만 교인의 가정에서 올라온 성미가 보성학원을 위기에서 구했다. 매 끼니 쌀 한 숟갈이 모이고 모여 그 일부가 민간 사학을 구하고, 마침내 거금 10만여 원이 적립되어 3·1운동의 불길로 타오르게 된다.

이와 같이 민중의 힘과 정성을 모은 성미는 민족교육의 전당을 키워 준 젖줄이 되었다. 이때부터 보전은 민족정신뿐만 아니라 민중 속에서 자라 민중을 위해 일하는 지도자가 되어야 한다는, 민중에 대한 사랑에 눈뜨게 된다. "눌린 자를 쳐들기에/굽은 것 펴기에/쓰리로다 부리리라/이 힘과 이 생명"(보전 교가)의 이념은, 이 교가가 작사되기 훨씬 이전부터 형성되어 있었던 보전의 교풍을 잘 보여 준다.

1-2 교수의 확보와 신교사 건축

천도교가 보전을 인수한 직후 일간지에는 보전에서 교원을 모집한다는 광고가 실렸다. 비록 일제의 억압 아래 있었지만, 새로운 교수진을 확보함으로써 보전의 면모를 일신하려는 의지의 표현이었다. 특히 개교 이래 법과에 비해 항상 입학생이 모자랐던 상과를 진흥하기 위해 상과 교수 3-4명을 초빙하고자 했고 상과 학생을 추가 모집하는 광고가 나갔다. 1911-1912년 사이에 남형우, 고원훈, 정광조, 이항종 교수 등이 새로 초빙되고 최린 등 15명의 강사가 위촉되는 등 교수진이 보강되었다.

병합 직후 일제는 식민지 교육정책을 실시하기 위해 관리들을 각급 사립학교에 파견하여 교육 정도와 재정 상황 등을 조사했다. 그 결과 보전은 양정의숙과 함께 성적이 가장 우수한 학교로 확인되기도 했다. 1911년과 1912년에는 학생 수가 부족하여 추가

수송동 교사

모집을 하기도 했지만, 1913년에는 양정의숙에서 재학하던 1-2학년 법과 학생들이 보전으로 전학함에 따라 법과 학생 수가 정원을 꽉 채운 300여 명에 달하게 되었다.

이에 따라 기존의 교사는 더욱 비좁게 되었다. 이미 1908년에도 학생이 증가하면서 개교기념식 등은 교내에서 거행하지 못하고 교외의 넓은 장소를 빌려 사용해 왔다. 이제 학생 수 증가로 특단의 조치를 취하지 않을 수 없게 되자 천도교 측에서는 교사를 헐고 그 자리에 새로운 교사를 신축하기로 결정했다. 2층 양옥으로 설계된 새 교사는 1914년 6월 공사를 시작하여 10월 31일 낙성식을 보게 되었다. 1905년 4월 개교 이래 사용해 오던 박동의 교사가 헐리고 그 자리에 새 교사가 세워진 것이다.

새 교사의 건축과 아울러 새로운 기구와 시설도 갖추어져 천도교 경영하의 보성학원은 면목을 일신하게 된다. 주간에는 보성중학교가 수업하고 야간에는 보전이 사용하던 탓에 언제나 비좁았던 학교 환경도 교사 신축 이후 크게 개선되었다. 또한 이전에는 교장, 교감, 학감과 직원 이외에는 모든 강의가 강사에 의해 이루어졌으나, 1911년부터는 정식으로 교수가 임용되었다.

1910년대 보전 교기

천도교가 경영을 맡은 이후 교강사 명단에서 보이는 두드러진 점은 정광조와 최린 등 천도교 측 인사가 초빙된 점이다. 정광조는 손병희의 사위로서 와세다대학을 졸업하고 귀국하여 보전의 교수로 부임했다. 그는 국내에 처음으로 서양 사회학을 소개한 사람 중의 하나였으며 천도교의 핵심 요직을 두루 역임하며 3·1운동의 숨은 실무자로 활약했다. 최린 역시 관비유학생으로 메이지대학 법과를 마치고 귀국해 1910년 11월 보성고보 교장에 임명되었고 보전에서는 법률학을 강의했다. 또 와세다대학 정경과를 졸업한 후 귀국한 신익희도 1918년 4월부터 3·1운동 직후까지 본교에서 비교헌법, 국제공법, 재정학 등을 강의했으며, 3·1운동 직후 상하이로 망명했다. 당시 강사는 모교 1회 졸업생이 가장 많았다. 교명이 '보성법률상업학교'로 격하된 1915년부터는 일본인 강사가 출강했다.

1915년 〈전문학교규칙〉에 의해 교명이 보성법률상업학교로 격하되기 직전까지도 보전은 사학의 최고 명문으로 자리 잡고 있었다. 일제의 사학 억압정책에 따라 졸업생 수가 줄어드는 추세에 있었지만, "조선에 하나 있고 둘도 없는" 사립전문학교였던 보전의 졸업식은 세인들로부터 커다란 관심을 받았으며 졸업식 광경은 신문에도 크게 보도되었다.

1911–81920년 보전의 교수와 강사

교수

성명	과목	재직기간	성명	과목	재직기간
윤익선	법률	1908. 2–1919. 2	고원훈	법률	1911. 5–1923. 11
남형우	법률	1911. 1–1917. 10	정광조	법률	1912. 10–1916. 4
이항종	법률	1912. 9–1918. 4	김상옥	상업	1913. 4–1921. 12
최한기	법률	1915. 9–1916. 4	차갑진	법률	1920. 1–1920. 9

강사

성명	과목	재직기간	성명	과목	재직기간
석진형	법률	1905. 4–1913. 3	이성묵	법률	1908. 2–1911. 1
이원생	법률	1908. 3–1911. 11	김하정	외국어	1908. 11–1911. 10
채기두	법률	1910. 3–1912. 3	김영기	법률	1910. 4–1911. 6
윤정하	상업	1910. 4–1913. 4	장홍식	상업	1910. 4–1912. 3
이은우	법률	1910. 4–1913. 4	김우행	한어	1910. 4–1912. 3
정구창	법률	1910. 4–1914. 10	변영만	법률	1910. 4–1912. 4
신승균	부기	1910. 4–1912. 4	이창환	법률	1910. 12–1912. 10
현윤	외국어	1911. 4–1912. 4	이득년	정치경제	1911. 4–1913. 3
최린	법률	1911. 3–1918. 4	김대희	법률	1911. 4–1911. 9
박해원	경제	1911. 4–1914. 5	이용헌	법률	1911. 5–1911. 9
문상우	상업	1911. 9–1912. 9	이강현	공업	1911. 9–1915. 5
최창조	법률	1911. 9–1911. 9	고철	상업	1911. 10–1915. 5
황석교	정치경제	1911. 11–1912. 1	이정래	영어	1912. 1–1919. 1
박유진	주산	1912. 1–1919. 11	전성오	법률	1912. 4–1914. 5
이각종	법률	1912. 6–1915. 2	유옥겸	법률	1912. 9–1918. 3
고영완	한어	1913. 1–1914. 5	홍병선	신학	1913. 4–1914. 6
이기찬	법률	1913. 4–1913. 5	조성구	법률	1913. 5–1917. 12
양대경	법률	1913. 9–1914. 11	강매	법률	1913. 9–1915. 1
주정균	법률	1913. 9–1914. 9	서상집	법률	1913. 11–1916. 3
임경재	부기	1914. 3–1917. 3	임규	문학	1914. 5–1917. 10
정우범	법률	1915. 3–1917. 7	구자욱	부기	1915. 2–1926. 4
장응진	수학	1915. 4–1919. 12	선우전	경제	1916. 5–1919. 12
윤호병	경제	1916. 6–1920. 4	김태영	법률	1917. 9–1918. 3
신익희	법률	1918. 4–1919. 2	김명수	법률	1918. 4–1921. 12
임긍순	법률	1918. 10–1920. 8			

1-3 일제의 탄압과 교명 격하

1-3-1 일제의 천도교 탄압

보전은 1910년 이후 교육의 내실을 다지기 위해 다각적인 노력을 기울이고 있었다. 그러나 1910년대 보전은 강압적 법규의 올가미 속에서 신음해야 했다. 보전은 조선에 하나밖에 없는 사립전문학교라는 점에서 교육계에서 주요한 위치를 차지하고 있었을 뿐만 아니라, 조선인이 설립·운영하는 학교였기 때문에 외국인 선교사들이 설립한 학교와 달리 그 성장이 억제되었다. 일제는 서구화에 치중하는 교육보다는 저항적 민족교육이 커 가는 것을 두려워했다. 더구나 보전 경영자인 천도교의 경전《용담유사龍潭遺詞》에 "개 같은 왜적 놈을 한울님께 조화造化 받아 일야一夜간에 멸하고서"와 같은 배일의식이 담겨 있다는 점은, 조선총독부(이하 총독부)에게 보전을 더욱 경계하게 만드는 요소였다.

이 때문에 일제는 병합 직후부터 천도교를 억압하기 시작했다. 1911년 4월에는 경성 제2헌병대에서 모종의 조사를 한다는 명분으로 손병희를 불러 취조했다. 헌병대에서는 손병희를 취조한 이유로 축첩畜妾과 사치를 지적하고 있지만 그 목적은 천도교의 재원을 봉쇄하기 위해 성미제를 금지하려는 데 있었다. 일제는 천도교가 수백만 명에 달하는 교인들로부터 마치 세금처럼 성미를 거둬들이는 것을 용인할 수 없었다. 천도교 측은 성미에 대해 "교회를 지키는 물질적 혈맥임과 동시에 지상천국을 건설하는 데 쓰이는 현실적 희생"이라고 규정함으로써, 수백만 교인이 성미를 헌납하고 있었다. 당시 천도교인이 3백만 명에 달했기 때문에 일제의 입장에서 성미제는 잠재적 위협으로 간주되었다. 이러한 성미가 보전 경영에 중요한 재원으로 활용되고 있었음은 물론이다. 결국 일본 헌병대의 위협으로 손병희는 성미제도를 중단하지 않을 수 없었다. 3년 후, 성미제는 무기명으로 변경되어 다시 시행되었고, 이 재원은 보전 운영뿐만 아니라 3·1운동 준비과정에서도 중요한 역할을 했다.

1-3-2 조선교육령과 '사립보성법률상업학교'로의 교명 격하

총독부의 교육시책은 1911년 8월 23일 공포한 〈조선교육령〉을 통해 집약적으로 드러났다. 교육령의 기본 목표는 교육을 통해 조선인을 일본제국 신민의 자격과 품성을 갖추도록 하는 데 있었다. 구체적으로 보면 제2조 "교육은 교육에 관한 칙어의 취지에 기초하여 충성스럽고 선량한 국민을 육성하는 것을 본의로 한다", 제3조 "교육은 시세時勢와 민도民度에 적합하게 함을 기期한다", 제5조 "보통교육은 보통의 지식기능을 교수하고, 특히 국민으로서의 성격을 함양하는 국어[일본어]를 보급하는 것을 목적으로 한다"는 내용이 적시되어 있다. 이 내용들을 종합해 보면 총독부의 교육 정책은 조선이 일본과 같은 수준에 이르지 못했음을 전제하며, '시세'와 '민도'에 맞춘 덕성 함양과 일본어 보급을 통해 조선인을 일본제국 신민으로 길러 내는 데 초점을 맞추고 있었다.

한편 총독부는 교사들의 자격에 대해서도 엄격히 통제했다. 사립학교 교원의 자격도 관공립학교와 동일하게 통제하여 사립학교가 임의로 교사를 채용하지 못하도록 했다. 특히 민족주의적 교육을 담당하던 교사들을 도태시키고 보통학교장과 고등보통학교장들도 일제가 추천한 일본인을 임명하도록 했다. 1916년 1월에는 일본제국의 국체國體와 일본의 국민 의식을 조선인에게 교육시킬 것을 규정한 〈교원심득敎員心得〉을 발표했다. 일제는 이 교육지침에서 성실, 강의剛毅, 견인堅忍, 관용, 근검 등의 덕성을 갖춘 국민을 육성하겠다고 선전하였지만, '덕성'이란 일제에 무조건 복종하는 사상과 행동이 곧 조선인이 가져야 할 미덕임을 뜻할 뿐이었다.

총독부는 〈조선교육령〉을 공포한 두 달 뒤인 10월에는 〈각급학교규칙〉을 제정하여 학제와 교과과정을 확정했으며 사립학교에 관한 규칙도 제정했다. 여기에는 "사립학교의 교과용 도서는 조선총독부가 편찬한 것이나 또는 조선총독의 검정을 거친 것을 사용토록 한다"는 규정을 두어 민족교육을 실시하고 민족적 성격의 교과서를 사용하던 사립학교를 학무국의 통제권 속으로 끌어들이고자 했다.

강제 병합 이후 조선에서 전문학교가 인가된 것도 1915년 3월 〈전문학교규칙〉이

공포된 이후였다. 여기서 일제는 전문학교 설치에 대해 "먼저 학교를 설립 유지하는 데 필요한 재산을 갖는 재단법인을 조직하고 그 재단법인이 수속을 이행해야 한다"라고 규정했다. 또한 〈전문학교규칙〉 제7조에는 "본 규칙에 의하여 설치된 전문학교가 아니면 전문학교라고 칭할 수 없다"고 규정했다. 이에 따라 국내 유일의 민족 고등교육기관인 보전은 전문학교라는 이름이 박탈되고 이른바 '각종학교'로 격하되었다. 여기에 더하여 사립전문학교는 그 교명 앞에 반드시 '사립'이라는 딱지를 붙이도록 규정했다.

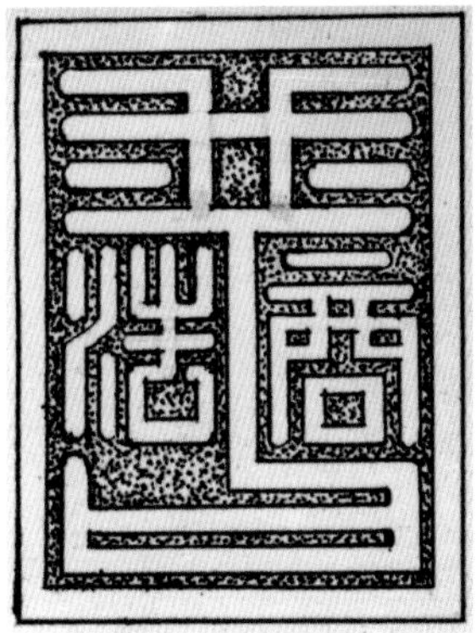

보성법률상업학교 시절의 모표

반면 일제는 〈전문학교규칙〉에 따라 총독부 산하의 관학을 속속 전문학교로 승격시켰다. 일제는 이와 같이 관립 전문학교를 설립하면서도 대학의 설립은 정책적으로 억제했다. 또한 보전과 연희, 이화와 숭실 등 민간사학에 대해서는 억압을 가하여 관립과 사립의 차등을 조장하기 시작했다. 그중에서 탄압의 초점이 된 것은 민족종교인 천도교가 운영하던 보전이었다. 이로 인해 보전은 전문학교 재단 구성에 가혹한 조건을 붙인 일제에 의해 1915년 4월 1일부터 전문학교라는 이름을 잃고 '각종학교'에 해당하는 '사립보성법률상업학교'로 격하되었다.

이제 사립보성법률상업학교로 격하된 보전은 교모校帽마저 전문학교생의 표시인 사각모를 쓰지 못하고 고등보통학교 학생과 같은 원형의 모자를 써야 하는 굴욕을 겪게 되었다. 교모의 모표도 1910년 이화장李花章이 황실의 상징이란 이유로 폐지당했다. 이제 모표는 아무런 윤곽도 없이 '보普'자만 있는 모표에 '법法'자와 '상商'자를 곁들인 것이 되었다. 이에 대해 보전에서는 1916년까지도 학생 모집 광고 등에 사립보성법률상업학교라는 교명과 함께 '전前 사립보성전문학교'라는 옛 교명을 병기하여 교명 격하에 반발하는 모습을 보이기도 했다.

1-4 창립 10주년 행사와 교사의 낙원동 이전

1916년 11월 25일에는 창립 10주년 행사가 거행되었다. 원래 10주년이 되는 해는 1915년이었지만 1년이나 늦게 창립 기념행사가 열린 이유는 기록으로 남아 있지 않다. 《매일신보》는 교우회와 친목회의 찬조 등에 힘입어 11월 25일 오후 1시에 창립 10주년 행사가 열린다는 사실과 함께 밤에도 환등기 상영과 기타 여흥이 준비되어 있다는 간단한 기념식 내용을 보도했다. 이어 11월 26일에는 〈창립10주년 축祝ᄒᆞᆫ 보성교〉라는 제하의 기사에서 보전의 연혁과 보전 출신들의 활동상이 상세히 소개되고 있다.

본래의 교명마저 상실하고 보성법률상업학교라는 격하된 교명을 사용하고 있었지만, 당시 사회에서 보전은 여전히 "조선에 다만 하나뿐인 유수한 사립 전문학교"로

낙원동 교사(1918–1921)

평가받았다. 보전이 배출한 졸업생 300여 명 가운데 당시 관리가 48명이고 변호사가 12명이며, 사법관 시험에서 합격자 전부가 보전 출신인 적도 있었을 정도였기 때문에 법조계는 보전 출신이 주류를 이루었다. 1915년도 졸업생까지 10년 동안 보전이 배출한 졸업생은 모두 315명이었고, 법과가 241명, 경제과 40명, 상과 34명이었다. 이들 가운데는 민족운동의 지도자로서 오늘날까지도 존경받는 인물도 적지 않았다.

이와 같이 어려운 상황 속에서도 꿋꿋이 버텨 온 보전은 1918년에는 낙원동으로 교사를 옮기고 새로운 발전을 모색하게 된다. 1918년 9월 보성학원의 전문부만이 낙원동에 있던 옛 오성학교五星學校 교사로 이사하게 되었다. 천도교 측이 이 교사를 5도 대표자로부터 임차하여 새로 수리하고 옮긴 것이다. 천도교 측에서 계획 중인 송현동 신축 교사가 완공될 때까지 임시로 이전한 것이지만, 이로써 박동 시절 이래 13년 만에 한 울타리 안에서 정들었던 보성중학교와 작별하게 되었다. 1922년 송현동 교사로 옮길 때까지 4년간 낙원동 교사에서 보전은 재건의 고된 길을 걷게 된다.

1-5 이종호의 학교 반환 요청

전문부가 낙원동 교사로 이사한 지 한 달도 못 된 1918년 10월 17일 자 《매일신보》에는 보전을 옛 교주인 이종호가 인계하였다는 기사가 실렸다. 1910년 12월 윤익선과 천도교 간에 맺어진 보전 인수 계약 조건에는 만일 옛 경영주가 3년 이내에 그 권리의 반환을 요구하지 않을 때는 경영권이 영원히 천도교에 귀속된다는 내용이 들어 있었다. 그러나 이미 8년 정도가 지난 뒤, 갑자기 이종호가 나타나 보성학원뿐만 아니라 보성관과 보성사를 무조건 반환하라고 요구한 것이다. 이종호는 1917년 중국에서 일본 관헌에 붙잡혀 국내로 송환된 뒤 고향 명천에서 1년간 거주제한을 당했다가 풀려나 1918년 9월 서울로 올라온 상황이었다.

이종호는 교장 윤익선을 자신이 묵고 있는 숙소로 불러 보성학원을 원상태로 돌려줄 것을 요구했고, 윤익선은 이 사실을 손병희에게 전달했다. 갑작스러운 반환 요구에 직면한 천도교 측에서 당황한 것은 말할 것도 없다. 빈사 상태의 학교를 도맡아 지난 8년간 무려 20만 원을 투입했으며 학교 건물과 시설 면에서 사립학교 가운데서 으뜸가게 다듬어 놓았기 때문이다.

그러나 이때 손병희는 "한층 열심히 분발하여 보성학교의 장래 행복을 증진케 할 것"을 희망한다는 말과 함께 보성학원을 아무 조건 없이 이종호에게 돌려주기로 결정했다. 곧 양자 간에는 반환 절차가 시작되었고 보성법률상업학교 교장 윤익선과 보성고보 교장 최린이 사표를 제출했다. 이어 10일에는 설립자 변경을 신청하여 당국의 인가만 떨어지면 교주校主가 바뀌게 될 상황이었다.

그러나 일제 당국은 설립자 변경을 방해했다. 총독부는 항일운동의 급진파 이종호를 설립자로 인가하는 것에 난색을 표했다. 10월 18일 경성부에서는 천도교 대표 박인호를 불러 설립변경 허가가 나기까지는 시일이 걸릴 터이므로 우선 그대로 보전을 관리할 것을 요청했다. 결국 그동안의 반일 활동으로 요시찰 인물로 낙인찍혀 있던 이종호로의 설립자 변경은 끝내 이루어지지 않았다.

02

1910년대의 학사와 학생 생활

2-1 입학·졸업생의 격감과 교과과정

1915년 전문학교에서 '각종학교'로 격하된 사립보성법률상업학교의 학칙 제1조는 다음과 같다.

> 본교는 법률학, 상업학의 전문교육을 시행함을 목적으로 함. 단 시의時宜에 따라 농업학 또는 공업학을 추가할 수 있음

보전은 1905년 건학 초부터 법률학, 경제학, 농업학, 공업학, 상업학의 5개 학과에 대한 집념을 포기하지 않았고, 1915년 수난 속에서도 농업학과와 공업학과의 설치를 학칙에 명시하며 그 의지를 드러냈다. 따라서 건학 이래 이념 면에서는 농과대학과 공과대학이 무형으로나마 명맥을 이어 오고 있었다.

3년제 야학으로 운영되던 보성법률상업학교는 600명 정원(제5조)으로 매년 200명의 신입생을 모집할 수 있었다. 당시 관립전문학교에 진학하면 사각모를 쓰고 전

1910-1920년대 초반 연도별 졸업생 현황

연도	법률학과	경제학과	상과
1911. 1. 28	제4회 45명	제2회 22명	
1912. 2. 3	제5회 36명		
1913. 3. 29	제6회 30명		제1회 19명
1914. 3. 29	제7회 15명		제2회 6명
1915. 3. 31	제8회 20명		제3회 9명
1916. 3. 20	제9회 23명		제4회 12명
1917. 3. 26	제10회 19명		제5회 9명
1918. 3. 22	제11회 27명		제6회 13명
1919. 3. 20	제12회 17명		제7회 9명
1920. 3. 25	제13회 6명		제8회 5명
1921. 3. 23	제14회 6명		제9회 10명
1922. 6. 20	제15회 7명		제10회 9명

문학교 학생 행세를 할 수 있었으나, 보성법률상업학교에 입학하면 전문학교생 대우도 못 받고 사각모도 쓰지 못한다는 약점은 예상보다 훨씬 심각했다. 그것은 무엇보다 입학정원이 줄어든 데서 잘 드러난다. 1917년까지도 보전은 법과와 상과 각 100명씩 200명의 신입생을 선발했다. 그러나 1918년도의 신입생 모집은 법과와 상과를 합하여 140명으로 축소되었으며 급기야 3·1운동이 일어나는 1919년에는 입학정원을 법과와 상과 각 50명씩, 합하여 100명으로 줄였다. 이는 기존 정원의 절반에 불과한 수준이었다. 이에 따라 1910년대에는 보전 졸업생 수도 이전과 비할 수 없을 정도로 줄어들었다.

강제 병합 이후 처음 입학한 1911년 입학생이 졸업하는 해인 1914년부터 졸업생 수는 그 전해에 비해 반 이상 줄어들었으며, 1917년부터 3·1운동이 발발하는 1919년 사이에 입학한 학생들이 졸업하는 해에는 졸업생 총수가 15명 내외에 불과했다. 입학생을 각 과 50명으로 줄여서 선발하는 상황은 손병희가 3·1운동으로 투옥되었다가 별세하고, 윤익선 교장이 조선독립신문사 사장으로 옥고를 치러야 했던 1921년 2월까지도 계속되었다. 이는 그동안의 학교 경영이 얼마나 어려웠는지 짐작하게 한다. 1922년에도 별과別科까지 합하여 각과 70명씩 140명을 선발하였으나 재단법인이 설립된 직후인 5월에 50명을 추가 모집했으며 8월에도 추가 모집을 실시했다. 결국 재단 설립을 계기로 학교 운영이 안정을 되찾은 이후에야 학생 수도 정상화될 수 있었다.

한편 보성법률상업학교 시절의 학제는 4월 1일부터 다음 해 3월 31일까지의 1년을 3학기제로 하여 제1학기가 4월 1일-8월 31일, 제2학기가 9월 1일-12월 31일, 제3학기가 1월 1일-3월 31일로 되어 있고, 봄방학은 2월 26일-3월 23일, 여름방학은 7월 15일-9월 5일, 겨울방학은 12월 27일-다음 해 1월 5일로 3회 휴업제를 실시했다. 당시 시행된 교과과정은 전문학교 시절과 다를 바 없으나 수신修身과 일어가 필수로 부과된 것이 눈에 띈다. 이를 위해 1915년 처음으로 일본인 강사가 초빙되어 일본어 강의를 맡았다. 수신과목은 일제가 강요한 특수교과로서 정치권력이 국민의 내면적 가치에 깊숙이 침투하여 개인의 도덕마저 국가가 독점하겠다는 의도를 갖고 있었다.

입학자격은 만 16세 이상의 남자로서 고등보통학교 또는 이와 동등 이상의 학교를 졸업한 자였다. 그러나 당시 형편상 고보 또는 그 이상의 학력을 가진 자는 무시험이었고, 그 밖의 지원자에 대해서만 소정의 시험을 거쳤다. 이때 입시과목은 초창기와 거의 같았으며 일어와 이과理科 등이 추가되었다. 재학생의 시험은 초창기의 월말시험이 없어지고 최종학년에는 졸업논문을 부과할 수 있게 되었다.

이 시기에 보전에서 사용된 교과서는 《상법총론》(김상연), 《지방행정론》(조성구), 《헌법》(조성구), 《행정법대의》(장헌식), 《민법총론》(신우선), 《채권법》(석진형), 《최신경제학》(박승희·주정균), 《최신경제교과서》(유승겸), 《응용상업부기학》(김대희), 《간이상업부기학》(임경재) 등이다. 이 무렵까지는 일본어로 된 교재를 사용하지 않고 국문 교재를 가지고 조선어로 강의하던 시절이었는데, 국문으로 된 전문수준의 학술 교재와 논저는 대부분 보전 강사들의 저작이었다. 위 교과서 가운데 《최신경제학》은 보전 법률학과 제1회 졸업생인 박승희와 주정균이 저술한 것이다. 또 1912년과 1913년에 각기 보전 강사로 초빙되는 유옥겸과 주정균이 1911년 6월 총독부령과 기타 법령을 수집하여《법학통론》을 저술한 것을 비롯하여 특히 1-2회 졸업생들이 교과서 편찬에 두각을 나타냈다.

교무규정에 따르면, 학교 조직은 교무계와 서무계로 구성되어 있었다. 교무계는 주임의 감독 아래, 오늘날 교무처 및 학생처에 해당하는 사무를 담당했으며, 서무계는 사무처, 출판부의 업무와 도서관 사무를 맡았다. 전임교수 제도는 종래에는 없었으나, 이때부터 비로소 도입되었다. 다만 그 수는 학급당 주임교수 1명에 한정되어 있었다.

2-2 일제 초기의 학교생활

보전의 학생들은 불의에 굽히지 않는 높은 기개와 긍지로 무장되어 있었고 여전히 상투를 틀고 다니며 반일의식을 표출하는 학생들도 적지 않았다. 따라서 일본 관헌들은 보전 학생들을 이른바 '불령선인不逞鮮人'으로 보며 일거수일투족을 감시했다. 당시 일본인 학생들은 보전 학생들을 보면 길을 피해 다닐 정도였다고 한다. 보전 학생들의 강렬한 민족의식은 법과에 입학했던 허정許政의 회고를 통해 엿볼 수 있다.

> 내가 보성전문학교를 선택한 데에는 나름대로 까닭이 있다. 당시에는 경성의학전문학교를 비롯하여 상업학교 등 공립학교도 상당히 있었다. 또한 공립학교를 졸업하면 취직은 걱정하지 않아도 되었다. 그러나 공립학교에는 일제가 필요한 요원을 양성한다는 일면도 있었다. 나는 이것이 싫었다. 취직보다는 해외에서의 수학, 그리고 독립운동을 계획하던 나로서는 민족적 분위기가 팽배하던 사립학교를 선택하는 외길밖에 없었다. 더구나 보성전문학교는 민족의 힘으로 세워진 유일한 고등교육 기관이었고 항일의 아성牙城이 아니었던가? (허정,《내일을 위한 증언》)

이로 미루어 볼 때 당시 민족의식을 가진 많은 학생들이 졸업 이후 식민지배에 복무하게 될 공립학교보다는 취직 등에서 불이익을 당하더라도 민족의 힘으로 세워진 유일한 고등교육기관이었던 보전에 입학하였음을 알 수 있다. 한편 일제 치하에서도 보전 학생들은 천도교의 경비 지원을 받아 봄과 가을에 수학여행을 다니며 상호 이해와 친목을 증진시키고 국토에 대한 사랑과 민족정신을 가다듬어 나가기도 했다.

그러나 교육 환경은 매우 열악했다. 우선 1910년 2학기부터는 출판법 등으로 학생들에게 교과서를 무상으로 제공할 수 없게 되어 학생들은 교재 내용을 일일이 손으로 베껴서 공부해야 했고 야간 수업은 전기도 들어오지 않아 어두운 환경에서 진행되었다. 1915년 법과에 재학 중이던 한 학생은 "당국의 탄압으로 전문학교 표시가 금지되어 사립보성법률상업학교라는 현판"을 망연히 쳐다보았다고 하며 당시의 강의실 풍경을 다음과 같이 묘사했다.

> 이제 당당한 보전학생이 되어 '보普' 모표를 붙인 교모를 쓰고 필기용으로 잉크병, 펜촉, 노트를 책보에 단정히 싸 들고 지정된 법과 1학년 강당에 들어가, 시강始講되는 종소리가 울리면 잠시 후 선생님이 출석부를 들고 나타나셔서 일제 기립, 경례, 일일이 호명 점검 후에 강의를 시작하게 된다. 법과생 약 20명, 상과 10명 중 기혼인 만학도가 대부분이고 필자는 10세 격차의 연소층이었다.

1918년 9월 박동에서 낙원동으로 옮겨온 시절, 보전 학생들은 낮에는 직장에서 일하고 밤에는 학교에 다니며 공부하는 이들이 많았다. 이로 인해 보전 학생들은 그 차림새부터 허술했고 연령도 고르지 않았으며 결혼한 학생들도 적지 않았고 마흔이 넘은 만학도도 있었다고 한다. 1920년 입학한 한 교우는 당시 학생들의 모습에 대해 "학생들 중에는 양복 차림의 하이칼라는 찾아보기 힘들었고 대부분이 책보를 싸 들고 두루마기를 입은 채 사각모를 쓴 우스꽝스러운 모습들이었다"고 회고했다.

2-3 졸업 후의 진로

초라한 교사에서 호롱불을 켜고 공부하였지만, 항일구국의 일념으로 굳게 뭉쳐 있던 학생들의 학습 열의는 뜨거웠다. 1916년도가 되면 보전 졸업생은 모두 350여 명에 이르게 되며, 직업별로 보면 공무원 46명, 법조계 18명, 회사원 5명, 기자 7명, 은행원 14명, 교원 15명, 상공업 38명, 농목축업 38명, 금융업 3명, 기타 132명, 사망 33명 등이었다. 1924년까지 보전의 졸업생 현황과 직업별 분포를 보면 다음과 같다.

법과 졸업생의 직업별 분포

졸업 연도	관공리 기타 공직	변호사 공소대리업 공증인	회사원	신문 잡지기자	은행원	교원	상공광업	농목업	유학	금융업	기타	사망	계
1907(야간)	2	3			2	1		1			7	2	18
1907	3	4			1	2	2	1				3	16
1908	3	3			2		3	2			10	5	28
1908(야간)	5	1					1	1		1	8	3	20
1910	3	1					2	1			6	2	15
1911	10	1	1	1		1	3	6		2	17	3	45
1912	4	1		1		2	6	7			15		36
1913	1	1	1	2	3	1	1	5			12	1	28
1914	1			1		2	1				9	1	15
1915	1	2				1	2	6			6	2	20
1916	3		1		1	2	1	5			8	2	23
1917	3			2	1		3	1	2		6	1	19
1918	2			1	2	2	5	2	1		9	3	27
1919	1			2	1	3	2		2		5	1	17
1920	1						2	1	1		1		6
1921	3				1						2		6
1922	2				1		1		1		2		7
1923	3	2			4	3	1		1		12		26
1924	5	1	4	1					1		14		26
계	56	20	7	11	19	20	36	39	9	3	149	29	398

경제학과 및 상과 졸업생의 직업별 분포

졸업 연도	관공리 기타 공직	변호사 공소대리업 공증인	회사원	신문 잡지기자	은행원	교원	상공광업	농목업	유학	금융업	기타	사망	계
1907	5		1				1	2			5	4	18
1911	3	1	1		1		2	1			10	2	21
1913				1	1	2	7				6	2	19
1914	1				1						4		6
1915				1		1	2				5		9
1916	1				2		4				4	1	12
1917			1		4		2				2		9
1918	1				4			3		1	4		13
1919			1		3		1		1		3		9
1920			1				3				1		5
1921			4		1	1					4		10
1922	3		1			2	1		1		1		9
1923	1		2		5	2	3				13	1	27
1924	4		4	1	5	1					11		26
계	**19**	**1**	**16**	**3**	**27**	**9**	**26**	**6**	**2**	**1**	**73**	**10**	**193**

03

3·1운동과 보전

3-1 보전과 학생 대표들의 3·1운동 준비

제1차 세계대전의 종식과 더불어 제창된 민족자결주의는 피압박 민족들에게 독립의 의지를 꽃피게 했으며, 무단통치의 압제 속에서 고통받던 우리 민족에게도 독립에 대한 열기와 새로운 가능성을 심어 주었다. 이러한 세계사의 물결 속에서 크게 세 갈래의 민족운동이 준비되고 있었다. 그것은 일본 유학생들에 의해 국외에서 결행된 '2·8독립선언', 그리고 국내에서 전개된 천도교, 기독교, 불교계를 망라한 민족지사들의 거사 준비, 또 한편으로는 순수하게 학생들만으로 추진된 의거 계획 등이었다.

이 가운데 학생들의 움직임은 1919년 1월부터 시작되었다. 1919년 1월 6일 강기덕(보전), 주익(보전), 김원벽(연전), 한위건(경성의전), 박희도(연전) 등 5인은 대관원大觀園에서 모임을 가졌다. 이 가운데 보전 출신 주익朱翼은 함남 북청 출신으로 학생들의 움직임에서 중요한 역할을 담당했다. 그것은 송진우, 최남선 등이 시위를 모의하는 과정에서 주익에게 서울 시내 전문학교 학생 중에서 대표자가 될 만한 인물을 엄선하여 조직을 구성하고 독립운동에 대비하도록 부탁했다고 한 현상윤玄相允의 회고를 통해 짐작할 수 있다.

1월 26일에는 서울 시내 각 전문학교 대표 10여 명이 대관원에서 2차 모임을 가졌다. 참석자는 전술한 5인 외에 연전을 중퇴한 배화여학교 교사 윤화정, 경성의전의 김형기, 경성전수학교의 윤자영·이공후, 경성공업전문학교의 주종의였다. 이 자리에서 주익은 독립운동을 거행할 것을 강력히 주장했다. 그는 제1차 세계대전 이후 세계정세가 재편되어 가고 있으며, 종래의 식민지는 독립하고 다른 나라의 판도 내에 있는 민족도 독립 국가를 이룰 것이고 조선의 독립도 강화회의에서 제기될 가능성이 있으므로, 동포들이 궐기하여 독립의 의사를 표명한다면 성공할 수 있다는 고무적인 의견을 제시했다. 이에 대해 강기덕과 한위건 등도 민족자결의 세계대세를 말하며 주익이 주장하는 독립운동 계획에 찬성했다. 그러나 다른 학생들이 시기상조라고 말하며 의견 대립이 일어나 독립운동 계획에 대한 결론은 다음으로 미루게 되었다.

3·1운동 학생 대표 주익

비록 독립운동 계획을 확정하지는 못했지만, 국내 학생들의 이러한 움직임은 '2·8독립선언'이 일어나기 10여 일 이전의 일이며, 2·8독립선언을 주도했던 송계백이 국내 사회지도층 인사와 만나 유학생들의 동향을 전해 준 때와 거의 같은 시기였다. 이러한 사실은 국내 학생들의 독립운동 계획이 일본 유학생들과는 관계없이 독자적으로 진행되고 있었음을 의미한다.

3-2 학생단의 조직과 독립운동 계획

두 번째의 대관원 모임 후 1주일 정도 지난 2월 3-4일경 강기덕과 김형기는 김원벽을 찾아가 시위운동을 일으키자고 적극적으로 권유했고 김원벽도 이에 동의했다. 학생들의 시위 계획이 본격적인 궤도에 오르게 된 것이다. 이후 김원벽, 강기덕, 한위건, 김형기 등 대관원 모임 참석자들은 빈번하게 왕래하면서 학생 독립운동의 주도체가 되는 학생단學生團 조직에 박차를 가했다. 2월 18일경 강기덕에게도 천도교의 독립운동 계획이 전달되었다. 그러나 강기덕을 비롯한 학생단은 학생들만의 독립운동을 추진하기로 하고 2월 중순경에는 전술한 학생들 외에 경성전수학교의 전성득, 보전의 한창환을 추가 영입하여 조직을 확대해 나갔다. 이어 독립선언서를 작성하기로 결정하고 보전 출신 주익에게 초안 작업을 맡겼다. 주익은 강기덕 등과 상의하여 '조선청년독립기성동맹인회' 명의의 독립선언서를 작성했다. 그 핵심 내용은 "일본이 조선을 식민화하는 과정을 고찰하고 일본이 말하는 병합 취지의 허구성을 폭로하며, 조선을 착취함으로써 동양평화를 보존할 수 없으니 민족자결주의에 입각해 독립을 선언한다"는 취지였다.

이후 강기덕, 한위건, 김원벽은 서울 시내 각 전문학교 학생 대표자 인선에 착수하여, 1919년 2월 20일 승동교회에서 제1차 학생단 간부회를 개최했다. 여기에서 보전 강기덕, 연전 김원벽, 경성의전 김형기, 세브란스의전 김문진, 경성전수학교 전성득, 경성공업전문학교 김대우가 대표자로 선정되었다. 그리고 거사 뒤의 후속 작업을 담당하기 위해 한위건, 이용설, 윤자영, 한창환을 후계 대표로 선임했다. 이로써 학생단의 조직 정비는 일단락된다.

한편 손병희, 권동진, 오세창, 최린으로 이어지는 천도교계와 이승훈, 함태영 등 기독교계를 중심으로 한 민족 지도자들은 2월 21일 합작 교섭을 재개했다. 이 과정에서 학생단의 합류 여부가 새로운 문제로 떠오르게 되었다. 기독교계에서는 같은 목적을 가진 운동을 개별적으로 행한다는 것은 민족의 분열을 외부에 표출시키는 것임을 역설하고, 학생 중심의 거사 계획을 기성 지도층의 계획에 통합시킬 것을 권유했다. 이에 박희도는 2월 23일경 김원벽에게 학생 단독의 시위운동 계획을 일시 보류하고 종교계 측의 시위운동에 참가할 것을 공식적으로 요청했다. 김원벽은 강기덕, 한위건과 협의하여 종교계 측의 운동에 합류하기로 하고, 2월 25일 제2차 학생단 간부회를 소집하여 학생 중심의 단독행동은 중단하기로 결정했다. 이에 따라 개별적으로 추진해 오던 3·1운동은 일원화되었다. 그러나 학생들이 독자적 행동노선을 완전히 포기한 것은 아니었다. 학생들은 오히려 기성 지도층의 결행 의지를 주시하면서 통합된 민족운동이 뜻처럼 이루어지지 않을 때에는 학생들만의 독립운동을 예정대로 강행할 방침이었다.

다음 날 열린 제3차 학생단 간부회에는 그전까지 참여하지 않았던 경성의전의 김탁원, 최경하, 나창헌, 그리고 경성전수학교의 박윤하, 김영조 등이 새롭게 합류했다. 여기서 학생들만의 독자적인 제2차 시위는 3월 5일에 감행하기로 결정하였고, 제2차 거사 이후에도 계속 시위운동을 추진하는 문제를 협의했다. 이어 강기덕, 한위건, 김원벽은 중등학생 대표자 선정 작업에 들어갔다.

한편 독립선언서는 2월 27일 오후 6시경부터 수송동에 위치한 보성사에서 인쇄되었다. 보성사는 이용익이 설립한 인쇄소였지만 보성학원의 경영권이 천도교로 인계된 다음부터는 천도교 측에서 운영하고 있었다. 이날 밤 인쇄된 2만 1천여 장의 독립선언서는 비밀리에 신축 중인 경운동 소재 천도교당에 옮겨졌고 서울을 비롯한 13도 전역으로 배포되었다.

이갑성은 학생단에 주는 독립선언서를 2월 28일 오후 4시경 강기덕에게 주기로 하고 김성국을 통해 선언서 1천5백 장을 전달했다. 강기덕은 같은 날 저녁 승동교회에서 김원벽, 전성득, 김대우, 한위건, 윤자영, 이용설 등과 함께 제4차 학생단 간부회를 개최했다. 이 모임에서 학생대표들은 ① 각 전문학교 대표자와 일제 관헌의 주목을 받고 있는 사람들은 3월 1일의 독립시위운동에 참가하지 말 것, ② 중등학생들이 폭력으로 나오지 않도록 주의시킬 것, ③ 독립선언서는 되도록 많은 사람들에게 배포할 것, ④ 독립선언서는 강기덕과 김문진이 중등학교 학생들에게 배부할 것 등의 운동방침을 결정했다. 학생단 간부회를 끝낸 강기덕과 한위건은 그날 밤 다시 김백평, 장채극, 전옥결, 이규종, 장기욱 등 10여 명의 중등학교 대표자들과 독립선언서 배포를 위한 회합을 가졌다. 이 자리에서 강기덕은 김성국이 가져온 1천5백 장과 김문진이 정동교회로 직접 가져온 1천 장 등 2천5백 장의 독립선언서를 중등학교 학생 대표들에게 나눠 주고 각각 배포할 장소와 일시를 정해 주었다.

3-3 3·1운동과 3·5학생시위의 전개

학생단에 의한 독립운동이 계획되어 가고 있는 동안 천도교의 손병희를 정점으로 하는 민족지도부도 거사 준비를 진행해 나갔다. 독립선언일은 고종의 인산일因山日인 3월 3일로 정해졌으나, 이 날짜는 여러 가지 이유로 변경되었다. 인산일에 거사하는 것이 고종에 대한 불경이라는 의견이 대두했고, 3월 2일은 일요일이라 기독교 측이 마땅치 않다고 반대했다. 또한 독립선언서를 인쇄해 두고 너무 시일을 끌면 일제 관헌에 발각될 염려와 아울러 예비검속을 당할 우려가 있었다. 이에 따라 거사일은 3월 1일로 앞당겨졌고, 학생들은 각자 활동 영역과 책임을 분담했다.

3월 1일의 아침이 밝았다. 이날 서울에는 3월 3일로 내정된 고종 인산일을 앞두고 전국에서 수많은 애도 인파가 운집해 있었기 때문에, 학생들의 가두시위 투쟁이 효과적으로 전개될 수 있는 여건이 조성되었다. 학생들은 이미 파고다 공원에서 조선의 자주독립이 선언되고 이를 기점으로 민족항쟁이 펼쳐지리라는 소식을 암암리에 접하고 있었다. 학생들은 누구의 선도나 충동이 없이도 항일투쟁의 전위로 나설 수 있을 만큼 민족적 자각과 자주독립 의지로 불타고 있었다. 학생들은 오전 수업을 마치자 자발적으로 발길을 파고다 공원으로 옮겼다.

그러나 애초에 예정했던 독립선언식장이 파고다 공원에서 인사동 소재 명월관 지점 태화관으로 변경되었다. 독립선언식장의 갑작스러운 변경은 강기덕을 비롯한 학생 대표들에게 적잖은 충격을 주었다. 강기덕 등은 태화관으로 달려가 민족대표들에게 예정대로 파고다 공원에서 선언식을 거행할 것을 강력히 요구했다. 학생들은 대표자 중 몇 사람, 그것도 안 되면 세브란스의전 학생 신분인 이갑성만이라도 파고다 공원으로 와서 독립선언서를 낭독해 달라고 요청했다. 하지만 민족대표들은 이 요청을 끝내 거부했다. 이에 따라 학생들은 기존의 계획에 머무를 수 없는 상황에 놓이게 되었다. 애초에 설정했던 독립선언서를 배포하고 대중을 동원하는 차원을 넘어서는 조치가 불가피해진 것이다. 그리하여 파고다 공원에서의 독립선언식은 결국 경신학교 출신의 정재용이 팔각정 단상에 올라 4천-5천 명의 군중 앞에서 독립선언서를 낭독하고 독립 만세를 부르는 것으로 자체적으로 진행하게 되었다.

팔각정에는 누가 게양했는지 태극기가 펄럭였고 민족의 독립을 당당히 선언하는 학생 대표의 열띤 음성은 장내를 감격과 흥분의 열기 속에 몰아넣었다. '대한 독립 만세'를 외치는 학생들의 함성 속에 민중들은 그 함성에 휩쓸려 삽시간에 시위대열에 합류했다. 이들은 학생들의 선도를 따라 자연스럽게 종로 거리에서 시위대열을 이루며 행진을 시작했다. 시위대는 두 계열로 나뉘어 일대는 동대문을 향해, 다른 일대는 남대문과 무교동을 향해 쉴 새 없이 "대한 독립 만세!"를 외치며 급류처럼 흘러가기 시작했다. 이날 학생들은 보전 교장 윤익선 명의로 발행된 《조선독립신문》을 군중 속에 뿌렸다. 윤익선을 대표로 하고 보성사 사장 이종일과 이종린, 장종건 등의 집필로 발간되었던 《조선독립신문》은 3·1운동의 민중운동화에 커다란 기여를 했다.

한편 3월 1일 폭발한 만세 시위는 밤 11시까지 산발적으로 이어졌다. 학생 시위대의 대부분은 일제 군경과의 충돌로 부상을 입고 해산되거나 체포당했다. 이날의 가두시위에서 지도급 학생이 130여 명이나 체포되었지만 처음부터 2차 학생항쟁을 계획하고 있던 강기덕과 김원벽 등은 피신할 수 있었다. 강기덕은 3월 4일 오전 배재고보 기숙사

3·1운동의 학생대표 강기덕

에서 중등학교 대표 장채극, 전옥결 등과 연석회의를 열고 2차 항쟁 결의를 다졌다. 이 자리에서 강기덕, 김원벽 두 사람은 학생운동의 최고 지도자로 추대되었다. 이어 4일 밤, 강기덕은 한위건 등 전문학교생과 전옥결 등 중등학교 대표와 재차 회합을 갖고 구체적 운동방안을 결정했다. 이들은 거사 시간은 5일 9시로 하고, 장소를 경성역(서울역) 광장으로 정했다. 고종의 장례를 마친 전국 각지의 봉도객이 귀향하기 위해 경성역에 운집하리라는 계산을 한 것이었다. 이에 따라 강기덕의 총지휘 아래 각급 학생 대표들은 각기 자기가 다니는 학교의 학생 규합에 나서는 한편 민중 동원을 위해 격문을 만들어 민가에 배포하는 등 맹렬히 동원활동을 전개했다.

3월 5일 아침 9시 경성역 앞에서 강기덕과 김원벽의 주도 아래 학생단이 주최하는 독립시위 운동이 전개되었다. 경성역 광장은 학생 지도부의 예상대로 귀향객이 인파를 이루었고 각급 학교 학생들도 속속 모여들어 거사 예정 시각인 9시경에는 4-5천여 명에 이르는 민중이 운집했다. 이날의 시위 계획은 남대문을 거쳐 덕수궁으로 향하는 것이었는데, 강기덕과 김원벽이 도착하기도 전에 이미 각종 유인물이 살포되고 독립 만세를 외치며 남대문 방향으로 시위가 전개되었다. 이때 강기덕과 김원벽은 인력거를 타고 경성역으로 향하던 중 남대문으로 행진하는 시위대를 만나자 인력거를 되돌려 시위행렬 선두에서 '조선독립만세'라고 쓴 깃발을 흔들며 시위를 지휘했다. 독립 만세를 외치는 학생들의 함성은 천지를 뒤흔들고, 각종 격문이 군중을 향해 뿌려졌다. 시위행진은 남대문에서 경찰에 저지되었고 강기덕과 김원벽이 체포되자 이날의 시위는 사실상 막을 내렸다.

3월 1일과 3월 5일의 학생운동은 다음의 관점에서 기성 지도층의 독립운동과 구분되는 역사적 의의를 지닌다. 첫째, 학생들이 파고다 공원에서 개최한 독립선언식은 기성 지도층의 비공개적 태화관 선언과는 달리 공개적 거사였다는 점이다. 학생들의 공개선언이 갖는 전파력과 호소력은 민족대표 33인의 비공개 선언이 따를 수 없었다. 따라서 3·1운동이 거대한 민족운동으로 폭발할 수 있었던 뇌관의 역할은 보전 학생 강기덕을 중심으로 한 학생지도부가 담당했다고 할 수 있다. 둘째, 학생들의 눈부신 기동력을 꼽을 수 있다. 독립선언서의 배포에서부터 군중 동원에 이르기까지 3·1운동의 실질적인 사전 준비는 대부분 학생들이 수행했다. 셋째, 시위 운동에서의 학생들의 전위적 역할을 들 수 있다. 3·1운동 당시 시위항쟁은 철저하게 학생들이 주도했고, 그래서 끈질긴 생명력을 발휘할 수 있었다. 넷째, 3·1운동의 전 과정에서 보여 준 학생항쟁의 지도성을 간과할 수 없다. 학생들은 민족독립의 당위성과 불가피성을 민족자결론에 근거하여 민중에게 알림으로써 여론을 환기하는 결정적 역할을 수행했다.

3-4 3·1운동과 보전의 시련

3·1운동은 유례를 찾기 어려운, 전 민족이 하나로 결집한 독립운동이었다. 보전 재학생 및 졸업생들에게 배어있던 민족주의는 3·1운동을 계기로 폭발하며, 억눌려 있던 조선 민중의 힘을 각성시키는 일대 전환점이 되었다. 그러나 전 민족적인 항일 독립운동이었던 3·1운동은 일제의 극심한 폭력적 탄압에 직면했다. 특히 이 운동의 핵심세력이던 학원, 그중에서도 보전은 가장 심한 타격을 받았다.

우선 민족대표 33인 가운데 보성학원의 실질적 경영자인 손병희와 보전의 강사이며 보성고보 교장이던 최린이 3월 1일 태화관에서 검거당하여 투옥되었다. 보성학원의 명의상 대표자인 박인호, 강사 임규, 재학생 강기덕 등은 이른바 민족대표 48인 중에서 각각 중요한 역할을 수행한 결과 모두 일제의 엄혹한 탄압에 따른 고문과 옥고를 치르지 않을 수 없었다. 교장 윤익선 역시 투옥되어 1920년 9월 2일 출옥했다가 뒷날 북간도로 떠났다. 강사 신익희, 졸업생 주익·윤기섭·성준용, 재학생 한창환·오일철·손재기·이병헌·이태운·방정환·박용회·김상진·이양식·남위 등도 각각 중요한 역할을 했던 만큼 일제에 의해 구속과 수배를 포함한 가혹한 탄압을 받았다. 이들 가운데 재학생 이태운, 방정환, 박용회, 김상진은 결국 퇴학당하고 말았다. 이 외에도 다수의 학생이 검거되어 옥고를 겪었지만 오늘날 그 이름을 알 도리가 없다.

3·1운동은 보성법률상업학교의 학생들에게도 심각한 영향을 미쳤다. 많은 학생이 구속되거나 동맹휴학과 귀향으로 학업을 중단하여 학교의 학생 수는 급격히 감소했다. 3·1운동이 일어난 해의 졸업생, 즉 1919년 3월 20일에 졸업할 법학과 제12회의 17명과 상학과 제7회의 9명 등 총 26명은 3·1운동이 일어나자 무시험으로 졸업자격이 인정되었으므로 인원수에 별다른 변동이 없었다. 그러나 당시의 2학년과 1학년 재학생 및 신입생은 상황이 달랐다. 이들은 졸업 시 각각 11명과 16명으로 개교 이래 최저 수를 기록했다. 여기에 더하여 손병희가 1922년 일제에 의한 고문 후유증으로 별세하면서부터 천도교 내부에서도 이른바 신구파의 분열이 싹트기 시작했다. 일제의 압박과 천도교 분열은 자연히 천도교의 재정에도 악영향을 주었다. 이제 학교의 발전은 낙관할 수 없게 되었다.

제3장

재단의 설립과 보성전문학교

The 120th Anniversary
of Korea University

01

재단법인의 설립과 교명의 부활

1-1 3·1운동 이후 총독부의 교육정책과 보전

3·1운동이라는 조선인의 거족적 저항을 경험한 일본은 기존의 무단통치를 '문화정치'로 전환했다. '문화정치'는 일본 수상 하라 다카시原敬의 '내지연장주의'에 입각한 정책이었다. '내지연장주의'는 점진적으로 조선의 제도를 일본과 동일하게 함으로써 최종적으로 조선을 일본의 한 지방으로 만든다는 것이었다. 3·1운동 이후 새롭게 부임한 조선총독 사이토 마코토齋藤實는 '문화통치'를 표방하며 기존의 통치 방식을 여러 방면에서 개정해 나갔다.

총독부는 내지연장주의에 입각하여 〈조선교육령〉의 개정에 착수하였고 1922년 2월 제2차 〈조선교육령〉을 공포했다. 제2차 〈조선교육령〉에 따라 일제의 교육정책에는 다음과 같은 변화가 있었다. 먼저 조선인 초등·중등학교의 수업연한이 일본과 같아졌다. 즉 수업연한이 보통학교는 종래의 4년에서 6년으로, 고등보통학교는 4년에서 5년으로 늘어났다. 이에 따라 조선에서의 졸업 학력으로 일본의 상급학교에 진학할 수 있는 길이 열렸다.

한편 총독부는 고등교육기관 부족에 대한 조선인의 불만을 잠재우기 위해 제한적이나마 고등교육기관을 확대하는 정책을 폈다. 당시 조선인들은 중등학교 졸업자 수가 계속해서 증가함에 따라 이들이 진학할 전문학교를 증설해 줄 것을 요구하고 있었다. 1922년에는 민족의 힘으로 대학을 만들자는 민립대학설립운동이 일어나는 등 고등교육에 대한 조선인의 열망이 분출했다. 이에 대응하여 총독부는 전문학교를 증설하는 방안으로 관립전문학교를 새로 설립하기보다는, 사립전문학교의 설립을 허가하는 방식을 택했다. 즉 총독부는 1922년 3월 〈공립사립 전문학교 규정〉을 제정하여 개인이 전문학교를 설립할 수 있는 법적 근거를 마련함으로써 사립전문학교 증설을 유도했다. 이러한 분위기 속에서 3·1운동 직후 학교의 경영을 책임지던 천도교 측 인사가 투옥되는 어려움을 겪은 보전에서도 재단을 설립하고 보성법률상업학교로 격하되었던 학교의 위상을 전문학교로 승격하려는 노력을 기울이게 된다.

1-2 재단법인 사립보성전문학교의 설립

보전 교장 윤익선이 3·1운동 당시 《조선독립신문》을 발행한 문제로 일본 경찰에 체포되자 1913년부터 교수로 임용되어 상업을 가르치던 김상옥이 교장 대리를 맡아 1년 정도 업무를 수행했다. 1920년 2월에는 고원훈이 제6대 교장에 취임했다. 고원훈 교장은 총독부에 전문학교 승격에 관한 타진을 거듭했고, 재단법인기성회를 조직하여 사회독지가들에게 기금의 출연을 호소했다. 여기에 호응하여 진주의 부호 김기태가 15만 원의 거액을 출연할 것을 발표하자, 학교의 경영을 전담하던 천도교 측에서도 대표 박인호를 통하여 시가 5만 원 상당의 천도교 본부였던 송현동 소재 대지와 건물 및 5만 원의 출연을 약속했다. 그밖에 일반 사회유지 58명이 기금을 출연하기로 하여 그 총액은 43만여 원에 달했다. 이것을 기본재산으로 재단법인 설립 절차를 진행할 수 있었다. 각계각층이 망라된 이러한 기금은 조선인이 경영하는 유일한 전문학교인 보전을 향한 뜨거운 민족애의 발로였다.

6대 교장 고원훈

당시 작성된 〈재단법인 사립보성전문학교 설립허가 신청서〉(이하 〈재단법인 설립신청서〉)에 따르면, 1921년 11월 28일 자로 김기태, 박인호 이하 58명의 설립자 연명으로 기부증서를 첨부하여 신청서를 제출했다. 재단법인의 연간 수입은 정원 400명(재학생 300명, 입학생 100명)으로 계상하여 산정했고, 입학금은 3원, 수업료는 11개월간 3원씩 내는 것으로 계획되어 있었다. 당시 사립 전문학교는 조선총독부의 지원을 전혀 받지 못했기 때문에 재단의 전입금과 학생들의 수업료에 전적으로 의존해야 했다. 발족 당시 재단법인의 지산총액은 천도교 측 대표 박인호가 기부한 송현동 34번지 옛 천도교 본부의 토지 593평 및 건물(서양식 2층 건물 50평, 목조 2층 건물 62평 및 부속건물 18평)과 채권 38만 2천 원이었다. 58명의 기부증서를 살펴보면, 대부분이 일시불이 아니라 5년에서 10년에 걸쳐 분납하는 방식으로 기부했다. 학교 설립 허가를 조건으로 기부 총액에 상당하는 담보를 제공하겠다는 계약을 체결했으며, 기부 금액의 지불이 완료될 때까지 연 0.07%의 이자를 할부 금액과 함께 납부하기로 약정했다.

이와 같은 신청서를 바탕으로, 1921년 12월 28일에 재단법인 설립이 공식적으로 허가되었고 1922년 4월 1일 드디어 정원 400명 규모의 사립보성전문학교가 인가되었다. 이와 동시에 교명도 보성법률상업학교에서 보성전문학교로 환원하고 수업연한 3년제의 법과와 상과 2개 학과를 운영했다. 보성법률상업학교 재학생은 새로 만들어진 보성전문학교로 편입하여 학업을 계속했다. 재단법인의 설립과 함께 학교는 기존의 야간 수업에서 주간 수업 체제로 전환했다.

한편 새롭게 출범한 보전은 교수진용의 충실을 기하기 위해 노력했다. 이사회는 일본의 저명한 대학을 졸업한 인사들 중에서 교수를 물색해야 한다는 방침을 세웠고, 이에 따라 1923년 4월 이사 서광설이 도쿄와 오사카 등지로 출장을 다녀왔다. 아울러 이사회에서는 신규 교수 월급으로 학사 출신은 200원을, 전문학교 출신은 150원 범위 내에서 지급하기로 정한 바 있는데, 이러한 결정은 전년도에 연봉 1,800원으로 발령을 받은 기존 교수진의 반발을 야기했다. 결국 이러한 문제는 이사회 내부의 갈등으로 번졌으며, 교장 고원훈의 사임 문제로까지 증폭되었다. 이로 인해 발생한 불안정한 상황은 한동안 학교 운영에 심각한 영향을 미쳤다.

02

재단의 분규와 학원의 동요

재단법인 이사회의 구성원 중 가장 유력한 두 인물은 설립 당시 거액을 출연한 진주의 부호 김기태와 이전부터 경영을 맡아 온 천도교 측 박인호였다. 재단 설립의 실무자인 고원훈은 박인호 측과 연대하여 김기태와 대립하며 이사회의 주도권을 잡아 왔다. 이에 따라 고원훈과 김기태 사이에 갈등이 형성되었고 기부자들로부터 약정된 기부금이 제때 들어오지 못하여 학교 경영이 불안해지면서 문제가 복잡해졌다.

축적된 갈등이 표면화되어 결국 1923년 10월 교장 고원훈이 사퇴하고 후임 교장으로 주정균이 내정되었다. 고원훈의 사표 제출이 알려지자, 보전 학생 200여 명은 수업을 거부하고 동맹휴교에 들어가며 고원훈의 유임을 주장했다. 이에 호응하여 교우회에서도 후임은 난국을 수습할 인격자이자 사회에 신망이 있는 인물을 선정할 것과 그 선정에는 교우회의 의사를 물을 것을 요구했다. 결국 재단에서 허헌許憲을 후임 교장으로 정하고 나서야 분규를 수습할 수 있었다.

교장은 선임되었으나 재단 운영의 주도권을 둘러싼 파벌 간의 다툼은 갈수록 심각해져 1924년 7-8월에 이르면 절정에 달하게 되었다. 고원훈파는 약속을 이행하지 않는 고액 기부자들이 이사회에서 특권적인 발언을 하고 학교 행정에 간섭하는 것을 문제

7대 교장 허헌

삼아, 기존 이사의 총사직과 재단의 재출발을 요구했다. 반면 김기태 측에서는 약속된 기금의 출연과 함께 추가로 10만 원을 기부할 의사를 밝히며, 재단 운영의 책임을 전적으로 맡겠다고 주장하며 총사직에 반대했다.

이러한 갈등 속에서 김기태 측에 대한 불신이 깊어진 교장 허헌은 사표를 제출했다. 결국 김기태가 약정 기금을 납입함에 따라 교장 허헌의 사직서도 수리되었고 고원훈 일파도 이사회에서 완전히 퇴진하게 되었다. 한편 기부행위규정 개정을 통해 김기태와 박인호는 종신 이사의 지위를 확보하며 재단 운영의 핵심 위치를 차지했다.

그러나 1924년 10월 말 보전 학생들 사이에서 이사회와 평의원회 등에 불만을 표시하는 움직임이 일어났다. 학생들은 10월 31일 '보전개혁당普專改革黨' 명의로 평의원회의 분규와 신임 교장의 자격 등에 관한 문제점 13가지 사항을 지적하며 학교의 반성과 개혁을 촉구했다. 이 사건으로 2명의 학생이 퇴학당하고 5명이 무기정학 처분을 받았다. 보전 학생들은 1923년 동맹휴교나 1924년 보전개혁당의 활동을 통해 교장 선임을 재단이 일방적으로 결정하는 방식에 반대하고 교장 선임 시 학생들의 의견이 고려되어야 한다고 주장했다. 요컨대 당시 보전 학생들은 학내 문제와 관련하여 '학원민주화'를 요구했던 것이다.

1924년 12월에는 신임 교장 유성준이 임명되고 개편된 이사회가 구성되어 의욕적인 학교 발전을 구상하였지만, 또다시 이사회와 교우회, 평의원회 간에 예산안과 기부행위 개정을 둘러싼 알력이 생겨 혼란이 야기되었다. 이 과정에서 불과 반년만에 교장이 박승빈으로 교체되고 이사진도 개편되었다. 이후에도 평의원회와 이사회 사이에 갈등이 있었지만, 1926년 이후로는 재단운영에 있어서 기본재산을 착실히 마련해 가는 한편 1928년 4월부터는 기금 불입拂入과 기부금 체납자에 대한 처리를 본격적으로 시작하며 재단 운영이 안정을 찾아 갔다.

9대 교장 박승빈

복잡한 분규를 거듭하는 동안에도 학교는 점차 발전했다. 교장 박승빈은 동대문 밖 넓은 대지에 신교사를 건축하여 학교를 발전시키려는 계획을 세우고 고양군 숭인면 신설리에 부지를 매입했다. 이와 관련하여 당시 사회에서는 "300여 명의 학생을 수용하는 전문학교로서 현재의 건물과 시설로는 불편함을 넘어 고통을 주고 있다"며 보전의 신교사 건설을 촉구하는 요구도 나오고 있었다. 그러나 재원이 확보되지 못하여 교사 건립은 난관에 봉착했다. 재정적 어려움에 봉착한 재단에서는 후원회를 조직하여 이를 해결하고자 했다. 1925년도 《보성전문학교일람》에 실려 있는 〈보전후원회 규칙〉에 의하면, 후원회는 재단법인 보성전문학교의 유지·확장을 원조하는 것을 목적으로 설립되어 10원 이상 납부하면 통상회원, 100원 이상은 특별회원, 1,000원 이상은 명예회원으로 인정받았다.

03

송현동 시대의 학사와 교과과정

3-1 교사의 이전과 창립 20주년 기념행사

재단법인 사립보성전문학교가 인가된 이후 1922년 9월에는 교사校舍를 송현동의 옛 천도교 본부로 이전했다. 대지 593평에 벽돌식 2층으로 된 양식 건물과 2층 목조 건물 두 동뿐이었지만, 학교가 단독으로 사용할 수 있는 교사가 마련된 것은 큰 의미가 있었다. 정문 오른쪽 기둥에는 '재단법인 보성전문학교'라는 간판이 걸렸다. 정문으로 들어가면 우측에는 벽돌로 만든 서양식 2층 건물(50평), 그 서남쪽에는 목조 2층 건물(62평)이 있었다. 그 외에 정문에 붙은 숙직실과 기타 부속건물이 있었다. 김성수가 보전을 인수할 당시 목조 건물은 교장실, 사무실, 교원실, 1학년 교실과 합동교실(2층인데 강당으로 겸용)로, 붉은 벽돌 건물은 2-3학년 교실로 사용하였다고 한다. 운동장은 협소하여 목조 건물 앞에 테니스 코트 하나가 전부였다.

1924년 5월 5일에는 창립 20주년 기념식이 성대하게 거행되었다. 원래 창립기념일은 이용익이 보전을 개교한 4월 3일이었으나 송현동 시대부터 5월 5일로 변경하여 오늘에 이르고 있다. 또한 원래 창립 20주년은 1925년이 되어야 하나 1924년에 행사

송현동 교사(1922-1934)

가 열린 정확한 이유는 밝혀지지 않았다. 기념식 사진을 보면 교정에 천막을 쳐서 식장을 마련했고, 강연, 연극, 음악회가 열렸고 오후에는 가장행렬이 진행되었다. 내빈으로는 법무국장을 비롯한 민간 유지 70-80여 명이 참석했고 교우들도 70여 명이 참석했다. 이 자리에서 보전 20주년의 공로자로 이종호, 박인호, 김기태, 고원훈 등 4명에게 표창장과 금메달이 수여되었다.

3-2 학사행정과 교과과정

재단 설립 이후에도 학교경영과 학사 운영은 순탄치 않았다. 1921년 11월의 〈재단법인

창립 20주년 기념식(1924)

설립신청서〉나 《보성전문학교일람》(1925)의 학칙 제3조를 보면 본교 정원은 400명으로 규정되어 있었다. 그러나 규정된 정원을 제대로 채우지는 못했던 것으로 보인다. 재단 설립 후 첫 신입생을 모집한 1922년에는 신입생을 각과 70명씩 모집한다는 광고가 나갔다. 입학정원은 매해 유동적이었던 것으로 보인다. 또한 학생 추가 모집 기사도 있는 것을 보면 중도에 포기하고 그만두는 학생도 적지 않았음을 짐작할 수 있다. 1925년 이후 정원 미달로 인한 추가모집은 관립 전문학교나 의학 관련 전문학교에 비해 떨어지는 보전 졸업생들의 취업 현황과 밀접한 관계가 있었다.

재단을 설립하고 〈조선교육령〉에 의한 전문학교로 인가가 나면서, 1923년 2월에는 졸업생에게 판임문관判任文官(하급 행정관료) 임용자격이, 5월에는 조선인 판임관 특별임용자격이, 7월에는 사립중등학교 교원자격이 인정되었다. 또 1929년 6월 28일부터는 일본 문부성으로부터 고등문관시험 예비시험 면제 혜택을 받게 되었다.

송현동 시기의 교과목과 교과과정은 《보성전문학교일람》(1925)을 통해 살펴볼 수 있다. 교과과정에서 주목되는 것은 법과와 상과 모두 사회학과 사회정책 과목이 추가되었다는 사실이다. 이는 사회주의 사상이 도입된 당시의 시대상을 반영한 것으로 보인다. 법과에는 철학개론과 논리학을 추가하여 교양교육도 강화하고자 했다. 또한 각 학년마다 1시간씩 체조를 편성한 것도 눈에 띈다.

법과의 과목 수는 총 21개, 전체 시수는 90시간이었다. 과목명과 시수를 살펴보면 〈재단법인 설립신청서〉에 있었던 의율연구擬律研究가 없어지고, 재정학·사회학·사회정

송현동 시기의 교과목(1925)

학과	과목명(시수)				
법과	수신(3)	법학통론(2)	헌법(2)	행정법(4)	민법(19)
	상법(10)	형법(6)	민사소송법(8)	형사소송법(3)	파산법(1)
	국제공법(4)	국제사법(1)	경제학(3)	재정학(3)	사회학(2)
	사회정책(2)	철학개론(1)	논리학(1)	실무(5)	영어(7)
	체조(3)				
상과	수신(3)	상업통론(2)	매매론(1)	상업지리(2)	상업역사(2)
	상품학(1)	상업실전(영어, 2)	상사경영商事經營(1)	상업수학(6)	상용문(3)
	부기 및 회계(8)	세관 및 창고(1)	거래소론(2)	교통론(2)	보험론(3)
	경제학(5)	재정학(3)	경제정책(2)	통계학(2)	화폐론(2)
	은행론(2)	외국경제(2)	사회학(2)	사회정책(2)	법학통론(2)
	상법(9)	민법(15)	파산법(1)	영어(15)	체조(3)

책·철학개론·논리학 등이 새로 개설되었으며, 각 학년에 2시간씩 배정했던 일어는 영어로 변경되었다. 상과의 과목 수는 총 30개였고, 전체 시수도 106시간으로 법과에 비해 많았다. 〈재단법인 설립신청서〉와 비교하면 과목이 좀더 세분화되었다. 특히 상용문商用文, 재정학, 경제정책, 사회학, 사회정책 등의 과목이 새롭게 개설되었다. 법과와 마찬가지로 각 학년에 2시간씩 배정된 일어는 영어로 변경되었으며 그 시수 또한 확대되어 영어 교육을 강화했던 것으로 보인다.

이러한 교과 과정을 충실히 수행하기 위해서는 무엇보다 교수 진용의 강화가 시급했다. 따라서 보전에서는 교수진을 충원하기 위해 노력해 왔다. 상업학과 부기학을 담당했던 김영주, 경제학·재정학·사회정책을 담당했던 홍성하는 다년간 보전에 재임하며 학생을 지도했고, 법학의 와타나베 가쓰미渡邊勝美, 영어와 논리학·경제학을 담당한 백상규 등도 초빙되었다. 그 밖에 사회학 담당 고영환, 체조 담당 김성집 등 많은 강사가 출강하여 학생들에게 새로운 지식을 전달했다. 한편 이 시기 사회주의 사상의 유행 속에서 보전에도 마르크스주의가 유입되었다. 사회경제사학을 이끌어 온 백남운이 1926년 4월부터 1929년 5월까지 사회학 강사로 출강했고, 그 뒤를 이어 1929년 4월부터 김광진이 상업학 강사로 출강했다.

3-3 조선전수학원의 설립

보전에서는 1925년 3월부터 조선전수학원朝鮮專修學院이라는 야간학원의 설립을 계획했다. 이 학원은 고등보통학교 졸업 정도의 학력을 가진 자에게 사회과학을 가르칠 목적으로 보전 안에 설립하고 사회과와 법률과를 두어 각 50명씩 모집하기로 했다. 수업은 밤 6시부터 10시까지 진행되었고, 학업 연한은 3년으로 설정되었다.

당시 사회주의운동이 세계적으로 선풍을 일으키고 있는 상황에서 사회과 설치는 일반 사회의 이목을 끌었다. 이것을 추진한 이는 교수 홍성하였다. 홍성하는 낮에 직장에 다니느라 교육을 받고 싶어도 받지 못하는 청년들이 사회과학을 공부할 수 있도록 전수학원을 설립했다고 밝혔다.

더욱 주목되는 것은 이 학원을 남녀공학으로 운영하였다는 점이다. 조선전수학원 학생 모집광고가 《동아일보》에 1925년 3월 21일부터 실렸는데, 지원자가 매우 많았을 뿐만 아니라 그 가운데는 여학생이 적지 않았다. 이에 따라 조선전수학원은 전격적으로 남녀공학을 단행하기로 했으며 수업료도 다달이 분납할 수 있도록 했다. 이는 당시로서는 획기적인 일이었다.

조선전수학원은 예정된 1925년 4월 15일 개원하지 못하고 여러 가지 사정으로 연기되어 오다가 10월 5일 개원했다. 조선전수학원 학생들은 개원 초기부터 학우회를 조직하는 등 활발하게 활동하였던 것으로 보인다. 11월 2일에는 학우회가 주최하여 종로 중앙기독교청년회관에서 강연회를 개최하기도 했다. 그러나 조선전수학원은 오래 지속되지 못했다. 홍성하에 따르면 이 학원은 2년가량 운영되다가 경영에 어려움이 있어서 해산되었다고 한다.

04

송현동 시대의 학생활동

4-1 송현동 시대의 학교생활

1922년 4월 전문학교로 새 출발 하는 과정에서 야간으로 운영되던 제도를 주간으로 변경하는 문제를 둘러싸고 학생과 학교, 학생 상호 간에 갈등이 노출되었다. 대부분의 학생은 주간으로 변경할 것을 희망하였지만, 야간으로 운영하기를 원하는 학생도 적지 않았다. 이 가운데 주간으로 변경하기를 원하는 학생들이 학교 측에 자신들의 뜻을 전달하였으나 쉽게 받아들여지지 않자 80여 명이 3월 9일부로 자퇴서를 제출하고 13일부터 동맹 휴학하는 사태가 일어났다. 학교 측에서는 서둘러 대책을 마련했고 주간으로 변경하면서 자퇴한 학생들도 모두 구제하기로 했다. 이때 주간에 다닐 수 없는 학생들을 구제하는 방안도 마련되었다. 직장을 포기하고 주간 수업에 참여하는 학생들에게는 수업료 면제와 더불어 월 15원의 학비 보조를 제공했으며, 직장을 유지해야 하는 학생들에게는 결석 허용 한도 내에서 소정의 시험에 응시할 경우 진급과 졸업을 인정하기로 했다.

한편 학칙에 따르면, 정원은 1-3학년 합하여 400명이었고, 1학기는 4월 1일-10월

송현동 시절의 교기와 교가(1926)

20일, 2학기는 10월 21일-다음 해 3월 31일까지였으며, 봄방학(4월 1일-4월 10일), 여름방학(7월 21일-9월 10일), 겨울방학(12월 25일-다음 해 1월 7일)이 있었다. 방학 기간이 지금에 비해 짧았으며 특히 겨울방학은 2주일 정도에 불과했고 10일간의 봄방학이 있었다는 점이 눈에 띈다. 그러나 이러한 학칙이 엄격하게 적용되지는 않았던 것으로 보인다. 예컨대 1927년에는 여름방학이 7월 11일부터 9월 10일까지 실시된 바 있다. 〈재단법인 설립신청서〉에는 입학금이 3원, 수업료는 월 3원씩 11개월간 내는 것으로 계획되어 있었지만, 1925년에 나온 《보성전문학교일람》에는 수업료가 연간 55원이며, 3회 분납하는 것으로 되어있다.

당시 학생들은 사각모에 '보전普專'이라는 모표를 달았고 다른 전문학교 학생들과 마찬가지로 검정색 제복을 입었다. 법과는 J, 상과는 C자 배지를 달았으며 학생들은 대부분 '하이칼라' 머리를 했다. 당시의 교기는 페넌트같이 긴 삼각형으로 적색, 백색, 남색으로 된 3색기이며 중앙(백색부)에 '보전'이라고 쓰여 있었다. 한편 당시의 교가를 살펴보면, 작사는 이광수, 작곡은 김영환이었다. 당시 문단과 음악계의 정상에 있던 두 예술인에게 교가의 작사, 작곡이 청탁된 것이다.

〈교가〉

1 젊은 가슴 숨은 생명 힘 넘쳐 뛰노라
이 힘이여 이 생명을 펼 곳이 어디냐
눌린 자를 쳐들기에 굽은 것 펴기에
쓰리로다 부리리라 이 힘과 이 생명
보성전문 보성전문 우리 모교 보성전문

2 우리 무리 드는 깃발 생명 정의 진리
성誠과 용勇의 붉은 피로 지킨 것이 이것
온 세계에 흐린 물결 굽이쳐 흘러도
확신하네 최후 승리 정의와 또 진리
보성전문 보성전문 우리 모교 보성전문

3 바라보라 천리만리 앞길은 멀어도
비추이는 희망의 빛 크기도 크고나
길은 멀고 일은 크니 준비도 크리라
소리치고 일어나자 보전의 건아야
보성전문 보성전문 우리 모교 보성전문

'잎쓸 랜티 쩨이 혹'의 교호는 1923년경 교수 백상규가 만들었다고 전해진다. 그 유래에 대해서는 크게 둘로 나뉘는데, 의미 없는 단어의 나열이라는 설과 19세기에 활약한 사상가, 독립운동가, 작가의 이름을 배치했다는 설이 그것이다. 하지만 아직까지 교호의 유래에 대해 명확히 확인된 바는 없다.

〈YELL〉	〈교호〉
Ipse Lenti Je Hock	잎쓸 랜티 쩨이 혹
Kashe Koshe Koshe Koo	카쉬 코쉬 코쉬 코
Kalmazoo Kezoo Kezoo	칼 마쯔 케쥬 케쥬
Pojun Pojun	보전 보전
Kalma Keshi	칼마 케쉬
Pojun	보전

학생들의 학교생활에서 빼놓을 수 없는 것이 수학여행이었다. 1924년에는 만주로 해외 수학여행을 다녀왔는데, 이는 전문학교로서는 최초의 일이라 세간의 주목을 받았다. 이후에도 남만주나 다롄大連 등으로 수학여행이 이어졌다. 한편 보전 졸업생들의 취업률은 관립전문학교나 의학 관련 학교에 비해 떨어졌다. 이러한 취업률은 곧바로 입시 지원율로 연결되어 1929년의 경우 6개 관립전문학교와 세브란스의학전문학교 등의 입시 지원율이 6:1을 초과한 데 비해 보전·연전·이화여전 등은 그러하지 못했다. 1920년대 후반에 들면서 비단 보전뿐만 아니라 각급 전문학교 졸업생의 취업난은 매우 심각한 상태였다. 1926년 8월 4일 《동아일보》에는 당시까지 관·사립 전문학교 졸업생은 모두 3,000여 명이지만, 그 가운데 관리 760명, 교원 200명, 의사 190명, 변호사 60명, 은행원과 회사원 397명, 신문사 23명이고 나머지 1,200-1,300명은 일정한 직업이 없는 실정이라는 기사가 보도되었다. 당시 조선은 관료와 교사, 의사 등 몇몇 특정 직

업군을 제외하고는 이른바 화이트칼라를 고용할 만한 산업구조가 아니어서 조선인 고등교육기관 졸업자들의 취직자리가 절대적으로 부족했다. 또 매우 비좁은 관료군조차 위계적 서열 구조로 인해 사립 전문학교인 보전의 졸업자들은 경성제대 법학 분야 졸업생이나 경성법전 졸업생들에 비해 현저히 낮은 취업률을 보였다.

4-2 보전친목회의 활동과 《시종》의 발간

4-2-1 보전친목회의 활동

재학생으로 구성된 '보전친목회'는 1926년 초까지 그 이름을 유지하다가, 1929년에서 1931년 7월 사이 '보전학생회'로 이름이 바뀐 것으로 보인다. 1925년 《보성전문학교일람》에 나와 있는 〈보전친목회회칙〉을 보면, 보전친목회는 회원 간의 친목을 도모하고 지덕체 3육三育을 장려하는 것을 목적으로 하며 보전 학생으로 조직되었다. 친목회는 서무부, 경리부, 학예부, 체육부 등 4개 부서로 구성되어 있었고, 학예부는 다시 문학, 음악(연예), 웅변 등으로 세분되어 있었다.

이 시기 보전친목회의 활동도 사회의 격동에 호응하여 한층 활발하게 전개되었으며, 그 저변에는 민족주의 사상이 깃들어 있었다. 우선 학예부는 강연회를 자주 개최했다. 이는 일반 대중들의 사회의식을 각성시키는 데 일조하고자 했기 때문이다. 여름방학을 이용한 하기夏期 순회강연회와 종로 중앙기독교청년회관에서 열렸던 초하初夏·초동初冬 특별대강연회 등을 개최하였는데, 보전이 주최한 강연회는 세간의 관심을 집중시켜 대성황을 이루는 경우가 많았다. 그러나 내용이 불온하다는 이유로 강연 도중 해산명령을 받거나, '시국 관계'로 집회 자체가 불허되는 등 일제의 탄압을 받기도 했다. 1927년 하기 순회강연회 때에는 울산 강연회 도중 보전 법과생 서정관이 '우리의 현실'이라는 논제로 총독정치를 비판하여 연행된, 이른바 '보전학생 울산 설화舌禍 사건'이 발생하기도 했다. 보전에서는 또한 사회 주요 명사를 초빙하여 사상강연회를 개최하였는데, 당시 조선 사회에 큰 반향을 일으켰다.

보전 웅변부는 교내에서 웅변의 육성을 도모하는 한편 "건전한 분투와 용감한 노력을 할 전全 조선 중등학생들로 하여금 대기염을 토하게 할" 전 조선(남녀) 중등학생 현상웅변대회를 개최하기도 했다. 이 대회는 1924년 시작되어 1935년까지 꾸준히 개최되었다. 본교가 주최한 '전 조선 중등학생 현상웅변대회'는 중등학교 웅변의 지침이 되었고 이를 통하여 젊은 학생들은 민족주의와 사회사상을 연마할 수 있었다.

한편 보전 연예부는 음악회(연주회)도 개최했다. 1925년 7월 수재민 구제를 위한 보성음악회, 8월 순회음악연주회, 1926년 1월 신춘남녀음악대회 등이 그것이다. 보전 학생들이 주최한 음악회에는 학생 부원 외에 보전 교가를 작곡한 김영환, 홍영후(홍난파) 등 당시의 유명 음악가들이 많이 참여하여 문화행사가 적었던 일제강점기에 조선인들의 문화적 욕구를 일정 정도 채워 주는 역할을 했다.

보전에서 연극 활동이 시작된 것은 1925년 무렵이었다. 보전 연극부의 발족과 공연 준비에는 좌익 극연구단체인 목요회의 지도가 크게 영향을 미쳐 자연히 레퍼토리도 좌익 계열의 작품이 선정되었다. 1925년 7월에 발간된 교우회 기관지 《보성普聲》 제3호에는 보전 연예부가 다음 학기에 일반인들을 대상으로 〈신생명新生命〉이라는 연극을 공연한다는 소식이 실렸는데, 이를 토대로 1925년 무렵 보전친목회 연예부에서는 이미 연극반을 두고 일반인에게까지 개방하는 연극 공연을 시작하였음을 알 수 있다.

4-2-2 《시종》의 발간

보전친목회에서는 기관지를 내고자 했다. 1926년 1월 7일 자 《동아일보》에는 보전친목회가 주최하는 음악회 소식을 전하면서 "잡지 《시종》에 들어 있는 할인권을 가지고 가면 할인하여 입장할 수 있다더라"라는 기사가 실려 있다. 이 기사에서 언급한 《시종時鐘》이 보전친목회의 기관지였던 것으로 보인다. 1926년 1월 창간호를 발간한 《시종》의 발행처는 송현동 34번지, 즉 보전 안에 있는 '시종사時鐘社'로 되어 있다. 시종의 편집 겸 발행인은 법과 3학년 김세원이었다.

이 잡지는 당시 심각했던 농촌의 소작쟁의 문제에 관심을 가졌는데, 1926년에는 〈농촌의 각오기〉를 투고한 법과생 문정래가 경찰에 연행된 일도 있었다. 1931년 7월에는 일제의 탄압을 받아 원고가 모두 압수당하는 사건이 일어나면서 휴간되었다. 이와 같이 《시종》은 1920년대 중반, 학생 자치조직인 보전친목회의 기관지 역할을 했던 것으로 짐작된다. 《시종》의 원고 압수와 폐간은 이 시기 학생활동이 일제의 날카로운 감시와 억압이라는 어려운 조건 속에서 이루어지고 있었음을 보여 준다. 이후 1936년 11월 30일 《시종》의 속간 형식으로 《보전학생普專學生》이 창간된다.

4-3 송현동 시대의 체육활동

4-3-1 각종 운동부의 창설과 활동

보전에서 체육이 정식과목으로 채택되는 것은 1922년 재단 설립과 함께 1-3학년 모두 주 1시간씩의 체조 시간을 편성하면서부터였다. 1922년 9월 송현동으로 이전하면서 교정에 테니스 코트를 마련하기는 하였으나 학생들이 자유롭게 운동할 공간은 여전히 부족했다. 이 때문에 대부분의 체육활동은 운동선수들을 중심으로 전개될 수밖에 없었고, 이들조차 외부의 운동장을 빌려서 연습하지 않을 수 없는 실정이었다.

상과 교수 홍성하

이러한 어려움 속에서도 1920년대에 들어 각종 운동부가 창설되기 시작했다. 보전의 스포츠 전통을

제4회 전조선축구대회 우승기(1928)

세우는 데 커다란 공헌을 한 홍성하 교수의 회고에 의하면, 보전에서 운동부를 적극적으로 창설한 배경은 무엇보다 보전 학생들에게 조국 독립의 역군이 되게 하는 동시에 미래에까지 우리 민족을 유지하고 계승하는 사도의 역할을 할 수 있게 하기 위해서였다. 이로 미루어 볼 때 일제 치하에서 보전이 주도한 각종 운동경기는 이미 단순한 스포츠가 아니라 민족운동의 연장선에 있었음을 알 수 있다. 운동부에는 정구부, 육상부, 축구부, 농구부, 럭비부, 빙상부 등이 있었다.

4-3-1-1 정구부

보전에서 가장 먼저 만들어진 운동부는 정구부였다. 보전 정구부는 1921년에 창립되었는데, 1921년 10월 개최된 조선체육회 주최 제1회 전조선정구대회에 참가하기 위해 결성된 것으로 추정된다. 정구부는 창단 3년 만인 1924년 조선학생회 주최 전조선전문학교 연합정구대회에서 우승했는데, 이는 본교 최초의 공식대회 우승 기록이었다. 숙명의 라이벌 연희전문학교와 대결한 최초의 운동부 역시 정구부였다. 정구부는 1925년 제5회 전조선정구대회에서 연전을 맞아 3:1로 승리하며 최초의 보연전을 승리로 장식했다.

4-3-1-2 축구부

축구는 운동 경기를 통한 저항을 상징하는 스포츠였다. 축구는 일본인보다 조선인이 더 즐겼던 종목이며 소개와 보급에도 일본인의 역할이 거의 없었던 유일한 근대 스포츠였다. 축구부의 창단 연도에 대해서는 1922년, 1923년, 1924년 등 다양한 주장이 존재한다. 1924년 10월 개최된 제5회 전조선축구대회에 처음으로 출전한 보전 축구부는 이후 1928년 5월 평양에서 개최된 관서체육회 주최 제4회 전조선축구대회에서 첫 우승을 한 이래 이 대회에서 4연패連霸를 달성하는 기염을 토하기도 했다.

4-3-1-3 럭비부

럭비부는 1929년 5월 일본에서 럭비부원으로 활동했던 이종완李鍾琬이 전학해 오면서 창립되었다. 이종완은 보전 럭비부의 초대 주장과 코치를 겸하며 초기 럭비부의 발전에 공헌했다. 럭비는 보전 학생들의 기상에 맞고 일본인들과 육탄전을 감행할 수 있었기 때문에 창설 초기부터 많은 부원들이 모였고, 축구와 농구 선수 중 럭비부에 들어와서 활약하는 학생들도 많았다. 럭비부는 경이적인 실력의 진보를 보여 주어 창설 1년 만에 국내 대회를 석권했다. 특히 럭비협회가 주최하는 전국대회 전문학교부 대회에서는 제2회부터 7차에 걸쳐 우승의 영광을 독차지했다. 1932년 1월에는 오사카에서 열리는 제7회 전일본고등전문학교 럭비대회에 조선 대표로 출전하게 되었는데, 이는 조선 전문학교로서는 최초의 해외 출전이었다. 럭비부는 1934년 이 대회에서 최초로 결승에 올

1931년 12월 일본 원정 당시의 럭비부

랐다. 보전 럭비부는 '무적함대', '힘의 보전'으로 불리며 일제하 20여 개 대회에서 우승 기록을 남겼다.

4-3-2 보연전–고연전의 기원

한국 근대 스포츠의 발전에 남다른 공헌을 한 보전과 연전은 1925년 5월 제5회 전조선 정구대회에서 처음 맞대결을 펼쳤다. 이 최초의 정구대회는 보전이 연전에 3:1로 승리하였으나 1회전에서 만나 대결한 것이었기 때문에 큰 관심을 받지는 못했다. 보전과 연전 간에 역사적으로 의미 있는 첫 경기는 1927년 11월 개최된 조선체육회 주최 제8회 전조선축구대회 청년부 준결승전이었다. 경성운동장(동대문운동장)에서 열린 이 경기에는 악대까지 동원되었으며, 학생들은 3·3·7 박수를 치며 단체응원을 펼쳤으나, 보전이

보전의 응원단(1929)

0:3으로 연전에 패했다. 연전과의 축구 대결에서 처음으로 이긴 경기는 1929년 10월 개최된 제10회 전조선축구대회 청년부 결승에서 징계 중인 연전 학생들이 임시로 결성한 '연우延友'를 3:1로 꺾고 우승을 차지한 것이었다.

두 학교는 축구뿐 아니라 다른 종목에서도 용호상박龍虎相搏의 대등한 경기를 펼치며 우정의 승부를 펼치게 된다. 때로는 승부욕이 과열되어 경기가 집단적인 몸싸움으로 번지기도 하였으나, 해가 거듭되는 동안 양교의 대결은 장안의 흥미와 관심의 대상으로 서서히 떠올랐고 양교 학생과 학교 당국도 차츰 이 대전의 긴장과 흥분 속에 빠져들기 시작했다. 《동아일보》에서는 보전과 연전의 경기가 있을 때 특별히 광고를 내기도 했다. 승부의 열정에 애교심이 더해져 1930년대 이후 두 학교 학생들 사이에는 강력한 라이벌 의식이 형성되었다.

경기가 있는 날이면 언제나 교기와 학생회기가 휘날렸고, 교복과 교모를 착용한 수백 명의 학생들은 교가와 응원가를 부르며 열띤 응원을 펼쳤다. 연전이 서양풍의 취주악으로 응원을 한 것과 달리 보전은 꽹과리, 장구, 태평소 등 민족 고유의 악기를 총동원해 응원을 이끌었다. 장안의 관심과 열기는 경기가 끝나고 각 학교가 승전고를 울리며 시가행진을 벌일 즈음 완전히 절정에 달했다. 양교는 이후로도 선의의 라이벌 관계를 유지하면서 스포츠 발전뿐 아니라 학교의 발전과 전통을 이어 왔다.

4-3-3 스포츠 보급의 노력—전조선중등학교축구대회

보전은 각종 체육단체, 언론기관, 사회단체 등이 주최하는 경기에 적극적으로 참가했을 뿐만 아니라, 축구를 통해 민족의 단결과 희망을 북돋우기 위해 직접 축구대회를 개최하기도 했다. 특히 중등학생들에게 축구를 장려하고 그들만의 꿈을 펼칠 기회를 제공하기 위해 1928년부터 전조선중등학교 축구대회를 창설했다. 축구 경기는 당시에도 우리 민족이 가장 즐기던 운동이었기 때문에 큰 호응을 받으며 1940년 제13회 대회까지 이어졌다. 우승팀에게는 우승컵과 우승기가 수여되었다. 당시 축구대회를 개최할 수 있는 운동장이 없었던 보전은 휘문고등보통학교 운동장과 경성운동장을 빌려 대회를 열었다. 이후 1938년 학교에 대운동장이 준공되어, 1938년 제11회 대회와 1940년 제13회 대회는 안암동에서 개최되었다. 보전은 어려운 재정 상황과 부족한 시설에도 불구하고 13회에 걸쳐 대회를 주최하며, 스포츠를 통해 젊은 학도들에게 민족혼을 일깨우고자 하는 강력한 의지를 보여 주었다.

4-4 교우의 활동—《보성》의 발간

보전교우회는 1924년 1월 임시총회에서 '보성전문학교 교우회보'를 연 2회 발간하여 교우들에게 무료로 배포하기로 결의했다. 그러나 실제 발간으로 이어지지 못하다가, 1925년 6월 모교에서 발행하던 월간 《보성普聲》을 교우회보로 승인하여 발행하기로 했다. 원래 《보성》은 학교가 주체가 되어 1925년 5월부터 발행하던 종합교양지였다.

창간호가 전해지지 않기 때문에 잡지의 발행 취지를 자세히 살필 수는 없다. 그러나 제2호의 경우 일본인 현직 판사 노무라 조타로野村調太郎의 〈치안유지법과 조선독립운동〉, 편집실에서 쓴 〈치안유지법의 석의釋義〉 등과 같은 글이 게재되어 있는 점으로 미루어 볼 때 이 잡지는 처음부터 일정한 한계 속에서 출발하였음을 알 수 있다. 또 〈자기에의 충실〉(제2호)이나 〈권리에 상응하는 의무의 자각〉(제3호) 등을 강조하는 권두언의 내용도 체제 순응적 메시지를 전달하고 있다는 점에서 보전의 건학 정신이나 전통과는 상당한 거리가 있었음을 알 수 있다.

또한 글 곳곳에 삭제된 흔적이 보이는 점은 《보성》의 편집 과정에서 내부 갈등이 있었음을 암시한다. 편집권이 교우회로 넘어간 뒤에 나온 제3호에는 사회주의적 경향을 보이는 글이 몇 편 실리기도 했으나, "이후로는 법률, 경제, 기타 학술문예에 대한 것만 보내주십시오. 정치 시사의 논평은 사절"이라는 편집후기를 보면 역시 편집이나 내용에 관해 외부로부터 적지 않은 간섭을 받았음을 알 수 있다. 앞서 교우회가 잡지 《보성》을 교우회보로 인계하여 발행하기로 했다가 1925년 10월 정기총회에서 회보 발간을 재론하게 되는 것도, 이 잡지의 편집에 이와 같은 근본적인 한계가 있었기 때문이 아닌가 생각된다.

이 밖에 특기할 만한 교우의 활동으로, 1922년 일제 치하 처음으로 실시한 변호사 시험에서 보전 출신 이종성李宗聖이 합격하는 쾌거가 있었다. 조선인 38명, 일본인 80명 등 모두 118명이 3차례의 시험을 거쳐 조선인 1명과 일본인 3명이 합격하였는데, 조선인 1명이 바로 이종성이었고 수석합격이었다.

05

송현동 시대의 학생운동

5-1 6·10만세운동과 보전

1920년대 민족운동은 이념적 발전과 분화를 겪으면서 사상단체가 조직되고 언론 활동이 활발해지는 등 양적·질적으로 크게 성장했다. 이런 상황에서 1926년 4월 25일 대한제국의 마지막 황제 순종이 세상을 떠났다. 창덕궁과 광화문 앞에는 전국 각지에서 올라온 지방 유생들의 곡성이 진동했고, 1919년의 분위기가 재현되고 있었다. 이러한 분위기를 이용하여 서울 시내 각 학교 학생이 참가한 6·10만세운동에는 보전의 울타리 천도교와 보전 학생들이 깊이 개입했다.

6·10만세운동을 계획하고 주도한 것은 조선공산당이었다. 조선공산당은 사회주의와 민족주의, 종교계, 학생 등을 망라한 '대한독립당'을 조직하고, 대한독립당의 주도로 6월 10일 만세시위운동을 전개하기로 했다. 시위는 격문과 전단을 살포하며 시위대를 분산 배치하는 방식으로 진행될 예정이었고, 총책임은 '고려공산청년회'(이하 고려공청) 책임비서인 권오설이 맡았다. 권오설은 천도교청년동맹 간부 박래원을 가담시켜 격문 인쇄 책임을 맡기고, 연희전문 학생 이병립에게 거사 당일 가두 투쟁의 책임을 맡

겼다. 박래원은 1926년 5월 23일부터 31일까지 장소를 옮겨가며 권오설이 집필한 격문 10만 장을 인쇄하여 천도교당 내에 숨겨 두었다. 또한 그는 6·10만세운동 계획을 전국 각지에 알리는 한편, 대한민국임시정부 도장과 대한독립당 도장을 격문 등에 사용한 후 이를 천도교 교주 박인호의 집에 숨겨 두었다. 그러나 위폐범 검거를 위해 수사를 펼치던 일제에 의해 대한독립당 명의의 격문이 발각되면서 천도교당에 숨겨 놓은 격문과 전단이 압수되고 권오설 등 관련자들이 일제히 검거되어 조선공산당과 천도교계의 거사 계획은 좌절되었다.

이런 상황에서도 조선학생과학연구회 주도 아래 각 학교 학생들에 의한 시위 계획은 계속 추진되었다. 일제는 조선공산당의 시위 계획을 파악한 후 서울 시내를 엄중 경계하면서 1926년 6월 8일 모든 사상단체와 주요 학교를 수색하기 시작했다. 보전도 수색을 당하고 1명이 연행되어 밤샘 취조를 당했다. 또한 6월 10일에는 군경을 총동원하여 시내 요처에 포진시키고 삼엄한 경계를 폈다. 그러나 당일 오전 국장國葬의 발인 행렬이 창덕궁을 떠나 8시 30분 단성사 앞을 막 지나칠 무렵, 30-40명의 중앙고보 학생들이 격문을 뿌리고 만세를 부르면서 시위를 전개했다. 이를 시발점으로 만세 함성은 큰 물결처럼 번져 갔다. 관수교 부근에 도열해 있던 보전 학생들은 상여가 지나가는 순간, '대한 독립 만세'를 소리 높여 외치고 전단을 뿌렸다. 맞은 편에 있던 연전 학생 50여 명도 만세를 부르며 격문을 살포했다. 이 시위에서 보전 학생 7명이 현장에서 연행되었다. 이때 체포된 이천진은 당시 경성제대 예과생이었지만 6·10만세운동으로 제적된 후 보전에 입학했고, 격문을 배포하다 체포된 중앙고보 4학년 이현상도 1927년 보전 법과에 입학한 후 사회주의 운동의 지도급 인물로 부상하게 된다. 6·10만세운동은 일제가 군경을 동원하여 철저하게 감시하는 가운데 이루어졌기 때문에 3·1운동처럼 크게 확산되지는 못했다. 그러나 사회주의 세력과 민족주의 세력이 조직적으로 연대하여 항일연합전선을 형성함으로써 민족운동이 질적으로 성장하는 계기가 되었으며, 이러한 경험은 이후 신간회가 성립되는 중요한 배경이 되었다.

5-2 보전독서회의 조직과 활동

조선학생과학연구회는 6·10만세운동 이후 다수의 집행위원들이 구속되어 일시 침체되었다가 보전 법과 이현상과 상과 현운필 등을 중심으로 다시 활성화되었다. 1928년 3월 고려공청 중앙에서는 학생운동에 주력하기 위해 학생위원회를 신설하였는데, 학생위원회는 조선학생과학연구회를 지도하여 각 학교의 학생회를 자치회로 만들고 민족의식이 강한 학생들을 야체이카(세포조직)로 하여 독서회를 조직한다는 계획을 세웠다. 이현상은 보전, 연전, 공립제일고등보통학교를 담당했다. 이현상을 책임자로 하는 보전독서회는 법과 1학년 학생들로 구성되어 있었다. 독서회 개최장소는 이현상의 집이나 재동齋洞 및 삼청동 산속 등이었으며, 사카이 도시히코堺利彦가 번역한 《공상으로부터 과학으로》와 같은 책자를 읽고 마르크스주의에 대해 토론하거나 조선공산당의 지시 중 학생과 관련된 부분에 대한 토론을 하기도 했다.

보전독서회는 1928년 8월 이현상이 구속됨에 따라 큰 타격을 입었다. 이현상 구속 후 1928년 10월 현운필이 보전독서회를 재조직하였으나 그마저 1929년 6월 '공산당열성자사건共産黨熱誠者事件'에 연루되어 체포되면서 또다시 어려움을 겪었다. 이후 보전 학생들과 고려공청의 연계는 홍승유에 의해 계속되었다. 홍승유는 보전독서회의 재조직 외에도 경성의 사립중등학교 안에 독서회를 조직해 10개교 42명의 회원을 확보했다. 이들은 보전의 동맹휴교를 계획하고 휘문고보의 학생자치 운동을 촉진했으며 연전의 동맹휴교를 확대시키는 등의 활동을 했다.

5-3 광주학생운동과 보전의 1월 궐기

1929년 10월 30일 나주역에서 발생한 일본인 학생의 조선인 여학생 희롱 사건은 민족적 분노의 분화구가 되었다. 사건은 11월 3일 광주에서 조선인 학생과 일본인 학생 간의 대규모 유혈 충돌로 이어졌으며, 이후 조선인 학생들만이 구속되는 부당한 처사에 항의하는 시위가 전국으로 확산되었다. 이는 각 학교의 맹휴 투쟁으로 발전하며 조선 전역에 파급되었다. 사건 직후 신간회 간부로 활약하던 보전 이사 김병로와 보전의 전 교장 허헌 등 법조계 인사로 구성된 조사단이 광주로 내려가 조선인 학생만을 가혹하게 처벌하는 일제의 일방적 처사에 엄중 항의했다.

광주에서 시작된 항쟁의 여파는 한 달이 지난 12월 3일 이후 서울로 파급되어 서울 시내 공사립학교에 학생 궐기를 호소하는 격문이 뿌려지고 대대적인 시위가 일어났다. 이로써 무수한 학생들이 검거되었고 대부분의 중등학교가 조기방학에 들어갔다. 보전을 비롯한 전문학교들도 일제의 강력한 종용에 의해 휴교를 선언했다. 일제가 강요한 조기방학 조치로 학생 소요는 표면상으로는 가라앉았지만 이는 외형상의 일시적인 평온이었을 뿐 학생들의 저항의지는 그대로 유지되고 있었다.

1930년 1월 15일, 개학과 동시에 보전 학생들의 시위가 폭발했다. 오전 10시경 보전 학생 2백여 명이 교정에 모여 항일성토대회를 열었다. 학생들은 구속 학생을 즉각 석방하지 않으면 동맹휴학을 하겠다고 선언하고 만세를 부르며 교내 투쟁을 시작했다. 이후 학생들은 가두 진출을 위해 교문을 나가려고 했지만 일본 경찰에 의해 저지되었다. 학생들은 결의사항을 조선총독부와 일본 문부성 등에 전보로 송달하기로 결의하고 1시경 해산했다. 이때의 결의사항은 '구속학생 즉시 석방'과 '학원 독립'이었다. 이날의 교내 시위로 상과 2학년 이원칠 등 15명이 검거되었다.

보전의 학생 시위는 시내 각 학교에도 영향을 미쳐 대부분의 학교는 학생들의 대대적인 궐기로 학사 기능이 마비되었다. 결국 보전도 1930년 1월 20일까지 임시휴교에 들어갔고 24일에야 다시 개교할 수 있었다. 학생 시위는 지방으로까지 확산하여 2월 말까지 크고 작은 시위가 계속 발생했다.

이러한 상황에 대하여 경기도 학무과는 각 학교 교장을 호출하여 학원소요 사태로 즉결처분을 받은 학생은 무기정학에 처하고 검사국으로 송치될 학생은 퇴학시킬 것을 지시했다. 이에 따라 보전의 박승빈 교장도 1월 30일 학무과에 불려 가 검속檢束 중에 있는 정갑주(법과 1), 고제철(법과 3), 박승팔(상과 3) 등에 대한 퇴학조치 명령을 통고받았다. 박승빈 교장은 31일 교수회의에서 이 문제에 대한 학교 방침을 정했는데, 교수회의에서의 토의 내용은 알 수 없지만 박승빈의 노력으로 주동자급 학생에 대한 처벌은 무기정학으로 수습되었다고 한다.

제4장

인촌 김성수의 보성전문 인수와 학교의 발전

01

인촌의 보성전문학교 인수

보전 교장 박승빈은 학교 발전을 위해 신교사 건설을 목표로 노력했으나, 점차 재원이 부족해지면서 학교 경영은 심각한 난관에 봉착했다. 이에 따라 1931년 가을부터 학교를 부활시킬 수 있는 독지가를 찾기 위해 백방으로 노력했다. 때마침 인촌 김성수가 1931년 8월 구미 각국의 문물과 제도를 시찰하고 귀국하자, 재단 이사 김병로는 김성수에게 보전 경영 문제를 자주 상의하게 되었다. 김성수는 일제하에서 민족 갱생을 위해서는 교육이야말로 그 원동력이 될 수 있다고 생각하고 있었다. 인촌은 원래 독자적으로 전문학교 설립을 생각하고 있었으며, '한양전문학교'라는 교명까지 생각해 두고 있었다. 하지만 인촌은 새롭게 학교를 설립하는 대신 재정난에 빠진 보전을 인수하여 그의 포부를 실현하는 방향으로 결심을 굳히게 되었다. 이러한 상황에서 1932년 3월 보전의 이사회와 평의원회는 김성수에게 학교 인수를 청탁하게 된다. 이때 보전에서 제시한 조건은 다음과 같았다.

1. 현재 학교 직원의 지위 보장
2. 보전의 교명을 바꾸지 말 것

3. 교사校舍의 신축을 급속히 실행할 것

인촌은 '전문학교로 존속하는 한' 보성전문학교의 교명을 고수하겠다고 약속했고, 해방 후 대학 승격 때까지 그 약속을 지켰다. 이리하여 보전의 경영 인계는 많은 사람들의 기대 속에서 순조롭게 결정되었다. 곧이어 기존의 재단 이사와 감사는 총사직하고 새로운 이사와 감사가 선임되었다. 그리고 1932년 6월 김성수는 정식으로 교장에 취임했다. 위기에 처해 있던 보전은 김성수의 인수를 통해 새로운 생명을 얻게 되었으며, 이는 학교의 발전과 민족 교육의 도약을 알리는 전환점이 되었다.

인촌이 보전 인수를 주도하기는 했으나 출자한 것은 아니었다. 인촌의 양아버지 김기중金祺中이 500석의 전답과 6,000여 평의 대지를, 친아버지 김경중金暻中이 5,000석의 전답을 기증하고 이것을 재단법인 중앙학원에 예치했다. 《동아일보》는 1932년 3월 30일부터 4월 1일까지 〈보성학교 내력〉(총 3회)을 연재하면서 존폐 기로에 직면한 보전이 김씨 일가의 영단英斷으로 소생하게 된 경위를 높이 평가하고, "전문학교로서 다른 데 비하여 손색이 없고 학풍이 또한 조선 사회를 이끌어 갈 만큼 견실한" 보성전문학교가 "장차 조선인의 최고학부로 나아가는 준비가 완전히 정제"되어 "조선을 위하여 기뻐하는 바"라고 치하했다.

새로 구성된 재단 이사회에서는 기존 재단의 채권·채무 정리에 힘쓰는 한편 학교 경영에 필요한 금액을 중앙학원으로부터 조달받았다. 재단법인의 포부는 더 넓은 학교 부지의 확보와 신교사의 건축, 교수진 보강 등을 통하여 교풍을 세우는 데 있었다. 재단법인 보성전문학교는 재단법인 중앙학원으로 흡수 합병되지 않고 이원적 조직으로 운영되었다. 이는 해방 후 고려대학교를 발족시키는 단계에서 재단법인 중앙학원으로 인수되기 전까지 유지되었다.

김성수는 호남의 부호 김경중의 아들로 태어났으나 후사가 없었던 큰아버지 김기중에게 입양되었다. 양아버지와 친아버지의 재산은 그가 다양한 근대화 사업을 수행할 수 있는 경제적 기반이 되었다. 18세였던 1908년 도쿄로 유학을 떠난 김성수는 1914년 와세다대학 정치경제학부를 졸업할 때까지 6년간 일본에 체류했다. 일본에서의 유학 경험은 근대화에 대한 김성수의 생각에 큰 영향을 미쳤다. 와세다대학 졸업을 몇 달 앞둔 1913년 10월, 그는 양아버지와 친아버지를 일본으로 초청하여 번성한 일본의 도시와 교육기관들을 보여 주며 조선에 돌아가 교육사업을 펼치겠다는 포부를 밝혔다. 이후 1914년 7월 귀국한 김성수는 양아버지와 친아버지를 설득하여 지원을 약속받았고, 마침내 1915년 4월 사립중앙학교를 인수·경영하게 된다.

보성전문학교의 경영자 변동 기사(1932)

한편 인촌은 민족자본 육성을 위한 기업활동도 활발하게 전개했다. 1917년 파산 직전인 경성직뉴京城織紐를 인수하여 1919년 10월에 이를 경성방직주식회사(이하 경성방직)로 재설립했다. 경성방직은 일본 면방직 자본의 침투에 맞서, 조선 경제의 부흥과 자립을 목적으로 생필품인 면직물을 국내에서 생산하기 위해 설립되었다. 초창기 경성방직은 기술력이 떨어져 일본 대기업 제품들과 경쟁하는 데 어려움을 겪었다. 하지만 1930년대 들어 경영이 호전되며 본격적으로 성장했다.

또한 인촌은 언론기관을 통한 민족문화운동이 급선무라고 생각하고 1920년 《동아일보》를 창간하기도 했다. 인촌은 전국적으로 발기인을 모집했고, 그 결과 78명의 발기인이 구성되어 《동아일보》를 창간했다. 《동아일보》는 창간사에서 '① 조선민족의 표현기관으로 자임하노라 ② 민주주의를 지지하노라 ③ 문화주의를 제창하노라'라는 3개 주지主旨를 밝히면서, 민족의 대변지임을 표방했다. 《동아일보》는 창간 2주 만인 4월 15일 자 기사 〈평양에서 만세소요〉가 문제가 되어 발매·반포 금지를 당한 것을 비

보전을 인수한 인촌 김성수

롯하여 일제 시기 동안 네 차례의 무기정간 처분과 수많은 발매·반포 금지, 압수, 삭제 등 총독부의 혹독한 탄압을 받았다.

이처럼 기업인, 언론인으로서의 활동을 펼치는 와중에도 인촌은 교육사업에 대한 관심을 버리지 않았다. 이에 따라 그는 1929년 2월에 양아버지와 친아버지로부터 60만 원의 거액을 기부받아 재단법인 중앙학원을 설립하고 상무이사를 맡아 중앙고등보통학교를 경영하게 되었다. 또한 1929년 12월부터 1931년 8월까지 1년 9개월간 구미 각국의 정치·경제·문화 제도를 시찰하면서 교육에 대한 포부를 구현하기 위한 구상을 다듬어 돌아왔다. 인촌은 유능한 인재가 최대의 자본임을 확신하고 있었다. 따라서 민족의 독립과 구국을 위해서는 인재양성을 전제로 하는 교육사업이 무엇보다 중요하다고 생각했다. 그는 "독립민족은 대학을 가져야 한다"는 신념으로 보전을 인수했고, 그러한 신념에 따라 '민족사학'의 육성에 심혈을 기울였다.

인촌의 보전 인수에 대한 탐방기사인 〈보전론〉(유광렬, 《동방평론》, 1932년 5월)에서 인촌은 "교육은 민족의 대계大計입니다. (…) 되도록 뒤에 경영할 사람을 위하여 부지[基地]만은 적어도 만여 평 이상의 것을 경성 부근에 잡아 두려 합니다. 그리고 건축물도 되도록 하나를 지어도 영구적으로 하려 합니다. (…) 교육은 독립자영獨立自營의 정신을 고조하려 합니다. 학교를 졸업하고는 곧 취직을 희망하는 이가 많으나, 이것은 조선인의 환경이 허락지 아니합니다. 그러므로 우리 학교에서는 남에게 부려지기를 원하는 사람보다 무슨 기관이든지 만들어 가지고 남을 부릴 사람을 양성하려는 희망입니다"라고 하여, 교육에 대한 자신의 견해와 보전 운영에 대한 포부를 밝혔다.

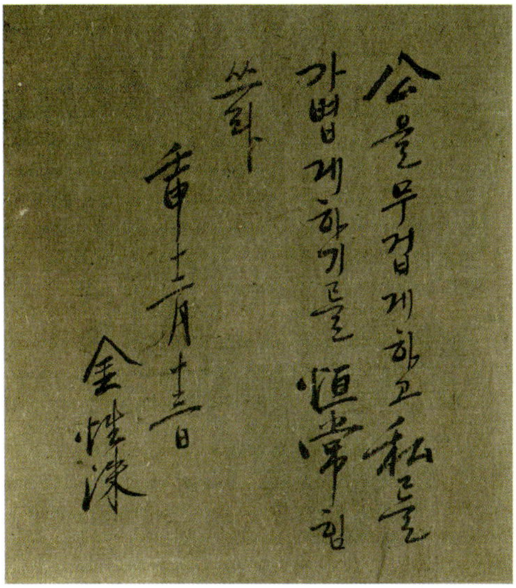

인촌 김성수의 필적(1932)

인촌은 대학의 두 가지 주요 기능인 교육과 학술연구를 모두 중시했다. 그는 "전문교육은 다른 교육과 달라서 학생들을 잘 가르침은 물론이거니와, 학자들을 배출케 하는 의미에서 선생들의 연구할 만한 기관"이라며, 학술 연구의 권위를 높이는 데 주력하며, 연구와 교육에서 최고의 수준을 지향하는 대학을 설계했다. 이후 그 설계는 30주년 기념사업인 도서관 건립을 통해 구체화되었으며, 최초로 '1교수 1연구실' 제도를 도입하며 실현되었다.

02

안암동 교사 건립과 학문의 진흥

2-1 신교지의 확정과 본관 건립

1932년 인촌이 인수한 이후 보전은 민간 최고학부로서 그 시설 면이나 교수진용 면에서 뚜렷이 발전했다. 인촌은 그때 마흔을 겨우 넘어선 젊은 교육자였으나 그가 꿈꾼 민립대학의 규모나 장기적 발전 구상은 원대했다. 인촌은 이미 보전을 인수할 당시 학교의 부지 선정과 신교사 건립을 약속한 바 있다. 그러나 민립대학의 설립을 구상하고 있던 인촌으로서는 구舊 재단 이사회에서 신교사 건립을 위해 매입한 고양군 신설리의 대지 10,437평으로 만족할 수 없었다.

그러던 중 그는 안암동의 산 밑에 정남방으로 터 잡은 넓은 대지, 곧 안암동 현재의 학교 부지가 적합하다고 판단하고 총 62,000여 평의 넓은 부지를 매수, 확보했다. 이는 송현동 교사 부지 600여 평의 약 100여 배에 달하는 면적이었다. 오늘날 고려대학교 캠퍼스의 기틀이 이때 마련된 것이다. 매수에 소요된 가격은 7만여 원이었다. 부지는 중앙학원에서 매수했으며 중앙학원 소유인 이 대지를 무상 차용하는 방식으로 신교사를 건축하기로 의결했다.

안암동 교사는 최대 550명의 학생을 수용할 수 있도록 기획되었고 설계는 인촌의 신망을 얻은 건축가 박동진朴東鎭에게 위촉하기로 했다. 인촌은 계동 자택에 설계실을 차려 박동진을 머물게 하고, 두 달여를 함께 지내며 설계를 독려했다. 두 사람은 인촌이 각국의 유명 대학에서 찍어 온 환등幻燈 사진을 보며 자주 토론했다. 김성수는 앞서 구미 각국 대학의 건축을 견문한 경험과 안목을 바탕으로, 석조로 지은 고딕 양식이 학교 건물의 품격에 걸맞을 것으로 판단했다.

본관 신축 현장 앞에 선 김성수

새 교사는 석조와 콘크리트 혼합 구조의 4층(다락층 포함) 건물로 설계되었다. 건물 중앙에는 6층탑을 세우고 내부에는 교장실 1, 사무실 2, 응접실 2, 회의실 1, 교실 15, 중강당 1, 화장실 6곳 등을 배치했다. 본관 뒤편에는 난방 기관실의 부속건물 32평(처음에는 18평)을 세웠는데, 여기에는 숙직실과 소사실小使室, 기관실이 배치되었다.

본관 건물은 직각으로 다듬어진 회백색 화강암을 정교하게 교차시켜 쌓아 올린, 매우 정갈하고 견고한 구조물이었다. 건축 재료로 선택된 화강암은 우리나라에서 풍부하게 산출되는 자원으로, 일본 목조건축의 유약성과 대비되는 강인함과 영속성을 상징했다. 인촌은 거의 매일 공사장에 나와 감독했다. 유진오는 "튼튼하고 웅장하고 호화로운 보전 본관 건물은 외관에 못지않게 내부도 호화찬란"했고 그중에서도 "사람들을 놀라게 한 것은 한 층에 두 개씩 모두 6개나 되는 수세식 화장실 시설"이었다며 "백악白堊의 석탑전은 (…) 꿈속의 궁전" 같았다고 회고했다. 증기난방과 수세식 화장실은 당시로서는 최신식의 설비로, 그 자체만으로도 특별한 위상을 보여 주는 시설이었다. 인촌이

본관의 호랑이와 무궁화 조각

일제의 압제하에서도 이렇듯 호사스럽게 교사校舍를 지은 이유에 대해 유진오는 인촌의 심중을 헤아려 "그것은 오기요, 반항이요, 겨레에 대한 격려요, 스스로의 분발"이었던 것으로 이해했다.

인촌의 세심한 구상은 건물에 사용되는 작은 장식에까지 미쳤다. 우선 본관 정문 양옆 돌기둥에는 보전 학생의 억센 기상을 상징하는 호랑이상 둘이 조각되었다. 인촌은 우리나라에 많은 호랑이는 영특하고 용맹하고 기품이 있으니 민족의 상징으로 삼을 만하다고 말했다 한다. 그리고 본관 후문 양 기둥에는 무궁화 한 쌍을 조각하여 붙였다. 이는 본관이 민족정신을 함양하는 교육의 전당이 되기를 희망한 김성수의 배려에서 나온 것이었다.

1934년 9월 28일 새로운 교사로 이전하던 날, 오전 10시 반 송현동 옛 교사에서 고별식을 행한 교수·직원·학생들은 교기와 교문의 학교 명패를 선두로, 각종 경기대회의 우승기와 우승컵 등을 들고 안국동에서 종로를 거쳐 안암동 새 교사까지 행진했다. 온 장안의 시민들도 민족사학의 이사를 함께 축하해 주었다. 새 교사에 도착한 일행은 본관에 있는 강당에 들어가 이전식을 거행했다. 인촌이 보전 인수 2년 만에 민족 앞에 내놓은 성과였다.

송현동 교사를 떠나 안암동 교사로 향하는 학생들

2-2 교수진의 강화와 학문의 진흥

2-2-1 좌우를 막론한 인재의 초빙과 교수진의 강화

인촌은 1932년 보전을 인수하자마자 좌우를 막론하고 각 분야의 권위 있는 석학과 신진기예를 대거 초빙하기 시작했다. 이때부터 수준 높은 보전 교수진이 그 위용을 갖추게 된다. 이들은 대개 나이와 경력에 따라 교수, 전임강사로 각각 초빙되었으며 영어회화 강의를 위해 외국인 강사도 임용되었다. 1932-1934년 즈음 보전에 임용된 교원을 살펴보면, 김광진(상업학), 오천석(영어, 심리학), 유진오(헌법, 행정법), 현상윤(윤리), 안호상(철학, 독일어), 최용달(상법, 국제법), 박극채(경제학) 등이 있었다.

1930년대 보전 교수진의 분위기는 점차 학문적 연구와 열띤 토론으로 아카데미즘의 내음을 물씬 풍겼고, 경성제대의 관학풍에 대항하는 혁신적인 자유주의 교수의 온상이 되어 갔다. 그 안에는 김성수, 송진우 같은 우파가 있는가 하면 최용달, 김광진, 박극채, 윤행중 등 좌파 지식인도 있었다. 특히 보전의 경제학 교수진은 경제이론 분야에서는 조선 최고의 수준이었는데, 이들은 연전의 백남운과 함께 당시 조선 학계의 대표적인 마르크스주의 연구자들이었다.

인촌이 자신과는 이념을 달리하는 좌파 지식인들을 대거 초빙한 것은 당시의 이념적 지형이 오늘날과는 달랐다는 점도 고려되어야 하겠지만, 무엇보다 보전을 최고의 대학으로 만들겠다는 의지의 표현이었을 것이다. 가끔 술자리 등에서 어울릴 때는 좌우파 간에 치열한 토론이 오갔다고 한다. 의견의 충돌과 토론이 왕성했다는 것은 당시 보전이 자유로운 학문적 분위기를 유지하고 있었다는 방증이었다. 한편 보전에서는 독일 대학을 모방하여 신임 교수의 '취임연설제'를 시도했다. 박극채의 〈자유의 경제학적 고찰〉을 시작으로, 윤행중, 안호상 등이 취임 강연을 했다. 그 후 이 제도가 존속하지 못한 것은 아쉬운 일이지만 발전기 보전의 학문적 권위와 교권을 확립하려는 야심 찬 시도로 학교 역사에 남을 만한 사건이었다.

2-2-2 《보전학회논집》의 발간과 활발한 학문 활동

교수진의 강화는 학문 발달을 가져와 1933년에 교장 김성수를 회장으로 한 보전학회가 조직되었고, 《보전학회논집》 제1집이 1934년 3월 발행되었다. 김성수는 〈창간사〉에서 "고등교육기관으로서의 전문학교는 단순한 교육기관이 아닌 학자의 연구기관이자 사회문화의 중심기관이 되어야 할 중대한 사명을 가진 기관"이므로, 이를 달성하기 위해 노력해야 한다고 했다.

《보전학회논집》은 1년 1회씩 출간하기로 하였으나, 제2집은 1935년 11월에, 제3집은 1937년 2월에 출간되어 발간 간기가 엄격히 지켜지지는 못했다. 이는 여러 가지 사정이 있을 수 있으나, 무엇보다 총독부의 간섭과 통제가 극심하였기 때문이었다. 편집위원장이었던 최태영에 따르면 당시 총독부에서는 논집에 실을 원고를 일일이 검열하여 아예 게재하지 못하게 하거나 일부를 삭제 혹은 수정하였다고 한다. 중일전쟁이 발발한 1937년 이후 전시체제의 소용돌이 속에서 교직원들이 연구에 몰두할 수 없게

되자 논문집 발간은 여의치 않게 되었다. 결국 1942년 4월 안호상이 독일어로 작성한 논문 〈Das Urteilsproblem bei Hegel(ヘーゲルニ於ケル判斷問題)〉[헤겔의 판단 문제] 한 편만을 떼어 내 특별호를 발행하는 데 그치고 만다.

《보전학회논집》은 단명에 그치고 말았지만, 첫 논집이 나오자 민간 사학에서 처음으로 나온 학문 성과라고 하여 큰 반향을 일으켰다. 또한 그 수준도 높아서 보전 아카데미즘의 두드러진 면모를 내외에 과시했다. 일본의 어느 신문에서는 《보전학회논집》의 내용을 소개하면서, 이제 서울에는 경성제대를 중심으로 한 관학파에 대항해서 사학파가 대두했다고 논평했다고 한다. 이 논문집의 학문적 가치는 현재까지 널리 인정되고 있어 당시 교수들의 우수한 학식을 짐작하게 한다.

2-3 창립 30주년 기념사업과 기부금 모금

안암동 교사의 건축과 더불어 추진된 또 하나의 커다란 사업은 1935년 창립 30주년 기념사업이었다. 이 사업의 목표는 전국적으로 기부금을 모아 도서관, 대강당, 체육관이라는 3대 건물을 건설하는 것이었다. 교장 김성수가 책임자가 되어 총독부에 30만 원의 기부금 허가를 신청하여 1933년 9월 26일 자로 정식 허가를 얻어냈다. 드디어 같은 해 11월 4일 송현동 교사에서 기념사업 발기총회를 개최했다. 사업의 규약에 따르면, 기부금 목표는 30만 원으로 설정되었으며, 최종 납입기한은 1934년 12월 말일까지로 했다. 예정된 사업계획안을 보면 도서관 건설비 10만 원, 도서 구입비 10만 원, 대강당 건설비 6만 7천 원, 체육관 건설비 3만 원, 모집사무비 3천 원, 합계 30만 원으로 계상했다.

당시 발표된 사업 취지문에 따르면, 보성전문학교는 '조선을 위한 사업이라는 신념' 아래 사회 각계의 협력과 성원으로 이루어졌으나, 민간 최고 학부로서 사회가 요구하는 인재를 양성하기에는 시설이 부족했다. 이에 따라 도서관과 체육관 등 필수 시설을 우선적으로 확충하고, 법·상과 외에 문과, 이과, 의과, 공과 등 모든 학과를 포함하는 종합대학으로 발전시켜 조선 문화의 중심이자 인재 양성의 요람으로 만들겠다는 목표를 세웠다. 취지문이 널리 광고되자 국내는 물론 해외 동포까지 비상한 성원을 보냈고, 기부금이 연일 답지하여 보전에 대한 희망과 기대를 크게 드러냈다. 교우회에서도 1933년 11월 12일 임시총회를 개최하여 30주년 기념사업 취지에 적극 찬동하면서 기부금 목표액 30만 원 중 10만 원은 교우들이 모아서 내기로 결의했다.

기부금 모금을 위해 인촌은 각별한 노력을 기울였다. 인촌은 당시로서는 거금인 3천 원을 들여 전국을 순회하기 위한 자동차를 구입했다. 인촌은 이 차를 타고 김병로, 최두선 등과 함께 전국 방방곡곡을 돌며 기부를 호소했다. 많은 사람들이 참여하도록 바람을 일으킴으로써 일제 당국에 민족적 역량을 과시하려고 한 것이다. 이러한 노력 끝에 김성수, 김연수 형제가 각각 2만 원을 기부한 것을 필두로 경성여자의학전문학교 설립자 김종익 12,000원 등 1934년 말까지 대략 20만 원의 기부금이 들어왔다. 기부금의 마감은 1934년 12월 말일이었으나, 이후에도 각 지방에서 기부금 신청이 있어서 1935년 12월에 이르기까지 기부자가 있었다.

2-4 도서관 건립과 도서 기증 운동의 전개

창립 30주년이 되는 1935년 6월 도서관 건축이 시작되었다. 도서관 설계는 본관을 설계하였던 박동진이 담당했다. 인촌은 오천석에게 미국 대학 가운데 보성전문 도서관의 모델이 될 만한 것이 있는지 문의했는데, 미국 여러 대학의 카탈로그를 가지고 있던 오천석이 그 가운데 듀크대학교에서 1930년 신축한 퍼킨스 도서관Perkins Library을 추천하여 그것을 참고했다고 한다.

도서관 대지는 본관의 동북쪽 터를 닦아 마련했고 우뚝 솟은 5층 탑을 눈에 띄게 세운 석조 콘크리트의 화려한 고딕양식을 채용했다. 높은 천장고에 우아한 뾰족아치 창을 가진 2층 대열람실은 전교생의 절반인 250명을 수용할 수 있었다. 큰 책상에는 중간에 칸막이가 있고 그 위에 전기스탠드를 마련했으며 의자는 가죽으로 된 회전식이었다. 1층에는 교수연구실 32개, 사무실, 특별 열람실을 만들었고, 3층으로 된 서고에는 20만 권의 장서를 갖출 수 있도록 설계했다. 당시로서는 전국 제일 규모의 도서관이었다.

건축 중인 도서관(1936)

공사비는 당초 10만 원으로 예상했으나 완공까지 22만여 원의 거액이 소요되었으며, 기공한 지 2년 만인 1937년 9월에 개관했다. 당시 경성제대를 세외하고는 최초로 1교수 1연구실 제도를 실시한 것이어서 일본 사립대학들조차 이를 부러워할 정도였다. 이 건물은 역사적 가치로 인해 사적史蹟으로 지정되었다.

도서관의 가치는 건축 시설에만 있는 것이 아니며, 더욱 중요한 것은 그 장서의 질과 양에 있음은 두말할 것도 없다. 교장 김성수는 일찍이 양서良書 수집에 관심이 많아 도서관 건립에 앞서 우선 도서수집에 진력했다. 김성수는 1933년 1월 《동아일보》와의 인터뷰에서 (보성전문은) '정신교육을 시키는 곳'이라 책을 많이 모아 교수들에게 만족할 만한 교수를 하도록 할 것이며, 학교 당국의 힘으로 모으기 어려운 구舊 서적 같은 것은 장서가들이 특별히 기증해 주었으면 좋겠다는 바람을 전했다. 1934년 3월 《보전교우회보》 제2호에도 '조선의 최고학부는 충실한 도서관부터'라는 표어를 내세워 기증을

초대 도서관장 손진태

독려하는 광고가 실렸다.

이와 함께 학교에서도 도서구입비를 책정하여 법학, 상학, 경제학, 인문사회학 관계의 신간서, 양서들을 구입했다. 《보전교우회보》 제2호에는 1934년 2월 10일 현재 최근에 구입한 도서 400여 권의 목록과 함께 기증받은 도서의 목록이 상세히 열거되어 있다. 이때 기증받은 도서 중에는 한치윤韓致奫의 《해동역사海東繹史》, 정약용의 《아방강역고我邦疆域考》를 비롯하여 이익의 《성호집星湖集》, 이황의 《주자서절요朱子書節要》 등 귀중한 서책이 많이 포함되어 있었다.

1937년 9월 2일 도서관 개관식이 거행되었다. 개관식에 즈음하여 인촌은 "미국의 예일대학 도서관이 한 사람의 1,700만 달러로 세워진 것이라면, 보전 도서관은 1,000명 가까운 사람들이 적은 돈을 모은 성의의 결정結晶으로 조선만이 가질 수 있는 자랑이다"라고 도서관 건립의 의미를 평했다. 개관을 계기로 부속도서관의 규칙을 제정하고, 도서관 초대 관장으로 전임강사였던 손진태를 임명했다. 손진태는 조선의 민속, 민요의 연구에 조예가 깊었으며 도쿄 동양문고의 사서로 있었던 만큼 도서관 경영의 적임자였다.

또한 인촌은 도서관 건립을 준비할 무렵 역사·민속자료를 수집·정리해 전시까지 할 수 있는 박물관 건립을 구상했다. 이를 위해 인촌은 1934년 9월 본관이 준공되자 손진태를 사서로 임명해 도서 정리와 더불어 역사·민속자료를 수집·정리하도록 했다. 박물관의 핵심 활동이라고 할 수 있는 유물 수집과 정리 업무는 이때부터 시작되었다. 인촌이 자신이 소장하고 있던 '혼천시계' 등의 귀중한 유물을 학교에 기증한 것도 이 무렵이었다. 1937년 도서관이 건립된 이후에는 도서관 내에 유물 수집과 정리를 담당하는 참고품부가 마련되었고 전시실도 갖추어졌다.

민속자료 수집과 관련하여 특기할 일은 전북 고창 출신 안함평安咸平 여사의 기부를 들 수 있다. 1936년 그녀는 보전의 30주년기념사업회가 전국적으로 기부금을 모집하고 있다는 소식을 듣고 주막업에 종사하며 장만한 70석 추수의 전답을 보람 있게 사용해 달라며 인촌에게 일임했다. 인촌은 그 뜻을 기려 기부받은 부동산을 재원으로 우리나라의 여성 관련 민속품을 수집했다.

도서관이 개관하자 각처의 독지가들이 집에서 전해 오던 도서와 역사·민속자료를 기증해 왔다. 이러한 노력과 성원에 힘입어 1938년 당시 보전 도서관에는 양서洋書 7천 권 등 모두 3만여 권의 장서와 참고품 2,419점을 갖출 수 있었다. 특히 다수의 역사 민속자료와 국내외 신문자료를 많이 수집함으로써 "참고품부에서 수집한 역사 민속 관련 참고품은 다시 구하기 어려운 진품珍品이 많은바, 그것은 보전 도서관의 특색으로 보지 않을 수 없다"거나 "학원 도서관으로서 서적이 많기로 이름났을 뿐 아니라 세계 각국의 신문까지 고금을 통하여 거의 수집해 놓아 신문 문헌으로서는 조선에서 거의 독보적이다"라는 찬사를 받았다.

2-5 대운동장의 건설

1938년 7월 안암동 교사에 또 하나 특기할 만한 시설인 대운동장이 들어섰다. 경비 5만 원을 들여 본관 앞의 논밭을 트랙, 필드 등을 갖춘 운동장으로 바꾸고 주위 구릉에는 잔디를 입혀 계단 형태의 관람석을 만들었다. 이 운동장은 당시로서는 보기 드물게 국제규격에 맞추어 설계된 것으로, 공사가 완공되어 그 실체가 드러나자 장안의 화제가 되었다.

《동아일보》 기사에 따르면, 보전의 대운동장은 ① 베를린 올림픽 스타디움을 모방한 400m 트랙필드 ② 140m의 직선주로 ③ 약 3만 명을 수용할 수 있는 스탠드 등의 설

완공 직후의 대운동장(1938)

비를 갖추었다. 이 운동장이 일본 전체에도 16개소(그중 학원은 2개소)밖에 없는 갑종甲種 경기장으로 공인받게 되면 이곳에서 이루어진 기록은 당당히 세계기록으로 인정받게 되므로, 현재 갑종경기장 공인을 취득하기 위해 매진하고 있다는 사실을 소개하고 있다. 아울러 30주년 기념사업의 일환으로 도서관과 함께 계획되었던 체육관도 30만 원의 예산을 들여 4층 석조 철근 콘크리트로 설립하기 위한 설계도가 1938년 겨울에 이미 완성되어 있다는 사실도 전하고 있다.

03

1930년대 학사행정의 변화

3-1 학칙의 변화와 입학생의 증가

1930년대 들어 학칙에 일부 변화가 있었다. 전체적인 내용은 크게 변화하지 않았지만 1934년 4월의 학칙 개정에 의해 수업료가 55원에서 77원으로 인상된 것이 눈에 띈다. 1936년 당시 신입생의 경우, 첫 학기 학비는 입학금 5원과 수업료, 교과서, 교복 및 교모 등을 합해 약 100원에 달했다. 일제강점기 보통학교 교사가 40-60원, 중학교와 고등보통학교 교사가 60-70원, 기자와 은행원이 60-80원 정도의 급여를 받았음을 감안해 볼 때 신입생의 학비는 대략 보통학교 교사의 2개월 치 급여에 해당하는 금액으로, 학생들에게 적지 않은 경제적 부담이 되었음을 짐작할 수 있다.

학교가 내실을 다져 나가자 사회의 신망이 높아지고 입학 지원자도 점차 많아지기 시작했다. 보전의 학생 정원은 이전과 마찬가지로 400명이었다. 그러나 정원을 채우기가 어려웠던 이전 시기와 달리 입학생 수가 점차 증가하면서 학생 수도 정원에 가까워지기 시작했다. 1934년에는 전체 정원이 600명으로 증원되었으며, 응시자 수도 법과 177명, 상과 192명, 합계 369명으로 급격히 증가했다. 이해 9월에 안암동의 새 교사가 준공을 앞두고 있었고, 학교의 중흥과 발전에 대한 기대가 커지는 분위기 속에서 응시자가 몰린 것으로 보인다. 예년에 없던 400여 명에 이르는 지원자 때문에 좁은 송현동 교사에서는 시험을 치를 수 없어서 부득이 중앙고보로 시험장을 옮겨야 했다. 이와 같이 응시자가 급증하는 분위기 속에서 영어·수학·국어[일어] 등 3과목으로 치러진 보전의 입학시험문제는 전체 내용이 신문에 보도되기도 했다.

3-2 교과과정의 변화

1930년대에 들어 교과목에도 변화가 나타났다. 우선, 1931년에는 법과와 상과 모두 이수해야 할 교과목 수와 주당 교수 시간이 1925년에 비해 증가한 점이 확인된다. 구체적으로 살펴보면, 두 학과 모두 '국어[일어]'(2학점), '조선어와 한문'(3학점), '심리학'(2학점) 과목이 신설되었다. 교장인 박승빈 자신이 조선어학을 연구한 학자로서 '조선어와 한문' 과목을 강조했던 것으로 보인다. 특히 두 학과 모두 영어 교육이 대폭 강화된 점이 눈에 띈다. 법과의 경우 1925년 7학점에서 1931년 10학점으로 증가했고, 상과의 경우 1925년에는 '영문학·영문법·상업영어' 과정만 있었던 데 반해 새로이 '독본 및 회화' 과정이 신설되었고, 시수 또한 전체 15학점에서 23학점으로 강화되었다. 이 밖에도 상과는 민법과 상법의 교수 과목이 조정되어 시수가 전체적으로 감소하였는데, 민법이 15학점에서 5학점으로, 상법이 9학점에서 4학점으로 줄었다.

인촌이 보전을 인수한 직후인 1932년 7월 학칙 변경의 특징은 선택과목의 신설이었다. 법과와 상과 모두 사회학과 사회정책 과목이 필수과목에서 제외되는 대신 철학개론, 심리학, 논리학, 문명사 등과 함께 선택과목으로 배치되었다. 1934년 4월에는 제2외국어가 신설되었다. 상과에는 제2외국어를 필수과목으로 개설하여 중국어와 독일어 중 하나를 반드시 수강하도록 정했으며, 법과에도 선택과목으로 제2외국어(중국어와

1937년 보전 법과의 교과과정

	제1학년		제2학년		제3학년	
	교수과목	시간	교수과목	시간	교수과목	시간
수신		1		1		1
국어[일어]		2				
조선어 및 한문		2		1		
영어		4		4		4
법학통론		1				
헌법		3				
행정법			총론	2	각론	2
민법	총칙	3				
	물권 제1부	2	물권 제2부	2		
	채권총론	3	채권각론	2	채권각론	1
			친족법	2	상속법	2
상법			총칙, 상행위	4	어음법	2
			해상법	2	사회법	3
형법	총론	3	각론	3		
민사소송법			제1편, 제2편	4	제3편 이하	3
파산법						2
형사소송법						3
국제공법						3
국제사법						2
경제학		3				
재정학				2		
철학개론		2				
심리학		2				
논리학		2				
실무				2		2
체조		1		1		1
선택과목	1과목	2	2과목	4	2과목	4
계		36		36		35
선택과목	제2외국어	2	제2외국어	2	제2외국어	2
	사회학	2	행정학	2	신탁법	2
	문명사	2	사회정책	2	법리학	2
			산업법	2	법제사	2
			영법강독	2	영법강독	2
					부기	2

1937년 보전 상과의 교과과정

	제1학년		제2학년		제3학년	
	교수과목	시간	교수과목	시간	교수과목	시간
수신		1		1		1
국어[일어]		2				
조선어 및 한문		2		1		
영어	독본 및 회화		독본 및 회화		독본 및 회화	
	영문학 및 문법	8	영문학 및 문법	8	상업영어	9
			원서강독		원서강독	
상업통론		2				
매매론				1		
상업지리				2		
상업역사		2				
상품학				1		
상업실천						2
경영경제학						2
상업수학	영문학 및 문법	2	상업산술	1	상업산술	1
	주산	1			주산	1
상용문	일문	1	일문, 영문	1		
부기 및 회계	상업부기	3	은행부기	3	회계학	2
세관 및 창고						1
거래소론[取引所論]						1
경제학		3				
재정학				2		
상업정책						2
통계학						2
화폐론						2
은행론				2		
무역 및 외환[爲替]				2		
법학통론		1				
민법		3		2		
상법				2		2
제2외국어		2		2		2
체조		1		1		1
선택과목	1과목	2	2과목	4	3과목	4
계		36		36		35
선택과목	철학개론	2	경제사	2	보험론	2
	논리학	2	신탁론	2	경기변동론	2
	심리학	2	농업정책	2	동양경제사정	2
	문명사	2	사회정책	2	공업정책	2
			광고학	2	교통론	2
					경제학사	2

독일어 중 선택)를 편성했다.

1937년이 되면 이수할 교과목은 줄어들었으나 각 과목의 시수가 조정되어 주당 수업 시간은 증가했다. 1931년과 비교해서 양과 모두 영어 과목의 시수가 좀더 증가한 것이 주목된다. 법과는 10학점에서 12학점으로, 상과는 23학점에서 25학점으로 늘었다. 1937년의 학칙과 교과목표를 보면 3년제이기는 하나 4년제 대학 수준의 교과목과 교강사가 갖추어져 있었음을 알 수 있다. 영어 교육의 강화로 인하여 1930년대 보전의 교강사 40명 중 영어 담당이 9명으로 많은 수를 차지한 것이 특징적이다.

3-3 일제의 압박과 정원 초과 모집 사건

안암동 교사로 옮겨 와 처음으로 입학시험을 치른 것은 1935년 4월이었다. 이 시기 학교는 입학생 정원 초과 문제로 인해 총독부와 마찰을 빚었다. 보전은 안암동 교사의 건립으로 이전과 견줄 수 없을 정도로 훌륭한 교사와 제반 시설을 갖추면서 더 많은 학생을 수용할 능력이 생겼고, 입학지원자 수도 점차 증가했다. 이러한 상황에서 사회적으로 입학 경쟁이 과열되고 있다는 문제가 제기되자, 보전은 1935년 2월 말 기존 각 학과당 70명이던 입학 정원을 두 배로 늘려 각 학과 140명씩 총 280명으로 증원을 신청했다.

총독부 학무국에서도 신청서를 제출한 지 1개월이 지나 입학 시험을 진행할 때까지 아무런 지시가 없었다. 이에 따라 4월 2일에 법과 125명, 상과 140명, 합계 265명을 선발하여 합격자를 발표했고, 지원자 안내서에 정한 대로 4월 10일까지 입학 수속을 완료한 신입생은 228명이 되어 4월 12일 입학식을 거행할 예정이었다. 그런데 그때까지 아무런 지시가 없던 총독부 학무국에서 갑자기 4월 10일 정원 600명을 엄수할 것을 전달해 왔다. 학교는 학무국에 여러 경로를 통해 협상을 시도했으나, 학무국은 초과된 28명의 입학을 취소할 것을 강요했다. 그러나 학교로서는 이미 입학이 확정된 학생들의 권리를 포기할 수 없었다. 결국 이 사태의 책임을 지고 김성수 교장이 사임했으며, 후임으로 김용무가 취임했다.

그동안 지원자 자체도 많지 않았고 입학생 수도 1931년 94명, 1932년 125명, 1933년 173명, 1934년 244명으로, 보전의 정원에 대해 총독부에서 엄격한 규정을 두고 관리한 일은 없었다. 또한 당시 관공립학교에서도 항상 정원의 20% 정도는 보결이나 특수한 사정으로 인해 초과 모집이 묵인되는 일이 일반적이었다. 더욱이 단지 소폭의 정원 초과를 이유로 교장이 사표를 제출하는 일은 없었다. 따라서 이 사건은 일제가 민족교육의 아성으로 발전하는 보전에 위기감을 느껴 견제한 것이라 볼 수 있다. 교장 김성수를 비롯한 학교 간부는 일제의 간섭에 굴하지 않고 교장 직을 내던지면서도 일단 입학을 허가한 신입생을 위하여 싸운 것으로, 이는 일제강점기 민족 교육사에서 중요한 사건이라 할 수 있을 것이다. 학교를 떠났던 교장 김성수는 2년 만인 1937년 5월 다시 복직했다.

3-4 농과·임과의 신설 계획과 좌절

조선에 농과는 관립수원고등농림학교(수원고농)와 숭실전문학교에만 있었고 그 수용 정원도 매우 적어서 수원고농은 농과 40명, 임과 25명이었고 숭실전문학교는 농과 30명에 불과했다. 그러나 해가 갈수록 농과를 지원하는 학생 수는 증가했다. 인촌은 보전을 인수할 당시부터 종합대학으로 육성·발전시키려는 포부를 가지고 있었고, 이에 따라 안암동에 신교사를 건립한 후 곧바로 1935년 8월 2일에 총독부 당국에 신설 학과 설립신청서를 제출했다. 신청 내용은 1940년도부터 농과와 임과를 신설하며, 수업연한은 3년으로 하고 농과 정원을 240명, 임과 정원을 120명으로 설정한다는 계획이었다. 이를 위해 전임교수 17명과 촉탁강사 약간 명을 초빙하고, 교수실·사무실·강의실은 안암동 신축 교사를 활용하며, 특별교실 및 실험실·실습실 등은 신축하기로 했다. 그리고 실습지와 연습지로서는 안암동 교지에 접해 있는 토지 및 임야를 매입할 계획을 세웠다.

보전의 농과와 임과 설립 신청에 대해 총독부에서도 농업전문학교의 설립 필요성을 인식하고 있었기 때문에 처음에는 부정적이지 않았으며, 제출된 계획을 정밀하게 검토했다. 그리하여 다음 해인 1936년 1월에는 제출된 계획서 중 미비한 점을 확실하게 충족시킬 것을 조건으로 허가하기로 했다. 하지만 이후 총독부는 시간을 끌다가 결국 자금 조달 계획이 미비하다는 이유로 보류해 버렸다. 보전의 숙원은 6·25전쟁 중 대구 피란 시대에 농림대학이 창설되면서 40여 년 만에야 이룰 수 있었다.

04

안암동 시대의 학생활동

4-1 학교생활

1930년대에 시험은 매 학기 말에 치렀다. 시험은 100점을 만점으로 했고, 평균 60점 이상, 과목별 40점 이상을 받아야 합격하여 진급과 졸업이 가능했다. 학년 성적은 학기 시험 성적을 평균하여 산출했고, 졸업 성적은 1-2학년 성적의 평균 점수에 다시 3학년 성적을 더하여 그 평균을 산출하는 방식으로 정했다. 질병 및 기타 부득이한 사정으로 추가시험을 원할 경우 수험료 5원을 내야 한다는 규정도 있었다. 당시 입학시험 수험료도 5원이었다.

총독부의 통제와 감시 속에서도 학생들은 이전 시기와 마찬가지로 3학년이 되면 교강사의 인솔하에 수학여행을 다녀왔고 소풍을 가기도 했다. 1932년에는 법과와 상과 3학년생들이 2개 조로 나누어 각각 경주와 금강산을 다녀왔고, 1933년에는 경주와 평양 방면을 다녀왔다. 수학여행은 1940년 일제 당국이 전면 금지할 때까지 이어졌다.

1930년대 학생들의 학교생활에서 빼놓을 수 없는 것이 체육활동이다. 물론 체육활동은 학생회에서 자치적으로 수행하는 다양한 행사가 중심을 이루었지만, 학교 당국에서도 학생들의 체력 향상을 위해 노력했다. 그 가운데 대표적인 것이 1938년 대운동장이 준공된 이후 학생들에게 1인 1종 이상의 운동을 권장한 것이다. 보전에서 추진한 1인 1종 이상의 운동 장려는 사회적으로도 관심을 끌어 당시 일간지에 보도되기도 했다.

특기할 사항은 1936년부터 보전 최초로 상설 장학금 제도가 도입되었다는 사실이다. 1936년 3월 유한양행이 매년 400원을 기탁하여 장래 실업계에 진출할 3학년 재학생 중 성적이 우수하고 성격도 원만한 학생 1명을 선발하여 장학금을 수여하기로 했다. 장학생 선발은 보전 직원과 유한양행 간부로 조직된 위원회에서 담당하기로 했으며 선발된 학생에게는 유한양행에서 실무를 연습할 기회까지 제공되었다.

4-2 '보전학생회'의 조직과 활동

4-2-1 학생회의 조직

1929년경, 보전의 학생자치단체였던 '보전친목회'는 '보전학생회'로 명칭이 변경되었다. 1920년대 보전친목회 시절에는 조직이 서무부, 경리부, 학예부, 체육부 등 4개 부서였으나, 1930년대의 보전학생회 시기에 와서는 경리·서무·덕육·변론·연구·출판·체육·연극·음악부 등으로 조직이 세분화되었다. 학생활동은 1930년대 초반에는 비교적 활발하게 시작되었으나, 후반으로 접어들면서 점차 침체되는 양상을 보였다. 그 이유는 첫째, 학생회의 재정 상태가 원활하지 못하였기 때문이다. 1936년의 경우 도서부에서 회지(《보전학생》)를 발행하기 시작했기 때문에 전년도에 비해 200원 이상의 예산이 소요되었고, 졸업생의 증가에 따라 졸업 기념 메달이 증가하여 덕육부의 예산도 증액되었다. 그러나 학생활동을 탐탁지 않게 여기던 총독부에서 연극부, 변론부 등이 대외사업을 진행하면서 거두어들이던 입장료나 출판부의 광고료 등을 제한하면서 학생회의 부수적 수입은 줄어들 수밖에 없었다. 둘째, 중일전쟁이 시작되면서 일제의 감시와 억압이 강화되었기 때문이다. 학생들의 동향에 대한 총독부의 감시가 강화되었으며, 그에 따라 총독부의 압력을 받는 학교 당국과도 적지 않은 갈등이 있었다. 또한 이 무렵 학생운동이 점차 사회주의의 영향을 받으며 비밀결사의 형태로 전개됨에 따라 이를 둘러싼 학생들 간의 갈등도 심화되었다.

1938년 5월 학교 당국은 학생회에 교내 웅변대회와 토론대회, 교내 학술강연 등을 중지해 달라고 요청했다. 이러한 사업들은 학생회 활동 중 가장 중요한 것들로 이미 예산이 편성되었고 진행 중인 사업도 있었다. 그러나 학생회 측에서는 정세를 참작하여 해당 사업을 중지하기로 결정했다. 결국 1938년 7월 학생회 활동은 완전히 중단되었다. 학생회 활동이 금지되자 학생들은 1939년 '공제부共濟部'를 만들어 자치활동을 이어 나가게 된다.

4-2-2 경리부

경리부의 활동 가운데 가장 중요한 것은 '전조선 남녀 중등학생 주산경기대회'였다. 1932년부터 시작된 주산대회에는 전국에서 많은 학생들이 참가하였을 뿐만 아니라, "놀랄 만큼 많은 관중"이 몰려들었기 때문에 넓은 장소를 택하여 진행되었다. 주산경기대회는 주로 경성공회당이나 태평로 경성일보사의 내청각來青閣에서 실시되었는데, 참가 학생들의 뛰어난 실력은 관중들을 감탄시킬 정도였다고 한다. 보전이 주최하는 이 주산경기는 가장 권위 있는 주산대회로 자리 잡았다. 그러나 주산경기 이외의 대외 사업은 일제의 억압으로 무산되는 경우가 많았고, 1938년에는 "외부 압력 및 기타 사정으로 말미암아" 교내사업까지 차질을 빚고 있다는 경리부의 보고서가 제출되기도 했다. 이에 따라 1938년의 경우 경리부의 1년 예산 2,680원 가운데 실제 지출금액이 1,703원에 그칠 정도로 대외사업은 모두 좌절되고 말았다.

4-2-3 연구부

제1회 모의재판(1933)

연구부는 교내외에서 각종 강연회를 개최하여 지식인과 미디어가 부족한 당시 사회 각층의 지적 갈증을 해소해 주는 역할을 했다. 특히 1933년에는 보전 교수인 최용달, 오천석 외에도 연전 교수인 노동규와 백남운, 경성제대 교수인 미야케 시카노스케三宅鹿之助 등 학계 권위자를 초청하여 교내 강좌를 11회나 개최했다. 11월에는 1928년부터 이어 오던 초동初冬 특별대강연회를 종로 중앙기독교청년회관에서 개최하여 성황을 이루기도 했다. 그러나 1937년이 되면서 연구부의 활동은 점차 제약을 받기 시작했다. 연사들의 회피로 교내 강좌는 예정된 10회 중 8회만 개최되었고 대외학술강연대회는 총독부의 극심한 간섭과 방해로 인해 결국 열리지 못했다. 이는 일제의 억압이 학문적 자유와 지적 활동에까지 미친 영향을 보여 준다.

연구부 활동 가운데 특기할 만한 것은 오늘날까지 그 전통이 이어져 오고 있는 모의재판이다. 1933년 12월 8일 '살인 및 문서위조 행사사건'이라는 명칭으로 경성공회당에서 역사적 첫 공판이 개정開廷되었다. 이는 보전 학생들의 사회의식을 표출하여 당시 사회에 커다란 반향을 불러일으켰고, 12월 19일에 고려청년회의 초청을 받아 개성 고려청년회관에서 재연할 정도로 큰 호응을 얻었다. 제2회 모의재판은 1935년 6월 24일 경성공회당에서 개최되었다. 당시 신문에 자주 보도되던 '영아압살사건嬰兒壓殺事件'을 주제로 삼아 일반인들에게도 큰 관심과 호응을 받았다. 그러나 '장충단본처살해사건奬忠壇本妻殺害事件'으로 1937년 6월 29일 부민관에서 개최하려던 제3회 모의재판은 "부득이한 사정으로 무기 연기"되었다. 이후 모의재판은 총독부 당국의 간섭과 방해로 중단되고 말았다.

4-2-4 연극부

연극부는 1932년 첫 공연을 시작으로 총 4회 공연을 했다. 이들의 공연은 입추의 여지 없이 관객이 몰리고 공연장 근처의 교통이 마비되는 등 사회적 관심을 끌었다. 특히 1-3회 공연은 장소를 바꿔 앙코르 공연을 하기도 했다. 연극부는 3회 공연부터 "학생극은 학생의 손으로"라는 기치를 내세웠다. 2회 공연까지만 해도 연출, 장치, 효과, 진행 등 공연 준비와 지도를 기성 연극인이 담당했고 학생들은 배역만 맡는 정도였다. 이러한 변화는 단순한 예술적 시도를 넘어, 기성 연극인들의 도구로 남기를 거부하고 학생들 스스로 자율성과 주체성을 강조한 선언이었다.

3회 공연은 1934년 11월 헤르만 하이예르만스의 〈조일상회朝日商會〉를 상연했다. 3회 공연을 계기로 연극부는 학생들만의 힘으로도 연극 공연을 훌륭히 해낼 수 있다는 자신과 함께 대내외에 그 위치를 확고히 하는 명성까지 얻어, 1936년 11월 4회 공연에 이르러서는 관객 동원에서 공전의 대성공을 거두었다.

그러나 1936년을 정점으로 연극부도 수난기를 맞게 되어, 1937년 연극부가 준비한 각본은 모두 총독부의 불허로 무산되었다. 이후 1930년대 후반으로 갈수록 일제의 황민화 정책이 더욱 가열되어 조선어 공연이 불가능해짐에 따라 높은 사회적 관심을 끌었던 보전 연극은 4회 공연을 끝으로 막을 내릴 수밖에 없었다. 비록 단명으로 끝났지만 보전 연극부는 당시 학생극의 선구자로서 중요한 역할을 했다. 특히 "학생극은 학생의 손으로"라는 구호가 뜻하는 주체적 자각은 학생 연극 활동이 추종운동이 아닌 창조적 체험운동임을 보여 준 단적인 예이며, 보전 학생들의 기풍을 말해 주는 것으로 평가할 수 있다.

4-2-5 변론부

변론부는 교내외에서 다양한 토론회와 웅변대회를 주최하며 학생들의 논리적 사고와 표현력을 키우는 데 중요한 역할을 했다. 변론부의 주요 사업으로는 교내 토론회와 교내 웅변대회, 전조선중학생현상웅변대회, 전조선남녀전문학생토론대회 등이 있었다. 변론부가 1924년부터 주최한 전조선중학생현상웅변대회는 보전학생회 사업 가운데 사회적 인기와 관심이 가장 높았다. 예컨대 1933년 11월 열린 제7회 대회에서는 오후 7시 시작임에도 1시부터 이미 통행을 할 수 없을 정도로 인파가 몰려 길이 막혔고 행사장은 인산인해를 이루어 입장하지 못한 청중들이 대회장 밖까지 늘어설 정도였다. 이 대회에서 전국 각지에서 선발된 13명의 학생 연사들은 주로 시사문제를 다루며 일제 통치를 강하게 비판했는데, 이로 인해 다섯 학교가 변론 중지를 당하고, 중앙고보 등 네 개 학교는 원고 검열로 인해 등단조차 하지 못하는 일이 벌어졌다. 심사는 여운형, 백남운, 김병로 등 사회 유명 인사들이 맡아 대회의 권위를 더했다. 이 대회는 1935년 8회까지 개최되었으나, 1936년 결국 중지되고 말았다.

전문학교 학생들의 토론은 이보다 수준 높은 주제로 이루어졌다. '문화발달의 원동력이 물질이냐 정신이냐'(1933년 6월 제1회), '사회발달에 전통이 중하냐 개혁이 중하냐'(1935년 6월 제2회), '천재는 환경에 의하느냐 전통에 의하느냐'(1936년 11월 제3회)라는 논제를 가지고 학교를 대표하여 참가한 학생들이 양편으로 나뉘어 치열한 논전을 벌였다. 심사위원은 백남운, 주요한, 옥선진, 여운형, 안호상 등이 담당했으며 대회는 청중이 몰려 혼잡을 일으킬 정도로 큰 인기를 끌었다. 그러나 전문학생토론대회 역시 1936년 제3회 대회를 마지막으로 중단되었다.

4-2-6 도서부·출판부

1930년대 보전학생회는 "학생들의 본질적 생활인 학문 연구"의 기본이 되는 "독서를 자급적으로 조성"하기 위해 도서부를 두었다. 도서부의 주요 사업은 도서 관리와 학생회 기관지 《보전학생》의 발간이었다. 도서부는 본관 3층의 도서실에서 학생들의 도서 대출 업무를 자치적으로 관리했다. 도서부의 임무 중 당시 학생들로부터 가장 큰 관심을 끈 것도 열람제도에 관한 것이었다. 당시 학생들은 교내로 한정된 대출 제도의 개선을 요구했으나, 분실 등의 폐해가 빈번히 발생하여 결국 교외 대출은 금지되었다.

그러던 중 1937년 9월 도서관 개관을 계기로 열람의 편리와 보관의 안전을 위해 학생회 도서를 학교 도서관으로 이전함에 따라 도서부의 업무 중 도서 관리 기능은 신문과 잡지의 비치로 축소되고 회지 간행이 가장 큰 사업이 되었다. 이로 인해 도서부의 명칭도 출판부로 변경되었다.

1937년도에도 출판부는 잡지 열람 문제에 특히 관심을 기울였다. 출판부의 보고에 의하면, 잡지의 자유열람은 보전의 자랑 중 하나였다. 이때 학생들이 자유열람한 신문은 5종, 잡지는 11종이었다. 그런데 잡지의 분실이 심해짐에 따라 출판부에서는 부득이 1937년 9월 자유열람제를 폐지하고 기명열람제를 채택했다. 출판부는 이를 계기로 학생들에게 '그릇된 사욕을 청산하고 자치 정신을 자각'할 것을 촉구했다.

4-2-7 음악부

음악부의 대표적 사업은 음악회 등의 연주활동과 응원단의 지휘였다. 보전 음악부는 1930년대 초반까지 각종 음악회를 주최한 것으로 보인다. 1930년 7월 5일 중앙기독교청년회관에서 개최된 납량음악회에는 홍난파의 바이올린 독주, 안익태의 첼로 독주 등 조선 최고의 연주자들이 공연하여 큰 화제를 모았다. 1931년 11월 25일 제3회 보전음악연주회에는 전문연주자 외에도 보전학생 '하모니카밴드'가 찬조 출연하여 학생들의 음악적 재능을 선보였다. 그러나 1930년대 중반이 되면 음악부의 활동은 주로 교가·학생회가를 학생들에게 보급·연습시키는 것과 학교 대항 경기 특히 연전과의 운동 경기에서 응원단을 구성하고 응원가를 연습시키는 것으로 제한되었다. 특기할 만한 점은 보연전을 할 때 응원을 위해 동원되던 악대는 그동안 시내 중등학교로부터 도움을 받았으나, 1937년부터는 독자적인 악대를 가지게 되었다는 사실이다. 학교 측에서 이에 필요한 악기구입비 300원을 보조해 주었다.

〈보전학생회가〉

작사: 하정희, 작곡: 조병학

벽공碧空에 그 넓은 도량 창파滄波의 용기로
새빨간 아침날에 깃발을 날리면서
나가세 나가세 우리 창조創造 나라로
굳세인 힘을 단결에 모으고
싸워라 싸워라 보전 보전 보전

〈응원가〉

작사: 하정희, 작곡: 조병학

1 높은 이상 넓은 도량 민활한 기술
대지 위에 스포-쓰 레코드를 그으린 자
노래하자 그의 이름 혀가 닳도록
동해바다 기상 받아 우리의 용사

2 삼천리의 봄이라면 우리의 무대
역사 위에 스포-쓰 고운 꽃이 피이리라
오늘날도 이겼다네 보성전문군
영원토록 승리 가질 이 나라 용사

〈축구응원가〉

작사: 하정희, 작곡: 조병학

1 우하하 헛다리 퉁방울
또또또 또 굴렀다 콩고물
그러면 그러치 아무렴 그러치
어쩐 말이야 젖 먹고 와

2 히히히 알낫다 씨암닭
꼬꼬 꼬구대 꼬꾸대
그러면 그러치 아무렴 그러치
어쩐 말이야 후야후

4-2-8 덕육부

덕육부의 설치 목적은 '덕의심德義心을 개발하는 교육', 즉 도덕적 의식을 계발하고 인간된 도리를 중히 여기는 기상의 양성에 있었다. 회원 간의 친선과 단합을 추구하는 덕육부의 사업은 범위가 넓고 추상적이어서 학생회의 모든 사업과 밀접한 관련이 있었다. 주로 신입생 환영회, 졸업생 송별회, 학생회 창립기념식 주관 및 졸업생 기념메달 제작 등의 업무를 수행했다.

4-2-9 체육부

학교 운동부는 학생회(당시는 친목회) 체육부에서 관리해 왔으나 1929년부터 관리를 학교 당국에 위임하면서 학생회에서 운동부 경비를 보조했다. 즉 학교 당국이 학생회의 사업 일부를 대행하였던 것이다. 그러나 1930년에 다시 운동부를 학생회에서 직접 관리하기로 하면서 학생회의 한 부로 편입했다. 이후 3년간 학생회에서 운동부를 관리하였으나, 1933년에는 운동부를 학생회에서 완전히 분리하여 학교 당국으로 다시 이관했다. 이에 따라 학생회는 운동부에 보조하던 비용으로 일반 학생들의 체력 증진과 운동정신 함양을 추구하게 되었다.

이후 체육부는 축구 이외 각종 구기종목의 공을 비치하여 학생들의 요청이 있을 때면 수시로 대여해 주었다. 또한 선수를 제외한 일반 학생을 대상으로 교내에서 축구·정구·농구·럭비·탁구·육상·수영·유도·씨름·검도 등 10종목에 이르는 대회를 연례행사로 개최하여 학생들이 운동을 통하여 상호 친목을 도모하도록 했다.

4-3 《보전학생》의 발간

보전학생회에서는 1931년에 폐간된 《시종》의 뒤를 이어, 1936년 《보전학생》을 발간했다. 제1집의 권두언에는 《보전학생》이 선배들에 의해 간행되다가 휴간된 《시종》의 뒤를 이은 것임을 분명히 밝히고 있다. 또한 1930년대를 "문화에 대한 수난기"로 규정하여, 중일전쟁을 준비하고 이를 본격화하는 과정에서 조선에 대한 억압과 통제를 강화해 나가던 일제에 대한 저항의식을 드러냈다. 그리고 학도의 임무이자 사명으로 "근대문화, 더욱이 신문, 잡지, 서적, 라디오 등이 보도하는 여러 가지 사실은 환란幻亂한 것이므로 그대로 받아들여서는 안 되며, 현실의 모든 사실을 분석하고 종합하고 비판하여 그 본질을 파악"해야 함을 강조하면서 날카로운 사회의식을 보여 주었다.

제1집의 내용을 살펴보면, 〈신의 기원〉 등 7편의 논설(학술논문)과 평론·수필, 제주도·금강산·만주의 수학여행기, 연극부 보고문, 시, 창작물 등이 포함되어 있어, 학생 교양지로 손색이 없을 만큼 충실하고 학구적인 기품을 풍기고 있다. 제2집은 1937년도에 발간되지 못하고 다음 해 2월에 발간되었는데, 내용은 5편의 논설과 여행기·사업

보고, 시와 창작란으로 구성되었다. 그러나 책머리에 '황국신민의 서사'와 일본 수상이 1937년 9월 발표한 "진충보국盡忠報國 정신을 국민생활에 실천하라"는 격문, 그리고 미나미 지로南次郎 총독의 '국민정신작흥운동에 대한 방송 요지'가 실려 있어 일제의 철저한 감시와 통제 속에서 제작된 한계를 드러냈다. 《보전학생》은 1938년 들어 일제 당국이 학생회 활동을 전면적으로 금지하면서 폐간되고 말았다.

4-4 체육활동

1933년부터 보전은 운동부를 학생회에서 완전히 분리하여 학교 당국에서 직접 관장했다. 운동부를 직접 관장하게 된 학교 당국에서는 어려운 조건 속에서도 각종 운동부에 대한 지원을 통해 조선의 스포츠계를 주도하였을 뿐만 아니라 일본으로까지 진출하여 패권을 잡고, 세계적 기록을 보유한 우수한 선수들을 길러 냈다. 보전 각 운동부의 화려한 대외적 활동과 선수들의 기백은 억압당한 민족의 울분을 운동 경기를 통해 발산시키고 학교의 명예뿐만 아니라 민족의 영예를 드높였다. 이런 의미에서 보전 운동부의 각종 운동 경기는 단순한 스포츠가 아니라 민족운동의 연장선에 있었음을 알 수 있다.

1938년 당시 보전에는 럭비부·농구부·축구부·유도부·육상부·빙상부·검도부·탁구부·정구부·수상부·배구부·산악부·역도부 등 13개의 운동부가 있었으며, 여기에 소속된 운동선수는 모두 298명에 달했다. 일부 선수들이 여러 운동부에서 중복 활동을 하기도 했으나, 이는 당시 재학생의 절반에 가까운 수로, 보전이 스포츠 진흥에 얼마나 큰 힘을 쏟았는지를 단적으로 보여 준다. 또 운동부 운영을 위해 연간 약 5,400원 정도의 예산을 투입하고 있었는데, 이 역시 당시 수업료 수입 약 46,200원(600명, 1인당 77원)에 비추어 볼 때 대단히 많은 액수였음을 알 수 있다. 이후 1939년에는 송구부(핸드볼부)가 추가로 신설되기도 했다. 이 중 주목할 만한 운동부 몇 개를 살펴보면 다음과 같다.

1937년 4월 경수역전경주대회에서 보전 유니폼을 입고 역주하는 손기정

육상부는 트랙과 필드를 막론하고 전 종목에서 우수한 성적을 거두었다. 특히 '전조선전문학교 수원경성간 역전경주대회'(경수역전경주)에서 여러 차례 우승하는 등 중장거리의 전통적 강자였다. 보전 육상부는 1935년 제1회 대회 1위를 시작으로 1940년 제6회 대회까지 불참한 제2회 대회를 제외하고 항상 1-2위를 놓치지 않았다. 또 조선학생육상경기연맹이 주최한 조선학생육상경기 학교대항선수권대회는 트랙과 필드 점수를 합산하여 우승을 가렸는데, 1937년 제4회 대회부터 1940년 제7회 대회까지 4회 연속 우승하는 대기록을 달성했다.

육상 선수 중에 두드러진 인물로는 손기정孫基禎과 김원권金源權이 있다. 양정고보 재학 중인 1936년 베를린 올림픽에 출전해, 마라톤에서 금메달을 획득하며 전 국민적 영웅이 되었던 손기정은 1937년 보전 상과에 입학했다. 그해 2학기 메이지대학으로 전학가기까지 손기정이 보전에 몸담은 것은 한 학기에 불과했지만, 그는 1937년 4월 개최된 제3회 '경수역전경주'에서 5명 주자 중 마지막 주자로 출전하여 우승을 차지했다. 또한 6월 개최된 제4회 조선학생육상경기대회 1500m와 5000m에서 모두 조선학생신기록을 수립하며 1등을 차지했다. 고려대학교는 1997년 손기정에게 명예졸업장(제1호)을 수여했다. 한편 세단뛰기[三段跳] 선수 김원권은 일제강점기에 손기정과 더불어 육상계에서 세계적으로 자랑할 수 있는 뚜렷한 업적을 남겼다. 그는 1939년부터 1941년까지 세단뛰기 세계랭킹 1위를 차지하며 '동양 최고의 다리'로 불렸다.

축구부는 이 무렵 조선 최고의 강자로 평가되었으며, 1939년 1월에는 도쿄제대 운동장에서 개최된 제1회 전국실업전문학교축구대회 결승전에서 와세다대학을 8:0으로 물리친 것을 비롯하여 모든 팀을 영패시키는 압도적 실력으로 우승했다. 1930년대 보전 최고의 스포츠 스타는 단연 김용식이었다. 그는 조선인으로는 유일하게 1936년 베를린올림픽 축구경기에 출전했으며 1948년 태극기를 달고 한 번 더 올림픽에 나갔다. 현재 김용식은 한국과 일본, 두 나라 축구 명예의 전당에 헌액된 유일한 선수로 기억되고 있다.

농구부는 1930년대 황금기를 구가하며 역사적인 기록을 잇달아 작성했다. 이 가운데 1938-1940년 보전 농구부의 전일본종합농구선수권대회 3연패는 한국 농구사에 한 획을 그은 것으로 평가받고 있다. 1938년 1월 제17회 전일본종합농구선수권대회에 조선을 대표하여 보전과 연전이 출전하였는데, 일본의 강팀들을 모두 꺾고 두 학교가 결승에서 맞붙은 결과 43:41로 보전이 승리했다. 보전학생회에서는 보전 농구부의 우승을 기념하여 '승리 축하 기념식 겸 환영 농구경기'를 개최했다. 또한 이 승리를 계기로 보전OB농구구락부가 창설되었다.

1920년대 초반 조선에 도입된 역도는 역기 혹은 중량거重量擧로도 불렸는데, 당시의 역도 경기는 현재와 달리 인상, 용상 외에 추상이라는 종목까지 모두 3개 부문 기록을 합산해 자웅을 겨뤘다. 보전 역도부는 1937년 9월 창설되었는데, 당시 국내 최초로

전일본종합농구선수권대회에서 우승한 농구부(1938)

올림픽 규정 정식 역도기구를 도입하여 사용했다고 한다. 창설 직후인 1937년 10월부터 대회에 출전한 보전 역도부는 국내는 물론 일본 대회에도 출전하여 각종 신기록을 작성하며 우수한 성적으로 입상하여 보전 역도의 이름을 드높였다. 보진 출신 역도인 중 주목할 만한 인물로 김성집金晟集이 있다. 휘문고보 시절부터 '조선 역기계의 넘버원'으로 칭송이 자자했던 김성집은 1940년 개최 예정이었던 도쿄올림픽에 출전할 후보선수 15인에 선발되기도 했다. 이후에도 김성집은 각종 대회에서 세계신기록을 작성하며 우승했고, 해방 후인 1948년 개최된 런던올림픽 역도 미들급에서 동메달을 획득했다.

산악부는 1938년 정식으로 조직되어 전문적인 기술훈련을 받으며 활동을 시작했다. 방학 기간을 활용해 국내 명산들을 등반하며 산악활동의 전통을 이어 갔다. 1939년 3월에는 묘향산, 7월에는 황해도 장수산과 구월산, 1940년 7월에는 오대산과 설악산을 올랐다. 산악부의 활동으로 가장 대표적인 것은 1942년 7월 20일부터 8월 4일까지 16일에 걸쳐 조선 학생들 가운데 최초로 백두산을 등정한 일이다. 당시 산악부 지도교

보전 유니폼을 입고 있는 역도부 선수들

수였던 와타나베 가쓰미渡邊勝美는 백두산 등정이 학생들의 '민족정신을 배양하는 단서가 되지 않을까' 생각하여 달갑게 여기지 않았다고 한다. 산악부는 우여곡절 끝에 지도교수와 일본 헌병대의 허락을 받았고, 7월 20일 서울에서 출발하여 갖은 난관을 극복한 끝에 7월 29일 천지에 도착했다. 감격한 대원들은 만세를 삼창하고 등반에 참가한 대원들의 명단을 써서 바위 근처에 묻었다고 한다. 이와 같이 학생 산악부 최초로 백두산에 등정하고 돌아온 보전 산악부는 장안의 화제가 되었고, 1942년 8월 20일부터 9월 3일까지 5회에 걸쳐 《매일신보》에는 보전 산악부의 〈영봉백두산등반기靈峯白頭山登攀記〉가 게재되기도 했다.

4-5 교우회의 활동

교우회보는 1925년 《보성》 제3호가 출간된 후 발행이 중단되었으나 1931년 《보전교우회보》 신미호辛未號로 재발행되었다. 당시 교우회장 황태연은 권두언에서 그간 재정의 궁핍과 기타 사정으로 인해 교우회의 기관지가 발간되지 못하였다고 술회했다. 《보전교우회보》 제2호는 1934년 3월에 출간되었는데, 이는 김성수가 학교를 인수하여 면목을 일신하고 30주년 기념사업을 일으킨 것을 소개하기 위한 목적을 띠고 있었다. 《보전교우회보》는 1930년대 학교 상황을 전해 주는 귀중한 기록이 되고 있다.

한편 1932년 7월 9일에 교우회 평양지회 설치를 기념하는 특별강연회가 평양에서 개최되었다. 본교 교수인 김영주, 옥선진 외에 교우회장 이창휘, 이사 최두선이 참여한 이 강연회에는 700여 명의 청중이 모여서 성황을 이루었다. 1933년 7월에는 도쿄에서 보전졸업생들이 '보성전문학교교우 해외유학생지부'를 창립하고 유학하는 교우 간의 친목 도모는 물론 모교와 긴밀한 관계를 가지고 학교의 사업을 도우며, 보전을 해외에 알리는 데 노력할 것을 다짐했다.

05

보전 학생들의 농촌계몽운동과 비밀결사운동

5-1 농촌계몽운동의 전개

1929년 대공황의 여파로 농촌경제가 파탄 나면서 대중운동이 폭발적으로 분출했다. 이에 대해 사회주의자들은 비합법 공간에서 계급적 관점에 선 정치투쟁으로 대응한 반면, 민족주의자들은 합법 공간에서 생활개선과 문자보급 같은 계몽운동을 통해 당면이익을 획득하는 방식으로 해결하고자 했다. 이러한 계몽운동에 호응하여 학생들은 여름방학을 이용하여 《동아일보》와 《조선일보》에서 주최한 문자보급운동, 문맹퇴치 교육운동 등의 농촌계몽운동에 적극 동참했다. 이들은 농촌계몽운동에 헌신하며 당대 농촌사회의 현실을 변화시키고자 노력했다.

한글 보급을 위한 문맹퇴치운동은 조선일보사가 먼저 시작했다. 조선일보사는 1929년 6월 여름방학을 맞아 '아는 것이 힘, 배워야 산다'는 구호를 내걸고 귀향학생 문자보급운동을 일으켰다. 1934년 참가한 125개교의 학생 4,917명과 특별반 161명 중 보전 학생은 117명이었다. 동아일보사도 1931년부터 1934년까지 4회에 걸쳐 가장 규모가 큰 농촌계몽운동이었던 '학생 하기夏期 브나로드 운동'을 주최했다. 브나로드 운동의 주요 내용은 학생들이 여름방학에 농촌으로 가서 문맹퇴치, 위생개선 등의 계몽활동을 벌이는 것이었다. 학생들은 4회에 걸쳐 5,700여 명이 참여했는데, 그중 보전 학생 수는 2회 20명, 3회 21명, 4회 41명이었다. 보전 학생들을 비롯한 전문학생들은 학생강연대를 구성하여 위생강연이나 학술강연 등을 진행했다. 학생계몽운동의 결과 무려 10만여 명 이상이 문맹을 벗어났다는 점에서 학생들의 헌신적인 노력은 대중운동의 가능성을 보여 주었다. 학생들은 농민 대중들에게 글과 셈만 가르친 것이 아니라 이를 독립운동의 장으로 활용하여 민족의식을 고취하고자 노력했다. 이에 대해 총독부 당국에서는 《동아일보》를 압박하여 학생들의 활동을 통제하고자 했다. 결국 브나로드 운동은 총독부의 탄압을 받아 1935년 중지되고 말았다. 이 운동을 주최하거나 동의한 민족주의자들의 경우, 중일전쟁 이후 많은 사람들이 독립운동의 길을 포기하고 친일의 길을 걷게 되었다. 그러나 학생들은 1930년대 후반부터 민족주의적 성격을 띤 학생 비밀결사 운동을 전개하며 독립을 향한 의지를 이어 갔다.

5-2 반제반전운동과 비밀결사 활동

5-2-1 반제동맹과 보전독서회

1930년대 학생운동은 합법 공간에서의 농촌계몽운동 이외에 비합법 공간에서의 운동도 활발히 이루어지고 있었다. 비합법적인 운동은 소수의 학생들이 비밀결사를 조직하고 사상 학습을 통해 운동가로서 자질을 함양하여 노동운동 등 다른 사회운동에 투신하는 형태로 전개되어 갔다. 비밀결사는 15-20명 정도의 소규모였고 대체로 좌익적 색채가 뚜렷했으며 독서회의 형태를 띠었다.

독서회와 함께 주요한 학생 비밀결사체였던 반제동맹反帝同盟은 1927년 2월 브뤼셀에서 열린 '반제국주의 민족독립기성동맹' 창립대회에서 비롯되었다. 조선공산당 재건그룹들은 조직 내에 '반제부'를 두어 학생층을 비롯한 지식인들을 포괄했으며, 학생층은 학내 독서회를 바탕으로 반제동맹을 만들었다. 독서회가 사회주의 이론 학습을 위한 준비 조직이었다면, 반제동맹은 1931년 일제의 만주침략 이후 이를 반대하는 반전운동을 벌이는 실천적 조직의 성격을 띠었다. 보전에서도 반제조직과 관련한 독서회 조직의 움직임이 있었던 것으로 보인다. 그것은 중국공산당 만주성위원회의 지령을 받고 국내에 잠입하여 '반제반' 조직에 주력하던 한전종이 건설한 조직이 발각되면서 보전 학생 홍순길과 김주철이 검거된 것에서 알 수 있다. 보전독서회는 김주철이 직접적인 참여를 거부한 가운데, 홍순길이 조기에 검거되면서 조직이 결성되지 못한 채 와해된 것으로 보인다.

5-2-2 '신건설사 사건'과 김용칠

1934년 5월에는 조선프롤레타리아예술가동맹(이하 카프KAPF) 제2차 검거 사태인 '신건설사 사건'에 연루되어 보전 학생 김용칠이 검거되었다. '신건설사'는 1932년 8월 초 프롤레타리아 연극 건설을 목표로 창단된 극단 '신건설'의 지하조직이었다. 신건설사는 서울의 각 전문학교 연극부와 연계하여 단원을 모집하고 사회주의 사상을 학습했다. 1933년 11월에는 보전 학생 김용칠 등이 출연한 반전反戰 연극인 〈서부전선 이상 없다〉를 공연하고 각 지방에서 연극을 통해 대중에게 '반제반전' 사상을 고취했다. 그러던 중 전북 금산에서 세브란스 의전 학생 조용림이 검거되면서 신건설사의 전모가 드러나 대대적인 검거 선풍이 불었다. 이기영, 박영희 등 30여 명의 저명한 프롤레타리아 문학가가 체포되었고 보전 학생 김용칠도 검거되었다. 이 사건을 계기로 프롤레타리아 문화단체는 총독부에 의해 불법 단체로 규정되었고, 계속된 탄압이 이어지면서 결국 카프도 1935년 4월 해체되고 말았다.

5-2-3 '이재유그룹'과 보전독서회

보전 법과 2학년에 재학 중이던 1928년 동맹휴학을 주도하다 구속되었던 이현상은 1933년 김삼룡, 이성출, 그리고 고려공청 일본총국에서 활동하다 검거된 이재유와 규합하여 조선공산당재건운동을 전개했다. 이들을 '이재유그룹'이라 하는데, 3인 1조의 협의회식 트로이카운동을 추진하여 스스로를 '경성트로이카'라고 하는 한편 대중이 집결되어 있는 곳에 '오르그[organizer]'(조직책)를 파견했다. 오르그는 노동 부문과 학생 부문으로 나뉘어져 있었는데, 이현상은 동대문 외곽지역 노동 부문 오르그 책임자를 맡아 섬유 및 고무산업 부문에서 1933년 11월 '적색노동조합 조직준비위원회'를 결성했다.

한편 학생 부문 오르그는 다시 남자중등학교와 여자중등학교 및 전문학교로 나뉘어 책임자를 배치해 독서회 등을 조직·지도했다. 1933년 7월부터 이재유그룹에 속하게 된 정태식은 전문학교와 경성제대의 독서회 책임자가 되었다. 보전의 비밀조직은 이재유그룹과 깊은 관련을 가졌다. 1932년 보전 법과에 입학한 오남근과 1934년 보전 법과에 입학한 안병윤은 정태식과 만나 독서회를 조직했다. 안병윤은 이미 제일고등보통학교 재학 중 사회과학에 관심을 갖고 사회주의 사상을 학습했다. 안병윤과 오남근은 1934년 5월 보전 내에서 동지를 규합하고 반제·문화·구원救援 세 부문에 길친 조직을 설성하고 이를 공산당청년회로 전환하려고 했다. 고려공청의 재조직을 목적으로 조직 충원에 나선 결과, 보전의 독서회 조직은 크게 확대되어 정태식을 책임자로 하여 안병윤, 오남근 외 10여 명에 달하는 인원이 활동하게 되었다. 보전독서회는 경성법학전문학교에 독서회가 조직되는 데에도 일조했다. 그러나 1934년 5월 정태식 등 수백 명이 검거되고 그중 120여 명이 검사국에 송치되는 대탄압으로 조직이 붕괴하고 말았다.

1930년대 후반에도 보전에는 손석태 등 4명에 의해 독서회가 조직되는 등 비밀결사운동이 지속되었다. 법과와 상과 2학년생들이었던 이들은 고보 재학 때부터 사회주의 사상을 꾸준히 학습해 왔으며, 1938년 11월부터 1939년 6월까지 교내외에서 다수의 동지를 규합하여 식민통치 철폐의 한 수단으로 사회주의 이론을 학습했다. 그러나 이들 역시 치안유지법 위반으로 종로경찰서에 모두 검거되면서 보전독서회도 와해되고 말았다.

5-2-4 '경성콤그룹'과 보전독서회

보전에서는 졸업생 이종갑에 의해 독서회가 재조직되었다. 이 당시의 독서회원들은 일본 경찰의 감시를 피하기 위해 대부분 1:1로 정기적으로 만나 마르크스와 레닌의 주요 저작을 중심으로 사회과학 학습에 몰두했다. 이종갑은 1940년 4월 보전 후배 김상준과 매주 만나 《볼셰비키의 수기》, 《스탈린의 민족론》, 《좌익소아병》 등을 읽으면서 집중 학습을 하고 김상준을 통해 보전독서회 조직을 지도했다. 보전독서회는 이 무렵에 박헌영, 이관술, 김삼룡, 이현상 등으로 구성된 경성콤그룹과 연결되기 시작했다.

1939년 9월에 출옥한 박헌영은 이관술, 김삼룡 등이 조직한 '무명無名의 결사'를 1940년 3월부터 '경성콤그룹'이라고 개칭하고, 각지의 당재건운동과 혁명적 노농운동 세력을 결집하여 투쟁을 준비했다. 이들은 당시 대부분의 사회주의자들처럼 중일전쟁이 장기화하여 결국 제2차 세계대전이 일어나고 일제가 패망할 것이며, 그때야말로 '결정적 시기'인 혁명적 상황이 도래할 것으로 전망했다. 보전 출신 이현상은 경성콤그룹에서 인민전선부와 경성의 학생조직을 맡아, 학생 및 '고급인텔리' 부문의 조직 확대를 이끌었다. 학생들에게는 반일민족의식을 강조하면서 수준 높은 학습교재를 활용한 토론을 통해 의식을 고취시켰다.

경성콤그룹의 학생조직사업과 별도로 비밀결사를 지도하던 이종갑이 경성콤그룹에 가입한 것은 1941년 4월이었다. 이때부터 이종갑은 보전을 비롯한 경성공전, 이화여전, 경성제대 등 4개 학교의 독서회를 이끌었다. 경성콤그룹의 재건 활동에 힘입어 이 무렵의 학생운동은 어느 정도 활성화되었지만, 일제의 대탄압으로 1941년 말에 이르면 거의 모든 조직원이 검거되고 말았다.

06

전시체제하 보전의 수난과 분노

6-1 교명의 박탈과 경성척식경제전문학교

1937년 7월 일제가 중일전쟁을 일으키며 전시체제를 구축함에 따라 조선은 전쟁 수행을 위해 인적·물적 자원을 공급하는 병참기지로 전락했다. 1938년 3월에는 제3차 〈조선교육령〉을 공포했다. 제3차 〈조선교육령〉은 '충량한 황국신민을 양성'한다는 목표 아래 조선어 교과를 필수과목에서 선택과목으로 전락시키는 동시에 수업 시수도 감축시켰다. 반면 일본어·일본사·체육을 강화하고, 전문학교에는 '일본학'이라는 과목을 강요했다. 보다 주목할 만한 사실은 이 교육령이 내용 면에 있어서 육군특별지원병제도의 창설을 앞둔 일본 군부의 교육시설 개선안을 그대로 수용하여 조선인의 병력자원화를 목적으로 하고 있었다는 점이다.

1941년 12월 일제가 진주만을 기습하여 태평양전쟁을 도발한 이후 총독부에서는 시정목표로서 황민의 연성鍊成, 결전決戰 생활의 확립, 필승생산력의 확충, 징병제 실시 등을 내걸고 침략을 위한 병원兵員, 생산요원의 연성을 강조했다. 일제는 침략전쟁의 장기화에 따라 1943년 보국정신대를 조직하고, 징병제를 공포하는 등 전 국토를 군사 목적에 이용하고 병영화하고자 했다. 이 시기에 조선의 교육은 군사 능력 배양과 노동력 동원을 위한 도구로 전락했다. 1943년 3월 공포된 제4차 〈조선교육령〉은 수업 연한 단축과 전쟁 수행을 위한 인적·물적 동원의 법적 기반을 마련했다. 조선어 교과는 초등학교, 중등학교, 사범학교에서 완전히 배제되었으며, 일본어와 일본도덕, 일본지리는 국민과로 통합되어 강화되었다. 이는 조선인을 황국신민으로 동화시키려는 일본의 교육 정책을 여실히 드러냈다.

이 시기의 학교 교육은 크게 '학교의 연성교육 체제화'와 '학도 동원 체제화'라는 두 방향에서 추진되었다. '학교의 연성교육 체제화'란 지원병제를 징병제로 강화하고, 학원의 병영화를 한층 심화시키는 것이었다. 이는 학생의 체위 향상과 수련을 강요하는 한편, 교련 등 전체주의적·군사주의적 교육을 더욱 철저히 강제하여 학교를 군대의 하청기관으로 만들고자 하는 것이었다. 한편 '학도 동원 체제화'란 각급 학교가 교육의 장場으로부터 노동력 편성 및 공급의 장으로 전환됨을 의미하는 것이었다. 이에 따라 학생들은 생산현장으로 강제 동원되었다.

전쟁 막바지인 1945년 5월 일제는 학생과 교직원들이 전시 임무 수행에 본분을 다하는 것을 골자로 하는 〈전시교육령〉을 발표했다. 이에 따라 일본 본토에서 벌어질 결전에 대비하여 교직원 및 학생으로 구성된 '학도대'를 조직하도록 했다. 이제 교육의 본래적인 의미는 완전히 박탈되어 학교의 기능은 정지되었다. 조선의 학교 교육은 해방을 맞이할 때까지 공백 상태나 다름없는 처지에 놓이게 되었다.

한편 일제는 1943년 10월 '교육에 관한 전시비상조치방책'을 발표했다. 전쟁 수행력의 증강이라는 이름 아래 각급 학교에 대한 비상조치를 취한 것이다. 특히 대학 및 전문학교에 관해서는 전시하의 노동력 수급을 위해 문과계는 이과계로 전환하고, 이과계는 정비 확충하도록 했다. 또한 학생의 전시근로동원을 강화하여 재학 기간의 1/3에 해당하는 기간 동안 이를 실시하도록 했다. 이 방책은 모든 기존 교육 규정보다 우선시되었고, 조선의 고등교육기관 개편에도 직접적인 영향을 미쳤다.

총독부는 경성제국대학과 전문학교의 정원을 조정하여 이공 및 의학부를 확대하는 한편 문과계 전문학교는 통폐합하거나 이과계로 전환하는 정책을 추진했다. 이에 따라 문과계 전문학교들은 교명이 변경되거나 폐교되기에 이르렀다. 결국 보성전문학교 역시 1944년 4월 경성척식경제전문학교로 교명을 변경할 수밖에 없었다. 총독부에서는 교명 개칭과 함께 학과 명칭과 교과과정의 내용까지도 변경하도록 강요했다. 보전에서는 재학생만은 입학 당시의 학과 그대로 졸업시키겠다고 건의해 보았으나, 총독부는 강경한 태도로 신학기부터 전면 개편하라고 지시했다. 상과를 경제과로 개편하는 것은 큰 무리 없이 가능했으나, 법과를 척식과로 개편하는 것이 큰 문제였다. 법과 과장 유진오는 도쿄척식대학 등을 조사하여, 척식과에는 농학 위주와 법경 위주의 두 유형이 있음을 알게 되었다. 이를 바탕으로 보전에서는 우선 법학과를 척식과로 변경하되 법경계통의 교과목을 주로 하는 방안을 구상하고, 이후 농과계도 병행할 계획을 세웠다. 이 방안은 법과 교수들을 그대로 유임시킬 수 있었을 뿐만 아니라 인촌의 숙원이었던 농과 신설도 실현할 수 있는 길이었기 때문에 가장 바람직한 방안이었다. 그러나 총독부는 본교의 법경계 척식과 전환을 거부하고, 농학 중심의 척식과로 개편시켰다.

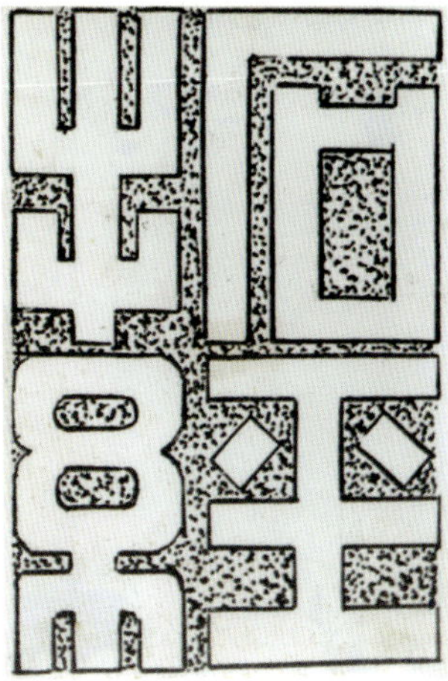

경성척식경제전문학교 시절의 모표

6-2 전시체제하의 학사행정 및 교과과정

6-2-1 학칙과 학사일정의 변화

일제의 전쟁 도발이 격화되면서 학교 운영에도 큰 변화가 초래되었다. 1940년 10월 국가의 모든 요소가 국방력을 최고도로 발휘할 수 있도록 조직되고 통제되는 소위 '고도국방국가건설의 완성'이란 기치 아래 '국민총력운동'이 시작되었다. 총독부는 각급 기관에 '국민총력연맹'을 설치하여 민족말살정책에 더욱 박차를 가했다. 1940년 12월 총독부의 강요에 의해 보전에도 '국민총력 보성전문학교연맹'이 결성되었다. 국민총력조선연맹은 조선인들을 일제의 침략전쟁을 위한 후방기지요원으로 재조직하고 이른바 '내선일체內鮮一體'의 슬로건으로 침략을 위한 병력과 노동력으로 동원하려는 것이었다.

이러한 변화와 더불어 보전의 학칙도 개정되었는데 1942년 3월 19일에 개정된 학칙 제1장 제1조를 보면, 보전이 "황국의 도에 기초하여 충량한 황국신민을 연성함을 목적으로 한다"고 규정하고 있다. 이제 보전은 더 이상 학문과 지식을 연마하는 전당이 아닌 "황국신민 교육의 장"이자 "국방 기술을 습득하고 국방국가체제를 완성"하는 데 앞장서는 병영으로 전락한 것이다.

한편 1940년대 보전의 학년과 학기 규정 등은 이전 시기와 거의 같았다. 수업료는 1942년의 경우 연간 100원으로 1930년대의 77원에 비해 약 30% 인상되었다. 기존의 학생 정원은 1-3학년 각 학과 100명씩 총 600명이었으나, 경성척식경제전문학교로 변경된 이후인 1945년 당시 재적 학생 수는 척식과 192명, 경제과 192명으로 총 384명으로 줄어들었다.

전시 태세 강화를 목적으로 총독부는 1941년 10월 전문학교 이상의 수업연한을 3개월 단축하여 각 고등교육기관의 졸업식도 1942년 3월에서 1941년 12월로 앞당겼다. 이어 1942년에는 보전을 포함한 전문학교의 수업 기간을 반년 단축했다. 9월 졸업은 병역유예를 시켜주었던 학생들을 빠르게 징집하기 위한 조치였다.

1942년에 발행된 《보성전문학교일람》에는 그 이전과 달리 일람의 첫머리에 1년간의 학사일정을 제시한 '학년력學年歷'이 소개되어 있다. 학년력에는 전시체제하의 학교 운영과 학과 행정의 일단이 잘 드러나 있는데, 청소년 학생에게 내린 칙어 봉대奉戴 기념식(5월 22일), 교육칙어선포기념식敎育勅語渙發記念式(10월 30일), 국민정신작흥에 관한 조서 봉독식(11월 10일), 대조봉대일大詔奉戴日(1942년 1월부터 매월 8일 실시한 태평양전쟁기념일), 근로봉사작업일 등과 같은 파쇼적인 제국주의 질서를 보여 주는 각종 행사들이 학사일정 안에 빠짐없이 자리하고 있다. 한편 1940년 이후에는 학생들의 소풍 및 졸업에 관한 학사일정까지도 관할 경찰서에 사전에 알려야 하는 등 학사일정 전반에 대한 당국의 감시와 통제가 보다 철저해졌다.

6-2-2 외국인 교수의 추방과 교수진용의 변화

1938년 6월 북장로교 선교회 총회는 '교육총인퇴教育總引退'를 선언하고 정신학교의 폐교와 연전, 세브란스 의전 및 6개 중학에 대한 보조금 지원을 중단하기로 결정했다. 태평양전쟁을 앞두고 교육계에 종사하고 있던 외국인의 철수가 시작된 것이다. 보전에서 오랫동안 영어 회화를 가르치던 블라이스와 프램튼도 1938년 7월 이후 순차적으로 학교를 떠나게 되었고, 이로 인해 보전의 영어 교육에는 위기가 초래되었다. 이와 함께 1938년 3월 공포된 제3차 〈조선교육령〉에 의해 일본어·일본사·일본학·교련 과목 등이 강조됨에 따라 신설과목을 위한 교강사 채용도 이루어졌다. 조선소년군(한국스카우트연맹의 전신)의 창립자인 조철호가 동아일보사에 재직하다가 1939년 10월에 교련담당 전임강사로 왔다. 또한 총독부 정책에 의해 1939년 12월에 생도과가 신설되자 이병학 교수가 초대 생도감에 임명되었다. 1944년 4월 경성척식경제전문학교로 교명이 강제 변경된 뒤 신설된 척식과에는 홍기창, 김장수, 이태종 등의 교수들이 부임하여 농학 과목을 담당했다.

6-2-3 생도과의 신설과 학교에 대한 통제의 강화

전시체제가 본격화되자 학교에 대한 통제도 강화되었다. 경찰서에서는 지원병제도, 교학쇄신 등 중요 제도의 시행을 앞두고 각 학교 도서관과 서점을 수색하여 사회주의 관련 서적, 외국 잡지 등을 압수했다. 보전은 동대문경찰서에서 담당하였는데, 도서관에 출동하여 불온서적 200여 권을 압수해 갔다.

이러한 분위기 속에서 학생 생활 전반에 대한 통제를 담당하는 부서인 생도과가 각급 학교에 신설되었다. 보전에도 1939년 12월에 생도과가 생겼다. 종래 교무업무는 간사 아래 교무과와 서무과의 두 개의 부서로 운영되어 왔다. 그러나 1937년에 도서관이 개관하면서 도서과가 추가되었고, 이 시기 생도과가 신설되면서 교무업무 분장에도 변화가 나타나게 되었다. 초대 생도감은 이병학 교수가 담당했다. 생도과의 업무는 학생의 훈육 및 풍기風紀 감독과 징계, 위생 및 신체검사, 소풍, 체육 및 운동, 집회 및 게시, 출석부, 학생 주소, 복장, 성품 및 행동 조사, 생도일지, 기타 훈육 및 감독에 관한 일체의 사항이었다.

학생들에 대한 통제 강화와 함께 교수들에 대한 통제도 강화되었다. 총독부는 1940년 3월부터 전문학교 교수들에 대해 학풍 쇄신이라는 명분을 내세워 탄압을 가했다. 학무국은 교수들의 언행에 대해 수시로 암행 감사를 실시하며, 연구 부족, 국책에 부합하지 않는 학설이나 강의, 학내 파벌 조성 등을 이유로 일부 교수들에게 사직을 강요했다. 이는 일제에 비판적인 교수를 통제하기 위한 수단으로 활용되었다. 또한 전시 협력의 일환으로 국민복 착용을 강제하며 경제적 절약을 강조했다.

한편 총독부에서는 모든 사립학교의 교장을 일본인으로 임명하려는 계획을 세웠다. 연희전문학교는 1942년 8월부터 총독부 시학관인 일본인들이 번갈아 교장이 되었다. 보전 교장 김성수는 학교의 명맥을 유지하기 위해 1941년 1월 부교장에 김영주, 수석 생도감에 장덕수를 임명하는 등 새로운 교무 진용을 짜고 자신은 되도록 표면에 나서지 않았다. 부교장은 총독부와 관계된 업무를 보아야 했고, 생도감은 경찰에 잡혀간 학생을 빼내거나 근로동원을 수행하고 학생을 지도하는 등 비상시국의 학생문제를 담당했다.

6-2-4 교련교육 및 일어 사용의 강요

1939년부터는 체육 이외에 교련이 정식 교과목으로 편성되었다. 이에 따라 1939년 10월에는 《동아일보》에 근무하던 조철호가 초대 교련교사(전임강사)로 부임했다. 조철호는 한말 무관학교 출신의 군인으로 일본육사를 졸업한 후 중위로 임명된 바 있었다. 보전 교련 교관으로서 "장래 조선 독립이 되었을 때를 위해서 교련을 하자"던 조철호는 학생들이 존경하는 인물이었다. 그러나 일제가 각 학교에 일본인 장교들을 배치하여 병영체제로 학원을 통제하는 상황에서, 1941년 조철호가 사망하자 보전에도 일본군 장교들이 배속되었다. 이들은 학생들의 군사훈련을 직접 관리하며 강압적인 체제를 확립했다. 1944년의 경우 가와모토 다케오河本武雄 중위가 배속되어 교련을 지도했으며, 1학년은 1년에 294시간, 2학년은 172시간, 3학년은 56시간에 달하는 훈련을 받았다.

일제는 1937년부터 '국어사용'이라는 구호 아래 소·중학교뿐 아니라 전문학교에도 일어의 상용을 강제했다. 1938년에는 제3차 〈조선교육령〉으로 인해 보전에서 오랫동안 박승빈이 강의해 오던 조선어 시간이 2학년에서만 주 1시간 강의하는 것으로 축소되었고, 1939년에는 결국 완전히 폐지되었다. 한편 1936년에는 '사상범 보호관찰령'에 의해 교수 최용달이 경찰에 피검되었고, 유진오도 서재 수색을 받아 장서, 원고 등을 압수당하는 일을 겪었다. 유진오는 '천황기관설天皇機關說'을 주장하는 미노베 다쓰키치美濃部達吉의 《헌법적요憲法摘要》를 교과서로 사용하고 있었는데, 이 때문에 그의 헌법 강의는 일본 국권주의에 위배된다고 하여 감시 대상이 되었다.

6-2-5 교과과정 및 학사 운영

1942년의 학칙에 제시된 교과목을 1937년과 비교해 보면, 1938년 제3차 〈조선교육령〉의 영향으로 법과와 상과 공통으로 조선어 과목이 폐지된 반면 일본학 과목이 각 학년 1시간씩 필수과목으로 신설되었다. 또한 체조의 수업 시수가 각 학년 1시간에서 2시간으로 늘어났다. 법과의 경우, 1학년을 대상으로 일본사 과목이 신설되었다. 선택과목이던 제2외국어(독어, 중국어 중 선택)는 폐지된 대신 중국어가 필수과목이 되었는데, 시수는 총 6시간에서 4시간으로 감소했다. 상과의 경우, 필수과목이던 제2외국어(독어, 중국어 중 선택)가 중국어로 변경되었으며, 시수도 총 6시간에서 4시간으로 감소했다. 또한 1학년의 선택과목이던 철학개론, 심리학, 논리학이 모두 필수과목으로 변경되었다.

1944년 4월 경성척식경제전문학교로 교명이 강제로 변경되었고 기존의 법과와 상과 대신 척식과와 경제과가 설치되었다. 1944년 첫 입시에서는 경제과 76명, 척식과 100명을 선발했다. 그러나 이때는 이미 전시동원체제가 전면적으로 가동되던 때였다. 이에 따라 1학년만 수업을 하고, 2학년은 부평의 조병창造兵廠(병기를 만드는 공장)에, 3학년은 관공서에 투입되어 일했다. 그나마 1학년들도 배속장교의 일본어 구령에 맞추어 교련만 하고 있는 판국이었다. 교수진 대부분이 자리를 비운 상태에서, 장덕수는 학생을 따라 조병창에 파견되었고 다른 교수들도 매주 교대로 3-4명씩 조병창에 가서 감독을 해야 했다.

그런 상황 중에도 농학 중심의 척식과에 대한 학생들의 불만은 상당히 컸다. 척식과 학생들은 농학 과목을 기피하며 법과계 과목의 개설을 계속 요구했다. 농학과 신설의 기대를 가지고 부임해 왔던 홍기창, 김장수, 이태종 등의 교수들은 학생들의 이러한 반응에 크게 실망했다. 특히 농과 건설에 가장 열성적이던 이태종 교수는 신경쇠약에 걸려 자살하는 비극까지 벌어졌다.

학교는 점차 더 황폐해졌고, 빈 교실처럼 적막한 학교를 지키던 척식과장 유진오는 1945년 1월, 10년 넘게 몸담고 있던 보전의 교수직을 사임하게 된다. 뒤를 이어 척식과장에는 장덕수, 수석 생도감에는 옥선진이 취임했다. 1945년 7월, 총독부의 명령으로 학도대가 결성되었다. 이 학도대는 징병과 징용으로 대부분의 교직원과 학생이 떠난 자리에 남아 있던 이들로 구성된 근로조직이었다. 전시 상황 속에서 학교는 교육 기관으로서의 기능을 거의 상실한 상태였다.

6-3 전시체제기의 학생활동

6-3-1 규율의 강화와 학생행사의 축소

전시체제기에 들어 학생에 대한 일제의 통제는 한층 강화되었다. 1931년 처음 제정되었을 당시 10개의 항목이었던 〈생도심득生徒心得〉은 1937년에는 20개 항목으로 늘어났다. 이 규정은 복장과 두발, 교내 생활은 물론 교외 활동, 나아가 거주 이전까지 학생활동 전반을 일일이 통제하고 간섭하는 내용을 담고 있다. 1939년에는 23개 항목으로 증가하여, 학생에 대한 간섭이 보다 세밀화 되고 강화되었다. 예컨대 1937년에는 "항상 용모를 단정히 하고 두발을 깎을 것"이던 규정이 1939년에는 "두발은 짧게 깎을 것"으로 보다 구체화되었다. 특히 이전에는 "본적, 씨명 또는 숙소를 변경했을 때"에만 신고했던 것에 반해 "매년 4월 시업始業 후 10일 이내에 숙소계를 생도과에 제출"하도록 했다. 특히 1939년 신설된 생도과는 학생들의 훈육과 감독, 주소지 변경 등 학생 관련 모든 행정 사항을 처리하는 부서로 자리 잡았다.

병영체제로의 전환과 함께 학생들의 사상통제를 위하여 학교에서 매일 '정진일기精進日記'를 쓰게 하고 이를 검열하여 동향을 파악했다. 아울러 '품행'이라는 이름으로 일상생활을 감시하고 명령에 조금이라도 어긋나면 바로 징계를 내렸으며, 학생들에게 궁성요배, 황국신민서사 제창, 신사참배 등을 강요했다. 정오가 되면 사이렌 또는 종소리에 맞추어 '황은皇恩'에 감사하는 묵도를 올리게 했고, 매월 18일 '전쟁훈화의 날'에는 각 학교에 장교를 파견하여 시국강연을 했다. 1942년 6월 학생들이 이미 폐지된 본교 교가 및 응원가를 합창했다는 이유로 3-5일간의 정학에 처해진 사건은 학생에 대한 통제를 보여 주는 단적인 사례라고 할 수 있다.

한편 일제는 1940년 6월 각 학교의 견학 여행은 일체 금지하고 조사 연구를 위한 여행이나 야외연습, 집단근로, 기타 심신단련에 관한 여행은 2일 이내로 제한하는 등 학생 여행을 통제한다고 발표했다. 이에 따라 보전에서도 1940년부터 수학여행이 폐지되었다.

보전 학생들에게 각별한 의미를 지녔던 체육활동 역시 총독부의 통제가 강화되는 가운데 수난을 겪을 수밖에 없었다. 전쟁이 장기화되면서 모든 스포츠의 중지 명령이 내려졌고, 이로 인하여 체육사는 암흑기에 접어들었다. 1940년 12월 '국민총력 보성전문학교연맹'이 결성된 이후 총력연맹 산하의 체련부에는 보전에 있던 각 부가 나열적으로 편성되었으나, 전쟁 상황으로 인하여 종래와 같은 전국적인 대회나 대형 경기를 할 여유조차 사라졌다. 다만 전시하인 만큼 검도와 유도부는 활동을 이어 갔다.

한편 체육행사를 대신하여 전교생을 대상으로 한 체력장 검정이 새롭게 자리 잡았다. 검정항목은 100m, 2000m, 멀리뛰기[走幅跳], 수류탄 던지기, 운반運搬, 턱걸이[懸垂] 등이었는데, 연령별로 체력장 검정을 실시했다. 보전 학생들의 체력장 검정 결과는 총독부 학무국에 보고되기도 했다. 체력장 검정은 학생들의 체력을 점검하기 위한 목적도 있었지만 수류탄 던지기, 운반 등의 항목이 존재하고 있었다는 점에서 학생들을 전쟁터로 동원하기 위한 사전 준비로 해석된다.

통제 경제가 강화되며 식량 및 물자의 배급이 제대로 이루어지지 않자 학생들의 학교생활에는 더욱 어려움이 따랐다. 학생들은 노트 등의 기본적인 학용품까지도 배급을 받아 사용하는 형편이었다. 1944년 경성척식경제전문학교 앞으로 보내온 '학용노트 배급할당 통지서'에는 학생용 9,500책과 직원용 500책을 합해 총 10,000책이 배급되었다.

특히 하숙을 하는 학생들의 경우에는 심각해지는 주택난으로 인해 하숙집이 턱없이 부족해지면서 이중고에 시달려야 했다. 《동아일보》 1940년 6월 7일 자에는 〈학원 휩쓰는 물가고의 선풍! 하숙료 4할이 폭등, 학생들의 이중고, 학자學資 중압에 학부형들도 비명〉이라는 제목의 기사가 게재되었는데, 생활필수품 가격의 급등과 주택난으로 하숙비가 급등하여 학부모들 역시 어려운 상황이었음을 짐작케 한다. 1944년 9월 학교에서 조사한 바에 따르면, 당시 재적생 368명 가운데 친척·지인·기타 하숙 등의 방법으로 생활하는 학생은 205명으로, 전체 학생의 절반이 넘었다. 1944년 보전에서 발표한 바에 따르면 졸업할 때까지 소요되는 총경비는 수업료 360원, 교재비 150원을 포함하여 680원이었다. 이는 3년간의 경비로 환산해 보면 연간 약 230원 정도가 학자금으로 요구되었다고 볼 수 있다. 이에 비하여 월평균 하숙비는 40원으로 학자금에 비해 상당한 액수였음을 알 수 있다. 따라서 하숙으로 인한 보전 학생들의 고충은 매우 심각했던 것으로 보인다.

6-3-2 학생회의 폐지와 공제부의 신설

1938년 5월 학생회 활동이 금지되면서 학생들은 자치활동의 명맥을 이어 가기 위해 새로운 방안을 모색했다. 예산을 재편성하는 동시에 잔여 금액으로 공제부를 설립하여 자율적인 활동의 기초를 마련하려 했다. 그러나 공제부 설치 과정에서 기존 교내 매점과의 이해관계 충돌로 인해 어려움을 겪었다. 이 과정에서 학생들의 강력한 지지와 협력이 큰 역할을 했고, 결국 1938년 12월 1일에 학교로부터 설치 허가를 받을 수 있었다. 당시 공제부가 가지고 있었던 기금은 552원 40전이었다. 이후 12월 6일 공제부는 교내 매점을 350원에 인수했다.

공제부 본부는 매매계와 사업계로 구성되었다. 매매계는 물건 매입[仕入], 판매의 2개 반으로, 사업계는 전직傳職, 보생保生의 2개 반으로 구성되어 있었다. 전직반에서는 가정교사, 내직內職 등을 알선했고, 보생반에서는 하숙, 세탁, 이발 및 기타의 업무 등을 담당했다. 매매계는 금전 취급이 많으므로 재정감사 2명을 두었다. 공제부를 통해 얻어지는 수입금은 당일 서무과에 입금하도록 했고, 결산은 매년 5월과 11월에 두 차례 실시되었다. 판매실은 본관 중앙 4층에 있었는데, 상품이 옛 매점의 2배 이상 많았다. 전반적으로 상품 가격이 시가보다 10-20% 저렴했기 때문에 공제부는 학생들의 호응을 크게 얻어 상당한 수익을 창출했다.

특히 사업계에서는 학생들의 편의를 돕는 각종 사업을 전개하였는데, 서적교환,

학생생활조사표 같은 것은 학생들의 흥미를 끄는 사업이었다. '학생생활조사표'는 학생들에 대한 일종의 설문조사였다. 일일 평균 독서시간, 관심사, 관심과목, 종교, 결혼 여부, 학생들이 즐겨 읽는 잡지 등은 물론이고, 운동, 도서구입비, 도서관 이용 성적, 취미·오락, 잡비 지출, 구독 신문, 재적도별在籍道別 통계, 하숙주인 직업, 숙소, 현 주소 등의 통계일람표로 구성되어 있어 당시 학생들의 생활을 생생하게 보여 주고 있다.

1939년 6월 공제부에서 발표한 〈보전학생생활조사통계표〉를 살펴보면 당시 보전 학생들의 생활상을 엿볼 수 있다. 그 내용을 간략히 살펴보면, 일일 평균 독서시간을 묻는 질문에 응답자 341명 중 134명이 2시간-2시간 반을 선택했다. 관심사를 선택하는 항목에서는 응답자 481명 중 정치가 188명, 그다음으로 학예가 99명이었다. 관심과목의 경우, 응답자 756명 중 경제를 선택한 사람이 164명으로 가장 많았으나 외국문학, 일본문학, 조선문학, 정치·법률을 선택한 응답도 각각 100명이 넘을 정도로 많았다. 즐겨 읽는 잡지를 묻는 항목을 보면 총 45개의 잡지명이 나열될 정도로 다양한 주제의 잡지가 거론되었다. 학생들이 가장 많이 응답한 잡지는 《개조改造》(64명)였으며, 그 뒤를 이어 《중앙공론中央公論》(47명), 《조광朝光》과 《영화지우映畫之友》(36명), 《세르팡セルパン》(32명) 순이었다. 《조광》을 제외하고는 일본에서 출판된 잡지였다.

6-3-3 국민총력 보성전문학교연맹의 결성

1940년 12월 보전에도 '국민총력 보성전문학교연맹'이 결성되었다. 이 과정에서 학생회는 자동으로 해산되었는데, 총독부는 형식상 기존의 학생회가 임시대회를 열어 시국에 맞추어 자발적으로 해산하고 총력연맹을 결성한 것으로 꾸몄다. 총력연맹의 이사장은 교장이, 이사는 교수가 겸임하여 총력연맹의 각 부서장을 맡도록 강요했다. 그뿐만 아니라 이사들에게는 매월 50전, 학생들에게는 매월 2원의 연맹비를 강제로 징수했다. 국민총력 보성전문학교연맹 규약 제2조에 의하면, 본 연맹은 황도정신의 앙양, 심신의 단련, 국방기술의 습득, 문화적 교양의 세련에 힘쓰고, 국방국가체제의 완성, 동아신질서의 건설에 매진하는 것을 목적으로 하는 조직이었다.

국민총력 보성전문학교연맹은 총무부, 수양부, 체련부, 국방훈련부, 근로보국부, 문화부, 후생부, 교풍부 등 8개 부로 구성되어 학생들의 지도·통제를 담당하고, 모든 학생활동 또한 이를 통해서만 이루어질 수 있도록 했다. 한편 기존에 활동하던 14개 부서의 운동부는 총력연맹 체련부에 소속되었고, 학생회의 부서들은 음악부와 교양부로 개편되어 총력연맹 문화부로 편입되었다. "전력증강을 중심으로 국방력의 기술적 훈련을 하는" 임무를 부여받은 국방훈련부는 활공부滑空部, 자동차부, 승마부, 자전거부, 방공부 등 5개 부서로 구성되었으며, 학생들의 군사훈련을 담당했다. 그러나 그 어느 부도 학생의 자치운동과 무관했고, 군사훈련과 노동력 동원을 목적으로 하는 데 불과했다. 사학의 자율도, 최소한의 재량도 사라진 채 전시 동원에 휘말린 보전은 사실상 동면 상태에 들어갔다.

6-4 강제동원과 징병의 실시

전시체제하 조선의 모든 학교는 정상적인 학사기능을 수행하지 못하고, 후방의 전투대 혹은 근로대로서 총력대나 특설 방호단이라는 명목으로 동원되기에 바빴다. 학도근로동원이 정규과목인 양 강요되는 상황에서 교장 김성수는 정식 학도동원령이 내려지기 전까지 가급적이면 학생들의 호응을 얻을 수 있는 방향으로 이 문제를 해결하고자 노력했다. 그는 보전 학생들에게 교내에서 본관 서쪽 언덕(지금의 서관 자리)을 깎아 내는 노동력 동원을 명했다. 일제의 근로동원에 대하여 전쟁과 무관한 교내 노동을 하는 방식으로 대처했던 것이다. 그러나 1942년 이후에는 학교가 정상수업을 할 수 없게 되었다.

1943년 10월 〈육군특별지원병 임시채용규칙〉에 의해 학도지원병제가 실시되었다. 전세가 불리해지고 병력충원이 다급해지자, 일제는 학도지원병 형식으로 조선 청년

들마저 전쟁터로 끌어냈다. 총독부는 학교 당국에 갖은 압력을 가하는 한편, 청년·학생들을 설득하기 위해 이른바 '명사'들을 동원하여 출진을 권고하는 강연을 했다. 이 학병 권유를 위한 강연에 이광수, 최린, 이선근 등이 적극적으로 나섰다. 지원 마감날인 11월 20일을 1주일 앞두고 본교생 중에는 지원자가 거의 없었다. 난처해진 학교 당국은 연일 교수회의만 하고 있었던 것으로 당시의 신문은 보도하고 있다. 드디어 보전 학생들은 연전, 경성제대 학생들과 더불어 학병거부운동을 주동하고, 총독에게 "결투를 청한다"는 연판장까지 송달했다.

일제는 학병에 지원하지 않은 자를 '비국민非國民'이라고 규정하며 지원을 강요했다. 당시 보전의 학병 적격자는 261명에 달하였지만, 단 한 명도 자원하지 않았다. 학생들은 가능한 모든 수단을 동원하여 자원 대열에서 벗어나려 애썼다. 학생들이 지원을 회피하면 할수록 학교 당국이 받는 압력은 가중되는 가운데 교수회의록에는 "학병지원 권고방책"에 관한 서글픈 의사 기록만 늘어 갔다. 결국 1944년 1월 강제로 출진하게 된 학생들이 서울역을 출발하게 되자 보전의 모든 교직원과 남은 학생들은 허탈 속에서 이들을 전송했다. 유진오를 포함한 일부 교수는 평양까지 따라가 송별하기도 했다. 학병으로 동원된 학생들은 일본군의 예속병으로 수모와 학대를 겪었다.

6-5 학병거부운동과 무장봉기 계획

6-5-1 학병거부운동

군사동원과 군사교육의 상시적 동원체제 속에서 자신의 의지와 무관하게 학병으로 강제동원되어야 했던 현실에 대해 학생들은 불만을 다양하게 표출하면서 학병 동원에 저항했다. 1943년 11월 보전 학생 서재균 외 5인은 학병에 끌려가지 않기 위해 형사 문제를 일으킨다는 생각으로 만취 상태에서 순사들에게 폭언 및 폭행을 가하고 재동齋洞 파출소를 때려 부수었으나 이들은 아무런 문책도 받지 않은 채 학병 지원자들이라는 이유로 풀려났다. 이들은 같은 해 12월 말 부민관에서 연전 주최로 개최된 '학도병 장행 축하회學徒兵壯行祝賀會' 자리에서 "일본 노래는 집어치워라, 조선어 교가나 불러라"라고 고함을 질러 음악회를 파탄에 몰아넣었다. 이 사건으로 주동 학생인 보전의 서재균과 연전의 방낙영은 고등계 형사들에게 연행되어 중부서에 유치되었으나 역시 지원 학병이라는 이유로 석방되었다. 결코 가볍게 넘길 수 없는 사건을 이렇게 처리한 것은 학병 지원을 강요하는 당시의 분위기와 학병 동원을 일제가 어느 정도로 중시했는가를 잘 보여 준다.

이런 상황에서 이철승을 비롯한 보전 학생들 및 경성제대 이혁기 등은 학병거부운동을 전개했다. 이들은 서울 시내 각 학교의 대표들과 한 달 동안 장소를 옮겨 가며 투쟁 방안을 협의했다. 데모를 비롯한 여러 투쟁 방안이 거론되었지만 급변하는 정세와 경찰의 추격으로 인해 결국 학생대표 20명이 서명 날인하여 조선총독에게 학병 거부 이유서를 보내기로 했다. 경찰은 이미 이 사실을 알고 주동자들을 모두 체포하려고 했으나 고이소 구니아키小磯國昭 총독은 비서를 시켜 주동 학생들과 면담하는 방식을 취했다. 총독 관저에 찾아간 12-13명의 학생들은 3-4시간 동안 학도병 지원제와 식민정책의 부당성 등에 관한 의견을 말했다. 이후 고이소 총독은 약 1시간어에 걸쳐 "미국과 영국을 격멸하여 그들의 침략으로부터 아시아 민족을 해방시켜야 한다"며 내선일체의 실천을 책임질 것이니 학병 출정을 요망한다고 설득했다. 그러나 이철승은 큰 소리로 "총독의 얘기는 무슨 말인지 알아들을 수 없다"면서 자리를 박차고 나가 버렸다. 이후로도 학생들이 계속해서 지원서를 내지 않자 이번에는 경찰이 이들을 구속하였으나 다시 총독의 명령으로 풀려났다.

6-5-2 평양사단 학병의거

1940년대 민족주의와 사회주의 계열 두 세력의 학생운동은 모두 직접적인 실천의 장에 진출함으로써 일제 타도의 기치 아래 무력항쟁을 계획하기에 이르렀다. 학생운동의 이러한 변화 양상을 잘 보여 주는 실례로서 1944년 '평양사단 학병의거'를 들 수 있다. 1943년에 창설된 평양사단은 보병 42·43·44부대, 포병 47부대, 공병 48부대, 치중병輜重兵(군수품 수송부대) 50부대 등으로 편성되어 있었다. 평양사단 학병의거를 발의한 주체는 보병 42부대에 입영한 학병들이었다. 42부대에는 300여 명의 학병들이 입영했으나 대부분 전장으로 끌려가고 당시에는 50여 명이 남아 있었다. 그러나 1944년 6월이 되자 한반도 상공에도 B29 폭격기가 나타나는 등 일제의 패망 가능성이 한층 현실로 다가왔다. 이러한 상황은 강제로 군대에 끌려 온 데다가 일본인들의 차별대우로 울분이 차오른 학병들의 심경을 결집시키기에 충분했다. 결국 조선인 학병들은 "일본놈에게 끌려가 죽기를 기다리느니 차라리 싸워서 죽음을 이기자"는 비상한 결의를 하게 되었다.

1944년 8월부터 42부대에 배속된 보전 상과 학생 손희용 등은 주오대학中央大學의 김완룡 등과 함께 30여 명의 동지를 규합하면서 조직적 체계를 갖추기 시작했다. 이들은 논의 과정에서 이념적 차이를 극복하고 행동강령도 정했다. 이념에 상관없이 일제가 패한다는 인식을 공유하고 있었던 이들은 행동강령에 "우리는 일체의 이데올로기를 초월하여 단결한다"는 조항을 포함시켰다. 이들은 포병 47부대에서도 동조자를 획득했고, 이어서 군부대로 근로 동원되어 나온 평양 서문고등여학교와 정의고등여학교 학생들을 연락원으로 참여시켜 보병 44부대와 공병 48부대에서도 동지를 규합했다. 그리고 보전 학생 홍표철과 연락되어 치중병 50부대에서도 동지를 규합했다.

이들의 애초 계획은 평양사단을 폭파하는 것이었지만 폭약 확보 등의 어려움으로 인해 이를 철회하고 새로운 방안을 모색했다. 대신, 부대를 집단적으로 탈출하여 한만韓滿 국경지대 또는 부전고원赴田高原에서 게릴라전을 수행한다는 계획으로 바꾸었다. 그리고 지도 구입, 비상식량 마련 등의 준비를 하면서 1944년 11월 1일에 집단탈출을 하기로 정했다. 그러나 실행 직전에 일제에게 발각당하여 10월 하순 모두 검거됨으로써 이 무장봉기계획은 수포로 돌아갔다.

해방 직전의 학생운동은 일제의 패전이라는 객관적인 정세를 인식하고 이러한 정세에 부응하기 위하여 가장 적극적인 형태의 무장투쟁을 계획했다. 또한 이러한 투쟁과정에서 항일 역량을 최대한 결집하려는 노력을 보였다. 비록 이 시기 학생운동은 고립 분산적이고 자연발생적이었다는 한계가 있었고, 대부분 실행 단계에 이르지 못한 채 계획 단계에서 검거되어 와해되었지만 그것이 갖는 의미는 대단히 컸다. 학생들의 움직임은 일제 당국에 커다란 위협이었고 상당한 위기의식을 안겨 주었다.

1905

1945 1946 1947 1948 1949

제5장

해방과 고려대학교의 출범

The 120th Anniversary
of Korea University

01

8·15 해방과 고려대학교의 설립

1-1 해방과 보성전문학교의 부활

1945년 8월 15일 정오에 흘러나온 일본 천황의 항복 선언은 35년에 걸친 일제의 강압적 통치가 끝나고 우리 민족이 새로운 출발점에 섰음을 의미했다. 일제로부터의 해방은 그동안 왜곡되어 온 우리 사회를 그 기틀에서부터 새로이 정비하고 향후의 발전 방향을 모색해야 하는 과제를 제시했다. 교육사적으로 볼 때 우리 민족의 해방은 그동안 일제의 강압적 교육으로 단절되었던 전통교육과의 연계성을 되살리는 동시에, 새로운 민족국가 발전에 이바지할 수 있는 교육제도를 구성해야 한다는 역사적 요구를 제기했다. 특히 고등교육 분야는 일제강점기 전반에 걸쳐 억제되어 온 데다, 중일전쟁 이후의 황민화 교육정책으로 교육 내용의 변질과 학생들의 잦은 강제 동원에 따른 교육 공백 등 이루 말할 수 없이 피폐해진 상황이었다. 해방 당시의 본교도 전체적으로 암담했던 우리나라 고등교육의 현실을 비켜 갈 수 없었다.

해방은 희망과 난관이 어우러진 모습으로 다가왔다. 여름방학을 맞아 대부분의 학생들이 귀향한 데다 숱한 학생들이 징병이나 징용 또는 '근로봉사'에 동원되어 있었기 때문에, 해방의 기쁨을 가슴에 담고 안암골로 모여든 학생들은 많지 않았다. 당시 학교에는 손진태·옥선진·유진오 등 몇몇 교수들이 해방의 벅찬 감동을 함께 나누기 위해 모였다. 또한 근로동원으로 끌려 나가 있던 부평 조병창에서 해방의 소식을 전해 들은 본교생들은 다음 날 아침 부평역까지 스크럼을 짜고 교가를 부르며 행진하면서 해방의 기쁨을 만끽했다.

그러나 감격의 한 편에는 앞으로 보전이 어떤 모습으로 발전해야 할지, 그리고 해방된 조국에서 어떤 역할을 담당해야 할지에 대한 끊임없는 고뇌가 자리하고 있었다. 해방 당시 연천에 내려가 있던 인촌 김성수는 8월 17일 학교에 돌아와, 연합군이 진주할 때까지 임시 휴교하기로 결정하고 학생들에게 신중한 처신을 당부했다. 일제강점기에는 서로 다른 이념들이 '독립'이라는 민족적 과제 속에서 한데 어울려 있었지만, 해방은 이러한 각각의 이념들을 구현하고자 하는 공간을 열어 주었다. 수십 개의 정당이 난립하는 가운데 좌익과 우익 및 중도 등 표방하는 이념들도 다양했다. 이러한 격한 이념의 대립 상황이 본교의 학생과 교수들에게서도 나타나기 시작했는데, 본교 재건은 이러한 이념의 갈등을 조정해야 한다는 부담을 안고 있었다.

9월 8일 미군이 남한에 진주해 총독부를 비롯한 일제의 통치 기구 전반을 접수한 후 군정을 실시하자 각급 학교도 수업을 재개했다. 미군정청 학무국은 초등학교는 9월 26일, 중등학교 이상은 10월 1일부터 개학할 것을 지시하여 본교는 10월 5일 해방 후 처음으로 개학하게 되었다. 또한 본교는 일제 말기 강압적으로 개칭되었던 '경성척식경제전문학교'라는 명칭을 '보성전문학교'로 환원했다. 원래의 교명을 사용하기로 결정한 후, 그에 뒤따르는 후속 조치들이 이어졌다. 즉 9월 25일 재단법인 보성전문학교 이사회는 교명의 환원과 함께, 모든 학사규정도 보성전문학교의 그것으로 환원할 것을 결정했다. 경성척식경제전문학교의 척식과와 경제과는 법과와 상과로 환원되었다. 10월 5일 개학 후 대학 승격을 목표로 이를 다시 정법과와 경상과로 수정한 뒤, 정법과에 정치학 전공과 법률학 전공을 설치하고 경상과에 경제학 전공과 상업학 전공을 두었다.

학과 개편과 함께 가장 주목할 만한 조치는 교장의 교체였다. 해방정국에서 정치 활동으로 분주했던 김성수를 대신하여 해방 전 중앙중학교장으로 복무하다 해방 후 경성대학 예과 부장으로 전임한 현상윤이 1946년 2월 본교의 새로운 교장으로 취임했다.

교수와 강사진에도 큰 변화가 있었다. 해방 직전 본교에는 김영주·유진오·이상훈·장덕수·옥선진·안호상·손진태·박극채·윤행중·최정우·김해균·진승록·이병학 등이 전임 교수로, 이종우·박희성 등이 강사로 재직하고 있었다. 그러나 이들 중 상당수가 공적인 요청이나 개인적 신념 또는 사상 등의 문제로 본교를 떠났다. 장덕수는 정계로 진출했고 옥선진은 관계로 나아가 뜻을 펼치기 시작했다. 또한 다수의 교수들이 당시 미군정청에서 계획하고 있던 경성대학(현 서울대)으로 자리를 옮겼다. 안호상·손진태·박극채·윤행중·서재원 등이 그 대표적 인물들이었다. 유진오도 한국교육위원회의 고등교육 분과위원으로 활약하며 경성대학 창립에 깊숙이 관여하고 있었다.

이런 상황에서 학과의 개편에 따른 교과목의 증가는 교수진의 대대적인 변화를 초래했다. 10월 5일 본관 2층 강당에서 개최된 해방 후 첫 번째 시업식에서 장덕수·옥선진 두 교수의 전출과 강사였던 이종우·박희성·이상은의 교수 취임, 최정우의 복직 및 변영태·홍봉진·심현상·이건호·이인수·김안진·이용한 등의 교수 임용이 발표되었다. 이어 본교는 구자균, 김용달, 이희봉, 신석호, 정영술, 한춘섭, 김형규, 윤세창 등을 추가로 임용하며 더욱 탄탄한 교수진을 구축해 나갔다.

1-2 새로운 교육제도와 고려대의 설립

해방 후 9월 8일 인천에 진주한 미군은 다음 날 서울에 도착하여 38선 이남에 대한 군정을 개시했다. 9월 11일 미군정청 군정사령관 하지Hodge 중장은 시정방침을 밝히는 가운데 '학교는 조속히 개교 예정'이라 발표하고 학무 담당자로 라카드Lockard 대위를 임명

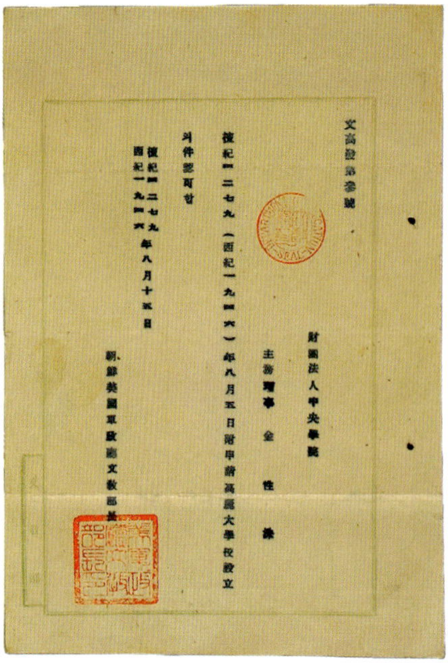
文高發第參號

財團法人中央學院
主務理事 金性洙

檀紀四二七九(西紀一九四六)年八月五日附申請高麗大學校設立
의件認可함

檀紀四二七九年八月十五日
西紀一九四六

朝鮮美國軍政廳文敎部長

고려대학교 설립인가서(1946)

했다. 라카드는 9월 14일 오천석과 함께 총독부 학무국을 접수한 후, 18일 각 도에 〈신교육방침〉을 지시했다. 군정청 일반명령 제4호에 근거하여 하달된 〈신교육방침〉의 주요 내용은 1) 교수 용어의 한국어 사용, 2) 일제 식민통치의 잔재인 황국 사상의 조속한 불식, 3) 민주 교육이념 보급을 위한 교원 교육 강습, 4) 교육제도의 민주화와 교육 시설의 확충, 5) 문맹퇴치를 위한 성인교육의 강화 등을 골자로 하고 있었다.

초기 군정청 학무국은 국장실 및 학무과·청년수련과·종교과·사회사업과·시학과視學科·기상과 등으로 편성되어 있었다. 한국교육위원회와 조선교육심의회는 학무국에 설치된 상설기구였다. 1945년 9월 16일 군정청은 김성수·김성달·현상윤·유억겸·김활란·최규동 등 교육계 지도자 10여 명을 초빙하여 한국교육위원회를 조직한 후, 11월 10명의 미군과 80명의 한국인 대표들로 구성된 조선교육심의회를 출범시켰다. 해방 이후 보전 교장으로 취임한 현상윤은 교육행정 분과에서, 김성수와 유진오는 고등교육 분과에서 조선교육심의회 활동을 활발하게 전개해 나갔다. 유진오는 대학교육에 있어서 종전의 단위제도를 버리고 학점제도를 채택한 것을 고등교육 분과위원회가 추진한 사업 중 가장 근본적인 개혁으로 꼽았다. 한편 유진오는 〈대학령〉과 〈학위령〉 초안을 작성할 때, 백낙준(미국)·안호상(독일)·이인수(영국)·정석해(프랑스) 등으로부터 각국 제도에 대한 의견을 들었다. 한국교육위원회가 인사문제, 학교재개, 학무국의 재조직 등과 같은 잠정적 교육문제 해결에 관여했던 반면, 조선교육심의회는 교육이념과 제도 설정 등 광범위한 교육 재건에 관여했다. 이와 같이 미군정하에서 이루어진 이원적 노력의 결과, 현재와 같은 '6-3-3-4제'와 유사한 형식의 학제를 완비했고, 기존의 3학기제를 2학기제로 변경하여 1946년 9월부터 새 학제를 적용하기 시작했다.

초대 총장 현상윤

해방이라는 급격한 사회 변동 속에서도 새로운 국가 건설을 위한 노력은 계속되고 있었다. 비록 38선을 경계로 한 미·소 군정의 실시와 좌우익의 사상적 충돌로 독립국가 건설에 어려움을 겪고 있긴 했지만, 본교는 일제강점기 왜곡된 교육의 본모습을 회복하고 명실상부한 고등교육기관으로서의 입지를 다지기 위해 대학승격을 목표로 전력을 다하고 있었다. 본교의 대학승격 노력은 단순한 제도 개편을 넘어 일제 시기 고등교육의 왜곡된 틀을 바로잡고, 새로운 조국 건설의 주축이 될 인재를 양성하려는 현실적 요구에서 비롯되었다. 이러한 움직임은 교육의 올바른 방향성을 제시하며, 해방 후 혼란스러운 교육 환경 속에서도 미래를 준비하려는 본교의 강력한 의지를 보여 주는 것이었다.

학교는 이미 김영주·이상훈·이인수·이종우·박희성·유진오 등을 위원으로 하는 대학승격준비위원회를 구성해, 미군정청 교육심의회의 새로운 대학제도 심의과정과 보조를 맞추어 가며 대학승격을 준비하고 있었다. 마침내 미군정청의 새로운 교육제도가 어느 정도 자리를 잡게 되면서, 1946년 8월 15일부로 미군정청 문교부의 인가를 얻어 고려대학교를 설립하게 되었다. 이어 9월 2일 개교식을 거행하고 5일 예과 신입생 입학식을 치른 뒤, 6일부터 개강에 들어갔다.

고려대학교 출범 직후의 모표

'고려대학교'라는 새로운 교명의 채택은 인촌 김성수가 강력히 주장해 이루어진 일이었다. '조선朝鮮'이나 '안암安岩' 같은 이름들이 거론되기도 했지만, 김성수는 '고려高麗'라는 교명에 남다른 애착을 가지고 있었다. 유진오의 회고에 의하면, 인촌은 "우리나라나 민족을 대표하는 대학"으로서 "교명도 그러한 뜻을 나타내는" 의미에서 "고구려의 광영을 계승"하는 '고려'를 주장했다고 한다. 새로운 교명에 대하여 학생들 또한 "고려자기, 팔만대장경 등 찬란한 문화를 꽃피웠고, 서방세계에 코리아로 처음 소개된 고려를 이어받았다는 역사의식에서 자부심이 굉장"했다고 한다. '고려대학교'라는 교명은 단순한 명칭을 넘어, 본교 관계자들의 원대한 비전과 우리나라를 대표하는 대학으로서의 사명을 담은 선택이었다.

02

고려대학교 초기의 대학기구와 운영

2-1 대학 조직

2-1-1 단과대학 및 학과의 구성

1922년 거족적인 민립대학 설립 운동에서부터 시작된 '민족의 대학' 건설 의지는 고려대학교의 출범으로 꽃피게 되었다. 종합대학으로의 승격은 단순히 직제상의 변화만을 의미하는 것은 아니었다. 초등교육부터 대학까지 이어지는 학제를 완비하는 동시에, 자주적이면서도 미래지향적인 교육을 실시할 수 있는 발판을 확보하는 계기가 되었다. 특히 고등교육 체계 확립은 우리 사회를 이끌고 나갈 실천적 인재를 양성하는 동시에, 심도 있는 학문을 도야해 나간다는 대학 본연의 목적을 체현할 조건을 갖추기 시작했다는 의의를 가지고 있었다.

1945년 12월 조선교육심의회는 '학령 전 교육-초등교육-중등교육-고등교육' 순으로 이어지는 일련의 학제안을 제안했는데, 이때 구 교육제도와의 연계 문제, 학생들의 전입학 문제가 자연스럽게 제기되었다. 이에 대해 조선교육심의회는 〈현행 학제에 대한 임시조치안〉을 통해 이러한 문제들을 해결하고자 했다. 보전은 위 〈임시조치안〉에 의거하여 2년제의 예과(제1전문부, 법과·경제과·문과)와 3년제의 제2전문부(법과·경제과)를 설치했다. 예과는 현행 4년제 중등학교 졸업자 중 신제도에 의해 설립된 각종 대학에 입학하려는 자를 대상으로 하는 것이었고, 제2전문부는 종전대로 전문학교 졸업을 희망하는 자를 대상으로 하는 것이었다. 따라서 고려대학교 설립 당시 보성전문학교 졸업생 중 대학에 진학할 사람은 학부 2학년에 편입하고, 2년 수료자 중 대학에 진학할 사람은 학부 1학년에 편입하도록 했다. 한편, 종전대로 전문학교 졸업을 희망하는 사람은 제2전문부 3학년으로 진급시켰다. 한편 1년 수료자 중 대학 진학 희망자는 예과 2학년, 전문학교 졸업 희망자는 제2전문부 2학년으로 진급시켰다. 신입생은 예과 1학년에 한하여 모집하고 제2전문부 1학년은 모집하지 않았다. 이는 대학 승격 과정에서 보전에 입학했던 기존 학생들의 학업 피해를 최소화하고자 한 한시적 조치였다. 이와 같은 임시적 학제는 1948년 제41회 졸업생과 예과 수료생을 마지막으로 종료되었으며, 이후 대학은 새로운 학제에 맞추어 중등교육 기관 졸업자들을 대상으로 대학 1학년생을 선발하며 정상궤도에 오르게 되었다.

이러한 전체적 틀 속에서 보전 설립 초기부터 설치되어 있던 법과와 상과를 정법대학과 경상대학이라는 단과대학으로 승격시키고, 정법대학에 정치학과와 법률학과를, 경상대학에 경제학과와 상학과를 설치했다. 한편 인문학적 소양의 토대를 이루는 국문학과·영문학과·철학과·사학과를 묶어 문과대학을 설치했다. 따라서 출범 당시 고려대는 3개의 단과대학에 8개 학과를 가진 종합대학의 형태를 갖추게 되었다.

2-1-2 모집정원과 초기 학생 생활

대학 승격과 함께 종합대학의 면모를 갖춘 본교는 3개의 단과대학과 8개의 학과에 총 1,440명의 정원이 책정되었다. 그러나 일제강점기 교육제도와 해방 이후 만들어진 학제가 연계성을 가지지 못하는 측면이 있었기 때문에 과도기가 필요했다. 초기에 책정된 학생 수가 온전하게 채워지지 못했을 뿐만 아니라 설립 당시 재적생이 없는 학과들

종합대학 승격 당시의 학과와 모집정원

단과대학	학과 및 모집정원(학년별 모집정원)	
정법대학	정치학과 240(60)	법률학과 240(60)
경상대학	경제학과 240(60)	상학과 240(60)
문과대학	국문학과 120(30) 철학과 120(30)	영문학과 120(30) 사학과 120(30)
합계	1,440(360)	

도 있었다. 여러 학과들 가운데 정치학과·법률학과·경제학과에 한하여 2학년생들이 있을 뿐이었다. 다른 학과들의 경우 2학년생들이 없었던 까닭은 보성전문학교 졸업생들 중 그 세 학과에만 전공자가 있었기 때문이다. 따라서 각 학과와 각 학년 모두 외부로부터 유입된 편입생들이 많았다. 대학 승격에 따라 마련된 이러한 편제는 불가피한 조치였다. 1948년, 제41회 졸업생과 예과 수료생을 끝으로 전문부와 예과는 폐지되었으며, 고등중학교(현재의 중학교와 고등학교를 통합한 형태) 졸업자들을 대상으로 대학 1학년생을 선발하여 본교는 안정적인 궤도에 올라섰다.

1946년 5월 20일 《동아일보》는 보전의 대학 승격 소식을 보도하면서, 법과·경제과·문과 1학년 각 100명과 문과 2학년 보결補缺 약 60명을 모집한다는 기사를 싣고 있다. 6월 10일 자 《동아일보》에 실린 학생모집 광고를 보면, 정법대학의 정치학과와 법률학과, 경상대학의 경제학과와 상학과는 1·2학년 약 100명, 문과대학의 국문학과·영문학과·철학과·사학과는 각 과 1학년 약 60명씩을 모집했다. 시험과목을 살펴보면, 공통과목으로 영어(또는 독일어, 불어)와 논문이 있었고, 단과대학별로 정법대학은 법학통론, 경상대학은 경제원론, 문과대학은 국어를 지정했다.

설립 당시의 등록금은 1기분 수업료가 360원이었고, 신입생의 경우 입학금 60원이 추가되었다. 본교 설립 초기에는 사회가 전반적으로 열악한 경제 상황에 놓여 있었

1946년 고려대학교 경상대학 1학년 지원 학생의 구성

출생연도	학생 수	학력(學歷)	학생 수
1910–1915	2	보성전문학교	81
1916–1919	9	연희전문학교	5
1920–1925	102	혜화전문학교	4
1926–1929	1	일본 유학	25
불명	3	기타	1

본적	학생 수	보호자 직업	학생 수
서울	27	농업	50
경기	11	상업	25
충청	13	관리	5
전라	22	교사	7
경상	4	회사원	10
평안	12	의사	2
함경	14	수산업	1
황해	4	무직	12
강원	7	기타	2

기 때문에, 입학금과 수업료 외에 학생들에게 요구되는 잡부금의 비율도 높은 편이었다. 학교 시설의 확충을 위해 사용되었을 것으로 추정되는 잡부금은 주로 용지대·후원금·학생문고비 등이었는데, 그 비중이 입학금과 수업료를 웃돌았다.

해방을 전후하여 보전과 고려대학교에 다녔던 학생 구성원들의 성격을 파악할 수 있는 자료는 거의 남아 있지 않다. 다만 1946년 고려대 경상대학 1학년에 입학지원서를 제출한 학생들의 구성을 확인할 수 있는 자료를 살펴보면 위의 표와 같다.

이 학생 구성표는 경상대학 입학원서만을 근거로 작성한 것이기 때문에, 당시 본교 학생들의 전체 구성을 대표할 만한 통계라고 보긴 어렵다. 그러나 여기에서 몇 가지

사실들을 유추해 볼 수 있다. 우선 대학으로 승격한 본교의 전신인 보전을 거쳤던 학생들이 다수를 차지했고, 일본 유학을 경험한 학생들도 상당수 포함되어 있음을 알 수 있다. 학생들의 보호자 직업 역시 당시 우리나라의 직업 분포에 상응하게 농업과 상업에 집중되어 있었다. 특히 무직으로 기재한 12명의 학생들은 본인이 보호자인 경우로, 당시 본교 학생들 중 상당수가 고학苦學을 하고 있었음을 미루어 짐작할 수 있다. 한편 대학으로 승격함과 동시에, 본교는 남녀공학으로 운영되었다. 본교에 발을 내디딘 첫 번째 여학생은 당시 제1전문부(예과) 2학년에 편입한 김순자였다. 그녀는 숙명여전에 입학했으나, 본교가 대학으로 승격하면서 남녀공학이 되자 시험을 치러 본교로 편입했다.

2-1-3 대학원 설치

미군정 시기에 조직된 조선교육심의회는 해방 이후 우리나라 교육제도의 전체적 틀을 구상하기 위해 10개의 분과위원회를 설치했다. 그중 제2분과인 교육제도 위원회는 주로 학제 구성을 담당했다. 여기에서 일제강점기 내내 채택해 왔던 복선형 학제 대신, 단선형 학제인 미국의 6-3-3-4제를 채택하기로 결정했다. 이 학제 안의 최종 단계에 대학원이 있었는데, 의과대학을 제외한 일반대학에 1년 이상의 대학원 과정을 둔다는 것을 골자로 했다.

고등교육기관에 대한 대략적 구상이 현실화된 후, 얼마 동안 대학원 제도는 문서상으로 존재하는 기관에 불과했다. 그 이유는 대학원에 진학할 수 있는 자격을 인정받은 대학 졸업자들이 배출되지 못했기 때문이다. 이미 언급했듯, 본교의 경우에도 1946년 '고려대학교'로 승격할 당시 정법대학과 경상대학의 경제학과에는 2학년까지, 나머지 경상대학의 상학과와 문과대학에는 1학년 학생들만이 재학하고 있었다. 본교는 1949년 7월에 첫 번째 졸업식을 통해 대학 졸업생을 배출했다. 해방 이후 새롭게 도입된 학제에 의거하여 졸업생을 배출함에 따라, 같은 해 본교는 대학원을 정식 설치함으로써 명실공히 종합대학교로서의 면모를 갖춰 나가게 되었다.

1949년 9월에 개원한 본교 대학원의 초대 대학원장에는 정법대학장을 맡고 있던 유진오가 임명되었다. 대학원은 2년제 석사과정과 4년제 박사과정을 설치하고 우선 석사과정만 운영하기 시작했다. 당시 대학원 신입생 모집 광고를 보면, 모집학과는 정치학과·법률학과·경제학과·상학과를 대상으로 남녀학생 약간 명을 모집한다고 명시되어 있었다. 시험과목은 전공과목과 외국어인데, 두 과목을 치르는 외국어 시험의 경우 제1외국어로 영어, 독일어, 프랑스어 가운데 택일하고, 제2외국어는 자유롭게 선택할 수 있었다. 특기할 만한 것은 수험생들이 임의로 선택할 수 있는 제2외국어 시험의 경우, 일본어만은 제외되어 있었다. 이는 본교가 얼마나 철저하게 일제의 잔재를 제거하고자 노력했는가를 여실히 보여 주는 대목이라 할 수 있다. 한편 흥미로운 점은 대학원 운영 방식이었다. 당시 대학원생들을 대상으로 강의가 개설되어 있었던 것이 아니라, 각자 지도교수를 정하여 스스로 연구하게끔 하는 방식으로 과정이 운영되었다.

2-2 재단의 일원화

1915년 중앙중학교를 경영하던 김성수가 1932년부터 보전을 함께 경영하기 시작했지만, 당시 두 학교의 재단은 이원적으로 운영되었다. 보전은 재단법인 보성전문학교가, 중앙중학교는 재단법인 중앙학원이 경영했다. 이렇듯 이원적 재단법인 운영체계를 유지해 오던 것이 해방을 계기로 1946년 5월 31일 재단법인 보성전문학교를 해산하고 그 재산을 중앙학원에 흡수·일원화했다.

일원화된 재단법인 중앙학원의 주무이사를 맡고 있던 김성수는 고려대 출범과 함께 농림대학 설치를 계획하고 이를 위한 준비 작업에 착수했다. 우선 농림대학의 실습 예정지로 종암동에 있는 농지 약 2만 평을 구입한 데 이어, 약 5만 평의 애기능 부지 및 학교 뒷산에서부터 안암동, 종암동, 미아리 고개에 걸쳐 있는 약 50만 평의 귀속재

1949년 6월 재단법인 중앙학원의 토지재산 (단위: 평)

소재지 도	군	논(畓)	밭(田)	대(垈)	임(林)	도(道)	구(溝)	기타	연수입총액 (원)
경기	여주	43,418	34,524	2,007	34,984				155,000
충북	제천	24,719	771	509					127,500
충남	논산	132,014	585	1,651		861			575,000
전북	김제	193,650	14,595	1,642					1,510,000
	정읍	1,527,724	90,672	7,963	234	1,365			8,545,000
	부안	282,802	22,151	305	209				1,602,500
	고창	688,944	45,150	341	87		131		3,865,000
전남	장성	850,219	28,178	1,301				1,050	4,622,500
	광산	12,137							62,500
	함평	35,110	3,743						202,500
경북	영천	295,399	48,056	3,258					2,500,000
합계		**4,409,316**	**295,980**	**21,017**	**35,514**	**2,226**	**131**	**1,050**	**24,835,000**

산과 국유임야를 불하拂下받아 학교용지로 삼았다. 그리고 김연수가 2,000석, 이활이 1,200석, 소병곤이 700석 지기의 도지를 희사했으며, 후에 김상민이 500석 지기의 토지를 기부하여 본교의 자산 확충에 기여했다. 1949년 6월 현재 재단법인 중앙학원 소유의 토지재산은 위 표와 같다.

2-3 초기의 학사 행정

대학으로 승격한 본교는 엄격한 학사행정을 통해 내실을 다지며 대학으로서의 위상을 확립하고자 했다. 당시 사회의 혼란과 불완전한 교육행정 체계, 그리고 난립하는 대학들로 인해 부정입학 문제가 만연했으나, 본교는 이러한 문제를 철저히 차단하고 대학의 기틀을 바로 세우기 위해 학사 관리를 강화했다. 이를 통해 1948년에는 부정입학자 6명을 적발해 퇴교 조치를 취하는 등 단호한 대응을 보여 주었다.

아울러 재학생들에게 양질의 수업을 보장하기 위해 철저한 학사운영체계를 적용했다. 당시에는 수강신청과 수험신청이 분리되어 있었는데, 수강신청의 경우 하급학년에서 취득하지 못한 학점까지 포함하여 28학점까지 신청하도록 되어 있었다. 수험신청의 경우 해당 학기의 수강 여부와 관계없이 수험자격이 있는 과목을 28학점까지 신청할 수 있었다. 한편 출석 일수 중 1/3 이상을 결석한 학생들에게는 수험자격이 부여되지 않았다. 특히 결석 제한 제도는 학기마다 오르는 납부금과 생활비 마련에 힘겨워하던 학생들에게 상당한 부담으로 작용했다. 따라서 결석 제한 제도의 폐지가 제기될 수밖에 없었다. 학생들은 학교 당국을 상대로 결석 제한 제도 폐지와 함께 시설 확충을 지속적으로 건의했다.

도서관과 각종 학생 편의시설 설치 외에, 본교에는 해결해야 할 중요한 과제가 남아 있었다. 그것은 대학승격 후 재학생 수의 급증에 따라, 기존에 사용해 오던 교사校舍로는 양질의 수업을 제공하기 어렵다는 점이었다. 이에 본교는 교사증축에 주력하기 시작했다. 먼저 2층 석조 건물로 연건평 270평의 교사를 증축하기 시작했다. 교사 건축 당시 실무진들은 강의실 부족을 해결하기 위해 철근 콘크리트 건물을 건의하였으나 김성수는 끝까지 석조 교사를 고집했다고 한다. 토대 공사에만 3천여 만 원이 소요된 이 공사는 6·25전쟁으로 중단되었으나 휴전 이후 1954년 재개되어 1955년 1차 완공되었다. 이 건물이 바로 현재의 서관이다.

2-4 교수진의 구성과 변화

본교는 대학으로 승격하면서 교장 현상윤을 초대 총장으로 임명하고 유진오를 정법대학장, 이상훈을 경상대학장, 이종우를 문과대학장, 이상은을 학생감으로 임명했다. 초기 고려대학교의 교직원 현황에 대해 확실히 파악할 수 있는 자료가 부족하지만, 1946년 8월 31일부터 그해 연말까지 교수회의에 출석한 교수의 명단은 대략적으로 다음과 같다.

총 장	현상윤		
정법대학장	유진오	**도서관장**	진승록
경상대학장	이상훈	**서무과장**	오일철
문과대학장	이종우	**교무과장**	홍일태
학 생 감	이상은	**사 무 장**	박범서

교수

정법대학	유진오, 진승록, 김안진, 이희봉, 이건호, 윤세창, 김상협, 심현상, 박상익, 김용달, 조두석, 김원권, 서임수
경상대학	이상훈, 김의수, 이용한, 성창환, 최문환, 홍우, 유진순, 한춘섭, 이상구, 노보희, 정영술, 김영호
문과대학	
(국문학과)	구자균, 김형규
(영문학과)	변영태, 권중휘, 이인수, 오화섭, 홍봉진, 이회영(獨)
(철 학 과)	이종우, 박희성, 이상은
(사 학 과)	신석호, 김성식, 김종무

당시에는 정치학과, 법률학과, 경제학과의 3개 학과에 1-2학년이 있었고 다른 5개 학과에는 1학년만 있었다. 이후 학생 수가 증가하면서 교수진도 보강되었다. 1946년 교수 39명, 직원 14명이었던 교직원 규모는 1947년 교수 43명, 직원 12명으로, 1948년에는 교수 50명, 직원 17명(여성 1명), 1949년에는 교수 52명, 직원 17명(여성 1명)으로 증가 추세를 보였다.

03

학생활동

3-1 해방 직후의 학생 동향

해방이 되자 본교는 10월 5일 시업식을 열고 그동안 밀려 있던 학사 업무에 본격적으로 착수하기 시작했다. 그러나 본교생들은 본교 관련 인사들의 친일 문제와 더불어 사회 전반적인 좌우익 간 사상 갈등으로부터 자유롭지 못했다. 정상적인 학사일정이 시작된 지 하루만인 10월 6일, 학생들은 수업을 거부하며 일부 친일 경력이 있는 교수들과 무능한 교수들의 퇴임을 요청하는 진정서를 학교 당국에 제출했다. 그들은 다음 날인 10월 7일부터 동맹휴학에 돌입했다. 당시 교수들 사이에서도 사상적 갈등이 존재했고, 동맹휴학을 계기로 10월 8일 '교수유지회教授有志會'를 개최해 논의를 진행했다. 교수들은 '자유로운 결단으로 새롭게 출발할 수 있는 기회를 주기 위하여' 전원이 교장에게 사표를 제출하기로 결의했다. 결국 해방 이후 처음으로 일어난 학생들의 동맹휴학은 2-3일 뒤 학생 대표와 교수 전원이 교장실에서 훈시를 듣는 수순으로 일단락되었다.

당시 청년 학생층은 새로운 국가권력 창출을 위한 정치투쟁에 있어서 좌우익 모두 전위적 역할을 담당하며 양자 간 역학 구도 변화에 핵심적인 지위를 차지하고 있었다.

또한 일제에 의해 강제동원되었던 청년들의 귀국과 미·소에 의한 한반도 분할점령에 따른 인구 이동은 청년 학생층의 정치세력화를 촉진하는 사회적 배경이 되었다. 미군정이 남한 지역에 진주하기 이전 이미 좌익세력은 조선공산주의청년동맹(1945. 8. 18)을 결성했고, 우익세력은 조선건설치안총본부(1945. 8. 16)를 결성했다. 또한 학병으로 징집되었다 귀국한 학생들을 중심으로 1945년 8월 23일 학병동맹이 결성되었다. 한편 사상적 성향을 떠나 해방 공간의 정치적 공백에 따른 치안 부재와 혼란을 수습하려는 자발적 학생 모임인 조선학도대(1945. 8. 17)의 활동도 많은 시민의 호응을 불러일으켰다. 조선학도대에 가입한 서울 시내 각 전문학교와 대학의 학생들이 치안 유지와 교통정리 등을 분담하여 수행했는데, 본교의 경우 서태원 등이 중심이 되어 동대문구를 도맡아 활동했다.

좌우 대립의 사회상은 본교에도 나타나기 시작했다. 일제강점기 민족해방운동이라는 커다란 대의명분 아래 잠재돼 있던 좌익과 우익의 사상적 성향들이 해방 공간을 통해 분출하며 충돌했다. 본교 교수진들도 박극채·윤행중처럼 사회주의 경제이론에 통달한 좌익 성향의 인사들과 안호상처럼 마르크스주의의 철학적 문제점을 지적하며 민족주의를 옹호한 우익 성향의 인사들이 공존하며 사상적 갈등을 빚기 시작했다. 학생들 사이의 좌우 대립도 점차 격화돼 갔다. 해방 직후 본교는 '재경학생행동통일촉성회'(학통)의 전국위원장을 맡고 있던 김연성을 중심으로 한 좌익계열 학생들이 상당수를 점하고 있었다. 그들은 독서회와 서클 활동을 통해 세력 기반을 넓혀 나갔다. 한편 우익계열의 학생들은 수적으로 열세였고 뚜렷한 구심체를 확보하지 못한 상태에 머물고 있었다. 우익 성향을 보인 학생들은 이철승을 비롯해 주로 체육부에 소속되어 있었다. 대표적으로 김병두, 이규형, 이덕원, 황천성 등이 1945년 12월경 보전학생회 준비위원회를 조직하며 세력을 형성하기 시작했다.

비록 사회 전반적인 사상대립과 갈등이 본교에도 투영돼 나타나긴 했으나, 본교 학생들 모두가 정치적 갈등 구도에 매몰돼 있었던 것만은 아니었다. 1945년 11월, 본교는 '제1회 전조선중등학교 대항경기대회'를 거교적으로 개최해 본교 구성원들의 단합을 모색했다. 이 대회는 전국적인 체육행사를 통해 좌우로 갈라져 있던 본교 학생들의 관심을 환기시키고 학교 내부의 안정을 꾀하기 위해 계획된 것이었다. 1945년 11월 23일에 중앙중학교 운동장과 보성전문학교 운동장에서 축구경기를 열고, 11월 24-26일 서울운동장에서 축구·농구·육상경기 등 3종목에 걸쳐 대회를 진행했다.

그러나 같은 해 12월 말 모스크바 3상회의에서 논의된 조선 임시정부 수립 문제가 공개되자, 다시금 좌우의 극한 대립이 재연되었다. 1945년 12월 28일 《동아일보》를 비롯한 국내 언론들은 모스크바 3상회의의 결정 내용을 보도했다. 이때 조선에 대한 신탁통치가 소련의 제안에 따른 것이라는 오보가 제기되었고, 이를 계기로 국내에서는 거족적 반탁운동이 일어났다. 김구를 중심으로 한 임시정부 요인들과 이승만·김성수를 비롯한 국내 우익계열의 거두들은 일제히 신탁통치안을 또 하나의 식민화 방안이라고 비난하며 반탁운동을 전개했다. 한편 국내의 좌익도 처음에는 신탁통치에 반대했으나 1946년 1월 초부터 돌연 모스크바 3상회의 결정을 지지하며 입장을 선회했다.

신탁통치안에 대한 국내 보도를 둘러싸고 발생한 좌우 대립은 본교생들에게도 지대한 영향을 끼쳤다. 신탁통치안이 언론을 통해 전달된 초기에 본교 학생들은 좌우 사상적 경향을 떠나 모두 반탁운동에 합류했다. 그들은 1945년 12월 30일 서울운동장에서 개최된 전국반탁궐기대회에 참석한 후, '보전반탁학생연맹'을 결성했다. 이 조직의 위원장에 우익 성향의 이철승이, 부위원장에 좌익 성향의 김연성이 선출되었다. 보전반탁학생연맹은 각 학교에 연락을 취해 학교별 반탁집회를 촉구하는 한편, 1946년 1월 2일로 예정되었던 반탁전국학생총연맹 결성준비대회를 주도적으로 전개했다. 그러나 김연성을 비롯한 좌익 성향의 학생들이 모스크바 3상회의 결정안을 지지함에 따라 우익 학생들과 대립된 길을 걷기 시작했다. 이 대립은 본교 내에서도 첨예한 양상으로 치달아 1946년 1월 21일 개학식이 열렸을 때에는 좌우 학생 간의 충돌이 빚어지기도 했다.

그러나 전국적 규모의 우익 학생단체가 본교를 중심으로 활동하고 있었기 때문에,

점차 우익 학생들의 영향력이 확대되어 갔다. 게다가 신탁통치안을 둘러싸고 벌어진 대립에서 우익 학생들이 민족 감정에 호소하자, 좌익 학생들의 영향력은 쇠퇴할 수밖에 없었다. 이후 '국립 서울대학교 설립안'(국대안) 반대 운동과 정부 수립 등으로 이어지는 흐름 속에서, 좌익 학생들은 이전처럼 공식적인 활동을 전개하기 어려운 상황에 처했다. 물론 좌익을 겨냥한 당국의 탄압도 그에 한몫했다. 1949년 11월 본교는 문교부의 지시에 따라 학원 내 좌익 학생 자수 기간을 공표해 좌익 학생 색출 작업을 벌였다.

학생운동 진영이 대립하는 상황에서도, 학구적 열정은 대학 내에서 꾸준히 발현되고 있었다. 학생들의 학문 활동과 관련해 주목할 만한 것은 1949년 6월에 발족한 '고대 푸린트 연맹'의 활동이었다. 이 단체는 당시 학생들의 교재 구입이 어려웠던 현실을 고려해, 강의능률을 올리고 학생들에게 편의를 제공하기 위하여 본교 교수들의 강의안을 일괄적으로 복사해 학생들에게 배포하는 것을 목표로 했다. 정법대학 박광열이 주도한 '고대 푸린트 연맹'에서 처음 제작한 강의안은 유진오 교수의 〈헌법학리憲法學理〉였다.

3-2 《고대신문》의 창간

《고대신문》은 1947년 11월 3일 광주학생운동 기념일을 맞아 창간되었다. 그에 앞서 법과 학생이던 서기원, 한만년, 이세구 등이 각국의 대학신문을 참고하여 유진오 교수에게 학교신문 발간을 건의했지만, 혼란스러운 학교 상황 탓에 뜻을 이루지 못했다. 그러나 학교 측도 학생신문의 필요성을 충분히 인식하고 있었고, 이를 건의한 학생들도 학교 상황의 안정을 기다리며 대학신문 발행을 위한 토대를 다지기 시작했다. 학생들의 그러한 노력은 '여우회麗友會' 활동으로 결실을 보기에 이르렀다. '횃불모임'으로부터 발전한 여우회는 학내에서 벌어진 좌우익 학생들의 사상적 대립과는 거리를 두며 학구적 자세를 견지했다. 당시 학교 당국은 운동부·연극부·변론부·기독교 학생회 등을 제외한 모든 학생활동을 금지하고 있었지만, 순수 학술모임을 표방하고 있던 여우회는 예외적으로 활동이 허용되었다.

좌우익 학생들의 대립이 심화되어 갈 즈음, 좌익 계열의 경상대학 학생들이 주도한 독서회가 《고대논단》이라는 신문 형태의 인쇄물을 발간하려 한다는 소문이 나돌았다. 그러한 소문이 알려지자 여우회는 본격적인 신문 창간 작업에 착수했다. 그 사이 경상대학 학생들의 《고대논단》이 인쇄를 마치자, 《고대신문》 창간을 주도하던 학생들이 경상대학 당국자를 찾아가 '단과대학의 일개 서클 기관지가 학교를 대표하는 듯한 제호를 써서는 안 된다'고 항의하며 《경상학보》로 제호를 변경하고 배포 날짜도 《고대신문》 창간 이후로 미루겠다는 약속을 받아 냈다. 이후 1947년 9월 신학년을 맞이해 여우회원들은 '학내에서 일어나는 여러 가지 사실과 학생들의 여론을 보도하여 학교와 학생 사이의 관계를 긴밀히 하고, 교우와 모교와의 유대를 더욱 공고히 하여 민주학원 건설에 이바지하는 동시에 씩씩한 고려대의 전통과 진리를 탐구하는 학풍을 수립하기 위하여' 학교 당국에 신문 발간을 건의했다. 당시 현상윤 총장은 좌익 학생들에게 이용당할 우려가 있다며 처음에는 허락하지 않았지만, 이종우·이상은 교수 등이 적극적으로 찬성하자 학기당 5만 원의 예산으로 발간을 허락했다.

예산 부족과 원고 청탁 등의 어려움을 이겨내며, 마침내 1947년 11월 3일 타블로이드판 4면으로 《고대신문》 창간호 2천 부가 발간되었다. 창간사는 신범식이 담당했고 김경옥과 오주환이 편집을 담당했다. 제호는 이상은 교수가 쓴 것이고 제자題字 및 도안은 정병환이 맡았다. 창간호의 편집 및 발행인은 이종우, 인쇄인은 정병환, 인쇄소는 고려대학교 신문부로 표기되어 있다.

《고대신문》 창간호는 1면에 창간사와 현상윤 총장의 〈각성하라 청년학도여!〉라는 제목의 축사, 김성수의 〈민주주의는 자치를 기초로〉와 황태연 교우회장의 〈성의있게 끝까지〉라는 축사를 실었다. 2면에는 본교 교수들의 글이 게재되었다. 유진오의 〈법과 힘〉, 구자균의 〈고전문학에 나타난 애국시가〉, 이종우의 〈인간과 학문〉, 김안진의 〈처

高大新聞

創刊辭

祝辭

覺醒하라 青年學徒여!

法과 힘

民主主義는

自治를 基礎

《고대신문》 창간호(1947)

妻의 소송능력〉 등과 조지훈의 시 〈암혈岩穴의 노래〉가 그 대표적 기사들이었다. 3면과 4면은 각종 학교 소식과 본교생들의 기고문 및 논단을 중심으로 편집되어 있었다. 학생들의 기고문은 시와 수필, 학술논문에서부터 참관기에 이르기까지 다양한 형태를 취하고 있었다. 그러한 편집 기조는 6·25전쟁 이전까지 유지되었다.

1948년 11월 30일에 발행한 제8호부터는 조지훈이 지도교수를 맡게 되었다. 조지훈이 부임한 뒤, 신문사 운영 체제에서 다수의 간사제를 폐지하고 부部를 국局으로 변경하는 조직 개편을 단행했다. 아울러 사전검열제를 사후검열제로 수정해, 대학신문 본연의 사실 보도와 비판 정신을 길러 나가는 데 주력하기 시작했다. 《고대신문》은 창간호부터 1950년 4월 18일 제13호까지 열흘에 한 번씩 발행하는 것을 목표로 했지만, 열악한 환경 속에서 한 학기에 발행할 수 있는 것은 2-3호뿐이었다.

《고대신문》은 당시 본교 학생들이 사회적 조건의 미비로 인해 제대로 습득하기 어려웠던 학문적 소양을 다져 나갈 수 있는 발판을 마련해 주었다. 아울러 각종 학사 문제에 대한 학교 측과 학생 측의 입장을 소개하고 원활히 소통하며 조율할 수 있는 창구 역할도 담당했다. 또한 학생들의 창작활동을 자극하며 본교의 문화 활동을 이끌어 나가는 선구적 역할을 담당하기도 했다.

3-3 모의국회

법학회와 정치학회, 그리고 변론부가 공동으로 주최한 모의국회는 해방 이후 처음으로 선거를 통해 국회를 구성하고, 민의를 바탕으로 새로운 국가 건설로 나아가고 있던 당시의 사회 상황을 반영한 활동이었다. 이는 당시 선거를 통해 국회를 구성하고, 민의를 바탕으로 국가를 건설하려던 사회적 상황을 반영하며, 새롭게 건설되는 국가의 이념인 민주주의의 핵심인 국회의 활동을 일반 민중에게 소개하는 데 목적을 두었다. 동시에 국가를 이끌어 갈 인재들에게 이론과 실천을 결합해 볼 수 있는 장場을 제공하고자 했다.

1949년 12월 4일 정동 배재중학교 강당에서 제1회 모의국회가 개최되었다. 모의국회의 명칭은 제1차 '아남민국국회亞南民國國會'로 결정하고, 본교생으로 조직된 각 부 장관 및 각 분과위원장의 참석하에 여야與野 각 70명씩 총 140명의 의원이 토론을 전개했다. 여당 측은 본교생들로, 야당 측은 타 대학 학생들로 구성했다. 토의 안건으로는 제헌국회에서 논의되었던 내각책임제 개헌안과 교육법 수정안을 상정하려 했으나, 정치적 민감성 등을 고려하여 축첩蓄妾 금지 법안과 양원兩院 제도 설치에 관한 정부 측의 수정안을 다루는 것으로 변경되었다. 우리나라에서 처음으로 실시한 모의국회는 대학생들뿐 아니라 현직 국회의원과 일반 관람자들의 높은 관심을 받았다. 이는 본교를 중심으로 활동하던 학회들이 이론과 실천의 연결고리를 끊임없이 모색해 나가는 동시에, 상아탑에만 안주하는 무기력한 지식인의 모습을 거부하면서 대학에서 생산된 지식을 일반 대중을 상대로 소개해 나가는 실천적 지식인상을 표방한 대표적인 사례였다.

3-4 운동부의 활동

보전 시절의 체육 전통은 해방 후에도 면면히 계승되었다. 운동선수에게 입학의 특전을 부여해 온 관례가 지속됨에 따라, 축구부, 배구부, 럭비부, 농구부, 육상부, 빙상부, 수상부, 마술부, 유도부, 역도부, 정구부, 탁구부, 궁술부 등의 체육부는 견고히 입지를 다질 수 있었다. 따라서 운동부는 본교가 대학으로 승격한 뒤에도 우리나라를 대표할 만한 선수들로 구성되었다.

각종 경기에서 좋은 성과를 보인 본교의 체육활동은 1948년 1월 '고우체육회高友體育會' 창립을 계기로 체계적인 기반을 마련하게 되었다. 해방 이후 선수들이 처음으로 태극기를 달고 출전한 제14회 런던올림픽을 앞둔 시점에 창립된 고우체육회는 당시 교우회장을 맡고 있던 황태연이 회장, 김화집이 이사장으로 임명되며 출범했다. 고우체육회의 발족으로 본교의 체육활동은 학생과 학교 및 교우의 유기적 협력 아래 발전할 수 있는 토대를 마련했다. 고우체육회는 본교 재학생들로 구성된 '올림픽 선수 후원회'를 조직하여 본교의 체육 발전은 물론 우리나라의 전반적 체육 발전을 위해 적극적 활동을 전개했다.

해방 이후 본교 체육활동 중 가장 특기할 만한 성과는 1947년 서윤복의 보스턴 마라톤 대회 우승이었다. 당시 제1전문부 경제과에 재학 중이던 서윤복은 손기정, 남승룡 등과 함께 제52회 보스턴 마라톤 대회에 참가하여 2시간 25분 39초의 기록으로 우승했다. 대한민국 정부가 수립되기 전, 미군정의 승인을 받아 미군 군용기로 대회에 참가해야 했던 어려운 여건을 극복한 쾌거였다. 서윤복의 유니폼에 새겨진 태극기와

서윤복의 보스턴 마라톤 대회 우승(1947)

'KOREA'라는 글씨는 세계에 독립된 조국을 알리는 상징적 계기가 되었다.

1948년 런던올림픽은 해방 이후 우리 민족이 처음으로 참가한 세계적인 체육 무대였다. 정부가 수립되기 전이었으나 우리 민족의 관심은 지대했다. 이렇게 온 국민의 관심이 집중된 올림픽에 참가한 선수들 가운데 본교 재학생과 졸업생이 상당수를 점하고 있었다. 축구, 육상, 역도, 농구 등의 종목에서 우리나라 참가 인원의 절반가량인 25명이 본교 출신 선수들로 구성되었다. 그리고 본교 출신인 역도의 김성집은 동메달을 획득하는 성과를 올렸다. 이것은 해방 이후 우리나라가 획득한 첫 번째 올림픽 메달이었다.

한편 당시 국내에서 가장 인기 있는 경기 중 하나는 보전과 연전의 축구 경기였다. 보연전은 해방 전부터 화제를 모았으며, 해방 후 1945년 12월 4일 10년 만에 서울운동장에서 열려 큰 주목을 받았다. 두 학교가 고려대학교와 연희대학교로 각각 승격한 이후에도 양교의 축구 경기는 언제나 많은 관심을 모았고, 때로는 경기 결과에 흥분한 학생들 사이의 난투극으로 발전하는 일도 있었다. 대표적인 사례가 1947년 10월에 있었던 제3회 조선올림픽대회 고연 축구전 때 벌어진 사건이었다. 이 경기가 벌어지기 전인 10월 16일, 본교와 서울상대의 럭비 대학부 결승전에서 양측 학생들 간 충돌 사건이 있었다. 서울상대 학생들에게 심한 모욕을 당한 본교생들은 17일 강당에서 '명예회복긴급학생대회'를 개최하고 사과문 작성 등을 결의했다.

다음 날 벌어진 본교와 연희대의 축구 결승전에서 서울상대 학생들이 연희대를 응원하는 것에 대해 본교 학생들은 심한 불만을 표시했고, 경기가 끝난 후 양쪽 학생들의 충돌이 발생했다. 이 사건은 10월 20일 본교생들이 서울상대에 난입해 기물을 파손하고 박용하 학장을 비롯해 학생들을 구타한 사건으로 비화했다. 서울상대는 중경상자가 50여 명이나 발생하고, 교사의 파괴가 심각한 상황에 달했기 때문에 부득이 휴교 조치를 취하기에 이르렀다. 이 사건으로 본교생 1명이 기소되고 22명이 기소유예 처분을 받았다. 서울지방경찰청이 양 학교 책임자를 초청하여 화해하게 하고, 같은 해 11월 4일 양교 학생 대표들이 서로 화해하는 자리를 가지면서 사건이 일단락되었다. 또한 본교는 학교 차원에서 서울상대의 교사 복구를 위해 파손 수리금으로 25만 원을 보상해 주었다. 흥미롭게도 이 사건은 좌익 성향이 강했던 서울상대생들과 우익 학생들이 점차 세력을 확장해 가고 있던 본교생들 간 이념적 갈등이 드러난 무력 충돌의 성격도 내포하고 있었다.

3-5 정부 수립과 학도호국단 결성

제2차 미소공동위원회가 결렬된 뒤, 미국은 1947년 9월 한국 문제를 국제연합UN에 상정했다. 미국은 UN 감시하의 총선거를 실시해 정부를 수립한 뒤 미소 양군을 철수시킬 것이며, 그러한 제반 절차를 지원할 UN한국임시위원단의 설치를 건의했다. 얼마간의 수정을 거쳐 미국의 건의안이 UN 총회를 통과했고 1948년 1월부터 UN한국임시위원단의 활동이 시작되었다. 그러나 38선 이북 지역에서의 활동이 어렵게 되자, 1948년 2월 UN 소총회는 가능한 지역에서만이라도 선거를 실시해 독립 정부를 수립할 것을 결의했다. 이에 불완전하나마 1948년 5월 10일, 38선 이남 지역에서 총선거가 실시되어 제헌국회가 개원하기에 이르렀다. 정부 수립 이후 초대 문교부장관으로 안호상이 취임했다. 안호상은 자생적 민족주의의 외피를 가진 일민주의一民主義를 문교정책으로 정착시키고자 노력했다. 그러한 조치는 당시 이승만 정권이 표방하고 있던 '자유민주주의'와 반공 이데올로기에 조응하는 것이었다. 안호상의 일민주의 문교정책은 1948년 국가보안법이 제정되면서 교육계의 좌익 성향 교사와 학생들을 겨냥한 대대적 숙청 작업에 이데올로기적 토대를 제공했다. 일민주의 문교정책의 일환으로 중고등학교와 대학에 강요되었던 것이 학도호국단이었다.

학도호국단은 '민족의 주의 사상 통일'이라는 명목상의 슬로건을 내걸고 출발한 전국적 규모의 관제 학생단체였다. 1949년 4월 중앙학도호국단이 결성되었으며 같은 해 9월 〈대한민국학도호국단규정〉이 공포되자 학도호국단은 본격적인 활동을 시작했다. 안호상은 학도호국단의 기본 이념이 일민주의임을 천명하며 학원 민주화와 학원을 파괴하려는 모든 불순반동분자의 숙청을 통한 민족적 단합이 그 조직 동기라고 밝혔다. 학도호국단은 출발 당시부터 전국적 규모의 준군사단체 성격을 띠었다. 또한 학도호국단은 그 편제에 있어서도 대통령이 총재, 국무총리가 부총재, 문교부장관이 중앙학도호국단장을 맡아 전국의 모든 중등학교 이상의 학생 및 교직원이 위계적으로 편제되는 조직을 갖추고 있었다.

본교생 이철승이 주도하는 '전국학생총연맹'(전국학련)을 비롯한 여러 학생단체는 학도호국단의 출범 당시 이를 강력히 비판했다. 전국학련은 학도호국단이 획일주의적 단체라는 점, 정부가 임명권을 행사하는 학도호국단은 관제단체로서 학생단체의 생명인 자율성을 보장받지 못한다는 점, 정부가 수립되었다 해도 좌익 학생이나 활동은 없어진 게 아니므로 전국학련은 계속 유지되어야 한다는 점 등을 들면서, 문교부장관의 퇴진까지 주장하며 극력 반대했다. 그러나 안호상을 비롯한 정부 측이 강력하게 전국학련의 해산을 주장함에 따라 국내의 모든 우익 학생단체들은 학도호국단 산하에 통합되었다.

본교는 처음부터 관이 주도하는 획일적 성격의 학도호국단이 대학의 자율성을 침해할 우려가 있다고 반대했으나, 이미 정부 차원에서의 법적·행정적 절차가 마련된 상황이었기 때문에 3월 27일 고려대학교 학도호국단이 결성되었다. 본교의 학도호국단은 현상윤 총장을 단장으로, 체육 교수이던 김익준을 부단장으로 추대하고 정치학과 4학년생 김동흥을 대대장으로 선출했다. 학도호국단은 출범 당시부터 각계각층의 인사들로부터 비판과 반대에 부딪혔다. 1950년 5월 4일 평소 학도호국단에 대해 반대 입장을 피력하던 연희대 백낙준 총장이 제2대 문교부장관에 취임하면서 해산이 기대되었으나, 6·25전쟁의 발발에 따라 편제상의 변화가 있었을 뿐 그 조직과 기능은 그대로 유지되었다.

1905

제6장

전후 복구와 대학의 재건

01

전쟁의 발발과 피난

1-1 9·28수복과 학교의 임시관리

6·25전쟁 직후 북한군은 빠른 속도로 남하하며 남한 지역을 점령해 갔다. 전쟁 초기부터 행정 기능은 대부분 마비되었으며, 급박한 상황 속에서 교육 분야 역시 혼란을 겪었다. 6월 26일 문교부 장관의 지시로 열린 문교부 실·국상회의에서 26일을 기해 서울의 국민학교 전 학년과 중학교 1-2학년, 공민학교, 고등공민학교, 기타 학원 등에 대해 휴교령을 선포했지만 문교부가 전쟁에 관한 특별 지시를 하달하지 않아, 27일 오전까지 대부분의 학교가 정상적인 학사일정에 임하고 있었다. 북한군이 서울의 창동까지 진격한 오후가 되어서야, 각급 학교는 자체적인 협의를 거쳐 휴교를 결정했다. 반면 문교부의 고위 관리들은 별다른 지시 없이 이미 남쪽으로 피난길에 오르는 무책임한 교육행정의 모습을 보였다.

서울을 점령한 북한군은 좌익 성향의 교원과 학생들을 앞세워 교육계를 장악하기 시작했다. 소위 '교책校責'을 학교마다 배치하여 교원과 학생들의 동태와 사상 동향을 감시하는 동시에 학교를 정치적 선전도구로 활용하고자 했다. 좌익운동으로 복역 중이던 전 서울상대 강사 최영철이 본교의 교책으로 임명되었다. 북한에서 파견된 지도원 윤두희도 본교에 배치되었다. 그는 서울에 잔류하고 있던 교수와 학생들을 소집해 3차례에 걸친 숙청작업을 전개했고 사상적 회유작업을 통해 의용군 지원을 독려하기도 했다.

1950년 9월 UN군이 참전해 전세가 역전되자 서울은 다시 수복되었다. 9·28수복과 함께 부산에 피난하였던 정부가 다시 서울로 돌아온 뒤 각급 학교 관계자들도 학교 재건에 나섰다. 대학의 경우에는 10월 21일 서울 시내 각 대학의 임시관리책임자들이 회합하여 대학교육 실시 대책을 논의한 후, 문교부장관을 책임자로 하는 대학임시운영본부를 설치했다. 대학임시운영본부는 각 대학을 통합해 종합대학으로 구성하고 같은 계통의 대학 중에서 하나를 선택해 단과대학을 조직했다. 그 뒤 어느 대학 학생이라도 전공 부문 해당 학교에서 임시로 수업을 들을 수 있도록 결정했다. 대학은 많은 시설물이 피해를 입었을 뿐만 아니라 군대가 대부분의 대학 교사를 사용했기 때문에, 이러한 결정이 불가피했다. 11월에는 서울 시내 31개 대학연합체를 구성하여 합동 강의를 시작했다. 일례로 법정계열의 경우, 대학연합강의가 시작된 11월 이전에 학생 심사 등록을 마친 서울법대·고려대·동국대 등이 주도하여 동국대 교사에서 강의를 진행했다. 이는 이후 전시연합대학으로 이어지는 대학연합체의 출발점이 되었다.

본교는 1950년 11월 대학연합체가 구성되기 이전에 이미 학도호국단을 통하여 학생들의 등록을 받아 전시 학생 관리를 실시했다. 또한 군경 복무자를 제외하고 등록에 불응한 학생들을 대상으로 제적 조치를 취했다. 이는 단순한 학사관리 차원의 경고라기보다, 북한군의 서울 점령 당시 그들에게 협조한 좌익 성향 학생들이나 의용군에 참가한 학생, 그리고 북한군을 따라 월북한 학생들을 배제하기 위한 조치였다.

서울을 수복한 후 교육계의 최대 관심사 중 하나는 부역자의 색출 및 처벌 문제였다. 서울시 교육국은 각 학교에 임시관리책임자를 임명하고 북한군 점령기에 서울에 잔류한 교직원과 학생들을 대상으로 그들의 부역 사실과 사상 동향을 심사할 위원회를 설치케 했다. 이 심사위원회의 심사 결과에 따라 교직원의 거취를 결정했다.

6·25전쟁 당시 미군이 주둔한 본교 캠퍼스

정부가 9·28 서울 수복을 계기로 다시 국가 재건에 나서자, 본교 역시 부산에 머무르고 있던 재단 주무이사 김성수를 비롯하여 정법대학장 유진오와 문과대학장 이종우 등이 상경해 학교 재건에 착수했다. 안암동에 위치한 본교 교사는 미군을 비롯한 UN군이 주둔하고 있었기 때문에, 애기능 재실齋室에서 본격적인 학사업무를 시작했다. 당시 학사관리 중 가장 급선무는 전쟁 중 교직원 및 학생들의 동태와 사상적 성향을 심사하고, 자의든 타의든 북한군에 협조하였거나 월북한 사람들을 선별해 내는 작업이었다. 이때 적극적으로 부역했거나 월북했다는 이유로 파면당한 교수는 한면상, 이용원, 김진헌, 김안진, 심현상, 윤종섭, 임학수 등 10여 명에 달했다.

이들 중 심현상이나 윤종섭처럼 좌익 성향을 이유로 검거된 이들도 있었으나, 대체로 북한군 점령 당시 살아남기 위해 어쩔 수 없이 협조한 생계형 부역자들이 많았다. 당시 영어 실력으로 국내 최고 수준이라 평가받았던 이인수 교수는 이러한 생계형 부역의 대표적인 사례였다. 서울을 점령한 북한군은 영어 실력이 뛰어난 이인수에게 영어 방송을 강제한 바 있었다. 그는 이를 이유로 체포된 뒤 군법회의에 회부되어 1950년 11월 7일 사형을 당했다.

어렵사리 피난길에서 돌아오기 시작한 교직원들은 학교 재건에 전력을 기울이기 시작했다. 납북된 현상윤 총장을 대신하여 유진오가 '고려대학교 임시관리책임자'로 선임되었다. 그러나 10월 말 중국군이 참전하며 전황이 급속도로 악화되었고, 1·4 후퇴 시기에는 학교의 중요한 학적부를 땅에 묻고 다시 피난길에 올라야 하는 상황에 직면했다.

1-2 전시연합대학의 설립

중국군의 개입과 함께 정부는 부산으로 피난했다. 문교부는 1951년 1월 7일 부산시청을 사무처로 정하고 전시 교육행정에 돌입했다. 1월 13일 부산으로 피난을 와 있던 각 대학 관계자들은 회합을 갖고, 가칭 '대한민국교수단' 창립을 결의했다. 본교의 유진오를 단장으로, 방종현(서울대), 이정규(성균관대), 김기석(서울사대) 등을 간사로 선출했다. '대한민국교수단'은 곧바로 시국강연회를 개최하는 등 자체적 활동을 벌이며 전시 고등교육 재개를 준비하고 나섰다.

고등교육 기관은 서울에 집중되어 있던 탓에 초·중등 교육기관에 비해 피해가 훨씬 큰 편이었다. 고등교육 재개를 위한 노력은 1951년 2월 초순, 문교부의 전시 비상조치로 본격화되었다. 즉 문교부는 2월 19일부터 부산에서의 대학교육 재개를 시달했다. 본교는 1951년 4월 전시연합대학에 등록하여 강의에 출석하고 시험을 통해 취득한 학점을 인정할 방침이라고 밝혔다.

전황이 호전된 1951년 5월 4일 문교부는 〈대학교육에 관한 전시특별조치령〉을 공포하여 황폐해진 전시 고등교육 체제의 정상화에 본격적으로 나섰다. 전문 20조로 구성된 이 조치령은 전시연합대학의 실제적인 운용을 포괄적으로 규정했다. 우선 대학의 수업과 관련해, 1년간 총수업 시간을 720시간까지 단축할 수 있게 하고 매 학기 3-4학점의 군사훈련을 이수하도록 했으며, 연합대학에서 이수한 과목을 재적 대학에서 인정하도록 했다. 또한 학사관리의 측면에서 1950년도에 한해 과목당 매주 1시간씩 12주 이상 수업 후 소정의 시험에 합격한 것을 1학점으로 인정했다. 현역 군인이나 제2국민병에 지원한 학생들에 대해서는 수업시간 이수 여부와 관계없이 응시자격을 부여하고 군사훈련학점을 인정했으며 수업료 면제 등의 보상조치도 규정했다.

전시연합대학은 중앙운영위원회를 조직하고 위원장에 문교부장관을, 학장에 본교 유진오 교수를 임명했다. 운영 규정을 보면 각 대학이 소요경비를 분담하고, 학생들은 3개월분의 등록금 1만 원을 소속 대학에 납입해야 했으며, 대학은 학생 1명에 대해 1강좌당 500원을 분담하여 연합학부위원회에 납부하도록 되어 있었다. 그러나 당시 재정적 어려움으로 인해 이러한 부담금은 사실상 학생이나 사립대학 재단에서 감당할 수 없는 수준이었고, 서울대의 예산에 상당 부분 의존할 수밖에 없었다.

부산에서 먼저 발족한 전시연합대학은 점차 광주·전주·대전 등 4개 도시로 확대되었다. 전시연합대학의 강의는 오전에 교양과목을 합동 강의하고 오후에 전공과목을 강의하는 식으로 진행되었다. 전시연합대학에 개설된 강좌는 〈대학교육에 관한 전시특별조치령〉에서 볼 수 있듯 대학이 다루는 모든 학과를 포괄할 만큼 광범위한 것이었다. 일례로 광주 전시연합대학의 경우 1952학년도에 공통과목 10강좌, 문학부 32강좌, 이공학부 44강좌, 법·정·경·상학부 40강좌, 의약학부 26강좌, 의예과부 16강좌 등 모두 168개의 강좌를 개설했다.

전시연합대학 등록 학생 수를 보면, 열악한 사회적 조건 속에서도 나름의 성과를 거두었음을 알 수 있다. 당시 부산시청 앞 조그만 극장을 강의실로 사용하며 시작된 부산 전시연합대학에는 1951년 12월 무렵 4,268명의 학생들이 재적하고 있었다. 아울러 대전 전시연합대학에는 377명, 전북 전시연합대학에는 1,283명, 광주 전시연합대학에는 527명이 재적해 총 학생 수는 6,455명에 달했다. 강의를 담당한 교원 수도 444명에 이를 정도였다.

전쟁이 소강상태에 접어들고 피난지에서 각 대학들이 독자적으로 개강을 서두르자, 점차 전시연합대학의 필요성이 줄어들 수밖에 없었다. 결국 1952년 3월 문교부는 종합대학이 존재하지 않았던 대전 지역의 전시연합대학만을 남기고 부산, 전주, 광주의 전시연합대학을 해산시키기로 결정했다. 전시연합대학이 해산된 지역의 학생들은 원적 학교로 복귀하거나, 단독 강의를 실시하는 타 대학에 신청하여 취학 수속을 밟아야 했다. 이후 전시연합대학은 6·25전쟁으로 입대한 현역 군인들을 대상으로 한 군전시연합대학으로 운영되다가 1956년 9월 완전히 해산되었다.

1-3 대구의 '고려대학교 임시교사'

1951년 7월 휴전 예비회담이 활발해지고 전세가 급변할 가능성이 낮아지자 부산을 중심으로 모여 있던 서울의 각 대학들은 단독 개강을 서두르기 시작했다. 또한 문교부와 국방부의 합의에 따라 대학 재학생들은 징집 연기 혜택을 받게 되어 많은 대학생들이 등교할 수 있는 여건이 갖추어졌다. 9월 이화여대가 제일 먼저 단독 개강을 하고 10월 중순에 들어 부산대학교가 전시연합대학에서 이탈하면서 단독 개강 준비는 더욱 활기를 띠었다. 본교도 납북된 현상윤 총장을 대신해 교무 전반을 담당하고 있던 유진오를 총장서리로 임명하고 단독 개강을 준비했다.

전쟁에 따른 참화 탓에 개강 준비 작업은 많은 어려움을 수반할 수밖에 없었다. 그러나 대구가 고향이던 문과대학 교수 최재희가 달성군수를 역임한 부친 최항묵의 승낙을 얻어 대구 본가에 이상은 등 수 명의 교수가 기거하도록 주선하는 동시에, 개강 준비를 위한 대구연락사무소를 자신의 집에 차릴 수 있도록 협조해 주었다. 개강 준비 책임을 맡은 이종우, 이상은 교수는 우선 개강할 수 있는 장소와 건물을 물색했고, 대구 원대동 1165번지에 있는 90평 가량의 공장 건물을 임차하여 임시교사로 사용했다. 개강을 위한 준비가 진행되면서, 1951년 9월 대구, 부산, 전주, 광주, 대전 등 5개 도시에서 입학시험을 치러 신입생 367명을 모집했다. 또한 전쟁으로 각지에 흩어져 있던 재학생 250여 명의 등록을 받아 9월 12일에 개강했다.

대구 원대동 임시교사

대구에서 개강한 임시교사에 등록하여 수강한 학생들도 있었지만 피난 생활로 인해 불가피하게 다른 대학이나 각 지방에 설치된 전시연합대학에서 수강한 학생들도 적지 않았다. 또한 대구 지역으로 피난을 왔던 타교생들도 상당수 본교에서 강의를 받았다. 그 외에 1952년 2월 현재 본교 학생 중 현역 군인은 167명, 경찰 40명, UN군 20명, 군속 120명 등 총 347명이 전쟁 수행 탓에 학업을 보류하고 있었다. 현역 군인이나 각종 군 관계 업무로 학교에 출석하기 어려운 학생들에 대해서는 임시 조치를 취하여 각종 편의를 제공했다.

전쟁에 따른 학생들의 입대 문제는 당시 가장 중요한 학사 문제 중 하나였다. 대부분이 입영 대상 연령인 남자 대학생들의 입대 문제를 국방부와 어떻게 조율하느냐가 대학교육의 정상화를 꾀할 수 있는 중대 문제였다. 1952년 5월 전쟁 발발 이후 처음으로 개최된 전국대학장회의의 주된 논제도 '학생 군사훈련 실시에 관한 문제'와 '학생 징집보류 문제'였다. 이 회의에서는 1952년 6월부터 각 대학에 배치되는 현역 장교의 지

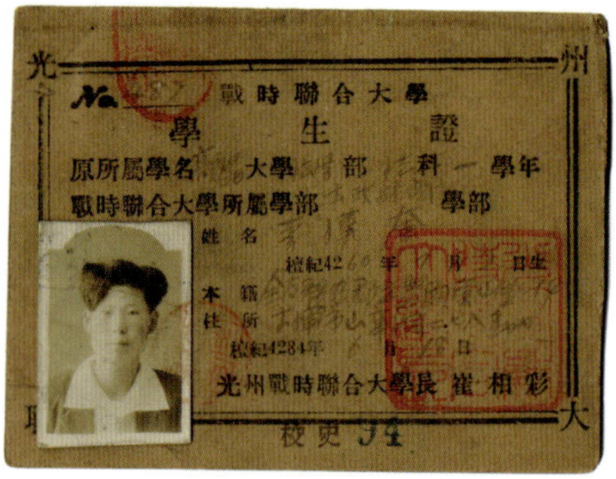

전시연합대학 학생증(1951)

도 아래 학생 군사훈련을 실시하기로 결정했다. 또한 학생 징집보류와 관련해서는 각 대학에 제출된 학생 명부에 의거해 2만 5천 명의 학생에 한해서만 문교부장관과 국방부장관의 공동명의로 된 전시 학생증을 교부해 그들의 징집을 보류한다는 합의를 이끌어 냈다.

대구의 임시교사는 점차 교세를 확장하여 1953년 서울로 환도할 무렵에는 학부 운영이 전쟁 이전 수준으로 회복되었고 그동안 중단되어 있던 대학원 수업도 재개되었다. 1952년 5월 제3회 대학원 신입생을 모집한 결과, 정치과 2명, 법률과 5명, 경제학과 3명, 영문과 1명, 철학과 1명, 사학과 3명 등 총 15명의 신입생이 입학하여 학문 연구에 전념하기 시작했다.

한편 6·25전쟁의 와중에 납북된 현상윤 전 총장에게 본교의 첫 번째 박사학위를 수여한 일은 특기할 만하다. 본교 대학원은 학위논문 심사 규정에 따라, 현상윤의 저작 《조선유학사朝鮮儒學史》(1949)의 박사학위논문 적격 여부를 심사한 뒤 문교부에 인가를 신청했다. 이후 문교부의 인가를 얻어 1953년 3월 25일, 제46회 졸업식에서 변우창 교수의 사회로 현상윤에 대한 박사학위 수여식이 진행되었다.

1-4 교직원의 수난

전쟁이 발발한 지 3일 만에 서울이 북한군에 점령당하자 본교의 교직원과 학생들은 서둘러 피난길에 올라야 했다. 그나마 피난을 떠난 이들은 학교를 재건하고 사회를 위해 일할 수 있었지만, 미처 서울을 벗어나지 못한 교수들은 엄청난 고초를 겪어야 했다. 특히 현상윤 총장의 납북은 본교의 커다란 손실이었다. 현상윤 총장은 많은 사람이 서울을 빠져나가기 시작한 6월 27일까지도 학교에 출근해 동요하고 있던 교직원들을 진정시키고 있었다. 그러나 국군이 북진 중이라는 정부의 발표와 달리 전황이 심상치 않게 돌아가자, 그는 교수들의 의견을 받아들여 무기한 휴교를 결정하고 교수들에게 3개월분의 월급을 지급했다.

교직원들의 피난 생활을 위해 최대한의 배려를 제공한 현상윤 총장은 한강대교가 예상보다 일찍 끊겨 서울을 빠져나올 수 없었다. 결국 서울에 남게 된 그는 승동교회 등지에서 피신 생활을 하다 7월 28일경 북한군에 체포되었다. 이후 북으로 끌려간 그는 중강진의 민간인 포로수용소에 강제 수용되었다. 북한군의 포로가 되었다가 남한에 돌아온 이들의 증언에 따르면, 현상윤 총장은 1953년까지 생존했던 것으로 보인다.

교직원들이 겪어야 했던 고통은 말로 표현할 수 없을 만큼 큰 것이었다. 대구나 부산 등지로 피난에 나섰던 교직원들은 어려운 살림살이를 꾸려 나가야 했다. 당시 피난지에 연고가 있던 교우 이원홍 등을 중심으로 많은 교우들이 나서서, 모교 교직원들의 어려운 처지를 돕고자 성금을 모았다. 그러나 교수들도 언제까지 교우들의 도움에 의지할 수만은 없었고, 생계를 위한 방책을 마련해야 했다. 그들은 전시라는 특성상 주로 군 기관에서 문관으로 일하는 경우가 많았으나, 때로는 노동 현장에 나가야 하는 경우도 있었다. 또한 학생들도 군인이나 군속 또는 경찰 등으로 전쟁에 직간접적으로 참여했다.

02

전시하의 대학기구와 학사행정

2-1 유진오 총장의 취임

현상윤 총장이 납북당하자 본교의 실질적 운영은 정법대학장이자 대학원장을 겸임하고 있던 유진오에게 맡겨졌다. 9·28수복 당시 유진오는 '고려대학교 임시관리자'라는 직함으로 교무행정 전반을 지휘하고 있었다. 1951년 대구 임시교사가 개교하자 유진오는 총장서리에 취임했으나, 같은 해 7월 한일회담 대표로 일본에 가야 했기 때문에 문과대학장 이종우가 총장서리의 대리로서 대구 임시교사 개교 이후의 학교 사무를 총괄했다. 일본에 간 유진오가 소임을 마치고 학교로 돌아온 때는 이듬해인 1952년 5월이었다. 이 무렵 그는 부산에 기거하며 일주일에 이틀쯤 대구 임시교사로 출근해 중요한 교무를 처리했고 학교 업무는 여전히 이종우가 주로 총괄했다.

대구 임시교사에서 개교한 지 만 1년이 지난 1952년 9월, 재단 이사회는 총장서리 유진오를 제2대 총장으로 임명하는 한편, 부총장제를 신설하여 문과대학장 이종우를 부총장에 임명했다. 같은 해 9월 6일, 대구 임시교사 강당에서 정·부총장 취임식을 거행했다. 그리고 10월 문과대학장 후임에 학생감 이상은이, 학생감 후임에 교수 정재각이 각각 임명되었다. 전쟁으로 총장과 교수들을 잃은 본교는 다시 학교 기구와 교무 진용을 갖추며 정상궤도에 올라서기 시작했다.

2-4대 총장 유진오

해방 직후부터 현상윤과 유진오는 대학 발전을 위한 구미 시찰의 필요성을 통감하고 있던 중, 1949년 주한 미국대사관이 실시한 초청 교수 선발시험에서 현상윤, 유진오, 박희성 모두 초청 교수로 선발되었으나, 현상윤은 과거 폐질환의 병력이 문제가 되어 신체검사를 통과하지 못했다. 전쟁 발발로 인해 미국행이 2년 늦어지기는 했으나, 유진오는 미국에서 약 1년 동안 대학교육과 행정에 관해 많은 것들을 보고 배울 수 있었다. 주로 동부에 있는 하버드대학에 체류했지만 여러 대학을 순방할 수 있었다. 유진오는 미국에서 본교의 발전을 위하여 혼신의 노력을 기울였다. 특히 대학 도서관의 장서 확충에 상당한 성과를 올릴 수 있었다. 미국의 여러 출판사와 대학 및 대학 교수들에게 도서기증을 호소한 그의 노력에 힘입어, 출판사 프렌티스 홀Prentice Hall과 파운데이션 프레스The Foundation Press가 다량의 책을 기증했고, 애머스트대학의 뢰벤슈타인Loewenstein 교수도 상당량의 도서를 기증했다. 미국에서의 경험은 본교가 서울로 환도해 재건의 기틀을 마련하는 데 큰 도움이 되었을 뿐만 아니라, 당시 국내 대학 풍토를 혁신하는 데에도 긍정적인 영향을 미쳤다.

2-2 농림대학의 신설과 문리과대학의 개편

인촌 김성수는 보전 시절부터 농학과와 임학과를 설치하려는 복안을 가지고 있었다. 이는 인구의 대다수가 생계를 의지하고 있는 농업 부문이 매우 중요한 학문 분야로 인식되었기 때문이다. 그러나 인문·사회계 학과와 달리 자연계 학과를 설치하기 위해서는 막대한 자금이 필요했다. 무엇보다 실습을 위한 넓은 면적의 농장 및 연습림을 마련해야 했고 각종 실험실과 실험기재도 확보해야 했다. 이러한 어려움에도 불구하고 농림대학의 신설을 위해 본교는 치밀한 계획과 준비에 착수했다. 연습 예정지로 종암동 부근의 많은 토지와 산림을 구입하는 한편, 경기도 양평군에 광대한 산림을 물색해 놓기도 했다.

본교는 농림대학 신설을 서두르는 한편, 문과대학을 확대 개편하여 문리과대학으로 발족시킬 준비도 병행했다. 6·25전쟁의 발발로 인해 차질이 빚어졌지만, 전황이 안정되자 1952년 9월 문교부에 학과 신설 인가신청을 냈다. 농림대학의 임학과·축산학과 신설과 더불어 문과대학의 기존 4개 학과(국문, 영문, 철학, 사학)에 수물학과·화학과·생물학과를 신설하여 문리과대학으로 개편한다는 내용이었다. 1952년 12월 본교의 농림대학과 문리과대학 설립 인가는 무난히 통과되었다.

본교는 새롭게 출발하는 농림대학을 위해 종암동과 안암동 일대에 교사 부지 7,326평과 실험농장용 부지 72,456평을 확보한 뒤, 그 대부분에 대해 매수 내지 불하 계약을 완료했다. 초대 농림대학장에는 장상욱 교수가 취임했다. 본교는 농림대학과 문리과대학 내 이과계열의 발전을 위하여, 100만 원의 예산을 들여 우선적으로 필요한 실험·실습 기자재를 구입했다. 아울러 1953년 7월 약 20만 환을 들여 농업과 임업에 관한 신간 서적 100여 권을 구입하는 등 농림대학 발전을 위해 많은 관심을 기울였다.

1953년 3월 본교는 신학제에 따라 대구, 부산, 전주, 광주, 대전 및 수복 지구인 영등포에서 일제히 입학시험을 치러 신입생을 선발했다. 이때 본교는 인문사회계 8개 학과, 자연계 5개 학과를 합해, 총 4개 단과대학에 13개 학과(이듬해 3월에 수물과를 수학과와 물리학과로 분리해 14개 학과가 됨), 학생 정원 2,560명을 보유한 명실상부한 종합대학의 반열에 올라섰다.

2-3 학생 및 교직원 현황

대구에서 임시교사를 마련해 단독 개강할 당시, 본교의 학생 250여 명이 등록했다. 아울러 전국 각지에서 실시한 입학시험을 통해 350여 명의 신입생이 새로 입학했다. 한편 200명이 넘는 또 다른 재학생들은 피난지에서 개강한 다른 대학이나 전시연합대학에 등록해 수강하고 있었다. 전쟁 발발 이전 1,600여 명에 이르던 학생 수에 비하면 이 수치는 초라하기 그지없었으나, 전황의 안정과 함께 학생 수는 꾸준히 늘어 갔다. 또한 농림대학의 신설과 문리과대학으로의 개편을 통해 학생 정원은 2,560명으로 증가했다.

제대한 군인들이 복교하거나 피난으로 학업을 중단했던 학생들이 학교로 돌아오는 경우도 상당수 있었다. 따라서 이 당시 학생 수 증가 추이를 보면 주로 1-2학년생의 증가가 현저했다. 일례로 정법대학의 경우, 1952년 2월 등록 학생 173명 중 1학년 64명과 2학년 43명을 더해 총 107명에 달했고, 이는 전체 등록 학생의 약 62%를 점하고 있었다.

한편 당시 대학생들의 생활은 전쟁으로 인해 상당히 힘든 형편이었다. 1952년 7월 1학기 등록생이 총 981명이었으나 여름방학이 끝나고 2학기가 시작될 무렵 834명만이 등록하고 있었다. 이는 방학을 이용하여 등록금을 마련하고 있었던 학생들이 상당수였음을 시사한다. 2학기가 한 달 이상 지난 11월에 이르러 964명이 등록해 1학기와 비슷한 수준을 회복하고 있다는 사실도 당시 학생들이 경제적으로 상당한 곤란을 겪는 가운데 배움의 열망을 포기하지 않았음을 보여 준다. 대학원의 경우 1953학년도 제4회 신입생 모집에 42명이 응시하여 그중 22명이 합격해 총 48명이 재학하고 있었다.

한편 전쟁 기간에도 교수진은 증가 추이를 보였다. 본교의 교강사는 1952년 7월에 교수 16명, 부교수 10명, 조교수 9명, 전임강사 2명, 시간강사 11명이었으나 1953년 1월이 되면 교수 27명, 부교수 12명, 조교수 11명, 전임강사 3명, 시간강사 7명으로 증가하였다. 교수 27명은 당시 본교 교수 정원을 모두 충당한 숫자였다. 학생 수 증가에 따라 교수진 확보가 시급한 문제로 부상한 상황에서, 본교는 시간강사를 통한 일회적 강의 개설보다는 좀더 안정적인 교육과 연구환경을 조성하기 위해 더 많은 교수진을 확보하고자 노력하고 있었다.

2-4 피난 중의 학생활동

피난 시절에도 《고대신문》은 계속 발간되었다. 지도교수 조지훈과 신문부원들의 적극적 활동에 힘입어, 대구에서 개강한 지 5개월 만인 1952년 2월 3일 제15호를 속간했다. 《고대신문》은 지성의 양심을 수호하려는 대학 정신의 매개체 역할을 자임했다. 그러나 7월 12일 제18호에 실린 이상은 교수의 글이 큰 파문을 일으켰다. 이는 대학언론이 비정상적 정국 운영을 비판한 대표적 사례로, 당시 정치적 상황과 긴밀히 연결된 내용이었다.

해방 이후 정치적 소용돌이 속에서 대통령에 취임한 이승만은 독재정치를 자행했다. 1950년 3월 민주국민당은 대통령의 독재를 막기 위해 대통령중심제의 헌법을 내각제로 고치려는 개헌안을 제출했지만 이승만은 이를 부결시켰다. 6·25전쟁 발발 이후, 국가 비상사태 속에서도 이승만의 독재는 더욱 심화되었다. 거창사건과 국민방위군 사건 같은 충격적인 사건들이 잇달아 발생했으며, 국회는 이 사건들의 진상을 폭로하며 정부를 비판했다. 그러나 이승만은 오히려 야당에 대한 탄압을 강화하는 방향으로 대응했다. 이승만은 차기 대통령에 당선될 가능성이 희박해지자 정·부통령을 국민이 직접 선거하자는 직선제 개헌안을 국회에 제출했다. 그러나 이 개헌안이 부결되자 이승만은 공비 토벌을 구실로 부산과 경남 일대에 계엄령을 선포하고, 군대와 경찰을 동원하여 국회의원 다수를 구속한 채 발췌개헌안을 통과시켰다. 부통령 김성수가 이승만을 규탄하고 사직한 것은 5월 27일의 일로 부산의 정치파동이 최고조에 달했던 시점이었다.

한국사회에 정치적 긴장이 고조되는 상황에서 이상은 교수는 1952년 7월 12일 제18호 《고대신문》에 〈중화민국과 위안스카이袁世凱〉라는 글을 실어 이승만의 행위를 강도 높게 비판했다. 그는 이승만 정권이 위안스카이처럼 국회를 강압적으로 탄압하고 여론을 조작하며 장기 집권을 꾀하고 있음을 꼬집었다. 이로 인해 이상은 교수와 《고대신문》 편집국장 서태일은 형법 제105호 위반 협의로 대구지방법원에 불구속 송치되었다.

한편 같은 해 11월 정부는 국립박물관과 덕수궁미술관에 보관 중인 중요 유물 18,883점을 하와이 쿡 박물관과 하버드대학에 전시하기로 결정하고 국회에 문화유산의 해외 반출 승인을 요청했다. 그러나 전시 상황에서 그 같은 행위는 예상치 못한 위험부담에 직면할 수 있었다. 이에 1952년 11월 5일 자 제21호 《고대신문》은 〈민족문화재는 민족과 함께!〉라는 제목의 기사를 통해 문화재 반출에 대한 본교 교수들의 반대 목소리를 소개했다. 동시에 〈문화재를 사수하자〉는 제목의 사설로써 이승만 정권의 몰지각한 문화재 정책을 정면으로 비판했다. 이승만 정권의 부당한 정책을 겨냥한 전면적 비판으로 《고대신문》은 우리나라 대학언론 사상 처음으로 무기정간 처분을 받았다.

당시까지 대학의 정기간행물은 당국의 허가 없이 자율적으로 발간해 오고 있었지만 정권의 보복에 직면한 《고대신문》은 공보부의 허가를 받아 발행해야만 하는 처지에 놓였다. 그러한 보복적 조치는 대학의 자유로운 학문 활동에 대한 침해이자, 대학 본연의 비판의식에 대한 침해라 할 수 있었다. 이에 《고대신문》은 당시의 제호로 공보부에 허가신청서를 냈으나 일간신문 외에는 신문이라는 칭호를 사용할 수 없다는 이유로 받아들여지지 않았다. 결국 《고대신보高大新報》라는 제호로 공보부의 허가를 받아 1953년 2월 10일 제25호부터 《고대신문》의 제호는 《고대신보》로 변경되었다. 제호는 4월혁명 이후 다시 《고대신문》으로 복구되었다. 《고대신보》로의 제호 변경은 이승만 정권의 대학 언론관을 압축적으로 보여 줄 뿐만 아니라, 당시 《고대신문》이 어떠한 수난을 당했는지 상징적으로 드러내고 있다.

03

환도와 대학의 정비

3-1 서울 환도와 본교 복귀

개성에서 판문점으로 장소를 옮겨 지속된 정전협정은 1953년 7월 27일에 조인되었다. 정전협정이 조인되자 정부는 1953년 8월 15일 광복절을 기해 서울로 환도했고 피난길에 올랐던 많은 서울 시민들도 속속 귀경했다. 본교도 8월 16일, 2년 동안 정들었던 대구 원대동의 임시교사와 작별하고 서울로 돌아왔다. 그동안 전쟁으로 인해 서울의 수많은 학교 건물이 불타거나 파괴되었으나, 본교는 운 좋게 이러한 피해를 면했다.

그러나 본교는 미 제5공군 통신대가 교사를 비워 주지 않았기 때문에, 계동의 중앙중고등학교 교사 일부를 빌려 9월 신학기에 개강했다. 이듬해 2월 23일 안암동 교사로 복귀할 때까지 한 학기 동안 그곳에서 수업을 진행했다. 따라서 유진오 총장은 귀국하자마자 본교에 주둔하고 있던 미군 당국과 여러 차례에 걸친 교사 반환 교섭을 벌였다. 그 결과 미군 당국으로부터 "예기치 않은 사태가 발생하지 않는 한, 1953년 12월 15일부터 이동을 개시하여 내년 1월 중순까지 완료할 것"이라는 통보를 받았다. 아울러 미군들이 사용하던 중 건물에 생긴 손상은 국제연합한국재건단UNKRA이 복구해 줄 것이라는 확약도 받았다.

그러나 10월 초 불길한 소문이 전해졌다. 미군 측이 본교 건물을 계속 점유할 수 있다는 이야기와 함께, 다른 대학들이 자기 교사를 찾기 위해 미군을 고려대로 몰아붙인다는 소문이었다. 게다가 6·25전쟁 직후 교육 부흥 원조사업을 주도한 국제연합한국재건단의 사업 일람을 보면, 국립대학에 대한 원조를 제외하더라도 연희대 시설 복구에 4,948달러, 이화여대 복구에 7,592달러가 상정되어 예산 집행이 이루어진 반면, 본교에 대한 독자적 원조는 찾아볼 수 없었다. 이는 단순히 본교의 피해 상황이 적어서라기보다는 다른 이유가 개입되었을 가능성을 시사한다.

유진오 총장은 학교에 돌아와 긴급회의를 소집했다. 회의 결과 정부와 미국대사관 등 각 방면에 진정서를 제출하고 교우회에도 협조를 요청하기로 결정했다. 유진오는 주한 미국대사 다울링Dowling, 미8군 사령관 테일러Taylor, 대한경제조정관 우드Wood 등을 연일 찾아다녔지만 모두 책임을 회피했다. 결국 유진오는 교사 반환을 위한 투쟁에 돌입했다. 그는 영문으로 강경한 내용의 성명서를 작성해, 수천 매를 인쇄·배포했다. 총장을 중심으로 학생·교수들도 모두 하나가 되어 교사 반환 투쟁에 나섰다. 당시 학생 기자 수십 명이 영문으로 인쇄된 성명서를 한 아름씩 가지고 미국대사관, 미8군 사령부, UN군경제조정관실OEC 등으로 달려갔다. 그들은 교사를 반환하라는 구호를 외치고 곳곳에 인쇄물을 뿌리며 시위를 감행했다. 학교 당국 및 학생·교우가 끊임없는 투쟁을 벌인 결과, 1954년 2월 중순 미군으로부터 교사를 넘겨 주겠다는 통보를 받아 낼 수 있었다. 마침내 1954년 2월 23일 본교는 미군으로부터 교사를 반환받았다. 6·25전쟁 발발 이후 3년 9개월 만에 교사를 되찾은 셈이었다. 그러나 도서관을 비롯해 민속참고품실 등에 보관되어 있던 각종 귀중 도서와 소장품이 다량으로 분실되었다. 특히 안함평 여사의 특지特志와 인촌 김성수의 각별한 배려로 20여 년간 수집해 놓은 여성 민속 관계 유물들이 많이 파손되거나 사라졌다.

3-2 대학기구의 확장과 정비

3-2-1 전후 고등교육의 변화

정부가 다시 서울로 복귀하자 본격적으로 전후 복구 사업이 추진되었다. 전쟁으로 파괴된 교육 시설의 복구는 교육계의 시급한 과제였다. 당시의 재정 상태로는 자력에 의한 복구가 불가능했고, 외국의 원조에 의지할 수밖에 없는 상황이었다. 얼마 가지 않아 국제연합한국재건단을 비롯한 국제기구의 원조계획에 따라 각급 학교의 교육시설 복구가 시작되었다.

한편 6·25전쟁을 겪으며 대학의 서울 집중에 따른 여러 문제점이 드러나자 각 지역별로 운영되던 전시연합대학의 해산과 함께 지방 국립대학 설립이 추진되었다. 아울러 전국적으로 사립대학의 개교와 복교가 줄을 이으며 고등교육기관이 급격히 증가했다. 해방 당시 전문학교 이상의 고등교육기관은 19개교에 불과했고, 학생 수는 약 8천명에 그쳤다. 그러나 1950년에 들어 그 수가 더욱 증가해 42개교에 3만 명가량의 학생들이 재학하고 있었다. 6·25전쟁 이후 1955년 무렵 대학은 53개교로 증가했고, 학생 수는 7만 8천여 명에 달했다. 이는 10년 만에 학생 수가 10배가량 증가한 셈이다.

사립대학의 확대에 따른 고등교육 기관의 난립은 교육 기회의 확대라는 긍정적 측면 외에 교육의 질적 저하를 피하기 어렵다는 부정적 측면도 수반할 수밖에 없었다. 이에 정부는 1955년 8월 〈대학설치기준령〉을 공포해 각 대학은 그 설립자의 책임하에 인문계는 5년간, 자연계는 6년간 규정된 교사·교지·교원·도서·부속시설 전반에 걸쳐 모든 시설을 확충 및 정비하도록 하여 대학설립에 필요한 최저기준을 마련했다.

대학 입학 전형에도 변화가 따랐다. 해방 이후 대학 입학 전형제도는 대학별 단독 시험에 근간을 두고 있었다. 즉 모집 단위와 정원 책정 규모를 대학별로 시행했을 뿐만 아니라, 입시제도의 운영 및 관리 전반을 대학에 일임하고 있었다. 그러나 사립대학이 난립하게 되자 무자격자에 대한 입학 허가나 병역 특전에 따른 부정입학이 사회적 문제로 대두되었다. 이러한 문제는 대학의 자율적 학생 선발을 둘러싼 논란으로 이어졌고, 새로운 대학 입학 전형제도가 요구되기 시작했다.

그 결과 1954년에 대학의 부조리 제거와 입학시험의 질적 수준 향상을 목표로, 대학입학자선발연합고시(이하 연합고시)가 도입되었다. 이는 대학별 고사와 병행되었으며, 주요 전형자료로 자격시험 형식을 띤 연합고시와 본고사 형태의 대학별 필기시험이 채택되었다. 또한 전형 보조자료로 신체검사와 구두시험이 이루어졌다. 그해 연합고시에 총 29,562명이 응시해 대학 입학 정원의 140%인 17,000명가량을 합격시킬 예정이었으나, 실제로는 약 25,000명이 합격했다. 그러나 이러한 대학 입학 전형제도는 수험생들에게 이중적 부담을 안겼고, 연합고시 불합격자들에 대해 입학 기회를 박탈함으로써 교육의 기회균등을 침해할 수 있었다. 게다가 여학생과 군필자에게 부여된 시험 면제 특권이 부당하다는 문제가 제기되면서 1955년부터는 다시 대학별 단독시험으로 환원되었다.

등록금 정책은 상대적으로 정부의 강한 통제를 받았다. 부족한 정부 보조와 농지개혁 이후 토지재산을 기반으로 설립된 사립대학 법인의 재정지원 여력이 부족한 탓에 대학의 재정난이 심해지고 있었으나, 학부모의 교육비 부담을 이유로 정부가 직접 대학 등록금 한도액을 책정하는 통제정책을 시행하고 있었다. 그러나 정부의 보조를 거의 받지 못했던 사립대학은 운영경비 대부분을 입학금·수업료·후원회비 등으로 충당할 수밖에 없었기 때문에, 학생 정원을 초과모집하는 등 불법 사례가 연이어 발생했다. 1953년도의 경우 전체 사립대학의 세원에서 등록금이 차지하는 비율이 33.5%, 후원회비가 차지하는 비율이 51.9%로, 대학은 전체 운영경비의 85%가량을 학생과 학부모에게 의지하고 있었다.

3-2-2 본부기구의 설치

전후 본교는 대학기구의 확장과 제도 개혁에 착수했다. 당시 본교는 총장 밑에 각 단과대학 학장이 편제되어 있고, 학생의 상벌·규율·자치활동 등에 관한 사무를 총괄하는 교수급의 학생감을 별도로 두고 있었다. 그러나 일반 서무·경리를 맡아보는 서무과와 학적, 학생들의 입·퇴학, 시험·졸업에 관한 실무를 맡아보는 교무의 경우, 아직 교수급의 책임자를 두지 않은 상태였다. 이제 대학의 규모가 커지고 행정 업무가 대폭 증가함에 따라, 종전의 기구로는 종합대학의 체계를 이끌어 가기 어렵게 되었다. 이에 본교는 종합대학 체계를 안정적으로 운영하기 위해 대학본부를 개편했다.

1954년 2월 유진오 총장은 재단과 협의해 우선 4개 단과대학의 교무행정을 통괄하는 교무처장 직제를 설치하고, 종래 학생감을 학생처장으로 승격시켰다. 초대 교무처장에는 김성식 교수가, 학생처장에는 종래의 학생감이었던 정재각 교수가 임명되었다. 1956년 12월에는 일반 사무를 총괄하는 사무처장제를 설치하고 초대 사무처장에 김상협 교수를 임명했다.

학생처장제와 함께 학부장제도 설치되었다. 당시 본교의 총 14개 학과 중 8개 학과가 문리과대학에 속함에 따라, 문리과대학을 문학부와 이학부로 나누고 학장 밑에 문학부장과 이학부장을 두었다. 초대 문학부장에는 구자균 교수가 임명되었고, 이학부장은 학장 이상은 교수가 겸임했다. 이듬해인 1955년 4월 단과대학 기구를 대폭 개편하여 문리과대학에 정경학부를 창설할 때, 초대 부장에 김상협 교수를 임명하고 학장이 겸임하던 이학부장에 조복성 교수를 임명했다. 이듬해 2월 김상협 교수가 초대 사무처장으로 전임하자 후임으로 조동필 교수가 임명되었다.

처장제와 학부장제를 완성한 뒤, 학사 행정의 중요사항을 심의하기 위한 교무위원회를 설치했다. 원래 본교에는 학사 행정을 심의하는 기관으로 학장회의와 교수회의가 있었다. 총장, 부총장, 학장, 학생감으로 구성된 학장회의는 학사 행정에 관한 중요사항을 심의했고, 교수회의는 전체 교수회의와 대학별 교수회의의 이중적 체제로 운영되었다. 한편 본교의 총장과 학장은 임기가 규정되어 있지 않았으나 총장과 학장 외에 부총장, 처장, 부장 등의 많은 보직이 생기자, 재단은 그 임기 제정의 필요성을 느꼈다. 마침내 1955년 10월 재단법인 중앙학원의 처무 규정을 개정할 때 총장 이하의 임기를 제정했다. 총장은 5년, 부총장을 비롯한 대학원장·학장·처장·도서관장은 4년, 학부장은 3년으로 규정되었다. 부총장제는 1956년에 폐지되었으나 1961년에 들어 학교기구가 확장됨에 따라 부활했다.

3-2-3 단과대학 기구의 개편과 증설

본교는 1955년 4월 문교부의 인가를 얻어, 행정학과·경영학과·농예화학과를 설치했다. 경영학과와 행정학과는 우리나라에서 최초로 설치되는 학과였다. 아울러 단과대학 기구의 전면적 개편에 착수했다. 개편의 내용은 ① 정법대학을 폐지하고 법과대학을 설치하여 종래의 법학과와 새로 설치한 행정학과를 편제할 것, ② 경상대학을 폐지하고 상과대학을 신설하여 종래의 상학과와 새로 설치한 경영학과를 편제할 것, ③ 종래 정법대학의 정치학과와 경상대학의 경제학과를 합하여 정경학부라 지칭해 문리과대학에 편제할 것, ④ 농림대학에 농예화학과를 신설할 것 등을 골자로 했다. 이에 본교는 법과대학에 법학과와 행정학과, 상과대학에 상학과와 경영학과, 문리과대학의 정경학부에 정치학과와 경제학과, 문학부에 국문학과·영문학과·철학과·사학과, 이학부에 수학과·물리학과·화학과·생물학과, 농림대학에 농학과와 임학과 및 농예화학과를 편제했다.

이로써 본교는 4개 단과대학 17개 학과에 3,320명의 정원이 책정되어, 1946년 출범 당시에 비해 규모가 두 배 이상 확대되었다. 게다가 1959년 4월 신학기부터 문리과대학의 정경학부를 정경대학으로 승격시키는 한편, 농림대학 내 농업경영학과를 신설하는 동시에 각 학과의 정원을 대폭 증원했다. 이때 증원된 신입생의 모집정원을 보면, 법과대학의 행정학과와 상과대학의 경영학과가 각각 40명씩 늘어 80명이 되었고, 문리과대학 문학부의 국문학과·영문학과·철학과가 각각 10명씩 늘어 40명이 되었다. 한국사·동양사·서양사 등의 세부 전공 분야로 나뉜 사학과는 각 20명의 정원이 배정됨에 따라 총 60명이 되어, 이전보다 20명이 증원되었다. 농림대학의 경우 정원 40명이 책정된 농업경영학과를 신설하는 대신, 다른 3개 학과의 정원 50명을 각각 40명으로 줄임에 따라, 결과적으로 10명만 증가하게 되었다.

3-2-4 김성수의 서거와 동상 건립

1955년 2월 18일, 개교 50주년을 앞둔 본교의 재단 주무이사였던 김성수가 향년 65세를 일기로 별세했다. 1891년 10월 11일(음력 9월 9일) 전라북도 고창군에서 태어난 그는 일본 와세다대학 정경학부를 졸업한 뒤 1914년 귀국했다. 일제의 지배 아래 놓여 있던 고국으로 돌아온 그는 교육자립, 경제자립, 민족 대변기관 설치 등의 목표를 세워 정력적으로 사업을 펼쳐 나갔다.

우선 교육자립을 목표로 착수한 일이 중앙중학교의 경영이었다. 와세다대학 재학 시절부터 인재 양성의 중요성을 간파하고 있던 그는 귀국하자마자 백산중학白山中學 신설에 착수했다. 그러나 일제가 중등학교의 신설을 허가하지 않아 백산중학 설립의 꿈은 좌절을 겪었다. 대신 1915년 폐교 위기에 처한 중앙중학교의 경영권을 인수하며 교육에 대한 의지를 이어 갔다. 교육자립을 향한 열정은 민립대학 설립 운동으로 이어졌다. 그는 열악한 환경에서도 포기하지 않고 1929년에 재단법인 중앙학원을 설립하는 한편, 3년 뒤인 1932년에는 경영난에 봉착해 있던 보전을 인수해 본교의 기틀을 세워 나갔다.

인촌의 두 번째 목표는 경제적 자립이었다. 그는 근대적 생산시설을 기반으로 민족자본을 육성하고자 했다. 인촌은 1919년 영등포에 경성방직회사를 설립한 뒤, 일상생활에 필요한 광목 등 면직물 생산에 박차를 가했다. 경성방직회사는 의미심장하게도 '태극성'이라는 제품명을 사용했다. 인촌의 세 번째 목표는 민족 대변기관의 설치였다. 1920년 4월, 그는 《동아일보》를 창간하여 조선의 억압받는 현실을 알리고, 민족의 정체성을 고취시키는 데 힘썼다.

그는 해방 이후 혼란한 정국 속에서 새로운 정치 지도자로 급부상하기 시작했다. 1945년 말 송진우가 암살되자 한국민주당을 이끌게 되었고 1951년 5월 국회의 절대적

지지를 받아 제2대 부통령에 선출되었다. 그러나 불행히도 병환이 악화되어 부통령에 취임한 지 1년 만인 1952년 5월에 부통령직을 사임했다. 부통령 재임 시 부산에서 얻은 지병은 3년간이나 그를 괴롭혔다. 1955년 2월 18일 인촌은 부인과 9남 4녀의 가족들이 지켜보는 가운데 눈을 감았다.

그의 서거 소식이 전해지자, 장면·유진오·백남훈 등 생전의 측근들이 빈소에 모였다. 밤이 깊도록 조문객들이 끊이지 않으며 계동 길을 메웠고, 다음 날인 19일에는 이승만 대통령이 직접 조문을 위해 방문해 고인의 죽음을 애도했다. 정부는 인촌의 장례를 국민장으로 거행하기로 결정한 뒤, 300여 명의 각계 인사들로 구성된 국민장위원회를 조직하고 그 위원장에 부통령 함태영을 선출했다. 7일장으로 결정된 그의 장례는 정부 수립 후 백범 김구와 성재 이시영에 이어 세 번째로 실시된 국민장이었다.

1955년 2월 24일 서울운동장에서 국민장이 거행되었다. 고려대 총장 유진오의 개식 선언 이후 대통령 이승만의 조사弔詞(변영태 외무부장관 대독)와 함께 각계 대표들의 조사가 이어졌다. 계속해서 장의위원장 함태영, 유가족 대표 김상만, 각계 대표들의 분향이 뒤따랐고, 장엄한 조포弔砲가 울리는 가운데 참석자 전원의 고인을 향한 경례로 식을 마쳤다. 서울운동장을 떠난 장례행렬은 온 시민들의 애도 속에 을지로·광화문·종로를 거쳐, 고려대학교 뒷산에 마련된 유택에 안장되었다.

인촌이 서거한 지 3년이 지난 1958년 5월 본교 교우회와 후원회, 재단 및 교직원 일동은 고인의 동상을 건립하기로 결정하고 발기인 총회를 개최했다. 이 발기인 총회의 결의에 따라 같은 해 6월 7일 인촌 김성수 선생 동상건립위원회가 발족되었다. 이 위원회는 본교 교우를 중심으로 동상 건립기금 모금 운동을 전개했다. 김성곤 교우가 200만 환을 기탁한 것을 비롯하여 기금 모금을 위한 취지문이 발표되자 전국 각지에서 교우들의 기금 약정이 이어졌다. 동상건립위원회가 발족한 지 채 1년도 지나지 않은 1959년 5월 5일, 개교 제54주년 기념일을 기하여 유가족 대표 이아주 여사와 김상만 이사를 비롯한 많은 교우·학생·교직원과 각계 인사들이 참석한 가운데 성대한 동상

인촌 동상 제막식(1959)

제막식이 거행되었다. 본관 앞 잔디밭에 세워진 인촌 동상은 약 4m 높이의 받침돌 위에 3m 규모의 입상을 올린 형태로, 조각가 김경승에 의해 제작되었다. 동상은 부통령 취임 당시의 모습으로, 왼손에는 책을 들고 오른팔을 굽혀 올린 자세이다. 이 자세는 고인이 조국에 바친 교육·문화·정치·경제·언론 분야의 업적 가운데, 특히 이 나라 교육 발전에 이바지한 업적을 상징적으로 보여 주고 있다.

04

시설의 확충

4-1 서관

본교가 명실상부한 종합대학으로서의 시설을 갖추게 된 것은 환도 후의 일이다. 6·25전쟁 이전 본교의 교사는 본관과 도서관뿐이었다. 전쟁 중 서울의 많은 건물이 파손되었으나, 본교의 석조교사는 비교적 온전한 상태를 유지해 대학 복구에 중요한 역할을 했다. 그러나 급격하게 증가한 본교 학생들을 두 건물에 수용할 수 없었을 뿐만 아니라, 신설된 농과대학과 이학부를 위한 실험시설도 필요했다. 따라서 교사 증축, 실험시설의 완비, 도서관 확충 등이 환도 후 본교의 급선무가 될 수밖에 없었다. 이는 당시 총장 유진오가 수창한 '사색하는 고대'로의 전환을 위한 기초공사가 시작되었음을 의미한다. 결국 본교의 전후 복구 사업은 단순히 전쟁 이전 상태를 회복하는 수준이 아니라 새로운 도약을 위한 발판을 마련하려는 시도였다.

서관 건축은 6·25전쟁 이전부터 착수되었다. 본관을 사이에 두고 동쪽의 도서관과 조화를 이룰 수 있는 건물을 세우려 한 김성수는 도서관을 설계한 박동진에게 서관의 설계를 의뢰했다. 총공사비 1억 환 규모로 착공된 이 공사는 시멘트와 벽돌 등 자재

서관이 일부 준공된 본교 캠퍼스(1955)

일체가 입수되고 준비 작업도 완료되어 순조로운 출발을 보였다. 그러나 6·25전쟁의 발발로 공사는 중단될 수밖에 없었다. 환도 다음 해인 1954년 5월 개교 50주년 기념사업 일환으로 서관 건축공사가 재개되었다. 그러나 당초 계획된 공사가 전면적으로 시작되지는 못했다. 우선 4,000만 환의 예산을 편성해 계단교실이 있는 일부분만 착공했다. 이렇게 착공된 서관 일부 공사가 예정대로 완료되어, 1955년 5월 5일 창립 50주년 기념식에 앞서 재단 주무이사 이활李活의 이름으로 학교에 증정되었다. 당시 건물 규모는 석조 2층, 연건평 414평이었다. 6층 석탑을 포함한 연건평 1,664평의 확충공사는 4년 뒤인 1959년 5월에 시작되어 만 2년 만인 1961년 6월에 준공되었다.

4-2 농과대학

서관에 이어 착공한 건물은 교내 동편에 자리하고 있는 농과대학 교사이다. 농과대학은 대구에서 창설된 이래 3개 학과와 많은 실험도구를 구비하고 있었으나, 교사가 없는 탓에 적잖은 불편을 겪어야 했다. 따라서 1955년 6월 총공사비 5,000만 환으로 도서관 동쪽에 농대 교사를 건축하기 시작해, 1956년 4월에 이르러 석조 2층으로 된 520평 규모의 교사를 완성했다. 뒤이어 1957년 6월부터 농과대학 건물 정면에 농대 실험실을 건축하기 시작했다. 건평 741평 규모에 철근 콘크리트 3층으로 된 이 건물은 총공사비 6,000만 환이 투입되었으며, 박동진이 설계를 맡았다. 이 건물 1층에 농예화학 실험실, 2층에 임학 및 농학 실험실, 3층에 아세아문제연구소·고전국역위원회 등의 기관이 자리를 잡았다. 실험실 공간은 학생실험실, 교수실험실, 준비실, 표본실, 약품실, 기구실, 천장실, 암실 등으로 세분화되었으며, 특히 구미 선진국에서 도입된 최신식 실험기구와 다양한 연구 기구들이 갖추어졌다. 이와 같은 시설은 한국 농업 발전을 이끌 기반을 마련하는 데 크게 기여했다.

초기의 농과대학

4-3 이학부 실험실과 과학관

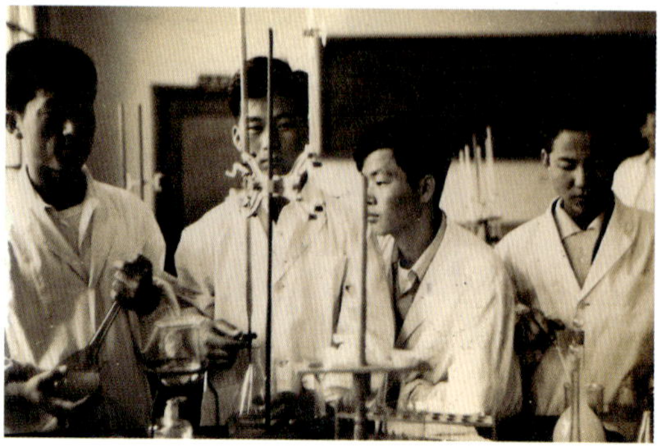

화학과 실험실(1958)

본교는 1955년 농과대학 교사 착공과 함께 이학부 실험실 건축에 착공했다. 그러나 그 건물들을 일거에 건축할 수 없었기 때문에 임시로 목조건물 3동 375평을 서관 남쪽에 건축했다. 총공사비 1,500만 원을 들여 그해 10월에 준공한 이학부 실험실 건물은 물리학과·화학과·생물학과에 한 동씩 배분되었다. 실험실에 많은 실험기구를 비치했는데, 그중 가장 유명한 것이 미국 국제협조처ICA 자금 1만 5천 달러를 지원받아 1958년 국내 최초로 도입한 최신식 X선 회절回折 장치였다. 그러나 목조로 만든 단층 임시 건물인 이학부 실험실은 오래 사용할 수 없었다. 따라서 1959년 8월 본교는 캠퍼스 서단에 연면적 1,635평 규모의 3층 건물인 과학관 건축에 착공하여 1960년 10월에 완공했다. T자형 건물 형태의 이 과학관은 자연과학계 공동실험실인 방사선 연구실을 비롯해 X선 회절 연구실, 마이크로파 실험실, 공작실 등을 갖추고 있었다.

4-4 대강당

학생 수가 증가함에 따라 수강생이 300-400명에 이르는 대규모 강의를 개설했으나, 본교에는 이를 수용할 적합한 강의실이 부족한 상황이었다. 이를 해결하기 위해 1957년 4월, 700명을 수용할 수 있는 강의실 1개와, 300명을 수용할 수 있는 강의실

완공 직후의 대강당

2개를 포함한 합동계단 교실을 건축했고 이를 신관新館이라고 이름 지었다. 신관(현재의 대강당)은 서관 전면 하단에 있는 석조 단층 445평의 건물로 총공사비 5천만 원이 소요되었다.

4-5 도서관의 확충과 박물관의 개관

6·25전쟁은 본교 도서관에도 적지 않은 피해를 남겼다. 건물 자체는 견고한 석조로 지어져 파괴를 면했으나, 장서 일부가 분실되거나 흩어졌다. 특히 그중에서도 다시 구할 수 없는 희귀한 고문서류의 산실散失은 본교만의 손실이 아니라 국가적 손실이라 할 수 있었다. 1954년 2월 본교는 채관석 교수를 도서관장에 임명한 뒤 도서관 정리 작업에

착수했다. 1954년 5월 20일 도서관은 임시 개관하여 교수와 학생들의 학구열에 부응하고자 했다. 전쟁 이후 처음으로 도서관이 문을 연 것이다. 이 개관을 전후해 구미 각지로부터 많은 도서의 기증이 이어졌다. 당시 총장이던 유진오가 미국에서의 연구 생활을 마치고 구미 각국을 순방하면서 각 대학과 교섭해 놓은 결과였다. 하버드대로부터 동양어문관계 자료 80여 권, 벨기에의 브뤼셀대학으로부터 어문·정치·경제 및 사회학 분야 도서 600여 권, 예일대 학생회로부터 5,000여 권의 책이 모두 이때 들어왔다.

1954년 6월 사전辭典 열람실이 개관되었고, 6월 29일부터 공식적으로 도서관 이용이 가능해졌다. 도서관 정리 사업이 이루어지고 있는 동안 600여 권의 도서를 새로 구입했고, 아울러 각계각층으로부터 도서 기증도 이어졌다. 1956년 2월 미국 국제협조처ICA의 기술원조계획에 따라 워싱턴대학으로부터 3년간 2만 5천 달러 상당의 도서 5,000여 권이 들어온 데 이어, 미국 카네기재단으로부터 법학 관계 도서 200여 권, 미국 내 각 출판사와 대학으로부터 1,000여 권의 도서가 기증되었다.

도서관의 정상적 이용이 가능해지고 학교 강의가 빠른 속도로 자리를 찾아 가면서 도서 대출과 열람을 위한 학생들의 도서관 출입이 끊이지 않았다. 도서관이 개관되고 1년이 지난 1955년 5월경 일평균 도서관 이용자가 700-800명에 이르렀고, 도서 열람자의 수도 400명가량에 달했다. 도서관 개관 직후 학생들이 정기간행물인 대중잡지를 열람하는 경우가 많아 물의를 일으킨 일도 있었으나, 점차 학과 공부와 관련된 도서 대출이 증가하기 시작했다. 1955년 도서관 통계에 따르면 대출도서 중 어학과 문학 관련 도서가 35%로 가장 많았고, 법학·정치학·통계학 관련 도서 30%, 정기간행물 20%, 사학·철학 관련 도서 10% 등의 분포를 보였다. 귀중도서나 특수도서의 경우에는 과목 담당교수의 추천을 받아 도서관 사무당국의 승인을 얻은 후 사전열람실에서만 열람이 가능했다.

한편 도서 기증이 지속되자 1957년 8월 도서관의 서고를 증축해 이듬해 6월 완공함으로써, 종래 연건평 943평이었던 규모가 1,239평으로 확장되었다. 이 당시 본교 도서관은 4개의 일반열람실(592석), 참고열람실(68석), 정기간행물실(48석), 대학원열람실(48석), UN 기탁도서열람실(14석) 등을 보유하고 있었고, 여기에 자유 열람실을 더하면 총 900여 석 규모에 이르렀다. UN 기탁도서열람실은 1957년 4월 1일에 설치되었다. 이 열람실은 도서관 기구를 통하여 유엔의 이상과 목표를 전 세계에 소개하기 위해 유엔 본부가 각국에 한 곳씩 설치하여 일반에게 무료로 공개했는데 우리나라의 경우 본교에 설치되었다. 이는 한춘섭 교수가 미국에 체류하던 1956년 여름부터 유엔 본부 도서관과 수차례에 걸친 교섭을 벌인 끝에 거둔 성과였다.

한편 본교 박물관은 안함평 여사의 희사금으로 설치된 민속참고품실을 토대로 발전하였으며 당시까지 국내 대학 유일의 민속학박물관으로 평가받고 있었다. 6·25전쟁 중 유물 일부가 분실되었고 나머지 소장품들은 중앙도서관에서 관리해 오다, 1958년 2월 신창재·박재표 소장의 회화와 골동품 587점이 기증되면서 독립 개관하게 되었다. 두 기증자는 일제강점기부터 문화재를 수집하기 시작해 국보급 유물을 많이 보유하고 있었다. 그들은 해방 후 공동으로 박물관이나 미술관을 경영하려 했으나 뜻을 이루지 못하자 그 수집품 전부를 영구히 보존할 수 있는 본교에 기증했다.

05

연구소의 설립

5-1 아세아문제연구소 창설

아세아문제연구소(현재 아세아문제연구원)는 한국을 중심으로 아시아 각국의 정치, 경제, 역사, 문화를 연구해 인류의 상호 이해와 문화 증진을 돕고자, 1957년 6월에 본교 부설 연구기관으로 창설되었다. 6·25전쟁 직후 한국을 위시한 동북아시아 여러 나라의 국제 관계가 세계문제의 핵심으로 떠오르면서, 이를 학술적으로 연구할 필요성이 절실해졌다. 아세아문제연구소는 이러한 시대적 요구에 부응하기 위해 설립되었다. 1957년 4월 본교 교수들 중 어문, 역사, 철학, 정치, 경제, 법률, 사회 등 7개 분야의 교수들이 연구진을 구성해 규약을 제정하고 같은 해 6월 17일 창립총회를 개최했다. 초대 소장으로 문리과대학장 이상은이 선임되었다.

같은 해 9월에 조기준, 민병기 교수를 각각 부소장과 간사에 임명하고 본격적으로 사업에 착수하여 기관지 《아세아연구》를 연 2회, 영문월보 *The Asiatic Research Bulletin*을 연 10회 발행하기로 결정했다. 10월에 한국신흥무진주식회사 소장 김용옥으로부터 200만 환의 기부금을 받고, 하버드대 옌칭연구소로부터 영문 *Bibliography of Korean*

Studies(한국문헌집) 편찬비로 1,000달러의 연구비를 기증받았을 만큼, 아세아문제연구소의 사업은 처음부터 활기를 띠었다. 1957년 12월에 *The Asiatic Research Bulletin* 제1권 제1호를 발간하고 이듬해인 1958년 3월에는 《아세아연구》 제1권 제1호를 발간했다.

5-2 한국고전국역위원회 창설

우리의 고전은 대부분 한문으로 기록되어 있어, 한문에 대한 깊이 있는 이해가 부족한 세대에게 전통문화는 쉽게 접근할 수 없는 영역으로 남아 있다. 따라서 고전의 정확한 국역은 민족의 지적 토양을 일구는 데 시급한 일이라 할 수 있다. 이러한 문제의식에서 출발하여 본교는 한국고전국역위원회(현재 민족문화연구원)를 설치하고 고전을 국문으로 번역하는 작업을 시작했다.

본 위원회는 '한문으로 기록된 한국 고전을 현대문으로 번역·주해하여 우리의 문화 전통을 국민들에게 보급·계승시켜 신문화 창조에 이바지함'을 목적으로, 1957년 5월 15일 창립총회를 개최했다. 위원장에 선임된 전 부총장 이종우는 《대전회통》, 《고려사》, 《율곡전서》, 《파한집破閑集》, 《보한집補閑集》 등을 번역하기로 하고 이희봉, 조기준, 신석호, 김경탁, 구자균, 김춘동, 정재각 등에게 번역을 위임했다.

본 위원회는 고전을 번역·주해하여 출판까지 완수하기로 계획했기 때문에, 산하에 총무부·연구부·출판부를 두었다. 1958년 11월 하버드대 옌칭연구소로부터 2,500달러의 원조를 받게 되었고 마침내 1959년 10월 새 위원장에 취임한 정재각의 주도 아래 한국고전국역총서 제1집으로 《대전회통》을, 제2집으로 《율곡성리학전서》를 발간했다.

06

학생활동의 활성화

6-1 학도호국단과 학회의 활동

환도 이후 대학기구의 확장과 연구시설의 확충에 따라, 학생들의 자치활동도 활발해졌다. 과거에는 학회가 학생활동의 중심이었으나, 환도 이후에는 학도호국단이 학생활동의 새로운 중심이 되었다. 본래 학도호국단은 전국에 일률적으로 조직된 관官 주도의 비민주적 학생단체였기 때문에, 처음에는 학생들로부터 호응을 얻지 못했다. 학생들은 자신들이 자발적으로 조직한 학회를 중심으로 모든 활동을 전개해 나갔다. 그러나 1953년 학도호국단을 학생들의 자치기관으로 개혁하고 운영위원장과 부위원장을 자유 입후보 및 무기명 비밀투표로 선출하기 시작한 뒤부터 학생들의 관심이 높아져 학도호국단은 학생활동의 구심점이 될 수 있었다. 학도호국단 운영위원장은 공식적인 학생 대표로서 대내외적으로 폭넓은 활동을 했고, 체육과 연극을 비롯한 본교의 모든 학생활동을 주도했다.

학생들의 학보學報 간행은 6·25전쟁 이전부터의 과제였다. 대구 임시교사 시절에도 각 학회는 학보 간행을 시도한 바 있었다. 그러나 경상학회만이 1953년 7월 《경상학보》 제1집을 간행했을 뿐, 다른 학회는 별다른 성과를 거두지 못하는 실정이었다. 환도 후 학원이 안정을 찾아 가던 1955년 5월 《경상학보》 제2집이 발간되었고, 뒤이어 법률학회의 《법률학보》 제1집이 발간되었다. 영문학회는 회보 *Phoenix*를 간행했고 국문학회, 철학회, 사학회도 각기 학보 발간에 착수했다.

그러나 학보 발간은 쉬운 일이 아니었다. 원고난과 자금난 때문이었다. 학생 수가 상대적으로 많은 법과대학이나 상과대학의 학회는 문제가 되지 않았으나, 학생 수가 적은 문리과대학의 학회는 학생들의 회비만으로는 학보를 발간하기 어려웠다. 이에 따라 문리과대학 학장과 부장 및 학도호국단 운영위원장이 연석회의를 열고, 문리과대학 각 학과의 학보를 《문리대학보》로 통합할 것을 제의했다. 그러나 통합을 주장하는 교수 측과 연구활동의 자율성 및 전통을 주장하는 학생 측의 입장 차이가 좀처럼 좁혀지지 못했다. 이러한 상황에서 1955년 9월 철학회의 《철학연구》 제1집이 간행되었고, 같은 해 12월에 사학회의 《사총史叢》 제1집이 나왔으며, 이듬해 1월에 들어 국문학회의 《국문학》 제1집도 발간되었다. 문리대 학도호국단이 문리대 전체를 아우르는 《문리대학보》를 간행한 시점은 1956년 3월이었다. 문리과대학 내에서 5개 학보가 간행되자 학생들과 교수들의 출혈이 적지 않아, 이듬해 다시 학보통합론이 제기되었으나 부결되고 말았다.

이 밖에 1955년 12월 농림학회의 《녹지綠地》 제1집이 간행되었고, 시와 소설 등 순수 문학에 뜻을 둔 재학생·졸업생들로 조직된 고대문학회가 《고대문화》 제1집을 발간했다. 그러나 《고대문화》는 발간비가 학도호국단에서 지출된 사실이 문제가 되어 계속 발간하지 못하다가, 4월혁명 이후 학도호국단의 후신인 총학생회가 출범하게 되면서 그 발간을 책임지게 되었다. 한편 영문학회에서 발간한 영자신문 *The Granite Tower*는 1954년 7월 프린트본으로 창간호를 발행했고 1954년 10월 타블로이드판으로 확장해 매월 한 차례 발간하게 되었다. 《경상학보》는 경상대학이 상과대학으로 변경됨에 따라 1956년 제3집부터 《상대학보》로 제호를 변경하여 발간을 이어 갔다.

6-2 《고대신문》의 발전

《고대신문》은 1947년 11월 3일 창간호를 발간한 이래, 6·25전쟁 이전까지 14호를 발간했다. 이어 전시 대구 임시교사에서 15호를 발간하기 시작해 31호까지 발간되었다. 환도 후 중앙고등학교 교사를 사용하는 동안에는 32호부터 36호까지 5호를 발간했다. 《고대신문》은 당초 타블로이드판 4면으로 열흘에 한 번씩 발행할 예정이었으나, 자금난과 전쟁 탓에 목표를 이룰 수 없었다. 따라서 한 달에 한두 번 또는 두 달에 한 번 부정기적으로 발간하는 실정이었고, 1954년 2월 본교로 돌아올 때까지 6년 반 동안 36호밖에 간행하지 못했다. 그러나 본교 복귀 후 처음으로 타블로이드판 4면으로 제37호를 발간한 데 이어, 제38호부터 대판 2면으로 지면을 확대하는 동시에 주간제를 실시해 정기간행물로서 정상적 궤도에 진입했다. 그 후 1954년 10월 14일에 발간한 제54호부터는 대판 4면으로 발간해 대학신문으로서의 구색을 갖출 수 있었다. 본교 복귀 후 《고대신문》이 비약적으로 발전할 수 있었던 것은 신문 구독료를 등록금과 함께 징수하기 시작하면서 자금 운영이 원활해졌기 때문이다. 또한 신문 주간을 위시한 편집부원들의 헌신적 노력도 영향을 미쳤다.

《고대신문》은 신문 제작의 전 과정을 학생들에게 일임했으며 학교 당국의 사후 검열을 거쳐 배포되었다. 그러나 1955년 7월 15일 자 제78호에 당시 정계에서 신당新黨 문제로 화제를 일으킨 신도성申道晟의 논설문이 학교의 사후 검열에 적발되어 압수당하자 이 사건을 계기로 지도위원제가 실시되었다.

한편 신문 제작의 실제적인 측면에서도 많은 발전이 이루어졌다. 특기할 만한 것은 1954년 4월부터 고대신문 사진부에서 신속한 보도를 위하여 사진보도반을 신설하고 전속사진사까지 두면서 좀더 생동감 넘치는 신문 제작에 노력하였다는 점이다. 카메라가 희귀하던 시절, 고대신문의 사진사는 취재를 위한 사진 촬영에 그치지 않고 대학 구내에서 기념촬영을 희망하는 학생들에게 실비로 사진을 제공하는 역할을 담당하기도 했다. 또한 개교 50주년 기념행사의 일환으로 고대신문사는 영화부와 공동으로 본교 50주년을 기념하는 영화도 제작했다.

07

개교 50주년 기념사업

1955년 5월 5일은 충숙공 이용익이 구국의 방략으로 보전을 건학한 이래 50년을 맞는 개교 50주년 기념일이었다. 학교 당국은 약 1년 전부터 기념사업을 준비하여 민족사학이 걸어온 '영광의 반세기'를 성대하게 자축하고자 했다. 50주년 기념식은 예년의 개교 기념일 행사와 달리 각계의 내외 귀빈들을 다수 초청하고, 총장 이하 교직원·학생, 재단 이사, 교우·학부형 등 수만 명이 운집한 가운데 성대히 거행되었다. 본 행사에 들어가 당시 대법원장 김병로에게 본교 최초의 명예법학박사학위를 수여하는 한편, 본교의 본관·도서관·서관 및 기타 부속 건물 일체를 설계한 건축가 박동진에게 감사장과 기념품을 수여했다. 이 밖에도 재단에서는 처음으로 장기근속자 표창제도를 마련하여 총장 유진오 외 5명에게 표창장과 기념품을 수여하여 감사의 뜻을 표했다.

기념식에 이어 운동회, 연극발표회, 학술강연회, 귀중 도서 및 민속 참고품 전시회, 도서수집 운동, 현상 논문 모집, 칵테일파티 등 다채로운 행사가 3일간 연이어 지속되었다. 다양한 기념행사 중에서도 가장 주목할 만한 것은 개교 50주년 기념논문집 간행과 본교 설립자 및 역대 총장의 초상화 제작이었다. 개교 50주년 기념논문집 간행은 학문 연구 면에서 자기 성장을 확인하고, '고대 아카데미즘'의 진흥을 기약하기 위한 사업

개교 50주년 기념식

이었다. 1954년 9월 기념논문집 간행위원회를 조직한 총장 유진오와 위원장에 선임된 김순식 교수의 주도 아래, 교내 30여 명의 교수들로 구성된 집필진이 꾸려졌다. 마침내 인문과학 분야 8편, 사회과학 분야 9편, 자연과학 분야 5편, 부록 1편 등 총 23편의 학술 논문을 실은 4×6배판 총 604면에 달하는 방대한 논문집이 완성되어 기념일 당일 국내외에 배포되었다.

설립자 및 역대 총장의 초상화 제작은 본교의 숭고한 건학이념과 찬란한 전통의 계승을 다짐하자는 취지로 시작되었다. 설립자의 대상은 보전 창설자 이용익, 수난기에 처한 보전을 인수·경영한 손병희, 보전을 크게 부흥시키고 고려대를 설립한 김성수였다. 아울러 초대 총장 현상윤까지 더해 모두 4폭의 초상화를 제작하기로 결정했다. 개교 50주년 기념일 당일까지 이용익·김성수·현상윤의 초상이 먼저 완성됨에 따라, 그날 오후 세 사람의 초상화 제막식이 거행되었다. 학교 설립자인 이용익과 김성수의 초상은 도서관 열람실에, 현상윤의 초상은 총장실에 걸렸다. 김성수 초상의 경우 따로 1폭을 더

본교 최초의 명예법학박사(김병로) 학위수여(1955)

제작해 총장실에도 걸어 놓았다. 같은 해 10월 초에 완성된 손병희 초상은 12월에 제막식을 거행한 뒤 도서관 열람실에 걸었다. 한편 1958년 10월 인촌 김성수의 동상 건립 사업을 지원하기 위해 교우회 임시총회가 소집되었다. 임시총회는 이용익과 손병희의 동상도 함께 건립하기로 결정한 뒤, 김경승에게 제작을 의뢰했다. 이 동상들은 약 1m 크기의 흉상으로 1959년 11월에 완성되어 제막식을 거행했다.

개교 50주년을 계기로 본교는 교육이념인 '교육구국'의 건학정신을 더욱 계승·발전시키기 위해, '자유·정의·진리'의 3대 이념을 발표했다. 이 3대 이념은 인류 공통의 이상인 인간적 '자유'의 실현, 사회 속에 '정의'의 실현, 학문연구에서의 '진리' 탐구를 지향한다는 목표를 담고 있었다. 바로 이 시기부터 자유·정의·진리의 3대 이념이 본교의 정체성과 불가분의 관계를 형성하며 오늘날까지 이어지고 있다.

본교는 종합대학으로 승격한 뒤에도 보전의 교가를 그대로 사용했다. 다만 후렴구에서 '보성전문'을 반복하는 구절만을 '고려대학교'로 고쳐 불러 왔다. 1920년대 제정된

구 교가는 그 가사가 매우 씩씩하고 웅장하지만 30년이 경과한 이후의 대학에는 어울리지 않아 새 교가 제정의 필요성이 제기되었다. 그러던 중 개교 50주년을 맞아 새 교가를 제정하게 되었다. 총장 유진오는 본교 문리과대학 교수이자 저명한 시인인 조지훈에게 각 절마다 자유, 정의, 진리의 세 이념을 반영하는 조건으로 작사를 의뢰했다. 작곡은 당시 유망한 신인 작곡가였던 윤이상에게 맡겨졌다. 1955년 5월 5일, 개교 50주년 기념일을 기해 새로운 교가가 제정되었다.

〈고려대학교 교가〉

작사: 조지훈, 작곡: 윤이상

1 북악산 기슭에 우뚝 솟은 집을 보라
안암의 언덕에 퍼져나는 빛을 보라
겨레의 보람이요 정성이 뭉쳐 드높이 쌓아올린 공든 탑
자유 정의 진리의 전당이 있다.

〈후렴〉
고려대학교 고려대학교 마음의 고향
고려대학교 고려대학교 영원히 빛난다.

2 자유를 위하여 물결치는 가슴이여
정의를 위하여 굳게 잡은 신념이여
불타는 정성이라 그 뜻을 받아 아득히 우러르는 큰 이상
자유 정의 진리의 한 빛이 있다.

3 그윽한 수풀은 우리 꿈의 요람이요
저 넓은 벌판은 우리 힘의 소망이다
드는 이 나가는 이 돌려서 지켜 힘차게 이어가는 이 정신
자유 정의 진리의 큰 길이 있다.

새 교가의 제정과 함께 그에 걸맞은 교기校旗와 교장校章의 제정도 진행되었다. 본교는 대학 발족 이후에도 종래 보전의 교기 위에 글자만 고려대학교로 바꾼 약식 교기를 그대로 사용해 왔다. 구미 각국의 대학제도를 시찰하고 돌아온 총장 유진오는 새로운 교기의 필요성을 느껴, 개교 50주년 기념사업의 일환으로 교기의 제정을 결정했다. 본교는 1954년 9월 자유·정의·진리를 상징할 수 있는 교기 도안 현상모집 공고를 냈으나, 마땅한 응모작을 찾지 못해 그 계획은 일시 중단되었다. 그러다 1958년 3월 다시 교기 제정 문제가 수면 위로 떠오르자, 유진오 자신이 직접 고안한 교기가 그해 5월 5일 개교 53주년 기념일에 공표되었다. 이것이 바로 본교의 정식 교기가 되었다. 이 교기는 폭 63cm, 길이 90cm의 진홍색(크림슨) 바탕에 폭 23cm, 길이 30cm의 방패형 문장을 그려 넣은 것으로 테두리에는 황금색 술을 드리우고 있다. 바탕의 진홍색은 활기와 정열을 상징하는 빛깔로, 본교의 학풍과 학생들의 기질을 나타낸다. 이로부터 이 진홍색을 본교의 상징색으로 삼고 본교에서 수여하는 박사학위의 '후드'와 기타 학교를 상징하는 제반 사항에 적용했다.

교장 역시 총장 유진오가 구미 대학의 교장을 참조하여 직접 고안했다. 방패형 교장은 그 내부를 상하로 나누어 상부는 녹색 바탕, 하부는 백색 바탕을 사용했다. 녹색은 평화를 상징하고 백색은 결백과 청렴을 뜻함에 비추어, 평화를 사랑하고 염결廉潔을 숭상하는 우리의 민족성을 나타낸다고 할 수 있다. 또한 상부 녹색 바탕 위에 대학이 학문연구의 전당임을 의미하는 3권의 책을 펼쳐 놓고, 그 책 위에 '자유', '정의', '진리'의 세 낱말을 새겨 넣었다. 그리고 백색 바탕 위에 본교의 상징 동물인 '호랑이'의 머리를 그

리고, 그 밑에 본교 창설 연도인 '1905'를 기입했다. 호랑이를 본교의 상징 동물로 삼은 시기가 어느 때부터인지는 확실하지 않다. 그러나 과거 보전의 응원단기에도 사용되었고 김성수가 본관을 지을 때에도 화강석에 '호랑이'의 머리를 조각하여 정면 입구 양편에 배치한 사실을 보면, 상당히 오래전부터 사용되어 왔음을 알 수 있다.

교기와 교장의 제정

배지badge(휘장)도 개정했다. 배지는 대학 발족과 동시에 은색 한문으로 '高大' 2자를 세로로 적은 것을 부착해 왔는데, 1956년 7월 학생처에서 새로운 배지를 도안하여 그 해 2학기부터 사용하도록 했다. 새 배지는 국문으로 '고대'라고 표시하고 각 대학별(문리과대학은 학부별)로 색깔을 달리했으며 국문으로 '법·상·정·문·이·농' 등 단과대학의 이름을 표시했다. 그러나 새 배지는 학생들에게 호응을 얻지 못해, 1959년 4월 학교 측은 다시 배지를 개정했다. 새 배지는 전교생 공통으로 사용할 수 있는 방패형 디자인으로, 상부는 진홍색 바탕에 국문으로 '고대'를 적었고, 하부에는 호랑이 머리를 부조로 새겼다.

1905

제 7 장

반독재투쟁과 고려대학교

The 120th Anniversary
of Korea University

01

교무행정

1-1 기구 및 제도의 개편

1956년에 일시 정지되었던 부총장 직제가 1961년 9월 부활해, 당시 대학원장이던 이종우 교수가 제2대 부총장에 취임했다. 부총장 직제는 1960년대 들어 학교 기구가 확장되면서 학사업무가 급증하고, 군사정부가 주도하는 대학 정비에 발맞춰 나가야 할 필요성이 제기됨에 따라 재설치될 수밖에 없었다. 이종우 교수는 이미 1952년 9월부터 1956년 6월까지 초대 부총장 직을 수행하며 교내 행정의 기초를 마련했기에 효율적인 학사 관리를 이끌 적임자였다. 한편, 학교의 규모가 점차 확대되면서 행정적 측면에서의 변화도 불가피했다. 1964년 3월 여학생 담당으로 학생처에 여학생 주임만을 두던 것을 개편해, 본교에는 여학생감을 두고 교양학부에는 여학생 주임을 두게 하였다. 또한 사무기구도 종전의 3개 과장 직을 총무과장·서무과장·학생과장·교무과장·학적과장·사무과장 등 6개 과장으로 확대하고 대학원에 대학원 담당 교무과장을 설치하였다. 1965년 11월에는 사무처의 총무과를 경리과로 개편하고 관리과를 신설하면서 각 부서의 소관업무를 부분적으로 변경하였다. 이에 따라 관리과에서는 차량수선 사무를 비롯하여 제반 시설 보수를 담당하게 되었고, 경리과에서는 재단 관리 사무 등 예산 및 결산 사무를 관장하게 되면서 보다 전문적인 행정 업무를 제공할 수 있게 되었다. 1969년 3월에는 서무과가 총무과로 명칭을 변경하고 농장사무과는 농장서무과로 이름을 바꾸게 되었다.

본교는 1960년대에 들어 학과 및 단과대학의 확충과 전문대학원의 신설에 착수했다. 먼저 1964년에 이공대학이 출범했다. 당시 정부가 경제개발계획을 추진하며 그를 뒷받침할 수 있는 이공계 인력에 대한 수요가 급증한 상황이었다. 더욱이 1960년대 정부 주도의 대학 정비 역시 실업계통의 인력 양성에 초점을 두고 있었기 때문에 이공대의 신설은 대외적으로도 많은 요구가 있었다. 한편 교내의 상황에 비추어 보아도 이공대의 신설은 인문계열에 치우쳐 있던 교육 체계를 보다 균형 있게 재편할 수 있는 기회로 여겨졌다. 초기의 이공대학은 문리과대학에 속해 있던 이학부와 1963년도에 신설된 화학공학과, 그리고 이공대 신설과 함께 창설된 토목공학과·건축공학과 등으로 이루어진 공학부로 구성되었다.

한편 1964년부터 교양학부가 설치돼 교육과정의 질적인 변화가 모색되었다. 교양학부는 기존에 설치돼 있던 학부와 별도로, 전체 1학년 학생들에게 교양과목 수업을 실시해 더 폭넓은 양질의 교육을 제공하려는 목표를 지향했다. 또한 본교는 1967년 12월 교육대학원을 신설했다. 이는 체계적 이론 연구와 현장 실무를 결합하여 교사를 양성하는 본격적 체계를 확립하기 위한 것이었다. 교원 재교육 기관인 교육대학원은 야간과정으로 운영되었으며, 1968년 2월부터 신입생을 모집했다.

이후 1969년 9월 본교는 문교부에 사범대학 신설을 신청했다. 당시 사범대학 신설은 문과대학에 속해 있던 교육학과 학생들을 사범대학에 편입시키려는 계획 아래 이루어졌다. 5명을 증원한 교육학과의 모집정원은 30명으로 책정되었다. 아울러 국어교육과 30명, 외국어교육과(영어·독어·불어) 30명, 사회교육과 30명, 가정교육과 40명, 체육교육과 60명, 미술교육과 40명, 음악교육과 40명 등 총 8개 학과 270명도 사범대학에 포함될 계획이었다. 이러한 계획이 보여 주듯, 본교의 교사 양성 체계 구상은 기존 중등교육이 다루는 거의 모든 교과를 포괄할 수 있었으며 체계적 연계성을 바탕으로 이론과 실무를 겸비한 교사를 양성하는 데 기초를 두고 있었다.

1-2 이종우 총장의 취임

5대 총장 이종우

유진오 총장이 1965년 9월 30일 임기만료로 물러나자, 이종우 교수가 제5대 총장에 임명되었다. 당시 유진오 총장은 대한교육연합회 회장 자격으로 에티오피아에서 개최된 세계교직자단체연합회WCOTP에 참석하고 유럽을 거쳐 미국에 가 있던 관계로 부재중이었다. 총장 직무를 대행하고 있던 이종우 부총장 역시 8월 31일 자로 부총장 임기가 만료됨에 따라, 학사일정의 공백을 우려한 학교 당국은 9월 4일 차락훈 교수에게 총장직무대리를 맡겼다. 바로 그 무렵인 8월 25일과 26일, 무장군인들이 본교에 난입한 사건이 일어나 많은 학생이 연행되고 부상당했다. 심지어 김성식 교수가 수사기관에 연행돼 조사를 받는 일도 벌어졌다. 학교 당국은 제반 사태의 수습을 위하여, 9월 14일 자로 이종우 교수를 총장서리에 임명했다. 이종우 총장은 9월 30일까지 부재중인 유진오 총장의 잔여 임기를 총장 서리로서 대행한 뒤, 재단 이사회의 총장 취임 승인요청을 문교부가 승인함에 따라 10월 1일 자로 정식 취임했다.

10월 7일, 유진오 총장과 이종우 신임 총장의 이취임식이 본교 교정에서 성대하게 거행되었다. 두 사람 모두 보성전문학교 시절부터 본교와 인연을 맺은 이래 안암골에서 감격의 해방을 맞았고, 곧이어 발발한 6·25전쟁의 포화 속에서 대구의 임시교사를 운영하며 본교의 명맥을 유지하는 데 지대한 공로를 세운 거목들이었다. 《고대신문》은 서울 환도 이후 교사의 반환에서부터 새로운 비전의 제시에 이르기까지 본교 발전의 초석을 놓았을 뿐만 아니라, 4월혁명과 5·16 군사 쿠데타로 이어지는 사회적 격동 속에서 굳건하게 본교를 지켜 온 두 총장에게 '풍운석탑風雲石塔의 두 초석礎石'이라는 찬사를 보냈다. 현상윤 초대 총장의 납북 이후 유진오 총장이 2대부터 4대까지 본교의 총책임자 역할을 맡아 왔기 때문에, 이날의 행사는 사실상 본교에서 처음으로 거행된 총장 이취임식이었다.

1-3 인사행정

1960년대에 들어 대학기구와 각종 부설연구기관이 설립되면서, 교수들의 인사이동도 활발해졌다. 1964년 3월 경영대학원이 처음으로 개원하자, 대학원 설립준비위원장으로 실무를 추진했던 김효록 교수가 초대 원장에 임명되었다. 같은 해에 신설된 이공대와 교양학부의 경우, 이종우 부총장이 이공대학장을 겸임하고 이항녕 교수가 교양학부장에 취임했다. 또한 임기가 만료된 정수영 상대학장의 후임으로 윤병욱 교수가 임명되었다. 이홍직 교수는 도서관장 직과 함께 박물관장을 겸임했다. 한편 부설 사회경제연구소는 소장 직을 신설하고 김명윤 교수를 소장에 임명했다. 새로운 총장이 임명됨에 따라, 일부 학장과 처장 직에도 변화가 따랐다. 법대학장에 차락훈 교수, 상대학장에 조익순 교수, 농대학장에 구재서 교수, 교양학부장에 현승종 교수가 각각 임명되었다.

한편 1965년 9월경 학생시위를 선동했다는 이유로 문교부가 소위 '정치교수'로 지목한 5명의 교수들 중, 김성식·김경탁·이항녕 교수가 스스로 사퇴하는 형식으로 학교를 떠나야 했다. 이들 외에 '정치교수'로 지목된 조지훈과 조동필에 대해서는 교무위원회에서 일체 불문에 부치기로 결정했다. 1965년 강단을 떠나야 했던 김경탁·이항녕 두 교수는 1967년 1학기에 복직했다.

1966년 김창환 교수가 신임 이공대학장으로 임명되었고, 이학부장에 김상돈 교수, 부설 행정문제연구소장에 차락훈 교수가 임명되었다. 노동문제연구소의 초대 소장에 취임한 이는 김윤환 교수였다. 한편 대학생들의 효율적인 생활지도 방법을 연구·검토하고 각 대학 간 학생선도 방법을 교환하며, 학생처·과장 간의 친목을 도모할 목적으로 서울 지구 대학(교) 학생처·과장 회의가 개최되었다. 이 회의에서 본교의 윤세창 학생처장이 초대 회장에 선출되었다. 같은 해 4월에 임기만료로 퇴임한 이홍직 도서관장의 후임으로 문과대학 정재각 교수가 신임 도서관장에 임명되었고, 부설 사회조사연구소가 정식 출범함에 따라 홍승직 교수가 초대 소장으로 임명되었다.

한편 1966년 10월 이종우 총장은 미국 국무성의 초청으로 방미 일정에 올랐다. '국제개발처AID 자금 경영합리화를 위한 최고경영자 방미시찰단' 자격으로 출발한 5주간의 여정이었다. 이때 총장직무 대리에 채관석 대학원장이 임명되었고, 윤병욱 교수의 영면으로 사무처장 직이 공석이 되자 조익순 상대학장이 그 직무를 대행했다. 조익순 상대학장은 그해 12월 직무대행을 맡아 오던 사무처장에 정식 임명되었다. 한편 공석이 된 상대학장에는 송기철 교수가 임명되었다. 1967년에 들어 임기만료로 퇴임한 박희성 문과대학장 후임에 도서관장 정재각 교수가 임명되었고, 새 도서관장에는 조용만 교수가 임명되었다.

1968년 5월 17일 문과대학의 조지훈 교수가 기관지확장증 및 폐기종으로 별세했다. 고인의 장례는 본교 배구장에 마련된 영결식장에서 문인장으로 엄숙하게 진행되었다. 49세라는 아까운 나이로 세상을 등진 조지훈 교수는 한국 시단에 빛나는 시인이면서 본교 역사에 뜻을 부여하고 석탑에 얼을 심어 준 본교의 큰 스승이자 시대의 선비였다. 뒤이어 1968년 7월에는 물리학 연구에 큰 업적을 세운 이학부장 김상돈 교수가 별세했다. 주로 X선 회절에 의한 무기물 결정구조를 연구해 온 김상돈 교수는 유기화합물의 결정구조 해석을 필생의 과업으로 삼아 연구하던 중 작고한 터였다. 한국물리학회는 고인의 업적을 기리고자 추도논문집을 발간했다. 1968년 8월에는 30년 넘게 본교와 고락을 함께해 온 박희성 교수와 채관석 교수가 정년을 맞이했다. 그에 따라 새로운 대학원장에 정재각 문과대학장이, 후임 문과대학장에 이호근 교수가 각각 임명되었다.

1969년 10월에도 소폭의 인사이동이 있었다. 임기가 만료된 차락훈 법대학장과 현승종 교양학부장의 후임에 박재섭 교수와 정한숙 교수가 각각 임명되었다. 또한 교육대학원장 서리로 복무해 온 왕학수 교학부장이 초대 교육대학원장으로, 학생처장에 박승규 교수가 각각 임명되었다. 한편 아세아문제연구소장에는 그동안 부소장 직을 수행해 오던 김준엽 교수가 임명되었다.

02

학사행정

2-1 학사자격고시의 도입

4·19혁명과 5·16 군사 쿠데타가 연이어 일어난 1960년대는 대학이 새로운 질적 도약을 준비하고 있던 진통기였다. 1960년대 대학교육 정책의 가장 큰 특징은 국가의 개입이 한층 강화되었다는 점이다. 전쟁 이후 대학이 양적 팽창을 거듭하자, 고등교육의 질적 측면을 우려하는 목소리가 커져 갔다. 따라서 5·16 군사 쿠데타 이후 사회 전반에 걸친 철저한 개혁을 주장한 군사정부는 대학정비를 주요 문교시책으로 제시하며, 대학에 대한 적극적 개입을 시작했다. 군사정부의 개입은 대략 세 가지 정책으로 구체화되었는데, 전국적 규모의 대학정비와 학사자격고시 및 대학입학자격 국가고시의 시행이 그것이었다.

군사정부의 대학정비는 가시적이면서도 광범위한 변화를 가져왔다. 군사정부는 "사회 각 분야에 내재해 있는 사회악을 척결한다"는 모토를 내세우며 비정상적인 정권 장악의 정당성을 확보하고자 했다. 이 과정에서 문교부는 대학교육의 정상화를 표방하며 사립대학 정비안을 발표했다. 이 사립대학 정비안에 따라 당시 35개교이던 4년제 주간 사립대학이 25개교로 줄었고 정원도 대대적인 감축을 피할 수 없었다.

한편 〈교육에 관한 임시특례법〉에 따라 학사자격고시가 도입되었다. 이 제도는 사범대학을 포함한 4년제 대학 이상의 과정을 이수한 이들에게 응시자격을 인정해 국가가 학사 자격을 부여하도록 한 제도였다. 대학교육을 이수한 이들은 이 제도에 따라 매년 12월 중 교양과목 전반과 각 전공과목에 대해 객관식으로 시험을 치렀다. 학사자격고시는 도입 첫해인 1961년과 이듬해인 1962년 두 해에 걸쳐 시행되었고, 응시자의 지원율도 75%에서 93.6%로 증가했다. 그러나 제도의 정당성을 충분히 확보하지 못한 탓에, 1963년 4월 〈교육에 관한 임시특례법 중 학사자격고시 삭제 법률〉에 의거하여 시행 2년 만에 폐지되었다. 학사자격고시는 정부가 '면학풍토 조성'이라는 구실 아래, 대학 업무에 적극적으로 개입한 상징적 사례로 기록된다.

2-2 신입생 모집전형의 변화

5·16 군사 쿠데타 이후 군사정부는 정원 감축을 기조로 한 대학정비를 시행하며, '대학입학자격 국가고사'(이하 국가고사)를 도입했다. 즉 당국은 1962년부터 각 대학별 본고사를 국가고사로 대체하는 한편, 실기고사·신체검사·면접의 결과까지 대입 선발자료로 이용하도록 했다. 이러한 정부 방침에 따라 1962년 신입생 전형은 국가고사를 합격한 사람만이 지원서를 제출할 수 있었다. 1962년 1월 처음으로 국가고사가 실시되자, 본교는 국가고사의 성적과 함께 신체검사·적성검사·구술고사 세 가지 전형 방법을 통해 신입생을 선발했다. 이러한 조치는 각 단과대학 및 학과가 중시한 과목을 중심으로 신입생을 선발한 본고사 방식에 비해, 정부 주도의 획일성이 강조돼 오히려 대학의 자율성을 침해할 소지가 있었다.

1963년부터는 국가고사가 대학 입학 자격만을 결정하고, 각 대학이 일반전형을

1960년대의 입학시험

시행하는 절충적 방식으로 변경되었다. 본교의 경우 전형 방법으로 필답고사·체능검사·면접·신체검사 등 4가지 방식을 도입했다. 본교의 1963년도 신입생 입힉 전형은 모든 학과에 대해 국어·영어·수학을 필수과목으로 지정하는 한편, 단과대학별로 각기 특성을 살릴 수 있는 선택과목을 1과목 선택하도록 했다. 또한 수학과와 물리학과를 제외한 전 학과에 지원한 여학생의 경우, 필수과목인 수학 대신 가정을 선택할 수 있게 했다.

그러나 군사정부가 민정으로 이양되면서 1963년 4월 국가고사는 폐지되었고 1964년부터 대학별 단독시험제로 환원되었다. 본교도 다시 필답고사, 체능검사, 면접, 신체검사로 구성된 대학별 전형을 시행했다. 필답고사의 필수과목과 선택과목은 기존과 동일하게 유지되었으나, 신설된 이공대학에서는 이학부 수학과와 물리학과, 공학부의 경우 여학생에게 가정 과목 선택 특전을 부여하지 않았다.

한편 1965년부터 1968년 신입생 입학 전형까지 기존의 체능검사가 전형방식에서 제외되는 한편, 필답고사·면접·신체검사에 기초한 대학별 입학 전형이 실시되었다. 그러나 1968년 10월에 들어 이전에 실시했던 대학입학 자격고사의 문제점을 보완해, 대학입학 예비고사 실시를 반영한 새 교육법을 발표한 뒤 1969년부터 적용하게 되었다. 대학입학 예비고사는 국어·영어·수학·사회·과학·실업(가정)을 대상으로 했고, 시험에 합격한 이들에 한하여 본고사에 응시할 수 있는 자격을 부여했다. 따라서 1969년 본교의 신입생 입학 전형도 대학입학 예비고사 합격자들을 대상으로 했다. 그 합격자들은 본교 각 단과대학별로 지정된 과목의 필답고사를 치르고, 면접과 신체검사를 통과해야 했다.

2-3 학과의 개편 및 증설

본교가 명실상부한 종합대학으로 도약하기 시작한 1960년대에는 학과의 신설과 개편이 활발히 이루어졌다. 1963년 1학기에 문리대 문학부의 사회학과(30명)·심리학과(20명)·독어독문학과(30명)·불어불문학과(20명), 문리대 이학부의 화학공학과(40명), 농과대학의 원예학과(35명)·축산학과(35명), 정경대학의 통계학과(30명) 등 8개 학과의 신설인가를 얻어 신입생을 모집했다.

이미 이 무렵부터 문리대 이학부에 신설된 화학공학과를 기초로 한 이공대학의 신설계획도 추진되었다. 1964년에 신설된 이공대학은 기존 문리과대학 이학부의 수학과·물리학과·화학과·생물학과를 망라한 이학부, 문리과대학 이학부의 화학공학과와 새로 신설된 토목공학과(40명)·건축공학과(40명)를 망라한 공학부로 구성되었다. 한편 1965년 1학기에 들어 이공대학 기계공학과(50명)와 정경대학 신문방송학과(30명)가 신설되었다. 기계공학과의 경우, 이공대학 내 별도의 증원이 이루어지지 않은 대신 본교의 인문사회계열 정원을 자체적으로 조정하여 책정했다.

꾸준한 학과 증설과 증원을 통해 종합대학으로의 발전을 모색하고 있던 본교는 적잖은 난관에 봉착하기도 했다. 대학정원 억제를 표방하면서도 확고한 기준 없이 무원칙하게 운영되고 있던 교육 행정이 큰 걸림돌로 작용했다. 본교는 1960년대 중반, 정부의 과학기술 진흥 원칙에 호응하여 이공계 5개 학과의 증설을 신청했으나 뚜렷한 이유 없이 거부 통보를 받곤 했다. 그러한 난관 속에서도 1968년 농과대학 식품공학과(40명)를 비롯해, 이공대학 공학부의 전기공학과(50명)·금속공학과(40명)·공업경영학과(40명) 등 4개 학과를 신설하는 성과를 거두기도 했다. 1969년에는 이공대학에 지질학과(40명)·전자공학과(50명)·요업공학과(40명) 등 3개 학과가 신설되었고, 기존의 화학공학과와 금속공학과는 정원을 각각 10명씩 증원할 수 있었다.

1960년대 국가의 대학정책이 주로 과학기술 진흥을 통한 국가경쟁력 확보에 초점이 맞춰져 있었기 때문에, 본교의 이공대학 확장도 결실을 맺을 수 있었다. 그러나 본교는 단순히 학과의 신설이나 증원에만 주력했던 것은 아니었다. 1969년 학과의 증설·증원과 함께 대일청구권자금對日請求權資金을 통한 실험기자재 확보에도 큰 성과를 거두었다. 당시 도입된 실험기자재는 적외선 전자분광기, 고속촬영 카메라, 고성능 전자현미경 등 국내에서 구입하기 어려운 장비들이었다. 한편 1969년 11월에는 농과대학 내 농업경영학과의 명칭을 농업경제학과로 변경했다. 이는 농업경제 전반을 다루는 과목을 강화하고, 학생들의 사회적 진출을 보다 원활히 하기 위한 목적에서였다.

2-4 교양학부의 설치

1964년에는 교양학부가 설치돼 4년간의 대학과정이 교양학부와 학부로 분리되었다. 교양학부는 교양과목에 집중해 학생들의 교양을 함양하도록 하고 학부는 전공과목에 집중해 전문적 지식을 습득하게 했다. 본교는 교양학부와 학부의 연한을 각각 1년과

3년으로 정했다. 모든 학생들은 소속 학과를 막론하고 1년간 교양학부에서 수업한 뒤, 각 학과로 진학할 수 있었다.

본교는 교양학부에 독립적 지위를 부여하여 교양인 양성이라는 원래의 취지를 최대한 살리고자 했다. 교양학부는 출범과 동시에 애기능 캠퍼스의 독립된 교사에 새로운 둥지를 마련했다. 교양과목의 이수와 관련해 1964년 10월 학칙 중 〈신입생학점취득에 관한 사항〉이 일부 개정되어, 1학년에서 이수해야 하는 교양과목은 3학년까지 이수를 완료해야 했으며 교양과목을 이수하지 못한 자는 4학년 교과목을 이수할 수 없게 되었다.

교양과목의 질적 개선도 모색되었다. 1966년 1학기에는 지역연구를 주제로 한 연속교양강좌가 개설되었다. 우리나라 대학들 가운데 본교가 처음으로 시도한 연속교양강좌는 세간의 주목을 받았다. 〈한국학개설〉, 〈미국학개설〉, 〈중국학개설〉 등으로 구성된 이 강좌는 학생들에게 지역에 대한 입문 과정을 제공하여 학구열을 고취하고, 살아있는 지식과 정보를 전달하려는 목표로 편성되었다. 아울러 해외 각 지역에 대한 학문적 이해를 증진시켜 학생들의 해외 진출 욕구를 자극하고, 해외 유학과 민간 외교를 촉진하려는 의도 역시 반영되었다.

학부와 완전히 분리된 교양학부는 자체 활동도 독립적으로 수행했다. 교양학부의 생활을 결산하는 학보로 《호상虎像》이 발행되었으나, 제2집부터는 《교양》이라는 제호로 변경되었다. 교양학부는 독자적 건물을 사용하며 도서관 시설을 갖추는 등 학생들에게 편리한 학습 환경을 제공하고자 했다. 또한 1968년에는 11월 2일을 '교양학부의 날'로 제정하고 시화전을 비롯해 음악감상·교양강좌 등 다채로운 행사를 열기도 했다.

1969년부터는 기존의 교양 필수과목에 수학이 추가되었다. 교양수학은 매주 3시간 강의에 3학점이 배정되었다. 수학 교과가 필수과목에 포함된 뒤, 1학년생이 이수해야 할 필수교양과목은 국어·영어·수학·독일어·철학·문화사 등 6개 과목에 달했다. 한편 당시로선 찾아보기 힘든 최신식 교양강좌도 개설되었다. 1969년 6월 대강당에서 교양학부 학생들을 위한 컴퓨터 특강이 실시되었다. 김종오 교수가 담당한 이 강의는 주로 전자계산기의 이해와 이용을 다룬 컴퓨터 특강으로, 경제학과·통계학과·상과대학·이공대학 학생들 전원에게 청강이 권장되었다.

본교는 다양한 교육과정의 개발과 원활한 수업 진행을 위한 지원에 관심을 기울이면서도 교양과목을 이수하지 못한 학생들은 엄격하게 처벌하기도 했다. 1967년 학칙에 의거하여 1학년 이수학점이 24학점 미만인 교양학부 학생 24명에게 출교 처분을 내린 일이 그 대표적 사례이다. 이러한 제재는 일회성 조치에 그치지 않았다. 1969년에도 동일한 사유로 15명의 교양학부 학생이 출교 처분을 받았다.

2-5 대학원 제도의 변화

대학원도 본격적인 연구기관으로서 입지를 굳히고 있었다. 본교 대학원은 1965년에 강좌를 대폭 증설하며 건실한 연구 분위기를 조성해 갔다. 당시 대학원의 개혁을 위해 도입한 조치로 수업 기간 연장, 강좌 증설 및 선택의 기회 제공, 종합실력고시 실시 등이 있다. 수업 기간 연장은 종전 3학기제로 운영되던 대학원 수업 기간을 4학기제로 연장한 조치였다. 또한 매 학기 4-5강좌를 개설하던 학과들도 6강좌 개설이 가능해짐에 따라 대학원생들에게 수업 선택의 폭을 넓혀 주었다.

가장 두드러진 변화는 1965년 제2학기부터 시작된 종합실력고시의 실시였다. 종합실력고시는 일종의 논문제출 자격시험이었다. 24학점을 취득한 이들에 한해 허용된 이 시험을 통과해야만 논문을 제출할 수 있었다. 불합격자는 3회까지 응시할 수 있었고, 3회까지 불합격한 학생은 학위논문 제출 자격을 박탈당했다. 종합실력고시는 외국어시험과 전공 공통과목으로 구성되었다. 외국어시험은 영어·불어·독일어 가운데 1과목을 선택하도록 했으나 전공에 따라 한문 선택도 허용되었다. 외국어시험은 전문적 지식을 측정하기보다 일반적 독해 능력에 초점을 맞추고 있었다. 한편 전공 공통과목은 각 전공별로 요구되는 시험과목을 미리 선정하여 실시했다. 대학원의 종합실력고시는 대학원 지도위원회가 주관했다. 시험 문제의 출제는 외국어시험의 경우 어학고시위원회가, 전공시험의 경우 각 학과의 교수들을 중심으로 구성된 전공시험위원회가 맡았다. 각 시험은 60점 이상 취득해야 합격할 수 있었다.

대학원 학과의 증설도 잇따랐다. 교육심리학과를 비롯한 여러 학과가 대학원에 증설되었다. 특기할 만한 것은 대학원 기구의 확장에 따라 야간과정을 설치했다는 점이다. 1960년 2학기부터 경영학과에서 시작된 야간대학원은 한국 경제계의 현실을 감안하여 실무에 종사하는 학부 졸업자들에게 새로운 경영기술을 제공하는 것을 목적으로 했다. 이 학과에는 정규생 과정과 연구생 과정을 두었는데, 주로 일반 사회인과 고위급 장교들이 응모했다. 경영학과의 야간부 설치는 다른 학과에도 영향을 끼쳐 1961년 1학기부터 정치외교학과, 경제학과, 영어영문학과에도 야간부가 개설되었다. 그러나 순수한 학문 연구를 목적으로 하는 학과에서는 야간교육이 효과적이지 않다는 한계가 드러났다. 이에 따라 일반 학과의 야간부 설치는 재검토되었으며, 1962년 2학기부터 야간부 학생 모집이 중단되었다.

한편 경영대학원은 실무계의 중견으로 활약하는 기성인들에게 경영학에 관한 보다 전문적인 지식과 정보를 제공함으로써 그들을 유능한 경영자로 양성하려는 목표를 지향했다. 따라서 경영대학원은 먼저 야간대학원으로 발족했다. 1963년 11월 10일 인가를 얻어 1964년 1학기에 개원을 한 경영대학원은 우리나라에서 최초로 설립되었다는 점에서 의의를 지닌다. 경영대학원의 수업연한은 석사학위 과정 2년(경영학·재무론·회계학 전공), 연구생 과정 1년(일반기업반·국영기업반·금융반·군사반)이었다. 소정의 학점을 취득해 석사학위 과정을 수료하고 논문을 제출하여 통과된 이들에게 석사학위가 수여되었다. 연구생 과정 이수자에게는 과정 수료증을 수여했다. 1965년에는 주간부가 추가로 설치되었으며, 경영대학원 주간부는 같은 해 2월 인사관리, 생산관리, 시장론, 회계학, 재무론 등 5개 전공 분야를 두었다.

대학원 학과의 증설은 학부 학과의 증설에 발맞춰 이루어졌다. 1966년 12월 본교는 이듬해 첫 번째 졸업생을 배출할 9개 학과(통계학과, 교육학과, 심리학과, 사회학과, 독문학과, 불문학과, 원예학과, 축산학과, 화학공학과)의 석사과정과 행정학과의 박사과정 신설 인가를 문교부에 신청했다. 대학원 학과의 증설을 통해 기존 19개 학과가 28개 학과로 증가했다. 그러나 모든 학과에 대한 인가가 받아들여진 것은 아니었다. 본교는 지속적인 인가 신청을 통해 1968년 통계학과(10명)·화학공학과(10명)·건축공학과(10명)·토목공학과(10명) 등 4개 학과의 신설을 이끌어 냈고, 이듬해인 1969년에는 불어불문학과·기계공학과 등 2개 학과의 석사과정과 교육학과·심리학과·사회학과·독어독문학과·임학과·농화학과·원예학과·축산학과 등 8개 학과의 박사과정을 증설할 수 있었다.

1968년에는 또 하나의 특수대학원인 교육대학원이 야간제로 신설되었다. 교육대학원은 주로 중등교육 기관에 종사하고 있는 교직자들을 대상으로, 중등교원 자질 향상이라는 목표 아래 설립되었다. 교육대학원은 어학교육(국어교육반·영어교육반)·사회생활교육(역사교육반·지리교육반·일반사회교육반)·수학교육 전공 등 3개 학과에 각각 정원 60명씩 총 180명을 모집했다. 교육대학원도 경영대학원처럼 석사학위과정과 연구생 과정을 두었다. 교육대학원은 현직 교사와 학교관리자들의 재교육이라는 목표에 걸맞게 문교부 주최의 중등학교 교감 강습회 등을 개설하여 이론과 실제의 지속적 교류를 통한 교육의 발전을 도모했다.

03

시설의 확충

3-1 서관의 증축

1961년 6월, 2년 2개월이라는 기나긴 공사 끝에 서관이 완공되었다. 본관을 중심으로 동쪽 언덕에 자리 잡고 있던 도서관이 드디어 그에 걸맞은 짝을 맞이한 셈이었다. 석조로 이루어진 서관은 총 84개의 강의실과 연구실을 갖춰, 당시로서는 본교에서 가장 거대한 규모를 자랑했다. 또한 최상층의 시계탑에 사방 어디에서든 볼 수 있도록 4개의 시계가 설치되었다. 이 시계들은 하부에 스피커가 설치돼, 정오마다 캠퍼스 전역은 물론 안암동·종암동 일대에 멜로디가 퍼져 나갈 수 있도록 고안되었다. 수탈 체제에 대한 민중들의 저항을 상징하는 '새야 새야 파랑새야'의 멜로디가 흘러나오는 이 시계는 김성곤 교우가 기증했다. 당시 시가 2백만 환에 달하는 고가의 장비로 일본에서 수입해 설치한 것이었다. 시계에서 흘러나오는 구전동요 '새야 새야 파랑새야'는 본교의 음악 강사였던 작곡가 이흥렬李興烈이 편곡한 것으로 알려져 있다. 철학과 신일철 교수는 시계탑 멜로디의 의미를 다음과 같이 설명했다.

준공 직후의 서관(1961)

> 이 민요는 분야상 참요讖謠에 속한다. 참요설이 동양적 예언사상-아세아적 '메시아니즘'으로서 참요는 나라꼴이 기울어 민족의 장래가 어두워질 때 제세안민濟世安民의 새 길을 예언으로 암시하는 민중의 숨은 기대가 가락으로 나타난 것이라 하겠다. (…)
>
> 우리의 근대화의 발길을 재촉하는 듯 오늘도 저 높이 앉아 있는 시계탑은 시간마다 민족적 정서의 가락으로 우리가 한국인임을 일깨워 주고 모두 낡은 굴레를 걷어차고 새 길을 전진하라는 진군 북처럼 가슴깊이 스며든다. (《고대신문》, 1964년 9월 19일)

학교 당국은 서관 내부 시설과 설비들을 모두 외국에서 직수입해 최상의 면학 분위기를 조성하고자 노력했다. 1967년 650여 만 원의 공사비를 들여 서관 2층에 시청각실을 마련했는데, 이 교실은 영사기와 TV를 비롯하여 냉난방 시설까지 갖추고 있었다. 또한 같은 해에 서관 1-3층에 현대적 시설이라 할 수 있는 수세식 화장실을 설치했다.

본관과 도서관 건물을 설계한 박동진의 구상 아래 건축된 현대식 6층 건물 서관은 안암 캠퍼스의 전체적인 조화를 완벽히 구현할 수 있었다.

3-2 농과대학의 확장

1956년 4월 독립된 교사를 마련한 농과대학은 지속적인 시설 투자를 통해 기반을 다져 나갔다. 1962년 11월 농산가공 실험실, 온실, 육종 실험실 등의 건축에 착공하여, 1963년 6월 모두 완공했다. 같은 해 2월에 재단은 경기도 양평군 양동면 고송리 소재 임야 167만 평을 농과대학 임학과의 실습림으로 구입했다. 8년 전부터 농과대학이 실습림으로 이용해 온 이 임야는 매년 3-4만 그루씩 식목해 오다, 국가가 국유림을 불하함에 따라 구입한 것이었다.

1964년 4월에는 국내 최초로 농과대학에 방사선동위원소 실험실이 설치되었다. 이 연구실은 농업 발전을 위한 작물의 생리적 연구와 재배·육종 등에 있어 원자력의 학문적 활용을 위해 설립된 것이었다. 김종철 교수의 노력으로 이 실험실에 국제원자력기구로부터 '방사능 측정기' 등 6종의 기계가 도입되었다.

한편 1966년 8월 농과대학은 덕소농장(경기도 남양주)에 축산학과 실험실인 학생가공실을 비롯한 돈사, 양육사, 계사 등을 완비했다. 1969년 10월에는 착공 6개월 만에 농과대학 식품공학관이 준공되었다. 1천5백만 원가량의 공사비가 들어간 식품공학관은 지하 1층과 지상 3층의 건물로 원료 및 제품 저장실, 교수 연구실, 실험실 등을 갖추고 있었다. 미국에서 도입된 2만 달러가량의 기자재가 이곳에 비치되었다. 농과대학의 식품공학과·축산학과·농화학과·원예학과 등이 이 식품공학관을 공동으로 이용했다. 통조림 제조 등 식품 가공의 기본 과정에 대한 실험이 이곳에서 이루어졌다.

3-3 이공학부 시설의 확충

이공학부는 다른 단과대학과 달리 실험·실습이 필수적이고 빠른 속도로 최신식의 기자재가 개발된다는 특성 때문에, 지속적 설비 확충이 이루어져야만 원활한 연구와 교육 활동을 뒷받침할 수 있다. 이공대학 공학부는 원래 1957년 9월 의과대학의 신설을 목적으로 공사를 시작하였다가 학교의 여러 사정으로 인해 중단되었던 애기능 지역의 신축 교사를 교양학부와 함께 사용했다. 이 건물은 5층 철근 콘크리트 3,773평 규모의 대형 건축물이었지만, 학문적 연계성이 부족한 공학부와 교양학부가 한 공간을 사용하는 데 따른 여러 불편함이 있었다. 이에 1968년 여름방학을 맞아 본교에 자리하고 있던 이학부와 애기능 캠퍼스에 자리한 교양학부가 서로 자리를 맞바꾸게 되었다.

한편 1967년 대일청구권자금 중 일부가 이공계 대학의 시설 확충을 위하여 배정되었다. 이는 일제강점기에 많은 탄압을 받은 일부 사립대학의 육성과 발전을 위하여 정부의 결정에 따라 이루어진 조치였다. 따라서 본교 이공대학도 우선적으로 그 자금을 배정받을 수 있었다. 당시 문교부는 본교에 20만 달러를 배정했는데, 이는 국내 사립대학에 할당된 금액 중 최고액이었다.

대일청구권자금에 의한 실험기자재 확충은 순차적으로 진행되었다. 1968년 12월에 적외선 전자분광기, 고속촬영카메라, 고성능 전자현미경 등이 도입되었고, 이듬해 5월에 87종의 실험기자재가 도입되었다. 이때 도입된 기자재들 중 물리학과에 배정된 편광분석계와 고온카메라 등은 우리나라에 처음으로 도입된 것들이었다. 모두 세 차례에 걸쳐 이루어진 대일청구권자금을 통한 실험기자재 확보로 이공대학은 본격적인 연구와 강의가 가능해졌다. 이 외에 본교 자금을 통한 실험기자재 도입도 속속 이루어졌다. 특히 1968년 전기공학과에 국내 최초로 마이크로파 자기공명흡수장치(E.S.R 장치)가 설치되기도 했다. 이공대학 학생들은 이 기계의 구비로 마이크로파의 원리와 자기공명 흡수 현상을 이해하고, 그 결과로부터 반도체·고분자 금속재료의 물질 구조 및 재료

조성 등을 파악할 수 있었다. 또한 1969년에 들어 기계공학과의 실험실인 수력실험실과 토목공학과의 실험실인 수리실험실을 갖춘 수력공학관을 준공했다. 수력실험실은 국내 최초로 도입된 것이었다.

04

개교 60주년 기념사업

1965년 5월 5일 본교는 개교 60주년을 맞이했다. 이를 기념하여 5월 4일 창립 60주년 기념논문집과 함께 본교의 지난날을 집대성한 《육십년지》를 발간했다. 기념논문집은 인문, 사회, 자연과학편의 3부작으로 편찬되었다. 이 기념논문집은 1963년 9월 대학원장 재관식을 위원장으로 하는 편찬위원회가 조직되어, 본교 전임강사급 이상을 집필자로 위촉하여 작성되었다. 《육십년지》의 경우 1964년 4월에 발족한 60년사 편찬위원회가 중심이 되어 집필 작업을 주도했다. 60년사 편찬위원회는 정재각 교수를 위원장으로 선출하고, 위원에 신석호, 이희봉, 이홍직, 차락훈 교수를 임명했다.

60년사 편찬위원회는 대대적인 자료수집도 병행했다. 대내외적인 자료수집 활동을 전개함과 동시에, 생존해 있는 인사들의 증언을 들을 수 있는 자리를 마련하기도 했다. 대표적으로 1964년 9월 5일에 역대 교우들을 초청하여 '고대가 걸어온 길'이라는 간담회를 개최했다. 60년사 편찬위원회는 각 분야의 교우들을 초청하는 간담회를 지속적으로 전개해 나갔다. 9월 19일에 열린 간담회는 해방 정국에서 전개된 찬탁·반탁운동에 가담한 교우들과 6·25전쟁 당시 반공 투쟁에 관여한 교우들을 초청해, 본교의 학생운동을 되돌아보는 자리를 마련했다.

1965년 당시의 교문

아세아문제연구소는 1963년 9월 이상은 교수를 위원장으로 하는 국제학술회의 준비위원회를 구성하여, 1965년 6월 28일부터 7월 3일까지 본교 개교 60주년 기념 국제학술회의를 개최했다. 국내 학자 35명, 외국학자 33명, 국내 옵서버 11명 등 모두 79명이 참석한 가운데 학술회의가 워커힐호텔에서 성대하게 열렸다. '아세아에 있어서의 근대화 문제'라는 대주제를 상정하고 ① 근대화의 이념 자체에 대한 평가, 즉 근대화의 방향 제시 문제, ② 과학화·민주화의 뒷받침이 되는 역사·문화·사회의 재검토 문제, ③ 과학화·민주화의 방법과 기술의 검토 문제 등 세 가지 문제로 세분한 뒤, 다시 '근대화의 이념 문제', '아세아의 전통 사회와 근대화', '근대화와 정치문제', '근대화와 경제적 제諸 문제', '근대화에 있어서의 사회 제諸 인구층의 역할' 등 5개 분과로 나누어 토의를 진행했다. 아세아문제연구소는 이듬해 6월 10일, 이 학술대회에서 발표된 연구 결과들을 총결하는 논문집을 출간했다.

교우회도 본교 개교 60주년 기념행사에 적극 참여했다. 교우회의 개교 60주년 기

1965년 호상 제막식

념사업 중 가장 주목할 만한 것은 교문 건립이었다. 교문은 1965년 8월 18일 완공되었다. 3백여 만 원의 공사비를 들여 착공한 교문은 높이 9.8m, 너비 17.5m의 위용을 갖추고 있었다. 교우회는 교문 건립과 후배 재학생들의 면학을 돕기 위한 장학기금 조성을 목표로, 1963년부터 대대적인 모금 운동을 전개했다. 교우들의 열띤 성원의 결실로 완공된 교문 헌정식이 10월 11일 성대히 거행되었다.

재학생들도 본교의 건학정신과 교풍을 상징하는 '호상虎像' 건립에 나섰다. 1963년 10월 경영학과 3학년 정재훈과 정치외교학과 3학년 천신일을 중심으로 '호상건립추진위원회'가 결성되었다. 위원회는 재학생들을 대상으로 모금 운동을 전개했다. 이듬해 7월 기공식이 열렸고, 이어 본격적인 공사에 착수하여 마침내 1965년 2월 제58회 졸업식에 이어 호상 제막식이 거행되었다. 캠퍼스 동편 언덕에 자리한 호상은 길이 약 12m, 높이 약 1.8m의 피라미드형 축대 위에, 직경 약 2.6m의 지구의를 딛고 포효하는 호랑이상으로, 화강암을 사용하여 제작되었다. 호상의 건립을 위해 모금된 액수는 240여

만 원에 달했다. 이는 모두 학부생과 경영대학원 학생들의 순수 모금액이었다. 이 중 176만 5천 원이 호상 건립에 사용되었고, 잔액 55만 274원은 민족장학회 설립에 활용하기로 했다. 호상 제막에 즈음하여 당시 대통령 박정희가 10만 원을 기탁한 일은 특기할 만하다. 조지훈 교수가 작성한 호상 비문은 본교의 기개와 진취적 성향을 잘 드러내고 있다.

민족의 힘으로
민족의 꿈을 가꾸어 온
민족의 보람찬 대학이 있어
너 항상 여기에
자유의 불을 밝히고
정의의 길을 달리고
진리의 샘을 지키느니
지축을 박차고 포효하거라

너 불타는 야망
젊은 의욕의 상징아
우주를 향한 너의 부르짖음이
민족의 소리 되어 메아리치는 곳에
너의 기개
너의 지조
너의 예지는
조국의 영원한 고동이 되리라

이 외에도 60주년 기념행사는 다채로운 학생들의 자치활동으로 한층 더 풍성한 모습을 보여 주었다. 고대신문사는 60주년 기념 사진전을 개최하여 보전 개교 이래 4·19혁명까지의 발자취를 생동감 있게 보여 주었다. 각 단과대학들은 학술 심포지엄을 개최하여 대학 본연의 학술 활동을 통해 학교의 60주년을 자축했다. 또한 시국대토론회·경제학토론대회·시국강연회·모의재판 등의 행사가 캠퍼스 곳곳에서 열렸으며 '아남민국국회亞南民國國會' 출신의 선배들을 초청하여 회갑강연회를 성대하게 개최하기도 했다.

05

연구소 및 부속기관의 성장

5-1 연구소의 신설과 발전

5-1-1 아세아문제연구소의 발전

아세아문제연구소는 1960년대에 들어 그 활동이 더욱 활발해졌다. 1960년에 이상은이 2대 소장에 재선되고, 송갑호가 간사에 취임했다. 1962년에는 서관에 있던 연구소를 신축된 박물관 건물 3층으로 이전했다. 아세아문제연구소는 1962년 8월 미국 포드 재단으로부터 28만 5천 달러의 연구비를 지원받은 이래 외국으로부터 지속적으로 거액의 연구비를 지원받았다. 이상은 소장은 포드 재단과의 접촉 당시 외교문서 정리와 간행작업뿐만 아니라 남북한 연구를 포함한 5개년 계획을 제시하며 거액의 연구 보조비를 지원받을 수 있었다.

대규모 지원에 따른 방대한 연구계획에 본교 교수들뿐만 아니라 전국 각 대학의 연구자들이 대거 참여했다. 1962년 9월부터 시작된 제1차 3개년 특별계획이 성공적으로 마무리되자, 1965년 11월 18만 달러의 연구 보조비가 추가로 지급되었다. 아세아문제연구소는 이 보조금으로 구한국외교문서의 정리 및 편찬사업, 일제강점기 한국에 관

아세아문제연구소의 준공(1966)

한 연구, 북한 연구, 도서관 확충 사업 등을 추진했다.

아세아문제연구소는 1962년 12월 부소장직제를 신설하고 정경대학 조동필 교수를 부소장으로 선출했다. 또한 관련 분야의 학술 교류를 위해 연구소가 독자적으로 외국 대학 부설 연구소와 협력 관계를 구축하는 계획을 추진하기도 했다. 1966년 3월 미국 시애틀에 소재한 워싱턴대학교 극동연구소와 연구자료 및 교수·학생 교환 협정을 체결한 일이 그 대표적 사례였다.

또한 해외의 관련 분야 전문가를 초빙하여 좌담회 형식으로 깊이 있는 학문적 교류를 추진하기도 했다. 1966년 6월에는 '아세아에 있어서의 공산주의'라는 주제로 아세아문제연구소가 주관한 국제 세미나가 개최되었다. 이 세미나는 국내 최초로 공산주의 문제를 중심 주제로 상정한 본격적 국제회의로서 세간의 이목을 끌었다. 미국을 비롯한 일본·홍콩·싱가포르·중국·베트남 등 관련 10개국의 65명에 이르는 학자들이 초청돼

8개의 분과로 나뉘어 세미나를 진행했다.

아세아문제연구소는 1966년 9월 자체 건물을 마련했다. 박물관 우측에 자리한 아세아문제연구소 건물은 4층 콘크리트 건물로 총건평 520평의 규모를 갖추었다. 이 건물은 1층에 사무실, 연구기구실, 응접실, 근대자료편찬실이, 2층에 약 5만 권에 달하는 장서를 보관할 서고와 도서관, 열람실, 한국사회과학연구실, 공산권연구실이, 3층에 언어훈련실, 초청 외국학생 연구실, 강당 등이 자리하고 있었다. 이듬해 1월에는 일본연구실이 신설되었다. 일본연구실의 신설로 기존에 활동하고 있던 현대중국연구실, 공산권연구실, 한국사상연구실, 한국사회과학연구실, 근대자료편찬실과 함께 5개의 연구실이 갖추어졌다.

5-1-2 민족문화연구소의 발전

1962년 12월 제3대 한국고전국역위원회 위원장에 취임한 조지훈 교수는 난해한 고전의 국역 주해뿐만 아니라 민족 문화유산의 기초적 정리와 연구의 촉진을 위한 출판의 필요성을 강조하며 그 첫 사업으로 《한국도서해제》 편찬에 착수했다. 그 직후인 1963년 6월 20일, 한국고전국역위원회는 민족문화연구소로 개칭되었고 초대 소장에 조지훈이 취임했다. 민족문화연구소는 전통문화를 선양해 이를 계승·발전시킴으로써 신문화 창조에 이바지한다는 목표를 지향했다. 이를 위해 ① 전통적 민족문화의 선양, ② 한국 고전의 번역·주해 및 연구, ③ 문화유산의 조사 및 수집·정리, ④ 기관지 《민족문화연구》의 발행 등에 관심을 기울였다. 한국고전국역위원회 시절부터 하버드대 옌칭연구소로부터 매년 수천 달러의 연구비를 지원받아 온 민족문화연구소는, 1963년 재발족 이후에도 2천 달러의 연구비를 통해 한국도서 해제·편찬 사업을 지속적으로 수행할 수 있었다.

민족문화연구소는 쇄신된 분위기 속에서 1964년 10월 《민족문화연구》를 창간했다. 특히 연구소의 취지에 공감한 본교 재단 이사 김상만이 1963년 9월 사업기금으로 120만 원을 기부하면서 《한국문화사대계》를 편찬하게 되었다. 이 저작은 한국문화에서 중요하다고 판단되는 12개 부문을 선정한 뒤, 연관성이 있는 항목을 2개씩 짝지어 각기 1권씩 구성해 총 6권으로 기획되었으며 각 권이 500-600쪽에 이르는 방대한 분량이었다. 이 책 여섯 권의 각 부문은 다시 8-9분야의 독립된 특수사로 되어 있어 총 50여 분야가 분류사적分類史的으로 종합되는 체제였는데, 이 분류 자체가 이후 한국학 연구에 있어 중요한 지침이 되었다. 민족문화연구소는 1966년부터 3개년 계획으로 민족 고유의 정신적 유산이며 민족문화의 기초인 민간 신앙의 조사·연구에 착수했다. 이 방대한 연구 작업의 성과는 《한국무속대계》의 일부로, 《한국무가집》과 《무속연구》로 집약되었다. 더불어 민족문화연구소가 야심 차게 진행한 무속 관련 연구조사 계획은 ① 무가의 수집·정리 및 주해, ② 무구·무복·무신도의 조사·수집·연구, ③ 무속 참고품 수집·정리 및 참고도록의 출판, ④ 무속사 및 무속 조사 작성 연구 등을 아우르고 있었다.

5-1-3 기업경영연구소의 재편

기업경영연구소는 1958년 6월 1일에 창설되어 초대 소장으로 상과대학장을 역임한 김효록 교수가 선임되었다. 당초 상과대학 부속기관으로 발족했으나 1960년 본교 부속기관으로 전환되었다. 본 연구소는 경영 전반에 걸친 이론·실무 연구를 통해 우리나라의 경제발전에 기여한다는 목표를 지향했다. 이를 위해 다각적인 조사와 연구를 수행하며, 성과를 간행물과 기타 매체를 통해 발표하는 한편 실업계와의 교류를 적극적으로 추진했다.

1960년대에 들어 국내 경제의 급성장과 각 기업의 팽창으로 본 연구소의 활동도 크게 활기를 띠었다. 1964년 9월 대구에 지부를 설치할 만큼, 그 규모와 활동 범위가 눈에 띄게 확장되었다. 기업경영연구소는 출범과 함께 국문판 《경영월보》를 발행해 오다, 1960년 12월 내용의 충실과 질적 향상을 도모하고자 국내 최초 경영·경제 분야 주간신문인 《경영신문》으로 확대 개편했다. 이 신문은 기업들로 하여금 누적된 병폐를 극복하고, 새로운 환경에서 건실한 계몽과 지침을 제공함으로써 실업계의 발전을 선도할 수 있도록 하는 데 중점을 두었다.

연구활동의 내용은 경영에 관한 조사 활동과 기업 경영의 진단·훈련·계몽 등 실천적 활동을 포괄했다. 기업경영연구소는 기업체의 자기진단을 위한 기초 지식을 기업 경영자들에게 강의하는 기업 진단 강좌를 실시함으로써 현장에 대한 이론적 지식을 보급하는 동시에, 경영 실무자들을 대상으로 하는 기능별 부문 강좌를 개설하여 그들로부터 많은 호응을 얻기도 했다. 또한 서울 시내 각 대학교 학생들을 대상으로 한 경영좌담회를 개최해, 미래의 경영 합리화를 이끌어 갈 인재들의 역량을 갈고닦는 일도 게을리하지 않았다. 특히 1963년 6월에 개최한 전국대학 경영학 토론대회는 국내 경영학과·상학과 학생들의 열띤 참여 속에 열렸다.

5-1-4 행정문제연구소의 설립

행정문제연구소는 법과대학의 부속기관으로 1960년 12월에 창설되었다. 본 연구소는 윤세창 교수가 미국을 방문했을 때, 한미재단과의 교섭으로 원조받은 5천 달러의 기금을 바탕으로 설립되었다. 행정문제연구소의 활동 목표는 본 연구소가 연구하고 체계화한 이론을 정부 활동에 직접 반영시킴으로써 실제 제도·기구 운영에 적용하는 한편, 행정상의 올바른 방향을 제시하는 등 실질적 행정 효과를 이끌어 내는 데 있었다. 본 연구소는 1963년에 하버드대 옌칭연구소로부터 1천 달러의 연구 보조비를 지원받아 《법률행정논집》을 발간했다.

1963년 11월 본 연구소의 주관 아래 제1회 행정문제연구발표회가 개최되었다. 대강당에서 개최된 이 연구발표회에 본교를 비롯한 주요 대학의 교수 6인이 참석하여 우리나라의 실제 행정문제를 다룬 논문을 발표해 열띤 토론을 이끌어 냈다. 당시 발표된 논문의 주제는 '한국에 있어서 정당이 행정에 미친 영향', '한국에 있어서 중앙과 지방과의 관계', '한국 근대화와 행정문제', '한국의 인력 관리 문제', '공무원의 법률의식', '경제개발 5개년 계획과 그 기구 문제' 등으로 우리 사회가 실제 당면하고 있는 문제들을 집중적으로 다루었다.

행정문제연구소는 1966년에도 주목받는 연구활동을 수행했다. 정부 당국의 허가와 아시아재단의 장기 원조를 바탕으로, 국내는 물론 해외 학계도 체계적으로 시도하지 않았던 북한의 행정과 법제 연구에 착수했다. 이를 위해 행정문제연구소는 아세아문제연구소에 제공된 미국 포드재단의 원조 자료를 기초로 연구를 수행했다. 당시 행정문제연구소의 북한 관련 연구는 '북한의 관료제도에 관한 연구', '북한의 행정 권능과 행정조직의 특징에 관한 연구'를 진행한 행정분과와 '북한 헌법의 이론과 실제', '북한의 국제조약과 국제협정에 관한 연구', '북한의 신분법, 그 이론과 실제' 등의 연구를 담당한 법제분과로 나뉘어 진행되었다. 이 연구 성과는 발표 이듬해부터 총 5권의 《북한문제연구》 시리즈로 출간돼 많은 학자들에게 도움을 주었다.

5-1-5 한국곤충연구소의 발족

한국곤충연구소는 본부 소속의 부설기관으로 1963년 3월에 설치되었다. 본 연구소는 체계적인 연구를 통해 곤충에 의한 농작물 피해를 예방하는 것을 설립 목적으로 삼았다. 공식적으로 출범하기 이전부터 자체적인 연구활동을 시작해 오던 한국곤충연구소는 출범 당시 기초·농림곤충·위생곤충 등 3개의 연구부를 설치하였고 소장을 비롯해 각 부 책임자와 연구원, 조수 등으로 구성되어 있었다. 본 연구소는 출범과 더불어 흰불나방 방제법을 비롯하여, 독나방의 독선에 관한 연구, 한국산 전염병 매개체의 생태연구, 농약시험 등에 대한 연구계획을 의욕적으로 추진했다.

1966년 3월에는 한미경제협력위원회USOM로부터 3백만 원 상당의 연구보조비를 지원받게 되면서 한층 활발한 연구활동을 펼쳐 나갔다. 당시 한국곤충연구소에서는 '송충松蟲에 관한 연구'와 '진드기가 인체에 미치는 영향' 등에 관한 연구를 진행하고 있었고, 특히 '동굴 생물에 관한 연구'에 착수하면서 세간의 이목이 집중되기도 했다.

1967년 6월에는 미국의 스미스소니언 자연사 박물관 및 한국자연보존위원회와 공동으로 비무장지대DMZ 생물에 대한 조사도 실시하였다. 이 조사는 양구 전방지역의 생물, 특히 곤충과 식물의 상태조사를 중심으로 실시되었는데, 본교에서는 김창환 교수와 한국곤충연구소 연구원 2명이 참여했다.

5-1-6 국제농업자원연구소와 사회경제연구소의 발족

국제농업자원연구소는 농과대학 부속기관으로서 1964년 3월에 설치되었다. 해외 선진농업기술의 도입, 농업기술자의 질적 향상 및 이에 부속되는 사업 수행을 목적으로 삼았다. 1963년부터 출범을 준비해 왔던 본 연구소는 농과대학 본관에 자리를 잡고 농업증산을 위한 국내외의 자료수집 및 분석 등을 진행하였다. 또한 해외 연구소 지소와 실험포장實驗圃場 제작을 구상하는 동시에, 연구원을 해외에 파견하여 본교 연구 인력의 해외진출도 꾀하였다. 본 연구소는 초대 소장에 홍기창 교수를 임명하고 총무부·조사연구부·섭외부 등을 설치하였다.

사회경제연구소는 정경대학 부속기관으로 1964년 6월에 발족하였다. "후진국의 특수한 사회적·경제적 조건에 대해 실증적인 분석과 학리적인 연구를 함으로써 사회경제 전반에 걸쳐 이 나라의 경제상태에 지침적인 역할을 한다"는 것을 설립취지로 내걸었다. 초대 소장에는 조동필 교수가 임명되었다. 첫 연구 사업으로는 '국민소득과 관련하에서 본 국방비문제'에 대한 연구를 착수하였는데, 이는 한미경제협력위원회로부터 2백만 원가량의 연구비를 지급받아 실시하였다. 사회경제연구소는 1964년 10월부터 매주 토요정례강좌를 개최하였다. 이 강좌에서는 본교의 교수 및 외부의 저명인사를 초빙하여 사회·경제 등 제반 문제를 다루었다.

5-1-7 노동문제연구소와 사회조사연구소의 설립

1965년 12월, 국가발전에 있어서 나날이 그 중요성을 더해 가는 노동문제를 보다 폭넓고 깊이 있게 연구할 것을 목적으로 노동문제연구소가 발족하였다. 사회경제연구소에 이어 여덟 번째로 창립된 본 연구소는 김윤환 교수를 초대 소장으로 하여 한국을 중심으로 한 각국의 노동 및 기술에 관한 제문제를 조사하여 국민경제의 건전한 발전에 공헌한다는 구상 아래 여러 가지 연구계획을 수립해 나갔다. 노동문제연구소는 현실과 이론의 교류를 목적으로 하는 노동문제 세미나를 매주 개최하였다. 이 세미나에서는 '우리나라 노동운동의 방향'이나 '경영자 측에서 본 노사관계의 현실과 그 방향' 등의 주제를 가지고 각계의 관련 인사를 초빙했다. 이 세미나는 현장의 목소리를 직접 들을 수 있다는 점에서 학생들로부터 좋은 호응을 얻었다.

사회조사연구소는 1966년 3월 홍승직 교수를 초대 소장으로 하여 발족했다. 사회의 실태조사를 과학적으로 시행하여 사회발전에 이바지함을 목적으로 하는 본 연구소는 3명의 이사진을 구성하고 ① 한국사회 실태조사 및 자료수집, ② 사회조사방법론 세미나 개최, ③ 해외 사회조사연구소와의 유대 체결, ④ 주기적 국민여론조사, ⑤ 특정사회문제 분석 등을 사업계획으로 설정하였다. 같은 해 8월에는 한미경제협력위원회와 1년간 연구 제휴를 체결하고 '한국 근대화 과정에 대한 지식인의 태도연구'라는 연구를 실시했다.

5-1-8 생산기술연구소와 미국문화연구소의 신설

생산기술연구소는 1967년 3월 교무위원회의 설립 인가를 통하여 본교의 열 번째 부설연구소로 발족했다. 본 연구소는 교수들의 실험재료 보급 및 생산기술 제분야의 연구를 목적으로 설립되었는데 초대 소장에는 박기채 교수가 임명되었다. 본 연구소는 1969년에 부소장 직을 신설했고 소장을 비롯한 2명의 부소장과 운영위원회 및 관리실·연구실로 구성되었다.

1968년 2월 신설된 미국문화연구소는 미국의 문화 전통 및 현실의 제특성을 연구함으로써 한미양국의 상호이해와 문화교류에 공헌할 것을 취지로 설립되었다. 본 연구소의 초대 소장에는 문과대학 여석기 교수가 임명되었고, 강봉식·홍승직·김윤환·한기식 교수 등이 연구위원으로 위촉되었다. 연구소의 출범과 더불어 계획된 사업으로는 ① 특수연구계획의 수행과 연구비 보조, ② 연구도서 및 자료의 수집과 관리, ③ 정기간행물 발행과 연구도서 간행 및 번역사업, ④ 연구발표 강연 및 세미나 개최, ⑤ 국제 학술문화 교류 등이 있었다. 출범과 더불어 본 연구소에는 아시아재단과 미국 공보원으로부터 미국의 종교·문학·역사 등 각 분야에 걸친 도서가 기증되었다.

5-1-9 행동과학연구소와 신문방송연구소의 발족

행동과학연구소는 1968년 7월, 열두 번째 부설연구소로 발족하였다. 주로 심리학 및 체육학 관련 교수로 구성된 본 연구소는 성백선 교수를 초대 소장으로 임명하고, 복잡해지는 사회 속에서 인간의 정상적인 활동을 위한 방안을 연구하며 다각적인 실험을 통해서 보다 나은 인간생활을 지향한다는 목적에서 설립되었다. 한편 현대사회의 가장 큰 특징 중 하나라고 할 수 있는 매스미디어에 대한 전반적인 조사연구를 목적으로 하는 신문방송연구소는 정경대학 오주환 교수를 초대 소장으로 하여 1969년 11월 발족하였다.

5-2 연구지원기구의 발전

5-2-1 중앙도서관의 확충

각계각층의 지원과 도서 기증에 힘입어, 본교 도서관은 점차 연구의 기반을 조성할 수 있었다. 1960년부터 1963년에 걸쳐 미국 록펠러재단은 본교 중앙도서관과의 협약에 따라 5천 달러 상당의 도서를 기증했다. 그 도서는 주로 사회과학 저작들로 모두 660권에 이르는 방대한 분량이었다. 1964년 1월 예일대학의 'Human Relations Area

FilesHRAF'는 본교 도서관에 마이크로필름 리더기를 기증했다. 당시 마이크로필름은 대개 절판된 책들의 복사본과 정기간행물·미출판 원고 등 구하기 힘든 자료들을 촬영한 것이었다. 국내에서 처음으로 마이크로필름 리더기를 구비한 본교는 5개년 계획으로 10만 페이지에 이르는 마이크로필름 구입 계획을 수립하기도 했다.

1964년 8월 초대 총장을 역임한 현상윤의 장손 현재경이 그의 장서를 기증했다. 한국 사상사를 전공한 현상윤은 《서애문집》, 《율곡전서》, 《송학대전》 등 사상사에 관한 귀중한 문헌들을 많이 수집했는데, 113부 515권으로 된 장서 전부를 중앙도서관에 기증한 것이다. 1968년 3월에는 소설 《초당Grassroof》으로 세계적 필명을 떨치고 있던 재미교포 강용흘姜鏞訖도 자신의 장서 5천여 권을 기증했다. 이 장서들은 각국의 문학작품을 비롯한 철학·역사·사회·경제·과학 분야의 서적, 6·25전쟁 당시 외국의 기록 및 서적, 세계 20여 개국의 사전 등을 포함하고 있었다. 본교 도서관은 '강용흘 문고'를 설치해 이 장서를 별도로 보관했다. 강용흘은 이듬해에도 3천여 권의 문학 서적을 다시 기증하여 본교 도서관 발전에 많은 기여를 했다.

학과가 증가하고 학생이 급증하자, 기존의 도서관으로는 학생들의 학습 의욕을 충족시키기 어려웠다. 또한 서로 다른 전공 영역을 다루는 단과대학이 독립된 공간으로 자리를 잡아가면서, 장서가 중앙도서관에 집중된 현실이 연구에 장애가 되기도 했다. 따라서 독립된 공간을 확보한 단과대학이나 부속 연구기관에 전문 서적을 나누어 보관하는 방법이 도입되었다. 그 대표적 사례가 1964년에 설치된 교양학부 도서관이다. 교양학부 도서관은 학생들의 교양 함양을 위한 문학·철학 등의 광범위한 교양서 3천여 권, 50석의 여학생 좌석을 포함한 4백여 석의 열람실, 신문 열람실 등을 구비함으로써 입학과 동시에 교양학부에 소속된 1학년 학생들에게 많은 도움을 주었다.

대학원 도서관은 일반대학원과 경영대학원 및 교육대학원에 재학 중인 대학원생들의 연구활동을 지원하려는 목적 아래 1969년 서관에 설치되었다. 이 도서관은 석사학위논문을 비롯한 각종 전문 서적을 비치하고, 약 50명 정도를 수용할 수 있는 열람실을 갖추었다. 그 외에 상대적으로 중앙도서관과의 거리로 인해 접근성이 떨어지며 전공 영역의 특성상 장서 분리가 필요했던 이공대학에도 중앙도서관 분관이 마련되었다.

1967년 개관 30주년을 맞이한 중앙도서관은 기념사업의 일환으로 장서목록 출판 사업을 추진했다. 일차적으로 동양서 목록 발간 작업이 진행되었다. 이 목록만 해도 약 1천여 쪽에 이르는 방대한 분량이었다. 색인 열람의 편의성을 도모하고자 도서명, 저자명, 출판연도, 출판사명, 책 크기 등 장서에 관한 기본 정보가 목록에 수록되었다.

한편 도서의 관외 대출은 도서관 이용을 한층 활발하게 만들었다. 관외 대출은 중앙도서관 개관 30주년을 맞이하여 1967년 4월 20일부터 실시되었다. 1967년 중앙도서관을 이용한 학생 수(교직원 및 대학원생 제외)는 연 14만 3천여 명에 달했고, 장서를 대출받은 학생은 연 1만 4천5백여 명에 이르렀으며, 이들이 대출한 책은 무려 1만 9천여 권에 달했다. 대출 도서의 90%는 동양서에 편중되었으며, 그 서적들 가운데 어학과 문학 분야 서적이 37%로 가장 큰 비중을 점했다. 서양서의 경우, 사회과학 분야가 27.6%로 가장 높은 대출 빈도를 보였다. 한편 교양학부 도서실의 경우, 1만 6천여 명의 학생들이 총 1만 7천여 권의 도서를 대출했다.

5-2-2 박물관의 독립개관

본교는 민속참고품실을 설치해 학술적 가치가 높은 문화재를 꾸준히 수집해 왔다. 수집한 귀중품들을 진열·보존하고 학술연구에 도움을 주려는 목적 아래 박물관 건물을 신축했다. 박물관 건물은 1961년에 착공하여 1962년 5월 5일 개교기념일을 맞아 개관하였다. 박물관 건물은 연건평 851평 규모의 철근 콘크리트 3층 건물로 당시까지 우리나라 대학박물관 중 가장 규모가 큰 것이었다. 각 층마다 커다란 홀을 하나씩 두고 사무실·연구실·휴게실 등을 갖추고 있었다. 1-2층은 민속학품·고고학품과 역사·미술품 등의 진열실로 사용하고, 3층은 아세아문제연구소를 비롯한 각종 부속 연구기관의 사무실로 사용했다.

1962년 완공된 옛 박물관

당시 본교 박물관의 총 소장품은 3만여 점이었다. 유물의 질적 측면에서나 박물관 건물 규모 면에서 국내 대학박물관 가운데 단연 으뜸을 자랑했다. 특히 박물관 신축 후 1962년 8월 충정공 민영환의 손자이자 본교 교수인 민병기가 충정공 관련 유품을 기증함에 따라 박물관의 품격은 한층 더 높아질 수 있었다. 이 기증품은 민영환이 자결할 때 남겨 놓은 유서와 서구식 군복軍服 등 생존 당시 사용하던 17점의 유물과 그가 자결한 자리에서 자라났다는 혈죽血竹 등을 포함하고 있었다.

또한 박물관은 유물 발굴 작업을 지속적으로 펴나가는 동시에 발굴 유물을 전시하기도 했다. 한 예로 1965년 5월 개교기념일을 맞아 한강 유역의 선사시대 유물 1만여 점과 웅천패총 유물 4만여 점을 전시해, 관람객들의 눈길을 사로잡았다. 1968년에는 경부고속도로 공사 중 경기도 오산에서 발견된 조선 시대 문신 홍진종의 수의 등 30여 점의 의류가 박물관에 기증되기도 했다. 조선 시대의 의류가 훼손되지 않고 발견된 것은 당시로서는 전례 없는 일이었다. 관 속에는 옥과 대리석으로 만든 도장 수십 개도 함께 발견돼, 학계로부터 그 사료적 가치를 인정받았다.

1968년 5월에는 숭실대·경희대·전남대 사학과와 공동으로 서울 암사동에서 신석기 시대 유물을 발굴했다. 당시 발굴된 유물은 뗀석기와 간석기를 비롯하여 석기·토기류 및 노지爐址 등을 포함하고 있었다. 신석기시대의 생활상을 엿볼 수 있는 이 유물들은 학계의 비상한 관심을 불러 모았다.

독립된 공간을 마련한 박물관은 더욱 활발한 활동을 펼쳤다. 석탑축전을 축하하는 의미로 1963년부터 한국 대학박물관 연합전시회를 개최하여, 전국 대학박물관에 산재해 있는 역사·민속·고고·미술·공예 관련 전시품을 학생들에게 공개했다. 또한 박물관은 1963년 2학기부터 토요일을 이용하여 학생들에게 공개해 온 전시실 관람 시간을 목요일로 변경했다. 본교가 토요일 학사행정 업무시간을 단축하면서 이루어진 조치였다. 한편 1968년에 들어 개교기념행사의 일환으로 〈무속특별전시회〉를 개최하기도 했다. 1주일간 진행된 이 전시회에서 무복과 무복도 20여 점을 비롯한 무속 관련 민속품이 전시되었다.

06

학생운동과 학생활동

6-1 학생운동

6-1-1 4월혁명의 기폭제 4·18

이승만은 1954년 사사오입 개헌을 통해 연임의 길을 터놓고 1956년 제3대 대통령에 당선되었다. 이승만의 자유당은 사실상 그의 사당私黨으로 전락하며 부정과 불법을 일삼았다. 자유당의 부정부패는 1960년 3월 15일에 실시된 정·부통령 선거에서 절정에 달했다. 청년·학생들을 중심으로 한 젊은 세대는 이에 저항하기 시작했다. 그 첫 신호탄은 1960년 2월 28일 대구에서 일어난 학생시위였다. 당국은 자유당 선거유세가 실시된 2월 27일, 각급 학교의 수업을 모두 중지시키고 교육공무원들을 유세장에 동원했다. 선거운동 기간부터 자행되어 오던 부정은 선거 당일인 3월 15일에 이르러 절정에 달했다. 청년들은 이 상황을 묵과하지 않았다. 학생들을 선두로 한 시위행렬은 경찰로 대표되는 공권력과 충돌했고, 그 와중에 많은 사상자가 발생했다. 1960년 4월 11일, 시위 도중 실종되었던 마산상고 학생 김주열의 시신이 발견되었다. 오른쪽 눈에 최루탄이 박힌 채 처참한 모습으로 떠오른 그의 시신은 전국에 큰 파장을 일으켰다.

3월 졸업식을 앞둔 본교의 학생 간부들은 신입생 환영회 준비를 위해 자주 접촉할 기회를 가지며 논의를 이어 갔다. 그들의 대화 주제는 자연스럽게 3·15 부정선거와 독재정권의 부패상, 마산 시위의 소식 등에 집중될 수밖에 없었는데 "동족의 손으로 동족의 피를 뽑는 이 악랄한 현실"(〈4·18 선언문〉)을 방관할 수 없다는 의견이 지배적이었다. 4월 3일, 5개 단과대학 운영위원장들이 종로 2가 수정궁 다방에 모였다. 당시 참석자는 이세기(정경대), 강우정(법대), 윤용섭(문리대), 이기택(상대), 김낙준(농대) 등이었다. 물론 이들이 내세운 신입생 환영회 준비 논의는 회동의 표면적 이유였고, 궁극적인 목적은 대규모 학생시위를 준비하는 것이었다. 4월 8일, 다시 모인 5개 단과대 학생 대표들은 신중한 논의를 거듭한 끝에 거사 결행이라는 방향으로 뜻을 모았다. 12일 밤, 정치학회장 이재환과 응원단장 김한중까지 가세하여 16일(토요일)을 거사일로 정했다.

이 무렵 《고대신문》 편집국장 박찬세는 〈우리는 행동성이 결여된 기형적 지식인을 거부한다〉는 사설로써 학생들의 열정에 불을 지폈다. 그가 바로 〈4·18 선언문〉을 기초했다. 그러나 16일 디데이를 앞두고 학생들의 거사 정보가 흘러나가자 시위를 준비하던 학생들은 신입생환영회를 무기한 연기한다고 발표하고 거사 날짜를 18일로 늦추게 되었다.

4월 18일 아침, 모든 준비가 끝났다. 시위가 벌어질 것이라는 이야기가 학생들 사이에 파다하게 나돌았다. 정식으로 궐기를 통고받은 학교 당국은 매우 난감한 입장에 처할 수밖에 없었다. 시위를 만류하는 학교 당국과 학생 대표들 사이에 1시간가량의 격론이 벌어졌고, 결국 학생들은 교수들의 간곡한 권고를 과감히 뿌리쳤다. 12시 50분 본관에서 도서관으로 오르는 길목을 비롯하여 교정 곳곳에 "급고急告! 12시 50분 전원 본관 앞에 집합할 것"이라고 쓰인 공지가 게시되었고, 도서관 앞 벼랑의 무성한 나무 사이에도 고대생의 궐기를 호소하는 포스터가 나붙었다. 학생들이 본관 앞 교정에 구름처럼 모여들기 시작했다. '고대'라는 글씨가 한글로 인쇄된 수건이 학생들에게 배포되었다.

선언문

친애하는 고대학생 제군!

한마디로 대학은 반항과 자유의 표상이다.

이제 질식할듯한 기성독재의 최후적 발악은 바야흐로 전체국민의 생명과 자유를 위협하고 있다.

그러기에 역사의 생생한 증언자적 사명을 띤 우리들 청년학도는 이 이상 역류하는 피의 분노를 억제할 수 없다.

만약 이와같은 극단의 악덕과 패륜을 포용하고 있는 이 탁류의 역사를 정화시키지 못한다면 우리는 후세의 영원한 저주를 면치 못하리라!

말할나위도 없이 학생이 상아탑에 안주치 못하고 대사회투쟁에 참여해야만 하는 오늘의 20대는 확실히 불행한 세대이다.

그러나 동족의 손으로 동족의 피를 뽑고 있는 이 악랄한 현실을 어찌 방관하랴!

존경하는 고대학생 동지제군!

우리 고대는 과거 일제하에서는 항일투쟁의 총본산이었으며, 해방 후에는 인간의 자유와 존엄을 사수하기 위하여 멸공전선의 전위적 대열에 섰으나 오늘은 진정한 민주이념의 쟁취를 위한 반항의 봉화를 높이 들어야 하겠다.

고대학생 동지제군!

우리는 청년학도만이 진정한 민주역사 창조의 역군이 될수 있음을 명심하여 총궐기하자.

당시 정경대학 운영위원장 이세기가 한 자 한 자 선언문을 읽어 내려갔다. 그가 선언문 낭독을 끝내기도 전에 함성이 터져 나오기 시작했다. 이때 상과대학 운영위원장

4·18의거 당시 경찰의 저지선을 뚫고 국회로 향하는 본교생

이기택이 등단하여 구호를 외치고, 학생들은 그에 호응해 스크럼을 짜고 운동장을 향해 질풍처럼 내려가기 시작했다. "민주 반역을 몰아내자", "자유·정의·진리 드높이자"는 플래카드를 앞세운 선두 대열이 운동장 왼편을 돌아, 별다른 저항을 받지 않고 교문을 빠져나갔다. 4천 명에 육박하는 성난 호랑이들의 질주가 교문에서부터 시작되었다.

안암지서 앞에서 50여 명의 경찰이 도로를 막고 시위대열을 차단했다. 경찰의 곤봉 세례 속에서도 일부는 계속 돌진하고, 또 다른 일부는 골목길을 빠져나가 신설동을 향해 내달렸다. 선두에 선 시위 학생들과 경찰이 백병전을 벌이는 동안, 대부분의 학생들은 신설동 로터리에 집결하여 동대문을 향해 전진했다. 동대문을 지날 때에는 시민들의 열광적인 박수와 호응의 함성이 쏟아져 나왔다.

그러나 종로 일대에 많은 경찰들이 운집해 있었다. 시위 행렬은 종로 4가에서 대기

중이던 경찰들로부터 난타당해 1천여 명으로 줄어들었고, 다시 종로 2가에서 강력한 제지를 받았다. 오후 2시 20분경에야 국회의사당(현재 서울시의회 본관) 앞에 진출한 학생들은 국회의사당 정문 앞에서 농성에 들어갔다. 거리에 울려 퍼지는 1천여 명 고대생의 장엄한 교가 합창 소리는 엄청난 견인력을 발휘했다. 집결지를 알지 못한 채 대열에서 이탈해 우왕좌왕하던 학생들은 이 노랫소리를 듣고 농성 중인 시위대에 합류할 수 있었다. 이윽고 학생들의 성토가 시작되었다. "민주 반역은 사죄하라!", "3·15 부정선거를 철회하라!", "학원의 자유를 달라!", "정치책임자는 마산 사건에 답변하라!", "연행 학생을 석방하라!", "폭력 경찰을 즉각 처단하라!" 시민들은 본교생이 외치는 구호를 연창했다.

3시 30분경, 내무부로부터 학생시위 사태를 수습해 달라는 부탁을 받은 총장 유진오가 시위대 앞에 나타나 연설했다. 그는 처음에 학생들의 용기를 치하했으나, 이제 그만 "학교로 돌아가자"고 권고했다. 6시 30분경, "총장의 권고를 수용해 학교로 돌아가자"는 본교 출신 이철승 의원의 설득과 새로 선출된 학생 대표의 호소에 응해, 농성대는 스크럼을 짜고 귀교길에 올랐다. 시청 앞에서 을지로 입구를 거쳐 을지로 4가로 향하는 귀교 코스를 2대의 경찰차와 신문사 보도 차량들이 선도했다. 행렬 선두가 막 종로 4가에 다다랐을 때였다. 갑자기 천일극장(청계천 4가) 옆 골목에서 괴한 수십 명이 쇠망치·도끼자루·쇠파이프·벽돌·갈고리 등의 흉기를 들고 나와 본교생 대열을 덮쳤다. 학교로 향하던 학생들은 미처 방어 태세를 갖출 틈도 없이, 깡패들의 습격을 피하지 못한 채 비명을 지르며 거리에 쓰러져 갔다. 불과 10분도 안 되는 사이에 벌어진 참혹한 광경이 학생들의 시야에 들어왔다. 수십 명의 학생들이 실신한 채 피를 흘리며 길바닥에 뒹굴었다. 부상을 당한 이들은 2백여 명에 달했다.

6-1-2 4월혁명과 고려대

아침 일찍부터 학생들은 전날의 피로가 가시지 않은 모습으로 인촌 동상 주변으로 모여들었다. 머리에 붕대를 감은 학생, 다리를 절뚝거리는 학생, 팔을 붕대로 감아 목에 걸

"자유 정의 진리 드높이자"는 현수막을 들고 행진하는 고대생

친 학생 등이 눈에 띄었다. 학교는 완전히 침통한 분위기에 잠겨 있었다. 그때 한 학생이 등단해 연설하며, "참다운 민주주의가 죽어 가고 있다!"고 외쳤다. 하늘을 가르는 격앙된 호소가 3천여 명 본교생들의 2차 시위를 자극했다. 부상을 당한 학생들까지 시위 대열에 뛰어들어 "깡패를 잡자!", "경찰은 학원에서 물러가라!"는 구호를 외치며 교문을 박차고 달려 나갔다.

시위의 선두에 선 대열이 진압 태세로 대기하던 경찰대를 아무런 주저 없이 밀어붙였다. 경찰대는 시위대의 물결을 막지 못한 채, 안암동 입구에서 돈암동 쪽으로 물러섰다. 이제 고대생들의 행진은 거칠 것이 없었다. 종로에서 을지로 입구를 거쳐 1시경 국회의사당 앞에 다다랐다. 이때 이미 수십만 명의 학생·시민 행렬이 경무대 어귀로부터 세종로·남대문 일대를 뒤덮고 있었다. 구호를 외치는 함성이 폭포처럼 쏟아졌다. 본교생들은 시청 앞 일대에서 연좌데모를 벌였다.

민주열사 김왈영

안타깝게도 이날 시위에서 본교생 희생자가 나왔다. 그 주인공은 바로 문리대 화학과 54학번 김왈영金曰寧이었다. 기혼자인 그는 4월 19일 오늘날 청와대가 자리하고 있는 경무대 앞 시위에 참여하고 있었다. 경찰의 발포가 이루어지는 상황에서도, 그는 두려워하지 않고 바리케이드를 넘다가 목에 총상을 입고 숨졌다. 그날 경무대 앞에서 경찰의 총격으로 사망한 21명 중 한 명이 바로 그였다. 당시 언론에서는 본교생 희생자를 '김일영'으로 기록했지만 2020년 박물관에서 개최한 4·18의거 60주년 특별전을 통해 그의 이름을 '김왈영'으로 바로잡을 수 있었다.

4월 25일 오후 3시부터 서울의대 구내의 교수회관에 3백여 명의 교수들이 모여 본교 이상은 교수가 기초한 〈시국선언서〉를 채택한 뒤, 5시 45분을 기하여 가두시위에 나섰다. 성균관대 임창순 교수가 본교생들이 준비해 온 플래카드에 "학생들의 피에 보답하라"고 썼다. 성균관대 변희용 교수와 연세대 권오순 교수가 양쪽에서 그 플래카드를 받쳐 들자, 본교 이종우·이항녕 교수와 연세대 정석해 교수 및 임창순 교수 등이 태극기를 펼쳐 들고 뒤를 따랐다. 교수단 시위는 "데모를 금지한다"는 계엄사령부의 포고에도 불구하고 취해진 대응이었다. 시대의 지성을 대표하는 교수들의 시위에 시민들은 놀라움과 환영의 표정을 지으며 시위대의 뒤를 따랐다. 교수단 시위는 4·18의거로 촉

1961년 4·18기념탑 제막

발된 '자유와 민권 쟁취를 위한 대축제'가 대단원의 막을 내린 역사적 장거壯擧였다. 이는 진리의 길을 따라 두려움 없이 거리로 나선 학생들에 대한 비호 행위이자, 스스로 걸어야 할 사도師道에 대한 반성이 담긴 행위이기도 했다. 이날 서울 시민들은 교수 시위가 끝나자 대대적 민중시위를 전개했다. 계엄군은 이를 지켜볼 수밖에 없었다. 1960년 4월 26일, 드디어 이승만이 하야 성명을 발표했다.

4월 29일, 10일간의 휴교가 끝나자 다시 교정은 활기를 되찾았다. 11시 반에 이례적인 조회가 열렸다. 유진오 총장은 학생들이 "민권 쟁취와 민주 확립의 역사적 사명을 다한 데 대하여 경의를 표한다"고 찬사를 아끼지 않았다. 김성식 교수는 '4월 학생의거'가 혁명임을 천명하며, 그 시대사적 의의와 특수성에 대한 학문적 진단을 시도했다.

4월혁명은 민족 역사상 최초의 민주혁명이었다. 이 의거는 민족의 주체적 역량과 민주적 자각에 기초하여 일궈낸 자유 민권의 승리였다.

1961년 4월 18일, 본교에서는 4·18의거 1주년을 맞이하여 기념탑을 세웠다. 자유와 민권 쟁취를 위해 분연히 궐기하였던 4월의 호랑이들을 찬양하고, 그 구국의 위업을 길이 빛내기 위해서였다. 기념탑의 조형은 인촌 동상의 제작에 참여했던 민복진閔福鎭이 심혈을 기울였고, 석문石文은 조지훈 교수가 작성했다.

〈자유! 너 영원한 활화산이여!〉
사악과 불의에 항거하여
압제의 사슬을 끊고
분노의 불길을 터뜨린
아! 1960년 4월 18일!
천지를 뒤흔든 정의의 함성을 새겨
그날의 분화구 여기에 돌을 세운다

6-1-3 한미행정협정 체결 촉구 시위

자유당 정권이 몰락함으로써 4월혁명은 그 일차적 과업을 달성할 수 있었다. 그러나 민주혁명의 핵심 세력인 학생과 교수 및 언론계를 포함한 지식층은 현실 정치의 구체적 개혁 방안을 제시하지는 못했다. 4월혁명 이후 숱한 정치단체의 난립, 잡다한 이념의 경쟁과 상충 등은 통일된 지도이념의 부재를 의미했다. 필연적으로 혁명의 이차적 과업은 과도정권과 이후의 장면 정권에 맡겨질 수밖에 없었다. 4월혁명은 장면 정권의 무능으로 인해 민중적 기반으로부터 유리된 채, 미완성작으로 남고 말았다. 5·16 군사 쿠데타가 4월혁명의 계승을 표방하고 일어났을 때, 학생들이 보인 침묵은 그러한 절망감의 또 다른 표현에 다름 아니었다. 본교생들뿐만 아니라 1년 전 거리를 가득 메웠던 전국의 학생들과 시민들은 비정상적인 정권 찬탈이라 할 수 있는 군사 쿠데타에 대해 무표정한 반응으로 사태의 추이를 관망하고만 있었다. 《고대신문》의 사설 역시 군부의 정권 장악을 우려하면서도, '군사혁명'의 불가피성에 대해 동의를 보내기도 했다.

한편 본교생들이 4월혁명과 5·16 군사 쿠데타라는 역사적 대격변 속에서 고뇌에 빠져 있을 때, 양주와 파주 등지에서 빈발한 미군들의 한국인 린치 사건은 사회적으로 큰 충격을 주었다. 이 사건을 계기로 본교생들은 2년간의 긴 침묵을 떨치고 일어나, '한미행정협정 체결 촉구' 시위를 감행했다. 그것은 부당한 외국인의 월권행위와 인권 침해에 분노한 민족의식의 발로였다. 당시까지도 한국과 미국 사이에는 행정협정이 체결되지 않아 미군의 범죄를 국내법으로 제재할 수 있는 근거조차 마련되지 않은 상태였다.

1962년 6월 6일 현충일 기념식을 마친 본교생들은 대운동장에 모여 행정협정 체결을 촉구한 뒤, 미국대사관 진출을 목표로 가두시위에 나섰다. 본교생 시위대는 긴급출동한 5백여 명 경찰의 저지에 부딪혀 안암로터리를 벗어나지 못한 채 연좌에 들어갔다. 그들은 대정부 건의안과 미국 정부에 보내는 메시지·선언문 등을 12시부터 약 1시간에 걸쳐 낭독했다. 유진오 총장은 학생들 앞에 나가 "학생들의 의사가 충분히 전달되었으니, 그만 학교로 돌아가자"고 권고했다. 본교 시위대는 유진오 총장의 권고를 받아들여 연좌를 풀고 본교로 돌아왔다. 그러나 150여 명의 학생들은 미국대사관 부근으로 달려가 그곳에 대기하고 있던 학생들과 함께 시위를 벌이려다 전원 경찰에 연행되었다. 한미행정협정 체결 촉구 시위는 미국과의 외교 관계에서 종속 상태에 처해 있던 현실을 극복하려는 학생운동이었다고 할 수 있다.

6-1-4 6·3항쟁과 한일협정 반대

4월혁명이 꽃피운 민족주의적 이상은 학생들이 대외적 주권 의식에 눈뜨는 계기가 되었다. 1964년 3월 24일, 2년간의 침묵을 깨뜨리고 폭발한 한일회담 반대시위 역시 그 기저에는 민족주의적 이상이 깔려 있었다. 총학생회가 주도한 이날 시위에서 학생들은 “일본의 침략이 눈앞에 다가왔다”는 요지의 성명서를 채택했다. “왜 일본을 신임하는가” 등의 플래카드를 앞세운 시위대 7백여 명은 안암동 로터리에서 교양학부 학생들과 합세했다. 2천여 명으로 불어난 학생들은 대광고등학교 앞에서 경찰과 대치하며 치열한 공방전을 벌였다. 마침내 국회의사당 앞에 진출한 본교생들은 결의문과 대정부 건의문 등을 채택한 뒤, 4년 전 4·18의거 당시 선배들의 귀교 코스를 따라 천일극장 앞에서 묵념을 올리고 만세를 부른 후 해산했다. 이날 본교생을 비롯한 각 대학의 시위 인원은 6천여 명에 달했다.

3·24 시위 이후 학생들은 군사정부 퇴진을 요구하며 더욱 강력한 투쟁을 벌이기 위하여 ‘구국투쟁위원회’(이하 구국투위)를 결성했다. ‘구국투위’는 법대 4학년 김재하를 위원장으로, 단과대 학생회장인 이명박과 박정훈 등을 부위원장으로 선임해 6·2 시위를 준비했다. 6월 2일 아침 강의실 등에 격문이 뿌려진 가운데 학생들은 교내 배구장으로 집결했다. 구국투위 위원장 김재하가 진정한 민주주의를 위해 박정희 정권을 타도할 것을 결의하고 선언문을 낭독했다. 이날 본교생은 206명이 연행되었으며 시위를 주도한 손옥백, 정성헌, 이을성, 임수광, 김정일, 김두환, 유해근, 조두연, 이규봉, 이대식에게 구속영장이 청구되었다.

시위는 다음 날까지 이어졌다. 6월 3일 아침 배구장에는 이미 4천여 명이 넘는 학생들이 모였다. 법대 학생회장 이경우와 상대 학생회장 이명박은 박정희 정부의 퇴진을 요구하는 선언문과 결의문을 낭독한 뒤 시위를 시작했다. 시위대는 “구속자 석방하라”, “못 살겠다 박정권 물러가라”는 등의 구호를 외치며 교문을 나섰다. 안암동 로터리에서 경찰기동대의 저지선과 충돌하며 치열한 공방전이 벌어졌고, 이 과정에서 많은 학생들이 다쳤다. 1시 40분 본교 선발대 1천2백 명이 최초로 국회의사당 앞에 도착했고 뒤이어 서울의대, 성균관대, 동국대, 서울상대, 숭실대 등이 합세했으며 본교생 1천여 명 역시 추가로 가세했다. 6월 3일 시위에 참가한 대학은 18개교이며 참가자는 1만 5천여 명에 이르렀고, 시민들의 합류로 총 시위 인원은 약 3만여 명으로 추산되었다. 4월혁명 이후 처음으로 학생들과 시민들이 합세한 대규모 시위를 접한 정부는 결국 6월 3일 밤 계엄령을 선포함으로써 6·3 시위는 강제 해산되었다. 이날 시위대를 지휘하던 이융(농과대 3), 이을성(이공대 3), 서오석(상과대 3), 정해남(정경대 2), 이충남(정경대 3), 이주열(문과대 3)이 현장에서 연행되어 전날에 이어 다시 다수의 본교생들이 내란죄로 구속되었다. 4월혁명을 계승한 6·3항쟁은 반공 친미 체제에 함몰되어 잊혀졌던 민족 문제를 우리 사회에 본격적으로 제기했다는 점에서 중요한 역사적 의미를 가진다.

1965년 본교의 학생운동은 6·3항쟁을 주도했던 이들의 구속, 졸업, 군입대 등으로 인해 새로운 국면을 맞이했다. 1965년 4월 3일 한일협정이 결국 가조인되자 학생운동 각 그룹들은 시내 각 대학과 연계하여 다시 반대투쟁을 계획했다. 1965년 첫 학기가 시작된 후 벌어진 본교의 첫 시위는 4월 13일 2천여 명의 학생들이 배구장에 집결하면서 이루어졌다. 학생들은 "제2의 을사조약을 철회하라!"는 구호를 외치며 교문을 나섰지만 경찰의 제지에 가로막혔다. 그들 일부는 해산했으나 일부는 결국 국회의사당까지 진출해 시위를 벌이던 중 경찰에 전원 연행되었다. 이날 시위에서 2명이 구속되고, 278명이 즉결 심판에 넘겨졌다. 15일 본교생들은 다시 가두시위를 벌였고 이날 시위로 40명이 구속되었다.

이후 학생들은 한일협정 정식 조인일인 6월 22일을 앞두고 다시 적극적인 반대투쟁에 나섰다. 6월 11일 '굴욕적인 한일회담 즉각 철폐'를 주장하는 성토대회에 이어 6월 18일부터는 연속적인 대규모 시위를 펼쳤다. 18일, 본교생 8백여 명은 "한일회담 조인 즉시 중지"라고 쓴 플래카드를 걸고 성토대회를 연 데 이어 가두시위를 전개했다. 21일, 교양학부 학생들의 오전 시위에 이어 1천여 학생들이 결의문과 행동강령을 채택한 뒤, 안암동 로터리에서 경찰과 일진일퇴를 벌이다 해산했다. 6월 26일, 본교생 108명은 한일협정 조인에 항의하며 48시간 단식투쟁에 돌입했다. 단식 참여자들은 혈서로 비장한 각오를 드러냈다. 6월 29일, 4천여 명의 학생들이 다시 시위에 나섰으며, 이 시위는 1964년 3·24 시위 이후 최대 규모였다.

학생들의 시위는 2학기 개강과 더불어 재개되었다. 8월 25일 2천여 명의 학생들이 안암동 로터리에서 트럭에 분승한 채 대기하고 있던 무장군인들과 대치하던 가운데, 철학과 학생 김득길이 군용 지프에 치여 중상을 입는 불상사가 일어났다. 고대생이 죽었다는 소문이 퍼지면서, 충격에 휩싸인 학생들은 더욱 격렬하게 저항했다. 이런 상황에서 1시 30분경 150여 명가량의 무장군인이 본교에 진입했다. 무장군인들은 캠퍼스를 샅샅이 뒤지면서 50여 명의 학생을 연행했다. 이 과정에서 군인들은 무차별적으로 총기를 휘두르며 난동을 벌였고 도서관 정문 유리창을 깨뜨리고 자유열람실 안에 최루탄을 투입했다. 여학생회관인 금란실 근처에도 세 발의 최루탄을 쏘았으며, 이학부 실험실에까지 난입하여 실험기구를 파괴했다. 오후 4시, 1천여 명의 본교생들은 무장군인들의 진입에 대한 성토대회를 열었고, 더 나아가 긴급 교수회의도 소집돼 대정부 항의문이 낭독되었다. 이날 본교생들은 철야 농성을 벌였다. 긴박한 상황이 계속되는 가운데, 9월 4일 문교부는 본교에 대해 휴업령을 선포했다.

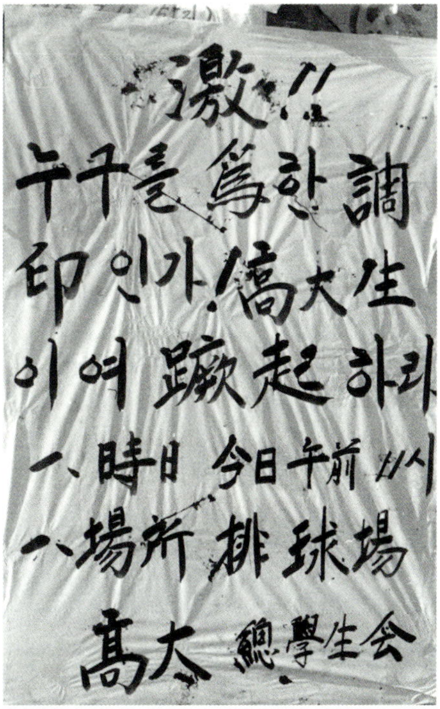

한일회담 조인반대 격문(1965)

본교에 내려진 휴업령은 사립대학교 총·학장의 막후교섭과 문교부의 강경책 완화로 해결의 조짐을 보였다. 소위 정치교수로 지목된 본교 5명의 교수 중 김성식·김경탁·이항녕 3인이 사퇴하고, 데모 주동 학생으로 지목된 14명의 학생들 가운데 6명이 자퇴한 뒤, 9월 20일 본교에 내려진 휴업령이 해제되었다. 11월 20일 학교 당국은 '한일협정

완전 체결에 즈음하여'라는 성명서와 구속 학생들의 석방을 요구하는 '박 대통령에 보내는 메세지'를 발표한 총학생회에 대해 교칙 위반을 이유로 활동 정지 처분을 내렸다. 사상 초유의 휴업령이라는 홍역을 치른 뒤, 학교 측은 학생들의 정치 활동에 민감하게 반응한 것이다. 이후 1966년 2학기에 들어 제적 및 자퇴 학생과 정치교수의 복교가 허용됨으로써 '한일협정'을 둘러싸고 벌어진 시위 문제는 일단락되었다.

6-2 학생회의 출범과 활동

6-2-1 학도호국단 탈퇴와 총학생회의 출범

4월혁명이 가져다준 민주주의의 열기가 채 가시지 않은 1960년 4월 30일, 본교 학생들은 중앙학도호국단 탈퇴를 선언했다. 뒤이어 학생들은 혁명 이후 학원이 지향해야 할 민주주의적 과제를 주제로 좌담회를 열었다. 《고대신문》이 주최한 이 좌담회에서는 학원 정화문제를 비롯하여 학도호국단의 문제점, 자치활동의 현황, 자치기구의 개편 방향, 4월혁명 기념 학생회관 건립 문제 등이 논의되었다. 이후 장면 정권이 들어서자 학도호국단이 해체되고 각급 학교에서 자율적 학생회 규약을 마련했다.

본교는 1960년 2학기부터 학생 자치기구의 개편을 추진하고 10월에 그 회칙을 공고했다. 그에 따라 종래의 학도호국단 규약에 의한 학생 자치기구가 폐지되고 새로운 기구와 회칙이 마련되었다. 각 학회의 규약은 종래의 것을 그대로 적용할 수 있었으나 새로운 학칙에 위배되는 조항이 있을 경우 수정해야 했다. 특히 주목할 만한 점은 학생위원회와 학회를 단일화해 학생회로 출범시킨 것과, 각 단과대학의 학생회장과 총학생회장에 입후보하려는 이들은 먼저 각 학과의 회장으로 선출되어야 한다는 규정이었다.

새 회칙에 따른 학생회 임원 선거는 1960년 11월에 실시되었다. 우선 각 학과의 학생회장 선거를 치른 뒤, 단과대학 학생회장과 총학생회장을 차례로 선출했다. 전체

1960년대 학생회 선거

대의원 회의를 통하여 선출한 총학생회장에는 상과대학 학생회장 유진홍이 당선되었다. 과열 양상이 우려될 정도로 지대한 관심을 끌었던 초기 학생회 선거에서 당시 학생들의 관심사를 엿볼 수 있는 선거공약들이 쏟아져 나왔다. 학회비 절약을 통한 학생회 장학금 마련, 고시 위주의 학풍 조성, 고시생을 위한 열람실 마련, 유명 교수 특강 유치 등이 대표적 공약이었다.

학생 자치활동의 통합체로 출범한 총학생회는 다양한 활동을 전개했다. 대표적으로 매년 봄·가을에 개최된 학술강연회는 시사적인 흐름에 적합한 전국대학생시국토론대회와 서클대항토론회 등의 형식으로 열렸다. 총학생회가 주관한 명사 초청 강연회도 많은 학생의 관심을 끌었다. 일례로 1963년 11월 총학생회가 개최한 학술사상강연회에 중앙정보부장을 지낸 김종필과 전년도 막사이사이상 언론부문 수상자인 장준하가 초청되었다. 김종필은 '한국 민족주의와 민주주의', '대일 외교정책의 문제점', '제3공화국의 민주적 전망' 등을 주제로, 장준하는 '민족주의와 혁명정부', '제3공화국의 민주적 전망' 등을 주제로 강연했다. 날카로운 의견 대립을 보인 그들의 강연은 학생들 사이에 커다란 관심을 이끌어 냈다.

총학생회 출범 이후 여학생회도 적극적 활동을 벌였다. 초대 여학생회장에 법학과 황영숙이 무투표로 선출되었다. 본교의 여학생 수가 급격히 증가하긴 했으나, 여전히 소수였고 학교 분위기가 남성 중심적이어서 여학생회의 활동은 사회 일반에서 '여성적'으로 규정한 틀을 크게 벗어나지 못했다. 사회에 만연해 있던 성차별 의식 속에서도 나름의 활동을 모색해 오던 본교 여학생들은 1967년 10월 여학생 교우회인 '석란회石蘭會'를 발족하고 초대 회장에 법학과를 졸업한 최찬희 교우를 선출했다.

6-2-2 석탑축전의 시작과 고연전의 정례화

4월혁명 이후 본교 학생들은 새로운 방향의 활동을 모색했다. 단과대학과 각 학과들이 산발적으로 진행해 오던 각종 행사를 일정 기간 내에 종합적으로 거행해 보다 큰 효과를 거두려는 움직임이 총학생회를 중심으로 논의되었다. 그 결과 교내의 모든 행사를 봄·가을 두 차례로 나누어 진행하되, 춘계에는 학술·예술·체육 관련 행사를 거행하고 추계에는 전교생들이 참여하는 체육대회를 연다는 계획이 수립되었다. 특히 5월 5일 개교기념일에 맞춰 춘계 행사를 열어 이를 거교적 대학 축제로 발전시키기로 합의했고, 그 명칭을 조지훈 교수가 제안한 '석탑축전'으로 정했다.

이후 1962년 3월 총학생회장을 중심으로 석탑축전준비위원회가 구성되었고, 5월 4일부터 6일까지 3일간에 걸쳐 제1회 석탑축전이 열렸다. 제1회 석탑축전은 운동장에서 실시된 매스게임을 시작으로 막이 올랐다. 이어 유도부·공수부의 연무演武와 모의재판, 단과대학별 농구·배구대회, 문학강연회, 음악의 밤, 학술강연회, 교수 대 교우 대항 체육대회, '역사상 인물 가상재판', '힘의 미전', '농민문학과 국악의 밤', 학술 대토론회, 연극발표회, 석탑 카니발 등이 성대하게 거행되었다. 《고대신문》에서는 석탑축전을 기념하기 위해 '5월의 노래'를 공모하기도 했다.

제1회 석탑축전(1962)

1965년 개교 60주년 기념으로 개최된 석탑축전은 그해에 회갑을 맞은 교우들의 회갑연과 함께 소형 비행기의 에어쇼까지 펼쳐지며, 당시 대학가의 성대한 문화 행사로 주목받았다. 그러나 짧은 준비 기간에 따른 원활하지 못한 행사 진행과 카니발의 '쌍쌍파티'에 대한 비판적 목소리도 적지 않았다. 1967년에 개최된 제6회 석탑축전의 경우 일부 학생들이 난동을 피워 3명은 퇴학, 1명은 무기정학 처분을 받는 불상사가 일어나기도 했다. 학생처는 이 사건을 계기로 체육선수들의 폭력행위를 단속하기 위해 체육부 각 부별 지도교수제를 강화하는 한편, 매월 1회씩 체육선수들에 대한 교양강좌를 실시하기로 했다. 아울러 다음 해의 석탑축전부터 야간행사와 유흥성 프로그램을 불허하겠다는 방침을 세웠다.

1960년대 본교의 체육활동에서 가장 특기할 만한 일은 연세대와의 정기전이 지금과 같은 모습으로 정례화된 것을 들 수 있다. 연세대와의 정기전은 1956년 10월 처음 시작되었으나 5·16 군사 쿠데타로 4년 동안 중단된 상황이었다. 정기 고연전을 재개하

1960년대 정기 고연전

기 위해 1965년 두 학교 학생회장단이 정기전의 재개를 각 학교에 건의했고 학교 당국이 이에 호응하면서 정기전이 재개될 수 있었다. 그동안 논란이 되었던 고연전 출전 선수의 자격은 '양교에 등록된 자로서 다른 경기 단체에 등록되지 않은 자'로 변경했다. 또한 매년 9월 넷째 주 금요일과 토요일, 이틀에 걸쳐 정기전을 개최하고, 호칭은 상대방 교명을 선칭先稱하기로 했다. 정기전의 진행과 좌석 배치는 주최한 학교에서 상대 학교에 선택권을 주기로 합의했다. 마침내 1965년 10월 22-23일 정기 고연전이 재개되었다. 재개된 고연전은 단순한 체육행사가 아니라 우리나라 사립대학의 큰 줄기를 형성해 온 양교의 전통적인 우의와 친선을 두텁게 하기 위한 우정의 대결이 되었다. 5년간의 기다림 끝에 개최된 1965년의 정기 고연전에서는 종합 전적 1승 2무 2패를 거두었다.

6-2-3 농촌 봉사 활동

1960년대에는 학생들의 농촌 봉사 활동이 활발해졌다. 황폐한 농촌의 부흥 없이 국가

경제의 발전을 기대할 수 없다는 이유에서였다. 농촌 봉사 활동을 주도한 본교의 단체는 4H연구회, 농어촌문제연구소, 자진근로반, 농과대학 학생회, 곡괭이그룹, 기독학생회, 민주정치사상연구회 등이었다. 대표적으로 1954년에 창립된 4H연구회는 농촌 문제에 관한 세미나를 매주 실시하며 농어촌 실태조사를 실시하는 한편, 농촌 봉사 활동을 활발히 전개했다. 1961년에 결성된 자진근로반도 매년 방학을 이용해 농촌 봉사 활동을 벌였을 뿐만 아니라, 매달 보육원이나 고아원 등을 방문해 봉사활동을 펼치기도 했다.

이들은 어느 지역과 자매결연을 맺으면 그 마을을 '모범부락'으로 육성하고자 노력했다. 그러기 위해 그들은 먼저 그 마을의 입지 조건과 농가 실태를 조사한 뒤 우물 보수 및 도로 정리, 개간 작업 협조, 응급치료 및 위생지도, 마을문고 설치와 독서구락부 조직, 아동들의 학습 지도 등에 힘썼다. 1961년 4월경 농과대학 학생회가 전북 옥구 소옥마을과 자매결연을 맺은 것을 시작으로 같은 해 말까지 31개 마을이 본교와 결연을 맺었고, 1963년에 들어 추가로 5개 마을과 결연을 맺었다. 학생들은 자매결연을 맺은 마을에 직접 봉사활동을 나가기도 했고, 자금을 모금하거나 도서를 수집해 보내주기도 했다. 이를테면 1961년에 자매결연을 맺은 18개 마을에 가축 및 개간지 구입 자금으로 123만 500환을 보조했다.

대학생들의 농촌 봉사 활동은 순수한 열정이 깃든 활동이었으나, 정부가 범국가적으로 전개한 새마을 운동과 결부되는 면도 없지 않았다. 실제로 학생들이 농촌에서 전개한 봉사활동은 아동학교를 비롯해 부녀회 운영 방법, 가족계획 및 양토법 등에 대한 계몽, 새끼꼬기, 가마니 짜기 등 정부가 추진하고 있던 농촌계몽 활동과 유사한 내용을 포함했다. 이러한 점에서 농촌 봉사 활동은 국가 주도의 농촌계몽 운동이 지닌 한계에서 벗어나기 어려운 측면도 있었다.

6-2-4 《고대신문》의 발전

4월혁명 이후 본래의 제호를 되찾은 《고대신문》은 1962년 3월 지령紙齡 300호를 내기에 이르렀다. 지령 300호는 16면에 달하는 방대한 분량으로 제작되었으며, 대학 언론으로서 걸어온 길을 자축하는 의미를 담고 있었다. 이 특별호에는 《고대신문》의 지난 활동에 대한 회고와 반성, 그리고 본교의 역사적 발자취를 조명하는 기사들이 집중적으로 게재되었다. 지령 300호를 기념하는 문화상 제도도 신설되었다. 석탑문화의 산파로 그 사명을 다해 온 《고대신문》이 본교생들의 학문·예술·체육 활동을 진작시키려는 목적에서 제정된 상이었다. 석탑문화상은 학예상 2인, 체육상 1인을 시상 대상으로 삼았으며, 사회과학과 자연과학 분야에서 탁월한 학술적 업적을 이룩한 자, 문학·미술·음악·연극·영화·사진 등 각종 예술 분야의 활동에서 그 업적이 탁월한 자, 학생 자치 활동에서 지도적 역량을 발휘해 현저한 공적을 세운 자, 대외 체육 활동에서 모교의 명예를 드높인 자 등에게 수여할 계획이었다. 그러나 제정 첫해에는 수상자를 배출하지 못했다.

한편 《고대신문》은 첨예한 정치 상황 속에서도 예봉銳鋒을 꺾지 않았을 뿐만 아니라, 대학신문 특유의 풍자 정신도 잃지 않았다. 1962년부터 게재한 《고대신문》의 '역사상 인물 가상재판'은 현실의 부조리에 대한 비판의식과 날카로운 풍자 정신을 절묘하게 드러냈다. '역사상 인물 가상재판'에 처음으로 소환된 인물은 연산군, 변학도, 스탈린, 장희빈, 이토 히로부미 등이었다. 한편 1953년 5월부터 1955년 10월까지 연재되었던 고정칼럼 〈냉전冷箭〉 역시 1962년 3월 31일 제303호부터 다시 신랄한 비판 정신을 일깨우기 시작했다. 〈냉전〉은 대구 임시교사 시절인 1952년 17호부터 시작된 〈석탑춘추〉와 함께 대학신문 사상 유례를 찾기 힘든 장수 고정란이 되었다. 〈냉전〉과 〈석탑춘추〉는 간담이 서늘할 정도의 차가운 시선과 절로 웃음이 흘러나오게 만드는 위트로 우리 자신을 돌아보고 성찰할 수 있는 자극제가 되었다.

1970 1971 1972 1973 1974 1975 1976 1977 1978 1979

제8장

종합대학 체제의 확립과 학원의 수난

The 120th Anniversary
of Korea University

01

우석학원의 병합과 종합대학 체제의 확립

1-1 우석학원의 병합과 의과대학의 출범

1971년 11월 27일, 학교법인 고려중앙학원은 학교법인 우석학원을 통합하는 약정서에 조인했다. 조인식에는 본교 재단 이사장인 이활과 윤재중 상무이사, 우석학원 관선이사인 민병구 임시이사장 등이 참석했다. 12월 6일에는 문교부가 양 재단의 통합을 인가했다. 12월 14일, 합병에 따르는 인수인계식과 아울러 현판식이 거행되었는데, 이날의 인수인계는 김상만 본교 재단 이사가 우석재단의 이사장이 되어 본교 재단과 인수인계를 하는 형식으로 진행되었다. 현판식에서는 이활 재단 이사장, 김상협 총장, 김상만 이사에 의해 차례로 '고려대학교 의과대학', '고려대학교 의과대학 병설 의학기술초급대학', '고려대학교 의과대학 부설 우석병원'의 현판이 걸렸다. '학교법인 고려중앙학원'이 '학교법인 우석학원'을 흡수 합병하여 획기적인 양적 확대를 이룩하는 순간이었다.

본교가 우석대학을 인수한 것은 본교 출범 이래 숙원사업의 하나였던 의과대학을 설립하여 종합대학으로서의 면모를 갖추기 위함이었다. 우석학원의 통합에 따라 본교는 3천여 명의 우석대 학생들과 교직원을 받아들이게 되었고, 이를 계기로 학생 수만으로도 1만 명을 달성하며 국내 최대의 사학으로 발돋움하는 양적 팽창기를 맞이했다.

우석학원의 합병(1971)

우석학원의 통합은 숱한 우여곡절 끝에 성사된 것이었다. 우석학원이 1970년 2월부터 본격적인 경영난에 빠지자, 문교부는 이를 수습하기 위하여 관선이사를 선임하고 건전한 경영자 물색에 나섰다. 우석학원 인수를 둘러싸고 10여 개의 학원, 단체, 재벌들이 치열한 경합을 벌였고, 문교부는 관선이사를 네 차례나 바꾸면서 경영자 물색에 난항을 겪었다. 결국 1971년 5차 관선이사에 의해 1년 9개월 만에 본교 법인이 인수자로 선정될 수 있었다.

합병 당시 우석학원의 재산은 혜화동에 있던 우석병원을 비롯하여 대략 25억 원 가량으로 추정되었으며, 재단 산하에 정원 1,840명의 3개 단과대학과 대학원으로 구성된 우석대학과 의학기술초급대학(540명), 우석상업고등학교(1,100명), 우석중학교(2,300명) 등을 운영하고 있었다. 본교는 합병 즉시 현금 3억 원, 1972년 말까지 3억 원, 그리고 3년 이내에 4억 원 등 총 10억 원으로 우석대의 채무 3억 8천만 원을 탕감하고 나머지를 학교시설 및 운영에 투자하기로 했다.

우석대를 통합한 본교는 우석대 학생들과 교직원 모두를 받아들여, 기존 학생들에 대해서도 고려대 명의의 졸업장을 발급했다. 우석대학교 의과대학에 대해서는 곧바로 고려대학교 의과대학으로 명칭을 변경하는 등 새롭게 변화한 환경을 안정시키고자 노력했다. 하지만 우석대의 많은 졸업생이 우석병원에 대한 애착을 가지고 있었고, 고故 우석 김종익金鍾翊 선생을 기념하여 병원의 명칭을 우석병원友石病院으로 하기로 한 통합

1971년 12월 당시 '우석병원'의 진료과목

진료과목					
소화기내과	일반내과	흉곽胸廓내과	일반외과	신경외과	정형외과
산부인과	소아과	이비인후과	비뇨기과	안과	피부과
신경정신과	임상병리과	방사선과	마취과	치과	재활의학과

당시의 약속도 무시할 수 없었기 때문에 '고려대학교 의과대학 부속 우석병원'이라는 간판으로 고쳐 달면서 기존의 명칭을 유지했다. 우석대학교 의과대학은 한국 여성 의학교육의 발전과 국민 보건의료 향상을 위해 전력한 깊은 역사가 있었다. 우석대학교 의과대학의 뿌리는 1928년 9월 4일에 설립된 한국 최초의 여성 의학교육기관, 조선여자의학강습소였다. 의료선교사 로제타 홀Rosetta Sherwood Hall은 전통사회의 유교적 관습으로 인해 여성이 의료에서 소외되는 현실을 바꾸고자 노력했고, 그 뜻을 함께한 김탁원·길정희 부부 등 조선인 의사들이 조선여자의학강습소 설립에 동참했다. 1933년, 로제타 홀이 은퇴하자 김탁원 부부는 강습소를 인계받아 경성여자의학강습소로 이름을 바꿔 운영하였다. 이후 김탁원은 정식 의학교육 기관으로 인정받기 위해서 여자의학전문학교로 승격하는 것이 긴요하다고 생각했다. 이를 위해 1934년 9월, 재단법인 여자의학전문학교 발기준비회를 조직하여 기부금을 모집했으나 학교 설립 기준에는 턱없이 부족했다.

김탁원은 여자의학전문학교 발기위원인 인촌 김성수를 찾아가 기부금 모금을 도와 달라고 요청했고, 김성수는 민족자산가인 우석 김종익을 소개해 주었다. 김종익은 여자의학전문학교 기성회·발기회 이사로 활동했는데, 1937년 급환으로 별세했다. 그는 유언으로 학교 설립 자금을 기부했고, 1938년 4월 경성여자의학전문학교가 설립되었다. 경성여자의학전문학교와 그 후신인 서울여자의과대학(1948)에서 배출한 여의사들은 한국 여성이 의료혜택을 받을 수 있는 근간이 되었으며, 남녀공학으로 전환한 수도

의과대학(1957)과 다시 한번 종합대학으로 성장한 우석대학교 의과대학(1966)은 국민 보건의료 향상이라는 시대적 과제를 안고 분투한 역사적 궤적을 그려 나갔다.

이처럼 '고려중앙학원'은 '우석학원'을 합병함으로써 개교 이래 또 한 번의 획기적인 교육 확장을 도모함은 물론 오랜 숙원이었던 의과대학을 신설하며 명실상부한 종합대학체제를 구축할 수 있었다.

1-2 의과대학 부속병원 체제의 구축

1970년대 중반에 접어들면서 본교의 의과대학 및 의료 시설은 크게 발전했다. 본교는 1974년 8월 26일 의과대학 부속 우석병원의 신축 병동을 개원했다. 이 신축 병동은 1971년 우석대를 통합함에 따라 구체화된 의과대학 발전계획의 일환으로 건립되었으며, 병원 규모 확대를 목표로 1972년 5월 공사가 시작된 후 2년 4개월 만에 완공되었다. 연건평 3,000평, 지하 1층, 지상 7층의 현대식 시설을 갖추고 총 182병상을 보유한 신축 병동이 완공되자, 병상 규모는 300병상에서 482병상으로 대폭 증가하며 환자 수용 규모를 확대할 수 있었다. 이로써 우석병원은 총 6천 평의 웅장한 규모를 갖추고 수련의 125명, 간호사 124명을 포함하여 총 580명의 직원이 종사하는 명실상부한 종합병원으로 거듭나게 되었다.

1976년 3월 1일부터는 우석대를 통합한 후 사용해 왔던 의과대학 부속 우석병원이라는 명칭을 '고려대학교 의과대학 부속병원'으로 변경했다. 통합 이후 병원 명칭이 본교 부속병원으로서의 이미지에 적합하지 않다는 의견이 많아, 학교 당국이 병원 명칭을 바꾸기로 한 것이다. 한편 1975년 2월 28일에는 본교 병설 의학기술초급대학을 정릉분교로 이전했다. 1975학년도에 기존 우석대 문리과대학과 법경대학 학생들이 모두 졸업함에 따라 정릉캠퍼스는 의학기술초급대학에서 단독으로 사용하게 되었고, 의학기술초급대학이 자리 잡고 있던 명륜동분교는 의과대학이 사용하게 되었다.

또한 의과대학은 기생충학교실(1972), 흉부외과학교실(1973), 성형외과학교실(1974), 법의학교실(1976) 등을 순차적으로 신설하여 의학 교육 및 연구의 기반을 확충하였다. 특히 문국진 교수의 노력으로 결실을 맺은 법의학교실은 해방 이후 최초로 설립된 의과대학 법의학교실로서 그 의미가 각별하였다. 의과대학의 시설도 계속 확충되었다. 1972년 의과대학 의학기재실의 특수기재부에서는 우석병원 대합실에 환자와 면회자를 위한 TV 1대와 본과 1·3학년 강의실에 TV 각 2대를 설치하여 강의 및 수술 중계 등에 이용했다. 이와 더불어 1974년에 신관을 완공함으로써 좀더 나은 환경을 조성했다. 이 외에도 의과대학 본관에 있었던 많은 실험실이 의과대학 별관으로 이전함에 따라 기생충학실, 조직학 실험실, 미생물 실험실 등을 확충 보강했고 법의학 부검실을 신설했다.

1979년, 본교는 종합발전계획의 일환으로 의과대학의 새로운 모병원母病院 신축을 위하여 서독에서 차관을 도입하기로 결정했다. 독일재건은행KFW의 조사단은 구로, 반월, 여주 등을 후보지로 답사해 타당성을 검토한 뒤, 1,750만 마르크(한화 약 45억 원) 규모의 차관 도입에 합의했다. 이 차관은 10년 거치 20년 상환(연리 2% 이내)이라는 유리한 조건으로 제공되었다. 부속병원 확장 사업은 1981년 착공하여 1983년 완공될 예정이었으며 구로에 250병상, 반월에 100병상, 여주에 50병상 등 3곳에 총 400병상을 확보하기 위하여 총 130억 원의 예산이 책정되었다. 이 예산은 독일 차관 45억 원, 정부 보조비 40억 원(1병상당 1천만 원), 학교 부담금 45억 원으로 충당되었다.

02

장기종합발전계획의 수립

2-1 김상협 총장의 취임과 '지성과 야성'의 대학인상

1970년 10월 2일, 제6대 총장으로 취임한 김상협 총장은 "지성과 야성을 겸비한 전인적 인간의 형성"을 고려대 학생의 새로운 인간상으로 제시했다. 김상협 총장은 취임사에서 본교의 뿌리를 민족의 대학, 자유로운 학문의 장, 그리고 꺼지지 않는 생명력으로 요약했다. 또한 본교의 주체와 그 교육목표를 "민족주체·민간주체의 사학"으로 규정하고, 본교의 경영 주체가 민족과 민력이었으며, 본 대학의 목표는 "민족의 힘을 위한 민력 확충"에 있음을 재확인했다. 김상협 총장이 제시한 본교의 미래상은 "기성 신앙의 전도사"나 "기존 사상의 강제수용소"에서 탈피하고 "각양각색의 세계관과 가치체계, 각양각색의 가설과 학설, 이들 사이에 치열하게 벌어지는 경쟁"을 통해 약동하는 학문적 자유의 전당으로 도약하는 것이었다. 그는 주지주의적主知主義的으로 치우친 기형적 지성을 지양하며, 관용과 아량, 왕성한 정의감, 민족애를 바탕으로 한 주의주의적主意主義的 '야성'을 강조했다. 이 '지성과 야성'의 주장은 1970년대 초반 고대생들의 정신적 상징으로 자리 잡았다.

김상협 총장은 '지성과 야성'을 실천하기 위해 총장으로서는 이례적으로 매년 가을, 총학생회가 주최하는 학술강연회에 연사로 참석했다. '미·중공 접근과 국제정세의 변화에 따르는 한국통일 문제'(1971), '공존 시대와 한반도의 장래'(1972), '이상 변화의 시대'(1973) 등이 그가 행한 학술강연의 제목이었다. 자신이 상아탑 속에서 꾸준히 연마해 온 학술 성과를 학생들에게 시사적으로 풀어내면서 스스로 '지성과 야성'의 끊임없는 조화를 몸소 보여 주고자 노력하였던 것이다. 그의 강연은 격변을 거듭하는 국제정세 속에서의 한국의 상황을 집약 정리해서 분석한 것이었기 때문에 학생들로 하여금 세계정세를 이해하고 관망하는 시각과 능력을 길러 주었다.

6대 총장 김상협

김상협 총장은 유신 시대에 학교의 최고 책임자로서 잔인한 폭력에 의한 상처와 허무함을 달래 주면서도 의분을 이기지 못하고 있던 학생들에게 새로운 희망을 이야기하고 있었다. 그는 당시 "대학의 상황이 '모노'에서 '폴리'로 크게 변모했음을 인식하고 '단일시위mono-demonstration' 때문에 '복합활동poly-activities'이 마비되거나 정지되는 어리석음을 청산하자"고 역설하면서도 "때를 가릴 줄 아는 호랑이가 되어 달라"는 의미 깊은 충고도 잊지 않았다.

교학 면에서, 김상협 총장은 "24시간 살아 있는 풀타임 대학"을 추구하며, 대학의 노화를 방지하고 학문적 풍토를 강화하기 위한 교육 개혁을 추진했다. 그의 '아카데믹 플랜'의 구체적 실현으로는 도서관 신관 건립, 우석학원 통합을 통한 양적 확대, 농과대학 발전계획 추진, 실험대학 시행, 계절제 대학원 설립 등이 있다.

2-2 농과대학 장기발전계획안의 수립

농과대학은 1973년 서독 정부로부터 무상 교육 원조를 받아 장기종합발전계획이 구체화됨에 따라 본격적으로 발전하기 시작했다. 서독 정부의 원조에 의한 농과대학 발전계획은 1971년 11월 27일 김상협 총장이 농과대학 발전계획서와 사업지원 요청 서한을 주한 서독대사에게 전달함으로써 비롯되었다. 그 후 1972년 4월 7일, 이 사업에 대한 문교부와 과학기술처의 면밀한 검토가 이어졌고, 이를 근거로 외무부는 서독 정부에 정식으로 지원 추천을 했다. 같은 해 4월 27일 한·독 경제회담에서는 서독 정부의 사업원조에 대한 원칙적인 합의가 이루어졌다. 합의 내용은 본교의 요청과 외무부의 추천에 따라 서독 정부가 괴팅겐대학 농업전문가 쿠넨Kuhnen 교수를 파견한다는 것이었다. 서독 정부는 쿠넨 교수에게 본교의 농과대학을 비롯하여 한국의 농업 및 농업교육 실태를 파악하게 하는 동시에, 본교 농과대학 발전계획의 타당성을 조사하여 보고서를 제출하도록 조치했다.

그 후 쿠넨 교수는 "고대 농대 육성 계획이 한국의 국가 발전 요구와도 일치하고 식량 생산과 농민 소득 증대에 크게 기여할 수 있다"는 보고서를 제출했고, 독일 정부는 이를 토대로 계획을 검토한 끝에 본교가 요청한 지원금보다 증액하여 지원 규모를 확정 지었다. 마침내 1973년 10월 30일 서울에서 열린 한·독 경제회의 마지막 날에, 두 나라 대표가 본교 농과대학의 장기발전계획을 지원하기 위해 서독 정부가 7백만 마르크(당시 환율로 11억 4천만 원)를 무상으로 제공한다는 내용에 합의했다.

서독 정부의 지원을 통한 주요 사업은 첫째, 농과대학 교사를 이공대학 인접 지역에 신축·이전함으로써 이 지역에 농·공 병행 교육의 집합체Science Complex를 형성하고, 모든 순수과학 및 응용과학의 협동체제를 완성하는 것, 둘째, 신축·이전되는 농과대학 교사에 최신 실험·실습기구를 도입하고 불충분했던 농업계 도서를 확충하는 것, 셋째, 연간 50여 명의 교수와 박사 후보생들을 서독에 파견하여 연구 및 훈련을 시키는 동시에 서독의 교수와 전문가들을 초빙하여 기술을 습득할 수 있도록 원조하는 것이었다.

서독 정부가 특별히 본교를 지원 대상으로 선정한 것은 본교가 우리나라 대학 중 경제적으로나 이념적으로 외부의 영향이나 지원을 받지 않고 순수하게 민간 사학으로 성장했기 때문이었다. 본교는 이때 서독 정부로부터 원조를 받음으로써 세계 학계와의 접촉 창구를 하나 더 마련하는 기회를 얻었다.

농과대학 발전계획은 총 3단계로 계획되었다. 1단계는 18개월의 준비 기간으로, 본교 및 서독 측 전문가가 건물의 위치와 설계, 실험기구 및 도서의 가용 수량을 검토하여 양측에서 교환될 전문가, 교수, 박사학위 후보생 등의 인원수와 체재 기간 등을 협의하고 결정하는 기간이었다. 2단계는 제1차 집행 기간 3년으로, 농과대학 교사를 신축하며, 기기 및 도서 구입 등 물동物動 계획의 집행과 교환계획을 실행하는 기간이었다. 마지막 3단계는 제2차 집행 기간 3년으로 기기의 조작 활용 및 응용, 교육과 연구의 실제 상호 보완이 이루어지는 기간이었다. 이 모든 계획은 총 7년 동안 진행되었다.

1975년 6월, 농과대학 신축 교사의 기공식을 시작으로 발전계획이 본격화되었다. 이 공사에는 본교가 투자한 7억 5천만 원과 서독 정부의 무상 지원금 119만 마르크(약 2억 5천만 원)를 포함하여 총 10억여 원이 투입되었다. 신축 교사는 지하 1층, 지상 4층의 연건평 2,738평 규모로 1976년 12월 완공되었으며, 입주식이 거행되었다.

새로운 신축 교사에는 1층에 학장실과 축산학과 실험실, 2층에 농학과와 식품공학과 실험실, 3층에 농화학과와 원예학과 연구실, 한국농업연구실, 논문 작성실, 4층에는 농경제학과 연구실, 서고, 열람실, 임학과 연구실이 갖추어졌다. 이러한 농과대학 발전계획은 본교 차원의 연구 기반 확충을 넘어, 식량 자급자족, 농업 생산성 극대화, 농민 소득 증대라는 국가적 목표를 실현하기 위한 적극적인 방안으로 평가할 수 있다.

2-3 장기종합발전계획과 행정기구 개편

2-3-1 행정기구 개편과 실험대학 상임운영위원회 신설

1970년 10월 장기종합발전계획의 윤곽이 제시되었다. 학교 측은 계획의 세부적 추진과 업무의 효율성을 위하여 관련 분야의 전문위원회를 신설했다. 신설된 전문위원회는 모두 7개로서 업무가 종료되면 자동적으로 해산되는 한시적 기구였다. 10개년에 걸친 장기종합발전계획은 학제와 교과과정의 개편을 통한 대학교육 개혁을 포함해, 새로운 도서관의 건립, 농공병행 교육을 시발로 하는 농대 종합발전 추진, 기숙사 건립, 종합강당 건립, 양평군 소재 연습림에 임간林間 캠퍼스 개설 등의 굵직한 사업 내용을 담고 있었다. 장기종합발전계획에는 우석학원 병합 이후 의과대학과 의대 부속병원의 시설확충계획도 추가되었다.

이 시기의 본교는 장기종합발전계획을 실현하기 위한 여러 가지 준비 조치를 취했다. 우선 1975년 10월 이러한 준비 조치의 하나로 행정기구를 대폭 개편했다. 늘어나는 학생 수에 따라 증대하는 행정업무를 원활히 수행하기 위하여 대학본부 중심 체제를 각 단과대학별로 바꾸고 업무를 분담하도록 했다. 구체적으로 사무처, 교무처, 학생처의 관장업무를 각 단과대학의 교학 담당과 교양학부 및 각 분교의 교학과에 분산시켰다. 또한 우석병원 기획처를 의무관리처로 개칭했다. 이와 함께 종합발전계획의 기틀로서 기획처를 신설하면서 초대 처장으로 법과대학 김진웅 교수를 임명했다. 이로써 본교 행정부서가 사무처와 교무처, 학생처, 기획처 등으로 구성되게 되었다. 신설된 기획처는 당시 우석대의 통합에 따른 문제뿐만 아니라 본교 종합발전계획 추진 과정에서 발생하는 여러 문제를 전담했다. 우석대의 합병에 따른 대폭적인 인사발령도 이어졌다. 이와 같은 학교 행정 기구의 대대적인 개편은 본교의 장기종합발전을 위한 계획과 그에 수반되는 문제를 해결하기 위한 새로운 방안 모색이라는 의미를 가진다.

정치적 격동기 속에서 꿋꿋하게 석탑을 이끌어 오던 김상협 총장은 1975년 〈긴급조치 7호〉에 의해 본교에 휴교령이 내려진 것에 대한 도의적 책임을 지고 사표를 제출했다. 이후 총장 서리직과 제7대 총장을 맡아 사태를 수습하였던 차락훈 총장이 1977년 6월 25일 총장 임기를 3년 남겨 놓고 정년을 맞아 사임한 후, 김상협 총장이 제8대 총장으로 다시 임명되었다. 다시 본교의 최고 책임자로 돌아온 김상협 총장은 인화人和 단결 조성, 확고한 재정 토대 마련, 고등교육 개선, 교수 확보, 고대인상高大人像 부각 등의 비전을 제시하고 5개의 분과위원회를 조직하여 이러한 과제들을 장기적으로 추진할 것을 피력했다. 이에 따라 1977년 10월 고대인상 선양위원회와 교육제도 개선연구위원회, 재정시설 확충연구위원회 등 3개 분과위원회가 출범했다.

한편 본교는 1972년 10월 실험대학으로 선정되었다. 실험대학이란 대학교육의 질적 향상을 위해 교육과 연구과정 개혁을 시도한 시범대학을 지칭한다. 11명으로 구성된 실험대학 선정평가위원회는 본교의 이공대 공학부를 비롯하여, 연세대 가정대학·이화여대 문리대학·서강대 경상대학·숭전대(공과대학 제외)·중앙대(정경대, 경영대)·인하대(2부대학 제외)·성심여대·울산공대·전남대의 상과대학과 사범대학 등 10개 대학을 실험대학으로 선정했다. 본교는 1973년부터 본격적인 운영에 들어갔다. 실험대학의 고등교육 개혁 방향은 효율성 내지는 수월성을 추구하는 동시에 산업사회에 적합한 탄력적인 인재를 양성하는 데 있었다. 실험대학으로 선정된 대학들은 학점의 인하 조정, 계열별 학생선발, 부전공제 실시를 단행했다. 이와 관련하여 본교는 1976년 5월 실험대학 상임운영위원회를 신설하여 김진만 교무처장을 위원장으로 임명했다. 이 운영위원회는 본교의 내실을 다지고, 타 대학과의 협력 관계를 유지하며, 학생들과 사회의 기대에 부응하는 개혁의 모체로서 역할을 수행했다. 구체적으로 교과과정 개선, 학점운영 체계 개혁, 계열별 모집 확대, 학사 운영의 불합리한 요소 연구 및 개혁을 추진하며, 본교의 지속적인 발전과 변화에 기여했다.

아울러 본교는 1972년 대학의 건실한 학구적 기풍 수립과 학생들의 건전한 학생활동 및 인격 발달을 목적으로 지도교수제를 시행했다. 각 학과의 학년별로 배정된 지도교수는 대개 각 학과장과 각 학과 교수들로 구성되었는데, 지도 내용으로는 ① 학업지도, ② 학생생활지도, ③ 진로지도, ④ 신상지도 등의 역할을 맡았다. 그러나 유신체제하 독재가 심화되고 이에 대한 학생들의 저항도 거세지면서, 건전한 목적으로 도입되었던 지도교수제가 학생들의 감시·감독과 직·간접적인 설득을 위한 방편으로 왜곡되는 모습이 나타남에 따라 그 폐지가 논의되었다. 결국 1980년 3월 본교는 지도교수제를 폐지했다. 지도교수제가 폐지됨에 따라 학과장이 학생들의 학사지도와 학사업무를 맡게 되었고, 학과가 결정되지 않은 1학년들은 1학년 주임교수가 학과장의 업무를 대신하게 되었다. 한편 같은 시기 학생처의 직제가 개편되어 지도과가 폐지되고 장학과가 신설되었다. 장학과의 성격은 예전의 지도과에 비해 많은 부분 변경되어 주로 장학금에 관한 사항과 학생들의 자치 및 과외활동에 관한 업무를 담당하게 되었다.

2-3-2 단과대학 및 대학원의 분리와 명칭 변화

1973년 8월 교육대학원에서 운영하고 있던 전공별 주임 교수제를 교육반별 주임 교수제로 개편했다. 이에 따라 종래의 어학교육 전공을 국어교육반과 영어교육반으로, 수학교육 전공을 수학교육반으로, 사회교육 전공을 역사교육반, 지리교육반, 일반사회교육반으로 나누었다. 또한 교육행정 전공을 초등교육행정반과 중등교육행정반으로, 상담심리 전공을 상담심리반으로 개편하며, 기존 5개 전공을 9개 교육반으로 개편했다.

1974년 신학기부터는 교육대학원에 계절제 수업을 개설하였는데, 이는 국내 대학 중 최초로 시도한 것이다. 계절제 수업은 여름과 겨울 두 차례의 방학 중 각 4주간씩 집중 강의를 진행하며, 정규 대학원과 같이 2년 동안 32학점을 이수하고 석사학위를 취득할 수 있도록 한 제도였다. 이러한 계절제 수업은 교사 및 교육행정가를 재교육한다는 교육대학원의 설립 취지에 부합하며, 이미 구미 여러 나라에서 널리 시행되던 방식이었다. 특히, 야간제 수업과 병행함으로써 교사들에게 보다 유연하고 실질적인 학습 기회를 제공한 점이 주목할 만하다. 계절제 수업 대학원의 모집정원은 석사과정(2년제)

100명, 연구 과정(1년제) 50명이었다. 또한 1974학년도부터 과학교육 전공(물리·화학·생물반)과 어학교육 전공(한문교육반)이 각각 신설되었다.

상과대학은 1976년 12월 개정된 학칙에 의해 경영대학으로 개칭되었다. 1977년 12월에는 이공대학을 이과대학과 공과대학으로 분리하고 이공대학 캠퍼스 내에 3,500평 규모의 새로운 이과대학 건물을 신축하기로 결정했다. 기존의 이공대 건물은 새로 분리된 공과대학이 사용하고 이과대학으로 개편된 기존의 이학부가 사용할 건물은 1978년 여름에 착공하기로 했다.

한편 1977년 1월에는 우리나라 최초의 농업특수대학원인 식량개발대학원을 개설했다. 식량개발대학원은 본교 농과대학에 대한 서독 정부의 7백만 마르크 무상원조 제공에 따라 식량 문제의 학문적 연구와 실무적 농업종사자 육성을 목표로 설립되었다. 식량개발대학원은 농업기술의 고도화를 위하여 석사과정과 연구생 과정을 두었다. 두 과정은 식품화학, 식품미생물학, 식품가공학, 발효화학 등의 식품가공 4개 분야와 원예학, 식량경제학, 식량자원학 등의 농학과정 3개 분야를 포함한 총 7개 분야를 운영했다. 교수진은 전임교수 30명, 강사 15명으로 구성되었고 학생 모집 정원은 70명이었다. 한편 이 대학원의 부설로 농업기술연구과정(주간)을 별도로 모집했다. 식품 가공 등 6개 과정을 둔 이 연구 과정은 고등학교 졸업자로서 단기로 실무에 임할 수 있는 자를 우선 모집했다. 이와 더불어 1979년 3월에는 병설 의학기술초급대학을 보건전문대학으로 개편했다.

03

개교 70주년 기념사업과 시설의 확충

3-1 중앙도서관 신관 건립

1973년부터 본교는 '개교 70주년 기념사업'을 준비하며, 다양한 행사를 기획했다. 중앙도서관 신관 건립, 《고려대학교 70년지》 발간, 70주년 기념영화의 제작, 화보 발행, 본교 교가와 응원가를 수록한 기념 레코드 제작, 도서관 희귀문헌 전시, 교우 초청 '홈 커밍 데이' 등이 포함되었다. 특히 중앙도서관 신관 건립은 1973년 말 중앙도서관 신관건립추진위원회가 결성되면서 본격적인 궤도에 올랐다. 본교의 도서관 건물은 개교 30주년 기념사업의 일환으로 거족적인 모금 운동을 통하여 건립된 것이었다. 미국 명문 사학인 듀크대학의 퍼킨스 도서관을 모델로 삼았던 도서관은 교직원과 학생 수가 증가하면서 공간부족이 문제점으로 지적되곤 했다. 1974년 행동과학연구소에서 전교생을 대상으로 실시한 학생실태조사에서도 가장 많은 요망사항으로 도서관 확장 및 도서 수 증대가 꼽혔다. 이에 본교는 도서관 증설을 70주년 기념행사의 핵심 사업으로 결정했다.

1978년 3월 15일 민족 지성의 전당으로서 1만 고대인의 꿈과 예지를 키우게 될 중앙도서관 신관이 개관했다. 중앙도서관 신관은 당시까지 국내 대학 중 최고의 규모였으며 약 13억여 원의 경비가 투입되어 근 4년 만에 완공했다. 연건평 4,390평, 지하 1층, 지상 4층의 현대식 석조 건물로서 각 층별 내용을 보면, 1층에는 서고, 사무실, 목록실, 참고열람실, 2층에 서고를 비롯하여 각종 열람실, 휴게실, 신문열람실, 마이크로필름실, 3층에는 서고, 각종 열람실, 4층에는 서고, 열람실, 회의실, 세미나실, 교수 연구실, 대학원생 학위논문작성실이 설치되었다. 특히 최신 냉난방 시설과 환기, 방음 및 조명 장치가 가설되고 1천8백 명을 동시에 수용할 수 있는 대열람실과 국내외의 각종 회의를 유치할 수 있는 회의실이 마련되었다. 장서 보유 능력도 구 도서관의 35만 권에 비해 7배에 가까운 2백만 권에 달했다.

중앙도서관 신관 개관(1978)

1978년 3월 22일에는 대학원 도서관을 중앙도서관 구관으로 이전하여 개관했다. 이 도서관은 104석의 좌석을 갖춘 개가식으로 각종 참고도서, 석·박사 학위논문, UN 기탁 도서 등을 소장하고 있었으며 최신식 복사기도 설치했다. 이로써 본교는 대학원 전용 도서관을 국내 최초로 보유하게 되었다. 또한 1979년 1월에는 《고대도서관보》 창간호를 발행했으며 같은 해 3월에는 한국도서관협회에서 제정한 단체부문 공적상을 수상하기도 했다. 당시 본교 도서관이 공적상을 수상하게 된 것은 1937년 대학도서관으로서 기틀을 잡은 이래 우리나라 대학도서관 발전의 선구적인 역할을 담당해 온 결과였다. 또한 같은 시기 와세다대학 도서관과 도서교환관계 협의를 통해 해외 서적 구입에도 노력했다. 같은 해 7월에는 중앙도서관에 교사校史자료실을 설치하고 본교 80년사 편찬을 위한 앨범, 사진, 동아리 포스터, 수험표, 교과서 등 교사자료를 수집·정리·보관하게 되었다.

1976년 5월 22일에는 재일동포 사업가인 신경선 씨가 최첨단 도서카드 복사기 1대를 기증했다. 이 도서 기기는 1978년 독일 하노버 산업박람회에서 처음으로 발표되어 주목을 받았던 신개발품이었다. 당시 우리나라에는 비치된 바가 없었는데, 신경선 씨의 기증으로 본교 도서관이 최초로 보유하게 되었다. 이 기기는 도서 전산화를 앞당기며 자료 관리의 효율성을 크게 높였다. 6월 12일에는 《동아일보》 보관지 등의 영구보전을 위하여 마이크로필름용 리더 프린터 '3M 400'도 1대 도입했다. 이 장비는 귀중한 자료의 영구 보존을 가능하게 했을 뿐 아니라, 이용자들이 자료를 보다 쉽고 자유롭게 접근할 수 있도록 한 점에서 큰 의의를 지닌다. 본교는 이미 아세아문제연구소에 마이크로필름용 리더기 1대를 보유하고 있었는데, 이 도입을 통해 자료 이용 환경이 더욱 개선되었다.

3-2 기타 70주년 기념행사

본교는 개교 70주년을 맞이한 민족사학의 역사를 기념하고 축하하기 위해 다양한 계획을 추진했다. 1975년 3월에는 교무위원회에서 1970학년도 이후 일반학사징계, 폭력행위 등으로 징계처분을 받았던 학생들에 대해 개교 70주년을 맞아 '특별징계 해제조치'를 내리기로 결정했다. 이는 개교 이래 처음 시행된 조치로 재학 시 학생의 본분에 어긋나는 행위로 징계를 받아 복학이 불가능한 학생을 대상으로 하고 있었다. 총학생회 역시 70주년 기념사업을 자체적으로 준비해 나갔다. 이를 위해 총학생회에서는 교수, 동아리 및 학생대표로 구성된 '석탑축전준비위원회'를 결성했다.

하지만 개교 70주년을 맞이하던 1975년은 '유신독재' 반대를 비롯하여 각종 시국 사건에 관련되어 구속된 학생들의 석방을 요구하는 학생시위가 계속되면서 학원이 불안정한 상태였다. 박정희 정권은 1975년 4월 8일 오후 5시 〈긴급조치 7호〉를 발동하고 본교에 휴교령을 내리는 동시에 무장군인들을 진주시켰다. 결국 이러한 상황 속에서 학생들이 계획하였던 70주년 기념 석탑축전은 무산될 수밖에 없었다. 이후 아세아문제연구소가 주최하기로 계획되었던 국제학술회의도 연기되었고 학교 측에서 추진하던 《고려대학교 70년지》의 발간과 화보집 발행, 70주년 기념 기록 영화 제작 등 일부 사업만이 진행될 수 있었다. '비상고대飛上高大'를 외쳤던 개교 70주년 행사는 유례를 찾아볼 수 없는 정권의 학원 탄압으로 인하여 날개가 꺾일 수밖에 없었다.

개교 70주년 기념행사는 1975년 10월 18일부터 21일까지 열렸으며, 정치적 탄압으로 인해 많은 어려움을 겪었음에도 졸업생과 재학생들이 함께 축하하는 자리로 마련되었다. 행사의 시작을 알린 전야제는 북청사자놀이, 남사당, 꼭두각시놀음, 어름(줄타기), 풍물놀이, 승무, 판소리 등 '한국민속예술의 대향연'으로 다채롭게 꾸며졌다. 이어 전교생이 참여한 체육대회가 성대히 진행되며 행사의 열기를 더했다. 각 학과와 동아리에서도 다양한 자치 행사를 준비해 캠퍼스 전역에서 행사가 활발히 이루어졌다. 한국농어촌문제연구회의 선후배의 밤, 애기능 페스티벌, 석탑방송잔치, 클래식 기타 연주회, 의과대학 카니발 등 다채로운 프로그램이 펼쳐졌다. KUCC의 영화 상영과 교수 및 교우 간 테니스 대회, 본교 그룹사운드 '코리안 스톤즈Korean Stones' 공연도 관람객들에게 큰 호응을 얻었다. 또한 출판부의 도서 판매 행사와 함께 학문적 교류의 장으로 기획된 아세아문제연구소의 70주년 기념 국제학술대회도 열렸다. 이 학술대회는 '태평양 지역 협력의 가능성과 제문제 및 그 전망'을 주제로 슈나이더 주한미국대사 등이 참석한 가운데 성황리에 마무리되었다.

개교 70주년 기념행사는 10월 21일 운동장에서 열린 기념식을 끝으로 막을 내렸다. 《고대신문》은 지면에 '고대사高大史의 뒤안길'을 연재하면서 민족의 고난과 역경을 함께해 온 본교의 70년 역사를 조명했다.

3-3 시설의 확충

1970년 5월 5일, 개교 65주년을 기념하는 제9회 석탑축전이 열리던 캠퍼스에서 학생회관과 상과대학·경영대학원 종합교사의 기공식이 진행되었다. 학생회관 건물은 1,800평의 건평에 약 1억 8천만 원의 예산이 책정되었고, 상과대학·경영대학원 종합교사(현재의 경영본관)는 2,000평의 건평에 약 2억 원가량의 공사비가 예정되었다. 1970년 6월 경영대학원 총학생회는 상과대학·경영대학원 종합교사 건립기금으로 60만 원을 기부했다. 이후 상과대학·경영대학원 종합교사건립추진위원회는 지속적으로 간담회를 개최하면서 건물 건립에 소요되는 기금을 적극적으로 모금하였다.

1970년 6월에는 이공대학 건물의 증축공사도 이루어졌다. 총공사비 6천여 만 원이 투입된 이 공사를 통하여 이공대학 건물에는 15개의 교수 연구실과 34개의 연구실이 보강되었다. 1971년 12월 21일에는 이활 재단 이사장과 김상협 총장 등이 참석한 가운데 신축 교문 개통식이 거행되었다. 현재의 위치에 건립된 새 교문은 1971년 8월 착공하여 5개월 만에 준공되었는데 1965년 교우회가 건립한 구 교문의 디자인을 유지한 채 규모를 대폭 확대했다. 새 교문은 높이가 8m에 달했고 문 앞에 조성된 광장만도 구 교문의 3배가량인 395평에 이를 만큼 거대한 규모를 자랑했다. 또한 1973년 서독 정부로부터 무상 교육 원조를 받게 되면서 본격적으로 착수하게 된 농과대학의 신축교사가 1년 이상의 공사를 거쳐 1976년 12월 완공되었다.

대규모 건축공사가 마무리되면서 일부 단과대학과 부설 연구소의 자리 이동이 뒤따랐다. 1977학년도부터 교양학부가 폐지되어 각 단과대학으로 흡수됨에 따라, 교양학부 자리에는 정경대학이, 농과대학 건물에는 사범대학과 교육대학원이, 기존의 도서관

신축 교문 개통식(1971)

건물에는 대학원이 각각 들어서게 되었다. 또한 당시 국내 최대 규모를 자랑하던 전자계산소는 교양학부 1층으로 이전되었으며 학군단은 농과대학 실험실 1층에 배정되었다.

1976년 4월 사무처는 학생복지시설 확충을 위한 광범위한 사업계획을 확정했다. 이에 따라 본교는 정릉분교의 350평 대지에 의과대학과 의학기술초급대학 학생들이 이용할 수 있는 2면의 테니스 코트를 착공하고, 이공대학 뒤에 있던 380평가량의 빈터에 1억 원의 예산을 들여 110명가량을 수용할 수 있는 식당, 샤워실, 난방 시설을 착공했다. 또한 충남 대천에 있던 본교의 하계별장에 20세대가 동시에 이용할 수 있는 숙소를 6천5백만 원의 예산을 투입하여 착공했다. 1978년 4월에는 농과대학 옆에 학생 전용 테니스 코트를 개장했다. 같은 해 6월에는 일시 폐지되었던 음악감상실을 홍보관에 다시 설치했다. 또한 9월에는 어학교육실험실을 홍보관에서 옛 교양학부 3층으로 이전함과 동시에, 학생들의 자율적인 어학교육훈련을 도모하기 위하여 각종 시청각자료를 대출해 주는 새로운 형태의 음향도서실Sound Library을 설치했다.

1976년 9월에는 본교 체육의 요람이 될 5개 운동부 연수관을 준공했다. 1977년 7월에는 양평에 위치한 농과대학 연습림에 임학과 학생들의 실습을 지원하기 위한 수련관이 건립되었다. 이 수련관은 연건평 65평 규모로, 총 1천3백만 원의 예산이 투입되었으며, 임학과 학생들이 실습 시 침식 장소로 주로 활용되었다. 방학 기간에는 고시 준비생들에게 개방되어 학업에 전념할 수 있는 공간으로 제공되기도 했다.

1978년에는 5만여 명 교우의 숙원사업이던 교우회관을 확보하게 되었다. 이 교우회관은 교우들의 성금이 축적된 결과였다. 신설된 교우회관은 종로구 낙원동 127-3호의 중앙 빌딩에 위치했다. 이 건물은 지하 1층, 지상 6층의 신축 건물로 200여 명이 동시에 참석할 수 있는 회의실, 오락실, 상담실 등을 갖추고 있었다. 또한 교우들이 크고 작은 모임이나 결혼식 등에 활용할 때에는 무료로 대여해 주었다. 같은 해 6월에는 1억여 원의 예산을 들여 금성 통신과 용역을 체결하고 자동전화 교환기EMD의 설치에 착수했다. 종전에는 전화기가 각 단과대학 사무실과 학과사무실 및 학과장실에 1대씩만 설치되었으나 EMD의 도입으로 5백 회선으로 증가되었다. 증가한 전화선으로 모든 교수 연구실에 전화기가 한 대씩 설치될 수 있게 되었다.

한편 1976년에는 본교 정문 앞에 지하도가 개통되었다. 정문 앞 횡단보도에는 신호등이 배치되어 있지 않아 매년 학생들의 교통사고가 끊이지 않았다. 이에 1975년 9월에는 학도호국단 새마을부 산하 6개의 봉사 서클이 자발적으로 학교 앞 횡단보도의 교통 정리에 나서기도 했다. 정문 앞 지하도는 1976년 1월 착공해 같은 해 6월에 개통되었으며, 폭 4m, 길이 21m에 4개의 출입구를 갖춘 구조로 설계되었다. 이 지하도는 교통량 증가에 따른 학생 안전 문제를 해결하는 데 중요한 역할을 했다.

04

유신체제하의 학사행정

4-1 학사행정의 변화와 학과 신설

1971년 5월 명예교수제를 마련하여 학사행정에 새로운 지평을 열었다. 명예교수제도는 20년 이상 재직하고 정년 또는 기타 사유로 퇴직한 교수들 중 교육 및 학문에 있어 현저한 공적을 남긴 교수들을 추대하는 제도였다. 본교는 명예교수 추대위원회를 열어 유진오, 이종우, 박희성, 이상은, 김효록 등 5명을 명예교수로 추대했다. 이는 단순히 개인적인 명예를 부여하는 것을 넘어, 존경할 스승을 제시해 사표師表로 삼으며 본교의 '학풍'을 조성하고자 하는 노력이었다.

대학원의 박사학위 수여제도에도 커다란 변화가 있었다. 당시 박사학위 수여제도는 연구경력만으로 논문을 제출하고 박사학위를 취득하는 '구제박사舊制博士'와 대학원 박사과정을 이수하고 학위를 취득하는 '신제박사'로 이원화되어 있었다. 그러나 1971년 11월 문교부는 박사학위 수여제도를 대폭 개정하여 문교부 승인제를 폐지하고 예비시험제를 신설함으로써 합당한 자에게만 논문제출 자격을 부여하기로 했다. 구제박사 제도는 1975년 2월까지만 운영하기로 했다. 이는 박사학위의 남발로 인하여 추락한 학위의 권위를 회복시키기 위한 노력이었으나, 경과 조치가 적용되는 기간 내에 구제도에 의거하여 학위를 취득하고자 하는 사람들이 줄을 잇게 되면서 이 시기에 박사학위 취득자가 급증하는 과도기적 폐단이 드러나기도 했다. 이후 1977년 9월 1일 대학원의 석·박사 학위논문 심사과정이 변경되었다. 단 한 번의 구술 시험으로 실시하던 석사학위논문 심사는 예비심사와 본심사로 나뉘었으며, 박사학위 논문심사는 예비심사와 구술시험의 2종으로 나누어 치르게 되었다.

한편 1973년 6월에는 교무처에서 학점 8등급 표시제에 의한 성적평가의 세부사항이 결정되었다. 8등급 성적평가제는 실험대학의 일환으로 선발된 신입생에 한해 적용하려던 것이었지만 실제 도입될 때에는 전교생을 대상으로 확대되었다. 또한 같은 해 1학기부터 교양학부에서는 학사경고제를 도입했다. 8등급 성적제도와 학사경고제는 졸업학점이 160학점에서 140학점으로 감소되면서 학생들에게 나타날 수 있을 학업에 대한 태만을 견제하기 위하여 도입되었다. 학사경고제는 학기 말 성적의 평점 평균이 1.75에 미달하는 자에게 학사경고를 부과하며 다음 학기 개강 전까지 학생과 보호자 및 학과장에게 통고하고 학적부에 기록하는 제도였다. 학사경고를 받은 학생의 다음 학기 수강학점은 15학점(자연계 교양학부 학생은 18학점, 의학과 제1학년 학생은 제외) 이하로 제한되었고, 학사경고를 받은 자로서 다음 학기 성적 평점평균이 2.0에 미달하는 경우에는 재차 학사경고가 부과되었다. 그리고 연이어 두 차례 학사경고를 받은 자가 다음 학기 성적의 평점평균이 2.0에 미달할 때에는 출교 처분을 받게 되었다. 새로 도입된 학사경고제에 의해 1973년 8월 200여 명의 교양학부 학생이 학사경고를 받게 되었다.

1975년 3월, 본교는 4년제 졸업 기간을 단축할 수 있는 능력별 졸업제를 도입하며 학생들의 요구에 부응했다. 이 제도는 이미 1974년 7월 문교부에 신청되어 1973학년도 이후 입학생들부터 적용하려고 했던 것이다. 능력별 졸업제는 이전 학기의 평점 평균이 3.5 이상일 경우, 다음 학기에 규정된 20학점을 초과하여 3학점을 추가로 신청할 수 있도록 허용했다. 또한 하계 및 동계 방학 기간에 4주 이상의 계절학기를 개설해 최대 6학점까지 취득할 수 있는 기회를 제공했다. 다만, 계절학기 수업을 통해 학점을 취득을 할 수 있는 대상은 2학년 이상 학생으로 제한되었다. 한편 계절학기를 개설함에 따라 학점 계산 방법도 변경되었다. 한 학기에 1주 1시간씩 18시간 이상의 강의에 참석해야 1학점이 인정되던 것이 한 학기에 16시간 이상으로 2시간 단축되었다.

1975년 6월 9일, 문교부는 졸업 요건을 강화하기 위해 종합시험제와 논문제를 학사학위 취득의 필수 조건으로 의무화하는 대학 졸업제도 개선 방안을 발표했다. 본교도 이에 맞춰 졸업 요건을 변경하며 제도를 개선했다. 이듬해 2월 7일에는 1964년 3월부터 도입되어 실시되었던 교양학부제도가 신입생의 계열별 모집에 따라 자연스럽게 폐지되었다. 1978년 3월 본교는 1학년 과정에 교양 세미나 제도를 도입했다. 이 세미나는 고등학교 시절까지의 타율적이고 진부한 교육의 틀을 벗어나서 자치적인 대학교육에 적응하도록 돕기 위해 마련되었다. 더불어 기존 대학 교육 방식에도 변화를 주며 학생들로부터 큰 호응을 얻었다. 1980년 3월에는 교원 자격 부전공제를 실시하였다. 이 제도는 교직 과목을 이수하는 학생들에게 부전공 자격을 표시함으로써 교사 교육을 원활히 하고 취업 기회를 확대하려는 취지에서 마련되었다.

본교는 새로운 학사행정과 더불어 새로운 학과 및 과정도 신설했다. 1970년 12월에는 상과대학에 무역학과를 신설했고, 1972학년도에는 중국어문학과를 신설했다. 같은 해, 문교부로부터 사범대학 설치 인가를 받으면서 기존 문과대학 소속의 교육학과와 이공대학의 가정학과 및 체육학과를 사범대학으로 편입했고, 가정학과와 체육학과는 각각 가정교육과와 체육교육과로 명칭을 변경했다. 공학부 요업공학과는 재료공학과로 이름을 바꾸었고 1973년 3월에는 이공대학 공학부 공업경영학과를 산업공학과로 개칭했다. 1974학년도에는 문과대학에 노어노문학과를 신설했는데 이는 국내 종합대학에서는 처음으로 설립된 학과라는 점에서 의미가 깊었다. 특히 냉전체제가 첨예했던 당시, 본교는 러시아의 언어·역사·문화·정치·사회를 학습할 수 있는 학문적 기반을 마련했다. 이러한 학과 설립은 공산권 연구와 통일 문제에 힘써 온 본교의 학술적 풍토와 국제정세 변화가 결합된 결과였다.

4-2 전공교육의 내실화와 학술교류

1970년대 본교는 두 차례에 걸쳐 교과과정의 개혁을 단행했다. 교육기관으로서 대학의 기능을 최대한 강화하기 위한 시도였다. 이 시기 단행된 교과과정의 개혁 내용은 몇 차례의 크고 작은 변화가 뒤따르기는 하였으나, 지금까지도 커다란 줄기를 형성하면서 본교 교육과정의 기틀이 되고 있다. 그 내용은 방만한 교과과목의 정리와 전공교육의 내실화로 요약할 수 있다.

교과과정 개혁에 따른 개편안 가운데 가장 주목할 것은 졸업학점 조정이다. 본교는 1972년 10월 20일 '대학교육 개선을 위한 실험대학'으로 선정되어 1973년 문교부로부터 실험대학 운영을 위한 학칙변경인가를 받았다. 이에 따라 의과대학 의학과를 제외한 모든 학과에 대해 졸업에 필요한 학점을 140학점으로 줄였다. 이전의 160학점 이수제도는 학생들에게 과도한 부담을 주었을 뿐 아니라, 전공과목에 충분히 집중하기 어렵다는 단점이 있었다. 대신 1976년 3월에는 졸업논문제가 도입되었다. 이를 통해 졸업이수학점의 하향에 따른 학생들의 안이한 학습태도를 시정하고 졸업생의 학문적 수준을 향상시킬 수 있었다. 졸업논문은 논문 평가의 질을 높이기 위해 졸업 예정 4개월 전인 5월과 10월에 제출하도록 했다. 이러한 변화는 당시 교과 과정이 전공 교육의 질적 심화를 목표로 하고 있음을 명확히 보여 준다.

1973년에는 부전공제를 도입했는데, 이에 따라 이수 학점이 변경되었고 학점 1.5점 이하는 유급이 되도록 학칙을 개정했으며 학사경고제를 도입했다. 1974년 2학기부터는 모든 학년을 대상으로 '예비등록제'를 실시하여 개강 후 수강신청을 진행하던 기존 방식에서 벗어나, 방학 중 1차 신청과 개강 후 2차 신청을 통해 학생들에게 두 번의 수강신청 기회를 제공했다. 이는 학생들에게 수강신청 변경 기회를 부여해 부전공제 실시에 따른 전공과목 시간과의 중복을 피하게 하기 위한 제도였다. 그러나 1979년 3월부터는 부전공 의무화를 폐지했다. 이는 부전공 학습의 심화가 어렵고, 부전공제도에 대한 사회적 인식이 부정적인 상황에서 신청자 감소로 이어졌기 때문이었다. 다만 부전공제는 권장사항으로 계속 유지되었다.

본교와 한국과학기술연구소의 협정식(1970)

한편 1976년에는 복수전공제 실시를 위한 인가를 얻어 1977년 입학생부터 적용되었다. 복수전공제는 재학 기간이 늘어나더라도 학생이 자신의 관심 분야에서 전문적인 지식을 쌓을 수 있도록 돕는 제도였다. 또한 대학 입학 후 적성과 흥미가 달라질 경우 겪게 될 갈등과 이로 인한 사회적 손실을 완화하는 효과를 기대할 수 있었다. 이는 당시 과열된 입시 경쟁으로 인해 신입생들이 학업 방향에 대한 혼란과 방황을 경험했던 현실을 고려한 실질적인 조치로 평가된다.

1977년에는 능력이 인정된 학생에게 총장이 지정하는 교양과목 중 특별시험을 거쳐 과목 이수 없이 그 학점을 인정해 주는 제도를 마련했다. 같은 해에는 조기 수강신청 제도를 도입하여 1978학년도 2학기 수강신청을 1학기 기말시험 이전인 6월에 실시했다. 이를 통해 과목별 수강신청 통계에 따라 신속한 분반 편성과 강의실 조정이 가능해져 학사 관리의 효율성을 크게 높였다.

1970년대에 들어서면서 본교는 국내외 대학과 자매결연을 맺음으로써 활발한 학술교류 활동을 펼쳐 나갔다. 우선 1970년 2월 본교와 한국과학기술연구소KIST 사이에 자매결연이 맺어졌다. 이를 계기로 KIST의 연구원이 본교 대학원에서 학위과정을 밟을 수 있게 되었으며, 책임연구원(미국에서 학위를 받은 자)은 본교 대학원의 강의를 담당할 수 있게 되었고 본교생들이 KIST의 시설을 이용할 수 있게 되었다.

한편 1971년 3월에는 해외진출위원회를 신설하여 '해외로 뻗는 고대', '진취적인 세계 속의 고대'를 향한 작업을 진행시켜 나갔다. 같은 해 8월에는 미국 브리검영Brigham Young대학과 학생교환 프로그램에 대해 합의했다. 1973년 3월에는 와세다대학과 교수 및 학생 교환 협약을 체결했다. 와세다대학과는 이미 1960년대부터 각종 체육활동을 통한 교류를 맺어 오고 있었는데, 본격적인 학술교류로 영역을 확장시켜 나간 것이다. 같은 해 본교 의과대학은 도쿄여자의과대학과 간호원 연수 상호 교환계획 및 교수 교환협정을 체결했다.

05

연구활동 및 부속기관

5-1 연구소의 신설과 활동

1960년대에 의욕적인 활동계획을 수립하여 연구에 매진해 오던 각 연구소들은 1970년대에 들어서면서 장기적인 연구계획에 따라 진행되어 온 각종 성과물을 세상에 선보이는 동시에, 새로운 연구 영역으로 활동 범위를 확대했다. 연구소들은 외부로부터 연구지원비를 받아 연구활동을 진행했고 많은 연구 프로젝트가 해외의 지원기금을 토대로 하고 있었다.

1970년 5월에는 무역연구소가 설립되어 초대 소장으로 이준범 교수가 임명되었다. 이 연구소는 무역활동을 촉진하고 국민경제의 건전한 발전에 기여하기 위해 설립되었으며, 설립 첫해에는 한국 무역의 장기적인 정책을 수립하기 위한 연구를 주요 과제로 삼았다. 같은 해 6월에는 행정문제연구소가 개편되어 법률행정연구소로 새롭게 발족했다.

1972년 11월, 교육문제연구소가 설립되어 초대 소장으로 이중 교수가 임명되었다. 이듬해 4월에는 독일문화연구소가 설립되어 초대 소장으로 현승종 교수가 임명되었다. 독일문화연구소는 한국문화와 독일문화를 상호 비교하며 두 문화의 체계적 정리와 연구를 목적으로 삼았다. 비슷한 시기에 의과대학에도 환경의학연구소, 바이러스병연구소, 열대풍토병연구소가 각각 설치되었다.

1975년에는 본교의 21번째 부설연구소로 통계연구소가 출범했다. 통계연구소는 통계학 전반에 걸친 이론 및 응용에 관한 연구를 통하여 통계학 발전에 기여하는 것을 설립 목적으로 삼았다. 1979년 12월에는 러시아문화 전반을 연구함으로써 우리나라의 러시아 문화연구에 이바지할 것을 목적으로 러시아문화연구소가 발족되었다.

5-1-1 아세아문제연구소

1970년 6월 하버드대 옌칭연구소에서 아세아문제연구소에 제1차 한국사상연구자료 정리비 240여 만 원을 지원했다. 아세아문제연구소는 이 지원금을 9월에 창설할 한국문제실의 연구비로 책정했다. 한국문제실은 박세당朴世堂, 신후담愼後聃, 이수광李睟光 등 실학자의 사상연구와 서양문화에 대한 한국의 반응 등을 연구했다. 같은 해 10월에도 미국 포드재단에서 20만 달러의 연구비가 지급되었으며, 이를 기반으로 일본, 동남아, 북한, 중공 연구 등 다섯 가지 주요 분야에서 본격적인 연구를 착수했다.

아세아문제연구소는 대규모 국내외 학술대회를 개최하여 세간의 이목을 집중시키는가 하면, 부설 연구실 단위의 세미나를 지속적으로 전개해 나감으로써 내실을 다지는 데 주력했다. 1970년 8월에는 개교 65주년 기념으로 '한국통일문제국제학술회의'를 성황리에 개최했다. 이 세미나는 우리나라 통일 문제를 학술적인 차원에서 접근한 최초의 시도라는 점에서 관련 학계를 비롯하여 사회 일반에서도 많은 주목을 받았다.

1971년 6월에는 의욕적으로 진행해 온 《구한국외교문서》의 완간을 기념하는 출판 기념회를 개최했다. 1972년 6월에는 공산권 연구 총서 중 《북한공산화과정연구》, 《북한정치체계연구》, 《북한경제구조》 등 세 권을 발간했다. 1973년 9월에도 《육당 최남선 전집》을 발간했는데 이는 1967년 10월 최남선이 생전에 수집한 2만 2천여 권의 장서를 아세아문제연구소에 기증하면서 시작된 작업으로, '육당전집편찬위원회'가 6년간의 편찬 과정을 거쳐 총 24권으로 완성한 결과였다. 이듬해에는 우리나라 최초로 아세아문제연구소 장서 목록 3권을 발간했다. 이 방대한 목록은 약 2천여 쪽에 달했으며, 이를 국내 학술기관에 배포함으로써 아시아 관련 연구를 활성화하고 연구자들 간의 학술적 교류를 촉진하는 데 기여했다. 또한 1967년 첫 권이 출간된 《한국공산주의운동사》를 1977년 5월, 10년간의 노력 끝에 총 5권으로 완간했다.

5-1-2 민족문화연구소

민족문화연구소는 출범과 더불어 의욕적으로 진행해 온 《한국문화사대계》의 편찬 작업을 계승하여 1970년 3월에는 13명의 필자가 참여한 《한국문화사대계》 제4권(풍속예술사)을 발간했다. 이 작업을 1971년 3월 완간하면서 《한국문화사대계》 완간 기념 학술발표회를 개최했다. 1971년 8월에는 우리나라에서는 처음으로 《한국도서해제》를 발간했다. 이는 1910년 이전 한국인에 의해 저술된 모든 중요도서 5,260종 29,015책을 총망라해서 해제한 것으로 각계에서 높은 평가를 받았다. 1972년에는 《한국도서해제》의 속편이라고 할 수 있는 《한국논저해제》를 발간했다. 이 책은 제13회 한국출판문화상 제작상 수상도서로 선정되며 연구소의 성과를 대내외에 알리는 계기가 되었다. 이듬해 6월에 출간한 《한국논저해제》 제2권 역시 경향신문사가 주최한 제2회 경향양서 출판문화상 기획 제작 부문에서 금상을 수상했다. 이 책은 새로운 한국문화 창조의 기초를 쌓기 위하여 한국에 관한 연구 저서와 논문을 해제한 것으로서 1910년부터 1971년까지의 역사학 관계 저서 및 논문을 총망라한 것이었다. 민족문화연구소의 연구업적이 이와 같이 세간의 높은 평가를 받을 수 있었던 것은 한국학이 상대적으로 미개척 분야라는 점도 적지 않게 작용했지만, 무엇보다도 열악한 연구 환경 속에서도 본연의 학문적 자세를 다잡아 왔던 연구소의 노력이 결실을 맺은 것이었다.

민족문화연구소는 1973년에는 《한국논저해제》 제3권을, 1975년 8월에는 《한국

《한국문화사대계》 완간 기념 학술발표회(1971)

현대문화사대계》 제1권을 연이어 발간했다. 《한국현대문화사대계》는 강화도 조약을 전후한 시기부터 당시에 이르기까지 우리 민족문화의 각 부문별 특수사 연구를 내용으로 하여 《한국문화사대계》의 속편으로 10개의 중요 분야를 선정하여 두 부문씩 묶어 전 5권으로 발간할 계획으로 진행되었다. 한편 《한국논저해제》는 총 6권 8책으로 1977년 의·약학편 2책을 마지막으로 완간되었다. 2년에 걸친 이 작업은 제작비만 1천8백여 만 원이 투입된 대규모 학술사업이었다.

5-1-3 기업경영연구소와 무역연구소

기업경영연구소는 1971년 2월 농협중앙회의 위촉으로 10여 개의 국내 농약제약회사의 30여 개 품목에 대한 원가계산을 마무리했다. 또한 같은 시기에 우리나라의 임금체계의 개선을 위한 기초자료를 제공하는 것을 목적으로 실시한 국내 건설업체의 직종별 임금실태 연구도 마무리했다. 1973년 11월에는 '자본시장의 발전과 회계의 역할'이라는 주제의 세미나를 개최하고 한일 양국의 회계학 학술교류의 계기를 마련했다.

한편 무역연구소는 설립 후 첫 번째 사업으로 '경제발전과 무역국제수지'라는 주제로 국제 세미나를 개최하였고 미국국제개발처USAID 전문가를 비롯한 관련 인사들이 참가하여 좋은 성과를 거두었다. 1971년 7월에는 급변하는 국제정세에 대응하여 공산권을 중심으로 한 특수지역에 관한 전문적인 연구가 시급히 요청되고 있다는 판단에 따라 연구소 내에 '특수지역무역심의회'를 설치하고 그 아래 '특수지역 연구실'을 신설했다. 이 연구실은 중공연구부문, 동구권연구부문, 북한연구부문 등 3부문으로 구분하여 연구를 진행했다.

같은 해 11월에는 미국국제개발처와 용역계약을 체결하고 '외국인 직접투자 및 합작투자의 촉진방안에 관한 연구'를 8개월간 수행했다. 이와 함께 상공부와 한국무역회에서 위촉한 '무역 센서스와 무역정책에 관한 연구' 역시 성공적으로 완수했다. 이 연구결과는 이듬해 《한국수출산업의 실태조사 보고서》로 집약되었는데, 여기에는 수출산업, 생산실태, 재무구조 등의 다각적인 조사 결과가 수록되었다. 같은 해 9월에는 우리나라 최초로 《무역실무사전》을 출판했다. 이 사전에는 무역용어, 이론실무, 절차, 법규, 통계 등 무역과 관련된 실질적 내용이 담겨 있어, 현장에서의 활용도를 높이고자 했다. 무역연구소의 이러한 노력은 1976년 11월 《세계무역경영대전》의 발간으로 이어졌다. 여기에는 신용장, 무역보험, 외환 등 무역 관련 주요 개념이 20개 부문으로 분류되어 상세히 설명되어 있다.

5-1-4 인문사회계 연구소

노동문제연구소는 1973년 1월 '우리나라 기업의 임금제도 개선과 근로자의 생활 안정방안'에 관한 조사연구 보고서를 발표했다. 이 보고서는 노동부의 위촉으로 작성된 것으로 근로자 재산형성 정책에 관한 연구 등 우리나라 기업의 임금체계 개선을 위한 분석적 연구였다. 또한 '근로여성의 산업보건 관리 실태'에 관한 조사보고서도 제출하여 노동력 수급계획과 이동예방대책을 연구 분석할 수 있는 특별위원회 구성 및 노동력 이동으로 인한 손실을 외면하고 있는 사업주에 대한 정부의 대책을 촉구했다. 또한 1978년에는 《인천항 하역노무의 실태분석》을 내놓으면서 연구소 설립 취지에 알맞은 연구활동으로 학계와 사회의 주목을 받았다. 한편 법률행정연구소는 미국의 아시아재단으로부터 연구비를 지원받아 《북한법률행정논총》 제1집을 발간했다. 이 논총은 국문과 영문으로 된 5편의 북한 관련 논문을 수록함으로써 관련 학자들뿐만 아니라 많은 실무자들의 관심을 모았다.

1970년 사회조사연구소는 '소도시사회의 근대화 과정에 관한 사회학적 연구'라는 연구과제로 1970년도 문교부 학술연구조성비를 받았다. 같은 해 5월에는 제1회 사회조사 방법론 심포지엄을 주최했다. 이는 사회조사 방법론의 정확한 이해를 토대로 한국사회 조사의 과학적 방법을 정립시키고자 하는 의도에서 계획된 것으로 관련 학자들의 활발한 논의가 이루어졌다.

한편 행동과학연구소는 1970년 6월 우리나라 최초의 아동용 개인 지능검사인 고대-비네검사Korean-Binet test를 완성했다. 이 검사지는 만 4세부터 14세까지 아동의 지능검사를 위한 것으로 언어능력, 기억력, 운동능력 등을 측정할 수 있도록 설계되었다. 교육문제연구소는 사범대학의 출범 및 발전과 더불어 한층 연구 역량을 강화해 나갔다. 1976년 문교부의 의뢰를 받아 '사회교육진흥방안에 관한 연구'를 수행했으며, 같은 해 3월 영국문화원의 주선으로 랭커스터대학의 로스Ross 교수를 초빙하여 두 차례에 걸친 강연회를 개최하기도 했다.

1970년대 들어서 각 지역학 연구도 활발하게 진행되었다. 미국문화연구소에서는 '현대 미국사회의 새로운 방향'이라는 주제로 1971년 9월 세미나를 개최했다. 이 세미나에서는 '미국 청년학생의 가치관'을 비롯하여 '환경오염', '미국의 여론과 외교정책', '미국 대학 교육의 새로운 방향' 등에 관한 주제발표가 이어졌다. 이를 통해 새로운 세대의 등장으로 발생하고 있던 미국의 사회적 병폐를 진단하고 그 해결책을 모색하는 과정이 우리 사회에 주는 시사점은 무엇인지에 대한 진지한 모색이 이루어졌다.

또한 독일문화연구소는 1974년 한국학 연구문헌을 조사하던 중 독일어로 작성된 우리나라 기행문을 발견하여 영인했다. 에른스트 폰 헤세-바르텍이 쓴 《코리아—고요한 아침의 나라로의 여름여행, 1894》는 그 부제에서 나타나듯이 '고요한 아침의 나라'에 대한 여행기이다. 저자인 헤세-바르텍은 독일의 지리학자이자 여행가로 자신의

12번째 여행기로서《코리아》를 출판한 것이었다. 청일전쟁을 전후한 시기의 우리나라 사회상을 상세히 기록해 놓았을 뿐만 아니라 20여 편의 사진으로 구성된 삽화까지 포함되어 있는 귀중한 서적이었다.

5-1-5 자연계 연구소

1970년대에 들어 이공대학의 시설 확충과 농과대학의 장기발전계획 착수, 그리고 우석대의 통합으로 출범하게 된 의과대학 체계 확립 등을 기반으로 본교의 자연계열 연구소도 활발한 활동을 전개하기 시작했다. 1975년 당시 본교에 소속된 자연계열 연구소는 기초과학연구소를 비롯하여 한국곤충연구소, 법의학연구소, 한국농업연구소, 환경의학연구소, 바이러스병연구소, 산업기술연구소, 열대풍토병연구소 등이 있었다.

한국농업연구소는 1971년 5월 8일 국제농업자원연구소에서 명칭을 변경하며 본교 부설연구소로 승격되었다. 1964년 3월 발족한 이 연구소는 농과대학 교수회의를 거쳐 본교 부설 연구소로 자리 잡았다. 이 연구소는 농업의 이론과 기술을 조사 및 연구하여 농업의 근대화에 기여하는 것을 목적으로 농업부문·임업부문·농화학부문·농업경제 및 경영부문·원예부문·축산부문·식품가공부문 등 7개 부서를 두었다.

또한 의학계열 연구소는 세계적으로 주목받는 연구 결과를 연이어 발표하면서 본교의 위상을 크게 높였다. 국내 최초로 설립된 대학 내 법의학 연구기관인 법의학연구소는 1971년 제1회를 시작으로 10여 년간 전국 법의학세미나를 주최, 주관하며 법의학 연구의 새 장을 열었다. 이는 1976년 대한법의학회 창립, 1977년《대한법의학회지》창간의 초석이 되어 한국 법의학 발전의 전환점을 마련하였다. 바이러스병연구소는 1976년 세계 최초로 등줄쥐의 폐조직에서 '유행성 출혈열'의 병원체를 발견하고 혈청학적 진단법을 개발했다. 그리고 이듬해 4월에는 이 병원체를 '한탄바이러스Hantaan virus'라고 명명했다. 1977년에는 연속해서 '한국형 출혈열 II—병원체 분리'와 '한국형 출혈열 III—자연계 숙주'에 대한 연구를 진행함으로써 유행성 출혈열의 전파경로를 구명했다.

5-1-6 교수들의 연구활동

1970년대에 들어 학교의 규모가 커지고 학생 수가 증가하면서 교수진의 충원이 급격하게 이루어졌다. 새롭게 충원된 교수진은 본연의 임무라고 할 수 있는 연구 및 교육을 충실히 수행하기 위하여 노력했다. 특히 1970년대에는 세계적으로 주목받을 만한 연구 성과가 발표됨으로써 본교의 학술 역량을 과시하는 데 기여했다. 교수들의 연구활동이 활기를 띠게 되었던 데에는 문교부나 과학기술처 등 정부 부처에서 지급되는 연구보조비를 비롯하여 각종 학술재단이나 외부 학술단체로부터의 지원이 중요한 역할을 했다.

문교부에서 지원되는 연구지원비는 1970년대에도 지속적으로 책정되었다. 일례로 1974년 1학기에는 문교부 학술연구조성비가 각 대학 교원 수에 비례하여 지급되었는데, 본교는 760만 원을 받아 20명의 교수에게 분할 지급했다. 이 외에도 1970년 한국과학기술처는 조사연구개발사업의 일환으로 물리학과 김종오 교수 등 본교 교수 5명에게 연구비를 지급했다. 이듬해에도 한국과학기술처는 김태린 교수 등 본교 교수 6명에 대한 연구비 지급을 결정했으며 문교부 연구기관 지원금으로 1,150만 원을 배정했다. 이 연구비는 교내 각 연구소로 분산 지급되어 각 전문분야의 연구활동을 위하여 사용되었다.

이공계열의 학술연구에 대한 지원은 민간 차원에서도 활발하게 이루어졌다. 1970년 본교 이공대학의 박기채 교수와 성영권 교수가 동아일보와 인촌기념회가 공동으로 주관하는 '동아자연과학장려금'을 받았다. 김성곤 교우가 인문사회과학 분야의 연구인력 육성을 지원할 목적으로 1969년도에 1억 원의 기금을 희사하여 출범한 성곡학술문화재단은 학문의 균형 발전에 크게 기여했다. 본교의 경우, 1970년 5월 10명의 교수가 성곡학술문화재단에서 360만 원의 연구비를 지원받아 학문적 활동을 더욱 활발히 펼칠 수 있었다. 국내 기업의 연구비 지원도 계속되었다. 1977년 10월에는 현대그룹에서 교수연구기금 5천만 원을 희사해 왔다. 이 기금은 단기투자 증권으로 전달되어 정경대학과 경영대학에 각각 2천5백만 원씩 배분되었다. 또한 이듬해 10월에는 두산그룹에서 본교 출신 졸업생들이 기업 발전에 공헌한 것에 보답하는 의미로 5천만 원의 학술진흥기금을 전달해 왔다.

이렇게 각 분야에서 지원된 연구지원비는 연구활동에 활력을 불어넣었다. 1978학년도에 본교에 지급된 연구지원비의 내역을 보면, 문교부에서 지급한 6개 분야에 총 5,181만 원을 비롯하여, 장학재단에서 270만 원, 본교 교수 특별연구비 1,030만 원 등이었다. 그 내역은 문교부에서 정책과제 분야에 1,410만 원, 기초학문분야 1,330만 원, 환경관계분야 800만 원, 새마을 연구소분야 250만 원, 실험대학분야 1,050만 원, 교육정책과제분야 350만 원 등이었고 경방육영회에서 200만 원, 성곡학술문화재단에서 70만 원을 지원했다.

확대된 재정적 토대와 지속적으로 충원이 이루어지고 있던 교수역량 등은 1970년대 주목할 만한 연구 성과로 이어졌다. 1976년 2월 본교 문과대학 박병채 교수가 〈고대국어의 음운체계연구〉라는 논문으로 세계평화교수 아카데미가 제정한 제1회 아카데미상을 수상했다. 이 상은 학문적 업적이 뛰어나고 민족문화 발전에 기여한 학자에게 수여되었으며, 박병채 교수는 인문과학분야 최초의 수상자로 선정되었다. 그의 논문은 현재의 한자음을 분석하여 국어 한자음의 기원을 밝히고 고대국어의 음운체계를 재구성한 독보적인 업적으로 평가받았다.

한탄 바이러스를 발견한 이호왕 교수

또한 같은 해인 1976년 4월에는 의과대학 바이러스병연구소의 이호왕 교수와 이평우 연구부장이 우리나라 전역에 걸쳐 발생하고 있던 한국형 유행성 출혈열의 병원체와 그 면역체를 세계 최초로 구명하는 데 성공하는 쾌거를 이루었다. 이호왕 교수 연구팀은 1970년부터 연구를 시작하여 1976년 경기도 연천, 동두천, 포천 일대의 등줄쥐Apodemus agrarius 폐조직과 콩팥 조직에서 발견한 병원체가 회복기 환자의 혈청 면역체와 반응한다는 사실을 밝혀냈다. 이를 통해 출혈열의 자연계 숙주가 등줄쥐임을 확증했고, 쥐와의 접촉이 배설물을 통해 전염된다는 것도 밝혀냈다. 이 연구는 유행성 출혈열의 전염 경로를 밝혀내고 그 감염 여부를 혈청학적으로 진단할 수 있게 한 획기적인 성과였다.

1979년도 의과대학 생화학교실의 암연구팀도 새로운 연구 성과로 또다시 세상을 놀라게 했다. 주진순 교수와 황우익 교수, 임미재 연구원으로 구성된 암연구팀이 혈액암의 일종인 흰쥐의 백혈병세포 L5178YLeukemia 5178 Yale를 옻나무에서 추출한 '우로시올'을 사용해 약 40%의 치료율을 보였다는 사실을 발표하였던 것이다. 이와 같이 국내외적으로 인정받는 연구의 이면에는 수많은 실패와 좌절이 있었음은 두말할 나위가 없다.

5-2 연구지원 시설의 정비

5-2-1 도서관

중앙도서관은 1969년 11월 경제협력개발기구OECD 본부에 도서관 설치를 요청하고 1970년 1월부로 정식 승인을 얻어 OECD 기탁도서관을 신설했다. OECD 기탁도서관에는 OECD 본부로부터 일부 특수간행물을 제외한 모든 서적이 무료로 보급되었다. 독일 에베르트Ebert재단 한국지부장인 에리히 홀체Erich Holtze 씨가 도서 30여 권, 미국 공보원USIS에서 미국의 역사와 사회, 자연과학을 소개하는 도서 2백여 권을 기증했고 1970년 5월에는 동아일보사에서 《동아일보》 창간호부터 1969년도분까지 수록된 마이크로필름을 도서관에 기증했다. 같은 해 7월에는 주한 서독대사관에서 《토마스 만 전집》 등 표현주의 이후의 문학 전집 50여 권을 기증했다.

1971년 6월에는 김약슬 씨가 고서적 2,337책과 고문서 5,500점을 도서관에 기증했다. 이듬해 4월에는 항일투사로서 상해임시정부의 국무령까지 지낸 석주石洲 이상룡의 증손인 이철증 씨가 《자치통감강목》 69책 등 모두 395종 1,309책을 기증해 왔다. 또한 6월에는 해좌海左 정범조의 6대손인 정상진 씨가 《신간표제구해공자가어新刊標題句解孔子家語》 등 귀중서 20종 32책을 기증해 왔다. 같은 달에는 화산華山 이성의 선생의 미망인 신영임 여사가 보물로 지정된 《홍무정운역훈洪武正韻譯訓》이 포함된 귀중서 724책과 일반서 7,989책 등 모두 8,713책을 기증했다. 1976년 11월에는 만송晩松 김완섭 박사의 한적漢籍 2만여 권이 고인의 유지에 따라 도서관에 기증되었다. 1973년 5월에는 본교 중앙도서관에 소장하고 있던 《청량답순종심요법문淸凉答順宗心要法門》이 당시까지 현존하는 세계에서 가장 오래된 금속활자 인쇄본으로 밝혀져 세간의 이목을 집중시켰다. 1973년 9월에는 독립운동가 이원순 교우가 평생 수집해 온 독립운동 관계 도서 865종 1,679권의 책을 기증했다.

5-2-2 박물관

1970년 4월에는 원충희 씨의 고서화 기증과 오갑석 씨의 분청사기인화문태호粉靑沙器印花文胎壺 기증이 이루어지면서 박물관의 위상이 한층 높아졌다. 분청사기인화문태호는 본교 공과대학 부근에서 정지작업을 하던 중 발견된 것으로 14세기 말엽에 제작된 것으로 추정되며, 1974년 7월 국보로 지정되었다. 1975년 8월에는 민병기 교수가 충정공 민영환의 유품인 《천일책千一策》을 기증했다. 《천일책》은 구한말 어지러운 정세를 타파하기 위해 충정공이 고종에게 제출한 정치·경제·문화 등 다방면에 걸친 정책 건의서로서 충정공의 안목과 당시의 상황을 알 수 있는 중요한 자료이다. 이듬해에는 김광한 교우가 '김좌근 일가의 의복' 9착을 기증했다. 김좌근은 철종 때 육조의 판서를 두루 역임한 인물로서, 기증된 의복류는 김좌근의 증손자인 김광한 교우가 가보로 소장해 오다가

1970년 중요민속자료 제6호로 지정받은 귀중한 문화재였다.

박물관은 외부로부터 기증된 각종 유물의 보관과 연구에 활동을 국한하지 않고, 활발한 발굴 작업을 전개해 나갔다. 1973년 7월에는 1개월 동안 경주시 황남동 A호 고분에서 발굴 작업을 펼쳐 2백여 점의 유물을 발굴했다. 1972년 5월에는 개교 67주년 기념으로 여학생회관 2층 교수회관에서 '조의사속도전朝儀士俗圖展'을 개최했다. 1973년에는 박물관 2층에 현대미술실을 개설하고 개교 68주년을 기념하여 '순종어진純宗御眞' 등을 전시했다. 본교 박물관의 현대미술실은 대학박물관 최초의 현대미술 상설전시실로서 많은 학생들의 문화적 욕구를 충족시켜 주었다. 1976년 11월에는 구당矩堂 유길준 유품 특별전시회를 박물관 2층 특별전시실에서 전시했다.

5-2-3 출판부

출판부는 1956년 3월에 처음 설치되었으며 1959년 7월 기구와 인원을 확충하여 대학 출판부로서의 체계를 갖추었다. 그 후 1966년 독립채산제를 도입하여 출판기금의 확보와 운영기반의 확립에 주력했고, 이를 통해 대학교재, 학술도서, 일반도서 등 각 분야에 걸쳐 많은 출판계획을 성공적으로 수행했다. 특히 1972년에 출판부가 학문연구와 학술도서 간행을 돕기 위하여 마련한 '학술도서간행조성비지급제도'는 국내 대학 출판부 최초의 시도로, 각계각층에서 긍정적인 평가를 받았다.

1972년도 학술연구저서 간행 조성비는 문과대학 사학과의 강만길·김정배 교수에게 30만 원씩 지급되었다. 강만길 교수는 《조선후기 상업자본의 발달》이라는 저서로, 김정배 교수는 《한국민족문화의 기원》이라는 저서로 각각 출판기획심의위원회의 심사를 거쳐 결정되었다. 한편 학술연구총서, 교양문고, 안암 라이브러리Anam Library, 영인총서 등의 총서를 연차적으로 간행하면서 그 역량을 축적해 나갔다. 1976년 10월에는 영국 옥스퍼드대학 출판부와 정식계약을 체결하고 《현대관용영어사전》을 출간하는 한편, 본교 부설의 한국곤충연구소 김창환 교수가 편찬한 《한국곤충분포도감》 제1편

(나비류)을 출간하였다. 이 저서 역시 출판부가 마련한 '학술도서간행조성비지급제도'에 따라 작성된 것으로서, 1976년 제17회 한국출판문화대상에서 제작상을 수상했다.

5-2-4 시청각교육연구원

시청각교육연구원은 최첨단의 기술을 도입하고자 하는 의지가 현실화된 결과였다. 이 연구원은 기존의 외국어교육실험실, 방송국, 사진제작실 그리고 각종 시청각 시설 및 기구를 종합하고 텔레비전 제작 작업을 추가하여 1976년 6월 5일 홍보관에 설치되었다. 초대 원장에는 이준범 교수가 임명되었고, 이후 12월 8일에는 홍보관 2층에 컬러 TV 스튜디오도 개관했다. 컬러 TV 스튜디오는 시청각교육연구원의 출범 당시부터 제기되었던 숙원사업으로, 다른 대학에 설치되어 있는 스튜디오 시설과 기성 방송국 스튜디오의 장단점을 면밀히 분석한 후, 약 1천4백만 원가량의 기자재를 구비하였기 때문에 효율적인 활용이 가능했다. 이 과정에서 기존의 외국어교육실험실을 어학교육실험실로 개칭하고 랩Lab, 음향도서실의 시설 확충과 기자재 보존을 위하여 1978년 7월에 교양관 3층으로 이전했다. 그리고 1979년 2월 28일 다시 어학교육실험실을 어학교육연구실로 개칭하고 운영과, 교재과, 연구과를 두었다.

5-2-5 전자계산소

1970년 4월 전자계산연구실이 발족했다. 교양학부 4층에 자리 잡은 전자계산연구실에는 시스템 지원, 프로그래머, 시스템 엔지니어 등의 직원을 두어 교내 전자자료처리조직화EDPS에 용역을 제공하고 학생 대상 단기 강습을 실시하는 동시에 외부 기관의 자문에도 응했다. 이 연구실은 출범과 동시에 과학기술연구소와 제휴하여 컴퓨터 사용을 위한 기반을 마련했다. 1973년 4월에는 미국 AIM으로부터 교육용 소형 전자계산기System 1130Model2C가 도입되어 이공대에 설치되었다. 또한 이 컴퓨터의 도입을 계기로 기존의 전자계산연구실이 전자계산소로 재편되었다. 전자계산소는 교수의 연구 협조 및 학생들의 교육실습 등 학교행정의 능률화를 목적으로 4명의 직원을 배치하여 운영을 시작했다.

5-2-6 과학기재개발실

1977년 10월 1일 과학기재개발실이 발족하여 이공대학에 소속되었다가, 1978년 3월 2일 본교 부속기관으로 확대·개편되었다. 과학기재개발실은 자연계 대학의 교원, 대학원생, 학부생들을 위한 실험용 기구의 개발, 제작, 조립, 수리 및 보수를 신속하고 정확하게 지원하여 과학기술교육의 발전에 기여하는 것을 주요 목적으로 삼았다. 개발실은 초자硝子부, 전기부, 전자부, 기계부, 냉동부, 용접부, 광학부 등 7개 부서로 구성되었으며, 각 부서는 주임기사를 중심으로 운영되었다.

5-2-7 체육위원회

1961년 4월 발족하여 학생처 산하에 편제되어 있던 체육위원회가 1977년 12월 학생처로부터 독립하여 위원장 1인, 부위원장 1인, 체육위원 11인(5부 부장 포함), 체육과장 1인, 서기 약간 명, 5개부 코치 5인을 둔 부속기관으로 개편되었다. 초대 체육위원장에는 김창환 교수가 임명되었으며 13명의 교수가 위원으로 임명되었다. 또한 체육위원회 규정이 1977년 10월 24일 제정되어 시행되었다.

06

유신체제에의 항거

6-1 유신정권 최초의 대학공안사건 조작

1972년 유신체제 성립 이후 박정희 정권은 대규모 공안사건을 조작해 본교 학생운동에 대한 강도 높은 탄압을 가했다. 그 대표적인 사례가 '민우지 사건'과 '야생화지 사건'이었다. 1971년 10·15 위수령으로 해체된 한맥회의 회원 대부분은 제적되어 학교를 떠나게 되었지만 한맥회 준회원이었던 최기영 등은 1972년 10월에 'NH회'를 결성했다. 1973년 3월 12일 최기영과 박세희는 '민중의 벗'이란 뜻의 지하신문 《민우民友》를 제작했다. 《민우》는 불과 2백 매 정도가 제작되었지만 당시의 통제된 분위기에서 학생들 사이에서 은밀하게 유포되었다. 1973년 4월에는 《민우》 제2호를 제작하여 교내에 살포했다. 그러나 정부는 1973년 5월 본교 이념서클인 'NH회'가 북한의 지령에 따라 불온 유인물인 《민우》를 다량 제작 살포하며 반정부 활동을 벌였다며 관련 학생들을 검거했다. '민우지 사건'은 유신체제 출범 이후 첫 번째 대학공안사건으로서 본교의 이념서클인 한맥회의 뿌리를 뽑기 위해 기획된 조작사건이었다.

'민우지 사건' 발표 두 달 후인 7월에는 '야생화지 사건'이라는 또 다른 조작사건이 발표되었다. 정부는 1973년 7월 25일 "고려대 내 서클인 한국민족사상연구회(한사회)가 해체된 후 '검은 10월단'을 결성해 《야생화》 250부를 찍어 교내에 뿌린 혐의"로 제철(경영 4), 최영주(국문 4 중퇴), 박원복(정외 3), 유경식(법학 3), 김용경(법학 3), 유영래(정외 4), 이경린(산업공 3)을 내란음모죄로 구속 기소했다. 이 사건은 '민우지 사건'과 함께 유례없이 가혹하게 진행되어 김상협 총장과 재학생 2,544명이 구속 학생의 석방을 요구하는 연명부를 제출하는 사례를 남기기도 했다. 그러나 '검은 10월단'이라는 조직 명칭이나 《야생화》라는 회보는 실체가 없었던 유령단체, 유령회보였다.

이 두 사건은 삼선개헌 반대투쟁과 교련반대투쟁 등 학생운동의 중심에 있던 한사회와 한맥회 회원들이 유신체제기에 처음으로 반독재, 반파쇼, 반유신 운동을 전개한 것에 대한 유신정권의 대응이었다. 학생운동에 대한 이러한 용공조작은 이듬해인 1974년 4월에 발표된 '민청학련' 사건의 원형이 되었다. 유신정권의 의도와 달리, '민우지 사건'과 '야생화지 사건'에 분노한 본교 학생들은 조직적으로 유신체제 반대운동을 전개했다. 그리고 'NH회' 사건으로 억울한 옥살이를 한 본교생들은 유신체제가 붕괴하고 38년이 지난 2017년 재심을 통해 누명을 벗었다. 재판부는 "권위주의 시대에 질곡의 역사를 개선해 보려는 젊은 지성인들에게 위법·부당한 공권력을 행사한 국가의 과오에 대해 진정으로 용서를 구한다"고 판시했다.

6-2 긴급조치 7호와 휴교령

1975학년도 1학기를 맞이하여 대학가에는 석방 학생과 교수의 복교 문제가 주요 쟁점으로 등장했다. 3월 31일 본교생 1천5백 명은 대강당에서 비상학생총회를 개최하고 유신헌법 철폐, 민우지와 야생화지 관련 학생 사면 등을 결의한 후 시위에 돌입했다. 4월 7일에는 본교생 2천여 명이 대강당에 집결하여 〈석탑선언문〉을 채택하고 "민주주의의 즉각 회복", "민우지 관련 학생 석방", "인권 유린 행위 중지" 등을 요구하면서 교문 앞까지 시위를 벌였으나 기동경찰의 최루탄에 의해 제지당했다. 정부는 이에 대해 4월 8일 오후 〈긴급조치 7호〉를 발동해 본교에 휴교령을 선포하고 캠퍼스 내에서 일체의 시위와 집회를 금하고 학교에 군대를 주둔시켰다. 이에 따라 본교는 모든 학사행정과 교무행정이 중지되었고 최소한의 학교시설관리만이 허용되었다. 또한 관리 요원을 제외한 교수 및 학생의 출입도 전면 금지되었다. 〈긴급조치 7호〉는 고려대 학생의 시위를 이유로 긴급조치를 발동하여 한 대학만을 휴교시킨 사상 초유의 사건이었다. 긴급조치 발포를 통해 대학에 휴교조치가 내려진 것은 이것이 처음이자 마지막이었다. 〈긴급조치 7호〉의 내용은 다음과 같다.

〈긴급조치 7호〉

1. 75년 4월 8일 오후 5시를 기해 고려대학교에 휴교를 명한다.
2. 고대 내에서 일체의 집회 시위를 금한다.
3. 위의 1, 2항을 위반한 자는 3년 이상 10년 이하의 징역에 처한다. 이 경우 10년 이하의 자격정지를 병과倂科할 수 있다.
4. 국방부장관은 필요하다고 인정할 때 병력을 사용하여 동교同校의 질서를 유지할 수 있다.
5. 이 조치에 위반한 자는 법관의 영장없이 체포 구금 압수 수색할 수 있다.
6. 이 조치에 위반한 자는 일반법정에서 관할 심판한다.
7. 이 조치는 75년 4월 8일 오후 5시부터 시행한다.

역사상 유례를 찾기 힘든 학원 침탈 사태를 맞이하여 김상협 총장은 4월 10일 〈긴급조치 7호〉로 인한 휴교 사태에 도의적 책임을 지고 사표를 제출했다. 또한 당시 교무

1975년 〈긴급조치 7호〉의 발동으로 본교에 주둔 중인 군인

처장 한만운 교수 등 보직교수 4명도 총장에게 사표를 제출했다. 〈긴급조치 7호〉가 발표된 이후에도 전 대학에서 성토와 시위, 투석전이 전개되자 정부 당국은 각 대학에 휴교와 휴강 조치를 내리고 마침내 5월 13일 〈긴급조치 9호〉를 선포했다. 〈긴급조치 9호〉에 따라 5월 14일 교무위원회에서는 총학생회를 비롯한 모든 학생 자치활동에 대한 기능 정지 결정을 내리고 사상 및 종교 서클 12개(민족이념연구회, 청년문제연구회, 도산연구회, 동수회, 한국민속문화연구회, 중국문화연구회, 민사법학회, 카톨릭학생회, 기독학생연합회, 대학생선교회, 불교학생회, 원리연구회)를 해체시켰다.

〈긴급조치 9호〉 선포 이후 대학가의 반체제 시위는 오랜 침묵에 들어갔다. 이는 1970년대 학생운동의 가장 긴 동면기였으나, 강요된 침묵은 또 다른 전환기를 준비하는 기간이 되었다. 1977년 하반기부터 학생운동은 침체에서 벗어나기 시작했고, 1978년 들어 더욱 활발해졌다. 1978년 6월 26일 고려대, 서울대, 이화여대 학생 등 7백여 명이 광화문 세종문화회관 앞에서 유신반대 시위를 벌였다. 〈긴급조치 9호〉 체제에서는 시위가 시작되더라도 도심 안으로 무리를 지은 시위대가 진출하는 것이 쉽지 않았다. 이런 상황에서 광화문 시위는 엄혹한 탄압하에서 학교를 벗어나 도심에서 일반 대중을 향해 유신반대를 외쳐 국민들의 반유신 정서에 불을 붙이는 역할을 했다. 1978년 9월에는 본교생 4천여 명이 반독재 시위를 전개하고 상주 기관원 초소를 불태우는 등 강력한 투쟁 양상을 보였다.

고려대 학생들의 반유신 투쟁은 1979년에도 계속되었다. 1979년 2월에는 학생 4명이 유신독재 철폐를 주장하는 지하신문을 배포한 혐의로 구속되었고, 6월에는 미국의 카터 대통령 방한 반대 시위가 있었으며, 이 과정에서 〈6월 민족선언문〉을 배포하고 유신체제 타도를 외친 본교생 3명이 구속되었다. 대학가에 이처럼 반유신 시위가 진행되던 중 1979년 10월 26일 중앙정보부장 김재규의 총탄에 박정희가 사망하는 10·26 사건이 발생했다. 이 사건으로 유신체제가 붕괴되었고, 다음 날인 10월 27일 제주도를 제외한 전국에 비상계엄령이 선포되었다. 본교에는 11월 18일까지 휴교령이 내려지며 학생활동이 일시적으로 중단되었다.

07

캠퍼스 생활

7-1 등록금과 장학금

정부의 등록금 통제 정책 완화로 인하여 1960년대 중반 이후부터 1970년대까지 사립대학의 등록금 인상률은 소비자 물가상승률을 상회하는 모습을 보였다. 본교의 등록금 현황을 살펴보면, 1970년 1학기 법과대학은 49,670원, 상과대학은 49,540원, 문리과대학은 49,970원에서 52,870원, 농과대학은 51,370원부터 55,870원, 정경대학은 49,770원에서 51,870원, 이공대학은 50,640원에서 56,640원 등이었다. 이 외에 교련비 400원을 별도 납부하도록 책정되었다. 이듬해인 1971년 1학기 등록금은 수업료가 13% 인상되었고, 기성회비는 5,000원에서 7,500원으로 50%, 자율적 경비는 3,600원에서 4,166원으로 16.7% 인상되었다.

1970년대 중반까지 우리나라 사립대학의 등록금 인상률이 평균 20%를 웃돌았다는 점을 고려한다면, 본교의 등록금 인상률이 높았다고 보기는 어렵겠지만 학생들이 느끼는 등록금에 대한 부담은 적지 않았다. 1974년 1학기에는 이공대학의 일부 학과와 의과대학의 등록금이 10만 원을 넘어섰고, 이후 학기를 거듭하며 등록금이 인상되었기 때문에 1979년 1학기에는 거의 모든 학과의 등록금이 25만 원을 상회하게 되었다.

이와 같이 급증하는 등록금으로 인하여 장학금 혜택은 학생 생활에 많은 영향을 미칠 수밖에 없었다. 본교에서는 재정 확충의 일환으로 등록금 인상을 피할 수 없었지만, 이와 더불어 장학금의 대상 및 지급 액수를 확대해 나갔다. 또한 1974년 4월에는 산학협동재단에서 본교생 28명에게 1974학년도 1학기 장학금을 지급했다. 이 장학금은 산업계와 학원의 유대를 강화하려는 목적으로 1974년부터 전국 각급 학교 학생들에게 지급하기 시작한 것이었는데, 본교는 사립대학 중 가장 많은 학생이 장학금 혜택을 받을 수 있었다. 교내외 장학금의 활발한 유치 활동과 더불어 후배들의 면학을 장려하기 위한 교우들의 노력도 지속적으로 전개되었다. 1979년 3월에는 '재단법인 고려대학교 교우장학회'가 문교부의 승인을 얻어 정식으로 발족되었다. 이 장학회는 우리나라 최초로 설립된 교우 장학재단으로서 재학생에 대한 장학금 지급뿐만 아니라, 교직원에 대한 학술연구비 및 연구조성비 지급, 출판과 홍보 등을 포괄하는 다양한 사업을 계획했다.

7-2 학생들의 일상생활

1973년 5월 1일 기준 학생처에서 발표한 학생 통계는 당시 본교 학생 구성의 일면을 잘 보여 준다. 이 자료에 따르면, 1973년 1학기 등록자는 총 8,924명으로 남학생 7,382명, 여학생 1,542명이었다. 연령별로는 25세 이상의 학생이 남녀 합산 1,548명에 달했으며, 출신 지역별 통계에서는 서울 출신이 3,373명, 지방 출신이 5,551명으로 나타나, 예년에 비해 지방 출신의 학생이 감소하는 경향을 보였다. 그리고 전체 학생의 13%에 해당하는 1,158명이 장학금 혜택을 받고 있었다.

1970년에는 학생처에서 종래의 학생증을 변경했다. 사무의 간소화와 위조 학생증 방지를 위해 변경하게 된 학생증은 수첩 형식으로 4년 동안 사용할 수 있게 제작되었다. 간편한 학사행정과 학생들에게 편의를 제공하기 위해 학생증이 변경된 것이지만, 그 이면에는 1970년대 들어서면서 한층 심해진, 소위 '가짜 대학생' 문제도 무시할 수 없었다.

한편 1976년부터는 중앙학도호국단계획에 의거하여 학도호국단 단번 부여 방안이 마련되었다. 학도호국단은 이승만 정권의 몰락과 함께 1960년 폐지되었으나 박정희 정권에 의해 1975년 다시 설치되었다. 이 단번 부여는 호국단의 효율적인 인적 관리 및 동원체제 확립을 위한 것으로 평시에는 학번으로, 전시에는 군번으로 대체하기 위한 목적의 일환이었다. 단번은 모두 10자리로 구성되었고, 처음 3자리는 학교 고유번호였다. 이때 본교의 지정번호는 118번이었다. 다음 두 자리는 단원의 입학연도, 다음 두 자리는 학과별 지정번호, 마지막 세 자리는 단원별 일련번호로서 당시 학번의 끝부분 3자리를 그대로 표기하였다.

이와 함께 1970년 1학기부터 총학생회 주도로 교내 정화 운동이 전개되었다. 교내의 미화와 학생들의 후생을 위하여 시작된 정화 운동은 교내 차량 통제, 도로 포장공사 추진, 교내의 앰프 설치, 급수 시설과 식당 개선, 도서관 개관시간 연장, 이발소 시설 개선, 구내서점의 서적 가격 인하 등 주로 학생들의 일상생활과 관련된 복지사업을 추진하였다.

1977년 4월에는 이공대학 구내서점이 개점했고, 5월에는 치과 진료소가 개소식을 가지고 진료에 들어갔다. 또한 1978년에는 학생회관 구내식당이 셀프서비스제로 개편되면서 음식값도 인상되었다. 한편, 식당의 4분의 1에 해당하는 한쪽 구석에 칸막이를 설치하여 학생들이 집회를 할 수 있는 학생집회소가 마련되었다.

1970년 1학기부터 학생처는 학생들의 교양 및 정서 함양을 위하여 매주 금요일 2시부터 시청각 교육실에서 영화 감상 시간을 운영하기로 했다. 외국어교육 실험실은 학생들의 실질적인 요구에 부응하는 장소가 되기도 했다. 방학 기간을 이용하여 외국어 교육 실험실에서 주관하는 각종 어학 특강은 학생들에게 많은 호응을 얻었다.

교육 내용의 측면에서 학생 군사훈련과 더불어 1970년대의 주목할 만한 특징으로는 새마을 운동과 함께 추진되었던 학생 봉사활동을 들 수 있다. 1972년 5월에는 문교부가 방학을 이용한 농어촌의 봉사활동을 장려하기 위해 봉사활동 학점제를 시행했다. 이에 본교는 1972년 6월 교무위원회의 의결을 거쳐 '교외현지실습'이라는 과목을 설치하고, 농과대학 3-4학년을 대상으로 한 필수과목으로 지정했다. 학점 취득을 목적으로 하는 봉사활동 외에도 학생들은 자치활동의 일환으로 농어촌 봉사활동을 활발하게 전개했다.

7-3 대학문화 창조의 새로운 전기

어려운 정치적 상황 속에서도 학생들의 자치활동에 대한 욕구는 다양한 모습으로 표출되었다. 1972년도 서클 등록 현황을 보면 본교에서 47개, 정릉 및 명륜 분교에서 9개 등 총 56개의 서클이 계속 및 신규 등록을 했다. 본교에서 계속 활동 등록을 한 서클은 39개(학술 29, 종교 7, 친목 3)였으며, 신규 등록 서클은 8개(학술 5, 종교 1, 친목 2)였고, 정릉분교에서 신규 등록을 한 서클은 3개(학술 2, 친목 1), 명륜분교에서의 신규 등록 서클은 6개(학술 3, 종교 1, 친목 2)였다. 대부분의 서클이 본교와 분교 간 통합 등록을 했지만 분교의 의대사진반, 심실문학동인회, 유네스코학생회 등은 서클의 특수성 등을 이유로 분교 활동만을 고집하면서 신규 등록을 했다. 또한 1972년 4월에는 학생처에서 본교 학생 중 운전면허를 소지하고 있는 학생들을 중심으로 운전 서클을 조직하기도 했다.

학도호국단의 출범으로 인한 자치활동의 일원화 조치 이후에도 서클 활동의 열기는 쉽게 식지 않았다. 학생처에 등록된 1978년 제1학기 학도호국단 산하 서클은 문예부 산하 45개 단체, 새마을부 산하 8개 단체 등 모두 53개 단체였다. 고대농악부, 뉴스위크반, 해양자원연구회, 유스호스텔학생회, 한국얼연수회, 네비게이토선교회, 사회과학연구회, 법률행정연구회 등 8개 서클이 새롭게 등록했고, 고전연구회는 겨레사랑회로 개칭하여 활동하기 시작했다. 매년 실험 정신이 빛나는 작품 활동으로 세간의 이목을 집중시켰던 극예술연구회는 1976년 6월, 대학 연극사상 최초로《고대극회사》를 발간했다. 이 책은 고대극회의 공연연보와 졸업생들의 증언 및 회고, 외부에서 극회를 평가하는 글 등으로 구성되었다.

연이은 학생들의 시위와 문교부의 휴교 압력으로 침울해진 분위기 속에서도, 1970년 제10회 석탑축전은 다채로운 프로그램으로 캠퍼스에 활기를 불어넣었다. 사회적으로 암울한 상황이 이어지는 가운데에서도 고대인의 축제인 석탑축전은 많은 시행착오와 자기비판을 거치면서 한층 성숙한 모습을 갖추었다. 1970년대 석탑축전은 해를 거듭하면서 민속적 색채를 띤 행사를 확대하며, 전체 학생이 어우러질 수 있는 장場이 되었다. 또한 축제를 단순한 '놀이'에 그치지 않고, 청년문화의 지표로 자리 잡기 위한 고민도 지속되었다.

7-4 체육의 부흥

1970년대는 본교 체육 활동이 본격적인 궤도에 오른 시기라고 볼 수 있다. 연세대와의 정기전은 1971년과 1972년, 1975년 세 차례에 걸쳐 학원 사태와 10월 유신의 선포 등 사회적 상황에 의해 무산되기는 하였으나 꾸준히 성장해 나갔고, 우리나라를 대표할 만한 운동선수들이 대거 배출되면서 화려한 성과를 올렸다. 1970년 종합전적 2승 1무 2패의 무승부를 기록한 뒤, 2년간 개최되지 못하였던 정기 고연전은 1973년 재개되었다. 이 해에는 농구를 제외한 전 종목에서 승리하면서 4승 1패로 완승을 거두었고, 1974년에는 축구만 무승부를 기록하면서 4승 1무의 압승을 거두었다.

정기 고연전은 1965년 재개된 이후 해를 거듭할수록 양교 재학생과 교우의 관심

1970년 정기 고연전 개막식

이 높아졌을 뿐만 아니라, 프로 스포츠가 자리 잡지 못한 상황 속에서 많은 국민들의 이목을 집중시키기에 충분한 행사이기도 했다. 1970년대의 정기 고연전에서는 경기 결과에 못지않게 학생들의 응원 역시 세간의 관심을 집중시켰다. 1970년 고연전에서는 새로운 응원 도구가 등장했다. 김성곤 교우와 정성태 교우가 각각 기증한 북과 징이 그것이었는데, 그 명칭은 '통일북'과 '승전징'이었다. '통일북'은 직경 180cm, 두께 160cm로 6개월의 제작 기간이 소요되었고, '승전징' 역시 직경 1m로 제작되어 당시 우리나라 최대의 것이었다. 그러나 이후 과도한 응원 열기로 인한 불상사를 방지하기 위해 1974년 정기 고연전부터 응원 도구 사용에 제한 규정이 도입되었다. 당시 본교는 흰 장갑과 붉은 두건을, 연세대는 흰 장갑과 넥타이를 사용하기로 합의했으며 꽃수술은 여학생 응원에만 이용할 수 있도록 규정했다.

1970년대 정기 고연전에서 선보였던 양교의 단체 응원은 오늘날에 비하여 집단성을 강조하며, 응원 연습과 준비 과정이 학교 차원의 중요한 행사로 자리 잡았다. 정기전을 앞두고 총학생회는 한 달 전에 응원 아이디어를 현상 공모한 뒤, 심사를 통해 채택된 아이디어를 응원에 반영했다. 응원 연습은 대운동장에서 응원단 주관으로 2-3일 동안 실시했다.

1973년의 경우, 학생들에게 권고한 응원 복장은 남학생의 경우 흰색 와이셔츠와 검은색 계통의 바지, 흰 장갑이었으며, 여학생은 흰색 블라우스나 스웨터, 흰색 큐롯(바지 스커트), 흰 장갑, 흰 반 스타킹, 흰 운동화였다. 또한 본교를 상징하는 배지나 '필승고대必勝高大' 리본을 지참해야 입장이 가능했다. 정기전 입장 티켓은 단과대학별로 판매하였는데, 응원총연습 출석표, 학생증, 필승 리본을 지참해야 구입할 수 있었다.

고연전 외에도 체육부의 활동은 두드러졌다. 축구부는 1976년 제57회 전국체전 등에서 우승하며 3관왕의 위업을 달성했고 럭비부도 같은 해 전국추계리그전 등에서 우승하며 4관왕에 오르는 기염을 토하기도 했다. 야구부는 1978년 전국대학야구춘계연맹전과 추계연맹전에서 연이어 우승을 일궈냈다. 우리나라 최고의 슈터로 기억되는 이충희를 비롯하여 임정명, 이민현 등이 이끈 본교 농구부는 1977년 가을시즌부터 1979년 제34회 전국종별 농구선수권대회 대학부 결승에서 연세대를 물리칠 때까지 무려 49연승을 거두는 대기록을 작성하기도 했다. 아이스하키부 역시 1976년, 1977년, 1979년 3차례에 걸쳐 2관왕에 오르며 바야흐로 본교 체육의 중흥을 이끌어 냈다. 이 밖에도 개인경기 종목으로, 아시아 수영 최우수선수인 '아시아의 물개' 조오련, 한국기록 보유자였던 높이뛰기의 박상수, 그리고 유도의 나정득이 대표적인 본교 출신 선수였다.

제9장

세종캠퍼스의 출범과 대학의 팽창

The 120th Anniversary
of Korea University

01

세종캠퍼스의 출범과 장기종합발전계획의 수립

1-1 세종캠퍼스의 출범

1979년 9월 본교는 문교부로부터 모집정원 400명의 조치원분교(현재 세종캠퍼스) 설립 계획을 인가받았다. 제2의 창학을 목표로 계획된 조치원분교는 대학의 교육이념을 계승 발전시키고 중부권을 중심으로 한 인재들을 확보하여 본교 발진의 또 하나의 계기를 마련한다는 계획 속에서 출범했다. 중부권 교통의 요지인 충남 연기군 조치원읍 서창동(현재 세종특별자치시)에 학교 부지를 확보하고, 1980년 1월 경영학과, 무역학과, 경제학과, 영어영문학과, 독어독문학과, 중어중문학과, 물리학과, 화학과 등의 신설을 인가받았다.

1980년 7월 16일 조치원분교 교사 기공식이 있었고 10월에는 국어국문학과, 사회학과, 수학과, 응용통계학과의 설치가 인가되었다. 대학기구의 개편도 이루어져 1982년 10월에는 조치원분교가 고려대학교 문리대학과 경상대학으로 확대되었다. 또한 1981년 5월 29일 조치원분교에 연건평 3,986평의 교사 2동(제1교육관과 제2교육관)이 준공되었다. 강의동에는 강의실과 실험실을 비롯해 교수 연구실, 어학 실험실, 그리

조치원분교 기공식(1980)

고 250석의 계단강의실 등이 갖추어졌다. 강의동과 함께 약 4,500평의 운동장도 함께 조성되었다. 1982년 10월에는 조치원캠퍼스 제3교육관(연건평 414평)이 준공되었고 1985년 6월 문리대학과 경상대학의 제5교육관(연건평 1,745평)이 완공되었다.

조치원캠퍼스의 조성은 이후에도 지속적으로 진행되며 캠퍼스의 기능과 조직이 확충되었다. 1983년 7월, 중앙도서관 분관으로 조치원 도서관이 만들어지고 이를 관리하는 조치원 도서과가 신설되었다. 1986년 10월 2일 서창캠퍼스 교학과가 교무과와 학생과로 직제가 개편되었다. 1987년 11월에는 조치원분교의 명칭이 '서창캠퍼스'로 바뀌었으며, 자연과학대학이 신설됨으로써 3개의 단과대학 체제를 갖추게 되었다. 신설된 자연과학대학에는 정보공학과와 식량공학과가 포함되었다.

1987년 11월, 본교 발전위원회는 대대적인 조직개편안을 수립했다. 발전위원회의 조직개편 기본방향은 분권화로, 이는 대학의 규모 확대, 기능의 다각화, 지리적 분산으로 인해 중앙집권적 의사결정 체계가 한계에 도달했다는 판단에 따른 것이었다. 또한

조치원분교 제2교육관

행정능률 저하 등 중앙집권체제의 문제들을 해소하기 위해서도 부총장제 신설 등의 직제 개편이 불가피했다. 이에 따라 1988년 2월 13일 서창 부총장제가 실시되고 부총장으로 김시중 화학과 교수가 임명되었다. 이어 2월 15일 서창 교학처장에 윤세영 교수가 임명되었는데 이에 앞선 2월 11일에 서창캠퍼스 행정 부서로 교학처와 사무처를 두고 경리과를 신설하여 행정의 효율을 꾀했다.

1987년 본교 발전위원회의 조직개편안과 서창 학생들의 공간 부족 해결 요구에 따라, 학교 당국은 기숙사를 증축하고, 운동장 등 체육시설을 보완하며, 서창캠퍼스 정문을 건립하는 등의 조치를 취했다. 1989년 6월에는 관리처에서 서창캠퍼스 마스터플랜을 발표했다. 마스터플랜에 따르면 서창캠퍼스는 발전단계(1988-1991), 성장단계(1992-1996), 완성단계(1997-2005) 등으로 구분하여 시행하며 총 부지는 8,531평에서 51,520평으로 확장될 예정이었다.

1-2 김준엽 총장의 취임과 대학기구의 개편

1-2-1 본부기구와 직제의 개편

9대 총장 김준엽

1982년 7월 취임한 김준엽 총장은 졸업정원제 시행 이후 제기되는 대학의 확대 발전요구에 대응하여 대학 발전 마스터플랜을 수립했다. 졸업정원제와 조치원 분교 설립으로 인해 본교는 학생 수의 양적 증가에 따른 공간 부족 문제와 행정 효율성 확보라는 과제에 직면하고 있었다.

1981년 3월 2일, 본교는 장기발전계획과 외자 관계 업무를 담당하기 위해 사무처 산하에 기획실을 신설했다. 기획실의 주요 기능은 본교의 장기발전계획 수립과 세계개발부흥은행IBRD 등을 통한 교육차관 업무를 수행하며, 국내에서 부족한 실험·실습 기재의 확보를 관장하는 것이었다. 같은 시기에 교무처 산하에는 외사과外事課가 신설되었다. 외사과는 교직원의 해외여행 및 외국인 교원과 관련된 업무를 담당하며, 기존에 시청각교육연구원이 관장하던 해외 유학 상담 업무를 이관받아 처리했다. 이와 함께, 재학생 수와 전임교원 규모가 타 단과대학보다 큰 문과대학에 교학과가 새롭게 설치되었다. 이는 기존에 의과대학처럼 본교와 캠퍼스가 떨어진 단과대학에만 교학과가 설치되었던 관행과 달라 이례적인 일이었다.

1983년 1월, 본부 기구의 대대적인 개편이 이루어졌다. 기존 기구편제는 1950년대의 2-3천 명이 재학하던 당시의 것으로, 1980년대에 접어들어 과도한 업무 부담으로 인한 행정 비효율성을 드러내고 있었다. 1956년 이후 27년 만에 단행된 기구 개편은 이러한 문제를 해결하고 본교의 장기발전을 위해 이루어진 것이다. 기구 개편의 내용을 보면, 기획처와 관리처가 신설되고 사무처가 총무처와 관리처로 분리되었다. 기획처에는 신설된 기획과와 홍보과가 소속되었다. 관리처에는 사무처에 속해 있던 관리과와 시설과가 소속되었다. 또한 총무처에는 신설된 인사과와 기존 사무처에 속해 있던 경리과, 총무과가 소속되었다. 신설된 기획처의 기획과는 학교의 장기종합발전계획을 수립하게 되었다. 홍보과는 침체되었던 본교의 전통과 대학의 위상을 대내외에 홍보함으로써 이미지 쇄신에 일익을 담당하게 되었다. 총무처의 인사과는 교직원의 인사 사항을 관리하도록 하여 능률적인 학교운영을 이룰 수 있는 기반을 마련했다.

1983년 7월에는 과학도서관 개관을 앞두고 도서관 조직을 개편했다. 이는 종전의 이공대 도서관 분실과 조치원 도서관 분실의 규모를 확충해 과학도서관 분관과 조치원 도서분관으로 각각 승격시켜 지역적 거리로 인한 업무 지연을 해소하고 도서 행정의 효율성을 높이기 위한 조치였다. 이 개편으로 중앙도서관에는 정리과, 열람과, 대학원 도서과를, 과학도서관에는 과학도서과를, 조치원 도서관에는 조치원 도서과를 두었다. 또한 1984년 3월에는 아세아문제연구소 도서실이 중앙도서관 관할로 개편되었다.

1984년 8월, 국제교류 및 교육에 관한 사항을 연구하여 본교의 국제교육 정진에 기여할 국제교육위원회가 발족했다. 같은 달에는 교학부장제가 모든 단과대로 확대되었다. 이는 학생 수 증가로 인해 늘어난 행정 업무를 지원하고 학장을 보좌하기 위한 조치로, 기존에는 문과대학과 문리·경상대에만 시행되던 교학부장제를 전 단과대로 확대한 것이었다. 1985년 5월, 학생 및 교직원 복지에 관한 중요사항을 심의 조정하여 복지 문제의 체계적이고 효율적인 계획을 수립 시행할 학교복지위원회가 출범했다.

1-2-2 의료원 체제의 구축과 구로병원 개원

1983년 8월 18일, 혜화병원에서는 '고려대학교의료원' 및 '고려대학교의과대학 부속

고려대학교 의료원 및 혜화병원 현판식(1983)

혜화병원' 현판식이 열렸다. 이는 열흘 후 개원을 앞둔 구로병원을 포함하여 의료원 체제를 대내외에 공식화한 행사였다. 현판식 약 한 달 전인 7월 1일, 재단 이사회에서는 혜화병원과 신축 개원할 3개의 부속병원을 합리적으로 운영·관리하기 위해 의료원 체제로 개편하기로 결의하고 이를 문교부에 신청했다. 의료원은 행정관리실 산하에 기획과와 총괄과를 두어 종합적인 기획과 관리를 꾀했다. 의료원 체제가 준비된 상태에서 1983년 9월 구로병원을 시작으로 1984년에 여주병원, 1985년에 반월(안산)병원이 안정적으로 개원할 수 있었다.

구로병원은 1981년 10월에 착공했고 42,900m²의 대지에 총건평 24,948m²로서 지하 1층, 지상 9층으로 건립되었다. 160억 원의 예산이 투입된 구로병원은 개원 당시

300병상으로 시작하여, 이듬해 500병상으로 확장되었다. 또한 내과, 외과, 방사선과, 임상병리과, 재활의학과 등 19개 과가 설치되고 병실의 온·습도 등을 자동으로 조절하는 제어 시스템을 갖추어 당시로서는 초현대식으로 지어졌다. 구로병원은 독일 전문가들의 철저한 감리 속에 진행되었기 때문에 건축 과정에서 많은 어려움이 있었지만 진료과의 효율적인 배치와 환자 및 의료진의 동선을 최대한으로 고려했고 서울 서남부 병원 중 유일하게 중환자실을 보유한 최첨단 병원이 될 수 있었다.

본교는 구로병원 개원을 앞두고 임상의, 전공의, 간호직, 일반직 등을 모두 공채했으며, 200만 달러가 넘는 핵자장공명 집단장치를 비롯한 최신 장비 수백 종을 구입하기도 했다. 이 시기 본교 의료원은 혜화병원, 구로병원, 여주병원, 반월병원 등의 4개 병원을 포함하여 총 11만m²의 대지에 1,100여 개의 병상을 갖추게 되었다. 이와 같은 의료원 체제가 확립되면서 부속 병원체제에서 어려웠던 업무들이 독자적으로 추진되었고, 교수 인원의 부족과 시설난이 해소될 수 있는 전기가 마련되었다.

1-3 이준범 총장의 취임과 학교 장기발전계획의 수립

1-3-1 녹지캠퍼스의 조성

1985년 2월 김준엽 총장이 교직원 자녀 25명의 부정 입학에 책임을 지고 사표를 제출했다. 그러나 이는 표면적인 이유일 뿐, 시위 학생 처벌 등과 관련하여 학교 측에 책임을 추궁해 왔던 정부 당국과의 마찰이 사퇴의 직접적인 원인이었다는 사실이 알려지면서 본교 교수와 학생 및 교우회에서는 교권 수호와 학원 민주화 등을 요구하며 김준엽 총장의 사퇴에 반발했다. 이러한 가운데 김준엽 총장의 사표가 수리되고 1985년 3월 제10대 총장에 이준범 경영대학장 겸 경영대학원장이 선임됐다. 취임식에서 이준범 총장은 "우리 고려대학교는 일찍이 민간 주도와 민족 지성의 기치를 내걸고 설립된 이래 민

10-11대 총장 이준범

족의 자주, 자강의 의지를 실현하며, 반식민反植民, 반공, 반독재의 형극荊棘의 길을 걸어오면서도 항상 조국 근대화와 분단 극복의 주역을 자임해 왔다"며 "개교 80주년의 역사적 시점에서 우리 고려대학교에 부과된 막중한 사명감을 절감한다"고 말했다. 또 "민주학원 실현의 이념을 역설하시던 전 총장 김준엽 선생의 커다란 공헌을 잊을 수 없다"고 밝혔다.

이준범 총장이 취임한 1985년, 본교는 개교 80주년을 맞아 다양한 기념행사를 준비했다. 아세아문제연구소는 '2천 년대의 한국'이라는 주제로, 민족문화연구소는 '현대사회와 전통윤리'라는 주제로 학술대회를 개최했다. 이와 함께 한 해 동안 《고려대학교 사람들》, 《사진으로 본 고려대학교 80년》, '다큐멘터리 고대 80년사' 등이 제작되었다. 또한 공과대학은 8월 28일부터 9월 6일까지 과학도서관 5층 열람실에서 산학협동박람회를 개최했다. 박람회는 전시회와 세미나로 이루어졌는데 전시회에서는 화공, 토목건축, 기계산업, 재료, 금속 등 5개 분야의 첨단기술제품 약 100여 종이 전시되었으며 금성, 대우, 삼성 등 여러 기업이 참가했다.

본교는 80주년 기념행사를 치르며 장기발전 방향에 대한 구체적 방안을 모색하기 시작했다. 김준엽 총장 재임 시절부터 논의되기 시작했던 녹지캠퍼스 발전 방안이 구체적 모습을 드러낸 것도 이때부터였다. 이준범 총장은 1986년 명륜동의 의과대학과 혜화병원을 농과대학 뒷산으로 이전하는 녹지캠퍼스 조성 계획을 발표했다. 신홍수 의료원장은 1986년 3월과 5월에 28,000평의 부지에 1차분 공사인 의과대학 건물 5,000여

평, 부속병원 12,500여 평의 공사가 시작될 것임을 밝혔다. 1차 공사는 1988년 완공을 목표로 하며, 1차 공사가 끝나면 의과대학의 강의실과 강당동 800여 평 및 부속병원의 병동 3,500여 평에 대한 2차분의 증축공사도 1990년 완공을 목표로 시작될 예정이었다. 의과대학 이전에 따라 농과대학 후문 쪽과 녹지캠퍼스는 육교로 연결되고, 녹지캠퍼스 부지 안에 포함된 기숙사 뒤쪽과 법대 쪽은 기존 도로를 통해 연결되면서 안암, 애기능, 녹지의 3개 캠퍼스가 하나로 연결된 통합적인 구조를 갖추게 될 계획이었다. 마침내 1987년 5월 4일 본교의 오랜 숙원이었던 녹지캠퍼스와 의과대학 및 부속병원 기공식이 거행되었다. 녹지캠퍼스 공사비는 16억 원, 의과대 및 부속병원 공사비는 192억 원이었다.

1-3-2 학교 장기발전계획의 수립

1987년 본교 발전위원회는 단기·중기·장기의 발전계획을 수립·검토했다. 발전위원회는 기구·직제분과 소위원회, 시설·재정분과 소위원회, 교육·연구분과 소위원회로 구성되어 개교 100주년을 목표로 한 대규모 개교기념사업계획을 준비했다. 마침내 1988년 7월 본교 장기종합발전계획안이 발표되었다. 발전계획안에는 교육 내실화와 연구 활성화, 대학 및 학과 신설, 대학원의 발전, 의료원의 확대, 시설 확충, 직제 조정 등의 내용이 포함되었다. 이 계획은 개교 100주년이 되는 2005년까지 본교를 세계적인 매머드급 대학으로 발전시키는 것을 목표로 삼았다. 교수와 학생의 증원, 대학 전문화, 외형적 확충 등이 주요 과제로 설정되었다.

1988년 11월, 발전위원회를 통해 교육의 내실화를 위한 구체적인 계획이 제시되었다. 여기에는 교육 시설 대폭 확충, 국제교류 적극 추진, 전산 교육 및 기초과학교육 강화, 조교수 대폭 확보를 통한 강의와 연구의 내실화, 연구지원부서 신설, 전 교수에 기본 연구비 지급, 신규 임용 교수에 대한 연구 장려금 지급, 교환 교수제도 활성화, 행정 및 재정 지원 강화 계획 등이 포함되었다. 또한 학생 복지를 위한 계획도 추가되어 장학금 확대, 기숙사 증축, 학생회관 및 여학생회관 건립, 서창 학생회관과 체육시설 확충, 외국인 학생 복지시설 확보 등이 추진되었다.

1988년 1학기부터 시행된 직제 개편은 본교의 운영 체계를 효율화하고 분권화를 강화하는 데 중점을 두었다. 이 개편에 따라 총장은 본교 전체의 기본 정책 결정과 장기 발전에 관한 업무에 전념하게 되었으며, 일상적인 교학 문제는 교학부총장이 전담하도록 역할이 분리되었다. 또한 의과대학과 각 병원을 포함한 의료원 등의 기능적, 지리적 분권화를 실시하여 이를 '의무부총장'이 관장하고, 서창캠퍼스는 분권화를 실시해 서창 부총장이 관장하도록 했다. 서창 부총장은 장기계획과 예·결산 등 전체 학교 발전에 관계되는 것을 제외한 일반적인 사항을 독자적으로 운영할 수 있게 되었다.

의료원은 의과대학과 병원을 통합하여 독립채산제로 운영하고, 의무부총장을 두어 의과대학의 교무·학사 행정과 병원의 의무행정을 관장하게 하였다. 지원 부서로는 의과대학에 교학과를 두며 각 병원에 필요한 지원부서를 두기로 했다.

한편 발전위원회의 장기종합발전계획안을 시행하는 과정에서 서창캠퍼스의 발전 방향을 둘러싸고 학교 당국과 학생 간의 갈등이 빚어지기도 했다. 1988년 본교 병설 보건전문대학과 중복되는 환경관리학과와 보건관리학과가 서창캠퍼스에 신설되고 병설 보건전문대학의 서창캠퍼스 이전 문제가 불거지면서 보건전문대 학생들은 1988년 11월 10일 재단 사무국과 상임 이사실을 점거했다. 학생들은 7일간의 농성 끝에 11월 17일 학교 측과 다음과 같이 합의했다. 첫째 녹지캠퍼스로의 이전이 불가능할 경우 보건전문대학을 서창캠퍼스에 편입시키며 4년제 승격 시 재학생은 원하는 학생에 한해 우선적으로 편입시키고 7개 학과를 동시에 이전하는 데 최대한 노력한다. 둘째 보건전문대의 발전계획에 있어서 보건전문대 교수 및 학생 대표와 합의된 사항에 있어서는 수정 없이 시행한다. 셋째 보건전문대학이 4년제로 승격할 경우 복학생의 '보건과학대' 복학을 보장한다는 내용이었다.

02

학교 공간의 확대와 교육·연구 환경의 개선

2-1 학교 시설의 확대와 연구 여건의 개선

1980년대 본교의 시설 확충 과정을 살펴보면 다음과 같다. 1981년 1학기 개강을 앞두고, 부족한 강의실을 보충하기 위해 사범대 건물 뒤편에 293평 규모의 컨테이너 건물이 들어섰다. 이 건물은 약 6천5백만 원의 예산을 들여 건립되었는데, 강의실 4개(총 350석)와 연구실 14개가 만들어졌고 1981년 3월 9일부터 수업이 시작되었다. 더불어 부족한 강의실을 확보하기 위해 1981년에는 사범대학 증축 공사가 진행되었다.

1983년 4월 법과대학 건물(현재 법학관 구관) 신축공사 착공식이 있었다. 학교 당국은 늘어나는 학생 수와 부족한 시설의 해결을 위해 법과대학과 정경대학 2개 단과대학 중 법과대학의 착공식을 먼저 거행했다. 법과대학 건물은 연면적 1,200평으로 반지하 1층, 지상 4층의 철근 콘크리트 구조로 세워졌다. 반지하 1층에는 150석 규모의 계단강의실과 100석 규모의 강의실이 있었고, 1층에는 학장실을 비롯하여 교수연구실과 학생회의실 등이 있었다. 2층은 강의실과 조교실, 3층은 교수연구실, 4층은 250석의 고시반과 법학연구소로 이루어졌다.

법학관의 뒤를 이어 1984년 8월에는 김상만 이사장, 김준엽 총장, 구자경 이사, 김원기 교우회장을 비롯한 내외 귀빈 100여 명이 참석한 가운데 정경관 준공식이 열렸다. 정경관의 신축은 럭키개발이 맡았고 기공식 이후 1년여 만에 완공되었다. 신축 정경관은 중앙 스팀식 난방 시설, 소화시설, 정화시설 등 당시로서는 최신 설비를 갖춘 건물이었다. 그 밖에 통계 연습 및 터미널실이 설치되었고 고시실과 계단강의실이 마련되었다. 한편 캠퍼스 내 시설 확충에는 교우회의 지원도 있었는데, 1985년 5월 5일 교우회가 개교 80주년 기념사업의 일환으로 추진한 체육생활관이 완공되었다.

1987년, 학교 발전위원회는 장기발전계획의 일환으로 본교 시설 확충을 위한 신축공사 추진 계획을 발표했다. 이 계획은 학교 시설을 교육 연구 시설, 행정 복지 시설, 의료원·기타시설로 나누고 다시 단기·중기·장기 계획으로 순차적으로 건물을 신·증축하는 내용을 담고 있었다. 2005년까지 확충될 시설의 규모를 보면, 교육 연구 시설은 총 43,637평에 521억여 원을, 행정복지시설은 33,485평에 372억여 원을, 의료원·기타 시설은 113,616평에 1,586억여 원을 투입할 예정이었다. 이러한 계획하에 1987년에는 가장 먼저 인촌기념관 신축공사, 기숙사 신축 및 증축공사, 본관 보수공사, 공과대학 신축공사 등의 시공계획이 발표되었다.

한편 1988년 11월 22일에는 장기종합발전계획의 일환이었던 경영대학 신관이 완성되었다. 이 건물은 지하 1층, 지상 4층의 연건평 1,200평 규모였다. 경영관 신관 공사비용의 50%는 교우들의 성금으로 충당되었다. 경영관 신관의 공사를 맡은 본교 경영대학원 출신의 유원건설주식회사 최효석 회장은 '학우강당'을 기증하기도 했다.

1980년 설립 이후 꾸준히 시설 부족 문제가 제기되었던 서창캠퍼스도 시설을 확충해 나갔다. 1981년 5월, 최초의 교사 2동이 준공된 것을 시작으로, 1982년 10월에는 서창캠퍼스 제3교육관이 완공되었다. 이 건물에서는 학군단 업무를 비롯한 재학생들의 군사업무가 처리되었다. 1985년 6월에는 문리대와 경상대의 제5교육관이 준공됨에 따라 단과대별로 독립건물을 확보하게 되었다. 1986년 11월에는 서창캠퍼스 체육과학

서창 기숙사(자유관)

관이 준공되었다. 1987년 3월 2일 서창캠퍼스 협동조합 구판장이 개장되었다. 1988년 9월 서창캠퍼스 도서관 신축 공사계획이 발표되었고, 1989년 2월 서창 기숙사(자유관)가 완공되었다. 1989년 11월 27일에는 서창 자연과학대학 신축공사를 위한 토목공사 기공식이 열렸다.

2-2 LAN 구축과 도서관 전산화

LANLocal Area Network(근거리통신망) 시스템은 1989년 9월부터 구축되기 시작되어 1991년 9월 개통되었다. 본교 전산화의 바탕이 될 LAN 시스템은 전자계산소의 주 컴퓨터를 중심으로 이공대학, 정경관, 본관, 중앙도서관 등 학내 주요 건물을 광케이블로 연결하는 근간 통신망Backbone System과 인근 건물을 광케이블, 동축선 등으로 연결하는 부속망Subnet

System으로 이루어졌다. LAN 시스템은 학내 각 지역으로 퍼져 367곳의 교수연구실과 36곳의 중앙행정부서, 서창캠퍼스와 의과대학을 제외한 각 단과대학 교학과, 학과 사무실과 도서관, 부설 연구소, 실험실습실, 전산소 등 총 620개 장소에 연결되었다. 이로 인해 LAN 시스템을 이용해 초당 6,250자의 전송 속도로 정보를 교환할 수 있었으며, 특히 애기능 지역은 다채널 통신망Boardband System을 이용해 화상 정보 및 음성 서비스도 주고받을 수 있게 되었다.

서창전산소도 전산화를 위한 노력을 기울이기 시작했다. 1988년 3월 서창 전산실에 'VAX-11/750' 시스템이 학생 실습용으로 설치되었다. 이때 설치된 컴퓨터는 두산컴퓨터가 본교 전산과학과에 기증한 것인데, 학생 실습용 컴퓨터가 부족한 서창캠퍼스에 설치하게 되었다. 이에 따라 서창 문리관 110호와 111호 강의실을 각각 전산운영실과 전산실습실로 조성했고, 전산실습실은 4월 말부터 시험 운행되었다.

도서관은 1983년부터 전산화를 위해 노력하기 시작했다. 1983년 4월에는 도서관의 컴퓨터 터미널 개통식을 가졌다. 터미널의 개통으로 도서관 업무의 전산화를 통해 업무의 합리화를 시도할 수 있게 되었다. 전산화 대상에 포함된 업무는 대출, 반납, 목록 정리, 연속간행물 관리, 정보검색, 정보서비스, 서지 작성 등이었다. 따라서 도서관 업무의 종합적 전산화를 위한 '토털 시스템'을 도입하려는 구상이 첫발을 딛게 되었다. 이때부터 도서 미납 업무에 대한 전산화가 시행되었다. 중앙도서관 잡지실에 설치된 컴퓨터 터미널을 통해 장기 도서 미납자의 학적 변동 상황이 밝혀지게 될 경우 졸업생은 제반 증명서를 발급받을 수 없게 되며 재학생의 경우 수강 신청이 불가능하게 되는 등 각종 제재를 받게 되었다.

1985년 3월에는 중앙도서관 연속간행물의 전산화가 이루어졌다. 이 전산화 작업의 결과, 중앙도서관의 연속간행물을 이용하는 사람들은 카드 목록 사용에 따른 불편을 겪지 않아도 되었다. 대신 기본 목록, 분류 목록 또는 타이틀 인덱스를 이용하여 대출할 수 있는 편리성이 확보되었다. 본교의 LAN 시스템 구축이 1991년 완료되면서 본격적인 장서의 전산화 작업이 빠르게 진행되기 시작했다.

03

학교 운영제도의 개편과 학사행정의 변화

3-1 입시제도의 개편과 학칙의 개정

1980년 3월 대학운영위원회와 학사개선위원회가 설치되어 각 단과대학의 재정, 교수 임용제도와 실험대학제도, 교과과정 등을 심의했다. 그러나 이 위원회는 곧 5·18민주화운동 등으로 정국이 급속하게 경색되어 가는 상황에서 그 기능과 활동이 정지되었다. 1980년 10월에 발표된 대학졸업정원제는 1981년 입학생부터 적용되기 시작했다. 대학졸업정원제는 대학의 정원보다 많은 신입생을 선발하고 초과 인원을 중도에 강제 탈락시켜 졸업할 때에 정원을 맞추는 정책이었다. 이 조치로 1981학년도 신입생 수는 5,600명이 되었다. 순수 정원이 1,805명 증원되어 총 4,310명이 되었고, 졸업정원제에 따른 30% 추가모집으로 1,290명이 증원된 것이었다.

같은 시기, 본고사 폐지로 인해 입시 제도는 큰 변화를 맞았고 1981년 1월 1일부터 신입생 선발 방식이 계열별 모집으로 변경되었다. 문과대학은 어문계열을 1, 2로 나누고, 농과대학은 농학계열, 식품공학계열, 농업경제학과로 세분화했다. 공과대학은 화학금속계열, 건설계열, 기계산업계열, 전기계열로 세분화했다. 정경대학은 정치외교학과와 경제학과를 묶어 정경계열로 모집했고 신문방송학과와 통계학과는 과별 모집으로 전환했다. 사범대학은 교육학, 국어교육, 영어교육, 지리교육을 인문사회계열로 통합했다. 그러나 1982년도 입시부터는 경영대학, 농과대학, 서창캠퍼스를 제외한 모든 대학의 신입생 선발 방법이 다시 과별 모집으로 환원되었다. 한편 1988년도 신입생 모집에서는 그간 시행되어 왔던 졸업정원제가 폐지되었다. 입시제도도 선지원 후시험 제도가 처음으로 실시되었다. 입시제도의 기본 골격이 바뀌었기 때문에 신입생 모집에 많은 혼란이 빚어지기도 했다.

1980년대 학칙은 총 세 차례에 걸쳐 크게 개정되었다. 첫 번째는 졸업정원제의 시행에 따른 학칙 개정이었고, 두 번째는 총학생회의 부활 등 변화된 학내 상황을 반영하기 위한 학칙개정이었다. 세 번째는 졸업정원제의 폐지와 학원민주화의 영향에 따른 학칙개정이었다. 첫 번째 학칙 개정은 1984년 2월에 있었다. 문교부의 졸업정원제 개선안에 의해 논란의 대상이 되어 오던 학칙 개정안이 문교부의 승인을 통해 최종 확정되었다. 이때 졸업정원제 적용에 신축성을 기하기 위해 조기졸업제도가 활성화되고 유급제도가 신설되었다. 조기졸업제도는 학칙에는 규정되어 있었으나 등록금 문제 등으로 인해 실제 시행하지는 못하다가 이번 개정을 통해 시행하게 된 것이다. 신설된 유급제도는 중도수료자를 대상으로 학력을 보완할 수 있는 기회를 부여하기 위해 만들어졌다. 또한 강제 징집의 수단으로 악용되었던 지도휴학제가 학칙에서 삭제되었다. 두 번째 학칙 개정은 1986년에 12월에 이루어졌다. 총학생회의 명문화 및 정책과학대학원 신설, 생물공학연구소 등 3개의 연구소 신설이 그 주요 내용으로, 1984년 이후 3년 만의 개정이었다. 1984년 총학생회가 부활한 이후 학칙 개정이 이루어지지 않아 총학생회를 명문화하지 못했는데, 이해에 학칙개정을 통해 기존의 '학도호국단'을 '총학생회'로 개칭할 수 있었다. 세 번째 학칙 개정은 1988년에 이루어졌다. 졸업정원제의 폐지, 학사제명제도의 폐지, 학생 정치활동 금지조항의 삭제 등을 주요 골자로 한 학칙 개정이었다. 이는 학생 자율권 신장과 학내 민주화의 진전을 반영한 변화로, 학내외에서 환영을 받았다.

3-2 학사행정의 변화

3-2-1 교과과정의 개편과 행정업무의 변화

1981년 1학기부터 실험대학의 특성을 반영한 복수전공제도가 실시되었다. 계열별 모집 이후 비적성 학과에 배정받아 소질을 발휘할 수 없었던 기존 모집 방식의 폐단을 복수전공제가 극복해 줄 것으로 기대를 모았다. 복수전공의 이수 자격은 본교 졸업자 중에서 제1전공 이수 시 취득한 전 교과목의 성적이 평점평균 2.5 이상인 자에 한하도록 하였다. 복수전공자는 선택 학과의 전공과목 중에서 51학점을 취득하여야 했다. 또한 최소한 2학기 이상 등록해야 하고 5학기 이상을 초과하여 등록할 수 없었다. 복수전공 학과는 본교의 모든 학과가 가능했지만 학과의 수용 능력 등을 감안하여 복수전공자의 수를 학과별로 제한할 수 있는 규정이 있었다. 이후 1989년 9월 복수전공 지원자격 규정이 개정되어, 졸업자가 아닌 재학생만 지원할 수 있도록 변경되었다. 또한 1981년 1학기부터 사범대학 이외의 학생들도 소정의 학점을 이수하면 중등학교 2급 정교사 자격을 인정받을 수 있는 교직과정이 도입되어 학생들의 큰 호응을 얻었다.

1983년 11월, 교과과정 개편이 이루이져 동양학 기초강좌가 신설되고, 전공과 교양의 선택 폭이 확대되었다. 1985년 9월에는 농업경제학과의 학위 수여 규정이 변경되어, 농학사가 경제학사로, 농학석사가 경제학 석사로, 농학박사가 경제학 박사로 명칭이 변경되었다.

1986년, 학원 민주화 움직임과 함께 교과과정 개편에 대한 논의가 학생들 사이에서 본격적으로 제기되었다. 경제학과 대학원생들이 교과과정 개선을 요구하며 서명운동을 전개했다. 1987년 3월에는 석사과정생 20여 명이 단식농성에 들어갔으며 경제학과 주임교수의 중재로 학교 당국과 잠정적인 합의를 본 이후 농성을 해제했다. 경제학과 대학원생의 교과과정 개선 요구는 근대경제학, 즉 신고전파 주류경제학과 케인스주의를 중심으로 하는 당시 교과과정에 비주류 경제학 분야 특히 역사적 분야인 경제사,

사상사, 경제학설사 등을 보충하자는 것이었다. 이를 통해 주류 또는 비주류라는 식의 도식적인 구분이 아니라 양 학문이 서로를 존중하면서 상호 간에 선의의 경쟁을 하자는 논리였다. 1987년 경제학과에서 제기된 교과과정 개정 요구는 이후 다른 학과로 확대되어 가기 시작했다.

이에 1987년 10월, 교무처는 교과과정 개정 최종안을 확정하여 1988년부터 시행될 새로운 교과과정의 기본 틀을 마련했다. 교무처에 따르면 이 교과과정 개정의 기본 방향은 전공교육을 대폭 강화하는 한편 교양 교육의 효율성을 높이는 데 있었다. 구체적으로 살펴보면, 졸업 요구 학점 140학점 중에서 51학점을 차지하던 전공과목을 63학점으로 상향 조정하는 것이었다. 이에 해당하는 단과대학은 법과대학과 경영대학 등을 제외한 인문사회계였다. 자연계 학과 역시 전공과목이 75학점으로 상향 조정되었다. 또한 학생들의 자율적인 학과 공부를 진작시키기 위해서 자연계, 법과대학, 경영대학 등이 갖고 있는 특수성을 인정하고 전공 필수를 가능한 한 최소화했다. 반면 전공 선택 과목을 많이 개설함으로써 학생들 스스로가 자유롭게 선택하여 공부할 수 있도록 교과과정을 개정했다.

한편 1989년 4월부터 학교 당국은 학적과에서 전담해 오던 안암캠퍼스 5개 단과대학의 학적 업무를 각 대학 교학과로 이관했다. 이는 각 단과대학 교학과에 컴퓨터 터미널을 설치하면서 가능해진 것이었다. 학교 전산화 계획의 일환으로 추진된 이 조치는 전자계산소의 기술적 지원에 힘입은 것이었으며, 이를 통해 각 대학 교학과가 재학생들의 학적 업무와 증명서 발급을 직접 담당하게 되었다.

3-2-2 장학금과 복지 제도의 변화

1982년, 본교의 장학금 제도가 이원화되며 학생 지원 방식에 중요한 변화를 가져왔다. 1982년 1학기부터 개정된 교내 일반장학금 지급규정은 성적 우수자를 위한 A장학금과 가사 빈곤 학생을 위한 B장학금으로 구분되었다. 이 개정으로 인해 장학금 1인당 지급 액수가 늘어난 반면 전체 대상자 수는 줄어들게 되었다. 장학금 지급제도는 1985년 11월 다시 변경되었다. 장학금 수혜자는 종전에는 등록 기간이 끝나고 추가 등록 시에 장학금을 지급받던 것과 달리 전 학기 말에 장학금 신청을 완료하고, 미리 납입 금액에서 해당 장학금액이 감면된 등록금 고지서를 발급받게 되었다. 그리고 1986년부터는 등록금고지서를 각 가정으로 직접 송부하고, 등록금을 두 차례에 걸쳐 나누어 납부할 수 있는 분납 제도도 시행되었다.

졸업정원제 실시로 인해 학생 수가 크게 증가하면서 학생들을 위한 후생복지시설을 확충해야 한다는 요구가 본격적으로 나타나기 시작했고 전담기구의 신설이 요청되고 있었다. 이러한 흐름 속에서 1984년 총학생회 부활과 동시에 학생복지위원회가 조직되었다. 1984년 11월 학생복지위원회는 학교 후생복지시설의 개선을 위해 적극적인 활동을 전개하기 시작했다. 이러한 가운데 1985년 5월, 학생 및 교직원 복지를 체계적으로 심의·조정할 기구로 학교복지위원회가 발족되었다. 1986년, 후생복지부가 본부기구로 신설되면서 복지 체계는 더욱 강화되었다. 이로 인해 같은 해 9월, 본교 의료공제제도가 도입되었고 1987년 1학기부터는 본교 대학원생들에 대한 의료공제회 가입도 시행되었다.

3-3 학과의 신·증설과 정원의 변화

졸업정원제의 시행과 함께 농과대학에 식물보호학과, 사범대학에 영어교육과와 지리교육과, 조치원분교에 사회학과, 수학과, 국어국문학과, 응용통계학과 등이 신설되었다. 1982년 10월에는 문과대학에 일어일문학과와 서반아어문학과가, 그리고 조치원분교에 행정학과가 신설되었다. 이로 인해 1983학년도 본교의 입학 정원은 조치원분교의 학과 증설에 따라 종전보다 증가한 5,681명이 되었다. 한편 1983년 9월에는 농과대학 유전공학과, 이과대학 전산과학과, 사범대학 역사교육과 등 3개 학과가 신설되었다. 3개 학과의 신설에 따라 농경제학과의 졸업정원과 사범대학의 졸업정원이 감축되어 총 110명의 정원이 조정되었다. 또한 기존의 전자공학과는 전자전산공학과로 명칭을 바꾸었고 20명을 증원했다. 전체 졸업정원에는 변화가 없었다.

1986년 11월에는 문과대학에 한문학과, 조치원분교 문리대학에 전산학과와 생물공학과가 신설되었다. 문교부가 확정 발표한 '87년 입학 90년 졸업정원 조정안'에 따라 본교는 총 정원의 변동 없이 7개 학과의 정원을 감축하고 3개 학과를 신설하게 된 것이다. 문과대학 국어국문학과가 정원 100명을 70명으로 감축하는 대신 한문학과(정원 30명)가 신설되고, 조치원분교 문리대학 영어영문학과에서 20명, 사회학과·수학과·물리학과·화학과에서 각각 10명씩 40명 등 총 60명을 감축하여 전산학과(정원 30명)와 생물공학과(정원 30명)가 신설되었다. 또한 사범대학 국어교육과의 정원이 20명 줄어드는 대신 농과대학 유전공학과와 이과대학 전산과학과의 정원이 각각 10명씩 늘어나게 되었다. 한편 1985년부터 학교 당국에서 구상해 오던 정책과학대학원이 1986년 11월 문교부로부터 정식 승인을 얻어 신설되었다. 정책과학대학원의 신설로 본교는 4개의 특수대학원을 갖게 되었다.

1989년에도 본교에는 8개 학과가 신설되었는데, 1988년 7월 최종 확정된 '장기종합발전계획안'에 따른 신설이었다. 안암캠퍼스에서는 문과대학의 영어영문학과, 철학과, 독어독문학과, 불어불문학과에서 각각 10명씩의 감원으로 언어학과(정원 40명)가 신설되었으며, 사범대학에서는 국어교육과와 영어교육과에서 각각 20명씩의 감원으로 미술교육과(정원 40명)가 신설되었다. 서창캠퍼스에서는 인문대학의 영어영문학과 20명과 사회학과 10명의 감원으로 고고미술사학과(정원 30명)가 신설되었고, 자연과학대학에서는 수학과, 물리학과, 화학과에서 각각 10명씩의 감원으로 사회체육학과(정원 30명)가 신설되었다. 경상대학에서는 경영학과의 40명 감원으로 경영정보학과(정원 40명)가 신설되었다. 그리고 순수하게 학생 수 증원을 통해 신설된 학과는 서창캠퍼스 자연과학대학의 제어계측공학과, 환경과학과, 보건과학과 등 3개 학과이며 각 과의 입학 정원은 모두 40명이었다. 학과 개편도 함께 이루어져, 기존 사학과가 한국사학과, 동양사학과, 서양사학과로 나뉘며 각각 정원 30명으로 배분되었다. 또한 학과 명칭 변경이 이루어져 문과대학 서반어문학과는 서어서문학과로, 농과대학 식물보호학과는 농생물학과로 이름이 바뀌었다.

04

연구소 활동의 강화와 부속기관의 정비

4-1 연구소의 신설과 개편

1980년대에도 본교에서는 다수의 연구소가 신설 및 개편되며 연구 환경의 확대와 학문적 기여를 위한 노력이 지속되었다. 1980년 5월 한국영양문제연구소가 부설연구기관으로 신설되었다. 1983년 9월에는 국내 최초로 성형재건특수외과연구소가 설립되었고 초대 소장에 백세민 교수가 취임했다. 이 연구소는 산하에 임상연구부, 기초 연구부를 두었다. 임상연구부는 일반성형, 소아성형, 두개악안면골교정, 수지·두부·경부외과, 레이저광선외과, 현미경 수술외과 분야 등으로 세분하여 그 업무를 관장하였다. 또한 11월에는 법의학연구소를 부설 연구기관으로 개편했으며 12월에는 스포츠과학연구소가 창립되었다. 이는 국민의 건강 유지와 체력 증진에 관한 과학적인 방법을 모색하고 스포츠 기술 향상에 관한 연구는 물론 국제적 학술 교류를 수행하기 위한 것이었다. 1985년 3월에는 생산기술연구소 산하에 에너지기술개발연구센터가 신설되었다. 이후 이 연구센터는 1989년 6월에 에너지기술공동연구소로 발전되었다. 뿐만 아니라 1986년 11월에는 한국학 연구의 진작을 목적으로 서창캠퍼스에 한국학연구소가 설립되었다. 같은 시기 설립된 생물공학연구소에는 양한철 교수가 초대 소장으로 취임했다. 1987년 3월에는 국제법률연구소가 신설되었다. 본 연구소는 각 분야별 법률문제의 해결을 위하여 외국법을 비교법적으로 연구하고 국내법의 개정을 위한 법률안 제안을 목적으로 설립되었다.

1980년대에는 연구소의 명칭을 개정하고 기구를 개편하는 등 연구 활성화를 위한 모색 역시 다각도로 이루어졌다. 우선 1981년 2월에는 한국농업연구소가 식량자원연구소로 개칭하고 기구를 개편했다. 1983년 4월에는 무역연구소가 기업경영연구소로 통합되었다. 그리고 1982년 이래 정경대학 정치외교학과를 중심으로 존속되어 온 평화연구회가 1988년 3월 평화연구소로 확대 개편되었다. 1989년 6월에는 생산기술연구소 산하에 설립되었던 에너지기술개발연구센터가 에너지기술공동연구소로 승격하여 독립적인 기구 편제를 갖추게 되었다. 1989년 10월에는 첨단소재부품개발연구소가 설립되어 최첨단 과학기술 및 관련 재료·부품 개발을 목표로 고급인력의 협동 연구와 산학협동체계 구축에 중점을 두었다.

4-1-1 연구소의 연구활동

아세아문제연구소는 1980년대 들어 공산권에 대한 연구를 활발히 진행시켰으며, 이와 동시에 영문 연구서들을 출간하여 국제적인 연구소로 발돋움했다. 아세아문제연구소에서 발간한 공산주의 관련 연구서로는 《중공의 현실》 1·2, 《북한의 현실》 1·2, 그리고 《북한연구 자료집》과 《마르크스·레닌주의》 등이 있다. 특히 《마르크스·레닌주의》는 마르크스·레닌주의 비판 이외에 티토주의, 모택동 사상, 유럽 공산주의, 북한 공산주의론 등의 내용이 수록되어 체계적인 공산주의 이론 연구서로서 주목을 받았다. 또한 1985년 중반 이후 한국사회의 민주화 운동에 있어서 학생운동이 담당했던 역할 등을 연구한 《한국사회개발과 학생운동》이 출간되었으며, 민주화 과정에서 드러난 한국사회의 성격을 연구한 《한국사회의 성격과 전망》과 《한국산업화의 문제점》도 간행되었다.

아세아문제연구소는 다양한 국제 학술 교류와 심포지엄을 개최했다. 1981년 4월에는 창립 24주년 기념 국제 워크숍을 국제 경제협력에 관한 내용으로 개최했다. 그리고 같은 해 8월에는 미국 국제문제연구소와 공동주최로 '한미 양국간의 가치관의 차이'라는 주제의 세미나를 뉴욕에서 개최했다. 그리고 10월에는 한미수교 100주년을 기념한 한미공동학술회의를 콜럼비아대학과 공동으로 주최했다. 이처럼 미국과의 공동 학술 심포지엄을 개최했던 아세아문제연구소는 1981년 9월 포드재단과 록펠러재단으로부터 각각 5만 달러와 2만 3백 달러의 연구비를 지급받았다. 이 연구 프로젝트는 2년에 걸쳐 한국과 아세안의 관계에 관한 연구를 진행하였으며 아세안 각국과 한국의 경제 및 외교 관계 확대의 가능성을 모색하는 데 그 목적을 두었다.

1980년대 민족문화연구소는 한국학 연구의 체계를 수립하기 위한 각종 사전 편찬 작업 및 한국학 관련 기초연구서 발간에 힘을 쏟았다. 1980년 11월 《한국민속대관》 제1-2권을 간행했고 1982년까지 총 6권을 완간함으로써 민속학 연구에 있어서 의미 있는 연구 성과를 내놓았다. 1980년대에도 민족문화연구소는 한국학 연구서를 꾸준히 발간했다. 총 6권으로 완간된 《한국현대문화사대계》가 대표적인 성과라고 할 수 있다. 그리고 1981년 4월에는 학술연구기금을 마련하여 4명의 교수에게 총 600만 원을 지급하기로 결정했다. 그리고 이에 따라 '민족문화연구총서' 제5집으로 서연호 국어국문학과 교수의 《한국근대 희곡사 연구》를 펴냈다. 이후 '민족문화연구총서'는 1990년까지 총 33권이 간행되었다.

중국어사전 편찬 작업 역시 1980년대 들어 본격적으로 시작되었다. 1981년에는 국제문화재단으로부터 연구비 1억 원을 지원받아 《중국어대사전》 편찬 작업에 소요될 비용의 일부를 마련할 수 있었다. 그리고 마침내 7년여의 작업 끝에 1989년 11월 18일 세계 최대의 중국어사전이 발간되었다. 당시 발간된 《중한사전》은 총 18만 개의 어휘를 수록하고 있어 세계 3대 중국어사전이라 불리던 중국, 미국, 일본의 그것보다 월등히 방대하며 연인원 27만 명이 동원된 역작이었다. 이 편찬 작업은 민족문화연구소의 선도적 탐구정신과 역량을 총 투입한 사업이었다. 세계 모든 지역의 중국인들이 쓰고 있는 현대 중국어를 대상으로 기존의 대사전을 능가하는 규모와 충실한 내용을 갖춘 독창적 사전이라는 목표를 달성하기 위해 무려 30만 장 이상의 자료 카드를 작성하는 작업이 이루어졌다.

1986년 3월에는 민족문화연구소 산하에 한국어문화연수부가 발족했다. 한국어문화연수부는 10년 전부터 계획된 것이었는데 외국인을 대상으로 한국어를 교육하는 기관으로, 국내에서는 두 번째로 만들어진 것이었다. 민족문화연구소의 한국어문화연수부는 한국어에 대한 기능 위주의 교육을 진행해 오던 타 기관과는 달리 기초 한국어의 단계별 교육과 일상생활에서의 품위 있는 언어 사용 능력 배양에 주안점을 두었다.

1980년에 들어 기업경영연구소는 외부로부터 연구비를 지원받아 기업경영과 관련한 각종 연구 성과를 내놓았다. 1980년에는 대한석탄공사의 의뢰로 '기업진단'을 수행했다. 1981년에는 외부 프로젝트가 더 크게 활성화되었는데 건설공제조합으로부터 '건설공제조합 종합경영진단'을 의뢰받았다. 기업경영연구소는 1990년까지 총 14건의 연구 용역 사업을 수행했다. 또한 기업경영연구소는 1988년 5월 창립 30주년을 맞아 '한국기업의 국제화—기회와 위험'이라는 주제의 국제학술회의를 개최했다. 캘리포니아대학의 국제경영교육연구원과 공동으로 개최한 이 국제학술회의에는 40여 명의 국내외 학자들이 참석했다. 그리고 1989년에는 미국 남가주대학교와 공동으로 '한국 기업의 국제화'라는 주제로 국제학술회의를 개최했고 예일대와 공동으로 '한미 무역관계의 역동성'이란 주제로 심포지엄을 개최했다.

한국곤충연구소는 1980년 '솔잎혹파리의 생태 및 그 구제에 대한 연구' 등 4개의 연구 프로젝트를 실시했고 1981년에는 '서울의 도시화에 따른 곤충상의 변화에 대한 연구', '한강 본류의 생물학적 및 이화학적 수질 분석에 관한 비교 연구(2)'를, 그리고 1982년부터 1983년까지는 '한국산 곤충의 분류학적 연구(2)'를 수행했다. 또한 *Distribution Atlas of Insects of Korea* 제3권을 1980년 3월에 발간했으며 1981년부터

1984년까지 *Entomological Research Bulletin* 제8-10권을 발행했다. 1985년에는 '무궁화 신품종 육성 및 증식에 관한 연구'로 동아일보사와 36년간 연구지원 협약을 체결하기도 했다.

노동문제연구소는 1982년 4월 《노동문제논집》 제7집을 발간했다. 1978년에 제6집을 발간한 이후 여러 사정으로 지연되어 왔던 제7집이 4년 만에 발간된 것이었다. 1985년에는 본교 개교 80주년과 노동문제연구소 창립 20주년을 기념하는 노동문제 세미나가 11월 9일 프레스센터에서 열렸다. 세미나에서는 '소외에서 참여로'라는 주제로 우리나라 노사관계 전반에 관한 주제발표와 토론이 이뤄졌다. 행동과학연구소는 1980년 '주의 과정의 주관적 요인' 등의 연구를 시작으로 1985년까지 모두 23건의 자체 연구를 실시했으며 4건의 연구 용역 사업을 수행했다. 또한 학술지 《행동과학연구》 제5호와 제6호를 1980년과 1981년에 각각 발간했다. 한편 교육문제연구소는 1984년 '학생의 정신건강에 관한 분석적인 연구'라는 주제를 연구했으며, 1985년에는 '교수 자질 개발에 관한 연구'를, 1986년에는 '발달심리의 동향과 과제'라는 연구를 자체적으로 수행했다.

통계연구소는 1980년 '에너지 수요와 사용실태 및 이용인구 실태조사'를, 1981년에는 '제5공화국 출범에 따른 국민여론조사' 등의 프로젝트를 진행했다. 1985년에는 '컴퓨터 수요 예측을 위한 시장조사'와 '아메리칸 익스프레스 은행 한국지점의 신용카드 사용에 따른 표본 설계 및 분석'을 각각 연구했다. 통계연구소는 통계교육 프로그램도 진행했다. 1984년부터 연 2회 SAS 워크숍을 실시하여 통계의 역사적 고찰, 학술논문의 통계적 기법, 통계학의 이해, DOS/SAS 입문, SAS프로그래밍, 기초 통계와 SAS처리, SAS응용, 회귀분석, 분산분석, 비모수 통계분석, 다변량의 이해, 인자분석 등의 과목을 개설하여 교육했다. 당시 평균 수강인원이 200명에 이를 정도로 호응이 컸다.

러시아문화연구소는 1987년 6월 국내 최초로 《노한露韓사전》을 발간했다. 러시아어 사전 발간 사업은 1980년 러시아문화연구소가 발족하면서 시작되었는데 작업에 착수한 지 7년 만에 완성한 것이었다. 여기에는 총 1,760여 쪽에 걸쳐 11만 단어를 수록했는데, 소련에서 출간된 러시아어사전을 제외하고는 단일 러시아어사전으로서는 세계 최대의 규모로서 러시아학 연구자 및 학생들의 필수 참고서로 큰 역할을 했다.

바이러스병연구소는 1980년 3월 집쥐에서 새로운 유행성 출혈열의 병원체를 발견하고 '서울바이러스'라고 명명했다. 9월에는 '한탄바이러스 발견 및 혈청학적 진단법 발명'의 공로로 바이러스병연구소의 이호왕 교수가 대한민국 학술원상을 수상했다. 나아가 1981년 1월 바이러스병연구소는 세계 유일의 WHO 출혈열연구센터로 지정되었다. 그간의 유행성출혈열 연구를 인정받은 결과였다. 환경의학연구소는 1987년 원진레이온 사업장의 작업환경 측정과 특수건강검진을 통하여 국내 최초로 작업자들의 이황화탄소 중독을 진단하고 작업환경 중 이황화탄소의 위험을 사회에 알렸다. 원진레이온 작업자들의 이황화탄소 중독 진단은 산업안전보건의 중요성을 일깨우는 중요한 계기가 되었다.

4-2 부속기관의 정비

4-2-1 도서관

1981년 3월 조치원분교에 중앙도서관 산하의 조치원 도서실이 설립되었고, 그해 6월 보건전문대 정릉분교 도서실이 보건도서분실로 개칭되었다. 조치원 도서실은 1980년 4월부터 준비되어 오다가 행정동의 준공과 더불어 문을 열게 되었다. 1983년 7월에는 과학도서관의 개관을 앞두고 도서관 조직이 개편되었다. 이 개편안에 따라 종전의 이공대 도서분실, 조치원 도서분실의 규모를 확충하여 과학도서관분관, 조치원 도서분관으로 각각 승격이 이루어졌다. 1983년 9월 완공된 과학도서관은 총 3,188석의 강의실과 2,000여 석의 열람실을 갖춘 지상 6층 규모의 건물로서 이공계 학생들의 불편을 해소하고 '과학고대'의 새로운 지평을 열었다.

1984년 3월에는 아세아문제연구소 도서실이 중앙도서관의 대학원도서관 산하로 통합되었다. 1985년 9월에는 중앙도서관 3층 서고에 '동아일보 보존서고'가 마련되었다. 이곳에는 1920년 창간호부터 당시까지의 《동아일보》와 이를 찍은 마이크로필름 등이 보존되었으며, 이는 당시 국내에서 유일하게 창간호부터 《동아일보》를 모두 보관하는 공간이었다.

1985년도에는 장서가 70만 권을 넘어선 중앙도서관의 연속간행물 전산화가 실시되었다. 1986년 11월에는 독일법도서실이 새롭게 개설되어 운영되었다. 중앙도서관의 분관인 독일법도서실은 법학관 1층 도서실 내에 자리했다. 이 도서실은 한독 수교 100주년을 기념하여 독일학술재단과 아데나워재단이 지원하고 서독대사관이 후원하여 설치된 것이었다. 이로써 당시 국내 유일의 독일법 전용 도서실이 탄생했고 독일법 자료센터의 역할을 하게 되었다.

1981년 3월에는 본교 도서관 소장 고서 《중용주자혹문中庸朱子或問》과 《동인지문사륙東人之文四六》이 보물로 지정되었다. 1371년 진주목에서 간행한 《중용주자혹문》은 주자朱子가 자문자답의 형식을 빌려 《중용》의 도를 풀이한 것으로서 오늘날 《중용》의 체계를 세운 주자의 저서인 만큼 그 학술적 가치가 매우 컸다. 《동인지문사륙》은 고려 말의 문신 최해崔瀣가 신라와 고려 명현의 문집을 모은 《동인지문》에서 사륙변려문四六騈儷文만 모아서 간행한 시문선집詩文選集이다. 《동인지문사륙》은 현존하는 가장 오래된 시문선집이라는 점에서 사료적 가치가 컸다. 이로써 본교 도서관은 1965년 보물로 지정된 《홍무정운역훈洪武正韻譯訓》까지 총 3종 5점(15책)의 보물을 소장하게 되었다.

4-2-2 박물관

1980년대 들어서면서 본교 박물관은 다양한 행사를 개최하여 본교 학생뿐만 아니라 일반인의 문화 공간으로 자리하기 시작했다. 본교는 박물관의 시설 확충을 위해

1981년 박물관 신축 마스터플랜을 발표했다. 사무처가 발표한 마스터플랜에 따르면 1982년에 8억 원의 자금을 투자하여 강당을 증축하고 박물관으로 활용할 예정이었다. 그러나 1982년 2학기에 들어서면서 구체적 공사계획은 보류되었고 박물관 신축 계획은 1987년 장기발전계획에 포함되었다. 여러 어려움이 노정되는 가운데에서도 박물관은 각종 유물과 유적의 발굴 및 전시회 개최, 도록의 발간 등을 수행했다. 이 시기에 총 9건의 발굴을 진행했으며 1989년 개관 55주년을 맞아 《박물관 수장품목록》과 《도자기명품도록》, 《고회화명품도록》을 발간했다. 한편 1986년에는 박물관 소장품인 김정호의 〈수선전도首善全圖〉가 보물로 지정되기도 했다.

4-2-3 출판부

1982년 9월 1일 출판부 규정이 개정되었다. 개정된 내용에 따르면 부장의 임기가 기존 4년에서 3년으로 단축되었으며, 출판부장은 매 회계연도 개시 전에 익년도 예산서와 사업계획서를 총장에게 제출하도록 변경되었다. 이와 함께 〈교양과목 교재 간행규정〉도 함께 개정되었다. 1983년 1월에는 〈학술도서 간행 조성비 지급규정〉이 개정되었다. 출판부는 학술도서 및 교재도서를 중심으로 1980년에서 1985년 5월 사이에 인문과학, 사회과학, 자연과학, 논문집 등의 6개 부문에서 96종의 도서를 간행했다. 그리고 1985년 6월부터 1990년 2월까지 총 91종의 도서를 출판했다.

4-2-4 시청각교육원

1983년 7월에는 영어 등 어학교육을 위한 시설Lab이 확충되었다. 교양관에 42석, 홍보관에 62석이 확충되었으며 멀티 텔레비전 시스템Multi TV System으로 TV 4대와 VCR 1대가 새롭게 설치되었다. 1985년 3월에는 음향도서실이 새롭게 문을 열었다. 1986년에는 시청각교육연구원의 시설이 더욱 확대되어 홍보관 랩실에 70개의 좌석이 만들어졌고, 'NTSC TV System'으로 TV 4대와 VCR 1대가 설치되었다. 한편 시청각교육연구원의 이용 현황을 보면, 영어 자료의 이용 수가 다른 언어에 비해 매우 높아 영어를 중시하는 사회풍토를 그대로 반영했다. 독일어와 프랑스어 등에 대한 이용도는 매년 감소하는 추세였던 반면 중국어와 일본어 교재의 이용도는 점차 증가하고 있었다.

4-2-5 전자계산소

1981년 11월 전자계산소 컴퓨터가 IBM 4341/K01로 대체되었다. 새로 도입된 컴퓨터의 주기억장치 용량은 2MB이며 디스크장치의 용량은 596MB였다. 한편 1982년 3월에는 새로운 전산소 건물이 준공되어 전자계산소를 이전했다. 지하 1층, 지상 3층의 건물로 1층에는 출판부, 2층에는 전산소가 자리 잡게 되었다. 이 시기 전자계산소의 주요 업적으로는 1981년 학사업무의 온라인화와 1982년부터 1984년까지 진행된 의과대학 부속병원의 보험 업무, 약품 관리 개발의 온라인화, 1984년 행정업무의 온라인화를 꼽을 수 있다.

1985년 9월 교육실습용 OS(MUSIC)를 설치했으며 1986년 3월 MUSIC/SP로 업그레이드했다. 그리고 1986년 9월 IBM Korea에서 기증받은 컴퓨터 터미널 35대를 활용하여 MUSIC Multi-User-System for Interactive Computing의 개막식을 가졌다. 이 시스템은 터미널이 독립적으로 중앙처리장치를 점유하여 여러 사용자가 거의 동시에 결과를 얻을 수 있는 환경을 제공했고 한 프로그램을 여러 사람이 폭넓게 이용할 수 있도록 지원했다. 기증받은 터미널은 정경관에 10대, 과학도서관과 전자계산소에 20대, 서창캠퍼스에 5대를 배치했다. 이를 통해 서창캠퍼스 학생들도 본교 전산소로 이동할 필요 없이 터미널을 통해 직접 메인 컴퓨터에 접속하여 프로그램을 활용할 수 있는 환경이 조성되었다.

05

학생운동과 학생활동

5-1 5·18민주화운동과 학생운동

1980년 2월 8일 '학원자율화총연합회'(이하 학총)의 발족이 의결되어 단과대 대표 9인과 서클대표 5인으로 이루어진 운영위원회가 구성되었다. 학총은 총학생회 부활 백서를 발표하고 공청회 개최, 총학생회회칙 제정, 총학생회장 선기 등을 주도했다. 1980년 3월 총학생회칙이 제정된 후 4월 10일에는 총학생회장을 뽑는 투표가 실시되었다. 1975년 이래 5년 만에 치러진 총학생회장 선거였으며, 이는 본교 역사상 최초의 전교생 직접선거였다. 총 유권자 수 10,372명 중 6,782명이 투표하여 66%의 투표율을 기록한 가운데 총학생회장에 신계륜(행정 3)이 당선되었다. 앞서 실시된 여학생회장 선거에서는 김혜련(식공 3)이 당선되었다. 그러나 5·18 광주민주화운동이 일어나고 휴교령이 내려지면서 본교 학생들의 민주화 운동도 위축되었다. 본교는 1980년 5월 17일부터 9월 10일까지 116일간 휴교했다.

1983년 본교에서 정권을 규탄하는 시위가 격화되었으며 학원 자율화 요구도 강화되었다. 이에 따라 1983년 4월 13일에는 민주광장에서 '고대 자율화 추진위원회'가 정식으로 발족했다. 학생들의 시위가 반미反美 운동의 방향으로 전개되면서 1985년 5월 23일에는 학생들의 미문화원 점거 사건이 일어났다. 본교 학생 13명을 비롯하여 5개 대학 73명의 학생들이 5·18 광주민주화운동과 관련해 미국의 공개사죄 등을 요구하며 을지로 1가에 위치한 미국문화원을 점거하여 26일 정오까지 농성을 벌였다. 미문화원 점거 농성 이후 정부는 학원 자율화 정책을 수정하고 일련의 학원 강압 조치를 취했다.

학생운동에 대한 정부의 탄압이 강화되고 시위 학생에 대한 강제징집이 확대되었다. 1981년 본교 학생들이 경기도 성남의 학생중앙군사학교인 '문무대文武臺'에 입소하여 교육을 받던 중 시위가 발생했다. 이에 대한 정부의 대응은 극히 가혹하여, 1학년 학생 109명에게 권고 휴학 및 제적 처분이 내려졌으며, 이들 대부분이 강제 징집되었다. 이 사건 이후, 강제징집은 학원 탄압의 보편적 수단으로 자리 잡았다. 이후 본교 학생의 강제징집 사례를 살펴보면, 1983년 석탑축전 중 일어난 시위로 본교생 20명이 경찰에 입건되었는데 그중 8명이 강제징집을 당했으며, 9월에는 불온 유인물 소지로 재학생 2명과 제적생 1명이 강제징집 당했다. 11월에는 교양관과 중앙도서관 등에서 발생한 시위로 학생 46명이 연행되었고 그중 7명이 강제 징집되었다. 이렇게 강제 징집된 이들 중에는 본교 학생운동을 이끌던 김두황(경제 80)이 있었다. 김두황은 1983년 3월 성북경찰서 형사들에게 영장 없이 체포되어 강제로 군대에 끌려갔고 징집된 지 90일 만인 6월 18일 의문의 시신으로 발견되었다. 22사단 헌병대는 김두황이 총기로 자살했다며 서둘러 수사를 종결했고 가족에게 화장을 강요했다.

1984년 석탑대동제 기간 중 김두황처럼 강제 징집된 후 의문의 죽음을 당한 6개 대학 6명의 학생들에 대한 합동위령제가 본교 민주광장에서 열렸다. '고대 자율화 추진위원회'의 주최로 열린 이날 위령제는 6개 대학의 학생 4천5백여 명이 참가했다. 1985년에는 '문무대' 관련 109인이 주축이 되어 김두황 등 6인의 넋을 기리는 진혼비를 건립했고 2020년 10월 '김두황 열사 추모비'가 진혼비 옆에 건립되었다. 2024년 12월 '진실·화해를 위한 과거사 정리위원회'는 김두황의 군 의문사 사건을 '중대한 인권

강제징집 희생자 진혼비 제막식(1985)

침해 사건'으로 인정하고 유가족에 대한 사과와 함께 화해를 위해 적절한 조치를 취하라고 정부에 권고했다.

한편 1985년 2월에는 김준엽 총장이 교직원 자녀 25명의 부정 입학에 책임을 지고 사표를 제출했다. 그러나 곧이어 사임발표의 원인이 1984년 11월 학생들의 민정당사 점거 농성으로 촉발된 정부와 대학 간의 갈등 때문이었다는 사실이 밝혀졌다. 이에 본교 교수와 학생들은 교권 수호와 학원 민주화 등을 주장하며 김준엽 총장의 사퇴에 반대했다. 총학생회는 3월 11일 총회를 열고 '고대 민주 사망선언식'과 '학원내 파쇼 화형식'을 개최했다. 뒤이어 15일에는 '고대 혼魂의 압살'을 규탄하는 '민족고대 정기精氣 장례식'이 5천여 명의 학생들이 모인 가운데 거행되었다. 1983년 4월 '강제징집희생자 추모식' 이후 최대 규모의 학생이 참가한 '민족고대 정기 장례식'은 정경대학 및 문과대학

김준엽 총장 퇴진 반대 시위

교수 50명과 총학생회가 공동 상주가 되어 진행했고, 문교부의 압력에 의한 총장의 퇴진을 고대 정기의 사망으로 간주하며 굴욕적 총장 사퇴의 철회를 요구했다.

5-2 6월 민주항쟁과 통일 운동

1980년대 본교를 비롯하여 전국 대학에서 고문 추방과 독재 타도에 대한 시위와 집회가 연일 이어지는 가운데 1987년 4월 13일 전두환 정권은 호헌護憲 담화를 발표했다. 이 '4·13 호헌조치'에 반대하고 전 국민의 개헌 요구 분위기에 첫 불씨를 지핀 것은 본교 교수들이었다. 4월 22일 권창은, 김기목, 김기영, 김승옥, 김우창, 김일수, 김정환, 김충렬, 김화영, 김홍규, 박형규, 배종대, 서지문, 서진영, 신한풍, 오탁번, 이기수, 이만우, 이문영, 이상신, 이순구, 이재창, 이재훈, 이준섭, 유한성, 윤용, 정규복, 정문길, 조광, 최장집

6월 항쟁 당시 본교 교수들의 시국선언과 그에 호응하는 학생들(1987)

등 본교 교수 30명은 정경관에서 개헌을 요구하는 성명서 〈개헌문제에 관한 우리의 견해〉를 발표했다. 교수들은 "민주적 개헌이야말로 우리 민족의 가장 중요한 역사적 과제이며, 국민의 광범위한 지지에 기초한 정부의 확립은 누구도 거부할 수 없는 역사의 절대적 요청"이라고 밝히고 5개 항의 견해를 통해 개헌의 노력을 계속할 것을 촉구했다.

이어 본교에서는 '호헌철폐'와 '독재타도'라는 슬로건하에 연일 집회가 열렸다. 5월 2일 석탑 대동제 기간 동안 사학과 학생 5명이 처음으로 단식농성에 들어갔고 독일철학강좌회 등 5개 서클도 단식농성에 돌입했다. 8일에는 법과대, 경영대, 의과대, 문과대 학생들의 단식 투쟁이 이어지며 개헌 쟁취의 열기가 고조되었다. 그리고 민정당 전당대회가 열리는 날이었던 1987년 6월 10일 본교에서는 2천여 명의 학생들이 참가한 가운데 '고故 박종철군 고문살인 은폐조작 진상규명 및 호헌철폐, 민주개헌 쟁취를 위한 범국민궐기대회 출정식'이 개최되어 구속된 총학생회장 이인영을 구출하고 군부독재를 종식시킬 것을 결의한 뒤 시청에서 열린 범국민궐기대회에 참석했다. 이날 가두시위

6월 항쟁 당시 총학생회의 출정식(1987)

에는 본교 학생 5천여 명이 참여했다. 가두시위를 마친 학생들은 철야농성에 돌입했고, 6월 15일 비상학생총회를 개최하여 기말고사 전면거부를 결의했다. 한편 6·10대회 도중 연세대생 이한열이 경찰의 직격탄을 머리에 맞고 사경을 헤매다 7월 5일 사망하는 일도 발생했다. 민주화에 대한 국민들의 열기에 놀란 전두환 정권은 결국 '6·29선언'을 내놓을 수밖에 없었다. 이 선언 이후 그해 말 개헌을 통해 대통령 제도는 오늘날의 5년 단임 직선제로 정착되었다.

1987년 6·10항쟁 이후 본교에서는 독재정권의 재창출을 저지하기 위한 군부독재 종식 투쟁의 일환으로 각종 집회와 시위가 전개되었다. 11월 12일에는 '학살 원흉 노태우 집권 음모 분쇄를 위한 고대인 1차 실천대회'가 민주광장에서 개최되었다. 11월 25일에는 대운동장에서 '선거투쟁본부 발족 출정식'이 열렸다. 총학생회는 시국선언문을 통해 김대중 후보를 야권 단일 후보로 추대할 것을 결의했다.

한편 1987년 대선이 노태우 정권의 등장으로 귀결되면서 학생운동권은 분단으로 인한 '반공이데올로기'가 군사정권을 유지시키는 힘이며, 그를 뒷받침하는 것이 미국이라 인식하고 반미적 성격을 띤 통일투쟁을 전개하기 시작했다. 이는 1986년부터 본격화된 '반미자주화투쟁'의 연장이었으며 조직적으로는 본교 NL 계열 학생운동권이 주도했다. 본교 학생운동에서 반노태우정권 투쟁과 함께 통일운동이 본격적으로 시작된 것은 1988년 4월 12일 열린 '노태우 집권분쇄와 조국의 자주적 평화통일을 위한 민족고대 전진대회 및 4·18 통일염원주간 선포식'에서부터였다. 전체 학생운동의 방향을 통일운동 확산에 집중하는 계기가 되었던 이날 집회에서는 '조국통일촉진 학생투쟁 선언문'이 발표되었고, 구체적인 실행방안으로서 1988년 서울올림픽 공동개최, '북한바로알기운동' 전개를 주장했다.

통일운동과 관련해 1988년에는 전국대학생대표자협의회(이하 전대협)가 제안한 '남북한청년학생회담' 개최를 둘러싸고 대대적인 시위가 전개되었고, 1989년에는 문익환 목사의 방북과 '세계청년학생축전' 참가문제가 통일투쟁의 중요한 이슈로 부각되었다. '세계청년학생축전' 참가를 둘러싼 학생시위에 대해 정부는 참가불허를 원칙으로 강력한 탄압을 가했다. 정부승인이 불가능하다고 판단한 전대협은 외국어대생 임수경을 평양 '세계청년학생축전'에 전대협 대표로 참가시키기로 결정했다. 임수경의 방북은 정부 당국의 입장에서는 용인할 수 없는 것이었다. 이 일로 전대협은 좌경용공 친북세력으로 규정되었다. 한편, 전대협이 '조국통일촉진투쟁'의 일환으로서 1988-1989년까지 진행한 '남북학생회담' 추진 및 '세계청년학생축전' 참가 투쟁은 비판을 받기도 했다. 즉 1989년 대기업노조가 설립되면서 활성화된 노동운동과 전교조 설립 지지투쟁, 이철규·이내창 의문사를 계기로 한 노태우정권 반대투쟁의 영향력을 축소시키는 무원칙한 통일투쟁이라는 것이었다.

5-3 학내 문제의 진통과 대응

1984년 학원 자율화 이후 제기된 학생들의 사회 민주화 요구는 점차 학내 민주화 요구로 전화되기 시작했다. 특히 1987년 6·10항쟁 이후 학내 민주화 운동에 대한 학생들의 요구가 높아지면서 본교 역시 이러한 흐름을 외면할 수 없는 상황에 직면했다. 1987년 학교운영에 대한 참여권 주장, 학내 의사 결정 과정에 대한 민주적 절차의 요구, 반민주적 요소의 척결 등을 주장하면서 확대되기 시작한 학내 민주화 운동은 학내 자치 단체의 성립으로 연결되면서 폭넓게 전개되었다.

1987년 8월 30일 본교 2-4대 총장 및 제헌헌법 기초위원, 구 신민당 총재 등을 역임한 현민 유진오 전 총장이 별세하자 대강당에 그의 빈소가 차려졌다. 그러나 이문영, 이상신, 이만우, 권창은, 윤용 교수 등이 "고대는 국정자문위원의 빈소가 될 수 없다"며 문제를 제기했고 일부 학생들이 이에 가세하여 빈소에 놓여진 화환을 부수는 사건이 일어났다. 결국 대강당에 마련되었던 고인의 빈소는 9월 1일 철수되었지만 '현민玄民 빈소 사건'을 해결하기 위해 학교 당국과 학생 및 교우회는 오랜 진통을 겪어야 했다.

한편 1987년부터 결성 움직임을 보였던 본교의 교수협의회가 1988년 10월 창립되었다. 본교의 교수협의회는 당시 대학 민주화를 위한 교수들의 뜻이 반영된 조직이었다. 대학원 총학생회가 출범하고 조교에 대한 불합리한 대우를 시정하기 위한 조교협의회가 창립하는 등 학생 조직도 확대되었다. 1987년 10월에는 교직원 노동조합이 창설되었고, 같은 해 11월에는 고려대학교 민주동우회가, 1988년 7월에는 시간강사 처우 개선을 위한 강사협의회가 조직되었다.

교수협의회가 창립된 이후 총장선출제도의 민주적 개혁을 위해 학내 각 자치 단체들은 공청회를 비롯한 수차례의 회합을 거듭하며 개선안을 마련하기 위한 협의를 진행했다. 1988년 12월 15일 총학생회, 대학원 총학생회, 조교협의회, 강사노조, 직원 노조 등 학내 5개 단체는 '총장선출제도 개선과 대학자치를 위한 공청회'를 갖고 민주적 총장

선출제도에 대한 다양한 의견을 수렴했다. 이 과정에서 총장 불신임과 수업 거부 등의 갈등이 발생하기도 했으나, 결국 학교 측과 5개 자치 단체가 참여하는 실무팀이 구성되면서 논의는 보다 구체적인 단계로 접어들었다.

한편 1989년 7월 26일 발행 예정이었던 《고대신문》 제1111호에서 학생 기자들이 준비한 성명서의 표현과 방향성을 두고 주간 교수와 의견 충돌이 발생했다. 이로 인해 《고대신문》 제작 중지 조치가 내려졌고 이에 반발한 학생들은 '고대신문 제작 중지 철회와 광고 질서 회복을 위한 범고대인 서명운동'을 전개했다. 이 서명운동에는 총 8,492명이 참여하며 사태는 장기화되었다. 사태가 해결되지 않자, 학생 기자들의 단식 철야농성 등이 진행되었고, 대학 입시 등 학내 주요한 사안을 앞두고 사태 해결의 노력들이 적극적으로 모색되었다. 결국 광고계약 문제에 있어서 계약 체결의 주체를 학교 당국자로 하고 권한을 위임하는 것과 함께 학생 기자들이 제기했던 광고 질서 회복 운동의 기본 정신을 최대한 협의 수렴한다고 합의하면서 11월 18일 제1111호가 발행되며 사태는 마무리되었다.

5-4 학생활동

5-4-1 석탑대동제와 고연제

1980년 75주년 석탑축전은 민주화를 요구하는 교내시위로 무산되었고, 민주화 축제로 전환되었다. 학도호국단이 주최한 1981년 석탑축전은 주요 단과대학과 서클이 불참하며 '반쪽 축전'이 되었다. 1982년에는 축제가 거부되었고, 1983년에는 본교 당국이 학생활동 전면 금지를 결정했다. 하지만 같은 해 7월 학생 행사 금지조치가 해제되었고 학원 자율화에 진전을 보이기 시작했다. 이러한 상황의 변화로 개교 79주년인 1984년에는 석탑축전의 명칭을 '석탑대동제'로 바꾸고, '민족, 민주, 민중'을 대주제로 새로운

개교 79주년 석탑대동제 팸플릿(1984)

방식의 축제를 개최했다. 1985년 개교 80주년 석탑대동제는 본교의 건학이념과 학생 운동사의 관점에서 대동제가 갖는 의미를 강조하고 민족통일과 민족해방의 대주제 아래 전 고대인이 하나됨을 표방하면서 진행되었다. 이후 1989년까지 통일과 민주화 등 학생운동의 방향성을 반영한 축제가 진행되었다.

한편 1980년과 1981년에는 정기 고연전이 개최되지 않았다. 사회적 분위기가 냉각된 가운데 양교 실무자들이 학사일정과 사회여론을 고려하여 합의한 결과였다. 1985년에는 정기 고연전을 정기 고연제로 명칭을 변경했다. 그리고 학생들의 참여가 배제되어 왔다는 그간의 비판을 수렴하여 양교 선수들의 경기를 하루에 모두 끝내고 학술제와 민속제를 같이 열었다. 1988년에는 정기 고연제가 '고연민족해방제'라는 명칭으로 개최되었다. 고연민족해방제는 10월 24일부터 29일까지 5일간 개최되었다. 이 고연제는 민족해방과 통일을 위한 역사 인식과 실천의 장, 민중과 함께하는 대학 공동체 문화의 창조와 정착의 장이라는 목표를 표방하며 진행되었다.

5-4-2 학술문화행사

1980년 3월 민주화의 요구가 고양되던 시기에 본교에서는 12년 만에 모의국회가 다시 열렸다. 모의국회는 전국대학연합의 주최로 진행되었다. 또한 이 시기에는 기존의 서클 70개 이외에 21개의 신규 서클이 등록되었는데 '민맥', '고대 아카데미', '민족학연구회'

개교 80주년 기념 석탑대동제

등이 새롭게 만들어졌다. 학생활동이 위축되는 가운데에도 1981년 5월에는 의대 학회지인 《호의령虎醫鈴》이 발간되었고, 8월 서창캠퍼스에서는 성인을 대상으로 '시민대학'이 개설되었다. 1982년 5월 20일에는 본교 여학생회가 주축이 되어 '금란제'를 개최했다. 여학생회는 1983년 본교 여학생이 급증함에 따라 여학생의 활동을 활성화하고 의견을 수렴한다는 취지에서 회지 《석순石筍》을 발간했다.

한편 1984년 이후 급격하게 증가한 서클들이 각각의 특징을 나타내지 못하고 있는 가운데 서클 간 개편이 진행되었다. 인문학연구회가 독일철학강좌회로, 사회과학연구회가 한국근현대사연구회로, 현대경제연구회가 제3세계정치경제연구회로, 문학연구회가 문예사랑회로 바뀌었으며, 스피치연구회, 인간학연구회, 여성문화연구회, 현대철학회, 경제철학연구회, 광장, 인간여성의 맥, 상록회, 고대과학회가 해체되었다. 이러한 개편과 동시에 각 서클은 대중화를 위해 서클의 규모를 확대하고 대중적 내용을 모색하려고 노력했다. 그러나 이러한 개편 과정에서 서클 연합회 내부적으로 많은 갈등이 표출되었다. 1987년에는 풍물패 등 8개의 서클이 신규로 등록되었다. 서클 연합회는 분과체제를 개편하여 기존의 학술 분과를 학술 1분과(연구서클)와 학술 2분과(어학서클)로 분리했다.

제10장

과학화·세계화를 향한 도약

The 120th Anniversary
of Korea University

01

연구중심대학으로의 전환

1-1 연구활동 강화를 위한 제도 정비

1990년 6월 15일에 제12대 총장으로 취임한 김희집 경영대 교수는 대학교육의 국제화와 과학화를 교육 목표로 설립하였다. 이를 위해 1992년 6월 연구교류처를 신설했다. 연구중심대학으로 거듭나고 국제 경쟁력을 강화한다는 취지로 신설된 연구교류처가 기획처, 교무처, 학생처 다음으로 편제됨으로써 총무처, 관리처와 함께 6개 처 제도가 자리 잡게 되었다.

1991년 3월 1일부터 교원 연구년 제도에 관한 규정을 시행했다. 연구년 제도란 국제화, 정보화, 첨단화되고 있는 학문의 시대적 흐름에 발맞추기 위한 교육의 내실화와 연구의 활성화를 뒷받침하기 위한 제도였다. 교원들에게 연구에만 전념할 수 있도록 7년마다 1회씩 1년 동안 연구년을 부여했다.

1995년부터 본교는 교수평가제를 도입했다. 1993년 12월 교무위원회의 결정에 따라 1994년부터 교수평가제 실시를 위한 구체적 방안으로 '교수평가위원회'를 두고 평가 기준과 세목을 검토하기로 했다. 교수평가의 내용은 크게 연구, 강의, 사회봉사 실적으로 나뉘며 구체적 평가항목은 교수평가위원회에서 마련하기로 했다.

교원의 연구활동을 효율적으로 지원하고 연구비 사용의 신뢰성을 제고하기 위해 연구비 중앙관리도 시작했다. 그간 연구소 단위로 시행된 연구비 관리체계를 1993년 9월 연구비 관리규정을 만들어 정비했으며 그해 12월 이후 계약된 연구사업을 대상으로 모든 교내외의 연구비를 중앙 관리했다. 다소의 어려움과 부작용이 우려되었으나 연구비의 중앙관리는 교육부, 한국과학재단 등 연구비 중심지원기관에서 강력히 요구하는 사안이자 연구비 사용의 공정성 확보를 위해 필연적으로 시행해야 할 제도였다.

1993년 11월에는 연구비 관리시스템을 구축하고 연구교류처를 중심으로 몇 개의 부설연구소를 연구비 관리기관으로 지정하였다. 연구과제 지원신청은 관리기관을 경유하는 것을 원칙으로 하며 연구책임자가 직접 연구용역 계약을 맺는 경우에도 관리기관 또는 총장에게 보고하도록 했다. 연구비 중앙집중 관리제도의 실시에 따라 연구비를 관리할 부설연구소를 관리기관으로 지정하기 위해 신청접수를 받아 심의했다. 그 결과 22개 부설연구소가 관리기관으로 지정되었다. 관리기관으로 지정받지 못한 연구소의 연구책임자는 연구비 신청 및 관리 시 규정에 따라 연구교류처 또는 지정된 관리 기관을 통해 연구비를 운영하도록 했다.

1-2 한국 산·학·연 종합연구단지의 설립

1990년대에는 세계무역기구WTO와 북미자유무역협정NAFTA 등 시장개방 압력이 거세지고 국가 간 기술 및 무역경쟁이 더욱 심화되었다. 이에 본교는 민간 기업을 비롯한 각종 정부 지원 연구소 및 국내외 대학과 긴밀히 협조하여 공동연구, 실험기자재의 공동사용, 인적자원의 교류 등에 중점을 두고 과학화를 적극적으로 추진했다. 구체적으로 한국과학기술연구원KIST 및 산업연구원KIET 등 다양한 연구기관과 학연 협동과정을 운

한국 산학연 종합연구단지 준공(1996)

영했다. 또한 이공계 분야의 산학연 협동을 더욱 활성화하기 위해 국내 최초로 대학 내에 '한국 산학연 종합연구단지'를 설립하여 운영했다. 이로써 본교의 과학연구 수준은 한 단계 더 발전했으며 대학의 연구능력 향상과 기업의 산업 발달에 획기적인 계기가 마련되었다.

구체적인 업무 추진 계획 및 현황을 정리하면, 1992년 5월 한국 산·학·연 종합연구단지 설립을 기획한 이후 7월에는 산·학·연 종합연구단지의 설립 계획을 15개 일간지 및 방송사에 공표했다. 같은 해 8월 설립추진위원회를 구성했고 1993년 8월 설립추진본부를 발족했다. 1994년 2월 23일에는 1차 기공식을 거쳐, 1996년 연구단지가 완공되면서 참여 기업들의 입주가 시작되었다. 학연 협동 실적 또한 지속적으로 증가하는 추세를 보였다. 1992년에는 387건의 협동 연구가 이루어졌으며 연구비 규모는 46억 7천만 원에 달했다. 이 수치는 1993년 591건, 47억 7천만 원, 1994년 721건, 70억 8천만 원으로 꾸준히 확대되었다.

1996년 6월 12일 이공대학 내에 한국 산·학·연 종합연구단지 테크노콤플렉스가 완공되었고, 같은 해 10월 14일에 개원식과 기념강연회를 가졌다. 본교가 1만 6천 평의 부지를 제공하고 각 기업에서 300억 원의 기부금을 출연해 설립된 산·학·연 종합연구단지는 교수연구실과 실험실, 강의실 등이 들어선 공학동과 산업체가 이용할 산학동으로 나뉘어 구성되었다.

한편 1998년 3월 25일 재단법인 '고려대학교 한국산학연종합연구재단'이 재단 창립 기념식을 갖고 본격적인 활동에 들어갔다. 이 재단은 산업자원부의 인가를 받아 3억 5천만 원의 설립 자금을 기반으로 출범했으며, 산학관 내 입주한 회원사들의 인건비를 비롯한 운영 비용을 지원했다. 또한 재단 내 전입금이 확충되는 대로 공과대 교수들의 연구비 지원을 확대하고, 본교와 산업체 및 연구기관 간 협동 연구를 더욱 활성화할 계획을 수립했다.

1-3 국제학술교류의 강화

국제협력 업무는 연구교류처 국제과와 국제대학원 교학과, 민족문화연구소 한국어학연수부에서 분담하여 수행되었다. 기능별로 보면, 연구교류처 국제과는 외국 대학 및 기관과의 학술교류 협정 체결, 교원·학생 교환 및 해외 어학연수 프로그램 운영을 포함해, 외국인 대상 한국어 연수, 국제 하계대학 및 한국학 워크숍 개최, 국제 학생교환 프로그램 운영 등의 업무를 담당했다. 또한 외국인 기숙사 관리 및 비자 발급 업무도 수행했다. 외국 대학 및 기관과의 학술교류 협정은 국제교류위원회의 심의를 거쳐 이루어지며, 교원 및 학생 교환은 일반적으로 6개월에서 최장 1년까지의 기간을 기준으로 진행된다. 해외 어학연수는 동계·하계 방학을 이용하여 보통 5주 동안 영어·일어·중국어 연수를 중심으로 운영되었으며, 해외 대학생들의 한국어 연수는 하계 방학 동안 3-4주간 진행되었다. 특히 일본 대학생들을 대상으로 한 한국어 연수 프로그램이 활발히 운영되었다.

국제하계대학은 6월 말부터 8월 초까지 해외교포나 외국 대학생을 대상으로 한국어 교육 및 한국에 대한 기본적인 인식을 심어 줄 수 있는 과목을 중심으로 강의가 이루어진다. 한국학 워크숍은 한국국제교류재단의 후원을 받아 6월 말부터 7월 중순까지 미국, 호주, 캐나다의 대학교수와 중·고교 교사 및 교과서 편찬자를 초청하여 한국학 강의와 문화유적지 답사, 산업시찰을 곁들인 다양한 프로그램으로 운영되었다. 국제학생 교환 프로그램은 1987년 본교가 미국 내 대학생 교환프로그램인 ISEP에 가입하면서 시행된 제도였다.

국제대학원 교학과는 한국학과 개설 및 운영을 담당하며, 개발도상국의 우수한 대학 졸업생을 모집하기 위한 유치활동을 주관했다. 아울러 민족문화연구소 한국어학연수부는 외국인의 한국어 교육과 한국어 교재편찬, 연수부 학생행사 운영을 담당했다. 한국어학연수부는 4학기로 수업이 이루어졌다. 수업은 한 학기 10주 과정으로, 주 5일 하루 4시간을 기본으로 진행되었다. 매 학기마다 특별활동이 마련되어 체육대회, 한국어 말하기 대회, 각국 민요 부르기 대회, 한국 전통놀이 체험 및 견학 등 다양한 프로그램이 운영되었다. 여름방학에는 해외동포 중고등학생을 위한 5주간의 하계학교가 개설되었으며, 10명 이상의 단체를 위한 단기특별과정도 마련되었다.

본교는 뉴질랜드, 독일, 러시아, 미국 등지의 170여 개 학교와 교류 협정을 체결하고 상호 학점 교환, 어학연수 파견, 연구교수 교류, 스포츠 교류 등 다각적인 국제협력 사업을 추진했다. 또한 연구소 간 국제협력을 위해 생물공학연구소와 일본 교토대학 화학연구소, 아세아문제연구소와 프랑스 파리국립극동학원 및 캐나다 토론토대학, 생산기술연구소와 중국 지린화공학원吉林化工學院 등이 활발히 교류하고 있다.

본교는 학생들의 국제적 안목과 비전을 함양하기 위해 학술교류 못지않게 문화교류가 필요하다는 전제 아래 학생들의 문화교류 활동을 지원했다. 이러한 노력의 일환으로, 본교와 일본 와세다대학 간 교류가 매년 이루어졌으며, 양교는 해마다 번갈아 가며 축구 정기전을 개최함으로써 친목을 도모하고 학문뿐만 아니라 스포츠를 통한 교류의 장을 확대해 나갔다. 또한 세계화를 추구하는 본교의 노력은 국제학술교류를 통해 더욱 강화되었다. 특히 1990년대에는 세계 석학들을 초청하여 진행된 세미나와 강연회가 활발히 이루어진 것이 특징적이었다. 각 대학원과 단과대학, 연구소별로 초청 세미나와 강연회가 연이어 개최되었으며, 본교는 이를 통해 세계 속의 대학으로 자리매김하고자 지속적인 노력을 기울였다.

1-4 학교 발전을 위한 다양한 노력

본교는 민족의 앞날을 밝히려는 창립자의 의지와 그 뜻을 이어받은 교직원의 노력, 그리고 뚜렷한 소신과 실력을 갖추려는 학생들의 노력을 통해 발전해 갈 수 있었다. 그리고 그 발전의 밑바탕에는 보이지 않는 곳에서 모교를 아끼고 격려하는 손길이 있었다. 본교 신축 건물과 시설에 대한 교우들의 성금이 모이는 데에는 대외협력처의 역할이 컸다. 대외협력처는 1999년 12월부터 발전기금 모금의 일환으로 ARS 전화모금을 실시했다. 본교 개교기념일을 활용하여 전화번호를 '700-0505'로 설정하고, 1회 통화 시 5천 원이 자동 부과되도록 했다. ARS 전화 모금은 대중적 기금 마련의 계기가 되었다.

교우회의 활동은 본교 발전의 또 다른 한 축을 이루고 있다. 교우회는 모교 발전을 위하여 100주년 기념관 건립기금 100억 원을 모금하기로 했다. 1999년 11월 교우회 상임이사회에서는 개교 100년을 맞는 모교의 발전을 위하여 모금운동을 전개하기로 결정했다. 모금 기간은 2000년 1월부터 2004년 12월까지 5년으로 설정되었다.

한편 해외 교우와 재미교포들이 본교의 활동을 지원하기 위해 1997년 10월에 설립한 국제재단은 이사 및 임원진을 선출하여 본격적인 활동을 시작했다. 국제재단은 미국 국세청으로부터 면세 승인을 받아 해외발전기금 모금이 활성화될 수 있는 여건을 마련했다. 아울러 국제재단은 본교와 학술교류를 맺은 미국 대학과의 정보 교환 및 다양한 주제의 토론회 및 포럼 개최를 추진했다.

1996년 5월에는 본교는 교육개혁 관련 업무를 총괄적으로 기획하고 조정하기 위해 교육개혁기획단을 신설했다. 교육개혁기획단은 부총장 산하의 한시적 조직이었으나 같은 해 7월부터 상설기구인 교육개혁기획실로 운영되기 시작했다. 이후 교무처 산하에서 교무부총장 직속 기구로 격상된 교육개혁기획과를 두고 교육개혁에 관련된 제반 업무를 기획·조정·통합하는 사무를 처리했다.

1994년에 설립되어 활동을 시작한 '고려대학교 발전위원회'는 2단계 발전계획안을 발표했다. 인성교육의 강화, 교육여건의 개선, 대학원 중심 대학으로의 발전, 경쟁력 있는 학문 분야의 중점육성, 세계화 지향, 대학행정의 개혁, 복지 증진 등을 중심과제로 선정하고 이 가운데 대학원 중심 대학으로의 발전 방안을 비중 있게 다루었다. 이에 따라 이·공학대학원을 생명공학대학원, 첨단전자과학기술대학원, 그린엔지니어링대학원, 이학대학원 등으로 재편하는 방안이 구상되었다. 이 방안을 실현하기 위해 기획처는 1995년 말까지 세부적인 계열화 방안을 확정할 방침을 세웠고 1997년 입시부터 이공계열 대학 및 대학원의 신입생을 계열별로 모집하기로 했다. 또한 대학원생 정원을 학부생의 절반 수준까지 늘리되 경쟁력을 갖춘 분야의 경우는 학부와 같은 수준으로 정원을 늘려 중점 육성할 방침을 세웠다.

02

재단 운영 및 교무행정의 변화

2-1 재단 운영의 재편

1994년부터 1995년까지 고려중앙학원은 이사장 김상만과 명예총장 김상협, 이사장 김용식이 차례로 별세하는 슬픔을 맞았다. 1994년 1월 26일에 타계한 김상만 이사장은 언론 창달에 힘썼으며 본교를 명문사학으로 키우기 위해 투자와 노력을 아끼지 않았다. 재단을 이끄는 동안 우석학원의 통합, 서창캠퍼스 조성, 의과대학 확충, 인촌기념관 준공 등 대학발전에 기록될 업적을 남겼다. 김상만 이사장은 1955년부터 1982년까지 고려중앙학원 이사를 역임했으며 1961년부터 1974년까지 경성방직 감사를 지냈다. 이후 한영협회장을 비롯하여 동아일보 사장 겸 발행인, 아세아문화재단 부회장, 신문협회 고문, 동아꿈나무재단 이사장 등을 두루 역임했다. 영국 코맨드 훈장과 명예기사작위를 받았으며 국민훈장 무궁화장, 언론자유금펜상 등을 수상했다.

이듬해인 1995년 2월 21일에는 제6대·8대 총장을 역임했던 김상협 명예총장이 별세했다. 일찍이 지성과 야성의 전인적 대학인의 모습을 제시하여 1970년대의 혼란스러운 대학가에서 존경받는 총장이었던 그는 1946년 본교 교수로 취임한 이래 문교부 장관과 국무총리를 역임하기도 했다. 이어 1995년 3월 31일에는 제9대 김용식 이사장이 취임 1년여 만에 별세했다. 김용식 이사장은 1949년 주홍콩 영사, 호놀룰루 총영사를 시작으로 외교담당 전문직을 수행했다. 이후 제네바 공사, 외무부 사무차관, 영국대사, 외교담당 특별보좌관, 외무부장관, 대한적십자사 총재, 서울올림픽 조직위원장, 한영협회장 등의 공직을 두루 거쳤다. 1980년에는 미국 미주리대에서 명예법학박사학위를 받았으며 일등수교훈장, 청조근정훈장 등 다수의 훈장을 받은 바 있다.

11–12대 이사장 김병관

1995년 3월 31일 채문식 이사장이 직무대리를 맡았으며, 같은 해 6월 12일 새 이사장에 취임했다. 채문식 이사장은 1925년 경북 문경 태생으로 서울대 정치과를 졸업한 이래 명지대 교수를 거쳐 제8-13대 국회의원을 지냈다. 1983년에는 명지대에서 명예법학박사 학위를 받았으며 민정당 상임고문과 국회의장, 한중친선협회장 등을 역임했고 콜롬비아 민주헌정대십자장, 페루 대십자훈장, 요르단 일등수교훈장, 도미니카공화국 대십자훈장 등을 받았다.

1999년 3월 5일에는 김병관 학교법인 고려중앙학원 이사장의 취임식이 거행되었다. 김병관 이사장은 1999년 1월 27일 채문식 당시 이사장과 김우중, 정세영 이사 등 13명의 이사로 구성된 법인이사회의 호선을 통해 선출되었다. 김병관 이사장은 1934년 서울에서 출생하여 1958년 본교 경제학과를 졸업하고 1997년 호주 모나쉬대학에서 명예박사학위를 취득했으며 1993년부터 동아일보 대표이사 회장을 역임했다.

2-2 총장직선제와 고려대 출신 총장의 취임

12대 총장 김희집

이준범 총장은 총장 직선제와 관련한 학내 구성원들의 갈등 속에, 취임한 지 채 1년도 되기 전인 1989년 6월 사퇴를 결정했다. 이에 7월부터 김진웅 교수가 총장서리로 임명되어 학내의 혼란기를 원만히 이끌었다. 그리고 1990년 6월 15일 교수협의회에서 총장 후보자로 추천된 김희집 경영학과 교수가 제12대 총장에 취임했다. 본교 경영학과를 졸업한 김희집 총장은 국제화와 과학화를 대학교육의 목표로 설정하고 연구기능의 활성화를 위한 기반 조성에 주력했다. 이러한 노력의 일환으로 의무부총장 제도와 교원연구년 제도를 실시했고 교원들의 연구활동을 지원하기 위해 연구교류처를 신설했다. 외부 연구기관과의 공동연구 환경을 조성하기 위하여 한국과학기술연구원KIST 등 국내 저명 연구소와 학연 협동과정을 설치했으며 기초과학지원센터 서울분소를 본교에 유치하여 자연계 분야의 연구환경 개선을 도모했다. 이러한 인적·물적 토대 위에서 본교는 산학연종합연구단지인 Korea Techno Complex를 교내에 설립하는 계획도 수립했다.

1994년 6월에는 제13대 총장에 홍일식 문과대학 국어국문학과 교수가 취임했다. 홍일식 총장 역시 전임 김희집 총장과 마찬가지로 본교 출신이었다. 홍일식 총장은 한국 사회의 심각한 도덕적 위기를 극복하고 대학의 역량을 획기적으로 쇄신하는 데 본교가 주도적 역할을 해야 한다는 취지에서 '바른 교육, 큰 사람 만들기' 운동이라는 교육

개혁안을 선언했다. 이 개혁안을 수행할 '바른 교육 큰 사람 만들기 운동본부'는 1995년 8월 31일 인촌기념관 대강당에서 '대학과 인성교육'이라는 주제로 학술 포럼을 개최했다. 이 학술 포럼을 통해 '바른 교육 큰 사람 만들기' 운동의 이론적 근거를 마련했다. '바른 교육 큰 사람 만들기' 운동본부는 1995년 11월 23일부터 12월 7일까지 광주를 시작으로 전주, 대구, 부산, 대전 등 5개 지역에서 지방 설명회를 가졌다. 교우회 국내지부 순방과 함께 마련된 이 설명회에서는 홍일식 총장과 정세영 교우회장이 '바른 교육 큰 사람 만들기' 운동에 대한 특별강연을 했고 운동의 취지를 설명했다.

13대 총장 홍일식

1996년 3월 대외협력처는 '바른 교육 큰 사람 만들기 운동'의 학생 참여 확대를 위해 '바른교육 큰 사람' 상을 제정했다. 이는 대학원생을 포함한 전체 재학생 중 '바른교육 큰 사람 교육선언'의 취지에 부합하는 자에게 수여되는 상으로 효행부문, 봉사·선행부문, 특별부문 등 3개 부문으로 시상되었다. 그중 특별부문은 학교의 명예를 빛낸 자에게 수여하였다.

1998년 5월 14일 학교법인 고려중앙학원은 이사회를 열고 제14대 총장에 김정배 문과대 한국사학과 교수를 선임했다. 김정배 총장 역시 본교 사학과를 졸업했다. 김정배 총장은 취임사를 통해 20세기 마지막 총장이자 21세기 첫 총장이라는 상징성을 생각할 때 막중한 책임감과 사명감을 느낀다고 밝히고 교육 경쟁력 및 연구 역량을 강화하기 위해 교육 및 행정의 정보화와 국제화를 능동적으로 실천하겠다며 창조적 지성,

14대 총장 김정배

열린 지성, 실천하는 지성으로 고대인에게 부여된 시대적 사명을 완수하자고 역설했다. 이와 함께 본교의 양적 팽창보다 질적 성장을 이뤄야 한다고 지적했고, 이를 위해 학내 환경개선과 행정전산화가 먼저 이뤄져야 한다고 강조했다.

한편 김정배 총장은 1999년 11월 평양을 방문했다. 김정배 총장은 남쪽의 민족대학인 고려대와 북쪽의 민족대학인 김일성종합대학이 서로 협력하는 것이 바람직하다는 판단 아래 북한 사회과학원 초청으로 북한을 다녀온 것이다. 김정배 총장은 이 방문에서 남측 최초로 박관오 김일성종합대학 총장을 만났고 비정치적 분야의 공동연구를 제안하며 양교 간 학술교류의 물꼬를 트는 계기를 마련했다.

2-3 교무행정의 변화

1994년 9월 교무처는 외국인 교수 채용분야 확대와 신임 교수 연령제한 철폐, 교수 계약제 임용 등을 주요 골자로 한 신임교수 채용기준안을 확정하여 발표했다. 1995년 1학기부터 시행된 신임교수 채용기준안은 본교의 교육과 연구의 활성화를 도모하고 국제학술교류를 확대하기 위한 목적을 지니고 있었다. 이는 교육 시장 개방 등 국제화에 대비하여 국제경쟁력을 강화하고 학문적 수준을 공고히 하겠다는 학교 당국의 방침에 따라 마련된 조치였다. 이 제도의 도입에 따라 1996년에는 200여 명의 교수들이 새롭게 선발되었다. 이는 1994년 당시 본교 교수 정원의 26.7%에 해당하는 규모였다.

또한 1993년 10월 본교는 1981년부터 시행되어 온 교학부장 제도를 개선했다. 법과대학과 이과대학의 교학부장 제도는 폐지되었고, 경영대학, 자연자원대학, 정경대학은 임기만료 기간까지만 존속한 후 폐지되었다. 교학부장 제도가 존속되는 단과대학은 문과대학, 의과대학, 공과대학, 사범대학 등 총 4개 대학으로 한정했다. 그 외 대학의 학사 행정은 교학과장과 학장 사이에서 최종 결정되었다. 대학원 및 전문대학원의 각 계열별 교학부장 제도는 대학원 전공 분야의 다양성을 고려해 존속되었다. 이와 함께 대학원 교학 업무의 결재권을 부여하기 위해 수석 교학부장 제도를 신설했다. 수석 교학부장은 대학원장과 전공 계열이 다른 교학부장 중에서 대학원장이 지명하기로 했다.

1993년 10월에는 각 처장과 차장이 학교 행정에 관한 제반 사항을 논의하는 처·차장 정례회의를 신설 운영했다. 처·차장 정례회의에서는 각 처별 업무 협조에 관한 사항, 사무 행정기능의 제고를 위한 방안 등을 논의하고 기획처장이 협의된 사항을 총장에게 보고하기로 했다. 교육과 연구활동 지원을 위한 대학의 사무 행정 기능이 중요시되는 현실에 발맞추어 대학 행정이 단순 사무 기능에서 나아가 전문화되고 책임 있는 행정을 구현할 수 있도록 했다.

1995년 12월 본교 기획처는 교육개혁 추진, 교육시장 개방 등 대내외적인 환경변화에 능동적으로 대처하고 지속적인 발전을 도모하기 위하여 조직의 관리와 운영 방식을 개선하는 기구·직제 조정안을 발표했다. 대외담당부총장은 '바른 교육 큰 사람 만들기' 운동과 개교 100주년 기념사업 등 특정 과제 수행에 필요한 대외업무와 기금 확보에 관련한 업무를 담당했다. 대외부총장 아래 대외협력처가 신설되었고 그 산하에 대외협력과와 기금운영과를 두었다. 이에 따라 '바른 교육 큰 사람 만들기' 운동본부의 업무는 대외협력처로 이관되었으며 운동본부장은 대외담당부총장이 겸임했다.

총장에 대한 보좌 기능과 의전 업무에 대한 기능을 강화하기 위해 비서실장 산하에 비서과를 신설했고 비서실장은 처장회의에 배석하도록 했다. 기획과가 기획과와 예산조정과로 분리되었고, 연구과가 연구지원과와 연구관리과로 개편되었다. 관리처 산하에는 관리운영과가 신설되었고, 경리과와 입시과의 명칭이 각각 재무과와 입시관리과로 변경되었다. 이전까지 학생과에서 분장하고 있던 학생병사업무는 직장예비군 연대본부의 편제를 개편한 병무행정실로 이관되었다. 학생과는 학생 취업 문제에 적극적으로 대처하기 위해 취업업무를 전담하는 취업정보과로, 장학과는 학생과로 명칭이 변경되었다.

부속기관이던 전자계산소가 정보전산원으로 개편되어 기타본부기관으로 위상이 조정된 한편 정보전산원 산하에 전산개발과와 전산운영과를 두었다. 또한 서창 시청각교육연구원은 서창 국제어학원으로 개편되었고 기숙사는 안암학사로 개칭되었다.

아울러 기획처는 1995년 12월 교사자료 관리업무 개선안을 발표했다. 개선안에 따라 홍보과와 중앙도서관 정리과, 박물관으로 분산되어 이루어지던 교사校史 자료의 관리를 박물관 학예과로 일원화하여 보다 체계적이고 효율적으로 운영하도록 했다. 이에 교육매체실의 영상자료를 포함하여 모든 교사 자료의 수집, 정리, 보존, 열람, 전시 등의 업무를 박물관 학예과에서 담당하게 되었으며 각 부서의 교사 자료는 박물관 학예과로 이관되었다.

03

기구 및 시설의 확충과 개편

3-1 이공대의 확충과 발전

1993년 11월 22일에는 기초과학지원센터 서울분소 준공식이 열렸다. 기초과학지원센터 서울분소는 행정실과 화학·생명과학·기구과학·물리기기실로 구성되어 있으며 각 기기실에는 핵자기공명분광기NMR, DNA 합성기 등 42종의 첨단 기자재가 도입되었다. 또한 100V, 210V, 380V의 전원이 동시에 공급되도록 했다. 이 센터는 대학, 연구소, 산업체의 연구 요원이 연구 기자재를 신청하면 누구든 이용할 수 있게 했다. 연구소와 대학의 첨단 연구프로그램을 지원하기 위해 1988년에 설립이 계획된 기초과학지원센터는 과학기술처 표준과학연구원 산하 기구이며 전국에 4개의 지역분소를 가지고 있었다. 기초과학지원센터 서울분소는 산·학·연 종합연구단지를 조성하려는 본교의 장기계획에서 핵심적 역할을 했다.

아산이학관 준공식은 1996년 10월 2일 이공대학 캠퍼스에서 열렸다. 아산이학관은 1994년 4월 착공하여 2년 5개월여 만에 완공되었다. 준공식에서 정주영 현대그룹 명예회장이 신축 건물 기증서를 전달했고 이에 대한 감사의 뜻으로 홍일식 총장은 감

아산이학관 준공식(1996)

사패를 전달했다. 아산이학관에는 강의실과 세미나실, 교수연구실, 연구실, 기초과학연구소, 전략광물자원연구센터 등이 들어섰다.

1998년 5월 아산이학관에서는 전자·광감응연구센터 개소식이 개최되었다. 전자·광감응연구센터는 1998학년도 한국과학재단 우수연구센터로 지정되어 9년 동안 80여 억 원을 지원받아, 광소자, 광전자기기, 태양전지 등의 신소재 개발에 기여할 전자·광감응 유기 분자계에 대한 기초연구를 수행했다.

3-2 안암병원 개원과 의료시설의 발전

1991년 10월 8일 본교는 녹지캠퍼스에 안암병원을 개원했다. 착공 4년 2개월 만에 완

안암병원의 신축 이전(1991)

공된 안암병원은 2만 8천여 평의 대지 위에 지하 2층, 지상 7층, 옥탑 2층으로 건립되었다. 병원 개원과 함께 신규 개설된 신경과, 가정의학과, 핵의학과, 의용공학과 등 총 31개 임상과가 진료를 시작했다. 혜화병원보다 270개의 병상이 더 많은 총 750개의 병상을 갖추었고 교수연구동이 건립된 1993년 이후에는 1천여 개의 병상을 확보했다. 또한 최첨단 컴퓨터시스템을 도입하고 첨단의료기기를 증설했다. 안암병원의 개원으로 의료원은 구로, 안산, 여주병원을 포함하여 총 1,570개의 병상과 1,000여 명의 의료진을 확보하게 되었다. 특히 안암병원에서는 지정 창구의 이용 대상이 확대되어 교직원이나 교우뿐 아니라 재학생까지 접수할 수 있게 되었다. 안암병원은 1992년 8월 1일 의료보험 3차 진료 기관으로 지정되었다.

한편 1991년 10월부터 의료원 행정체제가 의무부총장제로 개편되면서 백승룡 의료원장이 초대 의무부총장에 취임했다. 이듬해인 1992년 9월 의료원 및 안암, 구로병원의 직제가 개편되었다. 의료인의 인력과 조직이 방대해지고 의무부총장제가 실시됨에 따라 직제 개편이 불가피했다. 직제 개편은 진료, 행정 및 간호업무의 전문성을 살려 조직을 효율적으로 관리하고 업무수행능력을 향상시킴으로써 의료원의 경영 내실화를 도모하는 데 목적이 있었다.

의료원은 외적인 규모가 커진 것에 발맞추어 이에 상응하는 내실을 다지기 위한 다각적인 노력을 기울였다. 척수손상센터를 개설하여 1997년 9월 8일 기념 심포지엄을 개최했고 1999년 5월에는 의료원 홈페이지를 개설했다. 1996년 5월 18일 의과대학은 해부용으로 시신을 기증한 사람들의 넋을 기리기 위해 '감은탑'을 건립했다. 의과대학 건물 동북편 기슭에 세워진 감은탑에는 "성스러운 유체遺體는 가장 진실한 교재로 쓰여 의학지식을 정확正確히 하는 데 이바지했으며 거룩한 유지遺志는 산 교훈으로 승화되어 인술정서仁術情緖를 함양하는 밑거름이 되었다"라는 문구가 새겨졌다. 감은탑의 정사각형 수평면은 박애를, 수직은 숭고함을 상징하며 나선형으로 말아 올린 내면 부분은 기도하는 손의 모양을 하고 있다. 비석에는 1982년부터 당시까지 시신을 기증한 사람들의 이름이 기록됐으며 향후 새로운 시신 기증자가 있을 경우 추가로 새겨 넣기로 했다.

1994년 3월 1일 의과대학 부속 안암병원 내에 생명과학연구소(중앙의학연구소)를 설치했다. 이는 연구·교육·진료를 함께 발전시키겠다는 취지에서 1993년 생명과학연구소 신설을 결정한 지 1년 만에 이루어진 것이다. 그동안 의료원 내 임상 실험 공간이 없어 연구활동에 차질을 빚어 왔으나 생명과학연구소를 통해 연구활동에 박차를 가할 수 있게 되었다. 한편 안산병원은 1998년 신축본관을 개원하여 기존 100병상에서 500병상으로 병상을 증설하고 응급의학과, 산업의학과, 신경과 등 진료과를 확대하였다. 같은 해(1998) 여주병원이 폐원하면서 안암, 구로, 안산 3개 부속병원 체제로 운영되었다.

서창 호상 제막식

3-3 서창캠퍼스의 시설 확충

1990년 9월 서창도서관이 개관했다. 서창도서관은 본교 도서관으로서는 처음으로 완전 개가식으로 운영되었다. 1993년에는 도서관 1층에 위치한 제1·2세미나실을 자유열람실로 변경했다. 세미나실의 이용이 활발하지 않은 데 비해 열람실이 부족한 상황을 고려한 것이다. 이로써 서창도서관의 좌석 수는 총 1,648석으로 학생 수 대비 좌석 비율이 39.3%로 높아졌다.

1991년 10주년을 맞이한 서창캠퍼스는 보다 쾌적한 환경 조성을 위해 조경 공사를 실시했다. 이와 함께, 안암캠퍼스 박물관에 있던 5층 석탑과 석등, 조각품 등 4종 8점의 석조물을 이전 배치했다. 1991년 10월에는 서창캠퍼스에 시청각교육원이 신설되어 시청각교육을 담당했으며, 1992년 4월에는 서창 호상 제막식과 서창 여학생기숙사 기공식이 열렸다.

1993년 3월에는 서창캠퍼스에 자연과학관을 준공했다. 총 70억 원의 공사비용과 24개월의 기간이 소요된 자연과학관은 연면적 4,368평에 지하 1층, 지상 6층의 건물로 설계되었다. 1996년 9월에는 오랫동안 난항이 거듭됐던 서창캠퍼스 학생회관 건립 방침이 확정되어 1997년 2월 기공식이 열렸다. 1995년 12월에는 국제어학원이 신설되었다. 외국어 교육 강화를 위하여 신설된 국제어학원은 재학생들의 외국어 교육 수요를 충족하고 일반인에게 어학 재교육 기회를 부여하며 대외적으로 서창캠퍼스의 이미지 제고에 기여했다. 1998년 5월에는 서창캠퍼스 운동장이 신축되었다.

건물뿐만 아니라 내실도 다졌다. 서창 전자계산소는 1996년 9월 인문대, 자연과학대, 경상대 등 3개 단과대와 도서관에 각각 1대씩 총 4대의 정보 단말기를 도입했다. 이어 1997년 각 PC실에 펜티엄 컴퓨터 57대를 설치했다. 이에 더하여 1997년 4월에는 학생들의 숙원사업이었던 정보전산 단말기를 각 단과대에 설치했다.

3-4 제반 시설의 확충 및 부속건물의 신축

1990년대 초반에는 진행 중이던 건물의 신축과 증축 공사가 마무리되면서 지속적으로 지적되어 온 공간 부족 문제를 어느 정도 해결할 수 있었다. 1991년 10월에는 인촌 김성수 탄생 100주년을 기념하여 인촌기념관이 개관되었고 11월에는 기숙사 E동이 준공되었다. 한편 1991년 9월에는 LAN이 개통됨으로써 1990년 3월에 착공했던 LAN 시스템이 본격적인 가동에 들어갔다.

1992년에는 서관 4층 증축 공사가 마무리되었고 정경관 증축 공사 준공식이 열렸다. 정경관 증축 공사는 5개월의 기간을 거쳐 완공되었으며, 이는 수업환경 개선이라는

인촌기념관

취지가 결실을 이룬 것이었다. 같은 해에 이공대학 서관 조립식 건물과 실험동도 완공되있으며 낙산수련관 B동도 역시 준공되있다.

1994년 1월에는 기숙사 F동 공사가 시작되었다. 그해 2월에는 경영대와 사범대의 증축 공사가 진행되었다. 이 공사로 경영대 신관은 218평, 사범대 신관은 129평이 증축되었고 사범대 본관의 지붕 교체 등 보수공사도 병행되었다. 1995년 12월에는 대천 수련관 재건축 공사가 시작되었다. 1996년 9월에 새롭게 문을 열게 된 대천 수련관은 지하 1층, 지상 3층 규모로 학생용 객실 25실, 교직원용 객실 10실과 다양한 편의시설을 갖추게 되었다. 1998년에는 1999학년부터 교양필수과목으로 지정된 정보화 관련 과목 수업을 위한 실습실이 마련되었다.

1996년 5월에는 교우회관이 완공되었다. 지하 1층, 지상 5층 규모의 교우회관은 교우회 업무공간으로 사용되며 300평 규모의 학생 식당 등 학생 편의시설도 들어섰다. 1998년에는 아이스링크장을 비롯하여 4·18기념관과 서창캠퍼스 학생회관이 완공되었다. 1999년 3월에는 이공대 생활관 준공식이 열렸다. 본교가 정부로부터 생명과학 특성화 대학으로 지정되면서 생명과학 분야를 강화하기 위해 세운 생명과학관도 2000년에 완공되었다.

이와 함께 1999년에는 녹지캠퍼스 부근에 한옥 형태를 살린 건축물인 한국학관(현재 민족문화관)이 완공되었다. 한국학관은 민족문화연구소가 민족문화연구원으로 확대 개편된 후 민족 문화의 깊이 있는 탐구와 한국학의 세계화를 위한 연구시설로 신축되었다. 한국학관은 1999년 9월 준공식을 갖고 민족문화연구원의 독립 건물이 되었다. 이후 한국학 연구, 교육관리 및 지원행정, 한국학 정보처리 및 출판, 교포와 외국인 대상 한국어·문화·역사 교육 등의 역할을 담당하며 세계적인 한국학 네트워크의 핵심기지로 자리매김했다.

1997년 5월, KTNKorea University Television Network은 홍보관 4층 KTN 스튜디오에서 개국식을 열었다. 국장 1명, 방송위원 7명의 임원진과 교육매체실 직원, 학부·대학원생 선발 인원으로 구성된 KTN은 한국대학신문사와 본교가 16억 원을 공동투자하고 한국방송공사가 10억 원 상당의 장비를 기증해 설립되었다. KTN의 설립으로 본교는 교육전달 매체의 다변화를 꾀하게 되었으며, 대학 교육의 차원을 한 단계 높이게 되었다. 60개의 채널을 운영하는 KTN은 각종 방송 송출은 물론 화상 강의 및 국제회의 등에 직접 활용될 수 있는 시스템을 갖추게 되었다. 학생들은 KTN을 통해 공중파 방송, 위성방송, 케이블 TV 방송과 자체제작 프로그램 등 16개 채널을 시청할 수 있게 되었고 1997년 9월부터는 24시간 취업 정보 채널을 운영하게 되었다.

04

연구중심의 교과개편

4-1 학과의 신·증설과 교과과정의 변화

4-1-1 학과의 신설과 증설

1991년 10월 본교는 공과대학에 전파공학과를 신설했다. 그리고 농과대학을 자연자원대학으로, 토목공학과를 토목환경공학과로, 전자전산공학과를 전자공학과로 개칭했다. 이와 함께 260여 명을 증원하여 1992학년도 신입생 입학정원은 4,970명으로 확정되었다. 1992년 10월에는 1993년 신입생 모집 요강을 발표했는데 총 모집인원은 5,150명으로, 1992년도보다 180명이 증원되었다. 이는 공과대학이 120명, 자연과학대학이 60명 증원되었기 때문이다.

한편 본교는 1996년 10월, 교육부로부터 1997학년도 입학정원 조정과 학과 재조정 작업에 대한 인가를 받았다. 이에 따라 서창캠퍼스 인문대학에 30명 정원의 북한학과 신입생을 선발했다. 또한 같은 해 서창캠퍼스 인문대학에 문예창작과를 신설하기로 결정하고 1998년부터 30명 정원의 신입생을 선발했다.

한편 대학원의 경우, 1991년 11월 국제대학원을 신설했으며 1992년 7월에는 언론대학원을 새롭게 설립했다. 언론인의 재교육과 언론 실무에 도움이 되는 이론 개발을 목적으로 설치된 언론대학원에는 신문방송학과와 광고홍보학과를 신설하여 60명의 정원을 두었다. 1994년 11월에는 노동문제에 관한 연구를 활성화하기 위해 노동대학원을 신설했다. 노동대학원이 특수대학원으로 교육부의 인가를 받은 것은 본교가 처음이었다. 1994년 10월에는 대학원 전공과목으로 과학학 협동과정을 신설했다.

4-1-2 교과 과정의 변화

이와 함께 본교는 학부 전공 교육을 강화하고 새로운 강좌를 개설했다. 1992년에는 각 학과의 특성을 충실히 반영한다는 취지로 전공필수 과목의 이수학점을 늘렸다. 의과대학의 경우 졸업이수학점이 150학점에서 185학점으로 높아졌다. 전공과목의 졸업요구학점은 법학과, 의예과, 간호학과를 제외하고는 대체로 전체 이수학점의 45% 정도에 해당하는 63학점 내외였다. 또 전공 내 필수와 선택의 비율은 계열별로 다소 차이가 있으나 대체로 5:5의 비율로 했다.

한편, 국제화·첨단화 시대에 부응하여 새 강좌가 개설되었다. 충실한 외국어 교육을 위해 기본교양 제2외국어 강의를 중급수준으로 상향했고 모든 학생이 필수적으로 이수하게 했다. 또한 교양 선택과목으로 '전산언어'를 신설하여 컴퓨터 실무능력을 배양함으로써 첨단화 시대에 부응했고 북한학, 한국학, 환경분야, 실용영어, 인성교육을 위한 운동과목 등을 개설했다.

아울러 교양과정도 함께 강화되었다. 본교는 교양과정을 필수와 선택이라는 일반적 범주로 나누는 대신 기본교양, 균형교양, 계열교양, 교양선택으로 세분하고 다음과 같은 원칙에 의해 시행했다. 전체적으로 학문적 기초와 시민적 소양을 증진시킨다는 기본 목표에 부합하는 다양한 교양과정을 제공하고 특히 기본교양에서 강조되는 외국어 교육을 강화했다. 균형교양 역시 임의선택의 폐해를 막고 전공과 균형을 유지할 수 있도록 했다. 이와 함께 이전까지 총 42학점 이상으로 되어 있던 교양과목 이수학점을

43학점 이상으로 개정했는데 실제로는 대부분의 학과가 교양 교과 이수학점을 46학점 이상 확대·강화했다. 그리고 필수로 요구하는 기본교양의 이수학점을 이전까지 15학점 이상에서 19학점 이상으로 개편했다. 한편 1995년부터는 제2외국어에 일본어를 포함했으며 1995년 11월에는 《신명심보감新明心寶鑑》을 편찬하여 교양필수로 지정했다.

4-1-3 학술 교류

이와 아울러 전공과목을 융통성 있게 운영하고자 부전공제 및 복수전공제를 두었다. 부전공은 기초전공 이외의 다른 특정 전공과목을 21학점 이상 이수한 자에게 인정하도록 했다. 한편 복수전공제도는 제1전공을 마친 자가 총장 승인하에 제2전공을 이수할 수 있는 제도로서 제2전공의 소요학점을 57학점 이상으로 정하고 최소한 2학기 이상 등록하도록 했다. 복수전공의 기회는 제1전공 이수 시의 평균평점이 2.5 이상인 학생에게 부여되었다. 또한 5-6학기까지 117학점을 취득하고 평점 4.00 이상인 경우 희망에 따라 정원 외로 졸업할 수 있는 조기 졸업제가 시행되었다.

한편, 1990년대에는 외국 대학과의 학술교류협정이 활발히 이루어지면서 학생들이 외국에 체류하며 학문적 역량을 넓힐 기회가 대폭 확대되었다. 아울러 1994년 본교와 미국 워싱턴의 아메리칸대학이 맺은 복수 학위제 도입을 위한 협정에 따라 양교에서 각각 2년씩 수학한 뒤 두 대학의 학위를 받을 수 있는 과정도 새롭게 등장하였다. 외국 대학과의 학술 교류뿐만 아니라 국내 연구원들과의 학·연 협정과 산업체와의 산·학 협동 또한 활발히 이루어졌다.

1998년 11월에는 본교와 연세대 간의 학술교류협정 조인식이 있었다. 본교와 연세대는 이 학술교류 협정에 따라 동반자적 위치를 재확인함과 동시에 보다 폭넓은 학술 연구를 위한 기틀을 마련하게 되었다. 양교의 학생 교류 및 학점 교환을 주요 내용으로 하는 이 협정으로 1999학년도 1학기부터 본교 학생이 연세대에서 강의를 들을 수 있게 되었고 연세대 학생 역시 본교에서 강의를 들을 수 있게 되었다. 또 강의에서 받은 학점은 소속 대학의 이수학점으로 인정되었다. 이 외에도 교직원의 상호교류, 공동 연구 및 학술회의의 공동개최, 학술자료, 출판물 및 정보의 상호교환도 가능해졌다.

4-2 대학원 교육의 강화

4-2-1 대학원 현황과 학칙의 개정

본교의 일반대학원은 석사과정 4개의 계열, 48개 학과(사회 8, 인문 14, 자연 24, 의학 2)로 구성되어 있었으며, 1991년 4월 당시 재학생 총수는 석사과정 1,512명, 박사과정 833명에 달했다. 2000년에는 정원조정에 따라 석사과정은 5계열 63학과 및 15개 협동과정 1,751명(자연계 학·연·산 협동과정 128명, 15개 협동과정 100명 포함)으로 늘었으며, 박사과정은 5계열 56학과 및 14개 협동과정 741명(자연계 학·연·산 협동과정 90명, 14개 협동과정 30명 포함)으로 줄었다. 한편 1996학년에는 컴퓨터과학기술대학원과 특수법무대학원이 신설되었다. 초고속 정보 통신 시대에 부응하기 위하여 설립된 컴퓨터과학기술대학원은 기업체의 직원을 대상으로 산·학 협력의 맥락에서 특정 프로그램을 운영하며 정보산업, 소프트웨어 공학, 인공지능, 컴퓨터공학의 4개 분야 중 2개 학과를 우선 설치하고 30명의 신입생을 선발했다. 그리고 2000학년도부터는 석사과정에 교과교육학과, 디지털경영학과, 사회복지학과, 환경공학과, 제어계측공학과가 신설되었고 박사과정에 서어서문학과, 응용물리학과가 신설되었다. 학과 간 협동과정으로 석사과정에는 영상문화학, 강구조공학, 정보보호기술학이 신설되고 박사과정으로 문화재학, 영상문화학, 정보보호기술학과가 신설되어 학문 간의 벽을 허물고 학문의 영역을 넓혔다. 아울러 대학원에서 기초과학지원연구소, 생명공학연구소와 학·연·산 협동과정을 설치하여 운영했다.

특수대학원으로는 1995년까지 경영대학원, 식량개발대학원, 정책과학대학원 및 산업과학대학원, 지역사회대학원이 설치 운영되었으며 이후로 경영대학원과 교육대학원을 비롯하여, 생명환경과학대학원, 정책대학원, 공학대학원, 경영정보대학원, 언론대학원, 노동대학원, 법무대학원, 컴퓨터과학기술대학원, 인문정보대학원, 행정대학원, 보건대학원, 임상치의학대학원, 의용과학대학원 등 총 15개의 특수대학원이 운영되었다.

대학원에 입학한 석·박사 학위후보생은 석사 24학점, 박사 60학점(석사과정 24학점 포함)의 교과학점, 외국어 시험 및 종합시험, 대학원장이 지정한 학위논문 심사위원회의 심사과정을 거쳐 학위를 취득할 수 있도록 했다. 이런 일련의 과정은 지도교수와의 긴밀한 협의하에 진행되었는데 특히 지도교수는 입학 이후 학위 수여에 이르는 전 기간 동안 학위후보생의 학습활동을 감독·평가하여 매 학기 2학점씩의 연구지도 학점을 부여했다. 또한 대학원 강의는 일부 과목을 제외하고는 전임교원이 담당하게 하여 전공교육의 연계성이 유지되도록 했으며 학습 내용 자체를 학부와 다르게 구성함으로써 보다 진일보한 강의가 되도록 했다.

한편 대학원은 학칙과 세칙 및 학위 수여 규정 부칙을 신설하여 1997년 3월부터 시행했다. 이 개정학칙은 석·박사 통합과정, 편입학, 학술교류협정에 따른 학점 인정과 수료생 연구등록제 등을 주요 내용으로 했다. 기존의 석사, 박사 과정의 구분을 폐지한 석·박사 통합과정은 석사과정을 수료한 대학원생이 석사논문을 제출하지 않고도 박사과정에 진학할 수 있도록 했다. 이와 함께 통합과정 운영을 뒷받침하는 제도로 편입학 조항이 신설되었다. 1997년 입학생부터 적용된 연구등록제는 1996년 2학기에 도입된 입학정원제에 의거하여 수료생에게 준재학생 신분을 인정하는 것이었다. 이로써 입영 연기, 도서관 이용, 지도교수의 공식지도 등의 혜택이 부여되었다.

4-2-2 국제대학원과 생명공학대학원의 국책대학원 선정

국제대학원은 1991년 11월 세계화의 흐름에 부응하기 위해 설립되었고 1992년 3월 야간대학원으로서 북미, 동유럽, 러시아, 중국, 일본, 동남아의 6개 지역학 전공으로 첫 신입생을 선발했다. 1995년 3월에는 외국인 학생을 대상으로 주간 과정인 한국학과 석사과정을 개설함으로써 국제대학원은 주·야간으로 운영하게 되었다. 그리고 1년 뒤인 1996년 말 국제대학원은 교육부에 의해 국제 전문인력 양성 특성화사업을 수행할 9개 대학원 중 하나로 선정되어 5년간 정부로부터 국고지원금을 수여받게 되었다. 이후 기존의 지역학 위주의 프로그램에서 통상 및 협력 전공을 추가하여, 6개의 지역학 전공과 국제 통상 및 국제 협력 전공으로 교육과정을 세분화했고 1997년 주간대학원으로 완전히 개편되었다.

생명공학대학원은 1995년 12월 14일 이공계대학원 중점지원 육성사업 국책대학원으로 선정되었다. 대학원중점지원 육성사업은 5·31 교육개혁조치의 일환인 연구중심대학으로 전환하기 위해 국제경쟁력을 확보할 수 있는 연구 분야를 중점 지원하여 고급 연구개발 인력양성과 세계 수준의 대학육성을 통한 국가경쟁력 제고를 목적으로 추진되었는데, 1-2차 선정 과정을 거쳐 5개 국책대학원이 선정되었다. 교육부에 지원 신청을 한 22개 대학 43개 단위 중 심사평가위원회가 추천한 10개 우수단위 대학원 가운데 '1개 대학 1개 단위 지원' 방침에 따라 국책대학원으로 선정된 본교 생명공학대학원은 이후 5년 동안 연간 35억 원의 지원을 받았다. 국고지원금은 학제개편, 교육용 시설 및 기자재 확충, 건물건립, 학생 장학금, 전문 인력 및 신임교원 충원에 사용되었으며 교수연구비는 산업체나 국책 프로젝트를 통해 충당했다.

05

연구활동의 활성화와 부속기관의 기능 강화

5-1 연구소의 활성화

1990년대에는 연구소의 설립이 더욱 활발히 이루어지면서 연구중심대학으로 거듭나는 전기를 마련했다. 1990년 3월에는 정보·통신기술공동연구소가 설립되었다. 이 연구소는 정보·통신 및 관련 전자기술의 기초공동연구와 산·학·연 간의 협동 연구, 그리고 정보·통신기술의 표준화 사업 및 기업체 기술자의 재교육, 대학원 과정의 교육 및 연구를 목적으로 설립되었다. 정보·통신기술공동연구소는 1995년 5월 한국전기통신공사 전문연구센터로 지정되었고 《정보통신기술논문집》을 발간했다. 1991년 3월에는 전략광물자원연구센터가 설립되어 과학재단우수연구센터로 지정되었다. 전략광물자원연구센터는 《전략광물자원연구논문집》을 발간했다. 1992년 3월에는 신경과학연구소와 의사법학연구소가 설립되었고 1992년 6월에는 EC연구센터가 설립되었다. 신경과학연구소는 신경계의 난제 해결을 위한 기초연구를 수행하고 이를 토대로 신경계의 모형을 정립하는 한편 이를 임상적으로 관찰되는 현상과 비교하여 신경계의 구조적·기능적 실체를 구명할 목적으로 설립되었다. EC연구센터는 1993년 11월 유럽연합 출범에 따라 연구소의 이름을 EU연구센터로 개칭하고 학술지 《EU브리핑》을 발간했다. 1993년 10월에는 언어정보연구소가 설립되어 국어사전편찬사업을 추진했다. 1994년 3월에는 생명과학연구소, 5월에는 방재과학기술연구소가 설립되었다. 방재과학기술연구소는 홍수재해연구실, 산사태재해연구실, 해안재해연구실, 한발재해연구실, 수질환경재해연구실 등 5개의 연구실이 편제되었으며 과학재단 특성장려연구센터로 지정되었다.

1995년 4월에 설립된 일민국제관계연구원은 일민문화재단이 지원하기로 했다. 같은 시기에 환경기술·정책연구소가 설립되었다. 1996년 3월에는 차세대기계설계기술연구소가 설립되었고 그해 5월에는 환경연구원이 설립되었다. 1996년 8월에는 철학연구소와 한국사회연구소도 설립되었다. 1997년에는 자연환경보전연구소, 한국검출기연구소, 산업기술연구소, 식품가공핵심기술연구센터가 설립되었고 기업경영연구소가 기업경영연구원으로 승격되었다. 기업경영연구원은 산하에 아시아 경영센터, 재무경영센터, 정보통신센터, 로지스틱 연구센터, 마케팅 연구센터 등의 연구소를 두게 되었다. 1998년에는 정보통신창업지원센터가 설립되었다. 정보통신창업지원센터는 1998년 1월 정보통신부의 지원이 확정된 이래 1998년 10월까지 9개 업체의 입주가 모두 완료되면서 본격적인 연구활동에 들어가게 되었다. 1999년에는 일본에 관한 체계적이고 종합적인 연구를 수행할 전문 연구기관의 필요성에 부응하고자 일본학연구소를 신설했다.

한편 정부는 우수인력에 대해 지속적인 연구기회를 부여하고 국가가 필요로 하는 고급과학기술 인재양성을 목적으로 병역특례지정연구소 제도를 실시했다. 이 제도에 따라 1991년 우리나라 전체 12개 대학교의 40개 연구소가 병역특례지정연구소로 지정되었는데 이 가운데 본교 부설연구소가 9개를 차지했다. 병역특례지정연구소로 지정된 연구소는 경제연구소, 기초과학연구소, 국제법률연구소, 생물공학연구소, 기업경영연구소, 생산기술연구소, 민족문화연구소, 자연자원연구소, 아세아문제연구소였다.

5-2 다양한 연구활동

바이러스병연구소의 이호왕 교수 연구팀은 (주)녹십자와의 공동연구를 통해 1990년 유행성출혈열 진단키트 한타디아(1990)를 개발한 데 이어 세계 최초로 유행성출혈열 예방백신인 한타박스를 개발해 큰 화제를 불러일으켰다. 이 백신의 개발로 주요 감염병의 하나인 유행성출혈열이 백신접종을 통해 예방이 가능해졌다. 전 세계적인 신증후출혈열 백신 및 진단분야 연구를 선도해 온 이호왕 교수는 1992년 3월 유행성출혈열에 관한 세계적인 연구업적으로 호암상을 수상했다. 1999년에는 말라리아 진단 시약이 안산병원 임채승 교수팀과 (주)녹십자에 의해 국내 최초로 개발되었다. 말라리아는 환자에게서 채혈된 혈액 내의 말라리아 원충을 감별하는 방식으로 감염 여부를 판별하였기 때문에 판별에 전문성이 필요하였고 시간이 오래 걸려 많은 사람들을 동시에 진단할 수 없는 어려움이 있었다. 그러나 새로 개발된 진단 시약은 감염 여부를 진단스틱 등을 통해 3분 만에 확인할 수 있어 대량 검사를 가능하게 하였다. 이 연구는 보건복지부의 보건의료기술개발사업 지원을 통해 이루어진 것이었다.

1990년대에 본교에서 가장 활발한 활동을 펼친 연구소 가운데 하나인 아세아문제연구소는 이 시기에 '제10차 한·일 지적 교류회의', '최근의 남북관계와 통일한국의 모색', '동북아 안보정세와 남북한 통일전망', 'International Seminar on Social Development in Korea', '김일성 사후의 북한', '동양학에 대한 한·불 학술협력', '1992년 사회개발 세미나', '1992-1993년 한국 사회개발 관련 워크숍' 등의 학술세미나를 개최하였다.

1996년 3월 16일에는 롯데호텔 에메랄드홀에서 '한·일 공동연구 제1차 전체회의'를 비공개로 진행하였다. 이날 회의는 전근대사와 근현대사로 나눈 역사 1·2분야와 문화·정치 분야를 논의한 제1회의, 정치경제·북한·경제 분야에 대한 제2회의, 총괄회의 등으로 이어졌다. 역사 1·2분야를 비롯한 7개 분야별로 한·일 양측에서 각각 5-6명씩, 총 70여 명의 연구원이 참여해 10년 동안 장기적인 연구를 수행하며, 한국 측 사무국은 아세아문제연구소가, 일본 측 사무국은 '일·한문화기금'이 맡기로 했다. 해당분야의 저명 학자들이 대거 연구원으로 참여하며 아세아문제연구소는 공동연구의 결과를 2-3년마다 한·일·영 3개 국어로 번역된 '아연총서'로 출간하기로 하였다. 그동안 한·일 양국 간에 인적·물적 교류에 비해 학술교류는 제한적이었으나 공동연구를 통해 한·일 관계 연구에 좋은 기초 자료를 마련하였다.

5-3 연구지원기구의 기능 강화 및 활동

5-3-1 도서관의 기능 강화

1992년 7월 '의과대학도서실'을 '의학도서관'으로 개편했다. 의료원과 의과대학 중앙에 위치한 의학도서관은 완전 개가제로 운영되었다. 이로써 도서관은 중앙도서관 산하에 과학도서관, 서창도서관, 의학도서관으로 편제되었다. 1992년 3월에는 도서관 전산화를 위해 '도서관전산화위원회'를 구성하고 '전산개발실'을 설치했다. 1993년에는 4개년 계획으로 도서관 전산화 작업을 추진했다. 1993년에는 1차년도 사업으로 도서 바코드를 부착하고 목록 시스템 가동 등의 사업을 마쳤다. 1994년 4월에는 대출, 수서 검색시스템 가동 및 CD-ROM 네트워크 구축 작업을 진행함으로써 도서관의 대출시스템을 가동하게 되었다. 한편 의학도서관에도 컴퓨터를 이용해 국내 발행 의학 관련 잡지의 논문을 검색할 수 있는 시스템을 마련했다. 이전까지는 외국 논문의 경우 미국 국립의학도서관에서 제작한 CD-ROM 메드라인Medline을 이용하여 검색할 수 있었으나 국내 논문은 잡지 목차를 일일이 확인하거나 코리아 인덱스 메디커스Korea Index Medicus 책자를 이용해야 했다. 1994년 10월에는 서창도서관에도 전산 토털 시스템 다이닉스Total System Dynix가 도입되었다. 이로써 본교 도서관은 장서의 정리와 대출 업무를 포함한 모든 작업의 전산화를 이뤘다.

1997년 1월부터 중앙도서관, 과학도서관, 대학원도서관에 출입자 관리시스템이 설치, 운영되었다. 이 시스템은 외부인의 잦은 출입으로 인한 피해를 방지하고 열람석의 좌석 확보를 위해 설치되었다. 한편 중앙도서관과 과학도서관은 개가실의 장서마다 바코드 뒷면에 감응장치를 부착해 장서 분실을 방지할 수 있도록 했다. 이 시스템의 설치로 이용자들은 개가실 안을 드나들 때 가방 등의 소지품 휴대가 가능하게 되었다.

한편 본교는 1998년 3월부터 시험 운영 기간을 거쳐 '디지털 라이브러리-전자도서관 서비스'를 시작했다. 이로써 평일 오전 9시부터 오후 7시까지 가능했던 도서관 자료검색기능이 하루 24시간으로 확대되었다. 또한 도서 목록 조회뿐 아니라 논문의 경우 원문 내용까지 검색할 수 있으며 서울대, 홍익대 등 7개 대학 도서관의 전산망을 넘나들 수 있게 되었다. 이는 한국학술진흥재단 부설 첨단학술정보센터 주관으로 시작된 분담 목록 형식의 연합전자도서관 프로젝트에 본교가 참여함으로써 가능해졌다.

이와 더불어 본교 도서관은 1998년 9월 연세대, 성균관대, 한양대, 경희대 도서관과 '해외 학술지 공동이용 및 구독 협정'을 체결했다. 이로써 1999년부터 본교생이면 누구나 협정 체결 대학 도서관에 찾아가 자료를 열람할 수 있으며 홈페이지를 통해 타 대학에 구비된 해외 학술지를 검색할 수 있게 되었다. 아울러 인터넷 자료요청을 통해 특정 자료를 전송받아 이용할 수도 있게 되었다.

5-3-2 박물관의 활동

박물관은 한국학연구소와 공동으로 1996년 8월 14일부터 1997년 9월 23일까지 미국 5개 대학에서 조선 시대 문인화의 해외 순회 전시회를 개최했다. 정선의 〈금강산도〉, 이경윤의 〈고사탁족도高士濯足圖〉 등 총 121점을 1년 동안 컬럼비아대학과 시카고대학 등에서 전시함으로써 미국 사회에 한국 문화를 소개하는 데에 기여했다. 이는 미국 순회 당시 조선 시대 문인들의 정신세계와 한국 미술의 특성을 알리는 좋은 계기였다는 평가를 받았으며 《뉴욕타임스》를 비롯한 미국의 유력지에서 심층기사로 다뤄지기도 했다.

5-3-3 출판부

1994년 영안모자상사 대표인 백성학 회장은 본교의 출판문화 발전을 위하여 인문사회 분야의 도서 간행 및 연구비를 지급할 목적으로 1억 원의 출판기금을 지원했다. 출판부는 이 기금으로 10종의 도서를 선정하여 도서 간행 및 연구비를 지원했다. 출판부지원 인문사회과학출판기금은 출판부의 주요 수입원이 되는 인문·사회 분야의 교양교재 및 일반 단행본 판매를 통해 얻은 수익을 학교에 환원한다는 취지에서 본교 전임교원들의 학문연구와 학술도서 간행에 사용하기로 했다. 이 기금은 1994년을 시작으로 1998년까지 5년 동안 연차적으로 1억 원씩 조성하여 인문사회과학 분야의 연구도서 50권의 발간에 쓰였다. 1992년부터 1995년 사이에는 6개 부문 38종의 도서가 간행되었다. 선정도서에 대해서는 집필이 완료된 도서에 대해 도서발행과 연구비를 지원하는 것을 원칙으로 했다.

5-3-4 국제어학원과 교육매체실

1994년 12월 기존의 '시청각교육연구원'이 '국제어학원'과 '교육매체실'로 분리·개편되었다. 국제어학원에 운영위원회가 설치되고 그 산하에 영어교육실, 제2외국어교육실, 교육평가실, 교학과가 신설되었다. 국제어학원은 대학교육의 국제화·개방화에 적극적으로 대응하기 위하여 학생들의 외국어교육 환경을 개선하며 교육에 관한 제반 문제를 연구하고 외국문화, 국제사정 등에 관한 이론과 실제를 교수·연구하는 것을 목적으로 설정했다. 영어교육실과 제2외국어교육실은 정규 외국어교육, 실용영어 및 실습교육, 본교생뿐만 아니라 타교생도 수강 가능한 외국어특강, 기업체와 공공기관의 위탁 외국어교육도 실시했다. 아울러 외국어교육연구, 교재개발 및 편찬, 세미나, 교과과정 개발에도 활발히 참여했다. 교육평가실은 교육결과에 대한 제반 평가와 토플과 토익 등 외국어시험을 주관하고 새 시대 교육에 상응하는 교육프로그램을 개발했다. 국제어학원에는 방송 시스템을 갖춘 10개 교실의 언어실습실과 3개 교실의 오디오-비주얼 도서실이 설치되었으며 시청각교육을 위한 비디오시스템이 구비되었다.

1994년 시청각교육연구원에서 분리된 교육매체실은 독립된 부속기관으로 개편되었다. 교육매체실은 시청각매체인 텔레비전 제작실 및 CCTV실, 사진제작실, 교육방송국 등 3개의 조직으로 구성되었다. 교육방송국과 텔레비전 제작실이 큰 비중을 차지하는 교육매체실은 화상강의와 영상매체강의에서 중요한 기능을 담당했다.

한편 1991년 10월, 서창캠퍼스에 부속기관으로 설치된 시청각교육연구원은 어학교육과 시청각교육을 위한 교육 매체의 중요성을 인지하며, 시청각자료의 제작, 공급 및 응용, 실험 교육, 방송과 시청각교육의 실습 및 훈련, 음향도서실의 운영 등을 주된 목표로 삼았다. 이에 따라 시청각교육연구원은 어학실험실, 시청각 기재실, 음향도서실 등을 두었는데 각각 전담 직원이 상주하여 실무를 담당했다. 1995년 12월 서창 시청각교육연구원은 서창 국제어학원으로 개편되었다.

5-3-5 전자계산소와 정보전산원

1973년 2월 부속기관으로 발족한 전자계산소는 교수들의 학술연구지원, 학생들의 교육실습지원 및 학교의 학사행정 전산화에 기여해 왔다. 이러한 기여는 기술적 발전과 함께 점차 확대되어, 1991년 3월에는 LAN이 완전 개통되고 6억 원의 비용을 투입하여 전산설비를 보충함으로써 학내외의 원활한 정보교류를 실현하게 되었다. 1991년 9월에는 교내 전산망(KUCC-Net)이 구축되었다. 이와 함께 교내의 각 학과에 설치된 1,300여 대의 각종 컴퓨터, 전자계산소에서 운영하는 전산 실습실의 터미널, 전자계산소의 교육·연구용 컴퓨터 등을 교내 전산망에 연결하여 전산 자원을 공유하고 효과적인 정보교류와 첨단기능을 이용하는 교육·연구지원 환경을 이루었다. 또한 인터넷을 통해 해외 학술망과 연결하여 세계 각국의 대학, 기업 등에 접속하여 각종 정보를 얻을 수 있도록 했다. 한편 1993년 3월에는 국산 주전산기가 기증된 전국 12개 대학 중 가장 먼저 가동식을 열었다. 1993년에는 통합 통신 프로그램을 개발하여 LAN 사용을 확대했다.

정보전산원은 1995년부터 시작된 학교 전 행정 무서류화 운동의 일환으로 도입한 '핸디 오피스'를 확대하기로 했다. 이에 따라 1996년 9월부터 전 교수를 대상으로 시스템 설치 작업을 시작했다. 정보 공유와 각종 행정 문서의 신속 전달을 통한 작업 효율 및 업무 처리 능력 향상을 위해 마련된 '핸디 오피스'는 일반 행정 업무에 도입되어 효율성을 입증한 바 있었다.

1996년 11월 정보전산원은 삼성 데이터 시스템과 공동으로 '인터넷 무료강의'를 개최했다. 인터넷 전문 강사를 초빙하여 인터넷의 개념 및 역사, 넷스케이프 활동, 인터넷과 멀티미디어, 정보검색, 인터넷의 미래 등에 대해 강연했다. 아울러 1997년 3월에도 정보 교육의 일환으로 본교생과 교직원, 가족들을 대상으로 무료 인터넷 설명회를 실시하여 정보 교육의 기회를 제공했다. 이와 함께 1998년 12월 인터넷 회선의 하나인 교육망(KREN. E1) 1회선을 개통했고 1999년 3월에는 데이콤의 보라넷(BORANET. E1) 전용선을 추가로 개통했다. 이로써 본교에는 총 6개의 회선이 개설되었다. 1999년 3월 정보전산원은 학사업무의 전산화, 교육·연구의 일류화, 행정·경영 업무의 효율화를 위해 1999년부터 2001년까지 중장기 계획안 '종합정보시스템' 개발을 추진했다.

서창 전자전산소도 1993년 여름방학 기간 전자계산소와 개인용 컴퓨터 간의 통신망을 개설했다. 1994년에는 유닉스UNIX 기종의 확대 설치로 학사행정, 연구 등 일부 업무를 클라이언트-서버C/S 방식으로 전환하여 개발했고, 웹 서버를 구축하고, LAN 사용을 확대했다. 1994년 7월 운영체제(ES/9000-150)의 메모리 용량을 32MB로 업그레이드하고 디스크 용량을 21GB로 확장하여 새로운 운영체제 'VSE/ESA V1.2'를 설치했다. 1994년 9월에는 다시 'VSE/ESA V1.3.4'로 업그레이드했고 11월에는 네트워크 전용 시스템을 설치했다. 1995년에는 성적입력을 온라인화했으며 정보시스템 개발과 전 행정 전산화 및 무서류화를 추진했다.

06

학생운동의 다원화와 변화 모색

6-1 민주주의 진전을 위한 투쟁과 통일운동

6-1-1 반민자당투쟁과 민주주의의 진전

1990년 1월 집권여당이었던 민주정의당과 야당이었던 통일민주당 및 신민주공화당의 3당 합당으로 민주자유당이 출범하자, 대학가에서는 '민주자유당'(이하 민자당) 반내 운동이 확산되었다. 1990년 3월 29일 '파쇼민자당 타도 및 민중민주운동탄압 분쇄를 위한 민족고대 결의대회'가 민주광장에서 열렸고, 학생들은 "주권유린 민자당을 타도하자"는 구호를 외치며 유인물을 배포했다. 1990년 4월 3일 민주광장에서는 1,500여 명이 참가한 가운데 제23대 총학생회 발대식 및 구국투쟁선포식이 열렸다. 윤진호 총학생회장은 '구국투쟁선언문'에서 "4·19 30주기와 광주민중항쟁 10주기를 맞아 4천만 민중과 발맞추어 반민자당 투쟁의 전선으로 나아가자"고 촉구했다. 그리고 1천2백여 명의 학생들은 '반민자당 화형식'을 가진 뒤 제기동 사거리에서 격렬한 시위를 벌였다. 4월 18일 '4·18 30주년 기념 민족해방대장정'에는 본교생 7천여 명이 참가했다. 학생들은 기념식에서 "4·18 선배들의 민주화 열망과 반독재투쟁의 뜻을 받들어 민자당 1당 독재 분쇄 투쟁으로 이어 나가자"고 결의했다.

1991년 4월 3일 민주광장에서 1,500여 명의 학생들이 참가한 가운데 '자주적 총학생회 건설'의 기치 아래 제24대 총학생회 출범식이 열렸다. 출범선언문에서 총학생회는 '자주·민주·통일의 총체적 투쟁, 대중적 투쟁, 단결 투쟁'을 결의했다. 본교 총학생회는 명지대생 강경대姜慶大 군 치사사건으로 긴장이 고조되는 가운데 개교 86주년 기념 대동제를 '학생들의 단결과 투쟁의 장'으로 이끌기로 결정하고 대동제 행사를 축소하기로 했다. 뒤이어 5월 8일에는 '민족고대 비상학생총회'가 열렸고 94%의 찬성을 얻어 5월 9일 하루 동안 동맹휴학을 전개하고 총궐기할 것을 결의했다.

1992년 5월부터는 대통령 선거를 앞두고 민자당 재집권 저지를 위한 시위가 계속되며 대선 투쟁이 전개되었다. 5월 1일 본교 총학생회 주최로 800여 명의 학생들이 참여한 '강경대 열사 정신 계승 및 민족 고대 5월 투쟁 선포식'이 열렸다. 이와 함께 11월에는 부정·타락 선거를 감시하여 공정선거를 이룰 것을 다짐하는 '범고대 공정선거 감시단' 발족식이 개최되었다. 공정선거감시단은 11월 25일부터 투표일 전날인 12월 17일까지 성북구와 도봉구를 중심으로 일상 캠페인과 세 차례에 걸친 지역 캠페인을 전개했다. 각 운동 진영에서도 선거 감시 활동을 전개했다. 11월 28일에는 대강당에서 300여 명의 학생들과 허인회, 최홍재 등 역대 총학생회장, 도천수 등 민주동우회원, 박계동·신계륜 등 본교 출신 국회의원 등이 참석한 가운데 '범 고대인 선언대회'를 갖고 '공정선거와 민주사회 실현을 위한 범 고대인 선언'을 발표했다. 이 선언에는 4,514명이 서명했으며 900여 만 원의 성금이 모금되었다.

6-1-2 한총련 출범과 학생운동의 위기

1993년 2월 김영삼 정권이 출범하면서 장기간에 걸친 군부권위주의 시대가 막을 내렸다. 문민정부 출범과 함께 김영삼 정권은 공직자 재산공개, 시국사건 관련 제적생의 복적, '하나회' 척결, 금융실명제 도입 등 일련의 개혁조치를 시도했다. 학생운동 진영은

한총련 제1기 출범식 당시의 서관(1993)

형식적 민주화가 부분적으로 진행되는 상황을 조직적 대중적 발전의 계기로 삼고자 했다. 1993년 1월 전국대학생대표자협의회(전대협)는 전대협을 해체하고 이를 대신할 새로운 조직의 결성을 선언했다. 본교 총학생회도 학생운동의 대중적 강화를 위한 활동을 진행했다. 1993년 4월 9일 제26대 총학생회는 출범선언문을 통해 "2만 고대인의 단결된 힘으로 생활·학문·투쟁의 모든 영역에서 학생들의 자주적 삶을 책임지는 자주적 학생회를 건설할 것"을 다짐했다. 이러한 흐름 속에서 1993년 5월 27-29일 전국 187개 대학, 7만여 명의 학생들이 참여한 가운데 제1기 한국대학총학생회연합(한총련) 출범식이 본교에서 진행되었다.

하지만 새로운 학생 단체의 등장에 모든 학생들의 의견이 일치한 것은 아니었다. 1994년도 본교 총학생회 선거에서 PD People's Democracy(민중 민주) 계열의 정재관(정외 91)이 회장으로 당선되면서 본교 총학생회는 한총련의 주류인 NL National Liberation(민족 해방) 계열의 운동노선에 대해 강하게 비판했다. 학생 단체 내부에서의 운동 방향 분화뿐만 아니라 외부로부터의 탄압도 작용했다. 1994년 '신공안정국'의 등장으로 본교 학생운동도 탄압받았다. 1995년 정태흥 총학생회장이 제3기 한총련 의장으로 선출되면서 본교생에 대한 탄압이 강화되었다. 5월 15일 최홍재를 비롯한 본교생 7명이 국가보안법 위반 혐의로 연행되었고 6명이 구속되었다. 1995년 10월 3일에는 교내에 사복 경찰 50여 명이 들어와 학생들에게 돌을 던지고 쇠파이프를 휘두르며 난동을 부리는 사건이 발생했다. 이날 경찰의 진입은 수배 중인 한총련 간부들을 연행하기 위한 것이었다.

6-1-3 통일운동

한총련이 출범하고 1993년 중반에 들어서면서 통일운동은 제4차 범민족대회의 준비와 성공적 개최에 초점이 맞춰졌다. 본교 역시 범민족대회 준비에 투쟁의 역량을 집중하면서, 총학생회를 '범민족대회 준비위원회' 체제로 전환했다. 1994년에는 조국통일위원회가 윌리엄 페리William Perry 미 국방부 장관의 '전쟁 불사' 발언에 대해 공개 사과를 요구하며 서명운동(1천여 명 서명)을 전개했다. 조국통일위원회는 출범식을 통해 반전반핵과 민족대단결 실현에 앞장설 것을 다짐했다.

1996년부터 본교 학생들의 통일운동은 변화를 맞이했다. 이는 1996년 연세대에서 개최된 '범청학련 통일축전'에서 보여진 지나친 투쟁성과 정치성에 대한 반성에서 비롯되었다. 이를 계기로 본교 학생운동은 통일운동의 대중화를 선언하며 1997년 봄부터 '북녘동포돕기 운동'을 전개해 나갔다. 1997년 정경대 학생회 사업으로 시작된 이 모금 운동은 '민족의 고통을 외면하는 민족 고대는 더 이상 민족 고대일 수 없습니다'는 구호를 내걸고 진행되었다. 이러한 대중적 흐름의 통일운동은 지역민과 함께하는 통일운동의 방향으로 전개되기도 했다. 1997년 8월 19일에는 '성북청년회'와 함께 '성북주민 통일한마당'을 개최하는 등 학교 주변 많은 주민들과 함께 통일운동을 펼쳤다. 이 행사를 준비하기 위해 학교 주변 상가와 주택을 방문하여 선전과 모금 운동을 전개했다. 이러한 방식의 통일운동은 이후 매년 개최되면서 정례화되었고 다른 학교와 지역으로 확산되었다.

6-1-4 민중연대투쟁의 확대

1990년 9월 4일 개강과 함께 민주광장에서 PD계열 학생 300명이 참가한 가운데 '방학 중 투쟁보고 및 파쇼정권 안정화 음모 분쇄를 위한 민족 고대 결의대회'가 열렸다. 이 대회는 '노동운동탄압 분쇄와 전투적 민중연대를 위한 특별위원회 주비위원회' 주최로 진행되었다. 이와 더불어 민중 정당 건설에 대한 논의가 본격화되기 시작했다. 먼저 1990년 9월 19일 대강당에서 '민중당의 건설과 청년 학생의 과제'라는 주제로 공청회가 열렸고, 9월 25일에는 '민중당 건설을 위한 고대 학생추진위원회'가 발족했다. 본교 학생운동은 고려대 주변 지역 철거민과 빈민들의 생존권 요구에 적극적으로 연대하면서 강력한 빈학貧學 연대 활동을 전개했다.

방학 기간 학생들의 농촌 봉사 활동도 전개되었는데, 이는 1960년대 이래 계속되어 온 것이었다. 1980년대 이후에는 단순한 봉사활동을 넘어 농민들의 정치적 각성과 연대투쟁을 목표로 하는 보다 의식적 활동으로 전환되었다. 본교에서는 1990년 6월 27일 총학생회 농촌 봉사 활동 추진위원회의 주관하에 하계 농촌활동(농활)이 시작되었다. 이 농활은 7월 6일까지 10일간 강원도 일대에서 진행되었다. 본교 학생들은 농활을 통해 강원도 농민회가 대중적 기반을 구축하도록 유도하고 수입개방 문제로 가시화된 농업, 농민 문제에 대한 인식을 확산한다는 목표를 세웠다. 하지만 이러한 방향성은 현지 농민들과 마찰을 빚는 원인이 되기도 했다.

6-1-5 학원 민주화를 위한 갈등과 진통

1990년대 초 학원민주화 투쟁은 등록금 인상 문제를 둘러싼 시위로 시작되었으나, 1993년에는 미술교육과의 교원임용 문제가 학내 투쟁의 중심에 자리하게 되었다. 교수와 학생들은 학과의 예술 관련 성격을 강조하여 응용미술계통 교수의 충원을 요구한 반면, 학교 측은 사범대학에서의 교사 양성이라는 점을 강조하여 회화·조소 전공 교수들을 채용하기로 결정했다. 학교 측의 신규임용 결정에 반대 의사를 표명했던 교수들이 수업을 재개함으로써 문제가 일단락되기는 했지만, 학생들은 대책위원회를 결성하여 수업 전면 거부, 철야농성, 전단지 작성, 서명운동, 침묵시위, 신규임용 교수에 대한 수강신청 거부운동 등을 펼쳐 나갔다.

이후 학원자주화투쟁은 '등록금 문제'와 '자치공간 확보 문제'를 중심으로 확산되었다. 1995년과 1996년에도 등록금 문제와 학내 현안을 중심으로 학원민주화투쟁은 계속되었다. 1997년에는 '교육자치권 쟁취와 학생자치권 수호를 위한 민족 고대 결의대회'가 열려, 등록금 문제 등을 협의하기 위해 설치된 '학생문제협의회'의 한계를 지적하는 운동이 벌어졌다. 한편 서창 총학생회는 서창 발전계획 보류에 대한 학교 측의 구체적 설명을 요구하며 1996년 3월 11일부터 부총장실을 점거하고 단식농성을 벌였다. 서창 총학생회에서는 1997년 3월 8일 총학생회실을 뒤지던 수위를 발견해 프락치로 규정하고 학교 측의 해명을 요구하기도 했다.

1998년 이후에는 학부제 반대운동이 펼쳐졌다. 1998년 8월 안암과 서창의 총학생회는 본교 교무처에서 발표한 학부제 최종 시행안에 대해 '일방적이고 비민주적인 처사'라고 규정하며 반발했다. 그리고 학부제를 포함하여 당시 대학의 전반적 구조조정이 학교의 민주적 의사결정을 무시하고 교육권을 침해하며 교육의 공공성을 망각한 처사라 주장하면서, 이에 대한 투쟁을 본격화했다. 1999년에 들어서면서 학부제 투쟁에 변화가 나타나는데, 신입생이 학부제로 모집되면서 투쟁의 의제가 학부제 자체의 폐지보다는 그 문제점에 대한 개선을 요구하는 쪽으로 전환되었다. 이런 과정에서 학교 측이 명확한 대안을 마련하지 못하자 1999년 하반기에는 전공 배정 투쟁이 집중적으로 벌어졌다.

6-2 학생활동과 문화의 다원화

6-2-1 대학문화의 다원화와 학생운동의 발전 모색

1990년대 대학문화는 '소비문화', '대중문화', '개인주의 문화' 등으로 특징지어질 수 있다. 대학문화가 지향해 온 민중문화와 대중문화의 범주가 뚜렷하게 구분되지 않으며 대학문화와 외부문화의 경계도 흐릿해지는 상황에서 본교 역시 시대의 변화에서 벗어날 수 없었다. 다만 이러한 변화가 본교에서는 상대적으로 느리게 나타났다. 이것은 본교가 갖는 독특한 문화적 풍토에 기인하는 것이었다. 흔히 '민족고대'로 불리는 본교의 학풍과 문화는 공동체적이고 민중지향적 성격을 강하게 갖고 있었기 때문에 대학문화 일반의 변화와는 시차를 두고 있었다.

대학문화의 변화에 맞춰 대학문화를 이끌어 온 학생운동도 변화를 겪어야 했다. 학생운동 진영은 다양한 학생들의 의견을 수렴하기 위해 대응책을 마련했고 정치 운동에 집중되었던 운동의 목표와 형태도 환경운동·문화운동·여성운동 등 다양하게 전개했다. 그동안 한국 사회의 문제점을 정치적 사안에 국한하여 투쟁해 왔던 것에 비해 환경, 대중매체 비판, 성차별 극복, 소수자의 인권 보호 등 다양한 부분으로 운동의 영역을 확대했다. 학생운동 역시 이러한 변화를 수용하며 다양한 방향을 모색하게 되었다.

학생운동은 내용뿐만 아니라 형태에 있어서도 새로운 양상이 나타났다. 본교에서 전개된 '제2대학' 운동은 그러한 예라 할 수 있다. 이는 "해체되어 가는 반체제·진보적 학생 대중 교육의 전면적 복원과 혁신"을 목적으로, 점차 대중성을 상실해 가던 진보적 이론과 사상을 공유함과 동시에 새로운 대안적 대학의 모습을 추구하고자 하는 것이었다. 1996년 4월 30일부터 5월 30일까지 본교 제2대학국은 법과대학, 문과대학, 공과대학 학생회 공동 후원으로 서관에서 제2대학 강좌를 열었다. 강좌는 문화, 정치사상, 철학 세 분야로 나뉘어 진행되었다.

한편 본교의 남성 중심 문화가 사회적으로 물의를 일으키기도 했다. 1996년 이화여대 대동제에 본교 학생들이 대거 몰려가 행사를 지연시키고 훼방하는 일이 발생했다. 이러한 '폭력행위'에 대해 이화여대에서는 학생회뿐만 아니라 '범이화인 학원폭력근절 추진위원회'를 꾸려 전체 교수·직원들이 고대생 폭력 사태에 대해 유감을 표명하고 완전한 문제해결을 촉구하는 서명운동을 전개했다. 이것은 '전통'이라는 미명하에 전개된 남성 중심의 가치관, 집단주의적 의식에 대한 사회 전반의 비판이었다. 본교는 학교 차원에서도 사과의 뜻을 전달했고 학생들도 자성의 분위기가 커져 갔다.

6-2-2 석탑대동제

석탑대동제는 흔히 '대학축제'로 연상되는 유흥과 오락의 이미지와는 달리 당시 사회적 상황과 이슈에 발맞춰 진행되었다. 1990년대 전반기는 정치적 의식이 더 강하게 표출되며 목적성이 뚜렷한 행사들로 구성되었다. 그러나 1996년 이후 학생운동 조직인 한총련이 내외적으로 비판을 받으면서 대동제 역시 정치적 사안보다는 학생들의 요구와 이해를 대변하고, 대학사회가 직면하고 있는 현실에 입각하여 행사를 진행하고자 했다.

특히 1990년대에는 '입실렌티' 행사가 응원제 형태로 부활했다. 1980년대에는 1960-70년대 '쌍쌍파티'가 유흥·오락적인 면에 치우쳐 있었던 것을 비판하며 입실렌티 행사가 대동제 행사에서 제외되었다. 그러나 1990년대 중반 이후 기존의 이미지를 지양하고 흥겨운 프로그램으로 대동제 참여율을 높여야 한다는 의식이 공유되었고, 이를 위해 입실렌티가 부활한 것이다. 그렇다고 이런 축제 분위기에 대한 비판이 없었던 것은 아니었다. 다만, 시대적 변화와 함께 입실렌티에 대한 우려의 성격도 달라졌다. 쌍쌍파티 분위기에 대한 무조건적 비판보다는 상업주의에 대한 비판이 거세진 것이다. 즉 점차 대중문화의 영향이 확대되면서 연예인 초청 등이 축제의 주요한 행사가 되는 양상이 나타났고, 이에 대해 대학문화가 대중문화에 종속되는 것이 아닌가 하는 우려를 낳기도 했다. 그러나 이 시기 석탑대동제의 가장 큰 문제는 학생들의 참여가 저조하여 '대동大同'의 의미를 찾기 어렵다는 사실이었다. 또한 대동제 행사 중 '주점酒店'이 가장 큰 부분을 차지한다는 것도 지양되어야 할 문화로 지적되었다.

서창캠퍼스에서는 대동제가 별도로 열리지 않고 석탑대동제 기간에 단과대학이 행사를 주최하는 형식으로 진행되었다. 그러나 1989년 학원민주화투쟁 이후 서창캠퍼스의 독자적인 대동제가 필요하다는 의견이 제기되었다. 이에 1992년부터 서창캠퍼스 단독 축제인 '호익대동제'가 개최되었다. 호익대동제는 석탑대동제가 끝난 다음 주인 5월 12일 전후로 열렸다. 하지만 학교 당국은 호익대동제를 공식 행사로 인정하지 않았고, 축제 기간에 공식 휴강이 이루어지지 않았다.

6-2-3 학술문화 활동

1990년대는 학생활동이 대체로 침체된 가운데 정치운동에서 벗어난 생활문화 운동이 진행되었다. 동아리를 중심으로 한 학생들의 학술문화 활동 역시 크게 활기를 되찾지 못했다. 1990년대 들어 사회 민주화가 진행되고 대학문화 역시 다원화되면서 그에 대한 인식도 달라졌다. 더불어 학생들의 동아리 활동에 대한 기호도나 참여도에도 큰 변화가 나타났다. 1999년 신입생들의 동아리 가입 상황에 따른 선호도를 보면, 99학번 신입생들은 신세대답게 즐길 수 있는 동아리를 선호하는 한편, 사회비판이나 연대봉사활동에도 적잖은 관심을 보였다. 먼저 영상매체 세대답게 영화비평 위주의 단체나 모임에 많은 관심을 보였다. 또한 신세대 취향의 록밴드와 레저스포츠 단체에도 많은 희망자가 있었다. 한편 고전을 면치 못할 것으로 예상됐던 사회과학 동아리들도 선호되었다. 또한 야학이나 빈민구제 등 사회봉사 동아리에도 예년에 비해 희망자가 증가했다. 1990년대 대학생들의 동아리 활동은 대학문화의 다양성을 그대로 보여 주었다.

총학생회나 학생복지위원회 차원의 문화활동 개선을 위한 움직임도 있었다. 1990년 총학생회는 학교 차원에서 진행되었던 '신입생 오리엔테이션'과는 별도로 '새내기 새로배움터'(새터) 행사를 진행했다. '새내기 새로배움터'는 연례 신입생 행사로 정착되어 지금까지 이어지고 있다. 이러한 '새터' 행사에서는 '사발식'이 진행되곤 한다. '사발식'은 군사독재 정권 아래에서 이루어진 제도교육의 찌꺼기를 내뱉고 새롭게 다시 출발하자는 의미를 담고 있으며 신입생의 통과의례와 같은 하나의 의식으로 자리 잡았다.

6-2-4 정기 고연제

1990년대로 들어오면서 고연제는 대학문화의 탈정치성에 민감하게 반응하여 활로를 모색하고 변화의 노력을 기울였다. '소비 향락적인 엘리트 문화'라는 비판을 극복하기 위해 민중연대 문화제, 거리 문화제, 방송제, 영화제 등 다양한 볼거리가 마련되었다. 1990년대의 정기 고연제는 학술문화제, 합동응원제, 체육제로 진행되었으며 5개 종목의 운동경기가 끝나면 시가행진과 함께 신촌이나 안암동에서 뒤풀이 행사가 벌어졌다. 이러한 고연제에서 빼놓을 수 없는 행사가 응원제이다. 응원제는 체육제를 위한 것이었지만 본교 학생들의 정체성을 심어 주는 계기로서 그 자체만으로도 중요한 의미를 갖고 있다. 고연제는 1992년부터 신시사이저, 시퀀서, 앰프 등 전자음악을 사용하여 학생들의 흥을 돋우고 있으며 특수응원단 'Young Tiger'를 모집하여 정기 고연제 행사에 참여하도록 했다.

또한 본교 서창캠퍼스와 연세대 원주캠퍼스 간의 제2캠퍼스 교류제도 실시되었다. '제2캠 고연제'는 양교 제2캠퍼스 학생들의 소외감 극복과 소비성, 상업성으로 치닫고 있는 고연제의 순수한 정신을 회복해 보려는 새로운 대안으로 1990년부터 시작되었다. 그러나 양 캠퍼스 사이의 먼 거리, 행사 이후 교류 필요성에 대한 의식과 실천력 부족 등으로 '제2캠 고연제'는 일회적이고 소비적인 행사들로 일관된다는 비판을 받기도 했다.

1991년 정기 고연제는 통상 이틀에 걸쳐 치러졌던 것과 달리 하루만 개최되었다. 1996년에는 연세대에서 있었던 한총련 출범식 사태로 인해 양교 당국 합의하에 정기 고연제를 취소하기도 했다. 이에 체육제 대신 양교 총학생회에서 주관하는 학술문화제 중심으로 고연제가 진행되었다. 한편 1997년에는 고연제가 엘리트 체육을 부추기는 것

1997년 고연전

이라며 고연제 존폐를 둘러싼 논쟁이 제기되었다. 이후 고연제에서 나타나는 우월적인 집단의식, 엘리트주의 등의 폐해를 둘러싼 논쟁은 계속되었다.

6-2-5 체육활동

본교 운동부의 체육활동은 한국 스포츠의 발전과 궤를 같이해 왔다. 야구, 축구, 농구, 아이스하키, 럭비의 5개부는 정기 고연제뿐만 아니라 각종 국내 대회에 참여하여 좋은 성적을 올렸다. 특히 농구부는 1990년대 중반 '제5의 전성기'라 불릴 만큼 발군의 실력을 보여 주었다. 농구부는 1993년부터 대학 최강의 위치를 확보했는데, 1993년 9월부터 1995년까지 전국대학농구선수권대회를 비롯해 모두 12개 대회를 석권했다. 1996년에는 전국대학농구선수권대회 우승, 1997년에는 준우승을 차지했다. 1998년 전국대학농구연맹전에서는 공동우승을 차지했다.

본교의 개인 종목의 선수들은 국가대표로서 국제대회에서 훌륭한 성적을 거두며 한국 스포츠의 위상을 드높였다. 1992년 바르셀로나 올림픽에서는 황영조가 마라톤에서 금메달을 획득하여 한국 스포츠 역사에 길이 남을 성과를 올렸고 양궁의 김수녕과 이은경, 역도의 전병관이 금메달의 영광을 안았다. 한편 1997년 캐나다 캘거리에서 열린 월드컵 스피드스케이팅 2차대회 남자 1000m 경기에서는 이규혁이 세계신기록(1분 10초 42)을 세우며 1위에 올랐고 1998년 나가노 동계올림픽에서는 김동성이 남자 쇼트트랙 1000m 금메달과 5000m 릴레이 은메달을 차지했다.

제11장

개교 100주년 기념사업과 대학의 발전

The 120th Anniversary
of Korea University

01

2000년대의 개막과 개교 100주년 기념사업 착수

1-1 정보화 시대의 기반 구축

1-1-1 '지식기반 포털 시스템'의 구축

2000년대가 시작되면서, 고려대는 개교 100주년이 되는 2005년까지 '인텔리전트 캠퍼스'를 구현하기 위한 정보화 추진 사업에 박차를 가했다. 김정배 총장은 2005년 5월까지 교육정보화, 디지털 라이브러리, 지식관리 등의 분야에서 정보화 계획을 진행하기로 했다. 교육정보화 방안은 개개인에게 보급된 컴퓨터를 통한 개별학습을 시행하는 미국 버지니아텍 모델을 벤치마킹한 것으로 교육시설의 정보화, 교육정보화 응용시스템 개발, 교육정보화 지원체제 구축 등을 중심과제로 삼았다. 디지털 라이브러리 분야는 제목만 검색이 되는 정보검색 시스템을 뛰어넘어 시공간의 제약 없이 본문 내용의 주제어까지 검색하도록 하는 것에 주안점을 두었다. 지식관리 분야는 여러 사이트를 번갈아 접속해야 하는 불편을 없애고 이메일, 게시판 등 개개인과 관련된 정보를 한곳에서 접할 수 있는 포털사이트를 신설하기로 계획했다.

2000년 10월에는 정보전산원과 정보화추진본부를 통합 조정하여 정보전산처로 개편했다. 정보전산처는 정보화의 주도적 추진 및 관련 시스템의 종합 관리를 담당할 본부 부서로서 출범과 함께 지식기반 포털 시스템을 완성했다. '지식기반 포털 시스템'(KUPID)이 출범하면서 2002년 3월부터 'http://portal.korea.ac.kr'로 접속하면 맞춤형 포털 서비스와 그룹웨어 서비스, 커뮤니티 서비스, 웹메일·인트라넷·취업정보 서비스를 받을 수 있게 되었다. 맞춤형 포털 서비스는 개인이 필요에 따라 콘텐츠를 관리하고 활용할 수 있도록 개인 맞춤형 서비스를 제공하며, 사용자의 편의성에 중점을 두고 개발된 것이 가장 큰 특징이다. 그룹웨어 서비스에서는 전자결재와 내부메일 서비스가 가장 중요한 부분인데 본교의 행정업무체제에 맞게 설계되어 각각 문서 결재, 내부 구성원 간의 문서 및 자료 전달 등 행정 분야의 효율성을 높이게 되었다. 지식관리서비스는 개인이 소유하고 있는 비정형데이터인 지적 자산을 대학 내에 축적하고 공유할 수 있도록 하자는 취지에서 만들어졌다. 강의·연구 부분, 행정 부분, 전문가 부분 등 그룹별로 구성되었다. 지식관리시스템을 도입함으로써 지식경영을 할 수 있는 기반을 마련했다. 지식포털을 운영함에 따라 기존의 고려대 홈페이지에서 운영하던 웹메일 서비스와 인트라넷 서비스, 자유광장 등의 학생생활 게시판은 지식포털로 이전되었다. 국내 대학에서는 처음 실시된 지식기반 포털 시스템은 지식관리 시스템의 초기 단계에서 벗어나 지식기반 캠퍼스로 나아가는 도약의 계기로 평가받았다. 정보전산처는 2007년 12월 4일부터는 '영문 지식기반 포털 시스템'(영문 포털)을 구축해 서비스를 시작했다.

1-1-2 온라인 교육환경 개선과 서창학술정보원 개원

수요에 비해 부족한 컴퓨터실과 정보검색실 확충에 대한 학생들의 요구를 충족시키기 위해 정보전산처에서는 2001년 4월 12일부터 무선 랜 시범서비스 사업을 위한 장비 설치 공사를 시작했다. 무선 랜 설치로 인해 노트북을 가지고 있는 학생들은 도서관 열람실에서 인터넷을 자유롭게 이용할 수 있게 되었다. 무선 랜은 중앙도서관을 비롯하여 과학도서관, 서창도서관, 의학도서관 각 열람실에 설치되었고 이용을 원하는 학생들은 노트북 규격의 무선 랜 카드를 대출하여 열람실 안에서 자신의 컴퓨터로 인터넷을 사용하도록 했다.

2004년 4월부터는 캠퍼스 내 모든 강의실에서 무선 랜을 이용한 인터넷 사용이 가능하게 되었다. 정보전산처에서는 많은 학생들이 무선 랜을 사용할 수 있도록 노트북과 무선 랜 카드를 과학도서관 2층과 인문강의동 2층에 위치한 정보교육실을 통해 대여하기로 했다. 서창전자계산소도 2002년부터 실내외에 학생들이 많이 모이는 장소에 노트북을 통한 인터넷 사용이 가능하도록 무선 랜 망을 구축했다. 서창도서관 1층 열람실을 비롯하여 도서관 앞 잔디밭과 호상 주변, 경상대 앞 잔디밭, 인문대 앞 벤치에서 무선 랜 서비스를 받을 수 있도록 했고 무선 랜 카드는 전자계산소 사무실에서 무료로 대여하기로 했다. 서창캠퍼스의 무선 랜 서비스는 2003년 3월 10일부터 전 캠퍼스로 확대되었다.

포털시스템의 구축 이후 학생들의 수강신청은 온라인으로 이뤄졌다. 온라인 수강신청이 시행되는 날은 동시접속자가 늘어나면서 인터넷 속도가 느려지는 문제가 발생했다. 이후 학교에서는 서버 교체 등 지속적인 서비스 개선에 나섰으며 정보전산처는 2009년 학생용 수강관리시스템을 구축했다.

2004년에는 온라인 학습공간인 EKU E-Learning Korea University가 포털에 만들어졌다. 교수학습개발원에서 운영 관리하는 EKU는 모든 강좌의 공지사항, 질문, 토론, 과제물 제출과 관리, 설문, 시험 및 퀴즈 출제와 응시 등을 할 수 있는 기능을 갖췄다. 이후 온라인을 통한 멀티미디어학습 도구의 개발은 지속적으로 확대되고 개선되었다.

서창도서관과 서창전자계산소가 통합되어 2001년 5월 서창 학술정보원으로 개편되었다. 이 두 부서는 유기적인 통합을 통해 서창캠퍼스의 교육정보화 추진에 따른 네트워크 환경개선 및 전자 정보자료실 구축 등 정보화 사업을 수행했다. 학술정보원 설치에 따라 시스템실이 이전되고 전산실습실이 확충되었으며 자료실과 열람실의 재배치 등 공간 개편 작업도 이뤄졌다. 2001년 8월 공식적으로 문을 연 서창 학술정보원은 2002년 10월 전자정보자료실을 개관하는 등 학생들에게 양질의 서비스를 제공하기 위한 정보화 사업을 시행했다.

1-2 개교 100주년 기념사업 착수와 세계화 추진

1-2-1 100주년 기념사업 출범식

2005년 개교 100주년 기념사업은 개교 이래 최대의 행사로 기획되었다. 개교 100주년 기념사업의 출범은 2000년의 개막과 함께 본격적으로 이뤄졌다. 고려대는 개교 100주년이 되는 2005년까지 기존의 운동장 자리에 중앙광장을 건설하고 백주년기념관과 종합강의동을 신축한다는 등의 내용을 담은 백주년기념관 건립 가안假案을 2000년 1월 26일 총장 초청 'Crimson Seal Club 회원 신년 간담회' 자리에서 공개했다. 가장 먼저 공사가 진행된 중앙광장은 2000년 6월에 시공하기로 했으며, 300억 원 정도의 비용은 법인에서 부담하기로 했다. 백주년기념관과 종합강의동은 중앙광장 공사가 마무리되는 시점에 착공하여 2005년 개교기념일인 5월 5일에 완공하기로 했다.

2000년 4월 개교 100주년 기념사업회위원회가 구성됐으며 8월에는 건립, 학술, 행사, 편찬, 모금 등 5개 분과위원회를 구성해 각 분과별로 활동을 시작했다. 그리고 2000년 9월 20일 '개교 100주년 기념사업 출범식'이 힐튼호텔 컨벤션 센터에서 열렸다. 각계 인사와 교직원, 교우 등 1천5백여 명이 참석한 가운데 열린 이 출범식에는 당시 이돈희 교육부장관, 김우식 연세대 총장을 비롯해 교우인 이종남 감사원장, 김정길 법무부장관, 김호진 노동부장관, 안병엽 정보통신부장관, 구두회 교우회장 등 여러 인사가 자리를 함께했다.

이날 기념식에서는 '민족고대 100년, 세계고대 1000년'이라는 캐치프레이즈와 함께 국제화와 정보화를 위한 주요 기념사업의 내용이 공개되었다. 국제화 캠퍼스 조성을 위해서 200억 원을 투자하여 국제 현장 실습을 강화하고 외국인 전임교수를 확충하는 한편, 한국학대학과 한국어학당을 설립하고 외국인 학생을 위한 전용 기숙사를 건립하는 계획이 발표되었다. 출범식에서 김정배 총장은 "앞으로 전개될 100년 동안 고려대는 민족을 가슴에 품고 세계를 향해 포효하는 세계사의 주역으로 시대정신을 선도하게 될 것"이라며 100주년 기념사업에 힘을 모아 줄 것을 참석자들에게 당부했다. 이날 교우인 정치학과 51학번 박종구 (주)삼구 회장은 대학발전기금으로 120억 원을 기부했다.

1-2-2 김정배 총장의 연임과 사퇴

1998년 취임한 김정배 제14대 총장은 20세기 마지막이자 21세기 첫 총장으로서 본교가 세계적인 명문대학으로 재탄생하는 기틀을 다졌다. 개교 100주년 기념사업을 출범시켜 순조롭게 진행했으며, 연구·교육·행정 등 여러 분야에서 본교의 역량을 강화하는 새로운 평가체제를 확립했다. 정보화 사업과 교육환경 개선사업을 통해 본교의 교육여건에 획기적인 개선을 이루었다. 이러한 업적에 힘입어 2002년 5월 재단 이사회에서는 김정배 총장을 제15대 총장으로 재선임했다. 그러나 교수협의회와 직원노동조합은 이사회 결정에 반발했고 총장 선출 과정에서 교수협의회 후보가 배제된 것에 문제를 제기했다. 단과대 교수협의회 성명서가 잇따라 발표되고 침묵시위, 서명운동, 단식투쟁이 계속되는 가운데 교수협의회는 5월 25일 임시총회를 열어 김정배 총장에 대한 해임권고안을 가결했다. 결국 6월 14일 학교의 내분을 우려한 김정배 총장이 사퇴를 표명했다. 2002년 6월 20일 열린 고려중앙학원 이사회는 총장 서리에 정치외교학과 한승주 교수를 선임했다. 한승주 총장 서리는 1962년 서울대를 졸업하고 미국 캘리포니아대학(버클리)에서 정치학 박사학위를 받았으며 1978년부터 본교 교수로 재직했다. 1993년 2월부터 1994년 12월까지 외교부장관을 지냈다.

한편 총장 선출에 내홍을 겪은 뒤 법인과 교수협의회, 교우회는 총장선출제도 개정위원회를 구성하고 2002년 12월 간선제를 골자로 한 〈총장후보자 추천위원회 및 총장선임 규칙〉을 마련했다. 이에 따라 총장 선출 절차는 총장후보자추천위원회 구성과 입후보자 공고, 교수협의회 예비심사, 예비심사 통과 후보자들 중 총장후보자추천위원회가 2-3인의 후보자 선출, 마지막으로 법인이 이들 후보자 중 1인을 총장으로 선임하는 단계로 진행되었다. 총장후보자추천위원회는 교수 15명, 법인 4명, 교우회 5명, 직원노조 3명, 학생대표 3명 등 총 30명으로 구성되었다.

1-2-3 어윤대 총장의 취임

15대 총장 어윤대

새로운 총장 선임제도를 거쳐 2003년 2월 11일 제15대 총장으로 어윤대 경영학과 교수가 선임되었다. 2003년 2월 20일 취임한 어윤대 총장은 1967년 본교 경영학과를 졸업한 후 1978년 미국 미시간주립대학에서 박사학위를 취득했다. 1979년부터 본교 교수로 재임하고 있었으며 공적자금관리위원, 한국경영학회장을 맡고 있었다.

어윤대 총장은 취임사에서 "2005년 5월 5일 개교 100주년은 100이라는 숫자가 완전한 일치를 의미하는 만큼 우리 고대 가족들이 너와 내가 없는 혼연일체의 한 가족으로 다시 거듭날 것"이라고 밝혔다. 본교를 세계 최고 수준의 명문대학으로 탈바꿈하겠다는 각오를 밝힌 어윤대 총장은 영어 공용화 및 국제화, 과학 고대, 한국학의 세계화, 학교의 개방화를 주요 골자로 한 사업계획을 발표했다. 개교 100주년 기념사업의 추진을 가장 중요한 과제로 설정한 어윤대 총장은 이를 성공적으로 수행하면서 세계 100대 대학의 토대를 마련했다. 2005년 11월 영국의 《더 타임스》에서 실시하는 세계 대학 평가에서 본교는 세계 184위에 오르며 아시아 사립대학 최초로 세계 200위권 안에 진입했으며, 2006년에는 34계단 상승한 세계 150위 대학이 되었다.

1-2-4 이필상·이기수 총장의 취임

2006년 12월 21일에는 어윤대 총장의 뒤를 이어 이필상 제16대 총장이 취임했다. 이필상 총장은 1972년 서울대 공과대학을 졸업하고 미국 컬럼비아대학에서 경영학 박사학위를 받았다. 1982년부터 본교 경영학과 교수로 재직하며 기획처장과 경영대학장 등을 역임했다. 대외적으로는 경제정의실천시민연합 경제정의연구소장 등을 지내며 'NGO 1세대'로 평가받은 그는 1985년 퇴임한 김준엽 제9대 총장 이후 21년 만에 나온 다른 대학 출신 총장이었다.

16대 총장 이필상

이필상 총장은 취임사에서 "지식과 정보의 시대인 21세기에 창조적 지식 생산자로서 대학의 기능이 더욱 중요해지고 있다"며 "우리 고려대학교가 시대적 소명을 수행하고 세계 명문대학으로 도약하기 위해서는 무엇보다 먼저 지식생산의 선두 대학이 돼야 한다"고 강조했다. 이를 위해 세계적 학자를 초빙하고 재정을 확보하며 제도를 정비해 최선의 연구 환경을 구축해 나가겠다고 밝혔다. 이필상 총장은 '학문을 수출하는 대학'을 만들겠다는 포부를 밝히며 출범했지만, 취임 직후 1988년에 쓴 논문 두 편에 대해 표절 의혹이 제기되었다. 교수의회의 진상조사와 이필상 총장에 대한 교수 신임투표 등을 거치며 결국 이 총장은 2007년

17대 총장 이기수

2월 15일 사퇴 의사를 밝혔다. 법인이 2007년 2월 26일 사표를 수리함으로써 이필상 총장은 취임 후 67일 만에 물러났다. 역대 총장 중 최단명 총장이었다. 2007년 3월 재단 이사회는 총장 서리에 한승주 명예교수를 선임했다. 한승주 교수는 2002년에 이어 다시 총장 서리에 임명되어 2008년 1월까지 학교운영을 맡았다.

2008년 1월 17일 고려중앙학원 이사회는 법과대학 이기수 교수를 제17대 총장에 선임했다. 이기수 총장은 1969년 본교 법학과를 졸업하고 1983년 독일 튀빙겐대학에서 박사학위를 취득했다. 1984년 법학과 교수 부임 후 학생처장, 기획처장, 법과대학장 등을 역임했다. 이기수 총장은 취임사에서 '화합과 단결', '글로벌 네트워크', '전통과 창의'를 강조하고 "법고창신法古創新의 정신으로 글로벌 스탠더드에 걸맞은 새로운 아이덴티티의 정립을 위하여 부단한 변화와 혁신을 거듭할 것"이라고 밝혔다. 이기수 총장은 재임 기간 동안 해외 대학과의 학술교류협정을 큰 폭으로 확대하고 교우회 해외지부연합 결성을 지원하며 본교의 국제화를 추진했다. 또한 사회봉사단을 결성하고 직접 단장을 맡아 학생들과 함께 국내외 봉사활동에 나섰으며, 본교의 전통과 정신을 강의하는 교양과목으로 '고대학高大學' 강좌를 개설했다.

02

획기적인 캠퍼스 정비와 시설 확충

2-1 캠퍼스 지하 공간의 개발과 중앙광장의 탄생

2-1-1 중앙광장 완공과 열린 캠퍼스

2002년 3월 중앙광장이 준공되었다. 개교 100주년 기념사업의 일환이었던 중앙광장은 대운동장 대지 8,368평에 연면적 39,059m²로 지상 1층, 지하 3층 구조로 건설되었다. 지상 1층은 24m²의 넓이로 엘리베이터와 광장시설을 갖추고 있었으며 지하 1층은 8,987m²의 넓이에 행정시설과 학생 편의 시설이 자리 잡았다. 지하 2층과 3층은 991대가 주차할 수 있는 주차장이 자리 잡았다.

학교 앞의 대운동장이 일제강점기의 잔재였다면 21세기, 개교 100주년을 맞아 새롭게 열린 중앙광장은 신속한 정보의 축적과 창의적인 지식 창출의 계기가 될 것이라는 데에 의의가 있었다. 중앙광장이 들어서면서 정문에서 인촌 동상과 본관이 한눈에 들어오게 되었으며 학내의 동선에도 상당한 변화가 있었다. 정문에서부터 단과대, 특히 문과대학까지의 거리가 짧아져 이동 시 소요되는 시간이 단축되었다. 또한 중앙도서관과 과학도서관에만 있었던 열람실이 중앙광장 지하 1층에도 마련되었다. 5개의 열람

중앙광장 준공

실, 총 1,100석이 신설되어 열람실 이용에 여유를 갖게 되었다.

중앙광장 개발은 부족한 공간 문제를 획기적으로 개선했을 뿐만 아니라 21세기 대학 캠퍼스의 새로운 패러다임을 제시한 것으로 평가된다. 본교가 캠퍼스 지하 공간을 개발하고 지상 광장을 조성하자 다른 대학들이 이를 본뜨는 등 한국 대학 캠퍼스의 지형에 지각변동을 일으켰다. 이화여자대학교는 2002년 3월 28일 당시 장상 총장과 처장단이 벤치마킹을 위해 본교 중앙광장을 방문했다. 이화여대는 그해 10월 국제지명현상공모를 통해 설계에 착수해 2008년 지하 6층 규모의 캠퍼스복합단지 ECC를 완공했다. 서강대 곤자가플라자(2008), 한국외대 미네르바콤플렉스(2011), 연세대 백양누리(2015)가 모두 본교 중앙광장에서 시작된 한국 대학들의 지하캠퍼스 개발 사례들이다. 지하캠퍼스의 개발은 21세기 한국의 여러 대학에서 여전히 진행되고 있다.

2-1-2 하나스퀘어 준공

중앙광장의 성공을 자연계 캠퍼스에 도입한 하나스퀘어가 2006년 8월 준공되었다. 하나스퀘어는 연면적 8,500평에 지하 3층, 지상 1층의 규모로 물에 배가 가라앉은 모양인 성큰Sunken 구조로 설계되었다. 하나은행이 130억 원을 기부해 총 공사비 300억 원으로 조성된 하나스퀘어는 지하 2-3층에 750대의 차량을 수용할 수 있는 주차장이 마련되었다. 지하 1층에는 ONE-STOP 서비스 센터와 보건소를 비롯해 일반 열람실과 노트북 열람실, 그룹스터디룸, 멀티미디어 강의실 등이 마련되었으며, 서점, 피트니스센터 등 편의시설이 들어섰다. 하나스퀘어는 과학도서관, 산학관, 생명과학대학(서관) 등으로 둘러싸인 자연계 캠퍼스 전체 동선의 핵심 공간으로서 학생들의 이동을 쉽게 했다. 하나스퀘어는 중앙광장처럼 지하에 주차장을 배치하여 주차 문제를 해결하고, 지상에는 녹지를 조성하여 학생들이 차량의 위협 없이 생활할 수 있는 공간을 제공하는 데 기여했다.

하나스퀘어는 자연계 캠퍼스가 이학, 공학, 생명과학 계열의 첨단 연구 공간임을 고려하여 모던하고 혁신적인 외관으로 디자인되었다. 외부로 노출된 유리 커튼월 부분은 자연채광을 가능하게 하여 지하의 아트리움과 거실 공간을 환히고 쾌적하게 만들어 주었다. 안암병원 맞은편에서 진입할 수 있는 동쪽 주출입구에는 사각형 유리 상자가 있고, 산학관 쪽으로는 사선으로 돌출된 유리 매스가 초록의 잔디 위로 두드러지게 드러나 있다. 여기에 잔디밭과 화단 사이로 만들어진 직선 보행로까지 더해짐으로써, 하나스퀘어는 엄정한 기하학적 규율과 혁신적 외관으로 자연계 캠퍼스의 정체성을 담은 건축으로 평가된다. 하나스퀘어는 참신한 디자인과 효율적인 공간 조성이 높게 평가받으면서, 한국건축문화대상 우수상과 한국건축가협회상 본상 등을 수상했다.

2-2 대대적인 시설 확충과 캠퍼스의 지형 변화

2-2-1 인문사회계 캠퍼스의 신축 건물

법학관 신관 준공식이 2001년 2월 열렸다. 1998년 11월 착공해 총공사 기간 2년 3개월이 소요된 법학관 신관은 연면적 3,245평 규모의 지하 1층, 지상 5층 건물로 화상강의실, 세미나실, 종합법률정보센터, 교수연구실 등이 마련되었다. 법학관 신관이 건립됨으로써 법학관 구관의 부대시설 대부분이 신관으로 이전되었으며, 여러 건물에 흩어져 있던 교수연구실도 신관으로 통합되었다.

2001년 6월에는 종합생활관 준공식이 열렸다. 지하철 6호선 고려대역과 연결된 종합생활관은 1층에 유니스토어, 전자부, 복사부, 안경점 및 여행사, 은행 등의 시설이 들어섰다. 기존 교양관에 있던 학생 편의시설 대부분이 옮겨온 것이다. 2층은 사회교육원 강의실과 학사지원부, 3층에는 교양학부 강의실과 시청각실, 4층에는 대형강의실, 원격강의실, 원격교육실습실 및 멀티미디어실로 구성되었다. 종합생활관은 2003년 12월 교내 구성원 공모를 거쳐 라이시움Lyceum으로 건물 명칭이 변경되었다. 라이시움은 그리스어 리케이온Lykeion에서 유래한 명칭으로 아리스토텔레스가 학문을 집대성할 당시 제자를 양성하던 학원을 의미한다.

2003년 9월에는 우당교양관 준공식이 열렸다. 100주년 기념사업 출범식에서 박종구 (주)삼구 회장이 120억 원을 희사해 기존 교양관을 허물고 신축한 건물로 박종구 회장의 아호를 넣어 '우당宇堂교양관'으로 명명되었다. 약 19개월의 공사를 거쳐 완공된 우당교양관은 지하 1층, 지상 6층의 화강암 건물로 연면적은 3,325평에 달한다. 내부에는 39실 3,787석의 강의실과 휴게실, 전산실습실, 교수연구실 등이 자리 잡았다. 또 모든 강의실에 AV시설과 유·무선 랜, 데이터 설비와 강의실별 냉난방 자동제어장치 등 최첨단 시설을 갖추었다. 우당교양관 신축으로 좀더 쾌적한 환경에서 체계적인 교양 수업이 가능해졌다.

백주년기념삼성관

2000년대를 앞두고 경영대학의 제2경영관 건물로 추진되어 온 LG-POSCO경영관이 2003년 10월 준공되었다. 기업과 교우 기부금 250억 원을 투입해 건립한 LG-POSCO경영관은 3,300여 평 규모의 6층 건물이다. 전체가 대리석으로 마감된 라운지와 교수 휴게실을 비롯해 대규모 토론수업이 가능한 강의실을 갖췄다. 강의실 천장에는 집음장치를 설치해 마이크 없는 수업이 가능하고 전자칠판을 통해 수업내용도 온라인으로 전송할 수 있게 했다. 강의실과 세미나실 등은 대부분 기부자의 이름을 따서 '이명박라운지', '박현주라운지', '구두회강의실' 등으로 명명되었다. 이 중 수당학술정보관은 경영학 전문 도서관으로서 김상홍 삼양사 명예회장이 부친인 수당 김연수(1896-1979)의 뜻을 기려 사재 20억 원을 기부해 지어졌다.

2004년 8월 타이거플라자가 문을 열었다. 타이거플라자는 국제관과 정경관 사이공간에 삼각형 모양으로 세워진 건물이다. 가용면적 100평 미만의 작은 건물이지만 학생들이 많이 이용하는 정경대 후문으로 통하는 길에 편의점, 카페 등을 수용한 학생복지시설로 활용되고 있다. 또한 유리커튼월 벽면에 4층 테라스 모서리에는 황금빛 사과 모양의 조형물을 설치한 이채로운 건축물이다.

2002년 10월 11일 인촌 선생 탄신 111주년을 기해 착공한 백주년기념삼성관은 공사 기간 2년 7개월여를 거쳐 2005년 4월 말에 모든 공사를 완료하고 5월 5일 개교 100주년 기념일에 준공식을 가졌다. 백주년기념삼성관은 지하 1층, 지상 5층으로 이루어진 연면적 7,073평 규모의 건물이다. 외관은 고딕양식 요소를 디자인 모티프로 활용하여 본관과 중앙도서관이 위치한 중앙광장과 조화를 이루도록 설계되었다. 이를 통해 캠퍼스의 통일성과 정체성을 더욱 강조하고자 했다. 특히, 외관 디자인은 본교의 역사적 전통을 반영하는 한편, 내부에는 직경 21m의 초현대적 아트리움을 배치하여 혁신적인 설계를 적용했다. 이러한 구조는 전통과 현대가 공존하는 대학의 발전적인 미래상을 표현하는 공간적 요소로 작용하고 있다. 건물 중심에 있는 아트리움은 개교 연도인 1905년에서 2005년까지 본교 100년의 역사 중 중요한 연표를 숫자와 바코드 형식으로 기록했다.

백주년기념삼성관에는 아트리움을 중심으로 학술정보관CDL, 박물관, 크림슨센터가 들어섰다. 학술정보관은 인터넷 검색을 위한 정보검색실, 다양한 멀티미디어를 활용한 멀티미디어 열람실, 토론 중심의 학습 문화를 반영하는 그룹 스터디룸과 1,300여 석의 정보 검색실 및 각종 편의시설로 구성되었다. 박물관은 백년사전시실, 역사·고고·민속·미술을 아우르는 상설전시실, 국보급 문화재를 비롯한 수많은 유물을 원형대로 보존할 수 있는 항온항습 시설의 수장고를 갖추었다.

2007년 3월에는 해송법학도서관 준공식이 열렸다. 해송법학도서관은 지하 2층, 지상 3층의 총 5층 규모로 열람실, 그룹스터디룸, 정보검색실, 학술회의실, 자유토론실 등을 갖췄다. 채광을 극대화하기 위해 건물 외벽은 전면 통유리창으로 설계되었으며, 기존 고려대학교 석조건물과 차별화되는 티타늄아연판으로 외관이 구성되었다. 법학도서관의 총 공사비용은 57억 원이 들었으며, 이 중 31억 원은 본교 교우 정유근(법학 67) 대양상선 사장이 쾌척한 것이다. 법학도서관의 이름인 '해송'은 정유근 사장의 아호이다. 이 건물은 2007년 한국건축문화대상 준공건축물부문에서 우수상을 수상하기도 했다.

2007년 6월에는 청산MK문화관이 개관했다. 재일동포 사업가 유봉식 교토MK택시 회장과 청산靑山 곽유지 교토 ANA호텔 회장의 기부금 20억 원에 20억 원을 추가로 들여 지어진 건물로 일본학연구센터를 비롯한 러시아연구센터, 중국학연구소 등이 들어섰다. 기부자 두 사람은 평소 일본을 이기려면 일본을 알아야 한다고 생각해 일본 연구의 중요성을 느껴 거액을 기부한다고 밝혔다. 청산MK문화관은 교외에 세워진 건물로서 건립 당시부터 주목을 받았다.

2007년 11월에는 동원글로벌리더십홀 준공식이 열렸다. 동원글로벌리더십홀은 동원그룹 김재철 회장의 지원으로 2006년 10월 착공되었다. 동원글로벌리더십홀은 과거 여학생회관이 있던 부지에 건립되었으며, 지하 1층, 지상 3층으로 구성된 연면적 약 680평의 건물이다. 여성 전용 라운지와 복지시설, 성평등센터, 여성학자료실 등이 마련되었으며 국제처와 외국인 학생들을 위한 원스톱서비스센터 등이 있다.

한편 2000년 9월 6일부터 사흘 동안 임시로 운행되었던 인문사회계캠퍼스와 자연계캠퍼스 간 셔틀버스가 2000년 9월 18일부터 정식으로 운행되었다. 셔틀버스 운행은 당시 개교 100주년 기념 중앙광장 공사로 대운동장이 없어짐에 따라 운동 공간이 부족하다는 학내 여론을 수렴하여 학생들의 녹지운동장 이용을 편리하게 하기 위해 총학생회와 학교 당국의 협의로 이루어졌다. 정문-개운사로터리-의료원(의과대학)-녹지운동장-안암학사-중앙도서관-정문에 정차하는 순환노선이 채택되었으며 운행시간은 오전 10시 30분부터 11시 30분, 오후 1시부터 4시까지 30분 간격으로 배차했다. 2000년 12월에는 지하철 6호선 고려대역과 안암역이 개통되었다. 우리나라 지하철 역사상 처음으로 학교 안에 조성된 고려대역은 모두 6개의 출구가 설치되었다. 안암역에는 모두 4개의 출구가 있는데 안암병원 방향에 1번 출구, 정대후문 쪽에 2번 출구, 마을버스 정거장이 있는 쪽에 3번 출구, 자연계 캠퍼스 쪽에 4번 출구가 들어섰다.

2-2-2 자연계 캠퍼스의 신축 건물

2003년 9월 4일 생명환경과학대학 신관 준공식이 열렸다. 화강암 건물로 신축된 생명환경과학대학 신관은 지하 1층, 지상 4층에 연면적 2,280평의 건물로 약 17개월의 공사를 거쳐 완공되었다. 정보화 강의실과 연구실, 응용화학 실험실과 기계실 등이 들어섰으며 신관 방면으로 새로운 출입문이 설치되어 인문계 캠퍼스와의 접근성이 더욱 향상되었다. 2006년에는 생명과학대학과 생명환경과학대학이 통합해 생명과학대학이 되었다. 이에 따라 1977년 건립된 구 농과대 건물은 2004년 리모델링을 거쳐 생명과학관 서관으로, 2003년 건립된 신관은 생명과학관 동관으로 불리게 되었다.

2003년 9월 19일에는 창의관 준공식이 열렸다. 창의관은 1996년 건립된 공학관과 산학관에 이어 제2차 테크노콤플렉스 사업으로 건립되었다. 공과대학의 강의실, 연구실, 실험실 등이 들어서 공과대학 도약의 발판이 되었다. 2008년에는 CJ식품안전관과 미래융합기술관이 준공되었다. (주)CJ와 본교의 산학협력으로 건립된 CJ식품안전관은 식품안전 교육과 연구 및 실험 공간으로 사용되고 있다. 미래융합기술

창의관

관은 미국 바텔연구소와 본교의 연구협력을 위해 건립된 건물로, 서울시는 세계 유수 연구소 유치 지원사업으로 총 건축비용 170억 원 중 60억 원을 지원했다.

2-2-3 의료원 및 녹지캠퍼스의 신축 건물

녹지캠퍼스에서는 2000년 5월 9일 생명과학관 준공식이 열렸다. 이 건물은 본교가 정부로부터 생명과학 특성화대학으로 지정되면서 생명과학 분야 강화를 위해 건립되었다. 지하 2층, 지상 6층의 건축면적 906평 규모로 조성되었으며, 각종 연구실과 실험실이 마련되었다. 2001년 10월에는 아이스링크장이 준공되었다. 이 링크 시설은 초중고생을 대상으로 한 아이스하키 저변 확대와 청소년의 여가 활동, 대학생들의 교양 체육 및 전공수업 활성화, 그리고 지역 주민의 건강 증진을 위한 체육 시설로 활용되고 있다.

2005년 3월 29일에는 외국인기숙사인 CJ인터내셔널하우스 준공식이 열렸다. 3,024평의 지하1층, 지상 6층으로 이뤄진 CJ인터내셔널하우스는 교수와 학생을 포함한 외국인 기숙사로 본교의 글로벌 프로젝트의 일환으로 건립되었다. 호텔 수준의 주거 시설로 교수실, 학생실, 스터디룸, 피트니스 클럽, 카페테리아, 라운지, 컨퍼런스룸 등의 다양한 시설이 마련되어 있으며 CJ그룹 이재현 회장이 건립기금 60억 원을 기부했다.

2006년 7월 24일 화정체육관이 문을 열었다. 국내 대학 스포츠 시설 중 최대 규모로 지하 3층, 지상 3층의 구조를 갖추고 있다. 총 수용인원은 8,057석으로, 바닥 좌석 4,032석, 스탠드 좌석 4,025석이 마련되었다. 이 시설의 건립에는 총 262억 원이 투입되었으며, 모든 비용은 재단 출연금으로 충당되었다. 체육관의 명칭인 '화정化汀'은 김병관 전 고려중앙학원 이사장의 아호에서 따왔다.

구로병원은 2007년 4월 19일 신관 준공식을 열었다. 이 신관은 지하 4층, 지상 8층 규모로 건립되었으며, 외래 진료실과 일반 병실을 비롯해 첨단 의료 장비와 고객 편의 시설을 갖추어 의료 환경을 대폭 개선했다. 그해 12월에는 장례식장도 1,600평 규모로 신축되었다. 이후 병원 본관의 내부 및 외부 전면 리모델링이 완료되었으며,

호연학사 미래관

2008년 6월 10일 이를 기념하는 '그랜드 오픈' 행사가 열렸다. 1,050병상의 대형 병원으로 거듭난 구로병원은 그랜드 오픈 후 2009년 1월까지 약 반년간 일일 외래환자가 기존 평균 대비 47% 증가하는 기록을 세웠다.

2-2-4 세종캠퍼스의 신축 건물

세종캠퍼스 기숙사는 2004년 2월 27일 진리관 준공식을 열었다. 진리관은 학생 891명이 3인 1실로 생활할 수 있도록 설계되었다. 세종캠퍼스의 기숙사로는 1989년 자유관, 1993년 정의관에 이어 세 번째로 지어졌다. 여학생기숙사인 정의관은 2006년 건물 외관 보수를 비롯해 편의시설을 확충하는 리모델링 공사를 진행했다. 2009년 2월 26일에는 호연학사 네 번째 건물인 미래관이 준공되었다. 미래관은 지하 1층, 지상 8층의 쌍둥이 건물로 총 956명을 수용할 수 있는 규모로 지어졌다. 세종캠퍼스는 미래관이 개관함으로써 학생의 40%가 기숙사에 입사해 생활할 수 있게 됐다.

세종캠퍼스의 생활환경 개선과 학생 체육활동 및 건강증진을 위한 시설 건립도 이어졌다. 2004년 4월에는 중앙광장이 준공되어 공원과 같은 캠퍼스를 만드는 기틀이 마련되었다. 2006년 9월 12일에는 종합운동장 준공식이 열렸다. 약 9,000평의 면적을 차지하는 종합운동장에는 최대 2,000명을 수용할 수 있는 노천극장, 인조 잔디 축구장, 관중석 겸 스탠드 450석, 육상트랙 3레인, 우레탄코팅 트랙, 인라인 하키장, 농구코트, 보조운동기구장 등이 들어섰다. 축구장과 농구장에는 전용 조명탑이 설치됐다.

2005년 5월 24일에는 농심국제관 준공식이 열렸다. 농심국제관은 개교 100주년 기념 및 서창캠퍼스 25주년 기념 건물로 건립됐다. 연면적 2,889평에 총 건축면적 781평, 지하 1층, 지상 5층인 농심국제관은 세종캠퍼스 건물로는 처음으로 본교의 상징인 화강암이 외벽 마감재로 사용되었다. 2003년 1월 기공식 이후 약 29개월간의 공사를 거쳐 완공되었으며, 총 건축비 120억 원 가운데 (주)농심이 50억 원을 기부하면서 '농심국제관'이라는 명칭이 부여되었다. 착공 당시에는 종합교육관으로 추진되었던 농심국제관은 세종캠퍼스의 강의실 부족 문제를 크게 개선했으며 어학실습실, 전산실습실과 함께 국제행사가 가능한 국제회의실 등을 갖췄다.

03

교무·학사행정의 정비와 학술연구활동

3-1 단과대 및 학과의 증설과 개편

3-1-1 생명과학대학의 출범

2001년 대학입시를 기점으로 자연자원대학이 생명환경과학대학으로 명칭이 변경되었다. 이러한 명칭 변경은 1차 산업인 농업, 임산업, 축산업을 자연과학과 접목하여 생명공학적이고 환경친화적인 학문을 연구하고자 하는 취지에서 계획되었다. 생명환경과학대학은 기존 자연자원대학의 식품자원경제학과만 그대로 유지하고 자원생명환경과학부는 생명환경과학계열로 변경해 그 안에 생명유전공학부, 생명산업과학부, 식품과학부, 환경생태공학부를 두었다. 이와 함께 이과대학 생물학과가 2001년 대학입시를 기점으로 생명과학부로 통합되었다. 기존의 생물학과 학생들은 2001년 이후부터 생명과학부 생명과학 전공으로 졸업하게 되었으며, 생명과학부 신입생은 4학기 이수 후 생명과학과 생명공학 중 하나를 선택해 전공하게 되었다. 2002년 6월 생명과학부는 생명과학대학으로 승격했다.

2006년 3월부터는 생명환경과학대학과 생명과학대학이 통합하여 생명과학대학으로 새롭게 출발했다. 이로써 생명과학대학은 생명과학부, 생명공학부(기존 생명유전공학부와 생명산업과학부), 식품과학부(2008년에서 2012년까지는 식품공학부, 2013년부터 식품공학과로 명칭 변경), 환경생태공학부, 식품자원경제학과로 구성된 국내 BT^Bio Technology^분야 최대 단과대학으로 거듭났다. 생명과학대학은 출범과 동시에 매년 40억원씩 4년간 수도권대학특성화 사업 지원을 받으며 선진적인 교육인프라를 갖춰 나갔다. 이러한 과정을 거치면서 명칭이 변경되거나 일부 학과가 통합되는 변화가 있었으나, 개설 당시의 학문적 목표가 축소되지 않도록 학부 및 학과 체제 내에서 각 전공 교육이 지속적으로 계승·발전하고 있다.

3-1-2 정보통신대학 창립

2001년 8월 이과대 컴퓨터학과와 공과대 전파공학과가 정보통신대학으로 출범했다. 당시 IT 강국을 표방한 국가정책과 맞물려 정보통신 기술과 교육에 대한 사회적 요구가 커지던 시기였다. 이에 국내 대학 중 선도적으로 정보통신대학을 설립하여 관련 분야의 연구와 교육을 체계적으로 운영하고자 한 것이다. 2006년에는 소프트웨어 기술과 전파통신 기술의 융합을 통하여 학문적·산업적 시너지를 창출하기 위해 컴퓨터학과와 전파공학과가 통합하여 컴퓨터·통신공학부 체제로 개편되었다.

3-1-3 보건과학대학 신설

2006년에는 보건과학대학이 신설되고 기존의 고려대 병설 보건대는 보건과학대학에 통폐합되었다. 기존 보건대는 1963년 수도의과대학 병설 의학기술초급대학으로 시작해 1971년 고려중앙학원의 우석학원 인수로 본교와 같은 재단이 됐다. 통폐합 당시 병설 보건대는 임상병리과, 방사선과, 물리치료과, 치기공과, 식품영양과, 환경보건과, 보건행정과의 7개 학과에 입학정원은 주간 470명, 야간 320명이었다. 신설 보건과학대학은 주간 440명 입학 정원으로 4개 학년 총 1,760명 규모의 단과대학으로 운영되었다. 보건과학대학은 기존 정릉캠퍼스를 그대로 사용하다가 2015년 본교 자연계 캠퍼스 하나과학관으로 옮겼다. 보건과학대학의 신설은 의과대학, 간호대학, 생명과학대학 등과 함께 본교가 생명과학 및 보건의학을 아우르는 메디컬 콤플렉스를 구축하는 계기가 되었다.

3-1-4 학과 및 단과대학의 개편

2000년부터 사범대학 미술교육과가 미술학부로 독립했다. 1989년 설립된 사범대 미술교육과는 이로써 본교 유일의 예술 전공 학부로 자리 잡았다. 미술학부는 2007년 조형학부로 이름을 변경하고 동양화, 서양화, 조소, 디자인 등 4개 전공을 조형미술전공, 산업정보디자인 전공으로 개편했다.

2002년에는 21세기 국제사회를 무대로 활약할 인재 육성을 위해 국제학부를 신설했고 신문방송학과가 언론학부로 독립했다. 국제학부는 모든 교과목을 영어로 진행하며 국제적인 감각과 세계인으로서의 소양을 기르는 데 주력하고 있다. 1965년 신문방송학과 개설 이래 신문과 방송 등 미디어 분야의 인재를 배출해 온 언론학부는 2010년 미디어학부로 확대 개편되었다.

서창캠퍼스의 경우, 자연과학대학이 2005년부터 과학기술대학으로 명칭이 변경되었다. 이와 함께 소속 학과들을 개편해 정보수학과, 신소재화학과, 컴퓨터정보학과, 정보통계학과는 자연과학부로, 전자 및 정보공학부, 제어계측공학과, 환경시스템공학과는 공학부로, 생명정보공학과, 식품생명공학과는 바이오시스템공학부로, 정보소자학과는 디스플레이반도체물리학과로 변경했다.

3-1-5 법학전문대학원 출범

2009년 3월 법학전문대학원이 개원했다. 법학전문대학원은 2007년 7월 관련 법률의 통과에 따라 기존 법과대학을 법학전문대학원으로 전환해 개원한 것이다. 법학전문대학원은 기존 사법시험을 폐지하고 3년 과정의 법조인 양성과정으로 설치됐다. 기존 사법시험과 사법연수원 제도가 획일적이고 관료화된 법조인을 양산해 왔다는 문제를 해소하고 국제화·다원화 시대에 걸맞게 다양하고 전문적인 법조인 양성으로 법률 서비스의 질을 높이겠다는 취지로 도입된 것이다. 법학전문대학원은 신법학관, 해송법학도서관, CJ법학관 등의 시설을 사용하며 국제적 역량을 갖춘 법조인을 양성함으로써 최초의 근대적 법학교육기관의 명성을 이어 가고 있다. 아울러 2009년 법과대학이 법학전문대학원으로 전환함과 동시에 자유전공학부가 신설되었다. 기존 법과대 입학정원이 290명이었지만 법학전문대학원 입학정원이 120명으로 조정됨에 따라, 남은 정원을 활용하여 자유전공학부가 개설되었다. 자유전공학부는 1905년 개교 당시부터 이어져 온 본교 법학교육의 전통을 계승하며 운영되고 있다.

3-1-6 세종캠퍼스의 새로운 출발

2008년 2월 서창캠퍼스의 명칭이 세종캠퍼스로 변경되었다. 1980년 조치원분교로 설립된 세종캠퍼스는 1987년부터 서창캠퍼스로 불리다가 세종특별자치시가 조성됨에 따라 다시 세종캠퍼스로 이름이 바뀌게 되었다. 이로써 지난 1987년부터 20년간 지속해 온 '서창캠퍼스'의 시대는 역사 속으로 사라지게 되었다. 이는 단순한 명칭 변경이 아니라, 캠퍼스 주변 지역의 급격한 변화에 대응하고 제2캠퍼스의 정체성을 강화하기 위한 불가피한 결정이었다.

2007년 2월부터 추진된 캠퍼스 명칭 변경은 같은 해 11월, 명칭 공모전과 실무 태스크포스팀의 심사 과정을 거쳐 이루어졌는데, 이를 통해 '세종캠퍼스', '세종국제캠퍼스', '세종글로벌캠퍼스', '글로벌캠퍼스', '새천년캠퍼스' 등 5개의 후보가 선정되었다. 이듬해 1월에 실시한 캠퍼스 명칭 선호도 설문 조사에서 '세종국제캠퍼스'가 30.1%로 가장 높았으나 학교 측은 새 명칭 후보군 중 '세종캠퍼스'가 지역 주변 정세와 어울리고, 영문 표기(SEJONG)가 수월하며, 우리말 발음이 뚜렷해 '세종캠퍼스'를 새 캠퍼스 명칭으로 확정했다. 2008년 3월 11일 세종캠퍼스 명칭 선포식이 열렸다. 이기수 총장은 기념사에서 "서창캠퍼스가 28년의 역사를 뒤로 하고 세종캠퍼스로 재탄생하는 역사적인 자리"라고 소감을 밝혔고, 세종캠퍼스를 행정중심복합도시인 세종특별시를 중심으로 오송생명과학단지 등과 연결한 산·학·연·관 활동을 통해 학교 발전의 전환점으로 만들겠다는 목표를 제시했다.

3-2 행정 정비와 직제 개편

3-2-1 교양교육원 신설

본교는 교양수업의 질을 높이고자 2003년 교양교육실을 신설했다. 학교법인 고려중앙학원은 2003년 5월 13일 이사회를 열고 교무처 개편을 위한 규정 변경을 승인했다. 이는 교양교육의 효율적인 관리와 운영을 담당할 교양교육실을 교무처 내에 신설하는 개편이었다. 이에 따라 그동안 별다른 체계 없이 교양과정 소위원회와 각 교양교육교실 중심으로 이뤄지던 교양과목 강의 개폐, 교양과목 수업 계획 수립 및 운영, 실습실 운영 등 교양과목과 관련한 전반적 업무가 교양교육실에서 이뤄지게 되었다. 교양교육의 강화는 세계화 시대에 글로벌 리더를 키우기 위한 것이었다.

2009년에는 교양교육실이 교양교육원으로 확대 개편되었다. 이에 따라 교양교육원 학사지원부가 만들어졌으며, 교양교육 프로그램의 수준을 높이고, 아랍어·몽골어·베트남어 등 다양한 제2외국어 교육이 강화되었다. 그해 9월 7일에는 교양교육원 개원 기념으로 《개미》, 《나무》 등의 작품으로 유명한 프랑스 작가 베르나르 베르베르가 우당교양관에서 '창의력과 글쓰기' 특별강연을 했다.

3-2-2 산학협력단 및 기술지주회사 설립

2004년 2월 본교는 산학협력단을 설립했다. 이후 산학협력단은 〈산업교육진흥 및 산학연협력촉진에 관한 법률〉의 규정에 따라 산학연협력 관련 교육, 연구·개발 및 성과물 사업화를 진흥하고 촉진, 발전시키는 데 기여했다. 같은 해 5월에는 세종캠퍼스 산학협력실을 설치했다. 2006년에는 교육과학기술부 연구비 관리 우수 기관 인증을 받았다. 2007년에는 고려대 지식재산 관리 시스템KIPS, Korea University Intellectual Property System을 구축했다.

2009년 10월에는 고려대 기술지주회사KU Holdings를 설립하고 10월 27일 백주년기념관에서 설립기념식을 열었다. 기술지주회사는 자회사와 계열사를 설립해 대학의 연구결과물인 지식 및 기술자산을 바탕으로 창업 아이템을 발굴하고 마케팅, 투자, 조언까지 지원하는 회사였다. 고려대 기술지주회사는 교육과학기술부의 설립인가를 받은 데 이어 9월 25일 설립 등기를 완료해 국내 일곱 번째 산학협력 기술지주회사가 되었다. 고려대 기술지주회사는 약 100억 원의 자본금을 보유했으며 이는 설립 당시 국내 최대를 기록했다. 고려대 기술지주회사는 대학기술의 사업화를 위한 체계적 시스템을 구축하고, 자회사 포트폴리오 육성을 통해 매년 3-5개 정도의 자회사를 설립할 계획을 밝혔다.

3-2-3 의료원 독립채산제 시행

본교는 2001년 3월부터 의과대학을 의료원과 통합 운영하며 의료원 독립채산제를 실시했다. 이에 따라 의료원 산하 3개 병원과 의과대학 운영권이 재단에서 의료원으로 이관됐다. 의과대학은 독립채산제 도입 직후 교수연수회를 개최하고 의료원과 의과대학의 새로운 체제에 대한 논의를 비롯해 의학교육과정의 문제점, 의과대학 인정평가, 교수업적 평가 등에 대해 논의했다. 현진해 의무부총장은 "독립채산제 시행과 함께 의대의 선진화 및 병원의 국제화가 요구되고 있는 시점에서 의료원·의대 등 행정기구의 개선과 각 병원의 특성화를 통해 경쟁력을 높일 것"이라고 밝혔다.

3-2-4 행정부처 신설과 변경

2001년 5월 세종캠퍼스 도서관과 전자계산소를 통합하여 학술정보원을 신설했다. 2003년 4월에는 기획실을 기획예산처로, 연구지원실을 연구처로, 입학관리실을 입학처로 변경했다. 행정부처의 편제 순서는 기획예산처, 교무처, 학생처, 관리처, 대외협력처, 정보전산처, 연구처, 입학처, 세종교학처, 세종사무처 순으로 정했다. 같은 해 7월에는 세종캠퍼스에 기획홍보처를 신설했다. 세종캠퍼스는 2007년 5월 기획홍보처 명칭을 기획처로 명칭을 변경하고 입학홍보처를 신설했다. 2007년 10월에는 국제처를 신설했다. 2008년 입학처에 입학사정관실을 신설했다. 이는 이듬해 입시부터 성적뿐만 아니라 인성 등을 종합적으로 판단하기 위해 입학사정관제 전형을 도입한 데 따른 것이다. 2008년 7월 사회교육원이 평생교육원으로 이름을 변경했다. 2008년 10월에는 사회봉사단이 신설되어 12월 23일 발대식을 가졌다. 같은 해 12월에는 1996년 설립된 고려대학교 한국산학연종합연구원이 고려대학교 테크노콤플렉스로 명칭을 변경했다.

3-3 활발한 연구활동과 연구역량의 강화

3-3-1 BK21 인문사회 분야 선정

1999년 12월 본교 한국학, 정치외교학, 경제학 등 3개 연구단이 교육부가 주관한 BK21 사업의 인문 사회 분야에 선정되었다. 교육부는 1999년 12월 8일에 인문사회 분야 지원단을 확정하고 2000년부터 7년 동안 총 1백억 원을 지원하기로 하였다. 이에 본교 국문과와 한국사학과를 비롯하여 7개 학과 33명의 교수가 참여한 한국학 교육 연구 지원단이 사업단으로 선정됨으로써 연간 12억 5천만 원을 지원받았다. 정치외교학과와 경제학과는 '21세기 동아시아 평화민주주의 번영에 관한 교육과 연구', 그리고 '개방체제하에서 한국경제의 효율성과 안정성에 관한 연구'로 연간 4-6억 원 정도의 예산을 지원받았다.

한편 인문사회 분야 선정과 동시에 이루어진 핵심사업 분야 추가선정에서는 언어과학·물리학·화학공학 분야가 선정되었다. 핵심분야에 선정된 사업단은 3년 동안 교육부의 지원을 받아 교수 203명이 참여하는 가운데 소규모 전공 수준에서 석·박사 과정 인력을 배출하였다.

BK21 사업단에 참여하는 대학들은 입학제도 개선, 학부정원 30% 감축, 대학원 문호개방, 연구비 중앙관리제 실시, 산업체 대응자금 마련 등 체제 개편의 과제를 안게 되었다. 과학기술 분야 5팀, 인문사회 분야 3팀, 핵심 분야 13팀이 선정되었으며 과학기술 분야 연간 57억 원, 인문사회 분야 22억 원, 교육개혁지원자금 12억 원을 지원받은 본교도 BK21 사업에 따른 개혁조치를 이행했다. 본교는 대학원 중심 대학으로서의 기초를 다지는 것을 제도개혁의 주된 방향으로 설정하고 학부정원 감축, 입학제도 개선, 대학원생과 박사과정 인력투자 등으로 그 세부 갈래를 잡았다.

이에 따라 본교는 2002년까지 이공계열 103명, 인문사회계열 31명을 감축하기로 하였다. 전체 입학 정원 5,500여 명에 비하면 적은 수이지만 이로써 교수 대 학생, 학부생 대 대학원생 비율을 낮추게 되었다. 화학·분사공학 연구단의 경우 학부 입학 정원을 55명에서 39명으로 30% 줄여 2002년 이후에는 학부생 대 대학원생 비율을 1:1로 한다는 목표를 세웠다. 학부정원의 감축은 상대적으로 대학원의 비중을 높이는 방안이었다고 말할 수 있다. 입학제도 개선은 각 사업단별로 교장추천제나 무시험 전형을 도입하는 식으로 이루어졌다. 그러나 당시 교육부가 '대학에 입학한 후 1-2학년을 마친 뒤 전공을 선택하도록 할 방침'을 세움으로써 모집단위 광역화에 대한 논의가 진행되었다.

각 사업단은 BK21 사업의 지원금 대부분을 인력투자에 사용하였는데 의과대 사업단의 경우 7년간 지원금 75억 원 중 대학원생에 45%, 신진연구인력에 24%를 지원하였다. 법학과 사업팀 역시 각각 60%, 29%를 투자하기로 하여 전체 지원 예산의 75%를 대학원생과 박사과정인력에 집중 투자하여 학문후속세대를 양성한다는 방침을 지켰다. 화학·분자공학 연구단은 박사후 연수연구원의 학내 지위보장에 대한 계획도 마련하여 사업을 수행하는 대학원생들의 지위 향상도 꾀하였다. 대학원 중심 대학은 국가에서 추진하고 있는 대학의 새 모델이었는데, BK21 사업에 따른 가시적인 성과를 바로 기대할 수는 없었으나 대학들이 시도하는 변화는 대학원 중심 대학으로 나아가는 시발점이 되었다.

3-3-2 기초학문육성사업 선정

2002년 8월에 교육인적자원부와 한국학술진흥재단이 발표한 '기초학문육성 주요사업 선정 결과'에 본교의 민족문화연구원, 아세아문제연구소, 철학연구소를 포함한 20개의 연구 사업이 선정되어 연구비를 지원받았다. 이 사업에서 본교는 인문사회분야(7개), 기초과학분야(9개), 순수기초연구그룹(3개), 대학교육과정 개발 연구 재원(1개)의 4분야에서 지원을 받았다.

민족문화연구원은 '조선 시대 전자문화지도 개발 및 그 응용연구'라는 주제로 21억 원을 지원받게 되었고 아세아문제연구소는 '20세기 동아시아 역사의 쟁점과 한반도 평화를 위한 동아시아 근현대사 인식'이라는 주제로 18억 원을 지원받게 되었다. 한편 철학연구소는 '동서철학을 통해서 본 공적합리성'이라는 주제로 10억 6천만 원을 지원받게 되었다. 이 밖에 기초과학 분야에서는 9개 연구 분야가 총 4억 9,845만 원, 순수기초연구그룹은 3개 연구 분야가 총 25억 7,390만 원, 대학교육과정 개발 연구 재원은 2천만 원을 각각 지원받았다.

3-3-3 《고려대 한국어대사전》의 편찬

2009년 민족문화연구원은 《고려대 한국어대사전》를 출간했다. 《고려대 한국어대사전》에는 총 386,889개의 표제어가 수록되어 있으며, 총 3권(7,535쪽)으로 구성되었다. 17년 동안 현직 교수 157명을 포함한 355명의 인원이 사전의 편찬, 집필, 교열, 교정, 감수 작업에 참여했다. 기존 사전들과 차별화되는 《고려대 한국어대사전》의 특징을 정리하면 다음과 같다. 첫째, 현실 언어를 적극적으로 반영하여 살아 있는 우리말을 사전에 담고자 했다. 이러한 목표 아래 1억 어절 규모의 한국어 데이터베이스를 기반으로 사전 편찬 작업을 진행했다. 둘째, 사전 편찬 과정에서 국어학 연구의 성과를 최대한 반영했다. 형태 정보 부분에서는 한국어 형태론 연구의 성과를 바탕으로 하여 국내 최초로 17만 4천여 개의 복합어에 대하여 형태소 단위의 분석 정보를 제공했다. 셋째, 이용자들의 요구와 편의를 최대한 고려하여 편찬했다. 가장 큰 특징으로 모든 정보를 해당 표제어에서 한 번에 찾을 수 있도록 구성했다. 《고려대 한국어대사전》은 국립국어원의 《표준국어대사전》과 함께 가장 권위 있는 양대 국어사전으로 평가받고 있으며 인터넷 포털 사이트인 '다음'에서 2011년, '네이버'에서 2017년 국어사전으로 채택해 많은 사람이 이용하고 있다.

3-4 국제학술교류 증대와 국제화 프로그램 활성화

3-4-1 세계적인 국제 학술기구 가입

본교는 국내 대학 최초로 세계 일류대학의 국제연합인 우니베르시타스21Universitas 21에 가입했다. 고려대는 2004년 11월 29일에 캐나다 몬트리올에서 열렸던 U21 정기총회에서 회원교 만장일치의 찬성으로 회원가입이 확정되었다. U21은 1997년 설립된 세계 대학들의 국제연합으로 회원 대학 간의 적극적 협동과 공동연구 추진, 대규모 학술연구 활동 진행, 대학 구성원들의 국제적 경력 개발과 소양의 증진 등을 목표로 활동하였다. 2009년 5월에는 본교에서 U21 총장 연례회의를 열었다.

또한 본교는 2004년 12월 아태지역 대학들과 함께 아시아·태평양 국제교육협회APAIE, Asia-Pacific Association for International Education를 설립했다. APAIE는 한국, 중국, 일본, 미국, 호

주, 뉴질랜드, 홍콩, 대만, 필리핀, 싱가포르, 태국, 인도네시아, 인도 등 13개국 대학들이 모여 설립한 고등교육협의체로 본교는 매년 3월에 열리는 연례행사(APAIE Conference and Exhibition)에 참석하여 활동하고 있다. 2008년 9월에는 환태평양 대학 협회APRU, Association of Pacific Rim Universities에 공식 가입했다. APRU는 아시아-태평양 지역의 우수 대학들이 경제, 과학, 문화적 발전을 도모하기 위해 결성한 대학 간 연구 중심의 국제 협의기구이다. 본교는 APRU 가입을 위한 평가항목인 학문적 성취, 연구 성과, 국제적 전망, 혁신적 포부 4가지 세부영역에서 모두 최우수 평가를 받았으며 회원 대학 3/4의 찬성을 받아 가입이 승인됐다.

이와 함께 본교는 국제화 전진기지로 캐나다 밴쿠버 브리티시컬럼비아 주립대UBC에 2002년 10월 전용 기숙사를 준공한 데 이어 2004년 3월에는 영국 런던 로열홀러웨이Royal Holloway대학과 교류협약을 체결하고 신축 기숙사 35개실을 매입해 본교생을 위한 기숙사로 사용하기로 했으며, 2009년 9월에는 중국 베이징 런민대학人民大學에 '고려대학회관'을 준공했다.

3-4-2 국제하계대학과 한국어센터 활성화

고려대는 2004년 글로벌 KU프로젝트의 일환으로 세계의 모든 대학 재학생·입학예정자·졸업생·대학원생에게 개방하는 대규모 국제하계대학International Summer Campus을 개최했다. 기존의 국제하계대학은 외국 학생을 대상으로만 진행되었으나 이때부터는 국내 대학 최초로 국내외 학생 모두에게 프로그램을 개방해 국내 학생들도 참여할 수 있게 되었다. 강의는 과목이 다양하고 미국 대학과 같이 체계화되어 아이비리그Ivy League를 포함한 세계 명문대학 교수진과 국내 유명 교수진이 담당했다. 국내 학생들은 외국 학생과 기숙사 생활을 할 수 있으며 수업 외에도 영어수업, 주제토론, 문화탐방 등에 참여할 수 있었다. 주미대사 및 장관을 초청해 특별강의도 진행했고 외국 학생과 함께 한국의 예술과 공연문화를 직접 체험할 수 있도록 다양한 프로그램이 마련되었다. 새롭게 바뀐 국제하계대학에는 2004년 해외 152명과 국내 129명, 2005년 해외 342명과 국내 133명, 2006년 해외 765명과 국내 200명 등이 수강했다. 이는 당시 국내 최대 규모로, 국제하계대학은 본교 국제화의 전초기지 역할을 담당했다.

본교에서 한국어와 한국문화를 배우려는 외국인을 위한 교육도 확대되었다. 본교는 2000년 한국어교육센터를 민족문화연구원에서 국제어학원으로 이관했다. 1986년 민족문화연구원 한국어문화연수부에서 출발한 한국어교육센터는 국제어학원 이관을 통해 언어 교육에 필요한 첨단 교육 환경과 멀티미디어 시설을 갖추고 보다 효율적인 교육 방법 및 교재 개발에 주력하며 한국어교육 선두주자의 명성을 확립했다. 해마다 만여 명의 외국인이 국제어학원 한국어센터에서 한국어와 한국문화를 배우고 있다.

본교는 학교를 찾는 외국인 학생이 늘어남에 따라 이들의 학교생활 적응을 돕는 도우미 프로그램을 시작했다. 국제처 소속의 KUBA Korea University Buddy Assistants는 본교생이 주축이 돼 교환학생과 교류하는 단체이다. 교환학생들의 적응을 돕기 위해 2003년 신설된 KUBA는 매 학기 학생 100여 명이 활동할 만큼 참여의 열기가 높다. 한국어센터 소속 외국인 학생들 또한 도우미 프로그램을 통해 거주 문제 해결, 서울 관광, 생활 안내 등의 도움을 받았다.

한편 국제어학원은 2004년 10월부터 호주 맥쿼리대학과 협력하여 '고려대학교-맥쿼리대학 통번역과정'을 개설했다. 이에 따라 맥쿼리대학의 통번역 석사학위를 취득하려는 학생들은 1-2학기를 본교 국제어학원에서, 3학기를 호주 맥쿼리대학에서 이수하도록 운영되었다. 맥쿼리대학의 통번역 석사과정은 호주 정부 기관인 나티 NAATI에서 유일하게 인정한 한국어-영어 통번역 과정으로, 양교 간 협력을 통해 국제적인 통번역 전문가 양성이 본격화되었다.

04

개교 100주년 기념행사

4-1 100주년 기념사업의 기획과 추진

2005년 개교 100주년 기념사업은 학교 본부의 기획과 실천의지를 비롯하여 모든 고려대 구성원의 관심과 지원 속에서 진행되었다. 개교 100주년은 지난 1세기를 반추하면서 본교가 나아갈 새로운 좌표를 확인하는 계기가 되었다. 지난 100년이 민족의 명운과 함께해 온 '민족고대'의 역사였다면 앞으로의 100년은 민족의 가치를 품고 세계 유수 대학들과 경쟁하는 '세계고대'의 시대가 되어야 한다는 방향성이 제시되었다. 이를 위해 2004년 3월에는 개교 100주년 기념 엠블럼이 최종 발표되었다. 엠블럼은 'KOREA UNIVERSITY'와 숫자 '100'을 결합하여 고려대의 역사를 느낄 수 있는 무게감과 100주년을 발판으로 세계고대로 발전하는 진취적인 모습을 형상화했다.

또한 2004년 2월에는 새 학위예복 디자인 발표회를 열고 학사·석사·박사 가운과 학위모, 학위후드를 새롭게 선보였다. 이 중 석·박사 가운은 그해 2월 25일 열린 제98회 학위수여식에서부터 사용됐으며, 학사 가운은 이듬해 제99회 학위수여식부터 사용되었다. 새로 제정된 학위예복은 크림슨색과 검정색을 배색했으며 디자인은 기존 학위예복에 앵삼鶯衫 깃·소매·가장자리 선을 추가해 한국적 이미지를 더했다. 학위모는 기존의 사각모가 아닌 베레모로 변경되었다. 당시 국내 대학들이 검정 색상에 소매가 큰 일률적인 디자인의 학위복을 사용하고 있었으나, 고려대학교는 고유의 정체성을 담은 독자적인 학위예복을 마련한 것이다. 이는 개교 100주년을 맞아 과거의 대학문화에서 벗어나 새로운 전통을 창조하고자 하는 의지를 반영한 변화였다.

100주년 기념 글로벌 심볼

100주년 기념 엠블럼

2004년 6월에는 '라 카르돈느La Cardonne 2000년' 와인을 개교 100주년을 기념품으로 선정했다. 이 기념와인은 세계적인 레드와인 생산지인 프랑스의 메도크 지방에서 2000년에 만들어진 것으로 박종구 교우회장과 이상일 본교 경제인회 회장의 후원으로 모두 2만 병이 수입되었나. 1905년 개교 이후 막걸리를 수식어처럼 달고 다녔던 본교가 개교 100주년 기념품으로 와인을 선정하자 사회적으로 화제가 되기도 했다. 고대 와인은 신선한 문화충격과 함께 본교의 극적인 이미지 변신을 가져왔으며, 선물용으로 큰 인기를 누렸다.

2004년 11월 1일에는 '개교 100주년 기념 KU 글로벌 비전 선포식'이 삼성동 그랜드 인터컨티넨탈호텔에서 열렸다. 비전 선포식에서 '3대 글로벌 비전'으로 한국 최초 세계 100대 대학 진입, 글로벌 캠퍼스 구축, 글로벌 리더 양성을 선언했다. 이 선포문에서 어윤대 총장은 "본교는 100년 전 을사조약으로 외교권을 박탈당한 상황에서, 교육을 통해 인재를 양성해 다시 나라를 살리도록 해 달라는 교육구국의 일념으로 세워졌다" 며 "민족이 본교에 이처럼 큰 애정을 쏟아준 이유가 한국 최고에 만족하면서 안분지족

安分知足하라는 뜻은 결코 아니었을 것이라고 믿는다"고 글로벌 비전의 동기를 설명했다.

2005년 5월에는 개교 100주년을 맞이하여 새로운 대학 이미지인 UI 선포식을 가졌다. 새롭게 제작된 UI는 본교의 상징동물인 호랑이와 기존의 방패모양 마크를 그대로 살렸으며, 기존 마크의 윗부분에 있었던 '자유·정의·진리'라는 글 대신 본교의 영문명인 'KOREA UNIVERSITY'를 넣고 아래에는 개교 연도인 '1905'를 표기했다. 한편 새 UI에는 본교가 자체 개발한 한글·영문 서체인 '고대백년체'를 사용하여 본교 고유의 이미지를 보여 줄 수 있도록 했다. 새 UI의 선포를 계기로 여러 종류였던 학교 상징을 단일화하여 홍보물에 사용하게 되었다.

4-2 각 분과위원회별 활동

4-2-1 건립분과위원회

본교는 1999년 봄 김병관 이사장의 취임 직후 '고대발전위원회'를 구성하여 교내외의 다양한 의견을 수렴한 뒤 '본교 캠퍼스 개발 종합 마스터플랜'을 수립했다. 그 첫 번째 계획으로 추진된 중앙광장 조성사업은 2002년 3월에 완료되었고, 두 번째 계획의 성과인 백주년기념관도 2005년 5월 그 모습을 드러냈다. 세 번째 사업인 종합체육관 건립은 2006년 7월 화정체육관 완공으로 마무리되었다.

2005년 이전 공사를 시작하여 새롭게 들어섰거나 리모델링을 통해 새 모습을 드러낸 건물들도 적지 않다. 2003년 LG-POSCO경영관, 창의관, 우당교양관, 생명환경과학대학 신관이 건립되었고, 2004년에는 생명환경과학대학 본관의 리모델링과 중앙도서관 신관의 리모델링이 완료되었다. 2005년에도 백주년기념삼성관이 준공되었으며, 외국인 전용 기숙사와 세종캠퍼스의 농심국제관 공사가 완료되었다. 이 외의 신축 건물로는 타이거플라자, 체육위원회 연수관, 환경실험관, 학군단 건물, 보건대학의 정의관,

호연학사의 진리관, 세종캠퍼스 중앙광장, 세종캠퍼스 스포츠센터 I-Park관, 구로병원 연구동, 안산병원 연구동 등이 있다. 100주년 시기에 공사가 진행되어 100주년이 지나 완공된 건물로는 화정체육관, 하나스퀘어, 의과대학 교수연구동, 의료원 주차빌딩 등이 있다.

4-2-2 모금분과위원회

모금분과위원회에서는 100주년 기념사업 및 장기적인 학교 발전을 위한 모금사업을 2003년부터 본격적으로 전개했다. 이러한 사업을 성공적으로 진행하기 위해 두 가지 주요 목표가 설정되었다. 첫째, 개교 100주년 기념사업의 성공적 달성을 위한 사업 기금 및 장기적으로 세계 100대 대학으로서의 도약에 필요한 제반 사업 소요재원을 확보한다. 둘째, 학교본부와 각 대학, 교우회가 개별적으로 수행하던 모금 활동에 통합적 목표와 일관된 모금 시스템을 부여함으로써 시너지 효과를 도모한다.

다양한 행사와 함께 모금사업을 전개하면서 기부자에 대한 예우 규정이 제시되었다. 기부자의 고귀한 뜻을 기리고 영구히 보전하기 위하여 개교 100주년을 기념하는 상징물에 이름을 영구히 새겨 보존하며, 건물·강의실·연구기금·기사재 등에 기부자 이름을 헌사했다. 또한 기부자의 기부철학을 학생들에게 널리 알리기로 했으며, 기부금에 대한 세금 감면 혜택을 제공하는 기부금 영수증을 발행했다.

1994년 1월 1일부터 2005년 11월 30일까지 학교 발전을 위해 기부금을 쾌척한 기업·단체·개인은 전체 26,405건에 달했다. 모금분과위원회에서 모금행사와 더불어 사업운영을 본격적으로 실시하게 된 것은 어윤대 총장 취임 직후인 2003년 3월 1일부터였다. 이후 2005년 11월 30일까지 진행한 사업 결과 모금된 금액은 '100주년 사업기금' 163억 원, '순수발전기금' 886억 원, '연구기금' 1,874억 원으로서 전체 총액 2,924억 원에 이르렀다.

4-2-3 학술분과위원회

학술분과위원회는 개교 100주년을 맞이하여 대학 본연의 학술적 능력을 제고하는 계기를 마련하고자 출범했다. 학술분과위원회는 교내 공모를 거쳐 국제학술회의 주제를 정하는 한편, 개별학문 및 학과설립 기념 학술회의 등을 지원했다. 개교 100주년 기념 국제학술회의는 '한국, 새로운 100년을 향한 성찰과 전망Korea Toward the Next Hundred Years: Reality and Vision'이라는 주제로 2005년 5월 23일부터 25일까지 백주년기념관에서 성대하게 개최되었다. 국내외 세계적인 석학들을 초빙하여 한국학 전반에 걸친 발표와 토론으로 기획된 이 국제학술대회는 본교 김우창 영어영문학과 교수의 '인문과학의 뿌리—물음과 부정Some Thoughts on the Decreative Roots of the Human Sciences'과 하버드대 배로Robert J. Barro 교수의 '종교와 경제Religion and the Economy'라는 기조강연으로 시작되었다. 학술회의 첫날인 5월 23일에는 사회과학 세션과 과학기술 세션으로 나누어 진행되었고, 이튿날인 24일과 마지막 날인 25일에는 정치학 세션, 경제학 세션, 문화 세션 등을 중심으로 진행되었다. 이 국제학술회의는 한국학 전반에 걸친 총 26편의 논문에 대한 발표와 토론이 이뤄지며 4천여 명에 달하는 청중의 이목을 집중시켰다.

또한 본교는 개교 100주년을 기념하여 현대·기아자동차와 조선일보의 후원을 받아 역대 노벨상 수상자들의 초청 강연을 기획하였으며 2005년 3월부터 총 8회에 걸쳐 10명의 노벨상 수상자 강연을 진행했다. 경제학상, 물리학상, 화학상, 의학상 등 다양한 분야에 걸쳐 역대 노벨상 수상자의 강연을 진행함으로써 본교의 교수와 학생에게 노벨상에 대한 친근감을 부여하는 동시에 세계 석학들에게 본교를 알리는 계기가 되었다.

4-2-4 행사분과위원회

개교 100주년 기념식이 2005년 5월 5일 중앙광장에서 국내외 대학 총장 200명, 주한 외국대사 등을 비롯한 외빈과 국내외 교우, 교직원 등 약 3천 명가량이 참석한 가운데 성대하게 치러졌다. 정문에서부터 중앙광장으로 진입하는 길목에는 시대순으로 본교

개교 100주년 기념식

100년의 역사를 이미지로 활용한 '고려대 100년의 발전사'와 본교의 미래 및 비전을 보여 주는 이미지로 구성된 'KU Global Pride'가 전시되었다. 또한 100주년 기념 축사 메시지 보드가 설치되어 참석자들이 본교 100주년을 축하하고 앞으로의 발전을 기원하는 메시지를 작성할 수 있도록 구성되었다.

기념식은 본교 국어국문학과를 졸업한 이계진 국회의원과 전 아리랑 TV 아나운서 나승연 씨의 사회로 귀빈 소개, 고려대 100년의 역사 보고, 이용익·손병희 후손에 대한 감사패 증정, 100주년 기념가 연주 등의 순서로 진행되었다. 태극기와 교기, 100주년 기념기를 시작으로 95개의 해외대학 교기와 46개의 국내 대학 교기가 선도하는 가운데, 김병관 이사장과 어윤대 총장, 박종구 교우회장, 주한 외국대사와 국내외 대학 총장이 입장했다. 이어 오프닝 퍼포먼스로 대북 공연과 영상이 어우러진 가운데 본교의 로고 영상이 행사장에 펼쳐졌다. 김병관 이사장과 어윤대 총장의 100주년 기념사, 안

문석 교무부총장의 본교 100주년 경과보고가 이어진 다음, 노무현 대통령의 축하 영상 메시지, 박종구 교우회장과 김원기 국회의장의 축사가 이어졌다.

어윤대 총장은 기념사를 통해 "오늘은 지나온 민족고대 100년을 자축하는 자리이지만 세계고대 100년의 서막을 여는 역사적 의미를 가진 날로 민족고대에서 세계고대로 나아가는 새로운 비전과 구체적 청사진을 제시하고자 한다"며 "고려대의 기본 책무는 학문의 발전과 인재의 양성을 통해 민족사와 세계사에 기여하는 것이며 이러한 책무를 다하기 위해 학문을 세계적 수준으로 높이고 학생들을 글로벌 리더로 양성할 것"이라고 앞으로의 비전을 제시했다.

기념식 전날인 5월 4일에는 백주년 기념 세계 대학총장 포럼이 신라호텔 다이너스티 홀에서 개최되었다. '지식기반 사회를 위한 대학의 역할'이라는 주제로 진행된 세계대학 총장 포럼에는 세계 22개국 95개 대학의 84명의 총장을 비롯하여 해외 교육관계자 201명, 국내 105개 대학 총장 105명 등 350여 명의 국내외 대학관계 인사들이 참여하여 성황을 이루었다. 축사를 위해 포럼에 참석한 노무현 대통령은 "세계 250여 개 대학이 참가하는 이번 포럼은 매우 뜻깊은 일"이라며 "세계 지성의 지혜를 모아 나간다면 대학의 발전은 물론 세계가 고민하고 있는 많은 문제를 해결해 나갈 수 있을 것"이라며, 고려대의 국제적 위상을 높이 평가했다.

7월 13일에는 인천문학경기장에서 개교 100주년 기념행사의 일환으로 본교 출신 축구선수 '올스타' 팀과 네덜란드 프로축구팀 PSV 에인트호번 팀 사이의 친선경기가 개최되었다. PSV 에인트호번 팀과의 친선경기에 출전한 본교 '올스타' 팀은 1970년대 아시아 최고의 스트라이커였던 차범근 감독이 지휘봉을 잡았고, 박주영·이천수·최성국·김대의·최성용·이기형·노정윤·김정우·최철우·박진섭·박동혁·서정원·홍명보 등 본교를 거쳐간 국내외 프로축구 선수들이 대거 출전했다. 특히 PSV 에인트호번은 2002년 한·일 월드컵에서 한국 국가대표팀을 4강에 진출시킨 거스 히딩크 감독이 지휘하는 데다가 국가대표 선수인 이영표 선수까지 등장해 많은 축구 팬들의 관심이 집중되었다.

이와 함께 100주년 관련 자료와 학사, 강의, 학생활동, 교우회, 의료원, 법인 등 학교의 전반적인 기록자료 및 학교 구성원들이 작성한 2,055통의 '사랑의 편지' 등을 담은 타임캡슐 봉안식을 가졌다. 타임캡슐은 2005년 10월 6일 4·18기념탑 옆 2m 깊이에 봉안됐다. 타임캡슐은 2055년, 개교 150주년에 개봉하기로 했다.

4-2-5 편찬분과위원회

《고려대학교 100년사》 편찬작업은 편찬분과위원회가 담당하여 추진했다. 편찬분과위원장은 동양사학과 신승하 교수가 위촉되었다. 이후 교수와 교우 등으로 구성된 12명의 편찬위원이 위촉되었다. 편찬실무는 편찬분과위원회 아래 '100년사편찬실'을 설치하여 담당하게 했다. 전 3권으로 구성된 《고려대학교 100년사》는 2008년 1월 고려대학교출판부에서 발간되었다. 2005년 5월 5일 개교 100주년 기념식을 포함한 기념사업의 결과를 담기 위해 발간이 늦어졌다. 《고려대학교 100년사》 제1권은 1905년부터 1945년까지 보성전문학교 시대를 담았다. 제2권은 1945년부터 1979년까지 고려대학교로 출범해 종합대학체제를 확립하기까지의 역사를 담았다. 제3권은 1980년부터 2005년까지 세종캠퍼스의 출범에 이어 과학화와 세계화를 이루며 발전하는 학교 역사를 담았다. 고려대학교 100년 역사가 전 3권 총 1,681면으로 기록된 것이다. 편찬분과위원회에서는 연표, 체육사, 영문판 약사 등을 포함한 다양한 편찬물을 추가로 구상했지만 실제로 편찬이 이뤄진 것은 《고려대학교 100년사 자료집》, 기념사진집 《고대》, 《고려대학교 인문사회과학 학술사》, 《고려대학교 자연과학 학술사》, 《고려대학교 법과대학 학술사》, 《고려대학교 학생운동사》, 《고려대학교 문화사》, 《고려대학교 역대 총장 연설문집》 등이다.

05

2000년대의 대학문화

5-1 학생회의 변화

5-1-1 여자 총학생회장과 비운동권 학생회의 탄생

2000년 11월 25일 제34대 안암총학생회 정·부학생회장 선거 개표 결과 '다른 미래'의 이름으로 출마한 법학과 김지은 후보가 당선되었다. 이로써 본교 최초의 여성 총학생회장이 탄생했다. 접전 끝에 당선된 김지은 당선자는 "대학이 지녀야 할 시대적 역할과 사회적 의무에 대한 의식을 바탕으로 민중들과 함께하며 동시에 2만 학우가 승리하는 안암총학생회 건설을 위해 노력하겠다"는 당선소감을 밝혔다.

2001년 11월에 치러진 제35대 안암총학생회 정·부총학생회장 선거에서는 비운동권을 표방하며 나선 법학과 손창일 후보가 당선되었다. 이는 안암총학생회 사상 최초의 비운동권 학생회로 학생들의 기대와 우려를 동시에 받았다. 총학생회는 단과대 학생회와 등록금 동결 문제 및 총장 연임에 반대하는 비상학생총회 준비를 둘러싸고 불협화음을 빚기도 했다.

한편 2007년 총학생회는 고대생 온라인 커뮤니티 고파스(www.koreapas.net)를 개설했다. 고파스는 총학생회 공약사항으로 개설된 것이지만 총학생회 게시판이 아닌 재학생과 졸업생들이 인증을 통해 가입해 소통하는 공간으로 자리를 잡았다.

5-1-2 이건희 명예박사 학위수여식 사태와 '교수 감금 사태'

2005년 5월 2일에는 삼성그룹 이건희 회장에 대한 명예철학박사 학위수여식이 개최되었다. 삼성그룹은 백주년기념삼성관을 건립하는 데 약 400억 원을 기부했고, 이에 본교에서는 삼성그룹이 사회공동체의 실현에 앞장서고 신경영을 전개한 공로를 인정하여 이건희 회장에게 명예철학박사 학위를 수여하기로 했다.

그러나 문과대학 학생회와 '다함께' 고대모임 학생들을 중심으로 한 60여 명의 학생들은 학위수여식 당일 이건희 회장에 대한 명예박사학위 수여를 반대하는 시위를 진행했다. 결국 오후 5시 인촌기념관에서 열릴 예정이었던 학위수여식은 1시간가량 지연된 후 재단 이사장실에서 약식으로 진행되었다. 이건희 회장의 명예박사학위 수여식을 둘러싸고 벌어진 학생과 학교 측의 물리적 충돌은 주요 일간신문을 통해 논쟁을 불러일으켰다. 5월 한 달 동안 치열한 논의가 이어졌으며, 학생들의 의견 표명 방식과 절차를 둘러싼 문제, 총학생회의 대표성 문제, 학생과 교수 사이의 의사소통 부족, 대학이 각종 기부금에 의존할 수밖에 없는 구조적 현실 등이 주요 쟁점으로 부각되었다. 이러한 논의는 대학 사회의 현주소를 성찰해 보는 계기가 되었다.

2006년 4월 5일에는 본교 보건과학대학으로 통폐합된 병설 보건대학 2-3학년에게 안암총학생회 선거 투표권을 주어야 한다는 학생들과 이를 불허한 학교 측이 대립하는 과정에서, 일부 학생들이 처장단 교수들을 본관에서 나갈 수 없도록 '감금'하는 사태가 일어났다. 학교 측은 2006년 4월 19일, '교수 감금 사태'에 대해 1주일 견책 7인, 1개월 유기정학 5인, 출교조치 7인이라는 징계조치를 내렸다. 출교 처분은 대상 학생이 복학할 수 없는 징계로 학교가 학생에게 취할 수 있는 가장 강력한 조치였다. 이튿날인 20일, 출교생들은 출교 철회를 요구하는 천막농성을 시작했다.

농성은 1년 넘게 계속되었고 2006년부터는 법적 공방으로 이어졌다. 법원은 2007년 1월 출교처분 효력정지 가처분 신청을 받아들였고 이어 3월에는 본교 학생상벌위원회가 결정한 퇴학징계를 '무효'로 가처분 판결했다. 재판부는 퇴학 효력정지 가처분 판결문을 통해 "스승인 교수들을 16시간 동안 강제로 머물게 한 것은 중대한 비위행위(법에 어긋나는 행위)라 상당한 처분을 하는 것이 마땅하다. 그러나 퇴학 처분은 징계 사유에 비해 지나치게 가혹해 무효로 볼 여지가 크다"고 밝혔다. 가처분 판결 다음날인 2008년 3월 19일, 학교는 출교생들에 대한 징계 조치를 취소하고 출교생들은 2학기에 전원 복학하여 사건은 마무리되었다.

5-2 교내 언론매체의 발전과 다양화

2004년 9월 4일 영자신문 *The Granite Tower*가 창간 50주년 행사를 개최했다. 민영빈 창간 편집장, 박익서 복간 편집장 등 약 70여 명의 동인들이 자리를 함께했다. 행사장에는 1970년대 잡기장과 앨범, 영자신문 축쇄판이 전시되었다. 영자신문사는 2004년 당시 17명의 구성원이 매달 1회, 연 8회로 5,000여 부를 발간했다. 영자신문은 1954년 창간되어 14년간의 휴식기간을 거친 뒤 1968년 다시 복간해 지금까지 간행되고 있다.

《고대신문》은 2007년 11월 3일 창간 60주년을 맞이했다. 이를 기념해 11월 2일부터 12월 30일까지 박물관 기획전시실에서 특별전시회를 열었다. '지축박차 천지흔들'이라는 제목의 특별전시회에서는 고대신문 동인들이 기증한 취재수첩, 기사 스크랩북, 연재만화, 기자증 등과 1960년대 신입생 모집요강, 1980년대 학교 사진 등 학교 역사를 담은 자료들이 전시됐다.

2000년 5월에는 학교 홍보매체인 《고대투데이KU TODAY》가 창간되었다. 《고대투데이》는 학교 주요 소식과 발전상, 기부자 소식, 교우 활동상 등을 담아 연 4회 정도 발간해 오고 있다. 2005년 5월에는 개교 100주년 특별호를 발행했다. 한편 2008년 4월에는 본교 운동부의 소식을 전하는 대학 최초의 스포츠 전문 매체 《SPORTS KU》가 창간되었다. 《SPORTS KU》는 본교 체육위원회 소속으로 대학생 기자들이 직접 취재·사진촬영·편집디자인을 맡아 제작하고 있다.

5-3 운동부의 활약

2000년대에도 본교 운동부는 다양한 성과를 내며 국민에게 감동을 안겨 줬다. 특히 2002년 한일월드컵에서 대한민국 축구대표팀이 4강 신화를 이뤄 내는 데 축구부가 주축 역할을 했다. 홍명보(체교 87) 선수가 주장을 맡았고, 이천수(체교 00), 차두리(신방 99), 최성용(체교 93) 선수가 주전 선수로, 최성국(체교 01) 선수가 후보 선수로 출전했다. 정해성(사회 78), 김현태(체교 80) 교우는 대표팀 코치로 활약했다. 총 7명의 본교 졸업생과 재학생이 출전하여 4강 신화를 달성하는 위업을 세웠다.

2008년 베이징 올림픽에서는 역도에서 장미란(체교 05) 선수가 금메달을 획득했다. 당시 장미란 선수는 여자 75kg+ 급에서 인상 140kg, 용상 186kg, 합계 326kg을 들어 올려, 인상과 용상 및 합계 모두에서 세계신기록을 작성하며 압도적 실력을 보여 줬다. 장미란 선수의 금메달은 대한민국 올림픽 여자 역도 사상 최초의 금메달이자 현재까지 유일한 금메달로 남아 있다. 장미란 선수는 2009년 세계선수권대회에서는 4연패 위업을 달성했고, 2010년 광저우 아시안게임에서 다시 금메달을 획득했다.

2009년에는 피겨 요정으로 불리는 김연아 선수가 체육교육과 09학번으로 입학했다. 김연아 선수는 입학 직후인 3월 29일 국제빙상경기연맹이 주최한 세계피겨선수권대회에서 우승을 차지했다. 이어 이듬해 2010년 밴쿠버 동계올림픽에서 쇼트프로그램 78.50점, 프리스케이팅 150.06점으로 총점 228.56점의 세계신기록과 함께 금메달을 목에 걸면서 대한민국 동계 스포츠 역사에 영원히 남을 감동적인 장면을 이뤄 냈다.

5-4 교우회 100주년

2007년은 교우회 창립 100주년을 맞이한 해였다. 1907년 보전 1회 졸업생 배출과 함께 결성된 교우회는 두터운 모교애와 강인한 응집력으로 본교 발전의 든든한 후원자 역할을 해 왔다. 창립 100주년을 맞아 교우회는 2007년 3월 24일 비전선포식과 함께 특별전 '입실렌티 체이홉!' 개막식을 가졌다. 교우회 100주년 특별전시회 '입실렌티 체이홉!'은 본교 박물관 기획전시실에서 5월 27일까지 진행됐다. 또한 교우회는 《고려대학교교우회 100년사》와 《고려대학교교우회 100년사 자료집》을 간행했다. 교우회 창립 100주년을 맞이한 2007년, 그해 연말에 치러진 제17대 대통령 선거에서는 본교를 졸업한 이명박 교우가 당선됐다. 이명박 교우는 경영학과 61학번으로 현대건설 사장과 서울시장 등을 역임했고 2008년 2월 25일 대한민국 제17대 대통령에 취임했다.

한편 2006년 9월 23일, 정기 고연전이 종료된 후 참살이길에서 '1905페스티벌'이라는 이름의 축제가 열렸다. 이날 교우회의 각 동기회와 직장분회 등은 참살이길에 위치한 음식점을 찾는 모든 고려대 학생과 연세대 학생에게 무료로 술과 음식을 제공했다. 이 행사는 68학번 동기회가 2001년 정기전이 끝난 후 삼성통닭에서 후배들과의 만남을 가진 것을 계기로 다양한 교우단체가 동참하며 참살이길 축제로 이어진 것이다. 이후 정기전이 끝난 후 참살이길에서는 30개 이상의 교우단체가 무료 주점을 개설해 후배들을 응원하는 문화가 자리를 잡았다.

5-5 은사 기념 조형물 건립

초대 총장 현상윤 흉상

2005년 9월 30일 초대 총장이었던 현상윤 선생의 흉상제막식이 대학원도서관 앞에서 열렸다. 이 행사는 본교 철학과 교우회가 개교 100주년을 맞이해 주최했다. 현상윤 총장은 1893년 평북 정주에서 태어나 1919년 3·1운동에 참여한 48인 중 한 명으로 20개월간 옥고를 치렀으며, 1946년 본교 초대 총장에 임명돼 1950년 납북될 때까지 철학과 교수로 재직하며 학계를 선도했다. 또한 이 해에 윤사순 철학과 명예교수를 위원장으로 결성된 '기당 현상윤 전집 간행위원회'는 3년 동안 현상윤 총장의 글과 자료를 수집하고 정리해 전 5권의《기당 현상윤 전집》을 출간했다.

2006년 9월 29일에는 국어국문학과 설립 60주년 기념사업의 일환으로 조지훈 시비 건립 제막식이 열렸다. 조지훈 시비는 서관 뒤편 인촌기념관으로 향하는 길목에 세워졌다. 시비에 새겨진 작품 〈늬들 마음을 우리가 안다—어느 스승의 뉘우침에서〉는 1960년 4월혁명 직후 쓴 것으로 혼탁한 자유당 정권 상황에서 제 목소리를 내지 못했던 교수들의 자기반성과 혁명에 몸을 바쳤던 학생들에 대한 찬사를 담고 있다. 그러나 비문에 새겨진 시가 원형이 아니라는 논란이 제기되어 조지훈의 대표작 〈승무僧舞〉를 새긴 새로운 시비를 건립했다. 새겨진 글씨는 조지훈 선생의 부인 김난희 서예가의 작품이다.

조지훈 시비

2009년 10월 29일 의과대학 앞 광장에서 '한국의 파스퇴르' 이호왕 명예교수의 공적을 기리기 위한 흉상 제막식이 개최됐다. 한국의 대표적 의학자이자 미생물학자인 이호왕 명예교수는 1976년 세계 최초로 유행성출혈열 병원체인 한탄바이러스와 면역체를 발견했고 이후 잇따른 연구업적으로 세계를 놀라게 했다. 한국 의학사에 길이 남을 만한 연구업적을 통해 세계 의학발전을 비약적으로 이끈 것을 비롯해 의과대학에서 21년간 교수직을 맡아 후학양성에 매진해 왔다. 청동흉상은 가로 30cm, 세로 83cm, 높이 2m로 조각가 민병천 작가가 제작했다.

한편 2007년에는 헌법 제정 60주년을 맞아 박물관에서 현민 유진오 특별전 '법法으로 세상을 그리다'를 7월 16일부터 8월 15일까지 진행했다. 본교 제2-4대 총장이었던 유진오 총장은 1948년 4월 대한민국 헌법의 초안을 작성한 바 있다. 유진오 총장의 유족은 1999년 본교에 이 헌법 초안을 기증했다. 제헌의회가 제정한 '제헌헌법'은 망실

되었기 때문에 본교 박물관이 소장한 유진오 총장의 '제헌헌법' 초고는 높은 자료적 가치를 인정받아 2008년 4월 18일 국가지정기록물 제1호로 지정됐다. 전시회에서는 유진오 총장의 육필 원고를 비롯해 해방공간에서 발표되었던 좌우 정치세력의 다양한 헌법안이 공개됐다.

5-6 아름다운 고대인 이수현·장세환

세종캠퍼스에 마련된 이수현 추모비

2001년 1월 26일, 일본에서 어학연수 중이던 이수현(무역 93) 학생이 도쿄의 신오쿠보역에서 선로에 떨어진 취객을 구하려다 전동차에 치여 목숨을 잃었다. 26세의 청년이 낯선 땅에서 자신과 아무런 관계가 없는 사람을 구하려다 목숨을 잃은 것에 수많은 일본인이 깊은 감명을 받았다. 학교는 고인에게 명예졸업장을 수여하고 세종캠퍼스에 추모비를 건립했다. 한편 정부는 고인을 의사자로 선정하고 국민훈장 석류장을 추서했고 일본 정부도 그의 행동을 기리기 위해 모리 요시로森喜郎 총리 명의의 목배木杯를 수여했다. '목배'는 일본 정부가 국가와 공공에 대해 공로가 있는 사람에게 훈장 대신 수여하는 것이다.

2003년 5월에는 고故 이수현 추모 장학금 수여식이 진행되었다. 그의 희생정신을 기억하고자 조성된 이 장학기금은 유족이 기탁한 성금과 고려대학교가 모금한 기금을 바탕으로 마련되었다. 장학금은 고인이 재학했던 경상대학 무역학과 재학생, 고인이 활동했던 록밴드 동아리 '무단외박'에 속한 학생을 대상으로 하며 절차에 따라 추천을 받은 자에게 해마다 수여되었다.

2002년 7월 22일 새벽에는 본교 정문 앞 도로에서 재학생 장세환 군이 소매치기범을 쫓아가다가 교통사고로 숨졌다. 장세환 군은 1994년 농생물학과에 입학해 학군단ROTC 장교로 군복무를 마친 후 2000년 행정학과에 편입했다. 행정고시를 준비하며 밤늦도록 공부를 하고 돌아가다가 소매치기 현장을 목격했고 범인을 잡으려다 사고를 당한 것이다. 고인은 의사자로 지정되었고 학교는 8월 27일 명예졸업장을 수여했다. 장세환 군의 부친 장기효 씨는 '장세환 추모 장학회'를 설립하고 학교에 5억 원의 장학금을 기부했다. 장기효 씨는 "모교를 사랑하는 세환이의 나라사랑과 학교사랑의 정신이 고려대와 영원히 함께 숨 쉴 수 있게 돼 진심으로 감사드린다"고 말했다. '장세환 추모 장학금'은 2003년 1학기부터 학군단 후보생과 생명과학대학, 행정학과 재학생들을 대상으로 지급되었다.

제12장

융복합 학문으로의 전환과 글로벌 캠퍼스 구축

The 120th Anniversary
of Korea University

01

융복합 학문과 창의성의 시대

1-1 장기발전전략의 수립

1-1-1 김병철 총장의 취임과 '발전전략 2015'

2011년 3월 본교 제18대 총장에 김병철 교수가 취임했다. 서울대 축산학과를 졸업한 김병철 총장은 독일 괴팅겐대학에서 박사학위를 받았다. 1985년 본교 축산학과 교수로 임용되어 생명과학대학장, 교무부총장 등을 지냈으며 2010년 12월 29일 제18대 총장으로 선임됐다. 개교 이래 최초의 자연계 출신 총장이었던 김병철 총장은 취임사를 통해 "대학의 미래는 곧 대한민국의 미래"라고 선언하며 연구 패러다임의 지속적인 혁신이 대학의 핵심적인 과제라고 밝혔다.

김병철 총장은 취임 첫해 '발전전략(ProActive KU) 2015'를 발표했다. '발전전략 2015'는 '마음을 다하는 봉사와 교류를 통해 사랑받는 대학', '사회로부터 졸업생의 인성과 품성까지 신뢰받는 대학', '모든 평가에서 명실상부 세계 일류로 인정받는 대학'을 목표로 설정했다. 이를 실현하기 위해 다섯 가지 실천 과제를 제시했다. 첫째, 자연계 캠퍼스를 재구성하고 미래지향적인 학문 분야를 발굴하며 첨단 공동기기원을 설립함으로

18대 총장 김병철

16대 이사장 김재호

써 자연계 역량을 강화한다. 둘째, 인문사회과학을 더욱 견실하게 육성하고 학문 융복합을 장려함으로써 인문사회과학의 선도대학으로서 그 위치를 확고히 한다. 셋째, 첨단의학센터를 건립하고 본교 의료원을 연구중심대학병원으로 도약시킨다. 넷째, 국제학의 세계적 교육기관으로 발돋움한다. 다섯째, 실질적 대학 분권화와 행정 전문화를 이룩한다.

한편 재단은 2012년 5월 이사회를 열고 김정배 이사장의 뒤를 이어 고려중앙학원 제16대 이사장에 김재호 동아일보사 대표이사 사장을 선임했다. 김재호 이사장은 1999년부터 2005년까지 재단 이사장을 역임한 김병관 전 동아일보 회장의 장남으로, 미국 보스턴대학 경영학과와 테네시대학 경영대학원을 졸업하고 동아일보사 전무, 대표이사 부사장 등을 역임했다. 김재호 이사장은 학교운영에 관한 권한을 대학본부에 위임하고 폭넓은 자율권을 부여해 온 재단의 오랜 전통을 강조했고 100주년 기념사업 당시 중앙광장을 조성한 것과 같은 장기적 마스터플랜이 필요한 시점이라고 밝혔다.

1-1-2 염재호 총장의 취임과 'KU-The Future'

19대 총장 염재호

2015년 3월 본교 제19대 총장에 염재호 교수가 취임했다. 염재호 총장은 본교 행정학과를 졸업하고 미국 스탠퍼드 대학에서 정치학 박사학위를 취득했다. 1990년 본교 행정학과 교수로 부임한 이래 기획예산처장, 행정대외부총장 등을 역임했으며 2014년 12월 29일 총장으로 선임됐다. 염재호 총장은 취임사에서 "21세기를 위한 새로운 개척이 필요하다"고 밝히며 '개척하는 지성'을 키워낼 것이라고 선언했다.

염재호 총장은 미래 환경 변화에 효과적으로 대응함으로써 2030년 세계 50위권 대학으로의 도약을 위해 새로운 중장기 발전전략 'KU-The Future'를 수립했다. 'KU-The Future'는 '세계적 수준의 교육과 연구를 기반으로 인류와 사회에 공헌하는 글로벌 대학'을 비전으로 삼았다. 이를 실현하기 위해 발전 단계에 따라 교육·연구·행정·기타 환경 등 네 가지 전략 분야를 중심으로 구체적인 실행 과제를 제시했다.

1-2 운영체제와 기구의 개편

1-2-1 기구의 재편과 규정의 정비

본교는 2013년 행정의 분권화 및 전문화에 기초한 책임경영 체제를 강화하기 위해 행정조직을 개편했다. 우선 행정대외부총장 직제를 신설하고 부총장의 직무를 조정했다.

교무부총장은 교육, 연구, 학생 관련 업무를, 행정대외부총장은 일반 행정, 대외업무, 수익기관과 관련한 업무를 맡게 되었다. 그 결과 본부 부처인 총무처, 관리처, 정보전산처, 부속기관인 박물관, 출판부, 농장, 안암학사, 양성평등센터, 부속교육기관인 국제어학원, 평생교육원, 국제하계대학, 기타기관인 고대신문사와 영재교육원이 행정대외부총장 산하로 편제되었다. 또한 차세대정보화추진단과 기술지주 주식회사 역시 행정대외부총장 산하로 편제됨으로써 행정대외부총장의 권한이 강화되었다. 또한 행정의 전문성 증대를 위해 2012년 8월 부처장 직제를 신설하고 기획예산처, 교무처, 연구처에는 교원 부처장을, 총무처 및 관리처에는 직원 부처장을 임명했다. 나아가 중장기 발전계획을 마련하기 위해 총장 직속으로 미래전략실을 설치해 기획역량을 강화했고 기획예산처 소속이었던 감사팀을 총장 직속 감사실로 독립시켜 감사기구의 전문성을 제고했다.

한편 2013년 3월 교원임용과 관련한 규정이 전면적으로 정비되었다. 기존의 〈신임교원 임용규정〉, 〈신임교원 임용규정 시행세칙〉, 〈교원 특별초빙 규정〉, 〈우수교원 특별초빙 규정〉을 〈교원 초빙 규정〉으로 통합했다. 〈교원 초빙 규정〉은 초빙 제도를 전면 재정비한 것으로서, 정원 배정 규정을 구체화했고 학과장을 위원장으로 하는 학과심사위원회 구성 원칙을 신설하는 등 우수 교원 초빙의 제도적 기틀을 마련했다. 또한 학과장과 대학원장의 면담 절차를 신설해 임용 후보자에 대한 검증절차를 강화했다. 나아가 전공영역 적합성 평가방식도 정비하여 학과심사위원회의 평가 결과에 대한 본부 차원의 검증시스템을 구축했다. 또한 정원 배정 시 외국인 교원을 우선적으로 배정해 대학의 국제화를 도모하도록 했다. 그 결과 2011년부터 2014년까지 임용된 전체 신임교원 가운데 외국인 교원의 비중은 30% 이상을 차지할 정도가 되었고 외국인 교원의 국적도 다양해졌다. 2014년 1학기 본교에는 총 21개국 161명의 외국인 전임교원이 재직하고 있었다.

1-2-2 대학평의원회의 설치

대학평의원회는 대학의 발전계획, 학칙의 제·개정, 개방이사추천위원회 위원 추천 등 대학 운영에 관한 주요 사안을 심의하는 기구이다. 학교의 중대한 의사결정 과정에 교수·직원·학생 등 다양한 교내 구성원의 참여를 보장하기 위해 2006년 개정된 〈사립학교법〉은 대학평의원회 설치를 의무화하도록 규정하였다. 본교는 2014년 4월 오랜 진통 끝에 대학평의원회를 설치했다. 최초의 대학평의원회는 학생 대표 2명과 교수 대표 5명, 교우 대표 2명, 직원 대표 2명, 그리고 총장 추천 인사 2명 등 총 13명의 평의원으로 구성되었다. 대학평의원회 설치 초기에는 교수 평의원의 추천권한을 둘러싸고 대학본부와 교수의회가 갈등을 빚었지만, 2015년 3월 염재호 총장 취임 이후 〈대학평의원회 운영규정〉을 개정함으로써 교수평의원 선출은 교수의회가 자율적으로 시행할 수 있게 되었다.

1-2-3 연구부총장제의 도입과 직제 개편

학교의 운영체제는 2015년 다시 한번 변경되었다. 염재호 총장은 대학의 핵심 기능인 연구 경쟁력 강화를 위해 2015년 3월 기존의 교무부총장·(행정)대외부총장 체제를 교육부총장·연구부총장 제도로 변경했다. 또한 연구 및 산학협력 부문의 총괄적 기획 및 조정 기능을 강화하기 위해 연구부총장 산하에 연구기획본부를 신설하고, 연구처와 산학협력단을 직속기관으로 배치하는 등 조직을 개편했다. 연구처는 학술활동 진흥사업을, 연구기획본부는 대형연구사업 기획을, 산학협력단은 교외연구비 관리 및 기술이전, 지식재산 관리 등을 각각 담당하게 되었다. 기존의 부속사업단은 대학사업단으로 확대 개편되었다. 부속사업단을 대학사업단으로 개편함으로써 수익사업기관보다 상위 기관으로 편제되었다.

또한 효율적인 행정을 위해 일부 기구의 명칭을 변경했다. 교무처 산하 교무지원부와 학적·수업지원팀의 명칭을 각각 교무팀과 학사팀으로 개칭했고 교양교육실과 교수학습개발원 등의 명칭도 기초교육원과 대학교육개발원으로 변경했다. 학생처 산하 후생복지부의 명칭은 학생복지부로, 입학처 산하 입학관리팀의 명칭은 입학전형관리실로 변경했다. 출판부는 출판문화원으로 개편되었다.

업무가 증가하는 분야는 조직을 확대했다. 국제하계대학의 편제를 총장 산하에서 국제처 산하로 조정하고 그 규모를 확대했다. 또한 외국인 학생과 교원 관련 업무가 증가함에 따라 국제처 산하에 국제교육원을 신설해 관리·운영 기능을 수행하도록 했다. 기획예산처 산하에는 대학평가정보센터를 신설하고, 각종 평가를 분석해 이에 대한 대응 방안을 수립하도록 했다. 기존 평가팀은 평가에 대한 실무를 담당하게 하고 신설된 대학평가정보센터는 평가정보를 분석해 정책을 개발하도록 했다.

2016년에는 인권침해방지 및 인권보호 메커니즘을 도입하여 구성원 모두의 인권이 동등하게 존중받는 문화를 확립하기 위해 인권센터를 설립했다. 그리고 2018년 3월에는 양성평등센터를 성평등센터로 개칭했다. 이분법적 성 구분에서 벗어나 시대적 가치인 다양성과 포괄성을 지향함으로써 구성원 모두를 아우르는 기관으로 재정립하기 위한 조치였다. 또한 영문명 역시 적극적인 성 평등을 추구하는 의미로 'Center for Gender Equity'로 개칭했다. 인권센터와 성평등센터는 2020년 9월부터 인권·성평등센터로 통합운영되고 있다. 한편 2019년 1월에는 대학의 다양성을 보호하고 증진하기 위하여 국내 사립대학 최초로 다양성위원회Diversity Council를 설립했다.

1-2-4 대학정책연구원의 설립

2018년 9월에 본교는 대학정책연구원을 신설했다. 이는 급변하는 사회 환경 속에서 대학 정책과 제도 기획 및 실행 과정이 점점 더 복잡해지고, 기존의 관례적 방식이 한계에 직면한 데 따른 대응이었다. 이러한 변화는 세계적으로도 공통된 현상이었으며, 주요 대학들은 이미 독자적인 대학 기관 연구 조직을 설립하여 운영하고 있다. 이에 본교 역시 독립적인 대학정책연구원을 설립하고, 국내 최고의 사립대학을 넘어 'Global Top

50'으로 도약하기 위한 전략적 운영을 추진한 것이다.

대학정책연구원은 데이터 기반 통합 조사 관리 체계 플랫폼KU-Survey을 구축했다. KU-Survey는 교내 다양한 구성원과 이해관계자의 요구 및 만족도를 주기적으로 조사하고 이를 데이터베이스화하는 관리 시스템이다. 교육의 발전과 구성원의 만족도를 높이기 위한 정책을 입안하기 위해서는 데이터를 주기적으로 확인하는 작업이 선행되어야 했기 때문에 KU-Survey의 운영은 필수적이었다. KU-Survey는 2019년 대학 내 여러 기관에서 산발적으로 수행하던 대학생활 수요 및 만족도 조사를 통합하여 보다 정교한 분석을 수행했다. 2020년에는 조사 도구를 개선하고 조사의 타당성 보고서를 작성하여 데이터의 신뢰성을 높였다. KU-Survey의 결과를 바탕으로, 대학정책연구원은 2019년부터 매년 자체적인 대학 혁신 정책 수립을 위한 연구 보고서를 발간하고 있다. 대표적인 연구로는 〈Next Normal 시대의 대학 운영〉, 〈ESG 평가를 대학 경영에 활용하는 방안〉, 〈지속가능발전목표SDGs 이행을 위한 연구 거점 제안〉, 〈글로벌 사회 공헌을 위한 KU 방향성 탐색〉, 〈전략 과제 도출 및 성과 관리 체계KPI 구축〉, 〈AI 시대 인재 양성을 위한 교양 교육의 설계 방안〉 등이 있다.

02

교육·연구 시설과 창의공간의 확대

2-1 서울캠퍼스

2-1-1 운초우선교육관

2010년 2월 운초우선교육관이 준공되었다. 운초우선교육관은 지하 1층, 지상 7층의 연면적 12,669m²(3,832평)의 교육연구시설로 사범대학과 교육대학원에서 사용하고 있다. 사범대학의 새로운 건물은 2006년부터 설계가 진행되었으나 재원 부족으로 사업이 지연되던 중 정영호 박사와 박양숙 여사의 기부로 건립이 다시 추진되었다. 건물의 명칭은 두 사람의 호인 '운초芸樵'와 '우선又仙'을 합쳐 '운초우선교육관'으로 정해졌다.

2-1-2 미디어관

2011년 8월 준공된 미디어관은 지하 2층, 지상 12층의 연면적 11,663m²(3,528평)의 건물로서 미디어학부와 디자인조형학부에서 사용하고 있다. 강의시설은 물론 방송과 영화와 관련된 각종 전문시설까지 갖추고 있다. 지하 2층부터 6층까지는 미디어학부가 사용하고, 7층에서 10층까지는 디자인조형학부가 사용한다. 미디어관에는 아트홀, 편집실, 스튜디오 등 전문시설이 들어섰다. 미디어관은 본교 건물 중 가장 높고 디자인이 독특하다. 미디어관을 설계한 삼우종합건축은 미디어관의 저층부와 고층부를 분리해 저층부는 다른 건물들과의 조화를 추구했고 고층부는 미디어학부의 특성인 '대화와 소통'에 맞게 유리로써 투명성과 개방성을 강조했다고 설명했다.

2-1-3 로봇융합관

2011년 10월 준공된 로봇융합관은 지하 1층, 지상 7층에 총면적 5,050m²(1,530평)의 건물로서 '로보틱 크레인 기반 고층건물 구조체 시공자동화 시스템 개발'이라는 국책연구과제 수행을 위해 지어졌다. 지능형 타워크레인을 통해 건축 기간을 단축하고 자동화 시공을 통해 생산성을 향상할 수 있었다. 자연계 캠퍼스 남쪽에 세워진 로봇융합관에는 고층건물시공자동화사업단 연구실과 실험실, 정보보호대학원 사이버국방학과 등이 입주하였다.

2-1-4 우정정보통신관

2011년 11월 준공된 우정정보통신관은 지하 1층, 지상 6층의 연면적 5,343m²(1,616평)의 건물로서 IT 인재 양성을 위해 (주)부영이 100억 원 상당의 비용을 들여 신축 기증하였다. 생명과학관 동관과 미래융합기술관 사이의 구릉지를 그대로 활용한 건물로 지하 1층이 미래융합기술관과 연결된다. 전면을 커튼월시스템Curtain Wall System으로 설계하여 충분한 채광과 환기, 조망이 될 수 있도록 했다. 2015년 정보통신대학의 명칭이 정보대학으로 변경됨에 따라 우정정보관으로 이름을 바꾸었다.

2-1-5 CJ법학관

2012년 11월 준공된 CJ법학관은 지하 2층, 지상 5층의 연면적 7,859m²(2,377평) 규모의 건물로서 CJ그룹 이재현 회장의 전액 기부로 건립되었다. CJ법학관은 법학연구원실,

중재심리실, 그룹학습실, 세미나실 등을 갖춰 법학전문대학원 재학생들이 법학 공부에 전념할 수 있는 환경을 조성했다. 또한 5층 사료실 및 기증자실에는 유명인사의 유품과 중요 사료가 보성전문학교, 법과대학, 법학전문대학원 시기로 분류·전시되고 있다. 2013년 4월에는 CJ법학관 1층에 '황의빈 라운지'가 조성됐다. 법과대학 행정학과 56학번인 황의빈 혁성실업 대표는 1995년부터 약 30억 원의 발전기금을 본교에 출연했다.

2-1-6 현대자동차경영관

2013년 9월에는 현대자동차경영관이 준공되었다. 현대자동차경영관은 지상 5층, 지하 4층의 15,470m²(4,680평) 규모로 건립되었다. 건물 내에는 교수연구실 28개, 강의실 16개, 그룹스터디룸 50개 등이 있으며 라커룸은 1,050개에 이른다. 지열냉난방시스템을 장착해 에너지 효율을 극대화한 에너지 자립형 건물로 강의실에는 원터치 클릭으로 강의실 내 모든 기자재를 제어할 수 있는 전자교탁 및 통합컨트롤러 등 첨단강의시스템을 갖추고 있다. 현대자동차경영관은 경영대학의 세 번째 단독건물로 교우와 기부자들의 전액 후원으로 지어졌다는 점에서 그 의미가 크다. 현대자동차경영관 건립에는 현대자동차그룹을 비롯하여 3천6백 명이 넘는 기부자들이 동참했다.

2-1-7 하나과학관

하나과학관은 착공한 지 2년 만인 2014년 12월 준공되었다. 하나은행에서 120억 원을 기부하여 건립된 하나과학관은 총면적 32,044m²(9,693평)로 A동과 B동으로 구성되어 있다. 정릉캠퍼스를 사용하던 보건과학대가 2015년 3월 하나과학관으로 이전해 첨단 실험실과 연구공간으로 사용하고 있다. 하나과학관 신축으로 보건과학대는 정릉 시대를 마감하고 다른 단과대학과 마찬가지로 안암동 시대를 열게 되었다.

하나과학관

2-1-8 신공학관

공과대학은 1962년 12월 문리과대학 이학부에 화학공학과를 신설하면서 시작되었다. 1977년 이공대학에서 독립한 공과대학은 2013년 50주년을 맞아 신공학관 건립을 추진했다. 공과대학의 첫 보금자리였던 제2공학관의 노후화 문제를 해결하기 위해 공과대학 교수와 교우들이 적극적으로 나섰다. 이러한 노력의 결실로 2016년 11월, 신공학관이 준공되었다. 신공학관은 연면적 26,719m^2(8,083평), 지상 8층, 지하 2층의 규모이다. 민족과 세계의 미래를 책임질 '따뜻한 글로벌 공학 인재'를 양성하겠다는 염원이 담긴 건물이다.

2-1-9 한국어교육관

2018년 6월 개운산 자락에 준공된 한국어교육관은 지하 1층, 지상 3층의 연면적

신공학관

5,244m²(1,586평) 규모의 건물로, 45개의 어학 강의실과 대형 강당 등으로 구성되어 있다. 한국어교육에 대한 수요가 폭발적으로 늘어남에 따라 체계적인 교육 인프라 구축을 통해 본교의 국제경쟁력을 강화하고자 2017년 착공한 이 건물은 친환경 및 에너지 절약형 건물이며 필요시에는 2개 층의 증축이 가능하도록 설계되었다.

2-1-10 대강당 리모델링

2019년 2월에는 대강당이 전면 리모델링되었다. 1957년에 세워진 대강당은 오랜 역사와 함께 졸업생들의 기억에 자리 잡고 있는 공간이었다. 그러나 건물 노후화로 인해 리모델링이 불가피해지자 270여 명의 기부자들이 대강당 리모델링 기금 마련에 동참했다. 대강당의 3개 강의실은 학교발전에 크게 기여한 김양현 삼원산업 회장, 문규영 아주그룹 회장, 승명호 동화그룹 및 한국일보 회장에 대한 예우로 각각 김양현홀, 아주홀, 한국일보홀로 명명되었다.

SK미래관

2-1-11 SK미래관

2019년 11월, SK미래관이 준공되었다. SK미래관은 연면적 27,370m^2(8,280평)에 지상 5층, 지하 2층의 규모로 건립됐다. 백주년기념삼성관이 과거 100년을 기념했다면 SK미래관은 본교의 미래 1000년을 상징하는 공간으로서 캠퍼스 중심축의 마스터플랜을 완성하는 기념비적인 건물이다. SK미래관에는 사물인터넷IoT, 블록체인, 인공지능AI 기술이 적용된 '스마트 캠퍼스'가 구현되었다. 학생들은 학생증이 탑재된 모바일 기기를 이용해 SK미래관의 모든 공간을 예약하고 출입할 수 있게 되었다. 또한 SK미래관은 약 700명 이상 수용 가능한 유리천장 구조의 '하나프라자'를 통해 대강당과 연결되어 있다. SK미래관은 졸업생들에게 가장 많은 기억을 남긴 공간인 대강당을 보전하는 방식으로 설계되어, 본교의 과거와 현재, 미래가 공존하도록 했다.

2-2 의료원

2-2-1 의과대학 본관

의과대학은 1991년 안암동으로 이전한 이후 20여 년이 지나며 공간 부족 문제에 직면하게 되었다. 이를 해소하기 위해 2012년 7월 의과대학 본관이 준공되었다. 지하 3층 지상 7층, 연면적 21,561m²(6,523평) 규모의 의과대학 본관에는 의과학연구지원센터, 줄기세포 실험실, 실용해부센터, 대형연구과제센터, 실험동물연구센터를 비롯한 연구공간과 다양한 실험실, 강의실이 자리 잡았다. 교육 및 연구 수요자 중심의 동선을 최대한 살리도록 공간이 배치됐다. 의과대 본관은 국내 최고의 유비쿼터스 환경을 실현한 건물로서 첨단 무선통신 및 인터넷이 가능하며 기온에 따라 자체적으로 건물 내부의 환경을 조절하는 인공지능 시스템, 자연채광, 자동 환기 시스템 등이 갖춰져 있다.

2-2-2 문숙의학관

2014년 3월에는 명훈장학회 문숙 여사의 기부금으로 건립된 지상 7층, 연면적 7,544m²(2,282평)의 문숙의학관이 준공되었다. 문숙의학관은 기초의학 교수연구실과 강의실은 물론 예방의학, 생화학, 약리학, 해부학, 미생물학, 생리학 등의 기초의학교실과 다양한 연구·실험실, 세미나실 등으로 구성되어 있다. 문숙의학관의 건립으로 기초의학 분야의 교수 1인당 연구공간이 25평으로 확장됨으로써 국내 최대 규모의 연구 공간으로 향상되었다.

2-2-3 구로병원 암병원

2014년 4월 구로병원 암병원이 준공되었다. 암병원은 연면적 8,585m²(2,597평)에 지상 10층 규모의 건물로서 암환자를 위한 전용 진료실 및 각종 검사실을 비롯해 방사선치료실, 일일항암치료실, 다학제 협진회의실, 교육실 등을 갖췄으며, 환자가 원스톱으로 치료받을 수 있도록 동선과 공간을 최적화했다. 구로병원 암병원은 쉽고 편하고 빠르고 믿을 수 있는 암병원을 모토로 환자 중심 암 치료시스템을 내세웠다.

2-3 세종캠퍼스

2-3-1 석원경상관

2010년 2월에는 세종캠퍼스 석원경상관이 준공되었다. 석원경상관은 지하 1층, 지상 4층으로 연면적 8,780m^2(2,656평) 규모의 건물이다. 내부에는 교수 연구실 45개, 강당 1개, 강의실 16개, 세미나실 6개, 연구실 6개가 들어서 있고 건물 중앙에는 경사 지형을 활용한 중앙정원이 조성되었다. 석원경상관은 건물 신축 기금 40억 원을 기부한 (주)삼

석원경상관

천리의 이장균 명예회장의 호를 따 명명되었다.

2-3-2 의생명공학연구원

2012년 12월, 의생명공학연구원이 준공되었다. 오송 첨단의료복합단지의 민간 연구개발시설 1호인 의생명공학연구원은 지상 6층, 연면적 5,495m^2(1,662평) 규모로 1-2층에는 '의생명공학연구원'이, 3-6층에는 'BT융합산업 창업보육센터'가 들어섰다. 본교는 2006년 12월 보건복지부 산하 오송단지 연구지원시설 입주심사위원회의 심의를 거쳐 오송단지 내 의생명공학연구원 건립대학으로 선정됐다. 또한 2011년 중소기업청이 주관하는 '창업보육센터 신규지정 및 신규건립 지원사업'에 선정돼 건립비용 중 18억 원을 지원받았다.

2-3-3 가속기ICT융합관

본교는 2013년 4월 기초과학연구원IBS과 양해각서를 맺은 후 2014년 일반대학원 가속기과학과를 신설했다. 이어 2016년 4월 중이온 가속기 실험동(현재의 가속기 ICT 융합관) 기공식을 거행했으며 2017년 5월, 142억 원을 들여 지하 1층, 지상 5층, 연면적 4,354m^2(1,317평) 규모의 중이온가속기실험동을 준공했다. 이로써 본교는 세계 최초로 가속기 과학과를 일반대학원 정규학과로 개설하고 국내 대학 최초로 관련 연구시설을 갖추게 되었다. 중이온가속기실험동은 중이온가속기 핵심 장치·설비 연구개발과 활용연구에 특화된 대형 연구기반 시설이다. 본교는 중이온가속기실험동을 활용해 국내에서 개발 중인 토종 중이온가속기인 라온RAON 구축 사업에 본격적으로 참여하게 되었다.

2-3-4 세종캠퍼스 정문

2018년 4월에 세종캠퍼스의 새로운 정문 건립 공사가 시작되었으며, 1년 2개월의 공사 과정을 거쳐 캠퍼스 남쪽(구 신봉초 자리)에 건립되었다. 정문이 세워진 부지는 37,059m² 규모이며 화강석 재질의 정문은 높이 8.52m에 달한다. 정문 및 부대시설 공사에는 약 43억 원이 소요되었다. 새로운 정문의 좌측에는 농심국제관과 학술정보원 사이를 연결하는 새로운 진입로가 조성되어, 농심국제관과 중앙광장 방향으로 보다 신속한 이동이 가능하게 되었다. 정문 신축과 더불어 진입로에는 다양한 부대시설이 설치되었다. 정문 좌측에는 기부자들의 뜻을 기리는 기부자 거리와 'Donor's Wall'을 조성했다. Donor's Wall에는 교육 연구 환경의 향상을 위한 모금 캠페인 '크림슨 브릭Crimson Brick'에 참여한 기부자들의 이름이 새겨졌다. 기존 정문은 '동문'으로 명명돼 그 기능을 유지하고 있다.

2-3-5 문화스포츠관

2019년 10월, 문화스포츠관이 준공되었다. 이 건물은 2017년 3월 문화스포츠대학이 신설됨에 따라, 소속 학부인 국제스포츠학부, 문화유산융합학부, 문화창의학부의 원활한 학사 운영을 지원하기 위해 건립되었다. 문화스포츠관은 2018년 4월 착공해 지하 1층, 지상 5층의 연면적 7,550m²(2,284평) 규모의 철근콘크리트 구조로 완공되었다. 한편 2019년 12월에는 세종캠퍼스 산학협력관이 준공되었다.

03

학제 개편

3-1 약학대학 신설과 세종캠퍼스 학제 개편

3-1-1 약학대학 신설

본교는 오랜 준비와 과감한 투자를 바탕으로 2010년 약학대학을 유치하는 데 성공했고 2011년 3월 첫 번째 신입생을 선발했다. 2+4년제 약대가 처음으로 시행됨에 따라 본교 약대에는 대학에서 2학년 이상을 이수한 수험생들이 지원할 수 있었으며 첫 모집에는 9.3:1이라는 높은 경쟁률을 보였다. 전반기에는 약학 분야 전반의 기본 과목을 교육하는 기초 교육과정이 운영되며, 후반기에는 기초실무 실습 과정이 운영된다. 기초실무 실습 과정은 병원, 지역 약국, 제약기업, 약학대학 연구실에서 이루어지고 있다. 본교 3개 병원(안암병원, 구로병원, 안산병원)에서 이루어지고 있는 임상 실무 실습은 우리나라 최고의 임상 교육 프로그램으로 자리 잡았다. 한편 본교는 약학대학의 발전을 위해 2011년 6월에 약학대학 연구실험동을 준공했다. 연구실험동은 지상 6층, 연면적 4,405m^2(1,335평) 규모로 건립되었다. 약학대학은 설립 2년 만인 2013년 QS 세계 대학 평가에서 세계 100위 안에 진입한 이후 줄곧 이 자리를 지키며 최고의 연구력을 구축했고, 약사국가시험에서도 전원 합격이라는 성과를 거두며 우수한 교육 체계를 입증하고 있다.

3-1-2 세종캠퍼스의 학사구조 전면 개편

2015년 교육부 주관의 '1주기 대학구조개혁평가'에서 D+라는 참담한 성적과 함께 정부 재정지원 제한 및 정원 10% 감축 권고를 받은 세종캠퍼스는 위기를 기회로 바꾸고자 '창의교육·실용연구—미래 100년을 개척하는 제2의 창학'이라는 비전을 담은 '세종캠퍼스 중장기 발전계획'을 수립했다. 4차 산업혁명시대를 선도할 수 있는 '융복합학문 중심의 특성화 캠퍼스'로서 서울캠퍼스와 차별화된 목표를 담은 본 발전계획에 따라 4개 단과대학 24개 학부(과) 체제의 기존 학사구조는, 2017년부터 글로벌비즈니스대학, 공공정책대학, 문화스포츠대학, 과학기술대학, 약학대학의 5개 단과대학 19개 학부(과)로 개편했다. 이를 통해 서울캠퍼스와 중복되는 학과 대부분을 융·복합 기반으로 전환하고 이공계열을 특성화했다. 그 결과 학사구조개편 직전인 2016년 세종캠퍼스 수시경쟁률은 8.79:1이었으나, 학사구조개편 후 2017년 11.38:1, 2018년 13.30:1(충청권 1위), 2019년 14.31:1(비수도권 종합대학 1위)로 상승했다. 이는 학령인구 감소라는 시대적 흐름에도 불구하고, 세종캠퍼스의 입학 경쟁률이 비약적으로 향상되었음을 보여 주는 성과였다.

2016년, 세종캠퍼스는 소속 학과들의 교육 및 연구의 질을 제고하고 캠퍼스 경쟁력 향상을 도모하기 위해 서울캠퍼스에서도 전례가 없는 학과평가 제도를 도입했다. 세종캠퍼스 학과평가는 다양한 형태의 대외 대학평가에 대비하여 캠퍼스의 취약지표를 개선하고, 고등교육 정책방향에 부합하는 평가지표들을 지속적으로 발굴하며, 학과별 우수성과의 확산 등에 효율적으로 활용되고 있다.

3-2 미래학문으로의 전환과 첨단학과의 신설

3-2-1 사이버국방학과

본교는 2011년 6월 28일 육군과 사이버국방학과 신설에 관한 학군 협약식을 가졌다. 이 자리에서 디도스DDos 사태 등 각종 사이버 테러 위협이 급증하고 있는 가운데 사이버 전쟁에 대비한 전문 장교를 육성하기 위해 국내 최초의 사이버국방학과를 본교에 개설하기로 합의했다. 협약에 따라 본교는 2012년 1학기부터 신입생을 선발하며 육군은 이들 학생 전원을 군장학생으로 임명하고 4년간 전액 장학금을 지급하기로 했다. 사이버국방학과에서는 학생들에게 정보기술IT과 암호해독 이론과 실습, 사이버심리 등 사이버전을 수행하는 데 필요한 전문 과목을 집중적으로 교육하며, 장교 임관을 위한 국가관 및 안보관 확립을 위한 군사학 과목도 포함했다. 학생들은 육군사관학교 생도나 ROTC 후보생과 달리 여름과 겨울 방학 동안 입영훈련을 받지는 않지만, 방학 중 관련 부대에서 현장 실습을 수행하며 사이버 테러 대응 능력을 배양했다. 이러한 4년간의 모든 교육과정을 이수하고 졸업하는 학생들은 전원 학사장교로 임관하여 7년간 사이버전 관련 부서에서 근무하게 되었다.

3-2-2 정보대학의 신설

본교는 2012년 3월 정보보호학부를 신설하여 정보통신기술ICT 분야의 전문 인력을 양성하고자 했다. 그러나 관련 학과가 분산되어 있어 3대 국가신성장동력에 해당하는 ICT 관련 학과의 역량을 결집시키는 데 한계가 있었다. 결국 ICT 교육조직 혁신 특별위원회 및 ICT특성화위원회를 설치해 ICT 분야의 역량을 결집할 수 있는 새로운 교육조직을 마련했다. 그 결과 2014년 3월 정보통신대학 컴퓨터·통신공학부, 사범대학 컴퓨터교육과, 정보보호학부, 사이버국방학과를 통합하여 정보대학이 설립되었다.

3-2-3 보건과학대학의 전면 개편과 학부의 재편

보건과학대학은 임상병리학과, 방사선학과, 물리치료학과, 치기공학과, 보건행정학과, 식품영양학과, 환경보건학과, 생체의공학과 등 8개 학과로 구성되어 있었으나 3년제 전문대학 학제를 동일하게 유지할 경우 학문적 수요 및 시대적 상황에 대응할 수 없었다. 이에 따라 6차례에 걸친 교육조직 혁신 특별위원회 회의를 통해 대학의 정체성을 HT Health Technology로 설정하고 융합학문의 특성을 지닌 HT의 다양성을 보장하기 위해 기존 소규모 8개 학과를 중대형 4개 학과로 개편하여 연구중심대학으로의 발전을 도모하기로 했다. 그 결과 2014년 3월 보건과학대학을 바이오의공학부, 바이오시스템의과학부, 보건환경융합과학부, 보건정책관리학부의 4개 학과로 전면 개편했다.

그 밖에 1965년 신문방송학과로 시작하여 지난 50여 년 동안 미디어 분야를 주도한 본교 언론학부가 2010년 3월 미디어학부로 변경되었고 2011년 3월에는 조형학부가 디자인조형학부로 변경되었다. 디자인조형학부는 2000년 사범대학 미술교육과에서 미술학부로 독립한 이후 4개 전공(동양화, 서양화, 조소, 디자인)을 2007년 2개 전공(조형미술전공, 산업정보디자인전공)으로 재편하여 조형학부로 개편되었으나 사회환경의 변화에 부응하고자 새로운 교육과정을 마련하고 명칭을 디자인조형학부로 변경하였다. 또한 1968년 공업경영학과로 출발한 정보경영학부 역시 산업공학과(1973)-시스템정보공학과(1999)-산업시스템정보공학과(2002) 등의 명칭 변경을 거쳐 2011년 3월 산업경영공학부로 변경되었다. 2014년에는 전기전자전파공학부가 전기전자공학부로 명칭을 변경했다. 또한 같은 해 세종캠퍼스 사회체육학부가 국제스포츠학부로 명칭을 변경했다. 1989년 설립한 사회체육과는 2010년 사회체육학부로 독립했다가 2014년 국제스포츠학부로 명칭을 변경했으며, 이후 2017년 세종캠퍼스 학사구조 개편에 따라 문화스포츠대학 소속 학부가 되었다.

3-2-4 KU-KIST 융합대학원

본교는 2012년 3월 KIST와 학연교수제도의 운영과 'KU-KIST 스쿨' 설립에 관한 협약을 체결했다. 교수나 연구원이 대학과 연구기관에서 동시에 근무하는 '학연교수제도'가 국내에 처음으로 도입된 것이다. 학연교수제도는 2012년 1월 〈산업교육진흥 및 산학연 협력 촉진에 관한 법률〉이 개정되면서 교수나 연구원이 대학과 연구기관에 동시에 소속돼 전임급으로 근무할 수 있는 길이 열린 뒤 최초로 적용된 사례였다. 그리고 2013년 3월 KU-KIST 융합대학원이 신설 이후 첫 입학식을 가졌다. 이날 입학식에서 IT-NS전공 박사과정 2명, IT-NS전공 석사과정 5명, Bio-Med전공 박사과정 2명, Bio-Med전공 석사과정 10명 등 총 19명이 입학했다. KU-KIST 융합대학원은 학문 간 경계를 두지 않는 연구와 교육으로 지성의 지평을 넓히는 데 주력하고 있다.

3-2-5 대학원 가속기과학과

2014년 3월, 본교는 기초과학연구원IBS과 공동으로 세종캠퍼스에 가속기과학과를 신설했다. 가속기과학과는 일반대학원 석사 및 박사과정, 석박사 통합과정에서 가속기 구축·운영 및 활용 등과 관련된 교육과 연구를 수행하고 있다. 가속기과학은 물리학뿐만 아니라 물성·재료과학, 의생명과학 및 생활과학 등의 분야와 관련된 융합학문이다. 가속기과학과의 학생들은 등록금을 전액 지원받으며 졸업 후 가속기 관련 연구소와의 취업 연계를 통해 실질적인 연구 인력으로 양성된다. 가속기과학과를 대학원 정규학과로 개설한 것은 세계적으로 첫 사례로서 국제과학비즈니스벨트 핵심시설인 한국형 중이온 가속기 구축사업과 관련 산업체에서 활약하게 될 고급 전문 인력을 양성하는 데 기여했다. 2016년 7월에는 일본 도쿄공업대학에서 소형 중이온 가속기를 기증받으면서 국내 대학 중 최초로 가속기를 보유하게 되었다. 현재 보유 장비는 소형 중이온 가속기, 소형 양성자 가속기, 소형 방사광 가속기 2대 등이 대표적이다. 방사광 가속기 중 1대는 독일 헬름홀츠Helmholtz-Zentrum Berlin 방사광가속기연구소로부터 기증받은 방사광 가속기의 입사기이고, 나머지 1대는 오창에 지어질 방사광 가속기(원형 둘레 800m)의 1/500 축소판으로서 전자가속기, 언듈레이터Undulator, 빔라인을 갖추고 있다.

3-2-6 대학원 인공지능학과

국내 첫 AI 대학원인 대학원 인공지능학과는 과학기술정보통신부 인공지능대학원 사업의 일환으로 신설되어, 2019년 9월 첫 학기를 맞이했다. 본 학과는 인공지능 분야에서 세계적 수준에 도달하는 것을 목표로 하여 혁신적인 AI 기술 개발을 선도할 학술 인재, 글로벌 산업계의 성장을 주도할 산업 인재, AI 신기술 사업화에 도전할 기술창업 인재를 양성하고 있다. 인공지능학과는 핵심 연구 분야(딥러닝, 컴퓨터비전, 자연어처리, 음성인식, 빅데이터, 신경망 등)와 AI+X 특화 분야(헬스케어, 금융, 지능형에이전트, 게임, 자율주행, 국방 등) 중심의 AI 특화 교육과 연구를 진행하고 있다. 또한 세계 유수 AI 대학 및 연구소, 국내외 AI 선도 기업들과의 풍부한 연구협력 네트워크를 활용하여 글로벌 경쟁력과 실무 역량을 지닌 AI 인재를 양성하고 있다.

그 밖에 2010년대에도 다수의 대학원이 개설되고 편제가 바뀌었으며 명칭도 변화했다. 2010년 3월에는 에너지환경정책기술대학원과 융합소프트웨어전문대학원을 개원했고, 2011년 3월에는 기술경영전문대학원이 문을 열었다. 2015년 9월에는 대학원 융합소프트웨어학과를 컴퓨터학과로, 대학원 계약학과 나노반도체공학과를 반도체시스템공학과로 명칭을 변경했다. 2016년 3월에는 대학원 계약학과 스마트융합학과와 글로벌국가정책협동과정을 신설했고 컴퓨터정보통신대학원 디지털정보·미디어공학과를 빅데이터융합학과로, 컴퓨터·정보통신공학과를 소프트웨어보안학과로 명칭을 변경했으며 공학대학원 건축공학과와 사회환경시스템공학과를 통합하여 건축사회환경공학과로, 전기공학과와 전자·컴퓨터공학과를 통합하여 전기전자컴퓨터공학과로 명칭을 변경했다.

3-3 학사제도의 개편

3-3-1 수강 및 학점 제도 개편

기존 학사제도는 학생이 임의로 특정 교육과정을 삭제하거나 포기할 수 있도록 허용함으로써, 교육 철학적 관점에서 타당하지 않은 문제점을 안고 있었다. 이러한 문제점을 해결하기 위해 본교는 학사제도를 개편해 2014년 수강신청과목 포기제도(일명 '드롭제도')를 폐지했다. 기존의 수강신청과목 포기제도는 수강정정기간의 신청만으로 포기가 가능해 정상적인 수강을 희망하는 학생들의 수강기회를 박탈하고 정확한 수강인원 예측을 곤란하게 하는 등 합리적인 학사운영의 걸림돌로 작용해 왔다. 이에 따라 수강신청 정정기간을 개강 후 2주 차로 연기하여 학생들의 수강신청 정정을 보다 신중히 하도록 했으며 개강 첫 주 수업의 내실을 기할 수 있게 되었다. 또한 취득학점 포기제도 역시 폐지되었다. 성적은 교수와 학생 간의 교육과정을 함축적으로 나타내는 것인데, 이를 학생이 임의로 삭제하거나 포기하는 것은 비교육적이라는 비판에 따라 취득학점 포기제도를 폐지해 교육의 본질을 회복했다. 나아가 재수강 제도 역시 개선했다. 재수강 제도의 남용으로 인해 학점 인플레이션이 야기되고 의도적인 중도포기자가 증가하여 최초 수강생이 상대적으로 피해를 입는 등의 문제가 초래되자 재수강을 통해 취득할 수 있는 학점 상한을 A로, 재수강한 과목을 다시 재수강하는 경우의 학점 상한을 B+로 각각 제한하여 재수강 제도의 남용을 방지했다. 그 밖에 F학점을 취득한 교과목이 성적증명서에 표기되지 않아 대학 성적에 대한 신뢰성이 약화되고 있다는 지적에 따라, F학점을 취득한 교과목에 대해서도 성적증명서에 성적이 표기되도록 관련 규정을 정비했다.

3-3-2 교양강좌의 개편

2015년 4월, 교양교육 전담기관으로 기초교육원을 설립하고 그 위상과 역할을 대폭 강화했다. 학교 전반의 교육과정 기획은 교무처 학사팀이 주관하고 있으나, 교양과목에 한해서는 기초교육원이 전담하도록 했다. 기초교육원은 '지능정보사회를 선도하며 모범적 인격과 교양을 갖춘 지성인 육성'을 목표로 융복합교육 강화, 기초학문능력교육 강화, 학습자 중심의 교양교육 다각화 그리고 수요자 중심의 관리 및 지원 등 4가지 방면의 추진 전략을 시행했다. 이를 위해 2017년에는 본교 최초로 모든 신입생이 참여하는 토론 중심의 수업 '자유·정의·진리'를 신설했다. 교육내용으로는 인문학, 사회과학, 자연과학을 망라하여 인류의 지성사를 장식했던 다양한 지적 성찰들을 주제별로 담아 냈다. 교육방법 면에서는 모션 픽처 형태의 동영상 교재를 제작하고, 플립트 클래스flipped class와 튜토리얼tutorial을 결합한 블렌디드 러닝blended learning 방식의 혁신적인 방식을 도입했으며, 소그룹 토론과 발표를 통해 사고하고 질문하고 실천하는 지적 교류의 장을 정착시켰다. 또한 정보 생성 및 표현 능력을 갖춘 고급 인재 양성의 필요성이 대두됨에 따라 기존의 '사고와 표현'을 폐지하고 2018년에는 새로운 '글쓰기' 과목을 정착시켰다. 이에 더하여 선택교양에 '심화글쓰기'를 신설하여 학생들의 다양한 수요에 적극 부응했다.

3-3-3 3무 정책과 유연학기제

본교는 2015년 2학기부터 출석부, 시험감독, 상대평가 등을 없애는 3무無 정책을 시행했다. 3무 정책은 대학이 취업기관이 되었다는 비판과 탄식이 팽배한 상황에서, 대학의 본질을 지향하는 개혁이자 불필요한 틀에 갇혀 있는 교육제도를 혁파하겠다는 의지를 담고 있다. 출석확인자율화-무감독시험-절대평가로 구성된 3무 정책은 '자율-신뢰-책임'의 철학을 바탕으로, 학생들이 보다 자유롭고 독창적인 사고를 형성할 수 있도록 기획되었다. '튜토리얼 제도'는 학습 과정에 토론을 제도화한 것으로서, 학부 학생들에게는 자신의 의견을 형성하고 교환하는 장을, TF로 활동하는 대학원생에게는 교수학습의 기회를 제공했다. '유연학기제'는 학생들에게 학업일정을 유연하게 조정할 수 있는 기회를 제공함으로써 학생들이 협의의 학습활동을 벗어나 광의의 교육 경험을 할 수 있도록 했고, 융합전공과 학생설계전공은 학생들이 자신들만의 융합적인 사고형성을 시도할 수 있도록 하는 제도로 추진되었다.

3-3-4 자유·정의·진리장학금

본교는 2016년 1학기부터 성적장학금을 폐지하고 장학금 제도를 자유·정의·진리장학금으로 개편했다. 자유장학금은 취업난 등으로 인해 외면받는 학생자치활동을 다각도로 지원하고 독려하는 장학금이다. 총학생회 활동, 지역사회봉사 및 해외봉사 활동에 참여한 학생, 단과대학 학생회 봉사자, 우수 학생선수 등에게 소정의 장학금을 지급하여 민주시민의 가치를 실현할 수 있도록 한 것이다. 정의장학금은 동등한 출발점을 보장하는 장학금으로 경제적인 어려움을 해소해 학업에만 매진할 수 있도록 돕는 필요기반 장학금이다. 특히 기초생활수급자인 소득분위 0분위 학생은 '미래로장학생'으로 선발하여 수업료 전액 지원 외 매월 30만 원의 생활비 및 안암학사 기숙사비도 지원했다. 진리장학금은 학업 및 연구 프로그램을 지원하는 프로그램기반 장학금으로 본교만의 경쟁력을 갖춘 인재를 양성하는 데 중점을 두었다. 학생이 스스로 도전 또는 체험하고 있는 프로그램을 기획해 제안하면 장학위원회가 심의를 거쳐 제반 비용을 지원하고 있다. 중국, 일본, 라틴아메리카 등에 갈 수 있는 KU-글로벌리더십프로그램 장학금이 대표적인 예이다. 학생들은 항공료와 해당 국가 학교의 기숙사비 및 수업료를 지원받을 수 있다. 본교는 2017년 자유장학금으로 21억 원, 정의장학금으로 160억 원, 진리장학금으로 46억 원 등 총 227억 원의 장학금을 지급했다.

3-3-5 입시제도 개편

본교는 '입시정책은 대학이 주도하여 능동적이고 적극적으로 수립하여야 하고, 대학 입시는 공교육을 강화하는 방향으로 설계되어야 하며, 대학은 창의적이고 잠재력을 가진 인재를 적극적으로 발굴하여야 한다'는 철학을 기반으로 입시정책을 수립했다. 이를 토대로 입학처를 인재발굴처로 명칭을 변경했고, 인재발굴센터를 신설하여 중장기적인 전형 계획과 면접 문항의 개발 등 지속적인 연구를 통해서 대내외적인 상황에 능동적으로 대처할 수 있는 역량을 강화시켰으며, 전임 입학사정관의 채용을 두 배로 늘려서 서류평가와 면접을 위한 전문인력을 확충했다. 또한 입시 제도의 변화와 평가 방법을 연구하기 위해 '인재발굴위원회'를 자문 기관으로 두고, 새로운 전형을 개발하는 역할을 맡겼다. 사교육 의존도가 높은 논술전형을 폐지하고 공교육에 충실한 학생을 중심으로 선발하는 학생부종합전형을 대폭 확대했다. 기존의 1단계로 진행되던 면접방식에서 벗어나 2단계 면접을 도입하여 더 많은 평가위원이 학생을 관찰할 수 있는 기회를 제공했고, 토론 면접과 학생부기반 면접을 도입하여 기존의 방식으로는 평가할 수 없는 역량을 평가하도록 했다.

04

연구 증대와 국제화의 가속

4-1 세계적 연구중심대학을 향한 발걸음

4-1-1 오정리질리언스연구원과 융합연구원의 신설

2014년 국내 최초의 리질리언스 연구기관으로 오정에코리질리언스연구원OJERI, Ojeong Eco-Resilience Institute이 설립되었다. 오정에코리질리언스연구원은 대량 생산과 대량 소비를 근간으로 하는 현대 사회의 지속 불가능성을 해결하기 위해 생태계의 리질리언스를 손상하지 않는 범위 내에서 인류의 생존을 모색하고 있다. 2013년 생명과학대학 설립 60주년을 맞아 민남규 자강산업 회장이 50억 원을 연구기금으로 기부한 것을 계기로 설립되었다. 오정에코리질리언스연구원은 2020년 3월 환경생태연구소와 환경GIS/RS센터를 통합해 오정리질리언스연구원으로 개편되었다. 한편 2017년 1월에는 연구부총장 직속 기관으로 융합연구원이 신설되었다. 융합연구원은 세계적 수준의 연구역량 제고, 원천기술 확보를 위한 인프라 구축과 미래성장 동력의 조기발굴을 목적으로 의생명과학 분야를 비롯한 융복합 연구 및 융합기술 개발연구를 전담하고 있다.

4-1-2 인문한국HK 사업단 선정

2006년은 '인문학 위기'의 해였다. 2004년부터 3년 동안 전국 각 대학에서 12개의 철학과와 6개의 불어불문학과, 독어독문학과가 폐과됐다. 본교 문과대학 교수 121명이 인문학의 '위기'를 선언하자 전국의 인문대학 학장들은 인문학을 진흥시키기 위한 대안을 촉구하고 나섰다. 그 결과 2007년 한국학술진흥재단(현재 한국연구재단)의 '인문한국HK, Humanities Korea' 사업이 시작됐다. '인문한국' 사업은 10년간 50개 연구소(인문연구 분야 30개, 해외지역연구 분야 20개)를 지원하는 대규모 사업이었다. 본교는 2007-2008년 민족문화연구원과 일본연구센터, 그리고 아세아문제연구원이 차례로 인문연구 분야와 해외지역연구 분야 연구소로 선정되었다.

인문연구 분야 연구소로 선정된 민족문화연구원(이하 민연)은 '한국 문화의 동역학Korean Cultural Dynamics'을 연구의 어젠다로 삼았다. 한국 문화의 복합성과 역동성을 분석하고 이를 동태적으로 설명할 수 있는 새로운 이론을 모색하는 것이 그 목표였다. 이러한 목표를 실현하기 위해 민연은 '인문한국' 사업의 출범과 함께 한국학의 각 분야에서 HK 교수와 연구교수를 충원했고 다양한 학술 프로그램들을 개발했다. 민연은 한국 문화의 특수성이나 불변하는 본질을 강조하는 정태적이고 방어적인 한국학을 넘어서 교섭과 변화를 강조하는 역동적이고 개방적인 한국학을 모색함으로써 인문학 전반의 시야를 확대하는 데 기여했다.

1999년 일본학연구소로 발족한 일본연구센터는 2007년 11월 '인문한국' 사업의 해외지역연구 분야에서 유일한 일본 연구 사업단으로 선정되어 세계적인 일본 연구의 거점구축을 목표로 삼았다. 이를 위하여 국내 일본 관련 연구소와 유기적으로 연계하면서 한국 내 중심적인 일본연구기관으로서 그 역할을 다할 뿐만 아니라, 나아가 해외 지역 연구소와의 연계를 통해 국제적 일본 연구의 허브 역할을 담당해 왔다. 일본연구센터는 이와 같은 점진적인 네트워크 구축을 통해 세계적인 일본 연구의 발신자로서 그 위상을 드높여 왔으며 HK사업의 연구성과를 토대로 2015년 글로벌일본연구원으로 명칭을 변경했다.

아세아문제연구원(이하 아연) 역시 2008년 11월에 해외지역연구 분야의 연구소로 선정되었다. 아연은 2018년까지 10년 동안 '동북아시아의 초국가적 공간'이란 주제로 세계적인 동북아 종합지역연구소 구축사업을 목표로 했다. 아연은 이 사업을 통해 '세계적 수준의 동북아 종합지역연구소'라는 미래 청사진을 설정하고 이를 위해 연구의제 설정을 통한 동북아 지역연구 선도, 세계적 수준의 동북아자료조사센터 구축, 국제경쟁력을 갖춘 지역전문가와 학문후속세대 양성, 국내외 연구교류 활동을 통한 연구공동체 구축 등의 성과를 거뒀다. 2007년 시작된 본교의 '인문한국' 사업은 2018년까지 이어지며 한국 인문학의 토대를 재구축하는 성과를 거두었다. 10년에 걸친 연구 자료의 축적은 장기적 관점에서 새로운 연구 영역을 개척할 수 있는 계기가 되었다.

4-1-3 국가지정연구중심병원 선정

2011년 12월 본교 의료원의 안산병원이 보건복지부로부터 상급종합병원으로 선정되었다. 이로써 본교 의료원 산하의 3개 병원 모두 상급종합병원으로 선정되어 최고 수준의 병원 대열에 합류하게 되었다. 국내에서 산하 의료기관이 모두 상급종합병원인 경우는 본교 의료원이 유일하다. 또한 2013년 3월에는 본교 의료원 안암병원과 구로병원이 국가지정연구중심병원으로 선정되었다. 의료산업이 미래의 국가성장동력으로 주목받으면서 국가적 사업으로 추진돼 전국의 대학 병원들이 사활을 걸고 참여한 연구중심병원 선정에서 안암병원과 구로병원이 동시에 선정된 것으로, 이는 전국 10곳의 연구중심병원 가운데 본교에서만 2곳이 지정된 쾌거였다. 안암병원과 구로병원은 2016년과 2019년 연구중심병원으로 재지정되었고 2022년 제2기 연구중심병원 선정사업에서도 모두 선정되어 최고 수준의 병원으로 발돋움하고 있다.

4-1-4 BK21 플러스 사업단 선정

본교는 2013년 교육부와 한국연구재단이 발표한 BK21플러스사업 최종 선정 결과에서 총 26개 사업단에 이름을 올려 국내 대학 중 1위를 차지했다. 이를 통해 본교의 연구 경쟁력이 국내에서 가장 뛰어난 수준임이 입증됐다. 교육부는 과학기술, 인문사회 등 사업 전 분야에 걸쳐 전국 총 108개 대학에서 신청한 345개 사업단(대형)과 866개 사업팀(소형) 가운데 64개 대학, 196개 사업단 및 280개 사업팀을 최종 선정했다. 본교는 이 가운데 과학기술 15개 분야, 인문사회 8개 분야, 융복합 3개 분야 등 총 26개의 사업단이 선정됐다. 국내 대학 가운데 최다 규모였다. 본교는 소규모 팀단위 지원사업인 사업팀 분야에서도 10개가 선정되는 등 분야와 규모를 가리지 않고 전반적으로 높은 성과를 냈다. 선정 결과 본교는 2013년부터 2020년까지 7년간 총 1,631억 원(연간 233억 원)을 지원받아 세계 수준의 연구중심대학으로 도약할 수 있는 계기가 마련되었다.

4-1-5 경영대학 CEMS 가입과 EQUIS 인증

경영대학은 2015년 CEMS Global Alliance(비즈니스 스쿨 연합)의 정회원 자격을 획득하여 국내 유일의 CEMS 협정교가 되었다. 세계 명문 비즈니스 스쿨 연합인 CEMS Global Alliance에는 한 나라에서 최고의 비즈니스 스쿨로 인정받은 1개교만 영구 가입할 수 있다. CEMS Global Alliance는 가입교 간의 석사 과정 학생 및 인턴십 교류에 중점을 둔다. 각 회원교는 산학협력을 맺고 있는 기업과 공동으로 글로벌 인턴십 프로그램을 마련해, 이를 다른 회원교에 제공함으로써 국제 교류를 활성화하고 있다. 또한 경영대학은 유럽경영대학협의회EFMD가 수여하는 EQUISEFMD Quality Improvement System 5년 인증을 획득했다. 유럽경영대학협의회는 대학이 추구하는 비전과 전략, 교육환경, 교육과정의 질, 교수진, 교육 시설, 국제화 수준, 학생 자질 등 10개 항목을 엄격하게 평가해 EQUIS 인증을 부여한다. EQUIS 인증은 그 심사기준이 매우 까다로워 전 세계 156개 교만이 인증을 받았으며, 5년 인증의 경우 단 83개교뿐이다. 본교 경영대학은 2007년 국내 대학 최초로 3년 인증을 받은 데 이어 2010년에는 국내 최초로 5년 인증을 받는 데 성공했다. 한편, 경영대는 미국 학계에서 공인하는 국제경영대학발전협의회AACSB 인증에서도 2회 연속 5년 인증을 획득했다. AACSB는 세계적으로 48개국 739개교가 보유하고 있으며, AACSB와 EQUIS 모두에서 5년 인증을 받은 대학은 본교를 포함해 전 세계 70개교에 불과하다.

4-1-6 세계대학평가와 '세계에서 가장 영향력 있는 연구자'

영국의 대학평가기관 QS에서 실시하는 2016 세계대학평가에서 본교는 세계 98위, 국내 종합사립대학 1위로 역대 가장 높은 순위를 기록했다. 이로써 본교는 2004년 세계대학평가를 시작한 이래로 국내 종합사립대학으로서는 가장 먼저 세계 100위 안에 진입한 대학이 됐다. 이것은 개교 100주년 당시 언급한 '세계 100대 대학 진입'이라는 목표를 스스로의 역량으로 달성한 결과였다. 2년 뒤인 2018년에는 QS 세계대학평가에서 세계 86위를 기록하며 처음으로 80위권으로 진입했다.

또한 2019년에는 클래리베이트 애널리틱스가 발표한 '2019년 세계에서 가장 영향력 있는 연구자HCR' 명단에 본교 교수 7명이 이름을 올렸다. 이는 국내 사립대학 중 최다 기록이다. HCR은 논문의 피인용 횟수가 많은 연구자를 뜻하는 단어로 클래리베이트사는 매년 자사의 '웹 오브 사이언스Web of Science'를 기반으로 각 분야에서 해당 연도에 가장 많이 인용된 상위 1%의 논문을 기준으로 연구자를 선정하고 있다. HCR에 선정된 본교 교원은 김종승(화학과), 노준홍(건축사회환경공학부), 안춘기(전기전자공학부), 옥용식(환경생태공학부) 교수와 제2소속이 고려대학교인 권익찬(KU-KIST 융합대학원), 김광명(KU-KIST 융합대학원), 클라우스 R. 뮐러Klaus R. Müller(뇌공학과) 교수 등 총 7명이다.

4-2 국내 최대의 글로벌 캠퍼스 환경 조성

4-2-1 국내외 대학과의 학점교류

본교는 1999학년도 1학기부터 국내 대학과의 학점교류를 시작했으며, 2008년 국내 대학 최초로 교육 개방을 제안하고 선언하여 국내 모든 대학에 학점교류를 개방했다. 2013년 본교 학부 재학생 중 외국 대학으로 파견된 인원은 1,116명이었다. 2016년 현재 국내 31개 대학과 학점교류를 실시하고 있으며, 교환대학에서 이수한 학점을 졸업이수학점(졸업요구학점의 1/2의 범위 내)으로 인정하며, 이수한 교과목은 전공책임교수의 승인하에 전공학점으로 인정받을 수 있다. 해외 대학과의 학점 교류를 위해 Universitas 21, APRU 등 본교가 가입한 국제기구의 학생 교류 프로그램을 통해 매년 학생들을 파견하고 있으며, APAIE, EAIE, NAFSA, QS-APPLE 등 국제교육자협의회에 매년 참석하여 해외 대학과의 교류 협정 및 학생 교류 규모 증대를 위한 논의를 지속적으로 진행하고 있다. 그 결과 2021년 기준 99개국 1,134개교와 공동교육과정에 관한 협정을 체결하고 있다.

4-2-2 글로벌 파트너십 구축

본교는 2016년 5월 한·중·일 3국과 스칸디나비아반도 국가들, 덴마크, 베네룩스 3국 등 총 10개국 12개 대학이 모인 '동아시아·노르딕·베네룩스 대학 컨소시엄ENUC'을 창설했다. 국가별로는 한국의 고려대학교, 중국의 푸단대학復旦大学과 런민대학人民大学, 일본의 와세다대학과 쓰쿠바대학이 참여하고, 덴마크·노르웨이·스웨덴·핀란드·벨기에·네덜란드·룩셈부르크에서도 자국을 대표하는 대학이 1곳씩 참여했다. 뒤이어 8월에는 국내 최초로 노르딕-베네룩스 연구 전문기관인 '노르딕-베네룩스센터'를 신설해 본교 교원들의 학술교류와 협력지원 사업을 실시하고 있다.

한편 2018년 2월에는 한국 최초로 베니스국제대학VIU에 참여하게 되었다. 베니스

국제대학은 세계의 주요 대학 및 연구기관이 교수와 학생 등을 보내 학문을 교류하기 위해 설립된 컨소시엄 형태의 대학으로서 참여 기관의 수가 20개로 엄격히 제한되어 있다. 베니스국제대학의 19번째 정식 회원교로 선정된 본교는 구성원의 글로벌 역량과 경쟁력 제고를 위해 2018년 2학기 학부 교환학생 11명, PhD Academy에 박사 2명을 파견했으며 지속적으로 교류 인원을 늘려가고 있다.

4-2-3 국내 최대 규모의 외국인 유학생

본교는 국내 대학 중 외국인 유학생 수가 가장 많은 대학이다. 2018년 2학기에는 학부생, 어학연수생, 교환학생을 모두 포함해 115개국 5천4백여 명이 재학하고 있었다. 이를 위해 본교는 해외 유학 박람회에 참가하고 해외 입학설명회를 개최했으며 해외 주요 고교 방문 및 초청 프로그램 등을 통해 다양한 국적의 우수한 학생을 유치하기 위해 노력하고 있다. 예컨대 2017년에는 전 세계 13개국 22개 도시에서 입학설명회를 실시했고 2018년도에도 5개국 14개 도시에서 입학설명회를 개최했다. 또한 외국인 유학생 수가 급증함에 따라 외국인 학생을 전담 관리할 수 있는 글로벌서비스센터를 2016년 신설했다. 이를 통해 외국인 학생들의 입학부터 졸업까지 대학 생활 전반에 걸친 통합 생활 서비스를 한 곳에서 제공하고 있다. 또한 국제교육원을 신설해 외국인 신입생을 대상으로 한 교양 교과목 운영, 교육과정 및 프로그램 개발, 학습 지원 등의 역할을 수행하여 외국인 학생들의 안정적인 학교생활을 지원하고 있다. 외국인 유학생의 증가는 학업성취도에서도 나타나기 시작했다. 2018학년도 학위수여식에서는 중국인 유학생 왕핑王萍 씨가 미디어학부 수석을 차지하기도 했다.

4-2-4 국제하계대학과 국제동계대학

국내 최대 규모의 국제하계대학에서 학생들은 스탠퍼드대학, 예일대학, 옥스퍼드대학 교수들의 영어 강의를 직접 수강하며 세계 각지에서 찾아온 학생들과 교류할 수 있다.

한 학기 분량인 48시간의 수업이 4주 또는 6주간 이루어지고 모든 수업은 영어로 진행되었다. 또한 2016년에는 국제동계대학을 신설하여 하계대학과 마찬가지로 수준 높은 교수진에 의한 교과목 이외에도 한국의 겨울을 체험할 수 있는 다양한 기회를 마련했다. 2004년 281명이었던 국제하계대학 참가자 규모는 2017년에 1,972명으로 증가하며 아시아 최고 수준으로 성장했다. 마찬가지로 국제동계대학 역시 2018년에 호주, 싱가포르, 홍콩, 미국, 중국, 인도네시아, 영국, 브라질, 아일랜드, 네덜란드, 남아프리카공화국 등 총 19개국 88개교에서 740여 명의 학생이 참가하는 국내 최대 규모로 자리를 잡았다.

05

대학문화의 다양성과 창의성

5-1 학교 안팎의 기부

본교는 1년간 학교발전기금으로 들어온 6,232건의 기부금 내용을 정리해 2011년 기부 보고서《천년을 꿈꾸는 사람들》을 발간했다. 기부자의 사연과 기부금 사용 내역, 기부금 관련 통계 등을 정리해 책자로 발간한 것은 국내 대학 중 처음이었다. 보고서에는 10명의 기부자 사연과 2명의 수혜자 사연, 그리고 기부자와 수혜자들의 다양한 소감이 담겼고 500만 원 이상을 기부한 782명의 명단도 수록됐다. 본교는 기부자들에게 감사함을 전하고 기부금의 투명한 집행과 건전한 기부 문화를 정착시키기 위해 기부자에 대한 예우에 세심한 노력을 기울이고 있다. 그 결과 본교는 교비회계 기준으로 2009년부터 2014년까지 국내 대학 중 기부금 순위 1위를 기록하기도 했다. 2015년부터는 소액 정기 기부 프로그램인 'KU프라이드클럽' 캠페인이 시작되었고 2018년 11월부터는 'KU프라이드클럽'을 통해 모금된 기부금을 토대로 재학생에게 1천 원에 아침식사를 제공하는 '마음든든 아침' 프로그램을 운영하고 있다.

2018년에는 당시까지 본교 기부 역사상 개인기부자 최고액인 400억 원대의 기부

김영석·양영애 씨 부부의 발전기금 기증식

가 이루어졌다. 청량리에 거주하는 김영석·양영애 씨 부부가 과일을 팔아 모은 전 재산을 본교에 기부한 것이다. 노부부는 청량리동에 위치한 시가 200억 원 상당의 토지 5필지와 건물 4동을 학교에 기부했고 나머지 200억 원 상당의 부동산도 기부를 약정한 상태이다. 학교는 "청량리 일대 토지 위에 빌딩을 짓고, 빌딩 수익금으로 장학금을 운용할 계획이다"고 밝혔다. "돈이 없어서 공부 못 하는 사람이 없으면 좋겠다"고 기부 소감을 밝혔던 노부부에게 정부는 2021년 국민훈장 목련장을 수여했다.

5-2 단과대학 상징의 제정

디자인혁신센터는 단과대학별 상징물을 체계화하는 디자인 작업을 시작했다. 2016년 개교 111주년을 맞이해 제작한 기념 로고의 틀을 유지하면서도 단과대학별 자부심과 긍지를 살린 상징물을 체계화하려는 목적이었다. 22개 단과대학별 상징물은 111주년 기념 로고의 방패 형태를 동일하게 적용했으며, '고대 스트라이프'라는 통합적 요소를 기획해 시스템을 완성했다. '고대 스트라이프'란 교장에도 사용했던 가로선에서 착안해 자유·정의·진리를 형상화한 상징적 요소이다. 인문계열은 정의의 단호함을 상징하는 가로 분할을, 이공계열은 진리의 명확성을 상징하는 세로 분할을, 예체능 계열은 자유를 표현한 사선 분할을 적용했으며 이에 따라 스트라이프를 활용했다. 한편 단과대학별 상징색은 전공별로 주어진 국제규격에 따랐으며 특징적으로 구현될 상징물은 단과대학별로 역사와 전통, 교육 이념, 상징물, 이니셜 등의 스토리를 수집해 자부심과 긍지가 드러나도록 고안했다.

5-3 파이빌 조성

파이빌π-ville은 2016년 9월에 문을 연 지식 창조를 위한 학생 전용 공간이다. 5대양 6대주를 누볐던 38개의 컨테이너로 이루어진 건물에는 강의실과 15개의 스튜디오, 3D프린터 오픈랩 등이 채워져 있다. 파이빌은 아이디어를 만들고 구체화하는 초기 단계를 지원하기 위한 곳으로 단순히 창업이 주가 아닌, 개척의 의미를 더 갖는다. 공간과 도움이 가장 절실하지만 누구도 도와주지 않는 그 지점에 실질적인 지원을 하는 아이디어 인큐베이션으로서 자리매김하고 있는 것이다. 대학이 주도해 학생을 위한 새로운 개념의 공간을 만든 첫 사례가 된 파이빌은 문화저변 확대, 네트워크 형성, 실용적 공간 제공, 프로젝트 지원을 중점 전략으로 본교의 창업 에코시스템 기반을 구축했다. 또한 파이빌은 혁신적 창작활동을 위해 중소벤처기업부에서 시행하는 '2018 메이커스페이스 구축·운영' 사업의 주관기관(전문랩)으로 선정되어 본교의 메이커스페이스 공간인 X-Garage를 구축하고 있다. 서울지역 유일의 교육기관 전문랩으로서 지역사회와 상생하는 메이커 활동을 지원하고 아이디어 인큐베이션에서 제조, 하드웨어 기반의 시작품 제작까지 가능한 창업 생태계를 구축해 '아이디어 공유 플랫폼'으로서의 소임을 다하고 있다.

5-4 '해커 월드컵' 우승

2015년에는 본교 사이버국방학과 학생들이 학과를 개설한 지 4년 만에 세계 정상에 올랐다. 사이버국방학과 재학생 8명과 조지아공대 유학생 등 13명으로 구성된 연합팀 '데프코DefKor'가 세계 최고 권위의 '해커 월드컵'인 데프콘DEFCON에서 아시아 국가로는 사상 첫 우승을 차지하는 개가를 올렸다. 데프콘은 세계 최대 규모의 해킹 방어 대회로 대만의 히트콘HITCON, 일본의 세콘SECCON과 함께 세계 3대 해킹 방어 대회로 꼽힌다. 전 세계 4천여 팀이 참여한 이 대회에서 2위로 본선에 진출한 '데프코'는 3연패에 도전하는 미국 카네기멜런대의 'PPP'팀을 누르고 1위를 차지했다. 사이버국방학과 학생들이 주축이 된 한국 연합팀 '데프코'는 2018년 다시 한번 '데프콘' 정상에 올랐고 세계 최대 규모의 국제 해킹대회 '코드게이트 2018'에서 우승하기도 했다. 한국 팀이 이 대회 일반부 우승의 자리에 오른 것은 2013년 이후 5년 만이었다.

사상 첫 고연전 5전 전승(2014)

5-5 정기 고연전 5전 전승과 여자축구부 창단

본교는 2014년 10월 10-11일 열린 정기 고연전에서 최초로 5종목 전승이라는 쾌거를 거뒀다. 경기 첫날이었던 10월 10일(금) 본교는 야구, 농구, 빙구에서 모두 승리하며 일찌감치 최종 우승을 확정 지었다. 오전 11시 서울 잠실야구장에서 열린 야구경기에서는 연세대를 6 대 3으로 꺾었고, 이어 오후 3시 잠실 실내체육관에서 열린 농구 역시 61 대 58로 연세대를 이겼다. 오후 5시 목동 아이스링크에서 열린 빙구(아이스하키) 경기는 3 대 2로 승리했다. 특히 빙구의 경우는 본교가 1997년 이후 17년 만에 승리한 것으로 더욱 그 의미가 컸다. 경기 둘째 날인 10월 11일(토) 잠실 올림픽주경기장에서는 럭비와 축구 경기가 치러졌다. 오전 11시 열린 럭비 경기는 고려대가 33 대 23으로 여유 있게 연세대를 따돌렸다. 오후 1시 30분부터 이어진 축구 경기에서는 고려대가 2 대 0으로 승리하며 고연전 사상 최초의 5종목 석권이라는 역사를 만들었다. 김병철 총장은 전승을 거둔 선수들에게 "오늘의 기쁨을 잊지 않기를 바라며, 훗날 사회에 나가서도 모든 국민들에게 인정받고 사랑받는 선수로 성장하기를 바란다"고 격려했다.

본교는 2014년 11월 28일 인촌기념관 강당에서 여자축구부 창단식을 개최했다. 창단식에는 김병철 총장과 정몽규 대한축구협회장, 오규상 한국여자축구연맹회장 등 축구계 인사들도 참석해 자리를 빛냈다. 여자 축구부의 초대 감독으로는 울산현대 코치 출신의 유상수(체교 92) 감독이 부임했다. 본교는 국내 10번째 대학 여자축구팀을 창단하기 위해 2014년 10월 축구 특기생으로 17명의 학생을 선발했다. 이 학생들은 세종캠퍼스 소속으로 국제스포츠학부 15학번으로 본교에 입학했다. 여자축구부는 창단 이후 3년 연속 춘계 한국여자축구연맹전에서 우승한 것을 비롯해, 3년 연속 전국체육대회에서 우승하는 등 한국 최고의 팀으로 우뚝 섰다. 다수의 선수들이 국가대표로 선발돼 본교는 물론 한국 축구의 위상을 높이고 있다.

5-6 김준엽 기념주간과 전수영 라운지

2011년 6월 김준엽 전 총장이 별세했다. 본교 9대 총장을 역임한 김준엽 총장은 1943년 게이오대학 재학 중 학병學兵으로 강제징집되었으나 곧바로 일본군을 탈출해 광복군에 투신했다. 해방 이후 1946-1948년 중국 국립동방어문전과학교國立東方語文專科學校 전임강사를 지냈고 1949년 9월 본교 사학과 교수로 부임해 총장이 되기 전까지 32년간 재직하며 아세아문제연구소를 세계적인 연구소로 발전시키는 등 학교 발전에 기여했다. 2012년 본교는 영원한 스승이었던 김준엽 총장을 기억하기 위해 '김준엽 선생 기념주간'을 제정하고 1주기 기념 전시회를 열었다. '현실에 살지 말고 역사에 살라'는 주제하에 열린 기념전시는 '마지막 광복군'이자 독재정권에 굴하지 않은 '행동하는 지식인'으로 고대인은 물론 국민 모두의 존경을 받았던 그의 삶을 재조명하는 취지에서 마련되었다.

2015년에는 세월호 사고로 목숨을 잃은 단원고 고故 전수영 교사를 기리는 공간이 생겼다. 본교는 국어교육과 졸업생인 전 교사를 추모하고 희생정신을 기억하기 위해 운초우선교육관 4층 입구 로비를 '전수영 라운지'로 명명하고 현판식을 열었다. 현판에는 "항상 학생을 생각하는 선생님이 되겠습니다", "2014년 4월 세월호 참사에서 학생들을 구하려다 희생된 고 전수영 선생님의 숭고한 학생 사랑을 길이 기억하고 본받고자 합니다"라는 문구가 적혀 있다. 전 교사는 단원고 2학년 담임을 맡아 수학여행을 가던 중 세월호 사고를 당해 제자들을 구하려다 스물다섯의 나이로 목숨을 잃었다. 그녀는 지난 2008년 본교 국어교육학과에 입학해 2012년 졸업 후 이듬해 임용고사에 합격했고 첫 발령지인 단원고에 부임했다. 세월호 참사 때 전 교사는 비교적 탈출이 쉬웠던 5층 객실에 있었지만, 제자들이 있던 아래층으로 내려가 학생들의 구명조끼를 끝까지 챙겨 주다 결국 탈출하지 못했다.

제 13 장

창의적 인재 양성과 미래형 대학으로의 전진

The 120th Anniversary
of Korea University

01

팬데믹 위기와 대학사회의 대응

1-1 코로나19의 확산과 개강

2020년 1월 신종 코로나바이러스 감염증(이하 코로나19)의 확산으로 한국사회 전반에 방역에 대한 요구가 강화되었다. 교육부는 전국 대학에 4주 이내의 개강 연기를 권고했으며, 방역에 주의를 기울여 달라는 공지를 발표했다. 이에 따라 졸업식과 신입생 오리엔테이션과 같이 새학기에 일상적으로 개최되었던 모든 행사가 철회되었고, 강의실, 도서관, 학생회관 등 대학 구성원들이 동시에 이용하는 다중시설에 대한 방역관리도 강화되었다. 본교는 교육부의 권고에 따라 개강을 2주간 연기했고, 개강 이후에는 모든 강의를 온라인으로 진행하는 초유의 상황이 이어졌다.

교수학습개발원 이러닝e-learning지원팀은 교수와 조교를 대상으로 3월 2일부터 6일까지 '코로나19 대응 온라인 강의 솔루션별 워크숍'을 열어 온라인 강의 제작법과 수업 관리 방식 등을 안내했다. 실시간 강의의 경우 블랙보드 콜라보Blackboard Collaborate, KAFE, 칼투라Kaltura, 유튜브 총 네 가지 방식으로 진행되었으며, 시간이 지나면서 줌ZOOM도 추가로 활용되었다. 교수자가 각 시스템에서 실시간 강의실을 만들고 학습자가 공지된 시간에 접속하여 강의를 수강하는 방식이었다. 녹화 수업은 파워포인트, 커먼스COMMONS, 칼투라 등을 활용해 제작되었다. 이렇게 제작된 강의 영상은 블랙보드에 탑재되었고 교수자가 설정한 기간 안에 학생이 수강하도록 했다.

강의실에 모여 출석을 확인하는 풍경은 사라졌다. 정부 권고로 학기 시작부터 5월 초까지 7주간 진행된 8천여 개의 강좌는 전면 비대면 온라인 강의로 대체되었다. 학생이 직접 참가해야 하는 실험실습 강의 역시 이론과 사전 설명 위주의 온라인 강의로 진행되었다. 기존에도 일부 교과목에서 다양한 형태의 온라인 교육 방식이 병행되었으나, 온라인 강의가 오프라인 강의를 대체하며 전면적으로 시행된 것은 처음이었다.

코로나19가 확산 중인 4월과 5월 시행된 중간고사는 출석 시험을 시행할 수 없어 시험을 보지 않거나, 과제로 대체하는 것이 권장되었다. 기말고사의 경우 코로나19 상황이 여전히 진정되지 않았으나 출석 시험이 허용되었다. 온라인 시험의 공정성을 의심하는 민원이 지속적으로 제기되었기 때문이다. 다만 코로나 확진 등의 사유로 불가피한 사정이 발생하면 수강생들의 동의하에 온라인 시험이나 과제물로 시험을 대체하는 것이 허용되었다.

교내 건물 출입도 통제되었다. 삼중으로 강화된 출입 절차를 지켜야만 제한적인 건물 이용이 가능했다. 서울캠퍼스 내의 건물에 출입하기 위해서는 마스크와 신분증(학생증, 교직원증), 발열 체크 완료 스티커를 반드시 지참해야 했다. 발열 검사는 중앙광장과 하나스퀘어 등에 위치한 5개 발열 검진소에서 열화상 카메라를 통해 진행되었다. 37.5도를 넘지 않는 경우, 당일 날짜와 요일이 적힌 발열 체크 완료 스티커를 배부받을 수 있었다. 세종캠퍼스도 출입 신청자 외에 건물 출입을 전면 통제했으며 건물 입구에 열화상 카메라를 설치하여 출입자의 체온을 측정하고 출입 정보를 수집했다.

5월 6일을 기점으로 정부의 방역지침이 '강력한 사회적 거리두기'에서 '생활 속 거리두기'로 완화되었다. 이에 따라 본교도 5월 11일부터 대면강의를 시행했다. 대면강의는 30인 이하 소규모 강의로 한정되었으며, 좌석 간 거리두기가 가능한 강의실에서 수강생 전원의 동의를 받는 조건으로 진행되었다. 학생들은 수업 전후 좌석을 직접 소독했다. 앞뒤, 양옆으로 한두 자리씩 띄워 앉았으며 강의실 내에서는 마스크 착용이 필수였다. 도서관도 다시 운영하였으나 정부의 거리두기 지침에 따라 열람실 전체 좌석의 25-50%만 사용하였으며, 자료실의 운영시간도 제한되었다.

1-2 비대면 수업의 시행과 제한적 학사운영

2020년 하반기, 정부는 코로나19의 확산세에 따라 사회적 거리두기의 단계를 나누어 일상 속 통제의 강도를 조절하기 시작했다. 본교는 갑자기 시작된 1학기의 경험을 바탕으로 체계적인 운영 원칙을 세웠으며, 정부의 발표에 유연하게 대응하며 2학기를 시작할 수 있었다. 사회적 거리두기 1단계와 2단계에서는 실시간 온·오프라인 병행 수업(NeMo Class)을 기본으로 하는 제한적 대면 수업이 계획되었다. 만일 수업 구성원들이 동의한다면 대면 수업 없이 실시간 온라인 강의만 진행하는 것도 가능했다. 다만 전국적 대유행이 시작되어 사회적 거리두기가 3단계로 격상할 경우, 전면 온라인 수업으로 전환하는 것을 원칙으로 했다. 코로나19 감염 위험 가능성이 큰 추석 연휴 전후에는 사회적 거리두기 단계와 관계없이 전면 온라인 수업이 실시되었다. 현실적으로 온라인 수업이 어려운 실험·실습 및 실기 수업은 수강 신청 이전에 대면 수업임을 알리거나, 수강생 모두의 동의를 얻을 때 대면 수업을 진행하는 것이 허용되었다.

중간고사와 기말고사는 사회적 거리두기 단계가 낮을 시 대면 시험을 보는 것을 원칙으로 하였으나, 필요시에는 비대면 시험과 과제물로 대체하며 유연하게 운영했다. 시험 기간은 2주로 연장되었는데, 이는 대면 시험 시 안전거리를 유지할 수 있도록 시험기간을 늘려 강의실을 확보하기 위한 조처였다. 첫 주에는 3-4학년 과목의 시험을 진행했고, 그 다음 주에는 1-2학년 과목을 진행했다. 그러나 코로나19의 기세는 예측할 수 없었기 때문에 코로나의 확산세가 다시 고조되었던 2020년 11월과 12월의 기말고사는 전면 비대면으로 진행되기도 했다. 그러나 특수한 상황에서의 시험제도는 점차 안정되었고 코로나19가 소강기로 접어드는 2022학년도까지 유지되었다.

2022년 5월 3일 실외공간에서의 마스크 착용의무가 제한적으로 해제되었다. 이를 시작으로 9월 26일 야외 활동에서의 마스크 착용의무가 해제되었다. 2023년 1월 30일에는 마침내 실내 마스크 착용 의무까지 해제되었다. 2020년 10월 마스크 착용 지침이 도입된 지 2년 3개월 만이었다.

정부의 방역 정책이 점차 완화됨에 따라 본교의 학사 운영 역시 방역 중심에서 일상 회복 단계로 전환하는 과정을 맞이했다. 2022년 1학기부터 대면 수업이 재개되었다. 100명 미만의 수업은 대면 수업을, 100명 이상의 수업은 대면 수업과 비대면 수업을 병행한다는 계획이 발표되었다. 또한 비대면 수업도 실시간 강의가 원칙이었으며 녹화 강의는 허용되지 않았다. 학과 단위로 비대면 강의의 비율을 고려하여, 비대면 수업만을 위한 요일과 시간이 배정되었다. 사회적 거리두기가 해제되지 않은 상황이었기에 실내 공간의 확보가 여의치 않았고, 대면 수업을 수강하는 학생들이 학교에 나온 경우 비대면 수업을 들을 수 있는 개방 강의실을 별도로 운영하는 조치도 시행되었다.

1-3 비대면 입시전형

코로나19의 확산으로 인해 교육부가 각 대학에 대입 과정을 비대면으로 운영할 것을 권고하면서 대학들의 비대면 면접 시행이 확산되었다. 대입 과정에서의 비대면 전형이 공식화되자 대학들도 빠르게 대응했다. 대학들의 비대면 면접은 크게 녹화형과 화상 면접 등 두 가지로 요약되었다. 본교도 비대면 면접을 결정했다. 2020년 11월 21-22일 개최되었던 2021학년도 수시 모집의 일반 전형 입시의 경우 전면 비대면 녹화 면접으로 진행되었다. 2021학년도 정시 비중은 20%, 수시 비중은 학생부 교과 30%, 학생부 종합 45%, 실기 5%로 총 80%에 달해, 신입생 선발 과정에서 수시 전형이 차지하는 비율은 상당히 높았다. 수시 전형의 1차 서류 합격자를 대상으로 진행되는 2차 전형에서는 면접의 비중이 작게는 20%, 많게는 40%를 차지했기 때문에 수험생이나 대학 모두 면접 과정에 상당한 긴장감을 가질 수밖에 없었다.

SK미래관에 80개, 우당교양관에 30개, 총 110개의 면접 고사실이 개설되었다. 총 1,535명의 수험생들은 고사실의 수에 맞춰 110개 조로 나누어졌다. 아침 7시 30분부터 저녁 8시까지 총 12-15회차의 면접 과정이 진행되었다. 대기 장소는 대형 강의실과 노트북 열람실, 아주홀, 김양현 홀 같이 대규모 인원이 수용 가능한 공간이었으며, 좌석은 사회적 거리두기에 맞추어 여유 있게 배치되었다.

면접 시간은 총 30분으로, 23분 동안 주어진 지문을 읽고 7분 동안 녹화 면접을 보는 방식이었다. 학생 앞에는 한 대의 노트북이 놓여 있으며, 정해진 시간에 녹화 버튼을 수험생이 직접 눌러 녹화를 시작하고 면접이 끝나면 종료 버튼을 눌러 면접을 끝냈다. 감독자는 녹화가 끝난 이후 녹화된 영상을 수험생에게 확인시킨 뒤 '현장 녹화 수험생 동영상 확인 대장'에 서명을 받았다. 한 차례 면접이 끝나고 수험생이 고사실 바깥으로 나가면, 감독자는 노트북, 마이크 등 모든 물품을 소독하고 환기하는 절차를 진행한 뒤, 다음 면접자를 맞이했다.

비대면 방식의 입시는 2022학년도에도 유지되었다. 2022학년도 수시 모집의 일반 전형 입시는 2021학년도와 같았지만, 녹화 면접 형태가 아니라 화상으로 실시간 면접을 보는 형태로 진행되었다. 면접 고사실이 있는 공간과 다른 공간에 동일한 수의 면접 평가실이 마련되었다. 수험생이 노트북으로 면접을 보면 평가실의 면접 평가위원은 화상으로 실시간 송출되는 내용을 확인하며 면접을 진행했다. 이러한 특이한 형태의 입시는 코로나19의 유행 기간 2년 동안 진행되었고 2023학년도부터는 다시 대면 면접으로 전환되었다. 수험생이 대학을 방문했으나, 면접관과 직접 대면하지 않고 진행된 2년간의 입시는 한국 대학 입시 역사상 유례를 찾을 수 없는 방식이었다.

1-4 ‘사회적 거리두기’와 대학문화의 변화

대학사회를 변화시킨 사회적 거리두기는 처음 마스크 착용이 의무화된 이래 2023년 1월 30일 실내 마스크 착용 의무가 해제될 때까지 지속되었다. 3년여의 짧지 않은 시간 동안 이어진 ‘사회적 거리두기’는 대학문화에도 큰 영향을 주었다. 우선 2020년 계획된 2019학년도 졸업식과 2020학년도의 입학식이 모두 취소되었다. 다음 해인 2021년에는 사상 첫 비대면 졸업식과 입학식이 개최되었다. 2월 25일 인촌기념관에서 열린 제114회 학위 수여식은 정진택 총장과 교무위원, 졸업생 대표 등 최소 인원만 참석한 가운데 비대면으로 진행되었다. 3월 2일 미디어관 SBS홀에서 열린 2021학년도 입학식 역시 총장 및 교무위원, 장학생 대표 6인만이 행사에 참여했고, 사전 신청자들은 줌ZOOM을 통해 온라인으로 참여했다. 졸업식과 입학식 모습은 유튜브 채널을 통해 공개되었다.

코로나19가 확산된 2년 동안, 대학의 모든 일상이 변했다. 첫해에는 학생회에서 준비한 새내기 새로 배움터 역시 전면 취소되었고 신입생들의 주요한 활동 중 하나인 응원 OT, 그리고 본교의 상징적 행사인 고연전도 2년간 취소되었다. 동아리 홍보를 할 수 있는 방식도 기존과는 달리 온라인으로 진행되면서 신입부원 모집에 어려움을 겪었다. 서울캠퍼스의 경우 2년 동안 총학생회의 공백 상태가 유지되었고, 그만큼 대면의 장에서 자연스럽게 이어지던 학생 문화의 전승이 단절될 수 있다는 우려도 제기되었다.

강의실에 나와서 수업을 받는 경우에도 마스크를 착용해야 했고 단체 활동이 제한되었기에 2020학년도에 입학한 신입생은 동기생의 얼굴조차 확인하기 어려운 상황을 맞이했다. 온라인으로 같은 강의를 수강했음에도 2022년 마스크 착용 의무가 완화된 이후에야 서로의 얼굴을 처음 확인하는 경우도 발생했다. 2020학년도에 졸업을 앞둔 취업 준비생도 어려운 현실에 직면했다. 취업에 필요한 자격시험이 취소되었고, 대규모 채용 박람회 일정도 무기한 연기되었다. 이에 따라, 학생들은 온라인 환경에 의존하여 취업을 준비해야 하는 새로운 상황을 맞이했다.

정부는 코로나19의 발생 직후 외국에서 입국한 유학생에 대해 입국 단계부터 철저한 검역·관리를 추진, 입국 이후 14일 동안 등교를 중지하고 수시로 감시해 증상 발현 여부를 확인하도록 했다. 특히 코로나19가 처음 발생했던 중국의 유학생들에 대한 검역이 강화되었다. 2019년 기준으로 본교의 외국인 유학생 4,783명 중 중국 유학생이 2,508명으로 가장 많은 비중을 차지하고 있었다. 외국인 학생들을 위한 기숙사 안암 인터내셔널 하우스는 2020년 12월 23일부터 2021년 1월 22일까지 코로나19 환자 중 경증 환자를 격리해 치료하는 생활 치료 센터로 이용되기도 했다.

교환학생 프로그램에 지원했던 학생들도 문제에 직면했다. 2020학년도 1학기에 파견 예정이었던 학생 317명 중 3분의 1 정도인 109명이 코로나19로 교환학생 파견을 취소하거나 중도 포기했다. 개별 이유로 포기한 25명을 제외한 나머지 183명은 파견 국가에 잔류해 교환학생 생활을 계속했지만, 그들도 거주지 밖으로 나가지 못했다.

팬데믹으로 시작된 온라인 강의에 대해서는 그 평가가 분분했다. 특히 초기에는 온라인 강의가 대면 강의만큼의 수준을 보장할 수 없기에 등록금을 반환해 달라는 여론이 형성되어 청와대에 국민 청원이 등록되기도 했다. 본교에도 학생들을 중심으로 '2020학년도 1학기 등록금 반환 운동 TF'(등록금 반환 TF)가 구성되었다. 학생 대표들은 10차례 이상의 면담 끝에 '학습 안정화 보장 KU 종합계획'(KU 종합계획)으로 합의를 이끌어 냈다. 장학금부터 온라인 강의 지원까지 'KU 종합계획'은 크게 9개의 골자로 구성되었다. 이 가운데 학생들에게 직접적 지원을 제공하는 대책으로는 고대 상생 프로젝트, 재난 극복 특별 장학금, 태블릿PC 렌탈 및 데이터 이용권 지원 사업, 독감 예방주사 무료 서비스 등이 있었다. 고대 상생 프로젝트는 서울캠퍼스 기준으로 2학기 등록생 전체에게 10여 만 원을 지원한다는 내용으로, 일반적인 등록금 반환과 달리 상생 장학금, 기부, 고대 상생 쿠폰 세 가지 방식으로 선택할 수 있게 구성되었다. 상생 장학금은 일반적인 장학금 수혜 방식과 동일한 방식이었으며, 기부를 택하면 해당 금액만큼 경제 사정이 어려운 학생에게 전달되는 형태였다. 고대 상생 쿠폰은 학교 앞의 상권에서 사용할 수 있는 쿠폰이었다. 이처럼 'KU 종합계획'은 고대만의 방식으로 본교 구성원뿐만 아니라 지역과 함께 재난을 극복해 나가는 모습을 보여 주었다.

온라인 공간에서의 활동이 많아지면서 코로나19로 인한 사회적인 제약을 극복하려는 움직임도 있었다. 본교 프로그래밍 교육 동아리 '멋쟁이 사자처럼'은 코로나19 확진자의 이동 동선을 실시간으로 알려 주는 '코로나 알리미' 사이트를 만들고, 이어서 '마스크 알리미'를 개발하여 화제가 되었다. 마스크 수요가 급증해 약국 등 마스크 판매처에서도 마스크를 구할 수 없는 경우가 많았기 때문에 '마스크 알리미'는 대중들의 큰 호응을 받았다.

코로나19 사태가 지속된 3년 동안 전 세계인의 일상은 심각한 제약을 받았으며, 대학 사회 역시 이전에 없던 도전에 직면했다. 하지만 위기의 시간을 지나며 대학은 더 단단해졌다. 온라인 강의의 효율성과 장점이 새롭게 인식되었으며, 2022년 야외 활동이 가능해지자 학생들은 다시 총학생회를 구성하고 학과 행사와 동아리 활동 등 다양한 활동을 재개했다. 2022년 3년 만에 고연전이 열리자 지난 2년간의 공백을 해소하며 많은 호응을 얻었다. 특히 2022년의 고연전에서는 여자 축구 종목이 아마추어 종목에 포함되어 고연전 역사상 최초로 여성의 출전이 이루어졌다. 본부 역시 비대면 사회에서의 대학 운영 방향에 대해 더욱 깊이 고민하며 미래형 대학에 대한 청사진을 세울 수 있었다.

02

세계를 향한 스마트 캠퍼스 확립

2-1 정진택 총장의 취임과 'Human KU'

2019년 2월 본교 제20대 총장에 정진택 교수가 취임했다. 정진택 총장은 1983년 본교 기계공학과를 졸업하고 미국 미네소타대학에서 공학박사학위를 취득했다. 그동안 본교 대외협력처장, 공과대학장, 테크노콤플렉스 원장 등을 역임했으며 2018년 12월 총장으로 선임됐다. 정진택 총장은 취임사에서 "새로운 가치를 만들어 가는 사람 중심의 고려대학교"를 제창하며 그 실현 방안을 다음과 같이 밝혔다. 첫째, '창의고대創意高大'의 기치를 높이 세우고 통합과 통섭의 시대를 열어 간다. 둘째, 도덕적 인간을 양성한다. 셋째, 시대적 변화에 능동적으로 대처하는 글로벌 스탠더드를 갖춘 ICT 환경의 캠퍼스를 구축한다.

정진택 총장은 전임 염재호 총장의 'KU-The Future'를 보완하여 새로운 발전전략 'Human KU'를 수립했다. 'Human KU'는 지능정보화 시대에 대응하는 대학 4.0 모델의 구현을 목표로 삼고, 기존 혁신 성과를 바탕으로 대학 스스로가 혁신을 지속할 수 있는 플랫폼으로 발전하도록 방향을 설정했다. 이를 위해 전략 목표와 전략 과제를 재구

20대 총장 정진택

성했으며, 데이터 기반의 전략적 기획 강화, 빅데이터·클라우드 기반 ICT 인프라 고도화 등 혁신 플랫폼 고도화를 위해 필요한 전략과제를 새롭게 제시했다. 또한 학교의 발전을 위한 중요 전략과제들이 'KU-The Future'에서는 '기타 환경분야'로 포괄되어 상대적으로 주목받지 못한 측면이 있다는 인식하에 'Human KU'에서는 산학협력, 글로벌 등 보다 구체적으로 분류하여 전략 과제를 재구성한 점이 특징적이다.

2-2 스마트 캠퍼스의 조성

코로나19 사태 이후 사회가 맞이할 '넥스트 노멀' 시대에는 대학도 기존의 방식에서 벗어나 변화하는 환경에 적응하며 새로운 역할을 수행해야 했다. 시대의 변곡점마다 새로운 가치를 제시하며 시대를 이끌어 온 본교는 교육, 연구, 행정 전 분야의 혁신을 통해 창의적 미래 인재를 양성하고 새롭게 다가올 미래를 준비했다. 특히 코로나19 사태로 오프라인 공간을 대체할 수 있는 가상 공간의 성장이 예견되었고 사회 전 분야에 있어서 디지털화가 가속화되면서 '4차 산업혁명'의 도래가 눈앞에 다가왔기 때문에, 대학의 교육·연구 환경도 그에 맞추어 변화해야만 했다.

이를 위해 본교는 빅데이터, 인공지능AI, 사물인터넷IoT, 머신러닝 등 기술적인 요소를 캠퍼스 전 분야에 적용하는 '참여형 스마트 캠퍼스' 구축을 추진하며, 대학 공간의 패러다임 전환을 시도했다. '참여형'이라는 단어에서 알 수 있듯이 학생을 비롯한 교내 구성원들의 아이디어를 스마트 캠퍼스 설계 단계에서부터 반영하여, 기술 혁신을 단순한 도입이 아니라 생활과 밀접하게 정착시키는 데 주력했다. 그 대표적인 사례가 '호패'다. 국내 대학 최초로 블록체인에 기반하여 제작된 모바일 신분증 '호패'는 개인정보를 보호하면서도 필요한 정보만을 제공해 학내 인프라 이용, 출석 인증 등 다양한 분야에 활용할 수 있어 사용자에게 편의를 제공한 사례로 주목받았다.

한편, 2020년 7월 국내 대학 최초로 AI 맞춤형 교양과목 추천 시스템으로 선보인 'AI 선배' 프로그램은 11월부터 머신러닝 기반의 제2전공(이중전공, 융합전공, 학생설계전공) 탐색 서비스를 제공했다. 학생들은 동일학과 또는 유사과목을 수강했던 선배들의 20년간 수강 이력 데이터를 기반으로 교양 과목을 추천받을 뿐만 아니라 제2전공 지도, 추천 활동 등을 통해 본인의 전공과 관련한 지원도 받을 수 있게 되었다. 과거에는 수강 과목 및 전공 선택에 대한 조언을 주변의 선배, 동기들에게 의존했다면 이제는 축적된 데이터에 기반한 AI의 지원을 받게 된 것이다. 제2전공 탐색 서비스에는 경력개발센터의 취업 관련 자료, 교수학습 개발원의 학생활동 실태조사 자료, 도서관의 대출 자료 등이 활용되었다.

교과·비교과 통합관리 시스템 쿠카이브KUchive는 2020년 3월 사용자테스트를 거쳐 6월 시범운영을 시작했고, 9월 정식으로 공개되었다. 고려대KU와 기록보관소Archive를 합성한 쿠카이브는 학생의 진로 설계를 지원하는 통합관리 시스템으로서 기본적인 전공과 교양 과목 외에도 비교과 내역을 간편하게 확인할 수 있으며 핵심역량 진단도구를 활용해 본인의 역량을 스스로 진단, 평가해 취약점을 보완할 수 있도록 설계되었다.

2-3 인프라 구축

2-3-1 교육공간의 확대

스마트 캠퍼스의 시스템을 구축하는 것과 동시에, 실제 교내 구성원들이 활동하고 있는 오프라인 공간의 개발도 이루어졌다. 2019년에는 오랜 시간 공사를 이어 왔던 SK미래관이 준공되었고, 2020년에는 외국인 학생 등을 위한 안암 인터내셔널 하우스, 권오섭 메디힐 회장의 기증으로 세워진 메디힐지구환경관이 준공되었다. 코로나19 사태로 학생들의 교내 시설 이용률이 낮았던 시기에는 과학도서관, 대학원 도서관을 리노베이션 했으며, 2021년 8월부터 공학관의 리모델링이 시작되어 2022년 완료되었다. 공학관은 노후화로 위험 우려가 있었던 외벽을 재건하고, 1층 홀의 확장, 화장실 리모델링, 승강기 교체, 옥상방수, 장애인 시설의 보완 등이 이루어졌다.

2021년 10월 12일에는 정운오IT교양관의 기공식이 있었다. 미래지향적 교양 실험 및 실습 공간으로 구성된 정운오IT교양관은 2019년 한강호텔 창립자이자 보성전문학교 상과를 졸업한 고故 정운오 회장의 자녀들이 고인의 뜻에 따라 창의적 융복합 인재 양성을 위한 기금을 전달하면서 건립이 시작됐다. 지하 2층, 지상 7층 연면적 19,154.40m²(5,794평)의 규모로 계획된 이 건물에는 첨단 시설을 갖춘 교양 물리·생물·화학 실험실이 마련되었으며 2023년 12월 서울시에 의해 혁신성장시설로 지정됨에 따라 3층을 더 높인 10층으로 설계를 변경하게 되었다. 혁신성장시설인 만큼 지역 기여 시설을 1-2층에 조성해 주민 대상의 열린 강좌와 마을기업 설립 등 평생교육을 추진하고 청년창업스튜디오도 개방해 지역 활성화에 이바지한다는 계획이 수립되었다.

2024년 10월 15일에는 정경대학 설립 70주년을 맞아 진행된 정경관 리모델링 공사가 마무리되었다. 새롭게 조성된 정경관에는 본교 6대, 8대 총장을 역임한 남재南齋 김상협 총장을 기념하기 위한 라운지와 기부자월이 조성되어 있다. 정경관은 지난 1984년 준공 당시 본교 재단이사로서 건축기금을 기부한 LG그룹 구자경 명예회장의 호를 따서 '상남上南' 정경관으로 새롭게 출발했다.

2-3-2 의료원의 도약

의료원도 비약적인 발전을 이루었다. 본교 의료원은 김우주 교수를 중심으로 코로나19 사태 등 국가 위기 상황에서 방역 정책 수립 및 바이러스 대응에 적극적인 역할을 수행하여 높은 평가를 받았다. 또한 2021년 신종 감염병 시대에 대처하고자 최첨단 헬스케어 융합 플랫폼으로 정릉 메디사이언스파크를 조성했다.

메디사이언스파크의 대표 시설로는 정몽구 현대차그룹 명예회장이 백신 및 신약 개발을 위해 사재 100억 원을 전달한 뜻을 기리고자 설립된 '정몽구백신혁신센터'가 있다. 해당 센터에서는 백신 개발을 위한 원천기술 개발, 후보물질 유효성 평가, 전임상 연구 등 국내 최고 전문가들이 다양한 연구를 수행하고 있다. 감염 위험도가 높은 바이러스를 안전하게 연구할 수 있는 ABSL3, BSL3 등의 연구시설도 조성되었다. 동화바이오관에는 우수의약품 제조 GMP(우수 의약품 제조·관리 기준) 시설과 최대 32개의 신약개발 연구소 및 스타트업 기업 등이 입주했다. 동화바이오관은 동화그룹 승명호 회장이 30억 원을 희사한 의미를 담아 명명되었다. 또한 메디사이언스파크는 의료정보학교실을 신설해 빅데이터 역량도 키우고 있다. 의료정보학교실은 의료 빅데이터 관리·가공 관련 인재를 양성하고 관련 의료 데이터를 표준화해 AI기반 헬스케어 연구의 토대를 조성했다. 김영훈 의무부총장은 "코로나19 이후에도 신종 감염병은 끊임없이 찾아와 인류를 위협할 것이기에 의학연구 기반의 내용기시가 절실했다"며 메디사이언스파크 조성에 기대감을 보였다.

의료원은 2012년부터 구상하고 기획했던 마스터 플랜 사업을 완료했다. 우선 2023년 7월에는 안암병원 메디컴플렉스 신관이 2017년 착공 후 6년 만에 완공되었다. 1층에 자리 잡은 응급의학센터는 기존보다 확장되었으며, 공간 재배치를 통해 더욱 신속하고 정밀한 진료와 처치가 가능해졌다. 2층부터 4층까지 이어지는 로비 공간은 아

안암병원 메디컴플렉스

트리움으로 조성하여 개방감을 극대화한 동시에 환자 동선을 최적화했다. 여기에 사물 인터넷IoT과 디지털 헬스케어를 활용한 외래 진료 공간과 스마트 병동이 운영되며, 건강검진센터와 VIP 병동도 새로 마련되었다. 뒤이어 안산병원의 미래의학관 증축 공사 및 지하주차장 신축 공사도 완료되었으며, 2021년 10월에는 청담동에 의료원 고영캠퍼스가 준공되었다. 지상 10층, 지하 5층에 연면적 1,405평 규모의 고영캠퍼스는 본교의 첫 강남 진출 사례로 주목을 받았고 미래의학과 사회공헌 실현의 전초기지가 될 것으로 기대되고 있다.

03

학사제도의 개편과 창의적 인재 양성

3-1 교육제도의 개선

3-1-1 전과제도의 시행과 마이크로디그리 개설

한국 사회에서 대학의 위기가 심화됨에 따라, 본교 역시 이를 극복하기 위한 다양한 혁신을 시도했다. 학사 운영에서는 창의적인 융합 인재를 양성할 수 있는 제도 개편이 가장 중요한 과제로 떠올랐다. 다중 전공의 활성화로 부전공 제도의 의미가 퇴색되면서, 2021년 1학기부터 이를 폐지하고 대신 이중 전공, 융합 전공, 학생 설계 전공 등 전공 교육 과정을 다양화했다.

2021년 11월, 학생들의 숙원 사항이던 캠퍼스 내 소속 변경 제도(전과)를 시행했다. 이 제도는 소속과 전공의 제약을 넘는 기회를 제공했으며, 이중 전공, 융합 전공, 다전공 제도보다 폭넓은 전공 선택이 가능하도록 했다. 이에 대한 재학생들의 반응도 긍정적이었다. 2,738명을 대상으로 진행한 설문 조사에서 69.9%가 찬성 의사를 밝혔다. 제도 시행 후 2022학년도에는 42명이 소속을 변경했다. 한편 2023년 1학기에는 마이크로디그리Micro Degree 교육 과정을 새롭게 도입했다. 마이크로디그리는 세분화된 전공을 짧은 기간 동안 이수하는 교육 과정으로, 최소 12학점을 이수하면 증명서를 발급했다. 이수 자격이나 중복 이수에 제한을 두지 않아 학생들이 다양한 전공을 경험하고 이를 융합할 수 있는 환경을 조성해 융합형 인재로 성장할 수 있도록 지원했다. 이 제도의 시행으로 급변하는 산업 환경 속에서 더 많은 학생이 세분화된 전문 분야를 보다 유연하게 학습할 수 있는 기회가 마련되었다.

3-1-2 교육혁신팀 신설

2020년 9월 학부 과정에 교육혁신팀이 신설되었다. 교육혁신팀은 본교의 교육 목표를 수립하고 교과 과정을 기획 및 관리하는 기관으로, 전공 및 교양을 포함한 교과 과정과 비교과 과정을 총괄했고 중장기 발전계획의 방향에 맞춰 수업을 구성하는 역할을 담당했다. 또한 전체 교과 과정을 지휘하는 컨트롤 타워로서, 중장기 발전계획에 따른 본교의 교육 목표, 인재상, 핵심 역량 간의 연계성을 파악하여 대학 교육의 방향성을 설정할 수 있도록 지휘했다.

교육혁신팀은 스마트 캠퍼스의 일환으로 기획된 교과-비교과 통합 관리 플랫폼 쿠카이브KUchive를 구축했다. 이 시스템을 통해 입학에서 졸업까지 재학생의 교과 및 비교과 이력에 대한 축적과 관리를 체계화할 수 있게 되었다. 교내 비교과 관련 부서와 긴밀히 협조하여 사용자들의 편의성을 고려한 서비스를 제공함에 따라 쿠카이브는 점차 활성화되고 있다. 또한 강의 유형과 수강 소감에 대한 설문을 통해 학습자들의 요구를 반영하여 강의를 개설했다. 특히 2020년부터 2022년까지 코로나19 사태로 인해 비대면 온라인 강의가 활성화되면서 디지털 전환 시대에 맞춘 강의 평가를 실시하고, 개선 사항을 시스템에 지속적으로 반영할 수 있는 피드백 체계를 구축했다. 학과(학부) 발전계획과 전공 역량 설정을 통해 본교가 연구 중심 대학으로서의 역할을 다하고 학부 교육 과정의 균형적 조화를 이루고자 한 것이다.

3-1-3 대학원혁신본부 신설

본교 대학원은 1949년 설립 이래 학문 후속세대의 양성이라는 본연의 역할을 수행해 왔다. 2020년에는 4단계 BK21 대학원혁신지원사업에 선정됨에 따라 대학원 행정실이 대학원혁신본부로 확대, 개편되었다. 이는 세계적 수준의 연구중심대학으로 도약하기 위한 중요한 계기가 되었다. 이를 위해 대학원장을 부총장급으로 격상하고 대학원혁신본부장(처장급)을 신설했으며 학생 수요자 중심의 학과, 전공 신설 및 운영, 학사제도 개선, 통합대학원 역할 강화, 정원 충원율 제고, 행정지원 체제 정비 등의 혁신을 주도했다.

대학원혁신본부는 통합 대학원 역할을 적극적으로 수행하여 사회적 수요에 대응한 학과 및 전공, 융합전공(지능형 모빌리티, 디지털 인문과학, 양자정보과학), 계약학과(스마트 배터리, 반도체 데이터 사이언스), 학석사 통합 과정(스마트 모빌리티), 대학원 간 공동학과(첨단기술 비즈니스), 특수대학원(심리 융합 과학), 온라인 석사 학위 과정(행정전문대학원), 복수전공(데이터 과학) 등을 신설했다. 또한 대학원 결손 인원을 활용한 첨단 분야 정원 증원을 통해 우수 대학원생 유치 및 정원 충원율 100% 이상 달성을 위한 기반을 강화했다.

더불어 교원 및 학과 중심의 장학 제도(교육·연구 조교 장학)를 개선하여 우수 대학원생 유치를 위한 학석사 연계 장학금과 우수 신입생 장학금을 신설하여 기존 장학금을 확대했다. 또한 사회적 배려자 장학금(희망, 소망), 연구 기회 제공 장학금Research Fellow Grant(학술 연구회 지원), 국제화 장학금(해외 복수학위, 인턴십, 우수 연구실 파견) 등에 BK 재원의 지원을 확대하여 교비 부담을 경감시켰다. 또한 수료 연구 등록금 수입에 기반한 연구 장려 장학금을 폐지하고, 수료 연구 등록생이 수혜 가능한 기타장학금을 확대하는 정책을 시행했다.

학위 취득 소요 기간 장기화에 따른 중도 탈락을 방지하기 위해 재학 연한 단축, 수료 학점 변경, 학위 청구 논문 제출 요건 충족 여부를 확인할 수 있는 포털 페이지 서비스 제공, 대학원 홈페이지 리뉴얼을 통한 학사 및 졸업 요건 등의 정보 접근성도 개선했다. 또한 학위논문 작성법 및 템플릿(hwp, MS Word, LaTeX) 제공, 교과목 이수 구분 정비, 학위논문 인쇄본 제출 제도 폐지, 외국어 시험 유형 공개 및 면제 제도 정비, 대학원 수강 설문 개선, 영문 학위명 정비 등의 조치를 완료했다. 더 나아가 다양한 학문 분야의 요구를 수용하기 위해 석사학위논문 대체 제도 신설, 협동 과정 실태 조사 및 폐지, 해외 복수 및 공동 학위 제도 정비를 진행했으며 〈일반대학원 시행세칙〉을 대폭 개정했다. 또한 대학원생의 성공이 연구중심대학으로 나아가기 위한 전제 조건이므로, 대학원생 비교과 교육(경력 개발 지원, 학업·연구 지원, 외국인 학생 조기 정착 지원 등)을 확대했다.

3-1-4 교양과목의 개편

2022년 1학기에는 문과대 신입생을 위한 융복합 교과목인 '디지털 인문학 입문'이 새로 개설되었다. 이 과목은 인문학의 관점에서 코딩, 데이터 과학, 인공지능 등 디지털 분야에 접근하며, 학생들은 개별 프로젝트 수행을 통해 관련 지식과 경험을 체득할 수 있도록 했다. 1학기에 개설되는 '디지털 인문학 입문 I'은 디지털 혁신과 전환이 가속화되는 사회 환경 속에서 인문학과 디지털의 접목 역사, 배경, 현재의 개선책과 미래 전망을 다루도록 했다. 2학기에 개설되는 '디지털 인문학 입문 II'는 다양한 첨단 기술이 전공 분야에서 어떻게 활용되는지를 직접 배우고 연습할 기회를 제공하도록 했다.

이 외에도 학부생들이 미래 기술과 인문학의 융합된 지식을 익힐 수 있도록 다양한 융복합 교양 과목이 2022학년도 1학기부터 개설되었다. 전공과 무관하게 학부생이 졸업하기 위해 필수로 이수해야 하는 핵심 교양 과목에 '디지털 혁신과 인간'이라는 영역을 새롭게 만들고, 11개 과목을 신설했다. 이 과정에서 개설된 대표적인 과목으로 '인공지능 사회와 윤리', '인공지능과 인간', '정보기술IT과 사회 규범', '가상 현실과 문화', '알고리즘의 이해와 문제 해결', '데이터 거버넌스' 등이 있다. 이처럼 본교는 융복합 교육을 지속적으로 강화하며, 미래 기술 역량과 인문학적 소양을 갖춘 인재를 양성하고자 노력하고 있다.

3-2 단과대학 및 대학원의 변동

3-2-1 심리학부 전환 및 심리융합과학대학원 신설

2021년 3월 국내 대학 최초로 심리학과가 심리학부로 전환되었다. 이제 새롭게 입학한 신입생들은 문과대학이 아닌 심리학부 소속이 되었다. 본교 심리학부는 1959년 문리과대학 문학부 교육심리학과로 출발하여 1960년 제1회 신입생을 선발했다. 1962년 심리학과로 분리 독립한 이후 지속적인 성장을 해 왔으며, THETimes Higher Education 세계대학평가 심리학 부문에서 2019년부터 2021년까지 국내 1위를 유지하는 등 국내외 평가에서도 상위권을 차지하고 있다.

전통적으로 심리학은 인문학의 한 갈래로 여겨졌으나, 사회심리학이나 문화심리학과 같은 문과 영역 외에도 인지심리학이나 신경심리학 등 이과 영역으로 확장되고 있다. 또한 최근 뇌과학 및 인지과학 등 자연과학과의 융합으로 폭넓은 학문적 스펙트럼을 형성하고 있어, 특정 단과대학에 국한되기에는 교육과 연구의 주제가 매우 다양하다. 본교 심리학부는 한국 사회의 불균형 문제와 미래 사회의 지속 가능성에 대한 화두를 던지며 심리학적 해결책을 모색했고 2020년 9월 4단계 BK21 사업에서 심리·아동 분야 전국 단위 사업단으로는 유일하게 선정된 바 있다.

학부로 전환하면서 교과과정도 다양하게 개편되었다. 심리학부의 교과과정은 '유연성', '연계성', '전문성', '확장성'을 특징으로 하며, 미래 사회의 과제를 해결하는 데 필요한 전문 인재 양성을 목표로 한다. 이를 위해 학문 체계를 중심으로 구성된 교과과정을 해체하고 혁신적 사회주제 중심으로 교과 내용을 개편했으며, 2023년에는 야간 과정으로 운영되는 2.5년제 심리융합과학대학원을 신설하여 미래 인재 양성의 기회를 마련했다.

3-2-2 국제대학 설립과 글로벌자율학부 신설

국제학부는 국제학에 특화된 전문가들을 양성하고 교육하는 선도적 학문기관으로

2002년 설립되었다. 국제학부는 모든 교과 과정을 영어로 진행하며 학생들은 기업, 도시, 국가, 그리고 전 세계가 직면한 주요 현안을 이해하기 위한 이론적 틀을 공부하고, 이들 현안을 다루는 정책수립과 평가에 필요한 실질적 분석 능력을 갖추도록 했다. 이를 통해 국제통상, 국제개발협력, 국제평화안보, 지역학 및 한국학 분야에 전문성을 가진 인재를 양성해 왔으며, 졸업생들은 국제기구, 다국적 기업, 국제 금융 기관, 비정부기구 등에서 활발히 활동하고 있다.

본교의 세계적 위상이 높아짐에 따라 유학생의 비중이 증가하고, 국제학부의 역할도 확대되었다. 2022년 국제학부는 국제대학으로 승격되었으며 글로벌한국융합학부를 신설했다. 글로벌한국융합학부는 내국인 정원을 5명으로 제한하고 나머지는 유학생으로 선발했다. 전공 교육과정은 기존 한국학에서 가르치던 인문학적 요소 외에 경제, 경영, 미디어 등 사회과학 분야를 융합한 내용으로 구성되었다. 이 학부의 목표는 글로벌한국학을 해외에 효과적으로 보급할 수 있는 공공외교 전문가를 양성하는 것이다. 글로벌한국융합학부는 국내 대학에서 외국인 유학생을 대상으로 인문학과 사회과학을 융합한 한국학 전공 과정을 가르치는 최초의 사례로 주목받고 있다.

2024년 3월에는 글로벌자율학부가 새롭게 출범했다. 글로벌자율학부Global Open Major Division는 광역선발로 입학한 외국인 학생을 위해 특화된 1학년 과정을 제공하고 있다. 한국 유학을 결심했지만 학과를 선택하지 못한 유학생이 주요 대상이었으며, 2023년 9월부터 신입생을 선발했다. 글로벌자율학부의 교육과정은 한국어 트랙과 영어 트랙으로 나뉘어 운영된다. 한국어 트랙 학생은 의과대학, 간호대학, 사범대학, 국제대학, 채용조건형 계약학과(반도체공학과, 차세대통신학과, 스마트모빌리티학부) 등 영어트랙 전용 학과를 제외한 43개 학과로 진입할 수 있다. 영어 트랙 학생은 경영학과, 국제학부, 기계공학부, 융합에너지공학과, 지구환경과학과 중 하나를 선택할 수 있다. 글로벌자율학부 학생들은 정원 외로 선발돼 각 학과의 인원 제한에서 자유롭기 때문에 자유전공학부 내국인 학생과 달리 전공을 확정한 이후에는 소속이 선택 학과로 변경되었다.

3-2-3 미디어대학의 설립과 글로벌엔터테인먼트학부 신설

2025학년도에는 미디어학부가 미디어대학으로 승격되었으며 글로벌엔터테인먼트학부가 신설되었다. 글로벌엔터테인먼트학부는 한국의 대중문화 산업 전문가를 양성하는 데 초점을 맞추고 있다. 기존 미디어학부가 전통적인 언론과 광고·홍보 중심의 교육과정을 운영했던 것과 달리, 영화·드라마··음악·게임·웹소설·웹툰 등 K-대중문화 산업을 집중적으로 다룬다. 이에 따라 문화 콘텐츠 개발과 기획, 스토리텔링, 자금 조달, 프로듀싱과 유통, 엔터테인먼트 매니지먼트 등 국내 대중문화 산업 분야의 경영 전반을 아우르는 교육과정이 수립되었다.

글로벌엔터테인먼트학부는 K-콘텐츠의 글로벌 인기가 높아짐에 따라 다양한 국가 출신의 유학생을 선발하고 체계적인 교육과정을 통해 글로벌 전문가 양성을 주요 목표로 한다. 학생은 70명 내외(정원 외 포함)로 선발되며, 실습 과목은 대부분 한국어로 진행되므로 일정 수준 이상의 한국어 구사 능력이 있어야 입학할 수 있다. 국내 학생은 글로벌엔터테인먼트학부에 개설된 수업을 들을 수 있지만 해당 학부로 입학할 수는 없다. 향후 국내 학생을 단계적으로 일부 선발하는 방안도 검토하고 있다. CJ ENM과 네이버, 카카오 등 국내 대표 콘텐츠 플랫폼 기업들과 연구개발 협력 및 취업 연계 인턴십 프로그램 구성, 시설 투자 지원 등을 논의하고 있으며 하이브·SM엔터테인먼트·JYP엔터테인먼트·YG엔터테인먼트 등 국내 4대 연예기획사와 다양한 방식의 협업을 추진하고 있다.

3-2-4 교양교육원의 해산과 학부대학 신설

2024년 정부는 교육개혁 차원에서 '전공 자율선택제'를 확대 추진했다. 이 제도는 학생들이 적성과 진로를 충분히 탐색한 뒤 전공을 선택할 수 있는 기회를 제공하는 것을 목표로 한다. 이를 통해 적성과 전공 불일치 문제를 해결하고 학과 간의 경계를 허물어 창의적이고 융합적인 인재를 양성하고자 했다. 이에 따라 각 대학들은 2025학년도부터 일정 비율의 신입생을 무전공으로 선발하여, 입학 후 학생이 희망하는 전공을 선택할 수 있도록 운영 방식을 정비하고, 학사제도 개편을 검토하는 등 다양한 대책을 마련하고 있다.

본교는 교양교육원을 해체하고 무전공으로 입학하는 36명을 관리하기 위한 조직으로 학부대학을 신설했다. 학부대학은 단과대학별 무전공 입학자의 전공 선택뿐만 아니라, 재학생의 제2전공(이중, 융합, 학생설계) 또는 마이크로디그리 선택, 전과 등 전공 자율(융합) 선택을 코칭하는 전담 조직으로 기획되었다. 학부대학에는 교육과정 혁신센터 및 전공디자인센터가 신설되었으며, 기존 교수학습개발원 조직이 흡수되었다. 앞으로 사회 수요에 맞는 혁신적 교육과정의 기획 및 운영 전담 조직으로 자리 잡을 예정이다.

3-3 세종캠퍼스 학사구조 개편

3-3-1 학과의 변동과 신설

2022학년도부터 전국 37개 약학대학의 학생 모집 방식이 통합 6년제 학부선발 제도로 개편되었다. 이전까지 약학대학의 모집 체계는 다른 학과에서 최소 2학년까지 마친 후 약학대학입문자격시험PEET을 통해 약대로 편입하여 4년간 전공 교육과정을 거치는 2+4 편입제였다. 이와 같은 체제로 인해 이공계열 학생들이 3학년 때 약대로 이탈하는 현상이 발생했고, 기초과학 분야의 인재 확보가 어려워진다는 지적이 꾸준히 제기돼 왔다. 개편된 통합 6년제 학부선발 제도는 대학에 입학하는 1학년 신입생부터 6년간 약학 교육과정을 거치는 학제로, PEET를 치르지 않아도 된다. 세종캠퍼스 약학대학 역시 6년제로 전환되며 새로운 전기를 맞았다. 14년 만에 재개된 약학과 신입생 모집에서는 408.9:1이라는 놀라운 경쟁률을 기록했다.

2023학년도에는 세종캠퍼스 글로벌비즈니스대학의 독일학 전공이 폐지되었다.

대신 국내 최초로 '표준·지식학과'가 신설되었다. '표준·지식학과'는 제품, 프로세스, 서비스 등 표준화의 대상이 본래의 의도된 목적대로 우리 사회에서 적용되도록 표준, 인증과 특허 및 저작권 등 IPR(지식재산권) 분야의 전문인력을 양성하는 것을 목표로 삼았다. 국내 최초로 개설된 '표준' 전공 학과의 교과과정 개발 및 학생들의 실무역량 함양을 위해 산업통상자원부 국가기술표준원은 4년간 약 10억 원을 지원했다.

3-3-2 세종공동캠퍼스 입주

세종특별자치시에 설립된 세종공동캠퍼스SCC는 대학·연구기관이 강의실을 포함한 교사 및 도서관, 체육관, 기숙사 등의 시설을 함께 이용하고 교육과 연구를 수행하는 신개념 대학으로서 국내 최초의 공유형 캠퍼스라고 할 수 있다. 세종공동캠퍼스는 임대형과 분양형으로 구분되어 있으며 서울대·KDI·충남대·충북대·한밭대가 임대형, 충남대·공주대·본교 세종캠퍼스가 분양형으로 입주할 예정이다. 2023년 교육부의 승인을 받았으며, 7개 학교의 3천여 명이 2029년까지 입주를 완료할 계획이다.

사립대 가운데 세종시 공동캠퍼스 입주는 본교가 처음이다. 본교는 각 기관의 공조와 함께 교육부와의 사전협의를 통해 입주 시기에 맞춰 행정전문대학원 이전과 융·복합에 특성화된 미래융합대학원IT/BT을 설립할 예정이다. 공동캠퍼스에 입주하는 두 대학원은 국가공무원 양성 및 융·복합 교육기반 클러스터로 기능하면서, 글로벌 수준의 공동 교육·연구와 산학연 협력을 활성화할 것으로 기대된다.

04

첨단 신기술 분야의 인재 양성

4-1 첨단분야 학과 신설

4-1-1 데이터과학과, 스마트보안학부, 융합에너지공학과, 인공지능학과

2020년 교육부는 사회 변화에 능동적으로 대응하기 위하여 대학에 첨단 학과를 신설 및 증설하고, 2021학년도부터 미래 첨단 분야 학생 정원을 8천 명 증원하기로 발표했다. 이에 따라 본교는 2021학년도부터 데이터과학과, 스마트보안학부, 융합에너지공학과 등 첨단 분야 학과(부)를 신설하여 급변하는 환경에 대응할 미래 선도형 인재를 양성해 왔다. 각 학과의 선발 정원은 30명이다.

데이터과학과는 인공지능과 빅데이터 분야에 특화된 학과로, 데이터 과학 응용 능력을 기반으로 독창적인 기술을 창출하는 융복합 인재 양성을 목표로 설정했다. 데이터과학과 입학생은 인공지능 기계 학습, 딥러닝, 자연어 처리 등 첨단 IT 분야와 관련한 교육을 받는다.

스마트보안학부는 스마트 시대에 필수적인 보안 분야 엔지니어와 리더 양성을 목표로 보안과 정보기술 융합 교육과정을 운영한다. 스마트보안은 주요 스마트 기술의 안전하고 지속 가능한 발전을 보장하는 핵심적 기술로 인정받고 있다. 스마트보안학부는 사회적 가치를 창출할 수 있는 보안 및 정보기술 융합 인재 양성을 목표로 설정했다. 융합에너지공학과는 나노 기술NT, 정보 기술IT, 바이오 기술BT을 융합해 미래 에너지 기술을 개척하고, 사람 중심의 디자인과 정책 능력을 갖춘 인재를 양성하는 학과이다.

융합에너지공학과는 국내 융합연구를 선도하고 있는 KU-KIST 융합대학원과 본교 에너지환경대학원을 모체로 설립되었으며 인류 복지에 필수적인 지속 가능한 에너지 시스템을 구축하고 운영하기 위해 차별화된 융복합 해법을 제시하는 글로벌 인재를 양성할 계획이다.

또한 2025학년도에 신설된 정보대학 인공지능학과는 AI의 퍼스트무버first-mover가 될 'AI KOREA'의 인재 양성을 목표로 설정했다. SW 전공과 유사한 교육 과정을 따르지만, SW 전공과 달리 신입생 때부터 집중적으로 AI를 학습하는 데 주력하고 있다. 첨단 산업 분야에 특화된 교과목들로 구성되어, 일반 교육과는 차별화된 인공지능 맞춤 교육과정을 제공하고 있다.

4-1-2 인공지능대학원, 융합보안대학원, 개인정보보호대학원

본교는 2019년 국내 최초로 AI 대학원을 설립해 운영하고 있다. 이는 정부의 AI(인공지능) 대학원 지원사업에 선정된 결과였다. 본 대학원에서는 AI의 핵심 원천 기술을 가르치며, 딥러닝, 컴퓨터 비전, 자연어 처리, 음성 인식, 빅데이터, 신경망 등 다양한 교육과정을 제공한다. 졸업생들은 헬스케어, 금융, 지능형 에이전트, 게임, 자율주행, 국방 등 AI 응용이 특화된 다양한 분야로 진출했다.

대학원 인공지능학과는 입학 시 '창업 특별 휴학 제도'를 통해 학생들의 AI 벤처 기업 창업을 지원하며, 기존 스타트업의 CEO와 전문가들로 구성된 '기술 창업 자문위원회'도 운영한다. 박사과정 학생 전원에게는 3개월 이상 AI 분야 글로벌 기업(아마존, 메타, 구글, IBM, MS 등) 인턴십과 AI 분야 세계 유수 대학(카네기멜런대, UC버클리 등)과의 국제 공동연구 기회를 제공한다. 본교는 AI 대학원 지원사업에 선정된 이후, 약 5년간 172편의 SCI(E) 논문과 67건의 우수 국제 학술대회 논문을 발표하고, 100여 건의 인공지능 관련 특허를 국내외에 출원 및 등록했다. 특히 기계 학습 기반의 AI가 새로운 환경에서도 사람처럼 적응해 성능을 높일 수 있는 기반을 마련한 적응형 심화 학습Deep Reinforcement Learning 연구를 세계 최초로 소개하여 주목받았다.

융합보안대학원은 2019년 과학기술정보통신부의 지원을 받아 개설됐다. 스마트 팩토리 등 디지털 트랜스포메이션 혁신이 진행 중인 산업분야의 보안역량을 강화할 핵심 인재 육성을 목표로 삼고 있다. 현재 국내 8개 대학이 융합보안대학원을 운영하고 있으며, 본교에서의 정식 명칭은 일반대학원 컴퓨터학과 컴퓨터보안전공이다. 컴퓨터보안전공은 IEEE 저널과 IEEE S&P, USENIX Security 콘퍼런스 등 매해 톱top 저널 및 톱 콘퍼런스 실적을 이어 가는 10명의 우수 교수진이 참여하고 있다. 연구실마다 AI, SW보안, HW보안, 클라우드 보안, 블록체인 등 주력 분야가 다양해 학생들은 관심 분야를 선택하여 연구할 수 있다. 컴퓨터보안전공 신입생들은 2020년부터 정부 지원을 통해 장학금, 해외 인더스트리 4.0Industry 4.0 기업 탐방, 국내외 기업 인턴십, 전문가 멘토링, 융합보안 전용 실습장 및 연구공간 제공 등의 특전을 받고 있다.

개인정보보호대학원은 2024년 3월 개원했다. 개인정보보호 기술에 대한 이해와 정책, 관리 분야의 깊이 있는 지식 및 실무역량을 갖춘 융합형 개인정보보호 전문가 양성을 목표로 삼고 있다. 인공지능AI·빅데이터 시대의 프라이버시 문제를 해결하고 개인정보를 안전하고 효과적으로 활용할 수 있는 기술 이해와 정책 연구를 진행하고 있다. 이 대학원의 설립은 정보보호대학원, 정보보호학과, 사이버보안학과 등을 운영하며 축적한 정보보호분야의 노하우를 바탕으로 이루어졌기에 큰 의미가 있다. 아울러 개인정보보호 분야에서 국내 최초로 설립된 대학원인 만큼 앞으로 개인정보 보호 분야의 글로벌 표준이 될 것으로 기대를 모으고 있다.

4-1-3 스마트도시학부, 미래모빌리티학과, 지능형반도체공학과, 인공지능사이버보안학과, 빅데이터사이언스학부

세종캠퍼스는 2021학년도 첨단학과 모집단위 조정신청에서 3개 학과(스마트도시학부, 미래모빌리티학과, 지능형반도체공학과) 신설과 2개 학과(인공지능사이버보안학과, 빅데이터사이언스학부)의 증설을 승인받았다. 이러한 변화는 세종캠퍼스를 4차 산업혁명 시대를 주도하고 국가균형발전을 견인하는 융·복합 학문의 메카로 특성화하겠다는 계획의 일환이었다.

신설학과인 스마트도시학부는 국가·지자체 정책에 조응하는 실무 중심 스마트도시 전문 인재의 양성을 목표로 삼고 있다. 특히 교내 가용자원(공간, 인력, 교육 인프라)을 활용하여 학제 간 융·복합 교육과 지역 연계 교육을 통해 세종시의 수요를 대비하고, 리빙랩Living Lab형 스마트도시 인재를 육성하는 데 초점을 맞추고 있다.

미래모빌리티학과는 고급 자동차 기술을 개발하고 선도해 나갈 전문인력을 기르기 위해 조직되었다. 또한 기계 공학, 전기·전자 공학, AI 및 컴퓨터 공학 등의 융합 지식을 갖춘 인재를 길러 내는 데 필요한 교육과정을 갖추었으며, 기업 인턴프로그램을 운영하여 취업에 실질적으로 도움이 될 수 있는 과정을 구성했다.

지능형반도체공학과는 4차 산업혁명을 선도하는 반도체 인력 양성을 목표로 삼고 있다. 특히 정부가 지능형 반도체 분야에 10년 이상 막대한 재원을 투자하는 계획을 세운 만큼, 이 학과의 성장 가능성은 매우 크다.

세종캠퍼스의 증설학과인 인공지능사이버보안학과는 2017년 신설된 사이버보안 전공을 계승하며, 해킹 공격을 방지할 인재를 양성하는 데에 중점을 둔 특화 학과이다. 이 학과는 인공지능 사이버 보안 분야에서 지속적으로 제기되어 온 인력 부족 문제를 해결하기 위한 전문 인력 수급의 중요한 역할을 할 것으로 기대를 모으고 있다. 빅데이터사이언스학부는 빅데이터의 생산, 가공, 활용에 능통한 창의적 인재 양성을 목표로 삼고 있다. 4차 산업혁명 시대에 데이터가 새로운 제품, 서비스, 경험, 그리고 가치 창출의 핵심 자원으로 활용될 수 있는 만큼, 빅데이터사이언스학부는 국가 발전의 기반이 되는 학과로 발돋움할 것으로 기대를 모으고 있다.

4-1-4 AI 혁신허브 출범

2023년 2월 과학기술정보통신부는 'AI 혁신허브 연구용 데이터센터' 개소식을 정릉캠퍼스 진리관에서 개최했다. AI 혁신허브는 국내 대학·기업·연구소가 보유한 AI 연구 역량을 결집해 세계적 수준의 경쟁력을 갖춘 국가 AI 연구네트워크를 구축하기 위해 추진됐다. 주관기관인 본교를 포함해 총 203개 기관, 631명의 연구진이 참여해 AI 분야의 기술적 한계를 극복하기 위한 12개 연구 과제를 진행하고 있다.

정부는 ChatGPT 등 초거대 AI의 등장으로 고성능 컴퓨팅 자원의 중요성이 커진 점을 고려하여 AI 혁신허브 연구진이 다양한 AI 연구에 매진할 수 있도록 2021년부터 2025년까지 연 20억 원씩 총 100억 원을 투자하여 AI 혁신허브 데이터센터를 구축했다. 본교에 구축된 AI 혁신허브 데이터센터는 최대 100명이 동시에 대규모 AI 연구 프로젝트를 수행할 수 있도록 35페타플롭스PF 규모로 설계되었다. 2025년까지 엔비디아의 AI 반도체NPU 'A100' 48개를 도입할 예정이다. 또한 장기적으로는 AI 혁신허브 데이터센터와 네이버클라우드 데이터센터를 연결하는 하이브리드 클라우드 환경을 구축하여 연구진이 원하는 시간에 원하는 만큼의 컴퓨팅 자원을 이용할 수 있도록 계획하고 있다.

4-2 미래형 계약학과 신설

4-2-1 반도체공학과, 스마트모빌리티학부, 차세대통신학과

본교는 채용조건형 계약학과를 적극적으로 운영하고 있다. 국내 유수 대기업과 협력한 반도체공학과(SK하이닉스), 스마트모빌리티학부(현대자동차), 차세대통신학과(삼성전자), 군軍 계약학과인 사이버국방학과(국방부) 등이 대표적이다.

2021학년에 신설된 반도체공학과는 실무적 지식을 갖춘 반도체 인력을 양성하고 이론 실습이 연계된 현장 중심의 교육과정을 운영하고 있다. 특히 프로젝트 중심의 교과를 운영하고 SK하이닉스 인턴십에 참여해 현장 적응 능력을 키울 수 있도록 했다. 수요자 중심의 산학 밀착형 맞춤 교육으로, 본교와 SK하이닉스가 공동 개발한 맞춤형 교과를 통해 수업하며 SK하이닉스 실무 전문가가 강의를 맡았다. 반도체공학과의 입학생은 졸업 후 SK하이닉스에 입사하는 것이 보장된다.

2023학년에 신설된 스마트모빌리티학부는 본교가 현대자동차와 함께 설립한 학과로, 학석사 통합 과정을 운영한다. 미래의 모빌리티 산업을 선도할 창의적 융합 인재를 양성하기 위해 설립되었으며, 스마트모빌리티학부에 입학한 학생을 대상으로 2023학년부터 5년간 매년 50명에게 전액 장학금, 산학 과제 및 학회 참여, 현대자동차 입사 보장 등의 다양한 기회를 제공한다. 수업은 Open Innovation을 적용한 맞춤형 학습 시스템을 활용하여 수요자 중심의 특성화 교육으로 운영된다. 현대자동차 소속의 현업 연구원이 겸임 교수로 참여해 현업 밀착형 강의를 제공하며, 직무 관련 전문적 기술 역량뿐만 아니라 창의적 사고 역량을 갖춘 차세대 공학 리더를 양성하기 위해 공학 계열 과목 외에 인문학, 심리학, 경영학 등 소양 교육을 접목한 융합 교육 프로그램을 운영하고 있다.

차세대통신학과는 삼성전자와의 협약을 통해 2023년에 신설된 학과로, 6G를 포함한 차세대 미래 통신 기술을 다루는 계약학과이다. 학생들은 4년간 기본 교양, 기초 전공, 심화 전공, 융합 전공 순서로 학업을 이어 가며 이론과 실습이 연계된 실무 맞춤형 교육을 받는다. 차세대통신학과의 입학생에게는 삼성전자 인턴십 프로그램과 실리콘밸리, 삼성전자 연구소 등의 견학 기회가 제공되며 해외 저명 학회의 견학 기회도 있다. 강의 외에도 1대1 원어민 영어 프레젠테이션 교육과 전문가 초청 특강 등의 특전도 마련되어 있다.

4-2-2 대학원 배터리-스마트팩토리 학과

본교는 LG에너지솔루션과 협력하여 2022학년도부터 배터리-스마트팩토리학과를 설립하고 차세대 인재를 양성하고 있다. 배터리-스마트팩토리학과는 학위 취득과 동시에 취업이 보장되는 계약학과로, 석박사통합과정과 박사과정을 모집했다. 모집 분야는 AI 기반 배터리 소재 및 차세대 배터리를 개발하는 '배터리공학' 분야와 스마트팩토리 보안, 디지털 트윈 및 공정 해석 등을 연구하는 '스마트팩토리' 분야이다.

학생들에게는 배터리 전문가와 스마트팩토리 전문가로 구성된 두 명의 지도교수가 배정되어, 배터리 도메인과 스마트팩토리 영역의 전문 역량을 동시에 갖출 수 있도록 지원했다. 배터리-스마트팩토리 학과 학생들은 등록금뿐만 아니라 매월 장학금도 지원받는다. 또한 학위 과정 중 LG에너지솔루션의 현장 프로젝트에 참여하여 산업 현장과 연계된 연구를 수행할 기회를 부여받아, 학위 취득 후 곧바로 LG에너지솔루션에서 활약할 수 있게 된다.

4-2-3 대학원 융합반도체공학과

세종캠퍼스는 융합반도체공학과를 대학원 과정에 신설하여 SK하이닉스의 반도체 전문인력을 대상으로 전문인력 양성 및 연구 협력의 산학협력 연계 모델을 구축했다. 최근에는 2023년 반도체특성화대학 지원사업 '첨단반도체 공정장비 분야'에 선정되어 280억 원의 예산을 확보했고 반도체 공정장비 전문인력 양성의 전진기지로 중추적인 역할을 수행하고 있다. 본 학과에는 반도체 공정장비의 기업 수요를 반영한 혁신 교육과정인 첨단반도체 공정장비 융합전공 과정이 신설되었다. 융합전공의 교육과정은 4개의 선택 가능한 심화트랙(노광, 식각, 증착, 측정·분석)으로 구분된다. 이 과정은 차세대 첨단 장비 개발에 필요한 이론 및 실습 위주의 교육으로 구성되어, 국내 반도체 장비업체의 연구개발 역량을 높이는 데 기여할 것으로 기대되었다.

4-3 연구·산학협력 성과

본교는 대학원 중심의 거버넌스를 구축하며 대학원혁신본부, 연구산학처(세종), 데이터과학원 등을 신설했다. 또한 대학원혁신본부를 중심으로 노력하여 4단계 BK21 사업(7년)에서 서울캠퍼스 30개, 세종캠퍼스 8개, 총 38개 사업단(팀)이 선정되는 성과를 거두었다. 교원의 교외 연구비 실적 역시 증가하여 5,333억 원에 달했다.

서울캠퍼스와 세종캠퍼스는 3단계 산학연협력 선도대학(LINC 3.0)으로도 선정되었다. LINC 3.0 사업은 '기업', '대학', '연구소' 및 '지역사회'가 긴밀한 협력을 통해 미래 인재를 육성하고, 산업체 생태계의 글로벌 경쟁력을 제고하기 위해 교육부가 한국연구재단NRF을 통해 대학에 재정을 지원하는 중장기 사업이다. 이 사업의 핵심 목표는 지속 가능한 지역 연계형 글로벌 산학협력 모델을 구축하는 데 있으며, 융합형 산학연협력 플랫폼을 기반으로 미래 지식산업을 창출하는 데 중점을 두고 있다. 이는 본교가 첨단 분야의 인재를 배출하는 교육기관으로서 지향하는 방향과도 부합하는 지원 사업이었다.

이러한 적합성을 보여 주듯, LINC 3.0 사업단은 교육부와 한국연구재단에서 주관하는 3단계 산학연 협력 선도대학 육성 사업 연차 평가에서 2년 연속 최우수 대학으로 선정되었다. LINC 3.0 사업단은 대학의 5개 특화 분야와 ICC(기업협업센터)의 전략적 연계, '파이π-플랫폼'을 활용한 글로벌 산학협력 선도 모델 고도화 등의 성과로 높은 평가를 받은 것이다. 파이π-플랫폼은 본교와 ICC 가족 기업이 함께 상생하기 위해 운영 중인 기업 협력 및 지원 종합 프로그램의 브랜드로 자리 잡고 있다.

교원의 창업 기업도 지속적으로 증가하여, 2022년 12월 기준으로 41개에 달했고 기술 이전 수익은 지속적으로 증가해 42.3억 원에 이르렀다. 2022년 기준으로 자회사 27개, 투자회사 102개에 달하는 기술지주 주식회사는 1.2조 원 이상의 기업 가치를 보유한 것으로 평가되었다. 고려대 캠퍼스타운 사업도 주목할 만하다. 이 사업은 서울캠퍼스 인근 지역을 4차 산업혁명을 선도하는 청년 창업 특화 지구로 발전시키고, 이를 통해 청년 창업 활성화, 대학 문화의 확산, 지속 가능한 캠퍼스타운 조성을 목표로 추진되었다. 2017년 국내 최초로 서울시 캠퍼스타운 조성 사업에 선정되었으며, 이후 2020년 국토교통부 사업으로 연장·확대되면서 대학과 지역이 함께 청년을 육성하고, 청년이 다시 대학과 지역을 성장시키는 '상생 빌리지'를 구축해 나가고 있다. 2023학년도에는 G-Local 대학타운형 안암 창업 밸리 조성을 목표로 운영을 확대했고, 스마트 쓰레기통을 개발한 NAWA, 신소재 제습 탈취제 제조사인 레드닷, 데이터 통합 관리 서비스 개발사인 로딧 등 다양한 아이디어를 가진 회사들이 이곳에서 창업했다. 2023년과 2024년에는 '고려대 캠퍼스타운 ACMAnam Change Maker 주간'을 개최하기도 했다.

2024년 8월에는 과학기술정보통신부와 정보통신기획평가원이 주관하는 2024년도 대학 ICT 연구센터와 학·석사 연계 ICT 핵심 인재 양성 사업에 본교가 다수 선정되었다. 대학 ICT 연구센터 사업에 2개, 학·석사 연계 ICT 핵심 인재 양성 사업에 2개, 총 4개의 분야가 선정되었다. 해당 사업 선정으로 본교는 약 172억 원을 지원받아 글로벌 디지털 기술 혁신을 이끌어 갈 석·박사 인재 양성을 할 수 있게 되었다. '대학 ICT 연구센터' 사업은 ICT 유망 기술 분야의 첨단 연구 프로젝트를 지원하고, 국가 혁신 성장을 견인할 석·박사급 핵심 연구 인력 양성을 목적으로 한다. AI 분야에는 인공지능학과 이성환 교수, 차세대 통신 분야는 전기전자공학부 김중헌 교수가 각각 선발되었다. 학부생에게 석·박사 교육 및 연구 참여 기회를 제공하는 '학·석사 연계 ICT 핵심 인재 양성 사업'의 18개 과제 중 2개의 과제로 산업경영공학부 송병덕 교수, 의과학과 최정민 교수가 각각 선정되었다. 이로써 본교는 융합적 사고를 갖춘 인재를 육성하는 핵심 교육 기관으로 자리매김하게 되었다.

05

지속 가능한 미래를 선도하는 세계 대학으로의 혁신

5-1 중장기 발전목표 수립

본교는 2008년 중장기 발전전략 'KU 2030 Vision'에서 글로벌 경쟁력 강화를 통한 'Global 100 in 2015, Global 50 in 2030'을 중장기 발전목표로 제시했다. 이후 시대 변화와 사회 수요에 부응하며 중장기 발전계획을 지속적으로 보완해 왔다. 2015년에는 미래 환경 변화에 효과적으로 대응함으로써 '2030 Global Top 50' 대학으로의 도약이라는 중장기 발전목표의 실현 가능성을 높이고자 기존의 발전전략을 분석하여 새로운 중장기 발전전략 중 1단계에 해당하는 'KU-The Future'를 수립했다. 2019년에는 정부 정책 등의 내외부 여건 변화를 발전 계획에 반영하여, 2단계 발전계획 'Human KU'를 수립했다. 'Human KU'는 단순히 국내 최고 수준의 사립대학을 넘어, 세계적 수준의 글로벌 대학으로 성장함으로써 인류와 사회 발전에 기여하고자 하는 본교의 철학과 강한 실천 의지를 담고 있었다.

개교 120주년을 맞이하는 2025년, 세계는 위기를 맞고 있다. 기후 변화로 인해 인류의 삶이 위협받고 있으며 경제적 양극화와 출산율 저하로 인한 인구 고령화 문제는 인류의 미래를 더욱 위태롭게 하고 있다. 사회 환경의 변화로 대학도 심각한 위기를 겪고 있다. 이로 인해 학령 인구가 감소하고 대학 정원은 축소되었으며, 등록금은 10년 이상 동결된 상태로 대학 재정이 어려움을 겪고 있다. 대학이 지식을 독점하던 시대는 지나갔으며, 대학 자체의 존립 이유에 대한 근본적인 의문이 제기되는 상황에 놓였다. 이제 대학을 둘러싼 환경은 대학이 스스로 변화하지 않으면 생존할 수 없는 구조로 바뀌고 있다.

본교는 변화하는 환경 속에서 생존하기 위해, 우리 사회가 직면한 문제를 해결하고 사회에 실질적으로 기여하는 기관으로 거듭나고자 선제적으로 나섰다. 2023년 3월 취임한 김동원 총장은 지금까지의 발전계획을 토대로 "강한 고려대학교를 만들어 세계 30위권 대학을 실현하겠다"는 포부를 밝혔다. '강한 고대'는 두 가지 의미를 지닌다. 우선 재정적으로 탄탄한 대학을 의미한다. 재정이 안정되어야만 우수한 연구진과 교수진을 선발하고 더 나은 대학 환경을 조성할 수 있기 때문이다. 다음으로 대학의 글로벌 위상이 높아져야 한다. 본교는 민족의 대학으로서 한국 현대사의 결정적 시기마다 중요한 역할을 해 왔다. 이제는 글로벌 사회 전체에 공헌해야 할 시점에 이르렀으며, 이를 위해 세계 30위권 대학을 향한 정책을 마련하고 있다.

이러한 노력의 결과 본교는 2020년 QS 세계대학평가에서 69위, QS 아시아 대학평가에서 12위를 기록했다. 2021년에는 QS 세계대학평가에서 100위권 내에 포함된 학문 분야 수가 27개로, 국내 종합 사립대학 중 최다를 기록했으며, QS 아시아 대학평가에서도 2년 연속 국내 사립대학 1위를 차지했다. 2024년에는 QS 아시아 대학평가에서 9위를 기록하며, 2009년 해당 평가가 도입된 이래 처음으로 Top 10에 진입하는 성과를 거두었다. 2025년 QS 세계대학평가에서는 전년의 67위에 비해 6계단 상승하여 역대 최고 순위인 61위를 기록했다.

5-2 행정 혁신

본교는 윤리성, 투명성 및 공정성을 제고하기 위해 2019년 6월부터 8월까지 혁신위원회를 운영했고, 2019년 9월에는 준법 감시 기능 강화를 위해 감사위원회 설치 등 감사기구의 기능 확대 및 강화와 사전 예방적 준법 감시 시스템Compliance 강화를 제안했다. 이에 따라 2020년 9월에는 교외 전문가를 위원장으로 하는 감사위원회가 구성되었다. 이 감사위원회는 본교, 의료원, 산학협력단의 감사 기능을 통합하여 정기 감사, 특정 감사, 감사 결과 처리 및 제도 개선과 관련된 중요 사항에 대해 심의 및 자문 역할을 수행했다.

감사위원회의 출범은 기존의 행정부서 중심의 감사 기능이 효율성을 중시하던 방식에서 벗어나, 투명성, 공정성, 민주성을 강화한 회의체 중심의 감사 기능으로 변화하는 중요한 계기가 되었다. 또한 최근 ESG 경영의 중요성이 강조되는 시대정신에 맞춰 지배구조Governance 개선을 선제적으로 적용하여, 향후 대학 감사 기구가 나아가야 할 방향을 제시하는 모델로 자리 잡았다. 감사위원회는 법적 의무사항으로 시행하고 있는 사전 예방적 준법 감시 시스템을 대학 현실에 맞게 적용하여 〈준법 활동 운영에 관한 규정〉을 제정했다. 또한 감사실 직원을 준법 지원관으로 위촉하고, 타 대학 주요 감사 사례와 교내 자체 감사 사례를 구성원들에게 공유하는 방식을 도입했다. 이들은 전 구성원을 대상으로 준법 활동을 안내하며 기존의 사후 조치식 감사에서 사전 예방적 감사로 전환하는 혁신적인 시도를 통해 대학 내 준법 활동을 강화했다.

5-3 지속가능원의 출범과 운영

5-3-1 ESG위원회 신설과 탄소중립선언

본교는 시대와 사회의 변화에 따라 사회 혁신의 중심 역할을 하며 선도적인 위치를 지켜 왔다. 이러한 전통의 일환으로 2008년에는 사회봉사단을 설립해 체계적이고 전문적으로 지역사회 봉사와 글로벌 사회공헌 활동을 시작했다. 2021년 4월에는 사회봉사단을 사회공헌원으로 승격하고, 그 산하에 ESG위원회를 총장 직속 자문기구로 설립했다. 이는 UN에서 발표한 지속가능발전목표SDGs를 반영해 사회 문제에 대응하는 대학으로 성장하기 위한 중요한 조치였다.

본교 ESG위원회는 ESG(환경·사회·지배구조)와 관련된 학교의 정책, 운영 및 실행에 관한 주요 사항을 검토·조정·심의하며, 총장의 자문에 응해 본교의 사회공헌 비전과 방향 및 실행을 강화하는 역할을 맡았다. 총장과 부총장 및 각 부처 처장 등으로 구성된 교내위원과 기업인 및 NGO 대표로 구성된 외부위원들은 매년 1-2회 회의를 개최해 심도 있는 토론을 진행했다. 이를 바탕으로 '2021-2022 ESG 전략 플랜'을 수립하고 주요 활동을 발표했으며, 2021년에는 사회공헌 활동을 위한 탄소중립 실행 소위원회를 신설했다. 그 결과 2022년 5월 '고려대학교 탄소중립계획'이 발표되었다. 계획의 주요 내용은 2030년까지 에너지 관리의 효율화를 통해 온실가스를 40% 감축하는 1단계, 2045년까지 태양광, 수소 연료, 지열 설치와 자체적으로 전력을 생산해 소비하는 소규모 전력망 '마이크로그리드Microgrid' 구축, 수요와 공급의 안정적 관리를 실행하는 2단계로 구성되었다. 같은 해 6월 '더 늦기 전에 2045 탄소중립 선언식'을 개최했다. 이 자리에서 사회 각계에서 활발히 활동 중인 교우들이 선언문을 낭독하며 교내의 탄소중립 노력뿐 아니라 교외에서도 각자의 위치에서 탄소중립 노력을 지속하겠다는 의지를 표명했다. 선언 이후 본교는 실질적인 이행 전략을 수립해 캠퍼스 내 온실가스 배출 현황을 조사하고 변화를 추적하는 등 현실적 대응책을 마련하며 이를 실행했다.

5-3-2 지속가능원의 출범

본교의 지속가능발전목표SDGs와 환경·사회·지배구조ESG 정책의 핵심 기관은 지속가능원이다. 지속가능원의 전신은 앞서 언급한 사회봉사단으로, 학생들로 구성된 봉사단을 조직해 연탄 배달, 지구촌 봉사, 탈북민 취업 교육 등 다양한 사회봉사활동을 진행해 왔다. 사회봉사단은 대학의 학문적 공헌을 넘어 '더불어 사는 사회'를 지향하는 것이 지성인의 책임이라는 신념하에 10여 년간 다양한 형태의 학생 봉사활동을 기획·운영하며 지역과 국가, 나아가 국제사회에 기여했다. 이를 통해 본교는 사회에 긍정적인 영향을 미치는 대학의 역할을 이어 갈 수 있었다.

이러한 역할을 더욱 강화하고 사회 변화를 주도하는 대학으로 성장하기 위해 2021년에 사회봉사단을 사회공헌원으로 격상시켰다. 이를 통해 지역사회 및 기관과의 연계를 넘어서 사회적 기업NGO, NPO과의 연계를 통해 서비스 러닝Service Learning의 확대, 사회 봉사에 대한 연구·개발 강화, UN SDGs 문제 해결, ESG 실행 등을 추진해 일회적 차원의 봉사가 아닌 지속적 사회공헌을 실현할 수 있게 되었다. 또한 비교과 활동 지원을 통해 전인적 교육을 강화하고 지역사회와 협력해 봉사 프로그램 제공 지역 및 대상을 확대했다. 동시에 대학원생 사회공헌단을 모집해 진공 연계 사회공헌 프로그램을 기획, 대학 사회공헌 활동의 전문화를 이루었다. 2024년 6월 사회공헌원은 지속가능원으로 명칭을 변경하며 교내 SDGs와 ESG 관련 활동을 주관하는 기관으로 거듭났다. KU-SDGs 콘퍼런스, 체인지메이커스 프로그램, SDGs 메이커톤 공모전, ESG 아카데미 등은 현재 지속가능원의 주요 프로그램으로 자리 잡고 있다.

5-3-3 지속가능성 위원회와 페이퍼리스 선언식

ESG위원회는 2023년 12월 JEDI 지속가능성 위원회로 확대 개편되었다. JEDI는 Justice(정의), Equity(형평성), Diversity(다양성), Inclusion(포용)의 약자이다. 총장 이하 교내 부서장, 학생 대표, 지역사회 관계자가 참여하며, 지속가능성 위원회는 총장 직속 기관으로 조직되었다. 위원장은 총장이며, 교무부총장, 연구부총장, 대학원장, 세종부총장, 의무부총장이 부위원장을, 지속가능원장이 간사를 맡았다. 이 위원회가 설정한 첫 번째 과제는 미래사회 공헌을 위한 대학의 ESG·SDGs 활동 강화였다.

지속가능성 위원회에는 산하에 교육, 연구, 참여확산, 운영의 4개 소위원회를 설치했다. 각 소위원회는 매달 각 부처별 ESG 이행 상황을 점검하고 개선 방안을 마련했다. 특히 교내 ESG 활동의 컨트롤 타워가 되어 개별 단과대학, 대학원, 연구소 등에서 개별적으로 진행해 온 ESG 활동을 유기적으로 연계해 그 효과를 극대화하고자 했다. 교육 분야에서는 ESG에 특화된 교과과정을 확대하고 연구 분야에서는 ESG 관련 연구를 적극 독려하며, 구성원들의 인식 개선과 참여 유도를 통해 이에 맞는 투명한 운영을 지원했다.

2024년 9월에는 '행정 페이퍼리스 선언식'이 온라인으로 열렸다. 페이퍼리스 정책은 불필요한 종이 사용을 줄여 환경 문제를 해결하고, 절차 간소화와 투명한 업무 처리를 돕는 것을 목표로 한다. 이를 위해 본교는 2023년 9월부터 전자서명을 도입하고 클라우드 저장공간을 확대하는 등 디지털 협업에 필요한 제반 환경을 마련했고, 주요 회의와 자산 관리 업무에서 시범적으로 페이퍼리스 운영을 시행하기도 했다. 선언식 이후, 본교는 전자계약 구현을 위한 페이퍼리스 업무 플랫폼을 운영하고 관련 교육과 사례 공모를 시행했다. 페이퍼리스 정책은 '2045 탄소중립'과 지속 가능한 미래 실현의 일환으로, 미룰 수 없는 시대적 과제를 수행하는 중요하고 상징적인 시도로 자리매김했다.

5-4 국제화 캠퍼스 선포

2024년 9월 본교는 '국제화 캠퍼스' 선포식을 개최했다. 이번 선포식에서는 기존의 해외 대학과의 협정 및 외국인 학생 유치 방식을 넘어, 행정 전반에 영문 병기를 도입하고 외국인 학생과 교원이 손쉽게 연구, 교육, 행정 정보에 접근할 수 있는 시스템을 구축하겠다는 계획이 발표되었다. 이는 2023년 발족한 국제화위원회가 교내 국제화를 위해 외국인 구성원들의 의견을 수렴하고 다양한 과제의 해결을 위해 노력한 결과였다.

'국제화 캠퍼스' 선포로 전면적인 영문 기반 행정이 시행되었다. 포털은 물론 온라인 공지와 안내 등도 국문과 영문을 병기하기 시작했다. 교내 표지판과 안내문 등도 외국인이 내용을 쉽게 이해할 수 있도록 정비했다. 이를 위해 교직원에게 총 네 차례에 걸쳐 ChatGPT, DeepL 등 생성형 인공 지능AI을 활용한 번역교육을 실시했다. 한국어 강의를 실시간 다국어 자막으로 번역해 화면으로 중계하는 사업도 2025년 봄 학기부터 시범 도입했다. 이는 2007년 국내 대학 최초로 영문 포털 시스템KUPID을 도입한 이후 획기적인 전환점으로 평가할 수 있다.

학생문화면에서도 다양성과 포용의 가치를 실현할 정책을 마련했다. 동아리 활동 등 각종 비교과 과정에서 소외됐던 외국인 학생들의 참여를 독려하고자 총학생회, 동아리연합회 등 학생단체와 소통하여 동아리 소개 영문 책자를 제작해 배포했다. 이 밖에도 '천원의 아침' 프로그램에 할랄푸드 도입, 교내 무슬림 기도실 확대 설치 등 다양한 조치가 이루어졌다. 또한 해외의 교우회 지부와 협력해 외국 국적 졸업생의 교우회 가입을 적극적으로 독려하고 긴밀하게 네트워크를 관리해 나갈 계획을 수립하는 등 교우회의 외연을 확대하는 방안도 마련했다.

교육의 질을 높이기 위한 우수 외국인 교원의 초빙 역시 대폭 늘릴 계획을 수립했다. 2024년 당시 83명에 이르는 외국인 전임교원을 2030년까지 146명으로 늘려, 전체 교원 중 약 10%를 외국인 교원으로 구성하는 것을 목표로 삼았다. 이를 위해 첨단 분야, 사회 수요 분야 등의 교원을 기금 교수제 등 다양한 방법으로 채용하고, 외국인 교원에게 주거 지원, 항공료 및 이사비 지원 등 여러 혜택을 제공하는 방안을 마련했다. 또한 신임 외국인 교원의 원활한 적응을 위해 생활 지원 조교International Faculty Assistant를 배정하기로 했다. '국제화 캠퍼스' 추진은 외국인을 유치하는 단순한 외연의 확대가 아니라, 대학의 질적인 확대를 꾀하며 진정한 의미의 '세계 속 대학'으로 성장하는 출발점으로 평가받는다.

06

개교 120주년 기념사업

6-1 김동원 총장의 취임과 개교 120주년 기념사업의 선포

2023년 2월 28일 제21대 총장에 김동원 경영학과 교수가 취임했다. 김동원 총장은 1982년 본교 경영대학을 졸업하고 미국 위스콘신대학에서 노사관계학 박사학위를 취득했으며 1997년 본교 부임 이후 총무처장, 기획예산처장, 경영대학장 등을 역임했다. 김동원 총장 취임 직후인 2023년 5월 5일 개교 118주년 기념행사와 함께 '120주년 기념사업 선포식'이 열렸다. 개교 120주년을 맞이하여 본교의 비전을 선포하고 개교 120주년 기념사업회의 출범을 공표하는 자리였다. 김동원 총장은 기념사를 통해 'Korea University, Next Intelligence'라는 슬로건을 발표했다. 인류가 당면하게 될 다양한 문제를 해결하기 위하여 고려대학교가 AI(Artificial Intelligence)와 HI(Human Intelligence)를 융합한 인재를 길러 내는 거대한 지능망이 된다는 포부를 밝힌 것이다. 또한 '민족의 대학을 넘어 인류의 미래사회에 공헌하는 세계 속의 고려대학교'라는 비전을 제시했다.

개교 120주년 기념사업은 '세계'와 '미래'를 핵심 개념으로 설정하고, 여섯 가지 목표를 중심으로 추진되었다. 이 사업은 단순한 기념행사를 넘어, 교내 모든 구성원이 참

21대 총장 김동원

여하는 대규모 사업으로 기획되었으며, 김동원 총장의 취임과 함께 본격적으로 시작되었다. 특히, 여섯 가지 목표를 통해 새로 출범한 집행부가 지향하는 비전과 포부를 명확히 드러내고 있다.

첫 번째 목표는 '변혁적인 대학 미래상 제시'이다. 이 개념은 급변하는 사회 속에서 대학이 그 변화의 속도에 맞춰 새로운 역할 모델을 구축해야 한다는 점을 강조한다. 이를 실현하기 위해 국제적으로 저명한 인사를 초청하는 학술 강연 행사인 'Next Intelligence Forum'과 'KU-Oxford-Yale Annual Forum'을 기획했으며, 동시에 한국 사회가 직면한 양극화, 노령화 등의 문제에 대한 해법을 제시하는 기관으로서의 역할도 수행하고자 했다. 또한, 다문화적 가치를 확대하기 위한 방안으로 'KU Leaders 120'이라는 명칭의 개교 120주년 기념 다문화 장학제도를 설립했다.

두 번째 목표는 '대내외 소통 강화'이다. 이 사업의 핵심은 다양한 참여 행사를 마련하여 교내외 구성원의 애교심을 고취하고, '고려대 팬덤'을 형성·강화하는 데 있다. 이를 위해 교내 구성원뿐만 아니라 지역사회와의 교류를 확대하며, 본교의 긍정적인 이미지를 확립하는 데 주력하고 있다.

세 번째 목표는 '브랜드 가치 혁신'이다. 개교 120주년을 맞아, 다양한 미디어 채널을 활용한 홍보 전략을 추진하고, 특히 뉴미디어를 적극적으로 활용하여 본교의 브랜드 가치를 한층 높이고자 한다.

네 번째 목표는 '건전한 재정 확보'이다. 오늘날 많은 대학이 재정적 어려움에 직면

120주년 비전선포식(2023)

한 가운데, 특히 사립대학의 재정 확보는 더욱 어려운 과제가 되고 있다. 이에 본교는 다양한 수입원을 개척하는 데 역량을 집중하고 있으며, 대학 내 각 단위 조직이 자율적으로 수익을 확대하고 비용을 절감할 수 있도록 분권화된 재정 시스템을 구축하고자 했다. 더불어, 불필요한 비용을 줄이는 제로베이스 예산 시스템을 도입하여 보다 효율적인 재정 운영을 실현하고자 했다.

다섯 번째 목표는 '연구·교육 역량과 인프라 강화'이다. 본교는 선도적인 교육과 연구 환경을 구축하기 위해 소프트웨어와 하드웨어를 균형 있게 확충하는 것을 목표로 했다. 이를 위해 자연계 및 인문계 캠퍼스, 그리고 세종캠퍼스에서 리모델링과 신축 사업을 추진하여 연구 및 교육 시설을 현대화하고, 2025년까지 차세대 포털 및 학사 시스템을 완비함으로써 소프트웨어적 발전을 도모했다. 또한, 향후 10년 이내에 본교 교우 및 교수진 가운데 노벨상, 필즈상, 튜링상 수상자를 배출하는 것을 목표로 연구 지원을 강화하는 'KU-Nobel 프로젝트'를 추진하며, 120명의 첨단분야 연구우수 기금교수 임용 사업을 진행하여 본교의 연구 역량 강화를 도모하고자 했다.

마지막 목표는 '대내외 위상의 획기적 제고'이다. 이는 앞서 제시된 다섯 가지 목표를 실현하는 과정에서, 본교의 학술, 국제 교류, 홍보, 모금, 인재 육성 등 모든 분야의 평가 지표를 개선하는 데 중점을 두는 것이다. 궁극적으로, 본교는 단기적으로 세계 30위권 대학에 진입하고, 장기적으로는 '세상에 없어서는 안 될 대학'이자 미래 사회 대학의 롤모델로 성장하는 것을 목표로 삼고 있다.

6-2 개교 120주년 기념사업의 추진 체계

개교 120주년 기념사업회에는 법인, 학교, 교우회가 함께 참여했으며 발전위원회, 후원회, 추진위원회, 기획위원회를 두었다. 발전위원회는 구자열(경영 72) LS 이사회 의장을 위원장, 유시호(경영 74) 원일건설 회장을 부위원장으로 위촉하여, 개교 120주년을 기점으로 한 기념비적인 학교 발전 논의를 주도했다. 특히 발전위원회는 독립적으로 4개의 산하 위원회를 두어 인문관 신축, 의료원 마스터플랜, 학생회관 리모델링 등의 건립 사업부터 정보인프라 구축을 포함한 핵심 과제들을 추진했다. 또한 후원회는 승명호 교우회장을 위원장으로 위촉하여, 교우회 사무처와 협력하여 120주년 기념사업에 필요한 재원을 마련하는 역할을 맡았다.

추진위원회는 120주년 기념사업의 추진 방향을 제시하며, 각 분과위원회별 사업을 총괄 관리했다. 추진위원회의 위원장은 총장이 맡았으며 부위원장으로 교무부총장과 법인 상임이사가 선임되었다. 기획위원회는 교무부총장이 위원장을 맡았으며 부위원장으로 경영전략실장과 기획예산처장이 선정되었다. 기획위원회는 추진위원회 위원장을 보좌하며 세부 사업의 수립 및 조정, 사업 일정 관리, 소요 예산 및 재원 등에 관한 정보의 취합을 담당했다.

분과위원회는 총 10개로 구성되었으며 120주년 기념사업의 행정을 담당하며 전체 사업에 대한 관리를 진행하는 경영전략실도 신설했다. 분과위원회는 2023년 3월 출범 준비 당시 건립분과위원회(관리처장), 학술분과위원회(교무처장), 행사분과위원회(총

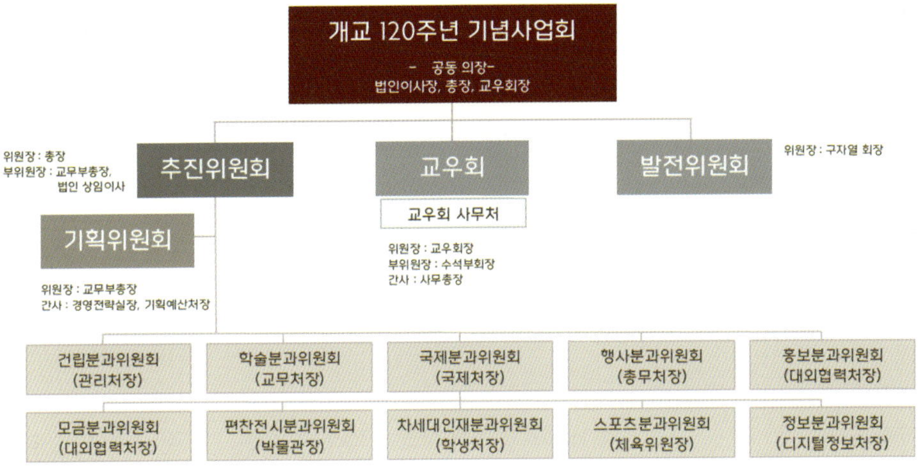

개교 120주년 기념사업 추진 체계

무처장), 편찬분과위원회(박물관장), 모금분과위원회(대외협력처장), 인재발굴위원회(인재발굴처장), 국제분과위원회(국제처장) 등 7개의 분과로 시작되었으며, 홍보분과위원회(대외협력처장), 스포츠분과위원회(체육위원장), 정보분과위원회(디지털정보처장)의 3개 분과가 신설되어 총 10개의 분과로 조직이 완료되었다. 이후 각 위원회의 실무가 구체화되어 편찬분과위원회는 편찬전시분과위원회로, 인재발굴위원회는 차세대인재분과위원회로, 체육분과위원회는 스포츠분과위원회로 명칭이 변경되었다. 각 분과위원회에는 전담 부서가 배치되었으며, 위원장과 위원이 구성되어 체계적인 사업 운영이 이루어졌다.

경영전략실은 모든 분과의 사업현황을 파악하고 일정을 관리하며 각 분과별 소통 창구로 기능했다. 또한 경영전략실장과 각 분과위원회의 위원장은 2023년 3월 7일 첫 추진회의를 시작으로 2025년 4월까지 60여 차례의 회의를 진행하고 각 분과의 사업 내용과 일정, 예산, 진척 및 변경 사항 등을 공유하며 속도감 있게 사업을 추진했다. 이 추진회의는 120주년 기념사업의 전체적인 흐름을 주도하는 중추적인 역할을 담당했다.

개교 120주년 기념사업은 단순한 정주년整周年 행사가 아니었다. 그 준비는

2022년 하반기부터 이루어지고 있었다. 이미 개교 120주년 기념사업 준비를 위한 사전 조사 TF가 구성되어 국내외 대학의 다양한 정주년 사례를 비교 분석하고, 100주년 기념사업 당시의 경험을 정리한 보고서를 발간하여 향후 기념사업의 방향을 설정하는 데 참고할 수 있도록 했다. 2023년 3월은 김동원 총장이 취임한 시기이기도 했다. 또한 코로나19 사태로 인한 사회적 제약이 해소되면서 대학 운영의 새로운 방향을 모색해야 하는 중요한 시점이었다. 이에 따라 개교 120주년 기념사업은 과거의 경험을 반영하는 동시에, 새롭게 출범한 대학 집행부의 정책 기조를 토대로 추진되었다. 교내 각 부서의 역량을 하나로 모아 본교의 장기적인 발전 방향을 구체화하는 계기가 되었으며, 단순한 기념행사를 넘어 미래를 향한 실질적인 전환점이 되는 데 중점을 두었다.

6-3 개교 120주년 기념사업의 진행

6-3-1 건립분과위원회

건립분과위원회는 관리처장이 위원장을 맡았다. 교내의 크고 작은 건축사업을 담당했으며 건축팀, 의료원 개발사업팀, 기획처 기획예산팀으로 구성되었다. 건립분과위원회에서는 모두 20여 개의 사업이 진행되었는데, 자연계 중앙광장 신축공사가 가장 대표적인 사업이었다. 본교는 100주년 당시 대운동장 일대를 중앙광장으로 조성하고 백주년기념관을 설립하는 대규모 공사를 진행했다. 이 사업을 통해 인문계 캠퍼스의 경관이 대대적으로 정비되었으며, 이는 교내외의 큰 관심을 불러일으켰다. 또한, 학생들에게 쾌적한 공간을 제공함으로써 본교의 대표적인 상징 공간으로 자리 잡았다.

반면 자연계 캠퍼스는 상대적으로 개발이 더딘 형편이었다. 낙후된 건물이 방치되어 있었을 뿐만 아니라 애기능 언덕이 있어 공간 활용에 어려움이 있었다. 이런 상황에서 건립분과위원회는 애기능 앞쪽의 주차장 자리에 중앙광장을 조성한다는 계획을

자연계 중앙광장 조감도

세웠다. 자연계 중앙광장은 커뮤니티, 스터디룸, 지하주차장 등 연면적 12,750평에 지하 4층 규모의 대형 건축 사업으로서 이공계 학생들의 오랜 염원을 담은 사업이기도 했다. 또한 전 세계에서 모여드는 연구자들을 위한 열린 광장을 만드는 한편, 미래 노벨상 수상자의 산실로 만들겠다는 의지를 담았다. 또한 이러한 비전을 높게 평가한 익명의 독지가가 630억 원을 기부하여 자연계 발전에 사용할 수 있도록 도움을 주어 2025년 5월 5일 기공식을 개최했다.

한편 인문계 캠퍼스에서도 인문관 신축공사가 준비되었다. 구 홍보관 부지에 지하 1층, 지상 3층에 연면적 2,171평 규모로 건립될 예정이며 강의실과 교수 연구실, 행정 및 부속공간으로 구성되었다. 문과대 기금 35억 원과 익명의 기부 47억 원 등을 확보하여 기공식을 개최했다. 문과대학의 부족한 공간 인프라를 개선하고 쾌적한 강의 및 연

자연계 중앙광장 기공식(2025)

구 환경을 제공할 것으로 기대를 모으고 있다. 이 밖에 사범대학과 정경대학, SK미래관, 고시관, 학생회관, 교우회관, 법학관 구관, 체육생활관 등의 리모델링과 인촌기념관 내외부 환경 개선 공사, 중앙광장 조경공사도 함께 진행하며 인문계 캠퍼스 전반의 외관을 다듬는 작업을 진행했다.

6-3-2 학술분과위원회

학술분과위원회는 교무처장이 위원장을 맡았으며 교무팀, 연구진흥팀, 커뮤니케이션팀이 참여했다. 120명 첨단분야 연구우수 기금교원 임용사업, Next Intelligence Forum, K-Club World Conference, 개교 120주년 기념 학술대회 지원사업 등 총 4개의 사업을 진행했다. 120명 첨단분야 연구우수 기금교원 임용사업은 본부 차원의 대대적인 모금을 통해 120개 기금 계좌를 확보하여 4년간 매 학기 15명씩의 우수 기금교원을 채용·선발하고, 기부자에게 기업명, 개인명 등 개별 기금교수의 명칭을 결정할 수 있는 권한

제1회 Next Intelligence Forum

을 부여한다는 내용으로 기획되었다. 상시 초빙 인원 이외에 첨단 분야의 우수 연구자를 추가 임용하여 본교의 첨단 분야의 연구 역량을 확대하고자 하는 의도가 있었다.

Next Intelligence Forum은 노벨상을 포함한 국가수반, 또는 글로벌 기업 대표 등 명사를 초청해 특별 강연을 진행하는 행사로 기획되었다. 헬리코박터균을 발견한 노벨 생리의학상 수상자인 배리 마셜Barry J. Marshall 박사, '합리적 기대 가설'에 근거한 경제 모형을 만들어 거시 경제 정책의 효과를 분석해 노벨 경제학상을 수상한 토마스 존 사전트Thomas J. Sargent 박사, 노벨화학상 수상자인 요아힘 프랑크Joachim Frank 교수, 필즈상 수상자인 예핌 젤마노프Efim Zelmanov 박사, 노벨 화학상 수상자 리처드 헨더슨Richard Henderson 박사, 노벨 물리학상 수상자인 존 프랜시스 클라우저John Francis Clauser 교수 등을 초청해 강연을 진행했다.

6-3-3 국제분과위원회

국제분과위원회는 국제처장이 위원장을 맡았고 국제교류팀, 지속가능경영팀이 함께 참여했다. Korea University Annual forums, THE Innovation and Impact Summit, International Students & Faculty Festival, SKERIC Workshop(Sweden-Korea Education, Research, and Innovation Collaboration), KU-MSU Global DEI Conference, QS Higher Ed

SKERIC Workshop(2024)

Summit: Asia Pacific 2025, S3 Sustainability Forum, Climate Corps Summer School 등 다양한 포럼과 프로그램을 기획했다.

Korea University Annual forums: Yale, MIT, etc는 예일Yale대학, MIT 등 세계 우수 대학이 참여하는 포럼이다. 인문학, 법학, 사회과학, 이공학, 의학 등 전 학문 분야를 아우르는 주제로 학술 교류와 연구 협력을 촉진하는 것을 목표로 한다. 예일대학과는 2023년부터 연례 학술 행사를 개최하기로 합의했다. 첫 행사는 한류 및 한국 문화를 주제로 양교 총장 면담, 연구자 포럼 및 특강, 본교 홍보 세션, 한국 문화를 소개하는 다양한 프로그램 등으로 구성되었다. 옥스퍼드대학 역시 한류에 대한 높은 관심을 보이며 본교와 교류를 시작했으며 2023년 11월 "The Future of Hallyu in the AI Age"라는 주제로 세미나를 진행했다. 2024년에는 Yale-Korea University Forum을 개최하여 "지속가능한 미래를 위한 에너지/물 기후기술 혁신"이라는 주제에 대한 논의를 진척시켰다. 2025년에는 MIT도 함께 참여하여, '2025 KU-MIT Global Humanities Initiative(GHI)

International Students & Faculty Festival(2024)

Forum' 등을 진행했다.

SKERIC Workshop(Sweden-Korea Education, Research, and Innovation Collaboration)은 주한 스웨덴 대사관 주관으로 스웨덴 5개 대학과 한국 3개 대학이 참여하는 공동 워크숍 프로젝트이다. 이 국제공동연구협력 워크숍은 스웨덴 연구재단으로부터 20억 원을 지원받아 진행하는 사업으로, 신진연구인력의 국제 연구 네트워크를 강화하는 데 도움을 주었다. 개교 120주년을 맞이하는 2025년에는 본교에서 워크숍을 개최해 국제 연구 네트워크 역량을 보여 주었다.

International Students & Faculty Festival은 본교에서 수학하는 외국인 학생들과 외국인 교원이 참여하는 문화체험 축제이다. 개교 120주년을 맞이하여 본교에서 수학하는 외국인 학생들과 외국인 교원들에게 국가별 문화, 음식, 의상 전통무용 등을 소개하며 다양한 문화를 체험하고 즐기도록 마련되었다.

6-3-4 행사분과위원회

행사분과위원회는 총무처장이 위원장을 맡았고, 대외협력팀, 경영지원팀, 의료원, 학생지원팀이 참여해 120주년과 관련된 모든 행사를 기획하고 운영하는 역할을 맡았다. 120주년 기념사업을 알리는 비전선포식을 시작으로 개교 120주년 기념식, 120주년 기념 'KBS 열린음악회', 크림슨마스터즈 콘서트, 120주년 기념 연극 등을 개최했다.

개교 120주년 기념식은 행사분과의 가장 핵심적인 프로젝트였다. 120주년이 가지는 의미를 상징적으로 공표하는 행사였기 때문이다. 기념식은 2025년 5월 5일 10시 30분 중앙광장에 설치된 무대에서 '대북'을 두드리며 웅장한 기상을 보여 주는 퍼포먼스로 시작되었다. 김재호 중앙학원 이사장은 고려대학교가 인류 미래에 공헌하는 '세상에 없어서는 안 될 대학'으로 나아가야 한다'는 내용의 기념사를 발표했다. 김동원 총장은 '인류의 미래 사회에 공헌하는 대학으로 한 차원 높게 도약하겠다'는 포부를 밝혔다. 또한 귀빈으로 참석한 체육교육과 출신의 김연아가 축사를 했으며, 이어서 우원식 국회의장과 오세훈 서울시장, 반기문 전 유엔 사무총장이 보낸 축하 영상이 상영되었다.

개교 120주년 기념 〈열린음악회〉(2025)

축사가 끝난 이후에는 '비전 2040'을 발표하며 2040년까지 연구 경쟁력 세계 20위권 진입, 혁신적 글로벌 교육모델 구현, 창업 및 산학연 협력 생태계 강화 등의 내용을 담은 발전 전략을 제시했다. 기념식이 끝난 이후에는 120주년이라는 뜻깊은 날에 본교를 방문한 교우와 학생, 일반인들이 함께 즐길 수 있도록 교우합창단의 공연과 입실렌티 체험 공연, 캠퍼스 투어, 박물관 특별전 투어 등의 프로그

개교 120주년 기념식(2025)

램들이 진행되었다.

개교 120주년 기념 'KBS 열린음악회' 역시 지역 주민과 함께하는 축제의 장으로 성대하게 개최되었다. 4월 22일 중앙광장에서 개최된 열린음악회는 6천여 명이 참여했으며, 5월 4일 방영되었다. 이 외에도 개교 120주년 크림슨 마스터즈 송년의 밤 콘서트, 개교 120주년 해외 교우 초청행사, 개교 120주년 기념 연극, 고려대학교 인근 지역 주민을 위한 고대안암병원 무료진료 등을 진행하여 한국사회에 고려대학교의 역량을 알릴 수 있도록 했다.

6-3-5 홍보분과위원회

홍보분과위원회는 개교 120주년을 맞아 다양한 홍보 사업을 주관하며 학교의 역사와 전통을 알리는 데 주력했다. 대외협력처장이 위원장을 맡았으며 커뮤니케이션팀, 경영지원팀, 대외협력팀, 디자인혁신센터, 체육지원팀, 학예기록팀이 함께 참여하여 120주년 기념사업을 위한 전방위적인 홍보 활동을 진행했다.

주요 사업으로는 120주년 기념사업의 언론 홍보, 최첨단 뉴미디어 활용 홍보, 120주년 기념품 및 엠블럼 제작, 다큐멘터리 영상 및 2025년 100주년을 맞이하는 고연전 기념 영상 제작 등이 있었다. 이를 통해 교내 구성원뿐만 아니라 교우와 국민들을 대상으로 본교의 역사와 전통을 소개하며 폭넓은 참여와 관심을 유도하고자 했다. 특히 100주년 기념사업과는 차별화된 전략으로, 유튜브와 인스타그램 같은 SNS에서 활용할 수 있는 기획 콘텐츠를 제작하는 데 집중하여 현대적인 미디어 채널을 통한 접근성을 높였다. 이와 더불어 전광판, 지면, 온라인 광고 등 다양한 매체를 활용해 120주년의 의미를 전달하고, 본교의 비전과 성과를 효과적으로 알리는 데 중점을 두었다.

개교 120주년 기념 엠블럼

6-3-6 모금분과위원회

모금분과위원회는 개교 120주년 기념사업을 위한 기금 조성을 목적으로 설치된 조직으로, 대외협력처장이 위원장을 맡고 대외협력팀에서 주관했다. 모금분과위원회는 기념사업 추진을 위해 필요한 모든 재원을 마련하며 발전위원회 구성 등 체계적인 모금 조직을 구축하고 전략을 수립하는 역할을 담당했다. 기념사업 추진위원회 10개 분과의 모든 사업들이 재정적 지원을 수반해야 했던 만큼, 모금분과위원회의 책임은 더욱 막중했다.

대표적인 사례로 건축분과위원회의 자연계 캠퍼스 중앙광장 건립사업은 익명의 기부자가 기부한 630억 원을 통해 안정적으로 운영될 수 있었으며, 학술분과위원회의 교원 임용 사업 역시 기금을 기반으로 운영되었다. 이러한 대규모 기부가 가능했던 이

개교 120주년 특별전 '120년의 高·動—미래지성을 매혹하다' 개막식(2025)

유는 본교가 한국 사회에서 독자적 위상을 인정받아 다수의 독지가들이 지속적으로 기부에 참여했기 때문이다. 기부받은 재원을 효율적으로 활용하는 과정은 단순하지 않았다. 모금분과위원회는 추진위원회에서 운영하는 60여 개의 크고 작은 행사에 기금이 적절하게 배분될 수 있도록 조정하는 역할을 담당했으며, 기부자들에 대한 예우와 신규 기부자 유치를 위한 다양한 활동을 통해 120주년 기념사업이 원활하게 운영될 수 있도록 실질적인 역할을 수행했다.

6-3-7 편찬전시분과위원회

편찬전시분과위원회는 박물관장이 위원장을 맡았으며, 박물관의 학예기록팀이 실무를 담당했다. 가장 대표적인 업무는 '고려대학교 120년사 및 연표 편찬 사업'으로, 《고려대학교 120년사》를 편찬하여 학교의 역사를 기록으로 남기고자 했다. 특히, 《고려대학교

100년사》 발간 이후 지난 20년간의 역사를 추가하고, 기존에 미완성 상태였던 연표를 완성함으로써 더욱 정교한 학교사를 구축하는 데 집중했다.

《고려대학교 체육사》는 본교의 역사 중 스포츠 역사를 별도의 기록으로 남기는 사업이다. 100주년 당시 완료하지 못했던 체육사를 편찬함으로서 한국 스포츠의 발전을 이끌어 왔던 본교의 역사를 증명할 것으로 기대된다. 이 편찬 사업은 스포츠 연표와 사진을 활용해 스포츠 역사를 체계화하고, 고연전에 출전하는 5개 운동부 이외의 모든 운동부를 종합적으로 다룰 예정이다.

개교 120주년 특별전 '120년의 高·動—미래지성을 매혹하다'는 본교 박물관과 도서관에서 소장하고 있는 30여 점의 국보와 보물을 포함해 120건 170점의 역사·민속 유물을 전시하는 사업이다. 본교는 '동궐도'와 '혼천시계' 등 다수의 국보급 유물을 소장하고 있지만 120건의 유물을 한 번에 선보인 적은 없었다. 본 전시는 '고/려/대/학/교'라는 다섯 개의 주제로 구성되었으며, 보성전문학교 시절부터 수집된 유물들을 망라해 '명품'의 가치를 알릴 뿐만 아니라, 본교의 역사적 깊이를 보여 줄 수 있는 행사로 주목받았다.

6-3-8 차세대인재분과위원회

차세대인재분과위원회는 학생처장이 위원장을 맡고 서울캠퍼스의 입학전형관리팀, 학생지원팀, 세종캠퍼스의 입학팀, 학생생활지원팀, 지속가능경영팀, Student Success Center가 함께 참여했다. 이 위원회는 대학을 이끌어 갈 인재를 선발하고 장학금을 지원하는 사업을 주로 담당했기에 처음에는 인재발굴위원회로 시작되었으나, 사업의 의미가 확장되면서 차세대인재분과위원회로 명칭을 변경했다. 현재 'Korea University Leaders 120 다문화 인재 장학제도', '고려대 체인지메이커스 프로젝트', '세상을 바꾸는 리더' 렉쳐 시리즈, 국가고시지원 사업을 진행하고 있다.

'Korea University Leaders 120 다문화 인재 장학제도' 사업은 개교 120주년을 기념

체인지메이커스 프로젝트(2024)

하여 다문화 가족에 해당하는 학부 신입생 120명을 대상으로 하는 장학제도이다. 이 제도는 다문화가족 학생의 학업을 지속적으로 지원하여 미래를 이끌어 갈 인재를 육성하기 위해 설계되었다. 장학금은 인문·자연계열 평균 등록금을 생활비 형태로 지급하고 있다.

'고려대 체인지메이커스 프로젝트'는 지속가능경영팀에서 주관하는 사업으로, 당면한 사회문제 해결을 통해 대학의 사회적 책임을 실현하고 본교의 체인지메이커스를 육성하는 내용을 담고 있다. 개교 120주년 기념일까지 6개월 간격으로 사회문제 해결 성과를 공유하는 '고려대 체인지메이커스 포럼'을 총 3회 개최했다. 본 프로그램을 통해 학생들이 현장에 나가 사회문제를 파악하고 지역 공동체와 함께 해결책을 찾아 실행에 옮길 수 있는 기회를 제공하여 '세상을 바꾸는 리더'로 성장시키는 것이 본 사업의 목표이다.

'세상을 바꾸는 리더' 렉쳐 시리즈는 다양한 배경을 가진 리더들의 강연을 통해 학생들에게 폭넓은 시각과 경험을 제공하는 프로그램으로 기획되었다. 여성, 다문화, 장

세상을 바꾸는 리더 렉쳐 시리즈(2024)

애인, 소외계층 등 사회적 다양성을 대표하는 인사들이 연사로 초청되었으며, 학생들에게 사회적 책임을 갖춘 리더로 성장할 수 있는 기회를 제공하고자 했다. 또한 학생들을 대상으로 진행되었기 때문에 학생 친화적인 강연자를 섭외하고 총학생회와 연계하여 강연을 진행했다. 이 프로그램의 의도는 사람 중심의 창의인재를 육성하여 본교의 설립 취지를 실현하는 데 있다. 1회 강연자는 120주년 기념사업 추진위원회 전체를 이끌고 있는 김동원 총장이었으며, 2회 강연자는 정부 수립 이후 첫 여성 검사장이 된 조희진 변호사였다.

6-3-9 스포츠분과위원회

스포츠분과위원회는 체육위원장이 분과위원장를 맡고 학생지원팀과 체육지원팀에서 사업을 주관했다. 개교 120주년 기념 4·18 구국대장정, 고려대학교 프로암 골프 대회,

개교 120주년 기념 고려대학교 프로암 골프 대회(2024)

최강 몬스터즈 친선 야구 경기 등을 주관했다. 4·18 구국대장정은 학생회의 중요한 행사로 많은 사람이 참여했으나, 시간이 흐르며 참가 인원이 감소하고 특히 코로나19 사태로 인해 참여율이 저조해졌다. 이에 학생지원팀은 2024년 제64회 구국대장정부터 재학생은 물론 교직원, 교우 등 다양한 대상이 참여할 수 있도록 홍보하여 총 500여 명의 참여를 이끌어 냈다. 2025년 제65회 구국대장정 역시 다양한 구성원들을 포괄할 수 있도록 기획했고 본교의 정신과 문화를 널리 알릴 수 있도록 했다.

개교 120주년 기념 프로암 골프 대회는 기부자 조청이벤트로 기획되었다. 2023년 11월 24일 첫 번째 '120주년 기념 총장·교우회장·발전위원장 초청 고려대학교 기업인 프로암 골프 이벤트'가 남서울컨트리클럽에서 개최되었다. 고액 기부자 42여 명과 김주연, 정재은, 이정민, 김세영, 박채윤, 김시원(김민선), 최운정, 김효주, 지한솔, 이다연, 이소영, 최해진 등 본교 출신 골프선수들이 함께하며 행사의 의미를 더했다.

고려대학교 야구부·최강 몬스터즈 친선 야구 경기(2024)

2024년에도 '개교 120주년 기념 고려대학교 프로암 골프대회'가 진행되었으며 이 자리에서 참가자들은 고려대학교의 발전을 위한 기부의 온정을 나누었다.

최강 몬스터즈 친선 야구 경기는 JTBC의 예능 프로그램 '최강야구' 시즌 3에 참여하는 방식으로 진행되었다. '최강야구' 프로그램의 '최강 몬스터즈'와 '고려대 야구부'가 친선 경기를 펼치는 내용으로 2024년 4월 21일 고척돔에서 경기가 열렸다. 4월 9일부터 온라인 티켓 예매가 시작되었는데, 많은 인기로 인해 순식간에 매진될 정도로 세간의 주목을 받았다. 이날의 경기는 2024년 5월 20일, 27일 양일에 걸쳐 방영되었고, 야구부 선후배 간의 돈독한 우정을 보여 주며 고려대 야구부의 전통과 선후배 간의 유대를 강조하는 의미 있는 경기로 기록되었다.

6-3-10 정보분과위원회

정보분과위원회는 디지털정보처장이 위원장을 맡고 디지털 전략팀, 정보개발팀, 정보인프라팀, 산학경영팀, 커뮤니케이션팀이 참여하여 다양한 정보화 프로젝트를 진행했다. 주요 사업으로는 정보화전략계획ISP 수립, 차세대 포털·학사 시스템 구축, AI 기반 챗봇 시스템 구축, 차세대 정보시스템 인프라 구축 및 고도화, 차세대 지능형 캠퍼스 네트워크 구축, 연구포털KURMS 시스템 개선, 대표 홈페이지 리뉴얼 및 120주년 기념 홈페이지 제작 등이 있다.

디지털 전략팀은 정보화전략계획ISP을 통해 본교의 다양한 업무현황, 예산현황, 대학현황을 하나의 시스템으로 통합 관리할 수 있는 차세대 정보시스템 구축 계획을 수립했다. ISP 전문업체와 교내 정보화 수요 부서 간의 협업을 통해 기존 정보화 환경을 분석하고 문제점을 도출하여 개선 방안을 제안했다. 분석 결과를 바탕으로 중장기 정보발전 계획 수립 및 단기 수행 과제의 상세 이행 계획도 마련했다.

또한 차세대 포털·학사 시스템 구축 사업도 진행하고 있다. 이 사업은 2002년에 구축되어 노후화된 포털KUPID 및 학사 시스템을 전면 재구축하는 것을 목표로 했다. 포털 사용자 화면 개편과 모바일 화면 구축을 통해 사용자의 편의성을 높이고, 방대한 정보를 통합하여 정보 제공 및 검색의 효율성을 높였다. 전자결재 솔루션 도입과 포털 및 학사 시스템 구축사업도 진행하며 최종적으로 포털 운영의 안정성을 향상시켜 업무 속도를 개선하고자 했다. 차세대 포털 구축은 2026년까지 순차적으로 진행할 예정이다.

디지털 전략팀의 또 다른 사업인 AI 기반 챗봇 시스템은 교내 사용률이 높은 시스템을 통합하는 것을 목표로 했다. 규정, 업무 프로세스, 업무 노하우 등 교내에 분산된 다양한 정보를 망라한 챗봇 시스템을 구축하여 대학 행정에 대한 문의에 즉각적으로 대응하고 구성원들이 보다 편리하게 접근할 수 있도록 설계되었다. 이 시스템은 규정, 업무 프로세스, 행정 절차 등을 자동화하여 문의 대응 속도를 향상시키고, 반복적인 전화 문의를 줄여 행정 업무의 효율성을 높이는 역할을 했다. 2024년 6월 베타버전으로 오픈한 후, 7월에 정식 버전이 출시되었다.

정보인프라팀은 차세대 정보시스템 인프라 구축 및 고도화 사업과 차세대 지능형 캠퍼스 네트워크 구축 사업을 진행했다. 주요 내용으로는 교내 주요 정보 인프라 장비 교체와 SSL 복호화 시스템 및 로그 통합 분석 시스템 도입이 포함되었다. 차세대 지능형 캠퍼스 네트워크 구축 사업으로는 무선 네트워크 인프라 전면 교체 및 노후 유선 장비 교체, 인증 체계 개선이 주요 내용이었다. 이러한 사업들은 스마트 캠퍼스의 토대를 안정화하는 계기가 되었다.

산학경영팀은 연구포털KURMS 시스템 개선 사업을 진행하여 기존 연구포털의 속도 및 홈페이지를 개선하고 SCOPUS 기반의 연구 평가 지표를 반영했다. 또한 연구비 수혜 실적과 관련된 통계 정보 시스템을 연동하는 등의 개선을 통해 연구와 관련된 모든 지표를 통합적으로 서비스할 수 있는 시스템을 마련했다.

마지막으로 커뮤니케이션팀은 대표 홈페이지 리뉴얼 및 120주년 기념 홈페이지 제작 사업을 진행했다. 대표 홈페이지를 최신 기술과 트렌드를 반영한 디자인과 구성으로 리뉴얼하고, 개교 120주년 사업의 다양한 행사를 알리고 본교의 역사와 문화를 소개하는 기념 홈페이지를 제작했다. 이 홈페이지는 10개 분과의 사업 진행 현황과 내용을 실시간으로 파악할 수 있도록 구성되었으며, 기부 페이지를 마련해 기부자가 간편하게 기부할 수 있도록 편의를 제공했다. 120주년 기념 홈페이지는 120주년 기념사업을 체계적으로 소개해 본교의 대외적 위상을 강화하는 데 일조하고 있다.

참고 문헌

1 연속간행물

1-1 교내 간행물

《고대교우회보》.

《고대대학원신문》.

《고대문화》.

《고대신문》.

《고대체육회보》.

《고려대학교연보》.

《고려대학교일람》.

《고우회보》.

《고의회보》.

《법정학계》.

《普聲》.

《보성전문학교일람》.

《보전교우회보》.

《보전정축년상과졸업생통신》.

《보전학생》.

《보전학회논집》.

《석순》.

《수도의과대학일람》.

《時鐘》.

《친목》.

《The Granite Tower》.

1-2 교외 간행물

《開闢》.

《京鄕新聞》.

《京鄕雜誌》.

《啓明》.

《嶠南教育會雜誌》.

《勸業新聞》.

《基督申報》.

《畿湖興學會月報》.

《農民生活》.

《大東亞》.

《大東學會月報》.

《大韓留學生會學報》.

《大韓每日申報》.

《大韓民報》.

《大韓自强會月報》.

《大韓學會月報》.

《大韓協會會報》.

《大韓興學報》.

《東光》.

《東明》.

《東方平論》.

《東亞日報》.

《東洋之光》.

《同寅學報》.

《萬歲報》.

《每日申報》.

《文藝公論》.

《文藝月刊》.

《半島時論》.

《法學界》.

《別乾坤》.

《普中親睦會報》.

《批判》.

《思想彙報》.

《三千里》.

《三千里文學》.

《西北學會月報》.

《西友》.

《聖書朝鮮》.

《少年》.

《時兆》.

《新女性》.

《新東亞》.

《新生》.

《新生命》.

《新生活》.

《新少年》.

《新人間》.

《新興》.

《新興科學》.

《新興朝鮮》.

《朝光》.

《朝鮮公論》.

《朝鮮農民》.

《朝鮮獨立新聞》.

《朝鮮文藝》.

《朝鮮文藝》.

《朝鮮民俗》.

《朝鮮中央日報》.

《朝鮮體育界》.

《中央日報》.

《青年》.

《學燈》.

《學之光》.

《漢城旬報》.

《漢陽報》.

《湖南學報》.

《皇城新聞》.

2 교과서

金大濈.《應用商業簿記學》. 義進社, 1909.

金祥演.《國家學》.

______.《商法要義》.

______.《商法總論》.

金祥演.《精選萬國史》. 廣韓書林, 1906.

金洵植.《簿記要綱》. 同志社, 1948.

金欑.《人權新說》. 義進社, 1908.

金夏鼎.《心理學教科書》. 普成館, 1907.

劉文相.《銀行論》. 普成館, 1907.

劉文煥.《刑事訴訟法》.

劉星濬.《法學通論》. 同文館, 1907.

李覺鍾.《實利農方新篇》.

李年應.《會社法綱要》.

李冕宇.《刑法各論》.

______.《會社法》.

李用戊.《國際公法》.

李載乾.《憲法要義》.

李弼善.《普通經濟學》.

朴晩緖.《物權法》.

______.《相續法》.

______.《破產法》.

朴勝彬.《朝鮮語學講義要旨》. 普成專門學校, 1931.

朴承熹·朱定均.《最新經濟學》. 普文館, 1908.

石鎭衡.《債權法》.

申佑善.《民法總論》.

申海永.《倫理學教科書》. 普成中學校, 1906.

申海永·元應常.《經濟學》.
元應常.《歲計論》.
兪承兼.《簡易商業簿記學》.
______.《中等萬國史》.
______.《最新經濟教科書》. 普門社, 1908.
兪致衡.《物權法》.
______.《海商法》.
尹行重.《理論經濟學》. 서울出版社, 1947.
______.《民主經濟論》. 乙酉文化社, 1948.
______.《現代經濟學의 諸問題》. 博文書館, 1943.
任璟宰.《簡易商業簿記學》. 徽文館, 1908.
張燾.《新舊刑事法規大典》. 普成社, 1907.
鄭永澤.《天文學》.
趙聲九.《地方行政論》. 中央書館, 1908.
______.《債權法講義案》.
______.《憲法》.
朱定均.《法學指南》.
______.《法學通論》.
朱定均·兪鈺兼.《精選法學通論》. 文華堂, 1911.

3 단행본

강만길 외.《통일지향 우리민족해방운동사》. 역사비평사, 2000.
강윤호.《개화기의 교과용도서》. 교육출판사, 1973.
경성부 편.《경성부사》. 조선인쇄주식회사, 1934.
耕岩洪性夏先生論文集發刊委員會 編.《耕岩洪性夏先生論文集》. 耕岩洪性夏先生論文集發刊委員會, 1979.
고대신문 동인회 편.《민족과 대학》. 고려대학교출판부, 1973.
고대신문사 편.《(사진)고대학생운동사(1905-1985)》. 고대신문사, 1987.
고려대학교 籠友會 편.《고대농구육십년》. 고려대학교출판부, 1985.
고려대학교 민족문화연구소.《고려대학의 사람들 1—이용익》. 고려대학교 민족문화연구소, 1986.
______.《고려대학의 사람들 2—손병희》. 고려대학교 민족문화연구소, 1986.

고려대학교 민족문화연구소. 《고려대학의 사람들 3-김성수》. 고려대학교 민족문화연구소, 1986.
______. 《고려대학의 사람들 4-현상윤》. 고려대학교 민족문화연구소, 1986.
고려대학교 육십년지 편찬위원회 편. 《육십년지》. 고려대학교출판부, 1965.
고려대학교 육십주년기념논문집 편집위원회 편. 《고려대학교 육십주년기념논문집》. 고려대학교 출판부, 1965.
고려대학교 의과대학교우회 편. 《명륜반세기》. 고려대학교 의과대학교우회, 1988.
고려대학교 70년지 편찬실. 《고려대학교 70년지-1905-1975》. 고려대학교출판부, 1975.
고려대학교. 《사진으로 본 고려대학교 80년》. 고려대학교, 1985.
길정희. 《나의 자서전》. 삼호출판사, 1981.
김두종. 《한국의학사(全)》. 탐구당, 1966.
김민수. 《신국어학사》. 일조각, 1964.
김상형. 《수당김연수》. 수당기념사업회, 1971.
김석영. 《신익희선생일대기》. 早稻田大學同窓會出版部, 1956.
김준엽·김창순. 《한국공산주의운동사》. 고려대학교출판부, 1980.
박은식. 《한국통사》. 대동편역국, 1915.
박인호. 《天道教書》. 천도교중앙총부, 1921.
보성전문학교 학생회 편. 《同硯錄》. 보성전문학교학생회, 1933.
송민호 외. 《일제하의 문화운동사》. 고려대학교 아세아문제연구소, 1970.
신창현. 《해공 신익희》. 해공신익희선생기념회, 1992.
양동주. 《항일학생사》. 청파출판사, 1956.
오천석. 《한국신교육사》. 현대교육총서출판사, 1964.
유진오. 《양호기》. 고려대학교출판부, 1977.
의암손병희선생 기념사업회 편. 《의암손병희선생전기》. 의암손병희선생 기념사업회, 1967.
이병헌. 《3.1운동비사》. 시사시보사출판국, 1959.
이철승. 《全國學聯》. 중앙일보, 1976.
인촌기념회 편. 《인촌 김성수전》. 인촌기념회, 1976.
임종국. 《친일문학론》. 평화출판사, 1966.
정구충. 《한국의학의 개척자》. 동방도서, 1985.
정세현. 《항일학생민족운동사연구》. 일지사, 1975.
정재철. 《일제의 對韓國植民地教育政策史》. 일지사, 1985.
조병옥. 《나의 회고록》. 민교사, 1959.
조지훈. 《한국민족운동사》. 일지사, 1973.
주요한. 《秋汀 李甲》. 대성문화사, 1964.

천도교중앙본부.《천도교사》. 천도교중앙본부, 1962.
최남선.《국민조선역사》. 동명사, 1946.
최영희 외.《일제하의 민족운동사》. 현음사, 1982.
韓國教育十年史刊行會 編.《韓國教育十年史》. 豊文社, 1960.

吉川文太郎.《朝鮮の宗教》. 朝鮮印刷, 1921.
大野謙一.《朝鮮教育問題管見》. 朝鮮教育會, 1936.
西村綠也.《朝鮮教育大觀》. 朝鮮教育大觀社, 1932.
朝鮮教育研究會.《朝鮮教育法規》. 朝鮮教育研究會, 1917.
朝鮮教育會 編.《朝鮮教育法規例規大全》. 朝鮮教育會, 1927.
朝鮮總督府 警務局 編.《光州抗日學生事件資料》. 風媒社, 1979.
青柳綱太郎.《朝鮮獨立騷擾史論》. 朝鮮研究會, 1921.

Asiatic Research Center. *The Report of International Conference on the Problems of Modernization in Asia*. 1966.
Hulbert, Homer Bezaleel. *The Passing of Korea*. Doubleday, 1906.

고려대학교 120년사

초판 발행 2025년 5월 5일
초판 1쇄 2025년 5월 5일

지은이 고려대학교 120년사 편찬위원회
펴낸곳 고려대학교출판문화원
www.kupress.com
kupress@korea.ac.kr
(02841) 서울특별시 성북구 안암로 145
Tel 02-3290-4230, 4232
Fax 02-923-6311
찍은곳 (주)대한프린테크

ISBN 979-11-6956-109-9 03910

값 65,000원
※ 잘못 만들어진 책은 바꿔 드립니다.